Heinrich Hannover
Die Republik vor Gericht
1975–1995

Heinrich Hannover

Die Republik vor Gericht 1975–1995

Erinnerungen eines unbequemen Rechtsanwalts

Aufbau-Verlag

Mit 60 Abbildungen

ISBN 3-351-02481-9

1. Auflage 1999

Einbandgestaltung Torsten Lemme
Druck und Binden Clausen & Bosse, Leck
Printed in Germany

Meinen Kollegen und Partnern Volkert Ohm,
Bernhard W. Docke, Armin von Döllen,
Almut Hannover und Thomas Piegeler

Inhalt

Danksagung 9

1. Wie man einen »Terroristenanwalt« zur Strecke bringt. Der Fall Wolf Dieter Reinhard (1974–1979) . 11
2. »Loyaler Landesverrat«. Der Fall Oberstleutnant Moser (1975–1980) 24
3. Die beleidigte Spitze der Großbanken. Der Fall Bolko Hoffmann (1974–1980) 32
4. Der »Terroristenprozeß« gegen Karl Heinz Roth und Roland Otto (1977) 45
5. Der Mord an Generalbundesanwalt Siegfried Buback und die Folgen (1977–1981) 85
6. Otto Schily und die Ehre der Polizei (1978–1984) .. 103
7. Der »Mord« in der Raths-Konditorei (1977–1989) .. 114
8. Eine Frankfurter Räuberpistole. Der Fall Astrid Proll (1979) 149
9. Eine öffentliche Rekrutenvereidigung und ihre Folgen (1980) 172
10. Eine Verteidigung in Stammheim. Der Fall Peter-Jürgen Boock (1981–1986) 177
11. Handtaschenklau oder ein unterbrochener Späh- und Lauschangriff (1981/82) 206
12. Lauschangriff auf einen unbequemen Rechtsanwalt (1972–1990) 231
13. Ein verspäteter Antrag auf Wiedergutmachung. Der Fall Richard Gehrke (1984–1986) 241
14. Der Mord an Ernst Thälmann. Eine Anklage (1982 bis 1988) 254
15. Der Justizmord an einem »Volksschädling«. Der Fall Walerjan Wróbel (1987) 279
16. Die NS-»Euthanasie« und die unschuldigen Juristen. Der Fall Dr. Kramer gegen Dr. Jung (1989) 307
17. Die Richter-Blockade in Mutlangen (1987) 319

18. Der »Mord« in der Diskothek »Paradiso« (1987 bis 1991) 333
19. Carl von Ossietzkys »Landesverrat« – ein Wiederaufnahmeverfahren (1988–1992) 371
20. Aufforderung zur Fahnenflucht. DIE GRÜNEN und der Golfkrieg (1991–1993) 411
21. Dr. Hans Modrow und die Fälschung der Kommunalwahlen in der DDR vom Mai 1989 (1993) 424
22. Deutsch-deutscher Landesverrat und zweierlei Recht (1990–1995) 454
Zum Abschied 465

Rechtswege 469
Glossar 473
Register 489
Rchtenachweis 496

Danksagung

Was ich zu Beginn des ersten Bandes über das Zustandekommen dieses Buches gesagt habe, soll hier nicht wiederholt werden. Aber den Freunden, die mir durch kritische Diskussionsbeiträge geholfen haben, sei noch einmal gedankt: Karl Fruchtmann, Janet Fruchtmann, Helmut Hafner, Alfred Paffenholz, Margot Overath, Peter Müller, Rolf Gössner, Heide Schneider-Sonnemann, Roland Steiner, Johanna Steiner, Volkert Ohm, Bernhard Docke, Armin von Döllen, Almut Hannover, Thomas Piegeler, Erika Wolters, Christoph Schminck-Gustavus und Doris Wegener. Und auch der Lektorin des Aufbau-Verlages, Frau Dr. Annette Anton, möchte ich noch einmal für die verständnisvolle Betreuung meiner Arbeit danken.

Worpswede, Mai 1999 *Heinrich Hannover*

1. Wie man einen »Terroristenanwalt« zur Strecke bringt. Der Fall Wolf Dieter Reinhard (1974–1979)

Am 27. November 1974 waren die Tageszeitungen voller Erfolgsmeldungen der Ermittlungsbehörden, die bei einer auf den Namen »Winterreise« getauften Großrazzia im ganzen Bundesgebiet schlagartig 40 Wohnungen durchsucht und zehn Personen verhaftet hatten. Die von der Bundesanwaltschaft ausgelöste und gesteuerte Aktion richtete sich, wie es in den Pressemeldungen hieß, gegen Anarchisten und deren Sympathisanten. In Hamburg, Heidelberg und West-Berlin durchsuchten die Fahnder Büros von Anwälten, die Mitglieder der »Baader-Meinhof-Bande« verteidigten. Dabei wurde der Hamburger Rechtsanwalt Wolf Dieter Reinhard verhaftet, ein Kollege, dem ich schon seit Jahren kollegial und freundschaftlich verbunden war, so daß ich mir über den Charakter dieser Staatsaktion und die mangelnde Seriosität der gegen Reinhard erhobenen Vorwürfe sogleich ein Urteil bilden konnte und die Gefahr, in der wir sogenannten »Terroristenverteidiger« wieder einmal standen, hautnah verspürte.

Im April 1974 hatte die Zeitschrift *Kritische Justiz* meinen Aufsatz »Ausschließung von Verteidigern wegen Teilnahmeverdachts« veröffentlicht. Darin hatte ich die in neuen Gesetzesvorhaben kulminierenden Versuche geschildert, Verteidiger in politischen Strafsachen mit der Begründung aus dem Verfahren auszuschließen, daß sie der Teilnahme an der Tat ihrer Mandanten verdächtig seien. In den bis dahin bekanntgewordenen Fällen hatten die Gerichte sich die Eigenart des politischen Strafprozesses zunutze gemacht, daß die Angeklagten in aller Regel einer kriminalisierten Organisation angehören, so daß es ein leichtes war, die in der Aufgabenstellung des Verteidigers begründete einseitige Interessenwahrnehmung für seine Mandanten als Unterstützung der kriminalisierten Organisation zu interpretieren.

Durch eine an das Goebbelssche Vorbild erinnernde Verleumdungskampagne, an der insbesondere die Springer-Presse, aber auch die Bundesanwaltschaft und andere Staatsorgane mitwirkten, waren die Verteidiger sogenannter »Terroristen« schon seit Jahren ganz systematisch in den Verdacht gerückt worden, sich als Komplizen ihrer Mandanten zu betätigen und die Gewalttaten der »Baader-Meinhof-Bande«, wie man die RAF damals nannte, durch Übermittlung von Befehlen aus den Zellen der Gefangenen zu steuern. Einen Rechtsschutz gegen diese ungeheuerliche Rufmordkampagne gab es praktisch nicht. Abgesehen von einer einstweiligen Verfügung, die ich beim Landgericht Hamburg gegen Springer erwirken konnte, blieben alle Versuche der betroffenen Anwälte, sich mit justizförmigen Mitteln gegen diesen von Karlsruhe ausgehenden Diffamierungsterror zu schützen, erfolglos. Dienstaufsichtsbeschwerden gegen Generalbundesanwalt Martin wurden vom Bundesjustizminister zurückgewiesen, Strafanzeigen gegen Springer und seine verantwortlichen Redakteure wegen Volksverhetzung, Beleidigung und übler Nachrede von der zuständigen Staatsanwaltschaft durch Einstellung erledigt.

Nachdem lange genug von angeblich kriminellen Terroristenverteidigern die Rede gewesen war, mußten endlich Tatsachen und Beweise her, um die künstlich aufgeregte Volkswut zu befriedigen. Eines der Opfer, die man sich für diesen Zweck ausgesucht hatte, war der Hamburger Kollege Wolf Dieter Reinhard.

Die Verhaftung des Kollegen Reinhard wurde in der von Generalbundesanwalt Buback veranstalteten Pressekonferenz als spektakulärster Erfolg der von Bundesanwaltschaft, Bundeskriminalamt, Landeskriminalämtern, Landesstaatsanwaltschaften und Polizeibehörden gemeinsam durchgeführten Aktion herausgestellt. Und so meldeten die Nachrichtensendungen des Fernsehens und die Presse dieses Ereignis in großer Aufmachung mit Bild und Namensnennung. In der *BZ* vom 27.11.1974 beispielsweise lauteten die Schlagzeilen auf der ersten Seite: »Rechtsanwalt verhaftet. Er forderte einen Anteil der Beute. Er billigte den Fememord in Berlin. Er stiftete zu falschen Aussagen an«. Und im Text, neben einem Bild, das den »Anarchisten-Anwalt, der verhaftet wurde«, zeigte, hieß es:

Bei der »Aktion Winterreise«, einem bundesweiten Schlag gegen die Anarchisten, ging der Polizei ein »dicker Fisch« ins Netz …

Rechtzeitig zum Auftakt des seit langem vorbereiteten Großeinsatzes der Polizei hatte die Bundesanwaltschaft beim Ermittlungsrichter des Bundesgerichtshofs, einem Herrn Zipfel, am 25. November 1974 einen Haftbefehl erwirkt, in dem zu lesen war, daß der Rechtsanwalt Wolf Dieter Reinhard dringend verdächtig sei, seit Juni 1974 eine kriminelle Vereinigung zu unterstützen (§ 129 StGB). Der Vorwurf beruhte darauf, daß Reinhard als Bevollmächtigter einer Wohngemeinschaft in Wolfsburg tätig geworden war, die im Verdacht stand, in der Nacht vom 4. zum 5. Juni 1974 den Studenten Ulrich Schmücker als Verräter erschossen zu haben. Der Haftbefehl unterstellte, daß Reinhard auf die Aussagen der zunächst als Zeugen vernommenen Gruppenmitglieder Einfluß genommen und sie zu falschen Angaben veranlaßt habe. Dies seien Begünstigungshandlungen, die durch die Funktion des Beschuldigten als Verteidiger nicht gedeckt seien und eine bewußte Förderung einer kriminellen Vereinigung darstellten. Weiter wörtlich:

Der Beschuldigte ließ sich gegenüber Gruppenmitgliedern dahin aus, daß die Tötung Schmückers notwendig gewesen sei, weil sich nun kein anderer getrauen würde, gegenüber Polizei und Justizbehörden Angaben zu machen.

Bei einem Gespräch des Beschuldigten mit zwei Gruppenmitgliedern zu Fragen des Verteidigerhonorars wurde auch die Verteilung der Beute aus Überfällen erörtert. Der Beschuldigte forderte eine Beteiligung an der Beute schon in der ersten Phase (sofort nach Durchführung der Tat) und nicht erst in der zweiten Phase (nämlich im Falle der Verteidigung), weil auch die Rechtsanwälte der »Bewegung« angehörten, worunter die militante Untergrundbewegung zu verstehen war.

Beschuldigungen von verblüffender Konkretheit, die sich später als freie Erfindungen eines phantasiebegabten Zeugen herausstellen sollten. Was in dem Haftbefehl nämlich mit keinem Wort erwähnt wurde: alle Behauptungen über Reinhards Verhalten und angebliche Äußerungen stützten sich auf Aussagen des Gruppenmitglieds Jürgen Bodeux, der sich vom Mandanten Reinhards in einen Kronzeugen der Bundesanwaltschaft verwandelt hatte. Dieser Umstand gab einem anderen Ermittlungsrichter des Bundesgerichtshofs, Herrn Knüfer, der am 9. Januar 1975 mit der Haftprüfung befaßt wurde, Anlaß, den

Haftbefehl aufzuheben und einen dringenden Tatverdacht zu verneinen. Aus der Begründung seines Beschlusses:

Der Haftbefehl beruht praktisch allein auf den Erklärungen *einer* Person. Ein Teil dieser Erklärungen ist zu unbestimmt, als daß sich aus ihnen beachtliche Verdachtsmomente herleiten ließen. Ein anderer Teil bezieht sich auf ein angebliches Verhalten des Beschuldigten, das durch seine Funktion als Rechtsanwalt und als Verteidiger gedeckt ist …

Die Person, deren Erklärungen den Beschuldigten belasten, ist selber schwerster Straftaten verdächtig; Beweggrund und Zweck der Erklärungen sind undurchsichtig. Beides hat Einfluß auf den Aussagewert …

Eine bemerkenswert nüchterne Entscheidung angesichts des in der Medienöffentlichkeit angefachten Kollektivhasses gegen Anarchisten und Anarchistenanwälte. Und eine, wie sich zeigen sollte, zutreffende Würdigung der Beweis- und Rechtslage. Aber wenn es dabei geblieben wäre, hätte sich die »Aktion Winterreise« allzu früh als der Schlag ins Wasser herausgestellt, der sie tatsächlich war. Und auch sonst wäre einiges anders gelaufen, als die Terroristenjäger es wollten. Den Angeklagten des Berliner Schmücker-Mord-Prozesses wäre ein 15jähriges, schließlich durch Einstellung erledigtes Verfahren, und dem Rechtsanwalt Wolf Dieter Reinhard ein existenzgefährdender Strafprozeß erspart geblieben, wenn man die Glaubwürdigkeit des Kronzeugen Bodeux von vornherein kritischer beurteilt und die im Zusammenhang mit dem Schmücker-Mord vorgekommenen Manipulationen und Vorenthaltungen von Beweismitteln früher aufgedeckt hätte.

Aber im November 1974 verfolgten die Bundesanwaltschaft und die mit ihr kooperierenden Dienste blindlings ihr Ziel, den innerstaatlichen Krieg gegen das winzige Häuflein Anarchisten durch Ausforschung und Kriminalisierung ihrer Anwälte zu gewinnen. In Berlin wurde die Kanzlei der Rechtsanwälte Ströbele, Spangenberg und Eschen sieben Stunden lang durchsucht, und zwar wegen »Gefahr im Verzuge« ohne richterlichen Durchsuchungsbeschluß, dafür aber unter persönlicher Leitung eines Bundesanwalts. Wie der Presse zu entnehmen war, wurden mehrere Briefe und zwei Tonbänder mitgenommen. Eine etwas dürftige Ausbeute. Um so hartnäckiger mußte daher an dem »dicken Fisch« in Hamburg festgehalten werden. Auf Beschwerde der Bundesanwaltschaft setzte der 3. Strafsenat des BGH den Haftbefehl gegen Reinhard wieder in Kraft.

Es sollten genau vier Jahre vergehen, bis die Tagespresse an unauffälliger Stelle melden konnte, daß der Hamburger Rechtsanwalt, dessen spektakuläre Verhaftung im November 1974 die Ängste und Feindinstinkte der Nation hatte aufschäumen lassen, freigesprochen sei. Besonders klein fiel die Meldung in der *Bild-Zeitung* aus, eine Vierzeilenmeldung neben einem großen Foto einer offenherzig gekleideten Frau, eingebettet in weitere Kurznachrichten über empörende Zustände wie illegal eingewanderte Gastarbeiter (»Ungebetene Gäste«) und irische Terroristen (»IRA mordet weiter«) und der nächsten Großüberschrift zugeordnet: »Endlich schärfere Gesetze gegen Terror auf der Straße«. Mit welchen Gefühlen mögen in diesem Kontext die Bild-Zeitungs-Leser diese Nachricht gelesen haben? (*Bild-Zeitung* vom 28.11.1978):

Anwalt frei

Hamburg – Rechtsanwalt Wolf Dieter Reinhard (38), wegen Unterstützung von Terroristen angeklagt, wurde in Hamburg freigesprochen.

Sicher nicht in dem Bewußtsein, daß hier ein Schlußpunkt unter eine militante Staatsaktion gesetzt worden war, bei der nicht nur die berufliche Existenz und die persönliche Freiheit des Hamburger Kollegen Reinhard, sondern die Freiheit des Anwaltsberufs überhaupt auf dem Spiel gestanden hatte. Aber der Reihe nach.

Für Wolf Dieter Reinhard hatte die Staatsaktion damit begonnen, daß er am 26. November 1974 zu früher Morgenstunde durch einen lauten Knall geweckt worden war. Polizisten hatten die Tür seiner Wohnung aufgesprengt und hielten dem aus dem Bett gescheuchten Mann einen Haftbefehl unter die Nase. Er sollte die Zeit vom 26. November 1974 bis zum 9. Januar 1975 und vom 27. Januar bis zum 17. März 1975, insgesamt also über drei Monate, in Untersuchungshaft verbringen. Der Schock jener im Stil eines Zugriffs auf einen gefährlichen Schwerverbrecher inszenierten Verhaftung bewirkte, daß Reinhard nach seiner Haftentlassung noch viele Monate lang nicht in seiner Wohnung schlafen konnte.

Falls es zu den Zielen dieser Schockbehandlung gehört

haben sollte, von Reinhard Informationen über die Wolfsburger Gruppe zu erhalten, deren Mitglieder ihn, was damals noch zulässig war, sämtlich als Anwalt bevollmächtigt hatten, so ging die Spekulation fehl. Reinhard schwieg. Und tat damit etwas, das nicht nur in seiner Beschuldigtenrolle am klügsten war, sondern auch seiner anwaltlichen Verpflichtung entsprach, über alles ihm von seinen Mandanten Anvertraute Schweigen zu bewahren.

Der Konflikt zwischen anwaltlicher Schweigepflicht und eigenem Verteidigungsinteresse belastete denn auch das Verfahren vor dem Landgericht Hamburg, das von April bis November 1978 über die gegen Reinhard erhobene Anklage verhandelte. Wir Verteidiger – Rechtsanwältin Leonore Gottschalk-Solger und Rechtsanwälte Wolf Römmig, Bernd Niese und ich – gingen bis zum Bundesverfassungsgericht, um wegen der durch die Schweigepflicht eingeschränkten Verteidigungsmöglichkeiten eine Aussetzung des Verfahrens bis zum Abschluß des in Berlin anhängigen Schmücker-Mordprozesses zu erreichen. Vergeblich. Reinhard wurde darauf verwiesen, daß es zulässig sei, zur eigenen Verteidigung die Schweigepflicht zu brechen. Ein Vorschlag, den Reinhard ablehnte.

Trotzdem gelang es uns, die Glaubwürdigkeit des Kronzeugen Jürgen Bodeux, auf dessen Aussagen die Anklage gegen Reinhard beruhte, nach allen Regeln der Kunst zu erschüttern. Und nicht nur seine Glaubwürdigkeit, sondern auch die der Staatsdiener, die ihn zum Kronzeugen gemacht hatten.

Aus den Akten ging hervor, daß Bodeux erstmalig am 9. Oktober 1974 vernommen worden sei. Es handelte sich um das Protokoll einer richterlichen Vernehmung durch den Gießener Amtsrichter Eimer. Als gegenwärtig sind im Protokoll ausgewiesen: Richter Eimer als Untersuchungsrichter und eine Justizangestellte als Urkundsbeamtin der Geschäftsstelle. Die vorgedruckte Spalte »als Beamter der Staatsanwaltschaft« ist nicht ausgefüllt.

In der Hauptverhandlung von 1978 stellte sich nunmehr heraus, daß außer dem Richter und der Protokollführerin anwesend waren: Staatsanwalt Przytarski – aus Berlin angereist, wo er für das Schmücker-Mordverfahren zuständig war – und zwei Kriminalbeamte. Es stellte sich weiter heraus, daß Richter Eimer, der die Sache überhaupt nicht kannte, gewissermaßen als Statist fungierte, während die eigentliche Vernehmung von Staatsanwalt Przytarski geführt wurde. Und es stellte sich

Mit Wolf Dieter Reinhard (rechts) und dem Mitverteidiger Bernd Niese auf dem Weg zu einer Verhandlung des Ehrengerichts, dem Verfahren, mit dem der Kollege Reinhard zusätzlich zum Strafverfahren belästigt wurde. Vor einer der zahlreichen Verhandlungen, die es in dieser Sache gab, tat ein Justizwachtmeister einen Ausspruch, der uns nicht nur amüsiert, sondern auch nachdenklich gestimmt hat: »Wenn Sie eines Tages an der Macht sind, meine Herren, dann verwenden Sie sich bitte für mich.« Wir haben es ihm für diesen Fall zugesagt.

schließlich heraus, daß der richterlichen Protokollierung vom 9.10.1974 Vernehmungen durch Kriminalbeamte und Staatsanwälte vorangegangen waren, die in keiner Akte auftauchten, obwohl ein umfassendes Tonbandprotokoll und zwei schriftliche Vermerke von Staatsanwalt Przytarski existierten. Nachdem wir die Existenz dieser Dokumente aufgespürt hatten, kam die Berliner Staatsanwaltschaft nicht umhin, sie dem Hamburger Gericht und damit auch uns zur Verfügung zu stellen. Und da ergaben sich nun interessante Einblicke in die Ermittlungsarbeit, die dazu geführt hatte, daß Bodeux überhaupt aussagte, und daß er seinen eigenen Verteidiger strafbarer Handlungen bezichtigte.

Bodeux, der gegenüber den anderen Mitgliedern der Wolfsburger Gruppe eine auffallende Sonderbehandlung erfahren hatte – er war zu fünf Jahren Jugendstrafe verurteilt worden, von denen er nur die Hälfte hatte absitzen müssen – war die Zusage gemacht worden, daß seine Aussagen vertraulich behandelt würden, eine unzulässige Versprechung, die strenggenommen die Unverwertbarkeit seiner Aussagen hätte zur Folge haben müssen. Da die Bereitschaft auszusagen dem von Reinhard allen Gruppenmitgliedern erteilten Rat widersprach, mußte dieser Anwalt weg. Das war die nächste Aufgabe, die sich die Ermittler gestellt hatten.

Zu einem Zeitpunkt der Hauptverhandlung, als wir das Tonband und die Vermerke über Bodeux' erste Vernehmungen noch nicht kannten, hatte Staatsanwalt Przytarski als Zeuge ausgesagt, er habe sich »davon ferngehalten, in irgendeiner Form zu sagen, daß Bodeux überlegen solle, einen Rechtsanwaltswechsel vorzunehmen«, er habe sich »gehütet, einen Rechtsanwaltswechsel zu empfehlen«. In Przytarskis Vermerk vom 26.9.1974 lasen wir nunmehr:

In der Unterredung mit Bodeux wurde ihm von mir erklärt, daß die Behandlung seiner Angaben als vertraulich bedeuten würde, daß alle notwendigen prozessualen Handlungen, die gegen die Gemeinschaft Wolfsburg möglicherweise in der Zukunft ergriffen werden müssen, auch gegen ihn durchgeführt werden würden. Eine andere mögliche Betrachtungsweise könne nur dann der Fall sein, wenn er die Angaben offen geben würde. *Eine Fortführung der Vernehmungen würde erschwert werden, wenn er sich weiter durch Rechtsanwalt Reinhard, der nach seinen Angaben sich zumindest einer Begünstigung schuldig gemacht haben würde, vertreten lassen würde. Er müsse sich daher entscheiden, ob er sich eines anderen Anwalts seines Vertrauens bedienen würde.* (Hervorhebung von mir; H.H.)

Also entgegen seiner Zeugenaussage eine ganz massive Empfehlung, den Anwalt zu wechseln. Es war nicht die einzige Falschaussage dieses Zeugen. Als er am 20. Juni 1978 vor der Hamburger Strafkammer vernommen wurde, zu einem Zeitpunkt, als wir seine Vermerke vom September 1974 noch nicht kannten, wollte er das Gericht und uns glauben machen, daß erst bei der Vernehmung durch Richter Eimer »für mich überraschend einige Herrn Reinhard belastende Aussagen« hinzugekommen seien.

Zu einer Belastung des Rechtsanwalts Reinhard durch Herrn Bodeux war es für mich erkennbar bei dem Vorgespräch nicht gekommen. Es kam erstmals bei dieser Vernehmung für die Beteiligten erkennbar etwas Konkretes auf.

Herrn Staatsanwalt Przytarski ging es offensichtlich darum, jeden Verdacht weit von sich zu weisen, daß er oder einer seiner Mitermittler etwas mit der gegen Reinhard eingefädelten Intrige zu tun gehabt hätte. Erst bei Richter Eimer sei es herausgekommen, daß Reinhard selbst die Munition geliefert habe, mit der man ihn abschießen konnte. Auch in diesem Punkt wurde Herr Przytarski durch das Tonband und die Vermerke der Unwahrheit überführt. In einem der Vermerke des Herrn Przytarski vom 26.9.1974 hieß es beispielsweise, nachdem zuvor davon die Rede war, daß Reinhard geraten hatte, keine Aussagen zu machen (ein im konkreten Fall sinnvoller und rechtlich zulässiger, für die Ermittler freilich unbequemer Rat):

Die Art der Besprechung hätten sie (die Mitglieder der Wohngemeinschaft; H. H.) als eine Art von Nötigung erkannt und alle Angst gehabt, falls sie sich dem von Rechtsanwalt Reinhard verlangten Verhalten widersetzen würden.

Die »Nötigung« sollte darin bestanden haben, daß Reinhard angekündigt hatte, er werde sie nicht verteidigen, wenn sie entgegen seinem Rat vor der Polizei und dem Richter aussagen würden. Auch das eine anwaltliche Entscheidung, die weder Angst erzeugen konnte noch unzulässig war. Was auch dem rechtskundigen Herrn Przytarski nicht unklar gewesen sein kann. Und so hielt er gegen Ende seines Vermerks noch einen Trumpf bereit:

Bodeux erklärte, daß er Angst hätte, dem Rechtsanwalt Reinhard das Mandat aufzukündigen. Er befürchte, daß Rechtsanwalt Reinhard dies sofort an bestimmte Kreise weitergeben würde.

Auch diese Befürchtung wurde Herrn Bodeux nur zu gern geglaubt. Gleichwohl entschloß er sich, dem Rat des Staatsanwalts Przytarski folgend, einen anderen Anwalt zu beauftragen, einen Herrn aus Berlin, der in politischen Strafsachen bisher unbekannt war, aber von den Ermittlern mit ungewöhnlicher Aufmerksamkeit empfangen, sogar vom Flugplatz abgeholt wurde, und sogleich darauf verzichtete, bei weiteren Vernehmungen seines neuen Mandanten anwesend zu sein. Er verzichtete auch darauf, der standesrechtlich üblichen Benachrichtigungspflicht nachzukommen, so daß Reinhard von dem

Anwaltswechsel seines Mandanten erst erfuhr, als er eines Tages an der Pforte der Haftanstalt abgewiesen wurde. Herr Przytarski und seine Mannen werden sich die Hände gerieben haben.

Rechtsanwalt Wolf Dieter Reinhard standen vier schwere Jahre bevor, deren existenzielle Bedrohungen er nur mit solidarischer Hilfe einiger Kollegen durchstehen konnte. Schon während der Hauptverhandlung vor der 19. großen Strafkammer des Landgerichts Hamburg, souverän und mit gutem Humor geleitet von dem Vorsitzenden Richter Schenck, zeichnete sich ab, daß das Blatt sich allmählich wendete, je mehr die fragwürdigen Manipulationen der Ermittlungsbehörden im Vorfeld dieses Verfahrens und die Windigkeit ihres Kronzeugen sichtbar wurden. Bei Herrn Przytarskis Märchenstunde durfte sogar gelacht werden. So, als er sich darauf versteifte, seine umfangreichen, mit Details gespickten Vermerke verfaßt zu haben, ohne sich bei Bodeux' Vernehmungen Notizen gemacht zu haben.

Vorsitzender: Keine Notizen? Alles im Kopf?

Przytarski: Keine Notizen, nicht im mindesten, alles in meinem Kopf.

(Nach Verlesung der Vermerke:)

Hannover: Wollen Sie aufrechterhalten, daß Sie das alles im Kopf behalten und keine Notizen gemacht haben? Zum Beispiel »Schnuckelchen«? (Kosename in Bodeux' Liebesbeziehung)

Przytarski: Ja. »Schnäbelchen«.

Vorsitzender: Es gibt Schachspieler, die 54 Spiele blind spielen.

Reinhard: Aber Herr Przytarski ist ja nur Oberstaatsanwalt.

Hannover: Es ist natürlich nicht ausgeschlossen, daß ein Oberstaatsanwalt auch ein guter Blindspieler ist.

Przytarski: Danke.

Reinhard: Selbst in Ermittlungsverfahren.

Der am 27. November 1978 verkündete Freispruch kam nicht unerwartet. Das Gericht listete die Widersprüche, Widerrufe und nachträglichen Abschwächungen in den zahlreichen Aussagen des Kronzeugen Bodeux im einzelnen auf und kam zu dem Fazit, es könne nicht die Überzeugung gewinnen, daß die Vorwürfe, die der Zeuge gegen den Angeklagten erhoben hatte, auch wirklich zuträfen. Einen entscheidenden Stoß hatte die Glaubwürdigkeit des Zeugen durch das Bekanntwerden der durch Tonband und Przytarski-Vermerke dokumentierten Vernehmungen erlitten, die er, wie es im Urteil heißt, »trotz intensiver Befragung in der Hauptverhandlung zunächst geleugnet hatte«. Das komplizenhafte Zusammenspiel zwischen den Ermittlern und ihrem Kronzeugen beinhaltete offenbar auch die Verabredung beiderseitigen Stillschweigens. Ein Glück für Reinhard und seine Verteidigung, daß es gelungen war, dies Komplott aufzudecken. Was nach dem Wegfall von Bodeux' Erfindungen übrigblieb, war auch nach Auffassung der Strafkammer zulässige Verteidigertätigkeit.

Die Staatsanwaltschaft legte gegen den Freispruch Revision ein, handelte sich jedoch ein überraschend verteidigerfreundliches Urteil des Bundesgerichtshofs ein. Die Revision wurde durch Urteil vom 3. Oktober 1979 verworfen, der Freispruch war rechtskräftig.

Der 3. Strafsenat, sonst alles andere als liberal gegenüber Angeklagten der politischen Linken, verkannte nicht, daß hier eine Grundsatzfrage zu entscheiden war, die das Wesen der Verteidigung im Strafprozeß berührte. Es ging um die in der Praxis seltene, aber insbesondere von juristischen Laien oft aufgeworfene Frage: was darf ein Anwalt für einen Mandanten tun, von dem er weiß oder vermutet, daß er im Sinne der Anklage schuldig ist, mit den vorhandenen Beweismitteln aber voraussichtlich nicht überführt werden kann. Die Frage war an sich seit alters her in dem Sinne entschieden, daß ein Strafverteidiger, ohne sich dem Vorwurf der Begünstigung auszusetzen, auch in diesem Fall die Schuld des Angeklagten bestreiten und seine Freisprechung anstreben darf (so das Reichsgericht in einem Urteil aus dem Jahre 1932 und ihm folgend der BGH in einem Urteil vom 20.5.1952). Aber galten diese rechtsstaatlichen Mindeststandards auch für die bösen »Terroristenanwälte«, denen der damals amtierende Generalbundesanwalt Siegfried Buback den Anspruch auf einen fairen Prozeß (»fair trial«) ausdrücklich abgesprochen hatte (*Stern*-Interview, 5.6.1975)? Und galten sie auch, wenn die Verteidigertätigkeit nicht nur als schlichte Begünstigung, sondern als Unterstützung einer kriminellen oder gar terroristischen Vereinigung klassifiziert wurde?

Ich hatte in meinem Plädoyer vor dem Landgericht die Entwicklung des Rechts, einen Schuldigen mit dem Ziel des Freispruchs zu verteidigen, durch die jüngere deutsche Rechtsgeschichte verfolgt und einige Zitate aus der Nazizeit gebracht.

Was im Hinblick auf die von einem der beiden Staatsanwälte vertretenen Auffassungen ganz lehrreich gewesen sein dürfte.

Der nationalsozialistische Staat geht von dem Gedanken aus, daß der oberste Grundsatz der sein muß, die Wahrheit zu ermitteln und nicht etwa einen Übeltäter und Schädiger des Volksganzen durch »Advokaten-Kniffe« durch die Maschen des Gesetzes schlüpfen zu lassen.

So äußerte sich ein Regierungsrat Dr. Schütze im Jahre 1934 in der *Juristischen Wochenschrift* und schlug eine Gesetzesänderung vor, nach der ein Verteidiger, dem von seinem Mandanten ein glaubwürdiges Geständnis abgelegt werde, verpflichtet sein sollte, darüber sofort ein Protokoll aufzunehmen und dieses unverzüglich dem zuständigen Gericht einzureichen. Andere Autoren betonten, daß der Verteidiger im nationalsozialistischen Staat die Stellung eines »Gehilfen des Gerichts« bei der Wahrheitsfindung habe, und wollten daraus herleiten, daß er auf ein Geständnis seines Mandanten hinzuwirken habe. Und als letztes Zitat in einer langen Reihe brachte ich dieses:

Als unabhängiges Organ der Rechtspflege soll der Verteidiger mithelfen, das Recht zu verwirklichen. Damit tritt er an die Seite der Gerichte und der Staatsanwaltschaft.

Und fragte in den Saal, ob sich jemand denken könne, von wem das sei. Noch bevor sich jemand blamieren konnte, gab ich selbst die Antwort: aus dem Groenewold-Urteil des Hanseatischen Oberlandesgerichts Hamburg vom 10.7.1978! Der Vorsitzende Richter unserer Strafkammer gestand lächelnd, daß er an Freisler gedacht habe.

Nun, der BGH entging solchen Vergleichen. Er erkannte, daß die Verteidigung eines Beschuldigten, der Mitglied einer kriminellen oder terroristischen Vereinigung ist, notwendig auf eine Unterstützung dieser Gruppe hinausläuft, aber gleichwohl nicht nach den §§ 129, 129a StGB strafbar sein darf, wenn nicht eine Verteidigung solcher Mandanten unmöglich werden soll. Mit den Worten des BGH-Urteils vom 3.10.1979:

Das Bestreben, das organisierte Verbrechen mit den Mitteln des Strafrechts schon im Vorfeld seiner Ausführung zu bekämpfen, hat ... gegenüber dem rechtsstaatlichen Gebot zurückzutreten, auch in diesem Bereich eine ungehinderte und damit wirksame Strafverteidigung zu ermöglichen. Die Erfüllung dieses Gebots wäre ernsthaft gefährdet, wenn der Verteidiger im Zusammenhang mit Verfahren nach den §§ 129 und 129a StGB der Gefahr ausgesetzt würde, wegen einer üblichen und zulässigen Verteidigertätigkeit strafrechtlich selbst verfolgt zu werden. Das darf nicht sein, soll nicht der Rechtsstaatsgedanke erhebliche Einbuße erleiden.

Unter diesem Gesichtspunkt war alles, was die Hamburger Staatsanwaltschaft noch mit Nachdruck als Begünstigung und Unterstützung einer kriminellen Vereinigung verdammt hatte, zulässige Verteidigertätigkeit. Auch die Reinhard zum Vorwurf gemachte Information seiner Mandanten über die Aktenlage. Der BGH:

Sachgerechte Strafverteidigung setzt voraus, daß der Beschuldigte weiß, worauf sich der gegen ihn erhobene Vorwurf stützt, und daß er den Verteidiger informieren kann, wie er sich dazu einlassen wird. Der Verteidiger ist deshalb in der Regel berechtigt und unter Umständen sogar verpflichtet, dem Beschuldigten zu Verteidigungszwecken mitzuteilen, was er aus den Akten erfahren hat

Das alles war nichts Neues, sondern Substanz eines uralten rechtsstaatlichen Prinzips. Verhängnisvoll für die Betroffenen, daß es in Vergessenheit geraten konnte, als die Wellen der Empörung gegen angebliche Staatsfeinde hochschlugen und der aufgeputschten Volksseele ein Opfer präsentiert werden mußte. Für künftige Zeiten der Unruhe verdient es Aufmerksamkeit, daß deutsche Behörden, deren Aufgabe der Schutz des Rechts ist, noch immer mit Husarenbravour voranzugehen pflegen, wenn das Recht einer hysterischen Massenstimmung geopfert wird.

2. »Loyaler Landesverrat«. Der Fall Oberstleutnant Moser (1975–1980)

Am 21. Oktober 1975 meldete die Tagespresse, daß nach einer Mitteilung der Bundesanwaltschaft ein Oberstleutnant der Bundeswehr und dessen Ehefrau wegen geheimdienstlicher Tätigkeit festgenommen worden seien. Sie seien dringend verdächtig, seit über zehn Jahren für einen Geheimdienst der DDR gearbeitet zu haben. Im Zuge der Ermittlungen gegen dieses am 14. Oktober festgenommene Paar sei noch ein anderes Ehepaar verhaftet worden, das im Verdacht stehe, die Verbindung zwischen dem Oberstleutnant und seinen Auftraggebern in Ost-Berlin aufrechterhalten zu haben. Dieses Ehepaar sei vor einigen Jahren unter falschem Namen und mit gefälschten Ausweisen in die Bundesrepublik eingeschleust worden. Der 45 Jahre alte Oberstleutnant sei zuletzt, so ließ Generalbundesanwalt Buback die Presse wissen, Verbindungsoffizier der Luftwaffe zu einer größeren Panzereinheit des Heeres gewesen. Ihm werde vorgeworfen, aus seinem jeweiligen militärischen Arbeitsgebiet schriftlich und mündlich Erkenntnisse an seine Auftraggeber in der DDR gegeben zu haben.

Vier Tage später, am 25.10.1975, verfügte die *Welt* bereits über detaillierte Informationen zur Lebensgeschichte des Verhafteten und nannte den vollen Namen: Norbert Moser.

Auf dem Fliegerhorst Fürstenfeldbruck begann seine Karriere als Leutnant. Sie wäre fast an einer privaten Affäre gescheitert. Moser trug die dienstlichen Beziehungen zu seinem damaligen Vorgesetzten, einem hochdekorierten Offizier des II. Weltkrieges, in die private Sphäre. Er gehorchte einem inneren Befehl: die Frau seines Vorgesetzten wurde zur entscheidenden Impulsgeberin; der schwarzhaarige junge Offizier verliebte sich in die sieben Jahre ältere bildhübsche Majorsgattin. Am 3. August 1957 heiratete er seine Geliebte. Der Major, der dem Abwerber eine handgreifliche Eifersuchtsszene gemacht hatte, wurde strafversetzt. Moser konnte seine Karriere fortsetzen.

Die *Welt* wußte auch schon, daß der Oberstleutnant »von morgens acht Uhr bis zum späten Nachmittag« vernommen wurde. Er war – das stand jetzt allerdings nicht in der *Welt* – von seinen Auftraggebern in Ost-Berlin offenbar nicht darüber informiert worden, wie er sich im Falle einer Verhaftung verhalten sollte. Sonst hätte er den Ermittlern wohl kaum den Gefallen getan, sofort ein umfassendes Geständnis abzulegen, das später die wichtigste Grundlage des Urteils bilden sollte und Feststellungen über den Zeitraum seiner geheimdienstlichen Tätigkeit, nachrichtendienstliche Zusammenarbeit mit verschiedenen »Residentenehepaaren«, Treffen mit Führungskräften des MfS und über die Höhe seiner Entlohnung ermöglichte. Dieses »Teilgeständnis in Verbindung mit einem anfänglich bestehenden Wiedergutmachungswillen« sollte dem Angeklagten zwar eine Belobigung im Urteil (»spricht für ihn«), aber auch eine wesentlich höhere Strafe einbringen, als er sie bei sofortiger Aussageverweigerung zu erwarten gehabt hätte.

Als ich Norbert Moser am 27. Oktober 1975 in der Untersuchungshaftanstalt in Bonn aufsuchte – seine Frau und deren Sohn aus erster Ehe hatten mich darum gebeten, seine Verteidigung zu übernehmen –, lagen schon 63 Seiten Vernehmungsprotokoll vor. Mein erster anwaltlicher Rat konnte nur lauten: keine weiteren Aussagen. Und daran hat Moser sich auch bis zum Schluß der Hauptverhandlung gehalten. Aber was er sich da schon von gewieften Vernehmungsbeamten hatte abfragen lassen – sie hatten ihn in den Glauben versetzt, es gehe nur um höchstens fünf Jahre Gefängnis – reichte für ein Urteil wegen Landesverrats (Höchststrafe 15 Jahre, in besonders schweren Fällen lebenslang). Ein Bundesrichter als Ermittlungsrichter des BGH, für den an Befehls- und Gehorsamsstrukturen gewöhnten Soldaten Norbert Moser eine beeindruckende Autorität, hatte alles in die Form verlesbarer richterlicher Protokolle gebracht. Der Verteidiger kam zu spät, um noch viel retten zu können.

Ich lernte in Norbert Moser einen Menschen kennen, der keineswegs aus Liebe zu einer Frau zum Verräter geworden war, wie die *Welt* und ihre Karlsruher Informanten annahmen, sondern der aus einer politischen Überzeugung gehandelt hatte, die zum herrschenden Denken querstand. Allerdings hatten seine Frau und deren Bruder den Anstoß dazu gegeben, über die Problematik zweier deutscher Armeen nachzudenken, die sich diesseits und jenseits einer Frontlinie gegenüberstanden, die zwei verfeindete, hochgerüstete Machtblöcke voneinander trennte. Eine Frontlinie, die der westliche Sprachgebrauch des kalten Krieges als »innerdeutsche Grenze« verfälschte und verharmloste.

Norbert Moser war ein kleiner, stämmig gewachsener Mann, zweifellos ein guter Soldat und leidenschaftlicher Flugzeugpilot, der, obwohl seine Situation alles andere als beneidenswert war, das Leben im Knast mit ungebrochenem bissigem Humor bewältigte. »Er trägt die Haft wie ein Soldat«, sagte Bundesrichter Buddenberg, der Ermittlungsrichter des BGH, von ihm. Daraus sprach, so unbegreiflich die Moser vorgeworfene Tat für konservatives Rechtsverständnis sein mußte, eine Hochachtung, die der gelassenen Haltung dieses Mannes galt, der sich in der für ihn ungewohnten Umgebung sofort zurechtfand und später, in der Strafhaft, sowohl bei den Vollzugsbeamten und dem Anstaltspfarrer als auch bei den Mitgefangenen Sympathien und Respekt genoß, sich in der Buchbinderei und als Orgelspieler in den Gottesdiensten beider christlicher Konfessionen nützlich machte und zum Vertrauensmann und Sprecher der Gefangenen gewählt wurde. Auch mir ist dieser unkomplizierte Mann in den langen Jahren, die ich ihn noch im Knast betreuen mußte, fast zu einem Freund geworden, obwohl wir uns doch jedenfalls in unserer Einstellung zum Soldatenberuf sehr grundsätzlich unterschieden.

Ebenso geachtet und beliebt muß Moser in seiner militärischen Umgebung gewesen sein. Noch in der Hauptverhandlung vor dem Bayerischen Obersten Landesgericht, die vom 20.9. bis 6.12.1977 in München stattfand, wurden ihm von seinen Berufskollegen Zeugnisse von Sympathie und Anteilnahme ausgestellt, die angesichts der nunmehr auf dem Tisch liegenden Anklage höchst bemerkenswert waren. Dabei spielte sicher auch der Umstand eine Rolle, daß man doch irgendwie von dem Lebensschicksal dieses Mannes berührt war, der eine außergewöhnlich schöne und intelligente Frau »erobert« und geheiratet hatte – eine »Klassefrau«, wie ein den Mosers nahestehender Zeuge sie nannte –, die ihrerseits schon vor ihrer Verbindung mit Norbert Moser als überzeugte Anhängerin des DDR-Sozialismus für das MfS tätig gewesen war und ihn für diese politische Gesinnung und für die Zusammenarbeit mit dem Geheimdienst gewonnen hatte; als besonders tragisch wurde empfunden, daß diese Frau im Jahre 1971 infolge einer Hirnembolie schwere Lähmungen, Sprachstörungen und Intelligenzschäden erlitt, sich nur noch an Krücken bewegen konnte und für den Rest ihres Lebens zum Pflegefall wurde. Sie mußte deshalb auch nach ihrer Festnahme gleich wieder aus der Haft entlassen werden und wurde nie angeklagt. Norbert Moser hatte seit der Erkrankung seiner Frau neben seinen beruflichen Pflichten viel Zeit auf die Pflege seiner Frau gewandt. Man nahm Anteil im Kameradenkreis und bewunderte auch hier seinen ungebrochenen Lebensmut. Und nun dies. Man fiel aus allen Wolken, daß dieser beliebte und geachtete Offizier und Kamerad seit vielen Jahren Landesverrat betrieben haben sollte.

Die Frage, warum Norbert Moser sich zur Zusammenarbeit mit dem Staatssicherheitsdienst der DDR entschlossen hatte, fand auch in der Hauptverhandlung keine seine wirklichen Motive restlos entschlüsselnde Antwort. Die vor dem Münchener Gericht vernommenen Zeugen aus dem Offizierskameradenkreis des Angeklagten begrüßten ihn kameradschaftlich und verhehlten nicht ihre Sympathie mit dem »Landesverräter«.

Oberstleutnant Hardt:

Ich stehe vor einem Rätsel.

Oberstleutnant Holinka:

Ich habe ihn sehr geschätzt. Ich hätte dienstlich jederzeit die Hand für ihn ins Feuer gelegt.

Generalleutnant Loosen:

Moser machte auf mich einen sehr lebhaften und aktiven, einen sehr positiven Eindruck. Er war im Kameradenkreis gern gesehen, immer sehr lustig. Alle haben ihn sehr bewundert, weil man wußte, daß er zu Hause eine Menge Leid zu tragen hatte.

In meinem Plädoyer habe ich die politische Dimension, die Mosers Tat hatte, bewußt nicht ausgelotet. Es hätte meinem Mandanten sicher nicht genützt. Bei keinem bundesdeutschen Gericht, schon gar nicht beim Bayerischen Obersten Landesgericht, konnte mein Mandant hoffen, für seine politische Entscheidung Verständnis zu finden, dem Frieden durch Offenlegung der gegeneinander gerichteten Kriegsvorbereitungen der beiden deutschen Staaten zu dienen. Und so begnügte ich mich damit, den Loyalitätskonflikt nur anzudeuten, der sich für Norbert Moser aufgetan hatte, als er sich in eine Frau verliebte, deren Bruder auf der anderen Seite der Grenze zwischen den beiden gegeneinander aufgerüsteten Machtblöcken lebte. Ihr Bruder war es gewesen, der 1957 Norbert Mosers Entscheidung herbeigeführt hatte, sich gegenüber dem Ministerium für Staatssicherheit der DDR zu verpflichten, über militärische Kriegsvorbereitungen zu berichten. Das wußten auch die Richter des Bayerischen Obersten Landesgerichts.

Und so endete mein Plädoyer mit einem Appell an die Richter, dem Angeklagten einen Loyalitätskonflikt zugute zu halten, der aus Liebe zu seiner Frau entstanden war. Das war nicht ganz falsch, aber auch nicht ganz richtig. Norbert Moser und ich waren uns einig, daß die politische Motivation seines Handelns vor den höchsten Bayerischen Richtern des Jahres 1977 besser ungesagt blieb. Ich hatte ihm meinen Aufsatz »Der loyale Landesverrat« zu lesen gegeben, den die *Werkhefte katholischer Laien* im Jahre 1963 veröffentlicht hatten. Darin fand Moser seine eigenen Überlegungen formuliert, er stimmte mir lebhaft zu, ließ sich aber überzeugen, daß es unklug gewesen wäre, sie im Münchener Gerichtssaal zu wiederholen, denn sie liefen darauf hinaus, nicht nur ein Recht, sondern eine Pflicht zum Landesverrat zu proklamieren, wenn Krieg vorbereitet wird.

Ich hatte in jenem Aufsatz von 1963 den amerikanischen Ökonomen Oscar Morgenstern zitiert, der darauf aufmerksam gemacht hatte, daß eine Strategie, die mit der Möglichkeit eines Krieges zwischen den beiden ideologisch verfeindeten Lagern rechnet und ihn durch Abschreckung verhindern will, nur aufgehen kann, wenn sie sich zum Prinzip der »offenen Welt« bekennt. Der Mannheimer Soziologe Eduard Baumgarten hatte Morgensterns Gedanken in der *Zeit* (30.11.1962) so referiert:

Die Unverwundbarkeit der Vergeltungsautomatik kann nur gesichert werden bei beiderseits gleichbleibendem technischen Stand der Rüstung. Dieser wieder ist nur zu sichern durch Preisgabe der Geheimhaltung technischer Informationen ... So aber, wie die Dinge heute noch liegen, ist die Wahrscheinlichkeit, daß es zu einem thermonuklearen Krieg kommt, wesentlich größer als die, daß er nicht stattfindet. Dieses Wahrscheinlichkeitsverhältnis kann nur durch die Verwirklichung des Prinzips der »offenen Welt« umgekehrt werden.

Es gab damals, Anfang der sechziger Jahre, noch kritische Stimmen, die aussprachen, daß die Voraussetzung des klassischen Landesverratsbegriffs, es könne im militärischen Bereich Dinge geben, deren Geheimhaltung im Interesse des Staatswohls erforderlich sei, durch die Abschreckungsstrategie fragwürdig geworden ist. Denn eine Abschreckungsstrategie, die Kriege wirklich verhindern will, setzt voraus, daß dem Gegner durch Demonstration der eigenen Stärke imponiert wird, deren faktischer Einsatz jedoch unterbleibt, weil der Gegner mit dem gleichen Vernichtungspotential aufwarten kann. Man hat vom »Gleichgewicht des Schreckens« gesprochen, das aber notwendig ins Kippen geraten muß, wenn eine der beiden Schreckensdrohungen durch einen Rückstand in der Entwicklung der Waffentechnik ins Hintertreffen gerät. Der »Wettlauf der Waffen« – so der Titel eines inzwischen vergessenen Buches des Friedensnobelpreisträgers Philip Noel-Baker aus dem Jahre 1961 – bedingte eine Umkehrung der traditionellen Logik des Landesverratsbegriffs, eine neue Definition von Loyalität, die mit herkömmlichem militärischem Denken unvereinbar war.

Als mein Aufsatz von 1963, in dem Norbert Moser sein eigenes Denken wiedererkannte, veröffentlicht wurde, war das spektakuläre Landesverratsverfahren gegen den Herausgeber des *Spiegel*, Rudolf Augstein, noch nicht durch Einstellung erledigt. Der Versuch der Adenauer-Regierung und ihres Verteidigungsministers Franz Josef Strauß, sich des damals noch als wichtiges Oppositionsorgan fungierenden Nachrichten-Magazins mithilfe der Strafjustiz zu entledigen (Adenauer: »Abgrund von Landesverrat«), hatte die Wellen des öffentlichen Protestes hochschlagen lassen und Sensibilität für die Problematik des Landesverratsbegriffs erzeugt. Nur in diesem Klima war Aufmerksamkeit für eine Untersuchung zu erwarten, die sich mit dem historischen Wandel der Loyalitäten befaßte, die man »verraten« kann. Das Fazit meines damaligen Textes:

Die Landschaft des Verrats, in der wir heute stehen, hat alle traditionell festgefügten Bezugspunkte der Loyalität verloren. Das »Vaterland«, einst der natürliche Gegenstand einer über den familiären Rahmen hinausreichenden Treue, ist geteilt. Die Loyalität gegenüber dem Vaterland ist wieder zu einer politischen Aufgabe geworden, die gegen das Souveränitätsstreben von Teilstaaten durchgesetzt werden muß. Eine dem teilstaatlichen Souveränitätsdenken verbundene Strafjustiz läßt Loyalität gegenüber dem Vaterland zum Verrat werden. Auch der Frieden – erstmals in der Geschichte der Menschheit nicht nur Wunschtraum, sondern politische Notwendigkeit – ist zum Gegenstand einer übernationalen Loyalität geworden, die sich an den überkommenen Formeln eines überholten Denkens stößt. Der einzige gültige Kompaß in dieser neuen Landschaft des Verrats ist das politische Gewissen des einzelnen. Nur eine in obrigkeitlichem Denken befangene Rechtsprechung könnte verkennen, daß das Gewissen, dem unser Grundgesetz in Art. 4 Abs. 1 den Vorrang vor aller staatlichen Rechtssetzung (Art. 1 Abs. 3 GG) eingeräumt hat, seine Loyalitäten anders bestimmen kann, als die herrschende Ideologie. Werden Rudolf Augsteins Richter erkennen, was Carl von Ossietzkys Richtern verschlossen blieb? Werden sie begreifen, daß es eine patriotische Tat sein kann, »Landesverrat« zu begehen?

Anderthalb Jahrzehnte später war nicht mehr zu hoffen, daß man den Richtern des Oberstleutnants Moser dessen Landesverrat als patriotische Tat hätte begreiflich machen können. Was mit der »Spiegel-Affäre« von 1962 an Möglichkeiten politischer Aufklärung und revolutionärer Veränderung hochgeschäumt war, war längst verspielt.

Das Urteil des Bayerischen Obersten Landesgerichts vom 6. Dezember 1977 sprach Norbert Moser des »gemeinschaftlich begangenen Landesverrats in einem besonders schweren Fall in Tateinheit mit fortgesetzter Verletzung von Dienstgeheimnissen und fortgesetzter Bestechlichkeit« schuldig und fand eine Freiheitsstrafe von elf Jahren »schuldangemessen und geboten«. Das mit ihm zusammen angeklagte Residentenehepaar, verteidigt von den Münchener Kollegen Dr. Pötschke und Dr. Hofmann, erhielt fünf Jahre. Sie wurden schon nach relativ kurzer Zeit im Wege des Gefangenenaustausches zwischen der DDR und der BRD entlassen. Bei Moser sperrte sich die bundesrepublikanische Seite jahrelang gegen einen Austausch. Ich wandte mich schließlich im Juni 1980 an den Bundesaußenminister, Hans-Dietrich Genscher, den ich als Studienkollegen aus gemeinsamer Göttinger Zeit kannte (»Ich hoffe, daß Du mich in (guter) Erinnerung hast«) und bat ihn, unter Darlegung der humanitären Gründe, die für eine Freilassung sprachen, etwas für

Moser zu tun. Ich nahm in meinem Schreiben den Einwand mangelnder Zuständigkeit vorweg (»Immerhin stehst Du auf einer Stufe der gesellschaftlichen Hierarchie, auf der man mehr bewegen kann als ein kleiner Anwalt in Bremen«) und verschwieg auch nicht, daß wir uns politisch voneinander entfernt hatten (»Neulich hatte ich Gelegenheit, mit Herrn Verheugen zu sprechen und ihm zu sagen, daß mir Deine politische Entwicklung gar nicht gefällt. Er replizierte, daß Dir meine politische Entwicklung auch nicht gefalle. Das schließt aber sicher nicht aus, miteinander zu sprechen. Oder?«). Anfang Oktober erinnerte ich ihn noch einmal an die Sache. Fünf Wochen später, Mitte November 1980, war Moser frei – ich weiß nicht, ob es Genschers Intervention zu danken war oder dem Umstand, daß Moser wegen Tuberkuloseverdachts zum medizinischen Problemfall geworden war – und durfte zu seiner Frau in die DDR übersiedeln. Aber seine Gesundheit war ruiniert. Er starb am 11. März 1984 im Alter von nur 53 Jahren an Lungenkrebs. Seine Frau, Ruth Moser, hat ihn nur um 37 Tage überlebt. Ihr Sohn aus erster Ehe – die Ehe mit Norbert Moser war kinderlos geblieben – teilte den Tod der beiden in einer Anzeige mit, die er so überschrieb:

Sie haben daran geglaubt, den Frieden sicherer zu machen.

3. Die beleidigte Spitze der Großbanken. Der Fall Bolko Hoffmann (1974–1980)

Mit Schriftsatz vom 2. Dezember 1974 hatte der Hannoversche Rechtsanwalt Dr. Josef Augstein, Bruder des *Spiegel*-Herausgebers Rudolf Augstein, dem Herrn Leitenden Oberstaatsanwalt bei dem Landgericht Bochum einen Strafantrag gegen den Herausgeber und verantwortlichen Redakteur der Zeitschrift *Effecten-Spiegel*, den Diplom-Kaufmann Bolko Hoffmann, unterbreitet, mit der Bitte, gegen diesen Anklage wegen Beleidigung zu erheben. Strafanzeigen wegen Beleidigung werden in aller Regel von den Staatsanwaltschaften in der Weise erledigt, daß dem Anzeigeerstatter mitgeteilt wird, es fehle am öffentlichen Interesse für eine öffentliche Anklage, der Anzeigeerstatter werde deshalb auf die Möglichkeit verwiesen, Privatklage zu erheben. Hier aber war es anders. Der Kollege Augstein vertrat Mandanten von einiger Prominenz, die sich nach ihrer Selbsteinschätzung für die »Spitze der Großbanken« hielten. Denn unter dieser Sammelbezeichnung glaubten sie gemeint gewesen zu sein, als in Hoffmanns Aktionärszeitschrift in Zusammenhang mit einem Bericht über Hintergründe der Liquidation des Hamburger Bankhauses Wolff zu lesen war, daß die Spitze der Großbanken aus »mafia-vergleichbaren Gestalten« bestehe, »denen jegliches Gefühl für Anstand und kaufmännische Fairneß« fehle. Herr Augstein ließ den Leitenden Oberstaatsanwalt wissen, daß er folgende Herren vertrete:

die Herren Dr. Wilhelm Vallenthin und Dr. Hans Leibkutsch, Mitglieder des Vorstandes der Deutschen Bank;

die Herren Dr. Karl-Ludwig Bresser und Dr. Christoph von der Decken, Mitglieder des Vorstandes der Dresdner Bank;

und die Herren Dr. Behrenbeck und Jürgen Reimnitz, Mitglieder des Vorstandes der Commerzbank.

Das öffentliche Interesse an der Strafverfolgung begründete Herr Augstein so:

Vorstandsmitglieder der drei Großbanken haben eine bedeutende Stellung im Wirtschaftsleben der Bundesrepublik. Wenn solche Beleidigungen hingenommen und ungesühnt bleiben, wird das Vertrauen der Bevölkerung in die Wirtschaft untergraben. Das bedeutet einen Schaden für die Volkswirtschaft.

Mit Kritik und freier Meinungsäußerung hätten solche Beschimpfungen nichts zu tun. Es handle sich um eine Formalbeleidigung, also eine Beleidigung, bei der eine Beweiserhebung über die zugrundeliegenden Tatsachen entbehrlich wäre.

Die Staatsanwaltschaft wurde denn auch ungesäumt tätig und beantragte beim Amtsrichter einen Strafbefehl gegen Hoffmann, der, weil der zunächst zuständige Richter rechtliche Bedenken hatte, erst nach einigem Hin und Her erlassen wurde. Nachdem Hoffmann gegen den Strafbefehl Einspruch eingelegt hatte, kam es zur Hauptverhandlung bei einem anderen Richter, der die Bedenken seines Vorgängers nicht teilte und den Angeklagten am 7. September 1977 wegen Beleidigung zu einer Geldstrafe von zehn Tagessätzen zu je 50 DM verurteilte.

Nunmehr wandte sich Herr Hoffmann, der beim Amtsgericht von einem Bochumer Anwalt verteidigt worden war, an mich und beauftragte mich mit seiner Verteidigung in der Berufungsinstanz.

Wir wollten den Herren, die sich durch den Mafia-Vergleich beleidigt fühlten, eine Beweisaufnahme über die Richtigkeit dieser Einschätzung nicht ersparen und bereiteten umfangreiche Beweisanträge vor, die Beispiele für mangelnde kaufmännische Fairneß und existenzvernichtenden Machtmißbrauch der Großbanken veranschaulichen sollten. So benannten wir den Vorstandsvorsitzenden der Firma Daimler-Benz, Herrn Joachim Zahn, und den ehemaligen Vorstandssprecher der Dresdner Bank, Herrn Hans Rinn, als Zeugen zum Beweise dafür, daß der Zusammenbruch der Firma Borgward in Bremen hauptsächlich von der Dresdner Bank herbeigeführt worden ist und dazu gedient hatte, den Großkonzernen einen unbequemen Konkurrenten aus dem Wege zu räumen; bekanntlich sind die Gläubiger der Firma Borgward vom Konkursverwalter zu 100% ausbezahlt worden, ein in der Konkursgeschichte wohl einmaliger Fall. Weiter benannten wir die Herren Hans-Günther Sohl, Aufsichtsratsvorsitzender der ehemaligen Gelsenberg AG, und Hermann Josef Abs, ehemaliger Vorstandssprecher

Frankfurter

Unabhängig

Freitag, 5. Februar 1999 · Jahrgang 55 · Nr. 30/5

Zwölf goldene Sterne auf tiefblauem Grund: Unter dieser Flagge feiert der Europarat in Straßburg, älteste europäische Institution überhaupt, in diesem Jahr seinen 50. Geburtstag.

Europa Seite 6

Meryl Streep im Gespräch über ihren neuen Film „Tanz in die Freiheit".

Feuilleton Seite 1(

Deutsche Bank gab Geld zu Auschwitz-Bau

Kreditinstitut finanzierte auch Projekte der SS

Von Matthias Arning

Die Deutsche Bank hat sich an der Finanzierung des Buna-Werks und von Baustellen der Waffen-SS in Auschwitz beteiligt. Das geht aus neuen Funden in Archiven des Geldinstituts hervor. „Die damaligen Verantwortlichen der Bank wußten, was sie finanzierten", sagte der Leiter des Historischen Instituts der Bank, Manfred Pohl, am Donnerstag in Frankfurt.

FRANKFURT A. M., 4. Februar. Die Deutsche Bank vergab während des Zweiten Weltkriegs Kredite an zehn Baufirmen, die in Auschwitz tätig waren. Das Material in den Archiven der Bank, das sie im vergangenen Jahr in Frankfurt am Main und in Berlin gebündelt hatte, belegt diese Verbindungen. Dem Bauunternehmen Riedel & Sohn etwa räumte die Kattowitzer Filiale der Bank einen Rahmen von 400 000 Reichsmark ein. Mit einer Übersicht über die Auftragsbestände der Baufirma sicherten sich die Banker ab: Detailliert listete Riedel & Sohn auf, welche Leistungen auf den Baustellen der IG Farben und der Waffen-SS in Auschwitz erbracht wurden.

Verbindungen über Konten und Kredite

standsmitglied Hermann Josef Abs saß, direkt Geschäfte: „Das Werk unterhielt bei der Filiale Kattowitz ein laufendes Konto, dessen Umsatz sich im Frühjahr 1943 auf monatlich fünf Millionen Mark belief", sagte Pohl.

Von Ende 1943 an bestand Auschwitz aus drei Lagerbereichen: dem Konzentrationslager, in dem die SS vor allem Zwangsarbeiter gefangenhielt, dem Vernichtungslager Birkenau sowie Auschwitz III — Monowitz, 1941 für die IG Farben errichtet. Der Konzern baute dort eine Fabrik für die Produktion von synthetischem Kautschuk (Buna-Werk).

Institutsleiter Pohl geht davon aus, daß nicht nur die Leiter der Bankfiliale Kattowitz über die Bautätigkeiten informiert waren, denn alle Kredite der Filiale mußten in der Zentrale der Deutschen Bank in Berlin gegengezeichnet werden. „Dieser Verantwortung" müsse sich das Geldinstitut stellen, das sich derzeit mit Sammelklagen von Holocaust-Opfern in den USA konfrontiert sieht. Sie fordern von der Deutschen wie von der Dresdner Bank Entschädigung für Raubgold und Profite aus sogenannten Arisierungsgeschäften.

Beide Banken beteiligen sich auch an den Gesprächen über einen Entschädi-

Warnstreik: Im Metall-Tarifstreit legten 5 Düsseldorf am Donnerstag ihre Arbeit niec

Die Verstrickung bestimmter Großbanken in die Verbrechen des Nazu-regimes, die inzwischen kein Geheimnis mehr ist, wollten wir dem Zeugen Hermann Josef Abs schon 1978 vorhalten.

der Deutschen Bank, zum Beweise dafür, daß der Zusammenbruch der Firma Schlieker ebenfalls durch Interventionen der Großbanken und der Stahlindustrie herbeigeführt worden ist; Grund: Schlieker vertrieb japanische Stähle und unterbot den Preis der deutschen Stahlindustrie auf dem deutschen Markt. Hermann Josef Abs und der Aufsichtsratsvorsitzende der Dresdner Bank, Hans Richter, sollten weiter bezeugen, daß der

Zusammenbruch der Firmen Opal und Stinnes ebenfalls durch kurzfristige Kreditkürzungen der Großbanken herbeigeführt worden ist. Abs und fünf weitere prominente Zeugen benannten wir zum Beweis dafür, daß dem Bremer Kaufmann Hermann Krages durch Manipulationen der Großbanken, insbesondere durch das Ausstreuen falscher kreditschädigender Gerüchte, schwere Verluste zugefügt worden sind. Ein weiterer Beweisantrag betraf die Einführung von Aktien der japanischen Elektrofirma Mitsumi an der westdeutschen Börse durch die Dresdner Bank, bei der, wie wir unter Benennung von zwei Zeugen behaupteten, die Aktienkäufer über die katastrophale Lage des Unternehmens getäuscht worden waren. Und schließlich benannten wir Zeugen zu den Umständen des Zusammenbruchs des Bankhauses Wolff, die Anlaß zu dem inkriminierten Artikel im *Effecten-Spiegel* gegeben hatten; über diese war auch schon im Vorfeld der Hauptverhandlung vor dem Amtsgericht Beweis erhoben worden, da mindestens zwei der dort mit der Sache befaßt gewesenen Richter im Gegensatz zu Herrn Dr. Augstein durchaus der Auffassung waren, daß es auf diese Umstände ankomme. Der mehrfache Richterwechsel im Vorverfahren stimmte den Leser der Akten darauf ein, daß man die Sache so und so sehen konnte.

Einem telefonischen Vorgespräch mit dem Vorsitzenden der Strafkammer, die über unsere Berufung zu entscheiden hatte, entnahm ich, daß er mit einer eintägigen Verhandlungsdauer rechnete, also offenbar eine Ablehnung unserer Beweisanträge plante. Dem wollte ich durch unmittelbare Ladung des wichtigsten und prominentesten der von uns benannten Zeugen, nämlich des Herrn Hermann Josef Abs, vorbauen. Nach § 220 StPO ist eine vom Verteidiger unmittelbar geladene Person nur dann zum Erscheinen verpflichtet, wenn ihr bei der Ladung die gesetzliche Entschädigung für Reisekosten und Versäumnis bar dargeboten wird. Also legte ich meinem Schreiben an den zuständigen Gerichtsvollzieher einen Scheck über 400 DM bei und beauftragte ihn, Herrn Abs zu dem am 27. Juni 1978 anstehenden Hauptverhandlungstermin zu laden und ihm die 400 DM in bar anzubieten. Da der Gerichtsvollzieher, wie er mir mitteilte, den Zeugen Abs bei der Deutschen Bank in Frankfurt am Main nicht antraf, mußte ich, nun schon ein bißchen unter Zeitdruck, die Zustellung der Vorladung an seinem Wohnsitz versuchen. Ich fand auch einen für Königstein im Taunus zuständigen Gerichtsvollzieher, der, als er erfuhr,

Das Großkapital plündert die deutsche Volkswirtschaft aus

Bolko Hoffmann

Nur ein 300-Mrd-DM-Konjunkturprogramm – finanziert über die Börse – und eine Rückgängigmachung des Euro-Wahns bringen die Wirtschaft wieder in Schwung

Kohls Unfähigkeit in ökonomischen Fragen hat die deutsche Volkswirtschaft in unvorstellbarem Maße ruiniert. Nach den leeren Versprechungen hinsichtlich blühender Landschaften im Osten und der aberwitzigen Prognose einer Halbierung der Arbeitslosenzahlen bis zum Jahr 2000 steht uns jetzt die größte Katastrophe bevor: die Einführung des Euro. Sie bringt weitere Hunderttausende von Arbeitslosen und zerstört den Mittelstand. Nur das Großkapital, das ohnehin die deutsche Volkswirtschaft ausplündert, profitiert von der neuen Währung.

Es ist ein riesiger Skandal, daß die Großkonzerne im Schnitt praktisch nur 28-30 % an Ertragssteuern bezahlen, weil Bonn ihnen alle Ausweichmöglichkeiten über das Ausland einräumt, während der Mittelstand mit durchschnittlich 66 % vom Fiskus zur Kasse gebeten wird.

Man muß sich nur einmal vorstellen, daß die Versicherungs-Giganten wie Allianz, Münchener Rück und Ergo inklusive ihrer Tochtergesellschaften Dresdner Bank und Bayernbank über mehrere hun-

nur mehr Bilanz-Wahrheit. Nicht nur die einzelnen Aktien, sondern auch die börsennotierten Beteiligungen müßten zum Ultimo-Kurswert bilanziert werden. Dabei genügt zunächst eine Aufschreibung auf einen hälftigen Bilanzansatz, damit nicht argumentiert werden kann, man nähme ihnen die stillen Reserven, die sie für eventuelle Notfälle benötigen.

Was heißt das konkret? Die Großkonzerne, beispielsweise die Allianz oder die Münchener Rück, müßten ihre gegenseitigen Schachtel-Beteiligungen von 25 % zum halben Kurswert bilanzieren. Dadurch werden sie irre Gewinne ausweisen. Diese wiederum sind zu 2/3 zu versteuern. Der Staat hätte also die finanziellen Mittel, um Konjunkturprogramme zu finanzieren.

Die Aktionäre bzw. die Versicherungsnehmer, die ebenfalls von diesen Großkonzernen betrogen werden, würden angesichts der erhöhten Ausschüttungen die reinsten Freudentänze aufführen, auch wenn sie mit nur 1/3 an diesen Gewinnen beteiligt wären.

Bolko Hoffmann ist im Laufe des Jahres 1998 mit einer Fülle von ganzseitigen Zeitungsanzeigen an die Öffentlichkeit getreten, in denen er gegen die Einführung des Euro argumentierte und die Interessen der Banken und des Großkapitals bloßstellte.

worum es ging, einigen Jagdeifer entwickelte, die mir bis dahin noch unbekannte Adresse des Herrn Abs ermittelte und die Ladung vorschriftsmäßig bewirkte; einen Tag vor dem Hauptverhandlungstermin, aber rechtzeitig, da es für Zeugenladungen keine gesetzlichen Fristen gibt.

Der Gerichtsvollzieher hatte Herrn Abs nicht persönlich angetroffen, sondern nur seine Haushälterin, die den Empfang der Ladung und des Geldes quittiert hatte. Als Herr Abs nach Hause kam und erfuhr, daß er für den folgenden Tag in Sachen Bolko Hoffmann vor das Landgericht Bochum geladen sei, muß er wohl aus der Haut gefahren sein. Jedenfalls griff er zum Telefon und rief wutentbrannt in meinem Büro in Bremen an. Da ich an diesem Tage in Hamburg zu tun hatte und von dort direkt nach Bochum fahren wollte, kriegte er nur meine Sekretärin zu fassen, auf die er seinen Zorn ablud. Er könne selbstverständlich nicht kommen, er müsse gleich nach München fahren und morgen nach Bonn. Bolko Hoffmann sei ihm nicht bekannt, es müsse sich um eine Verwechslung handeln. Er hätte, wenn er zu Hause gewesen wäre, die Annahme der Ladung und die Annahme des Geldes verweigert. Meine Sekretärin sagte, sie werde über seine Ausführungen eine Aktennotiz anlegen und Herrn Hannover informieren. Sie solle ausrichten, sagte Herr Abs abschließend, er nehme von der Ladung keine Kenntnis.

Ich könnte mir vorstellen, daß auch die Herren, die sich als die Spitzen der Großbanken zu erkennen gegeben hatten, noch einiges von dem Zorn des Herrn Abs, dieses ungekrönten Königs der deutschen Banker, abgekriegt haben. Wie konnte man einen solchen Prozeß gegen den Herrn Abs angeblich unbekannten Bolko Hoffmann riskieren, in dem ein vielleicht auch Herrn Abs nicht unbekannter »Linksanwalt« aus Bremen Gelegenheit kriegte, den großen Abs in den Zeugenstand zu zitieren. Denn daß ihn nicht nur die Unbequemlichkeiten dieser mit anderen Terminen kollidierenden Reise, sondern auch unangenehme Fragen erwarteten, wußte Herr Abs sehr gut, und das hätten auch die anderen Spitzen-Banker wissen können.

Ich hatte mich auf die Vernehmung des Zeugen Hermann Josef Abs gründlich vorbereitet. Da gab es den Bericht der OMGUS (Office of Military Government for Germany, United States) »Ermittlungen gegen die Deutsche Bank« von 1946/47, eine umfangreiche Studie amerikanischer Fachleute zur Vorbereitung von Kriegsverbrecherprozessen, in der empfohlen wurde:

1. die Deutsche Bank zu liquidieren,
2. die verantwortlichen Mitarbeiter der Deutschen Bank anzuklagen und als Kriegsverbrecher vor Gericht zu stellen, und
3. die leitenden Mitarbeiter der Deutschen Bank von der Übernahme wichtiger oder verantwortlicher Positionen im wirtschaftlichen und politischen Leben Deutschlands auszuschließen.

Nichts von alledem war passiert. Im Gegenteil, Hermann Josef Abs wurde einer der mächtigsten Männer im wirtschaftlichen und politischen Leben des westlichen Nachkriegsdeutschlands. Daß es nicht zu dem von den amerikanischen Ermittlern vorbereiteten Kriegsverbrecherprozeß gegen Abs und andere verantwortliche Mitarbeiter der Deutschen Bank kam, ist der Haltung der englischen Militärregierung zu verdanken, die Hermann Josef Abs schon im Mai 1945 zu ihrem finanzpolitischen Berater ernannt hatte, dann aber auch der sich etwa ab 1947 verändernden Einstellung der amerikanischen Regierung zu den Stützen des Nazi-Regimes, die man wieder brauchte, als der kalte Krieg gegen die Sowjet-Union begann. Auch in Konrad Adenauer, dem ersten Bundeskanzler der 1949 gegründeten Bundesrepublik Deutschland, hatte Hermann Josef Abs einen zuverlässigen Freund. Und so wurde Abs zum vielbeschäftigten Abgesandten der Bundesregierung bei den Verhandlungen über die deutschen Auslandsschulden. Ein wichtiger Mann an den Hebeln der Macht also, für den es offensichtlich neu war, daß ein Rechtsanwalt es wagte, ihm eine Ladung und einen Reisekostenvorschuß ins Haus zu schicken.

Der OMGUS-Bericht hätte mir Anlaß zu einigen kritischen Fragen über die Rolle der Deutschen Bank und des seit 1938 zu ihrem Vorstand gehörenden Zeugen Hermann Josef Abs während der Nazi-Herrschaft gegeben. Ein nicht ungefährliches Terrain, da Hermann Josef Abs und die Deutsche Bank sich gegen eine Veröffentlichung des DDR-Autors Eberhard Czichon (*Der Bankier und die Macht. Hermann Josef Abs in der deutschen Politik*, Köln 1970), die weitgehend auf den von der amerikanischen Kommission ermittelten Fakten basierte, mit zivilprozessualen Mitteln gewehrt und beim Landgericht Stuttgart 1971 und 1972 Urteile erstritten hatten, durch die dem Autor verboten wurde, eine Reihe von ehrenkränkenden Behauptungen zu wiederholen. Ich hatte mich über den Inhalt dieser Urteile kundig gemacht und wußte daher, was man über die Beteiligung des Herrn Abs an der »Arisierung« jüdischer Firmen und seine Beziehungen zum NS-Regime nicht mehr sagen durfte. Aber fragen durfte man noch.

(Inzwischen gibt es übrigens den OMGUS-Bericht in einem von der Dokumentationsstelle zur NS-Politik, Hamburg, erstellten Nachdruck [Nördlingen 1985] mit einer sachkundigen Kommentierung von Karl Heinz Roth. Und auch Eberhard Czichon hat das Thema noch einmal unter Vermeidung früherer Fehler aufgenommen [*Die Bank und die Macht. Hermann Josef Abs, die Deutsche Bank und die Politik*, Köln 1995]. Es bleibt schon einiges übrig, wonach Herr Abs sicher nicht so gern gefragt worden wäre.)

Zu der Verhandlung vor dem Landgericht Bochum erschienen für die beleidigte Spitze der Großbanken drei Rechtsanwälte – Dr. Augstein (Hannover), Dr. Schneider (Frankfurt/M.) und Willemer (Frankfurt/M.) –, in einem vom NDR und vom WDR gesendeten Rundfunkkommentar von Jürgen Holtkamp mit leiser Ironie als die »Spitzen des Anwaltsstandes« bezeichnet, um mit mir die Klingen zu kreuzen. Der von mir geladene Zeuge Hermann Josef Abs war, wie angekündigt, nicht erschienen.

Ich beantragte, wie die Strafprozeßordnung das bei unentschuldigtem Fernbleiben eines ordnungsmäßig geladenen Zeugen vorsieht, Herrn Abs zu einem Ordnungsgeld zu verurteilen und für den Fall, daß dieses nicht beigetrieben werden kann, Ordnungshaft festzusetzen. Das Gericht (ein Berufsrichter, zwei Schöffen) beriet lange. Dann lehnte es den Antrag mit der Begründung ab, Abs sei genügend entschuldigt, weil er erst einen Tag vor der Verhandlung geladen worden sei. »Entschuldigt«, wenn man das so nennen will, hatte Herr Abs sich lediglich bei meiner Sekretärin, nicht aber beim Gericht. Mir ist auch nicht bekannt geworden, daß er die Entschuldigung später nachgeholt hätte. Herr Abs ging offenbar davon aus, daß für ihn das Gesetz nicht gelte (»ich nehme von der Ladung keine Kenntnis«). Und das Gericht beugte sich. Wie das die Spitzenanwälte auch so erwartet hatten.

Aber dann wurde es für die Herren Kollegen doch ungemütlich. Denn wir waren auch sonst besser vorbereitet und zählten eine Fülle von Beispielen dafür auf, in welchen Zusammenhängen der Begriff Mafia schon verwendet worden ist, ohne daß die Betroffenen den Staatsanwalt bemüht hatten. So hatte etwa Helmut Kohl, damals noch Oppositionssprecher, den Bundeskanzler Helmut Schmidt (SPD) und seinen Außenminister Willy Brandt mit »Mafia-Bossen« verglichen und der Linkspresse die Methoden von Gangstern vorgeworfen, gegen die die Mafia noch eine ehrwürdige Organisation sei. Selbstverständlich alles straflos.

Das Recht der freien Meinungsäußerung wird offenbar häufig höher bewertet als die Ehre der angegriffenen Personen. Aber freilich kommt es meistens ein bißchen darauf an, wer eine Beleidigung ausspricht und wen sie trifft. Denn daß die Dame Justitia, die von Bildhauern und Malern gern mit einer Binde vor den Augen dargestellt wird, wirklich »ohne Ansehen der Person« entscheidet, wie es im Schöffeneid so schön heißt, das ist durchaus die Ausnahme.

Um so erstaunter war man auf der Nebenklägerbank, als das Gericht tatsächlich zu einem Freispruch kam. Zwar ging das Urteil davon aus, daß die Ehre der Vorstandsmitglieder der deutschen Großbanken durch den beanstandeten Satz in Hoffmanns *Effecten-Spiegel* verletzt worden sei. Aber er sei gerechtfertigt als Wahrnehmung berechtigter Interessen. Das Gericht nahm, wie es die Rechtsprechung des Bundesverfassungsgerichts verlangt, eine Abwägung zwischen dem Recht der persönlichen Ehre und dem Recht der Meinungs- und Pressefreiheit vor und befand, daß hier das freie Wort den Vorrang verdiene. Der beanstandete Artikel habe sich mit einem Problem beschäftigt, das damals die gesamte deutsche Öffentlichkeit bewegt habe. Durch den Zusammenbruch des Bankhauses Herstatt und durch Devisenspekulation anderer Banken seien alle Banken »ins Gerede gekommen«. Auch beim Zusammenbruch des Bankhauses Wolff, der dem Artikel zugrundelag, hätten die Großbanken sich dem Verdacht ausgesetzt, eigennützige Ziele zu verfolgen. In dieser Situation hatte der Angeklagte nach Meinung des Gerichts das Recht, sich in dieser scharfen Form über die Spitze der Großbanken zu äußern.

Leider enthielt die schriftliche Urteilsbegründung eine juristische Schwachstelle, die einen Ansatzpunkt für die Revision bot. Solche Schwachstellen geben immer Anlaß zu Spekulationen, ob der Berufsrichter, der das schriftliche Urteil formuliert und auch dann hieb- und stichfest begründen sollte, wenn er von den Schöffen überstimmt worden ist, hier bewußt eine verwundbare Stelle gelassen oder den Fehler versehentlich begangen hat. Wie auch immer, es gab im Urteil die Formulierung, der Angeklagte habe den beanstandeten Satz in seiner Zeitschrift drucken lassen, um Aufmerksamkeit in der Fachwelt zu erregen und »um dadurch den Absatz seiner Zeitschrift zu erhöhen«. Ein Satz, der sich nicht auf eine entsprechende Äußerung des Angeklagten stützen konnte und völlig überflüssig war, weil er eine Selbstverständlichkeit aussprach, nämlich die, daß jeder Zeitungsverleger darum bemüht ist, sein Blatt so zu gestalten, daß ihm die Leser nicht weglaufen.

Auf diesen Satz stürzte sich denn auch der Kollege Dr. Augstein in seiner Revisionsbegründung:

Der Angeklagte verfolgte damit ein handfestes eigenes wirtschaftliches Interesse, als er den ehrenkränkenden Artikel publizierte. Solche Motive können aber niemals eine so massive Ehrenkränkung rechtfertigen. Die Rechtsordnung billigt nicht, sie mißbilligt vielmehr, ehrkränkende Äußerungen auch zur Verfolgung eigener wirtschaftlicher Zwecke einzusetzen.

Der Kollege Dr. Augstein wußte natürlich recht gut, daß der *Effecten-Spiegel* nicht die einzige Zeitschrift ist, die bei ihren

Publikationen (auch) ein wirtschaftliches Interesse verfolgt. Und er wußte als erfahrener Anwalt und Teilnehmer der Hauptverhandlung in Bochum, daß seine Argumentation auf einer Urteilsformulierung aufbaute, die nichts mit dem wirklichen Anliegen des Angeklagten zu tun hatte. Aber das Revisionsrecht ist eine höchst formalistische Sache, und was im Urteil steht, gilt, mag es auch noch so falsch sein. Und so kämpften wir plötzlich in schwieriger Position. Denn daß das im Urteil unterstellte Motiv des Angeklagten, den Absatz seiner Zeitschrift zu erhöhen, nicht als »Wahrnehmung berechtigter Interessen« durchgehen konnte, war natürlich auch uns klar. Und es hätte eigentlich auch dem Richter klar sein müssen, der das Urteil formuliert hatte.

Gleichwohl, so unerfreulich, wie es dann kam, hätte ich mir die Revisionsverhandlung vor dem Oberlandesgericht Hamm, die am 7. Juni 1979 stattfand, nicht vorgestellt. Die Generalstaatsanwaltschaft war durch einen Oberstaatsanwalt vertreten, dessen Plädoyer aus insgesamt vier Sätzen bestand. Davon beschäftigten sich zwei Sätze mit der Frage, ob der Ausdruck »Spitze der Großbanken« den Personenkreis genügend genau umgrenzt, was er bejahte. Die beiden restlichen Sätze bestanden in der Behauptung, es habe sich bei der inkriminierten Formulierung um »eine reine Schmähung und Diffamierung der Vorstandsmitglieder der deutschen Großbanken« gehandelt.

Rechtsanwalt Dr. Josef Augstein, von drei schweigenden, aber sicher gut bezahlten Anwälten begleitet, nahm auf seine schriftlichen Ausführungen Bezug und erklärte, er sei nur für den Fall gekommen, daß man Fragen an ihn habe oder daß sonst »irgend etwas Überraschendes« eintreten sollte. Ich hatte den Eindruck, in eine Versammlung miteinander verschworener Juristen geraten zu sein, die schon wußten, wie das Urteil lauten würde und sich daher nicht mehr ins Zeug zu legen brauchten. Ich hätte mir mein gründlich vorbereitetes 45-minütiges Plädoyer, in dem ich das freisprechende Urteil des Landgerichts unter allen denkbaren rechtlichen Gesichtspunkten zu rechtfertigen versuchte, ersparen können. Das Gericht brauchte nur 20 Minuten, um zu seinem Urteil zu kommen, dessen Begründung der Vorsitzende aus einem vorbereiteten Schreibmaschinenmanuskript vorlas, in das er während meines Plädoyers nur noch einige zusätzliche Notizen eingefügt hatte.

Das Urteil des Landgerichts wurde aufgehoben und die Sache an eine andere Strafkammer des Landgerichts Bochum zurückverwiesen. Die Begründung stützte sich nicht nur auf die schon erwähnte Schwachstelle des landgerichtlichen Urteils, sondern legte für die erneute Verhandlung bereits fest, daß der Angeklagte auf keinen Fall freigesprochen werden dürfe. Die in dem inkriminierten Artikel des *Effecten-Spiegels* verwendete Formulierung sei »unter den gegebenen Umständen keinesfalls ein adäquates Mittel, die Öffentlichkeit auf das Verhalten der Großbanken in Zusammenhang mit der Schließung des Bankhauses Wolff aufmerksam zu machen«. Auch müsse erneut geprüft werden, ob nicht schon die Form der Äußerung beleidigend sei. Immerhin werde im Bewußtsein vieler Menschen der Begriff »Mafia« zumindest mit einer mit illegalen Mitteln arbeitenden Geheimorganisation gleichgesetzt, was sich im übrigen mit den Erklärungen in den gängigen Enzyklopädien decke. Dabei setzte sich das Revisionsgericht über den vom Landgericht mit Hilfe eines Sachverständigen – nämlich des Chefredakteurs der »Westdeutschen Allgemeinen Zeitung« – festgestellten Bedeutungswandel des Mafia-Begriffs mit einem schlichten Blick in überholte Enzyklopädien hinweg. Es komme hinzu, hieß es weiter im OLG-Urteil, daß im vorliegenden Fall das Wort »Mafia« in Verbindung mit dem hier herabsetzenden Ausdruck »Gestalten« gebraucht worden sei.

Wir hatten für die erneute Verhandlung vor dem Landgericht also schlechte Karten. Aber wir gaben den Kampf nicht auf. Zu der erneuten Verhandlung vor dem Landgericht Bochum am 5. Februar 1980 brachte ich ein von mir eingeholtes Gutachten des angesehenen Wirtschaftswissenschaftlers Prof. Dr. Rudolf Hickel (Universität Bremen) mit, das sich kritisch mit dem Konzentrationsprozeß im Bankensektor und der wachsenden Dominanz der Großbanken auseinandersetzte und davon sprach, daß die Großbanken ein typisches Oligopol repräsentieren und Formen der Abstimmung (»Frühstückskartell«) praktizieren, bei denen sie zusätzliche Gewinne erwirtschaften und aufteilen; in der wissenschaftlichen und politischen Diskussion sei schon mehrfach der Vorwurf erhoben worden, Großbanken hätten durch abgestimmtes Verhalten den Wettbewerb unterlaufen; der Oligopolisierung sei die Tendenz immanent, kleine und mittlere Bankinstitute vom Markt zu verdrängen. Hickel hütete sich natürlich, die von ihm analysierten Praktiken der Großbanken als Mafia-Methoden zu bezeichnen. Zugleich aber machte die wissenschaftliche Sprache seines Gutachtens deutlich, daß sich ein Journalist volkstüm-

In Erwartung einer Gerichtsentscheidung. Steht das Urteil schon fest?

licher ausdrücken muß, um von seinen Lesern verstanden zu werden.

Der Zeuge Hermann Josef Abs, dem ich wiederum eine direkte Ladung zugehen ließ und zwar mit einem auf 500 DM erhöhten Reisekostenvorschuß, erschien auch diesmal nicht, entschuldigte sich aber formgerecht. Mit weiteren Besuchen des Gerichtsvollziehers habe ich Herrn Abs verschont.

Der Vorsitzende der nunmehr zuständigen Strafkammer steuerte gleich zu Beginn der Verhandlung eine Einigung zwischen allen Beteiligten an und schlug vor, das Verfahren gegen Zahlung einer Buße einzustellen. Einer derartigen Lösung hatten wir schon im Jahre 1978 zugestimmt, als der Vorsitzende der damals zuständigen Strafkammer sie angeregt hatte. Damals war die Einstellung des Verfahrens am Widerspruch des Staatsanwalts gescheitert. Jetzt waren offenbar auf der Anklägerseite alle Beteiligten froh, die Sache ohne großes Aufsehen beenden zu können. Herr Hoffmann zahlte 1000 DM an die durch das fast sechsjährige Verfahren arg belastete Staatskasse und übernahm einen Teil (nämlich 1500 DM) der Anwaltskosten der Bankiers, Peanuts im Verhältnis zu dem, was sie der Prozeß gekostet haben dürfte.

Der *Stern* (20.3.1980) berichtete in der Rubrik »Personalien« über den Ausgang des Verfahrens. Bolko Hoffmann wisse jetzt, »was die Ehre eines deutschen Bankiers wert« sei, »nämlich genau 1000 Mark«. Hoffmann habe dem Vergleich zähneknirschend zugestimmt. Er fühle sich zwar weiterhin im Recht, zahle aber lieber: »So habe ich meine Ruhe«.

Für künftige Fälle habe ich Herrn Hoffmann empfohlen, die Spitzen der Großbanken nicht als »mafia-vergleichbare Gestalten«, sondern bei gegebenem Anlaß schlicht als Mafia zu bezeichnen. Auf den Prozeß freue ich mich.

4. Der »Terroristenprozeß« gegen Karl Heinz Roth und Roland Otto (1977)

Der Hamburger Arzt und Historiker Dr. Dr. Karl Heinz Roth, Gründer und Vorstandsmitglied der renommierten »Hamburger Stiftung für Sozialgeschichte des 20. Jahrhunderts«, war schon immer ein unbequemer Mann. Aus ökonomisch ziemlich miserablen, kleinen Verhältnissen stammend – der Vater war Polizeibeamter, die Mutter früher Näherin – hatte er frühzeitig einen kritischen Blick für die Ungerechtigkeiten und fragwürdigen Traditionen der kapitalistischen Gesellschaft entwickelt. Sein Protest gegen diese Gesellschaft begann 1961 mit der Verweigerung des Gelöbnisses in der Bundeswehr und setzte sich während seines Medizinstudiums in politischen Aktivitäten gegen die Notstandsgesetze und den Indochinakrieg der USA fort. Er wurde Mitglied des SDS (Sozialistischer Deutscher Studentenbund) und gehörte bald zu dessen Bundesvorstand. Seine politische Solidarität mit der Arbeiterschaft (er schrieb später das Buch »Die andere Arbeiterbewegung«) war nicht nur theoretischer Natur; er sammelte praktische Erfahrungen im Betrieb als Werksanitäter bei den Kölner Ford-Werken. Während seiner Medizinalassistentenzeit an verschiedenen Hamburger Krankenhäusern begann er ein Zweitstudium der Geschichtswissenschaft, das er später mit einer Dissertation über die Medizin im Nationalsozialismus abschloß. Sein zweites chirurgisches Assistenzjahr verbrachte Roth als Arzt am katholischen St. Vinzenz-Hospital in Köln. Und zugleich setzte er eine ambulante medizinische Betreuung von Obdachlosen und illegal lebenden, von Ausweisung bedrohten Ausländern fort, die er schon bei seinem früheren Kölner Aufenthalt begonnen hatte. Getreu einem ärztlichen Selbstverständnis, das er einmal so formuliert hat: »Es hieß jetzt, sich konkret und ganz alltäglich auf die Seite der Ausgebeuteten und Erniedrigten zu schlagen, oder zum zynischen Sachwalter kapitalistischer Macht im weißen Kittel zu werden«.

Von diesem Mann und von einem Ereignis in diesem Abschnitt seines Lebens handelt das folgende Kapitel. Auf einer seiner Fahrten zu einem illegal lebenden Patienten, begleitet von zwei Personen, von denen er, wie sich zeigen sollte, nicht alles wußte, war er eines Tages in eine Polizeikontrolle geraten, bei der es zu einer Schießerei mit furchtbaren Folgen kam. Ein Polizeibeamter war tot, ein weiterer schwer verletzt. Und auch von den drei Insassen des von Roth gesteuerten Wagens wurde einer getötet und einer, nämlich Roth, schwer verletzt.

»Die Kollegen haben schlecht geschossen, sie hätten alle drei kaputt sein müssen!« Das war der Kommentar eines Polizeibeamten – eines Polizeimeisters –, als Karl Heinz Roth nach einem aufreibenden Prozeß als freier Mann den Gerichtssaal verließ. »Ich habe es selbst gehört, und es ist auf Tonband aufgenommen, sonst würde ich dies nicht glauben«, sagte Leo Waltermann, Prozeßberichterstatter des Westdeutschen Rundfunks, im Mittagsmagazin seines Senders am 26. Juli 1977. Er fügte hinzu: »Das ist sicher nicht einhellige Meinung der Polizei. Das wird man nicht verallgemeinern können.« Darauf sein Interviewpartner, der Redakteur Meyer: »Wer tot ist, ist kein Zeuge mehr; das ist klar.« Darauf Waltermann: »Und ist auch kein Ankläger mehr«. Meyer: »Er ist kein Zeuge und kein Ankläger mehr. Die alte Praxis auf Kasernenhöfen schon seit ewigen Zeiten.« Welche alte Praxis auf Kasernenhöfen gemeint ist, muß für Leser, die keine militärische Ausbildung gehabt haben, wohl gesagt werden. Gemeint ist die zynische Belehrung junger Soldaten, die zum ersten Mal auf Wache ziehen müssen: »Wenn Sie auf einen Menschen schießen, muß der erste Schuß tödlich sein, der zweite Schuß hat später als Warnschuß zu gelten.« Eine Belehrung, die sowohl das Leben von Menschen als auch die Wahrheit zur Disposition stellt. Ich weiß nicht, ob auch Polizeibeamte so belehrt werden. Der Fall Roth/Otto, der 1977 in Köln verhandelt wurde, legt es nahe, über diese Frage nachzudenken.

Die Schießerei, um deren Aufklärung es in der vom 17. Januar bis zum 26. Juli 1977 durchgeführten Hauptverhandlung beim Landgericht Köln ging, hatte am 9. Mai 1975 nachts gegen 1.12 Uhr auf einem Parkplatz in Köln-Gremberg stattgefunden. Ausgelöst wurde das Geschehen durch den Anruf eines Anwohners bei der Polizei, der drei »verdächtige Gestalten« auf dem Parkplatz gesehen haben wollte, denen er die Absicht eines Autodiebstahls unterstellte. Die Polizei rückte mit mehreren Funkstreifenwagen an und hinderte die drei verdächtigten Personen, die gerade mit dem NSU-Prinz K-KP 338 abfahren wollten, die Parklücke zu verlassen. Am Steuer saß, wie sich auch für die Polizisten bald herausstellen sollte, der Eigentümer des Wagens, nämlich der Arzt Karl Heinz Roth, so daß sich der Verdacht, es mit Autodieben zu tun zu haben, wohl schnell erledigte. Seine beiden Beifahrer hätten schon eher Verdacht erregen können. Der eine, Roland Otto, war wegen Beteiligung an einem Bankraub zu einer Jugendstrafe von vier Jahren und vier Monaten verurteilt und während eines Urlaubs aus der Haft entflohen. Der andere, Werner Sauber, wurde ebenfalls wegen Beteiligung an Banküberfällen und wegen Zugehörigkeit zu einer kriminellen Vereinigung gesucht. Aber während Roth seine echten Personalpapiere vorzeigen konnte, reichten Otto und Sauber gefälschte, auf andere Namen lautende Papiere durchs Fenster, so daß sie hofften, nicht erkannt zu werden.

Tatsächlich ergab denn auch die Personalienüberprüfung keinen Verdacht gegen die unter falschem Namen auftretenden Roland Otto und Werner Sauber. Wohl aber kam von der Funkleitstelle der verschlüsselte Hinweis, daß der Arzt Karl Heinz Roth möglicherweise der Terroristenszene zuzurechnen sei. Eine Verdächtigung, die darauf beruhte, daß Roth in der zweiten Hälfte der sechziger Jahre zu den namhaftesten Sprechern der Studentenbewegung gehört hatte. Schon damals war ich, zusammen mit dem Hamburger Kollegen Kurt Groenewold, sein Verteidiger gewesen, als die Staatsanwaltschaft Hamburg wegen Verletzung der Bannmeile um das Hamburger Rathaus und anderer Demonstrationsdelikte gegen ihn Haftbefehl erwirkt und schließlich im August 1969 Anklage erhoben hatte. Zu einer Hauptverhandlung war es nicht gekommen, weil das Verfahren nach dem Straffreiheitsgesetz vom 20.5.1970 eingestellt wurde.

Jenes Verfahren aus der Hochzeit der außerparlamentarischen Oppositionsbewegung muß tiefe Wunden bei vielen Hütern der Staatsautorität hinterlassen haben. Denn es war nicht möglich gewesen, den Haftbefehl gegen Roth zu vollstrecken, weil er bei seinen zahlreichen öffentlichen Auftritten immer von einer großen Menge sympathisierender Studenten und junger Arbeiter umgeben war, die ihn vor jedem polizeilichen Zugriff schützten. Es gibt Fotos aus jener Zeit, auf denen man Karl Heinz Roth fröhlich lachend oder mit Handlautsprecher inmitten seiner »Leibgarde« sieht, Bilddokumente der schmerzlichen Provokationen und Niederlagen, die damals eine in der Defensive befindliche Staatsgewalt von Seiten der revolutionär gestimmten Studentenbewegung einstecken mußte. Die Sympathisantenszene, auf die Karl Heinz Roth sich verlassen konnte, reichte bis ins liberale Bürgertum hinein. Ich selbst habe ihn damals in einem oder mehreren seiner »illegalen« Quartiere besucht, respektable Villen angesehener Bürger, die dem von der Polizei gesuchten Mann Unterkunft boten. Das hatte wehgetan und Karl Heinz Roth einen Platz im Polizeicomputer unter dem Stichwort Terrorismusverdacht eingetragen.

Jetzt kam die Quittung. Die Polizeibeamten, die mit den Personalpapieren zum Funkstreifenwagen gegangen waren, kehrten erkennbar verändert zurück. Sie mußten eine Information über Funk erhalten haben, die alle Vernunft über den Haufen warf. Sie, die eben noch mit gekonnter Gelassenheit ihr Handwerk ausgeübt hatten, erschienen plötzlich wie elektrisiert, fahrige Bewegungen und Handzeichen ersetzten die bis dahin ruhige Kommunikation, mehrere Beamte richteten ihre Pistolen auf die Insassen des Wagens und verschwanden aus deren Gesichtsfeld nach hinten. Und dann kam die Aufforderung: »Aussteigen!«

Daß diese von Karl Heinz Roth und Roland Otto übereinstimmend anschaulich beschriebene auffällige Verhaltensänderung der Polizisten eine Folge der über Funk eingetroffenen Terroristenwarnung gewesen sei, wurde von den als Zeugen vernommenen Polizeibeamten bestritten. Nach ihrer Darstellung sei diese Funkdurchsage erst gekommen, als bereits zwei Tote und zwei Schwerverletzte auf dem Parkplatz lagen. Der Wahrheitsgehalt dieser Polizistenaussagen wurde durch das Verhalten der Polizeiführung nicht gerade gestützt: Geheimhaltung einer WE-Meldung (= Wichtige Ereignismeldung) selbst gegenüber dem Gericht mit der Begründung, daß ihre Bekanntgabe dem Wohl des Landes Nordrhein-Westfalen schaden könne. Über weitere Versuche der Polizeiführung, auf die Wahrheitsfindung Einfluß zu nehmen, wird noch zu reden sein.

Es ist schwer, den weiteren Ablauf der Ereignisse zu verstehen, wenn man die Darstellung der Polizei als richtig unterstellt. Gleichwohl werde ich beide Versionen mitteilen, denn immerhin erwuchs aus der einen – der Polizeiversion – eine zczc 876 klvnw 271523

+eee nwdfim nr 408 2704 1515=

01 koeln rp (nachr.)
02 koeln pp (nachr.)=

03 an das landgericht koeln
zu hd. des vorsitzenden der 11.groszen strafkammer und schwurgericht

zu 02: mdbuw an adr. 03

betr.: strafverfahren gegen karl heinz roth
und roland otto
bezug: a) schreiben des landgerichts koeln
vom 6.4.1977 - 40-44/76 -
b) bericht des pp koeln ,
vom 14.4.1977 - 1.k/s roem 1 - 2931 -

das bekanntwerden des inhalts der we-meldungen des polizeipraesidenten koeln vom 9.5.1975 wuerde dem wohl des landes nordrhein-westfalen nachteile bereiten (par. 96 stpo).
ihre vorlegung wird daher abgelehnt=

im duesseldorf - roem 4 a 3 - 6420 - iv. brodeszer+

Hinter dieser WE-Meldung (Wichtige Ereignismeldung) verbarg sich die peinliche Wahrheit, daß eine Terroristenwarnung die Schießerei ausgelöst hatte. Wir Verteidiger wußten es aus einer vertraulichen Mitteilung, die als Zeugen vernommenen Polizisten bekamen die aus Gründen des Staatswohls geheimgehaltene Meldung am Tage vor ihrer Vernehmung noch einmal zu lesen, nur das Gericht und die Öffentlichkeit durften ihren Inhalt nicht erfahren.

Anklageschrift der Kölner Staatsanwaltschaft, die Karl Heinz Roth und Roland Otto des Mordes und des zweifachen Mordversuchs beschuldigte.

Die unzweifelhaft feststehenden Tatsachen sind schnell aufgezählt. Bei einer nur Sekunden dauernden Schießerei, an der Werner Sauber und die Polizeibeamten G., Pauli und H. beteiligt waren, starben zwei Menschen – Sauber und Pauli –, während G. und Roth schwer verletzt wurden. Es fielen mindestens 27 Schüsse. Gefunden wurden 14 Projektile und 27 Hülsen. 7 Projektile und 7 Hülsen stammten aus Saubers Waffe (Kaliber 45), die übrigen aus Polizeiwaffen (Kaliber 7,65), je 7 Hülsen aus H.s und Paulis, 6 aus G.s Waffe. Die Leiche des Polizeibeamten Pauli lag vor dem rechten Vorderrad eines Ford Taunus, der rechts neben dem NSU Prinz abgestellt war. Der Polizeibeamte G. lag schwerverletzt neben dem linken Hinterrad des NSU zwischen diesem und dem links

Der Fotograf Helmut Jüliger, der den Polizeifunk abgehört hatte, war wenige Minuten nach dem Schußwechsel am Ort des Geschehens und machte eine Serie sensationeller Fotos. Hier sieht man die beiden Schwerverletzten, Karl Heinz Roth neben der geöffneten Fahrertür seines Wagens und den Polizeibeamten G. dahinter auf dem Pflaster des Parkplatzes. Die Taschenlampe des vorbeigehenden Polizeibeamten ist auf den getöteten Polizeibeamten Pauli gerichtet, der hier vom Wagen verdeckt wird.

daneben geparkten Wagen. Werner Sauber, der einen Fluchtversuch unternommen hatte, lag tot in einem Blumenbeet, das den Parkplatz, drei Autobreiten von dem NSU entfernt, begrenzte. Karl Heinz Roth lag schwerverletzt neben der geöffneten Fahrertür des NSU auf dem Pflaster, die Füße noch im Wagen.

Der getötete Beamte Pauli war von zwei Schüssen aus Saubers Waffe getroffen worden, von denen einer, ein Herzschuß, sofort tödlich gewirkt hatte. G. hatte zwei Schußverletzungen, einen Oberschenkeldurchschuß und einen Bauchdurchschuß, der Leber, Magen und Milz verletzt hatte. Sauber war von sechs Schüssen getroffen worden, die zu mehrfachen Verletzungen von Leber, Lunge, Magen und Darm geführt und in ihrer Gesamtheit seinen Tod verursacht hatten. Roth war von zwei Kugeln getroffen worden, die eine, aus G.s Waffe abgeschossen, hatte seinen Oberkörper durchschlagen und die Lunge verletzt, die andere, eine verirrte Kugel aus Saubers Waffe, hatte eine schwere Verletzung im Darmbereich zur Folge.

Aus den objektiven Befunden ergaben sich einige wichtige Tatsachen. So vor allem die, daß der Polizeibeamte Pauli mindestens sechs Schüsse auf Sauber abgegeben haben muß, bevor ihn dessen tödliche Kugel traf. Denn nach dem Herzschuß war

Ein weiteres Foto aus der Jüliger-Serie. Im Vordergrund der Polizeibeamte G., neben der geöffneten Fahrertür Karl Heinz Roth. Einer der beiden Schüsse, die Roth getroffen hatten, hatte zuvor die hintere Scheibe des Wagens durchschlagen.

Pauli, wie ein medizinischer Sachverständiger bestätigte, sofort handlungsunfähig gewesen und hätte allenfalls noch einen Schuß reflexartig auslösen können. Auch der Verlauf der Schußkanäle in Saubers Körper ließ einige Schlüsse zu, wie seine Tötung abgelaufen war. Und vor allem stand objektiv fest, daß weder Roth noch Otto geschossen hatten.

Ein objektiver Befund, aus dem nur mit einiger Mühe eine Mordanklage gegen die beiden Überlebenden zu zimmern war. Mit diesem Versuch plagte sich die Bundesanwaltschaft länger als ein Jahr ab, indem sie Beweise für die Polizeithese suchte, die drei Wageninsassen seien Mitglieder einer kriminellen, terroristischen Vereinigung von anarchistischen Gewalttätern, zu deren Handlungsmaximen es gehöre, sich jeder Festnahme mit Waffengewalt zu erwehren. Aber sie fand nichts, womit sich die Mitgliedschaft oder auch nur Unterstützung einer kriminellen Vereinigung begründen ließ. Auch ein Versuch, Karl Heinz Roth gegen seinen Mitgefangenen Roland Otto als Kronzeugen zu instrumentalisieren, um wenigstens gegen einen der beiden einen handfesten Beweis des Mordvorsatzes aufzubauen, schlug fehl. Und so gab man die Akten schließlich an die Kölner Staatsanwaltschaft zurück und überließ dieser die undankbare Aufgabe, aus mehr oder weniger schlampig recherchierten objektiven Befunden und widersprüchlichen

Polizistenaussagen eine Mordanklage herzustellen. Denn eine Mordanklage war man der Öffentlichkeit, die im Mai 1975 mit Berichten über die drei »Terroristen« bedient worden war, schuldig. Als sie endlich im Juni 1976 fertig war, saßen Karl Heinz Roth und Roland Otto immerhin schon über ein Jahr in Haft. Auch das verpflichtete zu großen Tönen. Man versuchte, bei Abfassung der Anklage wenigstens die terroristischen Gesinnungselemente zu retten, indem man Äußerungen der Angeklagten zitierte, die sie als Sozialisten auswiesen, und vertraute darauf, daß die Richter den Bogen von sozialistischer zu Mördergesinnung schlagen würden. Und so heißt es denn mit den barbarischen Formeln des aus der Nazizeit stammenden Mordparagraphen, der in Zeiten staatlicher Massentötungen anstelle des bisherigen Tatbestandsmerkmals »mit Überlegung« die »niedrigen Beweggründe« eingeführt hatte:

Die Angeschuldigten Roth und Otto sind Mörder, weil sie aus niedrigen Beweggründen handelten. Sie wollten mit allen Mitteln eine Festnahme verhindern. Ein solcher, ausschließlich von hemmungsloser Selbstsucht getragener Beweggrund für die Tötung eines Menschen zeugt von besonders verwerflicher Gesinnung und steht nach allgemeiner sittlicher Wertung auf tiefster Stufe.

Was auf dem Parkplatz in Köln-Gremberg geschah, nachdem die Insassen des NSU zum Aussteigen aufgefordert worden waren, liest sich in der Anklageschrift der Kölner Staatsanwaltschaft so:

Die Wageninsassen mußten nunmehr befürchten, daß sie festgenommen und Sauber und Otto als die seit langem gesuchten, in der Illegalität lebenden Gewalttäter entlarvt würden. Nach einer zweiten Aufforderung, den Wagen zu verlassen, öffneten Sauber und Roth plötzlich die Wagentüren. Sauber sprang blitzschnell aus dem Wagen und schoß in stillschweigendem Einverständnis mit den Angeschuldigten sofort und für die Polizeibeamten völlig überraschend mit seiner Selbstladepistole, Marke Colt, Kal. 45, auf die umstehenden Polizeibeamten, die ihrerseits aus ihren Dienstpistolen das Feuer erwiderten. Er traf als ersten den in nächster Nähe am hinteren Teil des Fahrzeugs stehenden PHW Pauli, der von zwei Schüssen tödlich verletzt zu Boden sank. Um das Heck des Pkw's laufend, schoß er unentwegt weiter, bis das Magazin leer war. Er gab mindestens sieben Schüsse ab. Hiervon durchschlug ein Schuß die Heckscheibe des Pkw NSU sowie die Rückenlehne des Fahrersitzes und traf den Angeschuldigten Roth in den Rücken. Dieser ließ sich daraufhin mit dem Oberkörper aus dem Wagen fallen, wobei seine Füße zunächst noch im Wagen verblieben. Zwei Schüsse durchschlugen den Körper des PHW G. und verletzten ihn lebensgefährlich. Kurz nachdem G. sechsmal auf Sauber geschossen hatte, griff der nunmehr neben der Fahrertür am Boden liegende und schwerverletzte Angeschuldigte Roth in seine Kleidung und zog seine schußbereite Pistole, Marke FN, Kal. 7,65. Um ein Schießen Roths auf Polizeibeamte zu verhindern, gab G. einen Schuß ab, der Roth traf.

Der auf dem Rücksitz befindliche Angeschuldigte Otto wurde anschließend ohne Gegenwehr festgenommen, nachdem PHW Bartzik unmittelbar nach Beginn des Schußwechsels mit gezogener Dienstwaffe auf den Pkw NSU zugelaufen war. Im Hosenbund des Angeschuldigten Otto befand sich eine durchgeladene Selbstladepistole, Marke Walther, Kal. 7,65.

Das war die Polizeiversion. Oder genauer: das, was die Staatsanwaltschaft aus verschiedenen Polizistenaussagen als die den Angeklagten nachteiligste Version zusammengestellt hatte. Denn es gab da einige Merkwürdigkeiten in der Entstehungsgeschichte der Polizistenaussagen, die nachträgliche Korrekturen zu Lasten der Angeklagten erkennen ließen. Die ersten Vernehmungen gleich nach dem Vorfall im Mai 1975 reichten offenbar nicht aus, um die Anklagethese zu erhärten, Werner Sauber habe im Einvernehmen mit den beiden anderen Wageninsassen das Feuer auf die Polizeibeamten eröffnet. Da fehlte noch das plötzliche gleichzeitige Türenöffnen, und da fehlte vor allem noch der angebliche Versuch Roths, auch seinerseits auf Polizeibeamte zu schießen. Und so erschienen zwei Beamte des Landeskriminalamtes und wiederholten die Vernehmungen der beteiligten Polizeibeamten mit dem gewünschten Ergebnis.

Ein Beispiel: Der Polizeibeamte B. hatte am 13.5.1975, also vier Tage nach dem Vorfall, zu Protokoll gegeben:

Nach der zweiten Aufforderung hörte und sah ich, daß auf der rechten Seite des NSU geschossen worden war. Ich habe vorher keine Bewegung im Fahrzeug feststellen können. Ich kann auch nicht angeben, ob die Beifahrertür zur Abgabe des Schusses geöffnet wurde. Das ging alles sehr schnell.

Also kein Wort vom gemeinsamen plötzlichen Öffnen der Türen, das für die Staatsanwaltschaft eines der wesentlichen Indizien für gemeinschaftliches Handeln der Wageninsassen werden sollte, nämlich für den Versuch, sich mit allen Mitteln einer Festnahme zu entziehen.

Vier Monate später, in der LKA-Vernehmung vom 22. September 1975, erinnert B. sich nunmehr:

Erst nachdem sie nochmals nachdrücklich aufgefordert wurden (auszusteigen), öffneten sich plötzlich beide vorderen Türen (hintere Türen gab es nicht, es handelte sich um einen zweitürigen Wagen! H. H.) und von der Beifahrerseite wurde sofort geschossen.

Die LKA-Vernehmung erbrachte also nicht nur das gemeinsame Türenöffnen, sondern auch die für die Anklage wichtige Behauptung, daß der Beifahrer das Feuer eröffnet habe. Schon im Mai war B. gefragt worden, ob er festgestellt habe, wer den ersten Schuß abgegeben habe. Damals hatte seine Antwort gelautet:

Nein, das kann ich nicht sagen. Das ging unheimlich schnell hintereinander. Das hörte sich so an, als ob aus zwei Pistolen gleichzeitig geschossen wurde.

In der Hauptverhandlung kehrte B. übrigens wieder zu seiner ursprünglichen Darstellung zurück. Auf die Frage, was er nach der zweiten Aufforderung auszusteigen gesehen habe:

Ich habe nichts gesehen, ich habe nur Schüsse gehört.

Weitere Frage:

Haben Sie gesehen, ob jemand ausgestiegen ist, ob sich Türen geöffnet haben?

B.: Kann ich nichts zu sagen.

Und zum Schußbeginn:

Das einzige, was ich gesehen habe, war ein Feuerschein. Ich kann nicht ausschließen, daß die Schüsse auch neben dem anderen Fahrzeug abgegeben worden sind.

Dort stand der Polizeibeamte G. Aber so weit sind wir noch nicht.

Zunächst noch die Entwicklungsgeschichte von Roths angeblichem Griff zur Pistole, dem wichtigsten Indiz der Staatsanwaltschaft für den gemeinschaftlichen Mordvorsatz der Angeklagten. Der einzige Zeuge für diesen angeblichen Schußversuch des schwerverletzten Karl Heinz Roth war der Polizeibeamte G. Er war auch der einzige Zeuge, der mit Sicherheit gesehen haben wollte, daß Sauber mit dem Schießen begonnen habe.

In seiner ersten Aussage, sie stammt vom 14. Mai 1975, fünf Tage nach den Ereignissen, erwähnt G. mit keinem Wort, daß er bei Roth, der ebenso wie er selbst schwerverletzt links neben dem NSU auf dem Pflaster lag und, wie durch Sachverständigengutachten bestätigt wurde, bewegungsunfähig war, einen Griff zur Pistole gesehen habe. Wörtlich heißt es im Protokoll:

Als ich lag, sah ich auch den PHW Pauli liegen und stöhnen. Ich konnte auch vor mir liegend den Fahrer des Pkw erkennen. Wie er aus dem Fahrzeug gekommen ist und ob er geschossen hat, weiß ich nicht. Den weiteren Geschehensablauf habe ich nicht mehr mitbekommen. Ich habe nur noch gehört, daß jemand sagte, hier liegt der Pauli und hier liegt noch einer, das ist der G.

Herr G. ist dann einige Tage später von einem Reporter der *Bild-Zeitung* interviewt worden. Im Bericht der *Bild-Zeitung* vom 28. Mai 1975 wurde G.s Erklärung gegenüber diesem Reporter wie folgt wiedergegeben:

Mit entsicherter Waffe standen Pauli und ich hinter dem Terroristenwagen (Terroristenwagen!). Plötzlich knallte es. Walter Pauli griff sich an die Brust und sackte zusammen. Ich dachte, du mußt helfen. Da hatte es mich selbst auch schon erwischt. Ich lag am Boden, preßte die Hände auf den Bauch und dachte, hoffentlich holt man mich hier weg. Es fielen Schüsse von allen Seiten, ich war bei vollem Bewußtsein. Erst im Krankenhaus kamen die Schmerzen. Noch heute träume ich davon und sehe alles vor mir.

Also kein Wort davon, daß er gesehen habe, wie Karl Heinz Roth zur Pistole gegriffen und einen eigenhändigen Mordversuch begangen habe; ein Knüller, den sich die *Bild-Zeitung* sicher nicht hätte entgehen lassen, wenn G. davon gesprochen hätte.

Aber dann kam G.s September-Aussage bei den Herren vom Landeskriminalamt. Und da fällt ihm, vier Monate später, erstmalig ein, daß er noch einen Mordversuch bezeugen könne:

Der Fahrer befand sich in Rückenlage. Ob er ganz auf dem Rücken lag oder etwas verkantet, kann ich nicht mehr mit Sicherheit sagen. Jedenfalls konnte ich ihn ganz überblicken und auch seine Bewegungen beobachten. Nachdem er zunächst völlig ruhig gelegen hatte, bewegte er sich plötzlich, er bewegte den Kopf, als wenn er um sich schauen wollte und griff dann mit der rechten Hand nach vorne in seine Bekleidung. Als er die Hand zurückzog, bemerkte ich in seiner Hand einen Pistolengriff. Mit Aufbietung meiner letzten Kraft hob ich meine Pistole und schoß in Richtung auf den Fahrer. Nach Sachlage könnte ich ihn in die Schulter getroffen haben. Ich war aufgrund meiner Verletzungen nicht mehr in der Lage, genau zu zielen. Ich schoß, um zu verhindern, daß der Fahrer seinerseits von seiner Schußwaffe Gebrauch machen konnte.

Das war die Aussage des Herrn G., mit deren Glaubwürdigkeit die Anklage der Staatsanwaltschaft stand oder fiel. Mit dem Zeugen G. wollte sie beweisen, daß Sauber den ersten Schuß abgegeben und Roth nur durch einen Schuß in den Rücken am eigenen Schießen gehindert werden konnte, beides unentbehrliche Indizien für die These, die Insassen des »Terroristenwagens« hätten sich, von sechs bewaffneten Polizeibeamten umgeben, den Fluchtweg freischießen wollen, mithin Saubers Schüsse mitzuverantworten. G.s Aussage in der LKA-Fassung enthielt alles, was die Staatsanwaltschaft brauchte. Und es wurde zur zentralen Aufgabe der Verteidigung, ihre Unrichtigkeit zu beweisen. Denn wir waren überzeugt, daß G. in entscheidenden Punkten gelogen hatte.

Die Verteidigung – bestehend aus den Rechtsanwälten Beckers, Heiermann und Niepel für Roland Otto, und Dethloff, Golzem und Hannover für Karl Heinz Roth – ging davon aus, daß die übereinstimmende Sachdarstellung unserer Mandanten den wirklichen Geschehensablauf wiedergab.

Roland Otto hatte mit einer Beschreibung der Sitzordnung im NSU begonnen, die schon allein geeignet war, die Polizeiversion in Frage zu stellen:

Der NSU hat nur zwei Türen, ich kann also erst aussteigen, wenn Karl Heinz Roth oder Werner Sauber ausgestiegen sind.

Dann schilderte er die Umstände der Personalienüberprüfung und die durchs offene Seitenfenster geführten Gespräche mit den Polizeibeamten.

Daraufhin ist H. erneut zum Variant gegangen und G. ist ihm gefolgt. Ich habe aus dem linken Seitenfenster der Fahrertür hinausgerufen, was denn nun mit unseren Papieren sei, erhielt aber keine Antwort. Plötzlich kam G. mit schnellen Schritten zum NSU zurück und hatte diesmal die Waffe erhoben und auf uns gerichtet. Er blieb an der linken Seite des NSU hinter der Fahrertür stehen und hatte die Waffe auf die Fahrertür gerichtet bzw. auf Karl Heinz Roth. Etwa zur gleichen Zeit hörte ich von links die Aufforderung: »Aussteigen!«

...Werner Sauber ist ausgestiegen, während Karl Heinz Roth sitzen blieb. Ich sah, wie Werner Sauber mehrere Sekunden aufrecht neben dem Beifahrersitz stand und den rechten Arm auf die offenstehende Tür gelegt hatte ...

Er drehte sich dann um und rannte unheimlich schnell am NSU vorbei nach hinten ...

Ich hörte, als Werner Sauber nach hinten lief, einen Schuß ... Unmittelbar nach dem ersten Schuß hörte ich eine Serie von Schüssen, die ebenso wie der erste Schuß alle einen hellen Klang hatten.

Im Anschluß an diese Serie von hell klingenden Schüssen, die dem kleineren Kaliber der Polizeiwaffen zuzuordnen waren, hatte Roland Otto weitere Schüsse gehört, unter denen sich auch solche mit deutlich dunklerem und lauterem Knall befanden, der für Saubers Waffe typisch war.

Ich hörte, auf dem Rücksitz geduckt, Karl Heinz Roth stöhnen. Ich richtete mich auf und hob die Hände hoch, zum Zeichen, daß ich keinen Widerstand leisten werde. Ich sah, wie Karl Heinz Roth aus dem NSU rausfiel und quer zur Fahrtrichtung des NSU liegenblieb ...

Und dann beschrieb er noch die akustische Wahrnehmung dessen, was ich später in meinem Plädoyer als die »Hinrichtung des Werner Sauber« bezeichnet habe:

Die Serie von hellen und dunklen Schüssen hatte aufgehört. Danach hörte ich deutlich weiter entfernt als zuvor nochmals eine Serie von hellen Schüssen. Danach habe ich keinen Schuß mehr gehört.

Derselbe Beamte, der diese letzte Serie von Schüssen auf den bereits am Boden liegenden Sauber abgab, hat sich dann noch ein weiteres Brutalostück gegenüber dem schwerverletzt und bewegungsunfähig auf dem Pflaster liegenden Karl Heinz Roth geleistet, indem er mit dem Ausruf »Faß!« einen Hund auf ihn hetzte, der sich in seiner Schulter verbiß. Roland Otto erlebte diesen durch keine polizeiliche Motivation mehr zu rechtfertigenden Gewaltakt mit, als er bereits abgeführt wurde, die Schießerei also längst beendet war.

Ich war erst wenige Schritte gegangen, als ich ein Kommando hörte, das dem Hund galt, nämlich erst einen Hundenamen, an den ich mich nicht mehr erinnern kann, und dann mindestens zweimal die Worte: »Faß! Faß!« In dieser Zeit habe ich den Hund auch bellen hören. Unmittelbar darauf hörte ich aus der Gegend, wo Karl Heinz Roth am Boden lag, wahnsinnige Schreie, es waren langgezogene Schreie.

Auch Karl Heinz Roth schilderte zunächst die ziemlich lange dauernde Personalienüberprüfung und die ruhig verlaufenden Gespräche mit den Polizeibeamten, dann die plötzliche Änderung ihres Verhaltens und die Aufforderung auszusteigen.

Nach kurzem Zögern stieg mein Beifahrer als erster aus. Ich sah ihm zu. Er öffnete die Tür zu etwa zwei Dritteln und blieb etwas gebückt, schräg dem Wageninneren zugewandt, stehen, wobei er mit der rechten Hand den oberen Türrahmen umfaßte und mit dem linken Ellenbogen an der Karosseriefassung der Tür lehnte. So stand er etwa zwei bis drei Sekunden, höchstens zwei Meter von einem Beamten schräg vor ihm entfernt, den er teilweise verdeckte. Dann machte er eine Drehung, er nahm dabei die Hände nicht nach unten. In diese Bewegung fiel ein trockener, heller Knall, auf den nach einer kurzen Pause weitere helle Knälle in kurzem Abstand folgten. Weder unmittelbar vor noch während dieser Schüsse hörte ich Stimmen, es wurde ohne Vorwarnung geschossen, und zwar nicht etwa, wie die Anklage unterstellt, vom Beifahrer, sondern von den Polizeibeamten. Beim ersten Knall zuckte ich zusammen, rutschte mit dem Gesäß auf dem Wagensitz nach vorn und versuchte, mich quer zu legen, um mich in Sicherheit zu bringen. Ich bekam einen heftigen, schneidenden Schlag von hinten in den linken Rücken. Ich verlor für Augenblicke das Bewußtsein. Ich kam ganz kurz wieder zu mir, als ich – über die Körperhaltung, die ich in dieser Situation einnahm, weiß ich nichts – einen weiteren Schlag von hinten in die linke Lendengegend erhielt, der mich innerlich zerriß. Ich wurde nach vorn und seitlich geschleudert. Ich fand mich auf dem Pflaster des Parkplatzes wieder, ich fühlte mich auf ihm wie plattgewalzt, ich war völlig bewegungsunfähig. Dann war ich wieder bewußtlos. Ich kam erneut wieder zu mir, als sich ein Hund in meiner rechten Schulter festbiß. Ich schrie. Erneut verlor ich das Bewußtsein. Dann nahm ich wahr, wie jemand über mich weggetragen wurde. Nach einer weiteren Phase der Bewußtlosigkeit wurde ich aufgehoben, sehr viel später noch einmal. Ich geriet in zunehmende Atemnot. Schließlich lag ich in einem Fahrzeug, das endlos lange fuhr. Die Luftnot war schrecklich geworden, ich wußte, daß ich bald sterben würde. Am Ende sah ich einen Ambulanzeingang. Ich hörte aus weiter Ferne Stimmen: »Na, daß ihr überhaupt noch kommt«, »ihr habt euch ganz schön Zeit gelassen«. Jetzt wußte ich, daß ich wieder eine Chance hatte, mit dem Leben davonzukommen.

Roland Otto und Karl Heinz Roth versicherten übereinstimmend, daß es keinerlei Schießabsprache zwischen den Autoinsassen gegeben hatte, weder ausdrücklich noch stillschweigend. Roth wußte nicht, daß seine Mitfahrer bewaffnet waren, diese wußten nicht, daß auch Roth eine Waffe bei sich trug. Für seinen Waffenbesitz hatte Roth eine plausible Erklärung abgegeben. Er trug eine Pistole bei sich, seit er bei seinen Patientenbesuchen in Ausländervierteln sehr konkrete Morddrohungen seitens der türkischen Terrorgruppe »Graue Wölfe« erlebt hatte. Er schilderte deren Bedrohungsritual, das darin bestand, den Ärmel des Jacketts etwas hochzuziehen und das Messer sichtbar werden zu lassen.

Ich lernte beispielsweise, was es hieß, türkischen Frauen Verhütungsmittel zu verschaffen …

Auch für die gemeinsame nächtliche Autofahrt hatten die Angeklagten eine unwiderlegliche Erklärung gegeben. Roth hatte Otto als Patienten behandelt und wollte ihn auf der Heimfahrt mitnehmen und vor dessen Wohnung absetzen. Kurz bevor sie aufbrachen, war Sauber erschienen und hatte Roth gebeten, mit ihm zu einem nicht gehfähigen Patienten nach Köln-Gremberg zu fahren. An Ort und Stelle hatte Sauber dann die Wohnung dieses Patienten nicht wiedergefunden, so daß man unverrichteterdinge weiterfahren wollte, als die verhängnisvolle Begegnung mit der Polizei begann.

Daß Karl Heinz Roth und Roland Otto diese Gegendarstellung zur Polizeiversion des Geschehens geben konnten, war nur dem Umstand zu verdanken, daß – um mit dem eingangs zitierten Polizeimeister zu sprechen – die Polizisten vor Ort nicht alle drei kaputt gemacht hatten. Aber das, was dann mit dem einen der beiden überlebenden »Terroristen« gemacht wurde, war durchaus geeignet, das Versäumte nachzuholen.

Als die Hauptverhandlung vor der Kölner Strafkammer unter Vorsitz des Richters Dr. Draber am 17. Januar 1977 begann, hatten die Angeklagten 20 Monate Untersuchungshaft hinter sich, die für Karl Heinz Roth, den bei seiner Festnahme lebensgefährlich Verletzten, zu einer Tortur geworden waren und seine Verhandlungsfähigkeit in Frage stellten. »Ich verdanke mein Überleben meiner zufälligen Qualifikation in medizinischen Dingen«, schrieb er später (*Kursbuch* 51, S. 126). Unglaubliche Versäumnisse der ärztlichen Versorgung, zusätzliche schikanöse Quälereien von Polizisten und Gefängnisbeamten, Schlafentzug und Todesangst erzeugende Haftbedingungen lagen hinter ihm und hatten ein körperliches Wrack aus ihm gemacht, sein erbärmlicher Zustand blieb keinem Prozeßbeobachter verborgen. Gleichwohl hatte Dr. Draber unter Mißachtung der von den Verteidigern erbetenen Terminabsprache einen für die zum Teil von weither (München, Berlin, Bremen) anreisenden Verteidiger äußerst zeitraubenden und strapaziösen, für Karl Heinz Roth aber wegen der häufigen Transporte mit unnötigen Schmerzen und Gesundheitsgefährdungen verbundenen und deshalb schlechthin terroristischen Zeitplan für die Hauptverhandlung festgesetzt (wöchentlich abwechselnd montags, mittwochs, freitags, dienstags und donnerstags), und weigerte sich, die Haft- und Verhandlungsfähigkeit des Angeklagten durch einen von den Verteidigern auf eigene Kosten in prozessual ordnungsmäßiger Weise präsent gestellten Sachverständigen untersuchen zu lassen. Herr Professor Dr. Beck von der Deutschen Diagnoseklinik in Wiesbaden, ein angesehener Fachmann auf dem Gebiet der Gastroenterologie, mußte unverrichteter Dinge nach Hause fahren. Aus seinem Brief an einen der Verteidiger:

Die Vorgänge an den ersten beiden Verhandlungstagen gegen Ihren Mandanten Herrn Roth haben mich bestürzt. Ich hatte mir diese Art und dieses Ausmaß an Formalismus, Bürokratismus und Fadenscheinigkeit nicht vorgestellt. Ich glaube auch nicht, daß damit die Wahrheitsfindung gefördert wird. Möglicherweise steht es mir jedoch als einem in Strafprozessen unerfahrenen Nichtjuristen nicht zu, über die Ungereimtheiten dieses Prozesses, wie sie sich mir darboten, ein Urteil abzugeben.

Was jedoch meine eigene Person anbetrifft, so finde ich es äußerst bedauerlich, daß ein medizinischer Sachverständiger zweimal zu dem Prozeß geladen war, ohne auch nur ein einziges Mal zu den anstehenden medizinischen Problemen gehört zu werden. Dafür ist die Zeit eines Arztes, die dann letztlich den Patienten abgeht, zu kostbar, – ganz abgesehen davon, daß ich eine derartige Informationsfeindlichkeit, die sich in meinem Beruf in Fehldiagnosen niederschlagen würde, – nicht akzeptieren kann.

Wie Sie wissen, war es für mich äußerst schwierig, die Termine meiner Patienten in Wiesbaden abzusagen oder zu verlegen, bzw. mich von meinen Kollegen an beiden Tagen vertreten zu lassen.

Sicherlich war es nicht Ihre Schuld, daß in Köln jede Kommunikation zwischen dem Gericht und mir drastisch unterbunden wurde – und, wie Sie mir sagten, hatten Sie ja die zweite Ladung auch mit dem Gerichtsvorsitzenden vorher besprochen. Trotzdem möchte ich Sie nach diesen traurigen Erfahrungen bitten, falls das Gericht doch noch an einer fachkompetenten gastroenterologischen Abklärung des Gesundheitszustandes Ihres Mandanten interessiert sein sollte, sich der Ernsthaftigkeit dieses Anliegens zu versichern, bevor Sie mir eine weitere Ladung zugehen lassen.

Der im Gerichtssaal anwesende Professor aus Wiesbaden war dem Vorsitzenden wohl schon deshalb verdächtig, weil er das Vertrauen des Angeklagten Roth und seiner Verteidiger hatte. Statt diesem Fachmann eine Untersuchung und Begutachtung des Angeklagten zu ermöglichen, brach der Vorsitzende, als einer der Verteidiger darauf hinwies, daß Roth unter Spasmen leide, die Verhandlung abrupt ab, ohne noch irgendwelche Erklärungen entgegenzunehmen, und ließ einen Notarzt kommen, einen jungen, unerfahrenen Feuerwehrarzt. Da es den Verteidigern nicht möglich war, sich gegenüber dem Gericht noch Gehör zu verschaffen, trat Professor Beck aus eigener Initiative an Herrn Dr. Draber heran und erklärte diesem, daß er eine ärztliche Betreuung Roths auf dem Transport in die Haftanstalt für unbedingt erforderlich halte. Herr Dr. Draber holte sich den Feuerwehrarzt zu einem Gespräch unter vier Augen in sein Dienstzimmer, verwies mich, der ich an dem Gespräch teilzunehmen beanspruchte, des Raumes und teilte mir nach einer Viertelstunde mit, er habe verfügt, daß Herr Roth mit dem Hubschrauber transportiert werde; bei diesem Transport sei eine ärztliche Betreuung nicht erforderlich. Ich wies darauf hin, daß gerade diese Art des Transports nach den bisherigen Erfahrungen gefährlich sei. Darauf Dr. Draber: »Sie haben ja gehört, was ich gesagt habe.« Ich: »Wollen Sie mir keine Gelegenheit geben, meine Bedenken gegen diese Art des Transports vorzutragen?« Dr. Draber: »Nein«.

Entgegen Dr. Drabers Verfügung saß zufällig doch ein Arzt mit im Hubschrauber. Es zeigte sich, daß seine Anwesenheit dringend erforderlich war. Er war genötigt, Roth eine Infusion zu verabfolgen, um einen Zusammenbruch des Kreislaufs zu verhindern. Dieser Kreislaufkollaps war übrigens eine Folge der Medikamente, die der junge Feuerwehrarzt Karl Heinz Roth eingegeben hatte (Spasmolytika und Psychopharmaka zur Beruhigung).

Die Presse, die Herr Dr. Draber nach den ersten Verhandlungstagen hatte, war denn auch nicht sehr freundlich. »Der Richter umgeht keinen Stolperstein«, überschrieb Giselher Schöne seinen Prozeßbericht im *Kölner Stadtanzeiger* vom 18. Januar 1977. Es sei ihm gelungen, den Prozeßbeginn in einer Art zu gestalten, die an eine Satire erinnere.

Schließlich heizte sich die Atmosphäre im Saale derart auf, daß die Unruhe auf den 30 Zuschauerplätzen immer stärker wurde und von den Verteidigerbänken der Vorwurf eines »einmaligen Schauspiels von Rechtsanmaßung« erhoben wurde. Peinlich spitzten sich auch die Auseinandersetzungen über den Gesundheitszustand des angeschuldigten Arztes Karl Heinz Roth zu, der an den Folgen eines Bauchschusses leidet. Per Gerichtsvollzieher hatten die Verteidiger den Professor Kurt Beck von der Deutschen Klinik für Diagnostik in Wiesbaden als medizinischen Sachverständigen laden lassen. Doch über eine Untersuchung Roths durch den Sachverständigen ließ der Vorsitzende gar nicht erst mit sich diskutieren, obwohl der schwerkranke Roth zusehends auf seinem Stuhl in sich zusammenfiel.

In Köln scheine, wenn auch in kleinerem Format, ein Über-Stammheim bevorzustehen, schrieb Gerhard Mauz im *Spiegel* (31.1.1977).

Natürlich gab es auch die übliche Desinformation von konservativer Seite, die den Verteidigern, die Wahrheit auf den Kopf stellend, »Verzögerungstaktik« vorwarf, die aus Terroristenprozessen hinreichend bekannt sei (Georg Bönisch, *Bonner Rundschau*, 18.1.1977). Und in der *Welt* war zu lesen, daß die sieben anwesenden Verteidiger den Staatsanwalt niedergeschrien hätten, »um ihre aus anderen Terroristenprozessen bekannten Forderungen in Anträgen an das Gericht zu Gehör zu bringen«. Wie überhaupt die Abstempelung »Terroristenprozeß« vorherrschte und offensichtlich auch im Bewußtsein des Herrn Dr. Draber Spuren hinterlassen hatte. Zwar wehrte er sich gegen die Kennzeichnung des Verfahrens als »politischer Prozeß« und fand die schlichte, später oft zitierte Formulierung, dies sei »ein ganz gewöhnlicher Mordprozeß«, aber wir entdeckten Hinweise dafür, daß er eine Dienstreise nach Düsseldorf abgerechnet hatte, um sich im Verfahren gegen die Stockholm-Attentäter kundig zu machen, wie man einen »Terroristenprozeß« führt. Was er dabei gelernt hatte, brachte selbst wohlwollende Beobachter seiner Verhandlungsführung in Verlegenheit. So den Berichterstatter des WDR, Leo Waltermann, der am Abend des ersten Prozeßtages in der Sendung »Kritisches Tagebuch« sagte:

Ich habe gelernt, daß die Rechtssicherheit in einem Gemeinwesen mit der korrekten – um nicht zu sagen: pingeligen Beachtung der rechtlichen Formalien steht und fällt. Ich habe auch gelernt, es sei Pflicht des zuständigen Richters, dafür zu sorgen, daß Gesundheit und Leben eines Beschuldigten nicht gefährdet werden. Es hat mich deprimiert zu erleben, daß ich vielleicht nur rechtsstaatliche Theorien gelernt habe, die sich in der Praxis des heutigen Vormittags anders ausnehmen als in Bekenntnissen.

Was war außer der Weigerung, den Angeklagten Karl Heinz Roth durch den anwesenden Gastroenterologen Prof. Dr. Kurt Beck auf seinen Gesundheitszustand untersuchen zu lassen, an diesem ersten Verhandlungstag noch geschehen?

Bevor die Verteidiger den Gerichtssaal hatten betreten können, waren sie und ihr Gepäck einer Durchsuchung unterworfen worden. Man hat sich inzwischen an die Kontrollen auf

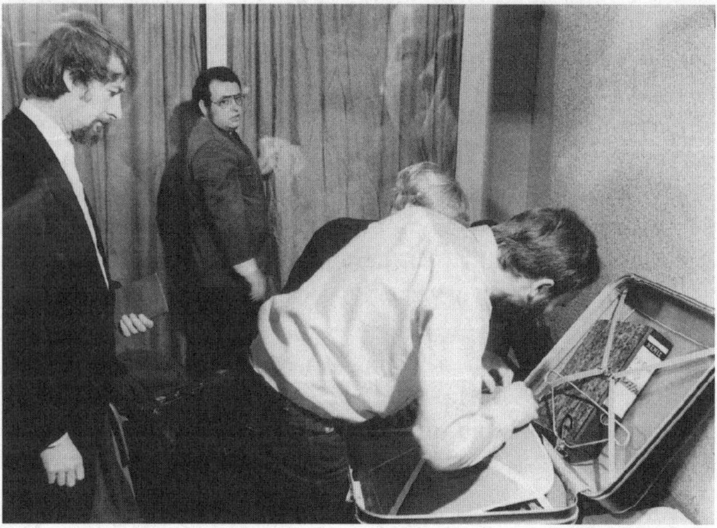

In einer Schleuse vor dem Eingang des Gerichtssaales mußten sich die Verteidiger eine Durchsuchung ihres Gepäcks und ihrer Kleidung gefallen lassen.

Flughäfen gewöhnt und könnte von daher an der von Dr. Draber angeordneten Maßnahme nichts Besonderes finden. Aber die Besonderheit lag daran, daß die Durchsuchung in Köln nicht für alle »Fluggäste« angeordnet war. Staatsanwälte und Polizeibeamte in Zivil kamen ebenso wie die Mitglieder des Gerichts, der Protokollführer und zwei weibliche Justizangestellte, die »nach näherer Weisung des Vorsitzenden mit dem Stenogramm von Teilen der Hauptverhandlung beauftragt« waren, undurchsucht in den Saal. Sie zählten sozusagen zur »Crew«, während die Anwälte durch diesen demonstrativen Mißtrauensbeweis dem potentiellen »terroristischen« Umfeld zugerechnet wurden.

Beiden Angeklagten waren gegen ihren Willen Pflichtverteidiger aus Köln beigeordnet worden, also Anwälte, die nicht das Vertrauen der Angeklagten, aber das Vertrauen des Gerichts genossen. Die Kritik dieser Institution hat dafür den Ausdruck »Zwangsverteidiger« geprägt, den die Betroffenen natürlich nicht gerne hören. Mit diesen Zwangsverteidigern – oder nennen wir sie: Vertrauensanwälte des Gerichts – war gewährleistet, daß sich die Vertrauensanwälte der Angeklagten alles gefallen lassen mußten, was jene Kollegen mitmachten. Hätten wir uns geweigert, die entwürdigende Durchsuchung zu dulden, wären wir draußen geblieben und jene drin gewesen. Wir konnten auch nichts gegen den für Karl Heinz Roth und die auswärtigen Anwälte äußerst strapaziösen Terminplan machen, da die Kölner Kollegen sich darauf unschwer einstellen konnten und das Gericht nur auf eine Gelegenheit wartete, uns aus dem Verfahren zu werfen. Mehr als einmal wurden wir bei Protesten gegen die auch in ihrer konkreten Ausgestaltung schikanösen Durchsuchungen oder gegen mit anderen Berufspflichten kollidierende Terminierungen auf die Möglichkeit hingewiesen, das Mandat niederzulegen bzw., soweit wir als Pflichtverteidiger beigeordnet waren, Entpflichtung zu beantragen.

Es hatte übrigens auch andere Versuche gegeben, gerade mir, der ich für Herrn Dr. Draber als früherer Verteidiger von Ulrike Meinhof ein rotes Tuch war, die Verteidigung von Karl Heinz Roth durch Schikanen zu verleiden. So hatte Dr. Draber meinen ersten Besuch bei Karl Heinz Roth durch formale und sachlich unberechtigte Beanstandungen meiner Vollmacht drei Wochen lang zu verhindern gewußt. Einmal hatte ich die Herrn Dr. Draber angekündigte Fahrt von Bremen nach Düsseldorf (mit Auto) unternommen, um erst an der Pforte des Gefängnisses zu erfahren, daß mir eine Besuchserlaubnis wegen Beanstandung meiner Vollmacht verweigert worden sei. Die Benutzung des Telefons hatte Herr Dr. Draber nur für nötig befunden, um bei der Verwaltung des Landgerichts Bremen anzufragen, ob ich überhaupt als Rechtsanwalt unbeschränkt zugelassen sei. Auch die Ausstellung einer neuen, seinen Wünschen genügenden Vollmacht vor Ort wußte Herr Dr. Draber durch schikanöse und rechtswidrige Anordnungen (Überwachung des Verteidigergesprächs durch einen Beamten des Landeskriminalamts) zu verhindern.

Wir hatten also schon einiges an Frust und Ärger hinter uns, als wir am 17. Januar 1977 endlich im Sitzungssaal waren. Nächste Provokation: die Angeklagten sollten entfernt von ihren Verteidigern, aber eingerahmt von Justizwachtmeistern sitzen. Wir wären schon mit Rücksicht auf Roths schlechten Gesundheitszustand gern so schnell wie möglich zur Sache gekommen, aber dies konnte nun wirklich nicht hingenommen werden, da ein unbelauschtes Gespräch zwischen Mandanten und Verteidigern nicht möglich gewesen wäre. Also Antrag auf Änderung der Sitzordnung, der mit der Begründung abgelehnt wird, »daß alle mit sitzungspolizeilichen Aufgaben betrauten

Personen angewiesen sind, vom Inhalt der schriftlichen Unterlagen der Angeklagten und ihrer Verteidiger keine Kenntnis zu nehmen«. Antrag auf Gerichtsbeschluß. Abgelehnt, da als Beanstandung einer sitzungspolizeilichen Maßnahme unzulässig. Auch das konnten wir nicht hinnehmen, weil Maßnahmen, durch die die Verteidigung behindert werden, selbstverständlich der Überprüfung durch das Gericht unterliegen. Das Ende vom Lied: da noch Plätze frei sind – »der Rechtsanwalt Heinrich Hannover, einer der Wahlverteidiger von Karl Heinz Roth, hat in der freundlichsten Weise darauf hingewiesen« (Gerhard Mauz im *Spiegel* vom 31.1.1977) –, dürfen die Angeklagten nun doch neben ihren Verteidigern Platz nehmen. Dazu Gerhard Mauz:

Die Kunst, das Klima einer Hauptverhandlung zu zerstören, Lehrsatz eins: Man sperre sich als Vorsitzender Richter gegen einen verständlichen und erfüllbaren Wunsch der Verteidigung, zwinge diese, ihren Wunsch als Antrag vorzubringen, weise diesen Antrag als unzulässig zurück – und gewähre sodann, was man soeben verworfen hat.

Kaum ist das erledigt, ist schon der nächste Konflikt fällig. Der Vorsitzende sperrt sich gegen die schon vor der Hauptverhandlung schriftlich angekündigte Benutzung von Tonbandgeräten durch die Verteidigung. Es geht darum, alle Erklärungen der Verteidiger und der Angeklagten – und, soweit diese einverstanden sind, auch die der Zeugen – auf Tonband aufzunehmen. Ein Arbeitsmittel der Verteidigung, das ich bei anderen Gerichten – auch beim Bundesgerichtshof – bereits unbeanstandet hatte verwenden dürfen und dessen Zulässigkeit durch Hinweise auf Kommentare und Gutachten belegt wurde. Wir waren in diesem als »Terroristenprozeß« aufgezogenen Verfahren darauf auch unter dem Gesichtspunkt der Eigensicherung angewiesen, da wir zur Genüge die Praxis mancher Gerichte kannten, Verteidigeräußerungen in erster Linie unter dem Gesichtspunkt zur Kenntnis zu nehmen, ob sie Anlaß zu ehrengerichtlichen Maßnahmen gaben. Und da kam es, wie wir ebenfalls aus Erfahrung wußten, durchaus darauf an, Beweismittel für den genauen Wortlaut und den Sinnzusammenhang der Äußerungen zu haben. Die beiden von Dr. Draber zusätzlich beigezogenen Stenographinnen waren für uns ein allzu sichtbares Zeichen dafür, daß auch bei diesem Gericht von vornherein Anlaß gesehen wurde, die Messer gegen aufmüpfige Verteidiger zu schleifen. Um im Bilde zu bleiben: wir wollten Waffengleichheit.

Herr Dr. Draber lehnte also ab. Aber er tat noch etwas mehr. Er lehnte auch den Antrag ab, einen Gerichtsbeschluß herbeizuführen. Und damit verließ er eindeutig den Boden der Strafprozeßordnung, die in § 238 bestimmt:

Wird eine auf die Sachleitung bezügliche Anordnung des Vorsitzenden von einer bei der Verhandlung beteiligten Person als unzulässig beanstandet, so entscheidet das Gericht.

Herr Dr. Draber erklärte: »Ich rufe das Gericht nicht an.« Und dabei blieb er ungeachtet aller Rechtsausführungen zu einer juristischen Selbstverständlichkeit, stellte sich taub und wiederholte nur von Zeit zu Zeit stereotyp den Satz: »Herr Roth, wollen Sie Ausführungen über Ihr Befinden machen?« Roth schwieg, die Verteidiger redeten mit wachsender Erregung über die Strafprozeßordnung und Dr. Draber tat, als ob er nichts gehört habe und wiederholte nach Art einer beschädigten Schallplatte immer wieder die Frage nach dem Befinden des Angeklagten. Es war wie im absurden Theater. Oder wie in einem Irrenhaus aus der Zeit des Marquis de Sade. Was dabei herauskam, beschreibt ein unabhängiger Prozeßbeobachter (Gerhard Mauz im *Spiegel*) so:

Die Kunst, das Klima einer Hauptverhandlung zu zerstören, Lehrsatz zwei: Man kann als Vorsitzender Richter auch ganz anders als alle anderen entscheiden. Stellt die Verteidigung beispielsweise einen Antrag unter Berufung auf § 238 StPO Ziffer zwei, so ist es weitaus ruinöser, wenn dieser Antrag gar nicht erst dem Gericht zur Beschlußfassung vorgelegt, sondern vom Vorsitzenden allein erledigt wird. Er beweist damit einen entmutigenden Mut, da er ja auch seine Unabhängigkeit von der Revisionsinstanz demonstriert. Zwar würde ein Beschluß des Gerichts nicht anders lauten als die Entscheidung des Vorsitzenden. Doch indem er allein entscheidet, macht er deutlich, wozu er, anders als andere, fähig ist. Und damit überantwortet er die Verteidigung einer Fassungslosigkeit, von der sie sich kaum erholen wird.

Konnten wir diesen Richter für einen unbefangenen Beurteiler der Anklagevorwürfe halten, die gegen unsere als »Terroristen«

vorverurteilten Mandanten erhoben wurden? Was blieb uns anderes übrig als ein Ablehnungsantrag, obwohl hier alles dagegen sprach, von diesem regelmäßig an der Kameraderie der anderen Richter scheiternden Rechtsmittel Gebrauch zu machen: wir verteidigten einen Todkranken, der an möglichst schneller Durchführung des Verfahrens dringend interessiert war und schon den Strapazen des ersten Verhandlungstages kaum gewachsen war. Wir entschlossen uns zu einem Kompromiß. Der Ablehnungsantrag wurde nur angekündigt, aber zurückgestellt, um zunächst eine Entscheidung über die beantragte Untersuchung Roths durch den Arzt Prof. Dr. Beck zu ermöglichen. Aber wir hatten die Bereitschaft des Vorsitzenden, auf nüchterne Rationalität mit einer Spur von Fairneß zu reagieren, überschätzt. Dr. Drabers stereotype Frage nach Roths Befinden zielte, wie aus seinem weiteren Verhalten deutlich wurde, darauf ab, uns mit einem überraschenden Abbruch der Verhandlung zu übertölpeln, so daß an diesem Tage weder der Ablehnungsantrag gestellt noch die Diskussion über die ärztliche Untersuchung im Gerichtssaal fortgesetzt werden konnte. Herr Draber zog, als endlich von Spasmen die Rede war, ein bis dahin der Verteidigung unbekanntes Schreiben des Bochumer Gefängnisarztes Dr. Hofmann aus der Akte, in dem für Roth grundsätzliche Verhandlungsfähigkeit bescheinigt und sodann gesagt wurde:

Sollten jedoch Darmspasmen, unter denen Herr Roth zeitweilig leidet, auftreten, müßte die Verhandlung für diesen Verhandlungstag unterbrochen werden.

Herr Dr. Draber, dem sicher längst nicht mehr wohl in seiner Haut war, hatte offenbar nur auf das befreiende Wort »Spasmen« gewartet, um die Verhandlung, ohne daß Staatsanwaltschaft und Verteidigung oder den Angeklagten selbst noch eine Gelegenheit zur Stellungnahme gewährt wurde, zu beenden und die notwendigen Entscheidungen bezüglich des schwerkranken Angeklagten ohne öffentliche Kontrolle mit dem noch herbeizurufenden jungen Feuerwehrarzt zu besprechen.

Es war klar, daß dieser Richter als befangen abgelehnt werden mußte. Und es war ebenso klar, daß der Ablehnungsantrag nach üblichem Muster abgelehnt wurde. Das Klima, in dem wir gegen das von der Staatsanwaltschaft gewollte Lebenslänglich für unsere Mandanten kämpfen mußten, war gründlich zerstört. Noch einmal Mauz:

Die Verteidigung muß kämpfen. Daß sie schon nach vier Tagen erbittert und verzweifelt kämpft, wäre vermeidbar gewesen.

Im weiteren Verlauf der Hauptverhandlung stellte sich immer mehr heraus, daß die eigentliche Herrschaft über das Verfahren nicht bei dem Vorsitzenden der Strafkammer, sondern bei der Polizeiführung lag. Noch am Tage der Polizeiaktion auf dem Parkplatz in Köln-Gremberg hatte der Kölner Polizeipräsident eine Pressekonferenz abgehalten und die Öffentlichkeit auf einen Mordprozeß gegen terroristische Gewalttäter eingestimmt. Zu dieser Zeit glaubte die Polizei übrigens noch, nicht Werner Sauber, sondern Karl Heinz Roth erschossen zu haben, und so ging seinen Eltern die polizeiamtliche Mitteilung vom Tode ihres Sohnes zu. Aber die Kollegen hatten, wie wir aus berufenem Munde wissen, schlecht geschossen. Er lebte noch, war nur halbtot. Doch von diesem korrigierbaren Fehler abgesehen, trug die polizeiliche Falschinformation der Medien pralle Früchte. Im *Hamburger Abendblatt* etwa war zu Karl Heinz Roth zu lesen:

Unter der perfekten Maske des Samariters und Menschenfreundes zeigte sich die Fratze eines Extremisten, der über Leichen geht.

Und das Boulevardblatt *Express* schrieb unter der Überschrift »Terrorist ist Arzt in Köln«:

Die vermeintlichen Autoknacker entpuppten sich plötzlich als wild um sich schießende Polit-Gangster ... Der Beifahrer Werner Sauber ... feuerte auf die uniformierten Beamten, die blutend zusammenbrachen. Im selben Moment sprang der Terrorist Karl Heinz Roth (33) vom Fahrersitz und schoß wild aus einer Pistole vom Kaliber 7,65 mm um sich ...

Vom ersten Tag der Hauptverhandlung an war die Macht der Polizei spürbar, den Angeklagten Karl Heinz Roth »kaputt« zu machen. Gefesselt und mit geladenen Maschinenpistolen konfrontiert war der unter den Folgen seiner schweren Schußverletzungen Leidende in schmerzhaftester Weise vom Gefängniskrankenhaus Bochum nach Köln transportiert worden.

Als die Beweisaufnahme mit der Vernehmung von Polizeibeamten begann, wurde sehr schnell deutlich, daß die Polizeiführung auch für die Behinderung der Wahrheitsfindung

Vorsorge getroffen hatte. Machtlos stand der Vorsitzende der Strafkammer den begrenzten Aussagegenehmigungen der Polizeizeugen gegenüber. Sowohl der Polizeipräsident als auch der Innenminister von Nordrhein-Westfalen, Martin Hirsch (FDP), wiesen Dr. Drabers Bitte zurück, die Aussagegenehmigung zu erweitern. Begründung: das Bekanntwerden des erfragten Sachverhalts würde dem Wohl des Bundes oder eines deutschen Landes Nachteile bereiten (§ 96 StPO). Einer der Verteidiger von Roland Otto, der Münchner Kollege Frank Niepel, schrieb später (*Ein ganz gewöhnlicher Mordprozeß*, Berlin 1978, S. 28):

Es liegt auf der Hand, was verborgen bleiben sollte, was zumindest keine amtliche Bestätigung finden durfte: daß die Polizei mit dem Schießen begonnen hatte.

Am 13. Verhandlungstag (28.2.1977) fiel den Verteidigern auf, daß der Polizeibeamte B. bei seiner Vernehmung als Zeuge einen grünen Hefter mit schriftlichen Unterlagen vor sich liegen hatte, und sie beantragten dessen Beschlagnahme. Dem Antrag wurde stattgegeben. Der grüne Hefter erwies sich als interessanter Fund. Er enthielt unter anderem ein mit »Wichtige Hinweise« überschriebenes Papier des Kölner Polizeirats Sengespeik, das sich als Instruktion oder, wie es von Verteidigerseite treffend genannt wurde, als »Impfung« der Polizeizeugen herausstellte. Da hieß es beispielsweise:

Lassen Sie sich nicht provozieren!

Die Verteidiger werden dies versuchen, um Sie auch dadurch unglaubwürdig zu machen.

Weiter wurden die Beamten darauf vorbereitet, daß sie von diesen Verteidigern Fragen zu ihrem Geschlechtsleben, ihrer sozialen Herkunft, Schulbildung und politischen Einstellung zu erwarten hätten. »Dieser Prozeß wird für Sie anders sein als alle bisher erlebten! Dieser Prozeß ist anders!« hieß es da. Was an diesem Prozeß anders sei, wird nicht näher erläutert, ist den Beamten aber sicher bei einer mündlichen Vorbesprechung, von der wir durch den als Zeuge vernommenen Polizeirat Sengespeik erfuhren, erklärt worden. Auf jeden Fall ist den Beamten folgende Belehrung schriftlich gegeben worden:

Sie sind *nicht* Angeklagter – auch wenn die Verteidiger versuchen werden, dies zu verdrehen.

Sie haben sich nichts vorzuwerfen!

Sie haben rechtmäßig gehandelt!

Es war anscheinend nötig, den Beamten dies einzuhämmern. Für die Wahrheitsfindung wäre es allerdings besser gewesen, ihnen etwaige Zweifel an der Rechtmäßigkeit ihres Handelns nicht zu nehmen. Und vielleicht hätten Polizeizeugen, die nicht um die Wahrung irgendeiner wie auch immer zu definierenden Polizeiehre bemüht gewesen wären, sondern die Wahrheit und nichts als die Wahrheit gesagt hätten, ein besseres Bild auf die Polizei geworfen als es dann tatsächlich herauskam.

Ein von vielen Zeitungen gebrachter dpa-Artikel von Jürgen Maisel – ich zitiere hier nach *Rheinische Post* vom 31.3.1977 – faßte zusammen:

Mit dem bisherigen Ergebnis der Beweisaufnahme im Kölner Mordprozeß gegen die beiden Anarchisten Karl Heinz Roth (34) und Roland Otto (26) dürfte die Staatsanwaltschaft kaum zufrieden sein. Jeder Verhandlungstag brachte die Anklagebehörde nach übereinstimmender Ansicht der ständig anwesenden Prozeßbeobachter immer stärker in Beweisnot. Zu widersprüchlich und lückenhaft sind die Aussagen der bislang vernommenen Polizeibeamten …

Widersprüche und Ungereimtheiten gab es insbesondere zu der Kernfrage des Prozesses, ob die von dem Polizeibeamten G. aufgestellte Behauptung zutraf, Roth habe, schwerverletzt am Boden liegend, nach seiner Pistole gegriffen. Vieles von dem, was Polizeibeamte als Zeugen zu diesem Punkt ausgesagt hatten, wurde plötzlich durch neue Beweismittel widerlegt, von deren Existenz die Polizeiführung gewußt, die sie jedoch sowohl der Staatsanwaltschaft als auch dem Gericht vorenthalten hatte.

Den Verteidigern war bekannt geworden, daß der Pressefotograf des *Kölner Stadt-Anzeigers*, Helmut Jüliger, in jener Nacht des 9. Mai 1975 in der Nähe des Tatorts gewesen war und, wenige Minuten nach dem Ende der Schießerei dort eingetroffen, eine Serie von etwa 200 Fotos angefertigt hatte. Jüliger hatte die Fotos der Polizei zur Verfügung gestellt. Diese hatte 44 Fotos angekauft und eine Lichtbildmappe angelegt, anhand derer die Polizeizeugen auf ihre Aussagen vorbereitet wurden. Nur sechs dieser Fotos hatte die Polizei in die Gerichtsakten gelangen lassen. Soweit diese Fotos den schwerverletzt auf dem Straßenpflaster liegenden Karl Heinz Roth zeigten, verdeckte entweder die offenstehende Fahrertür oder Roths Körper die Stelle, an der Polizeizeugen seine Pistole gesehen haben wollten, so daß sie ihrer Phantasie freien Lauf lassen konnten.

Der Verteidigung gelang es, die fehlenden Fotos zu beschaffen und sie dem Gericht vorzulegen. Und da zeigte sich, daß Roths Pistole erst sichtbar geworden war, als er abtransportiert wurde und die Waffe aus seinem Hosenbund gefallen war. Vorher mußte sie unter dem Körper des bewegungsunfähig auf der linken Seite Liegenden verborgen gewesen sein. Man sah beide Hände des Schwerverletzten auf dem Boden vorgestreckt und keine Waffe. Man sah weiter, wie Roth und der ebenfalls schwerverletzte Polizeibeamte G. zueinander gelegen hatten. Nämlich so, daß G.s Darstellung über seine angeblichen Beobachtungen und seine Schußabgabe auf Roths Körper nicht stimmen konnten. Aus dem Verlauf des Schußkanals in Roths Körper ergab sich, daß G.s Kugel ihn nicht erst zu einem Zeitpunkt getroffen haben kann, als beide auf dem Boden lagen. Vielmehr konnten die Verteidiger nunmehr mit guten Gründen die These vertreten, daß G. von hinten auf Roth geschossen hat, als dieser im Begriff war, aus dem NSU auszusteigen.

Mit der Vorlage dieser Fotos und der zeugenschaftlichen Vernehmung des Pressefotografen Helmut Jüliger war die Wende des Prozesses eingeleitet. Hatte die Presse noch am 9. März von einem »Prozeßklima, das kaum Luft zum Atmen läßt«, von einer »fast unerträglichen Atmosphäre des gegenseitigen Mißtrauens« (*Kölner Stadt-Anzeiger*) gesprochen, so hieß es nunmehr:

In den Kölner Verhandlungspausen jedenfalls wird immer häufiger von Freispruch hinsichtlich der Mordanklage gesprochen. (*Rheinische Post*, 31.3.1977)

Aber noch war es nicht soweit. Am 7. April 1977, dem Tage, an dem wir den ersten Haftentlassungsantrag für unsere Mandanten gestellt hatten, wurde, wie wir während der Beratung des Gerichts erfuhren, Generalbundesanwalt Buback in Karlsruhe das Opfer eines terroristischen Mordanschlags. Welches Gericht hätte sich getraut, ausgerechnet an diesem Tage zwei des

Polizistenmords angeklagte »Terroristen« aus der Haft zu entlassen! »Nicht die Mörder, sondern die beinahe Ermordeten sitzen hier auf der Anklagebank!« hatte ich dem Gericht zugerufen. Aber jetzt beschwor ich das Gericht vergeblich (»Politische Attentate sind Sternstunden der Reaktion!«), sich von dem Ereignis in Karlsruhe nicht beeinflussen zu lassen. Unser Antrag wurde abgelehnt.

Dann mischte sich Axel Springers *Bild am Sonntag* ein und erschien am 15. Mai 1977 mit der Schlagzeile auf der ersten Seite: »Terroristen verurteilen Kölner Richter zum Tode«. Im dazugehörigen Text wurde behauptet, nach dem Mord an Generalbundesanwalt Buback planten die Terroristen weitere »Hinrichtungen«; ein rotes Femegericht habe Dr. Draber, der »zur Zeit den Vorsitz im Anarchisten-Prozeß gegen die Terroristen Karl Heinz Roth und Roland Otto« führe, zum Tode verurteilt. Fotos von Karl Heinz Roth und Roland Otto stellten die Gedankenverbindung her, daß Draber ihretwegen sterben müsse. Sie waren sowohl neben den Schlagzeilen »Terroristen verurteilen« als auch im Textteil abgebildet und als »unter Mordanklage« stehend vorgestellt. Daneben Fotos des Polizeihauptwachtmeisters Pauli, eines mit der Unterschrift »Polizistenmord in Köln: Walter Pauli von Terroristen erschossen«. Sein Tod erschien dadurch als eine der »Hinrichtungen«, von denen im Text die Rede war.

Das rote Femegericht und sein angebliches Todesurteil gegen Dr. Draber waren freie Erfindungen des bekannten Lügenblatts. Die bildliche und textliche Zusammenstellung dieser Lüge mit den angeklagten »Terroristen« des Kölner Prozesses war ein unverfrorener Akt bösartiger Volksverdummung, ein Versuch, die öffentliche Meinung gegen den sich abzeichnenden Freispruch zu mobilisieren und die Richter entsprechend einzuschüchtern.

Der Hamburger Kollege Dr. Heinrich Senfft erstritt für Karl Heinz Roth und Roland Otto eine Verurteilung des Axel Springer Verlages zum Abdruck einer Gegendarstellung. Aber daraus erfuhren die Leser der *Bild am Sonntag* nur, daß die beiden mit einer angeblichen Verurteilung des Richters Dr. Draber nichts zu tun hatten – und mancher wird noch nicht einmal dies geglaubt haben. Wer seine politische Bildung aus diesem Springer-Blatt bezog, konnte weiterhin glauben, daß alles andere – das rote Femegericht und die beschlossene Hinrichtung des Richters Dr. Draber – den Tatsachen entspreche.

Ich weiß nicht, ob Herr Dr. Draber zu denen gehörte, die den Bericht der *Bild am Sonntag* ernstgenommen hatten. Auf jeden Fall waren die Nerven der Prozeßbeteiligten erneut aufs Äußerste strapaziert. Und das hieß für die Angeklagten und ihre Verteidiger erneut: Sorge um den Ausgang des Verfahrens.

Dr. Drabers Ängste vor »Terroristen« und »Terroristenanwälten«, deren sich der *Bild*-Artikel offensichtlich bediente, um Einfluß auf das Prozeßergebnis zu nehmen, hatten sich auch für unabhängige Prozeßbeobachter immer wieder in peinlicher Weise gezeigt. So vor allem in den Tag für Tag praktizierten entwürdigenden Durchsuchungen der Verteidiger und ihres Gepäcks, die immer wieder Anlaß zu Protesten, Anträgen und erregten Debatten gaben und zu verschiedenen Akten gewaltlosen Widerstandes führten. Nachdem wir auch gegen schikanöse Formen der Durchsuchung vom Gericht nicht geschützt wurden, ging ich dazu über, bei Erscheinen des Gerichts demonstrativ sitzen zu bleiben und erklärte auf Befragen: »Vor einem Gericht, das Verteidiger wie potentielle Verbrecher behandelt, stehe ich nicht auf.«

Zu Dr. Drabers Ängsten gehörte offenbar auch die Sorge, daß seine von Anfang an herausgekehrte Autorität als Verhandlungsleiter, die ihn oft genug in anstößiger Weise die Regeln der Strafprozeßordnung vergessen ließ, von irgendeiner Seite angetastet werden könnte. Und da hat gerade auch die Polizeiführung mit ihrer nicht minder rigiden Handhabung autoritärer Prinzipien ihm manchen Tort angetan. Peinlich war für ihn schon die öffentliche Vorführung der beschränkten Aussagegenehmigungen für Polizeizeugen, denen auch auf Dr. Drabers Intervention weder vom Polizeipräsidenten noch vom Innenminister abgeholfen wurde. Peinlich war es auch, als der Vorsitzende vergeblich um die Vorlage eines beim Kölner Polizeipräsidenten liegenden dienstinternen Fernschreibens gebeten hatte und mit der Mitteilung abgespeist worden war, das Bekanntwerden seines Inhalts würde dem Wohl des Landes Nordrhein-Westfalen Nachteile bereiten. Noch peinlicher aber wurde die Sache, als man erfuhr, daß die in der Hauptverhandlung vernommenen Polizeibeamten eben diese aus Gründen des Staatswohls geheimgehaltene WE-Meldung (Wichtige Ereignismeldung) einen Tag vor ihrer Zeugenvernehmung in ihrer Dienststelle zu lesen bekommen hatten. Dr. Draber: »Wenn Zeugen ein Fernschreiben bekanntgegeben wird, dessen Vorlage man dem Gericht verweigert, habe ich dafür nicht das geringste Verständnis.« Eigentlich hätte dieses Verhalten der Polizeiführung auch Dr. Draber die Augen dafür öffnen müssen, daß der von den Verteidigern ausgesprochene Verdacht nicht von der Hand zu weisen war, hier solle die Feuereröffnung durch die Polizei verschleiert werden. Aber das hätte eine souveräne, nicht eine angstbesetzte autoritäre Richterpersönlichkeit vorausgesetzt.

Anlaß für einen weiteren Antrag der Angeklagten, diesen aus ihrer und unserer Sicht befangenen Richter abzulehnen, bot ein Aufsatz, den Dr. Draber in der Zeitschrift *Gruppendynamik* veröffentlicht hatte. Er stammte aus dem Jahre 1974, war uns aber erst jetzt bekannt geworden. Darin beschrieb Dr. Draber den Arbeitsgruppenaspekt der gerichtlichen Hauptverhandlung als »sozialen Ausstoßungsmechanismus«. Die Unschuldsvermutung schütze den Angeklagten davor, »schon vor der Verurteilung als Ausgestoßener mit gemindertem Status angesehen und behandelt zu werden«. Dennoch sorge die Vorstrukturierung der Gruppe dafür, »daß nach Möglichkeit nur solche Personen in der Rolle des Angeklagten in die Gruppe aufgenommen werden, bei denen damit zu rechnen ist, daß sie am Schluß verurteilt werden«. Anklage und Eröffnungsbeschluß würden »für die vorgesehene Rolle ungeeignete Angeklagte von vornherein ausscheiden«. Unschuldige Angeklagte hätten »selbst ein Interesse am ungestörten Ablauf des Prozesses«. Erfahrene Verteidiger wüßten deshalb, daß es in solchen Fällen darauf ankomme, »das Vertrauen der übrigen Beteiligten der Arbeitsgruppe, insbesondere der Richter, zu gewinnen oder zu erhalten und Konflikte in der Hauptverhandlung möglichst zu vermeiden«.

Der vom Kollegen Armin Golzem formulierte Ablehnungsantrag verstand Drabers Text so:

Er (Dr. Draber) ist überzeugt, daß dem Strafprozeß im wesentlichen ritueller Charakter zukommt, und daß insbesondere die Wahrnehmung von Verteidigungsrechten als bloße Störung des Rituals zu werten ist, darüberhinaus allerdings den Schluß zuläßt, daß der Angeklagte schuldig ist.

Dr. Draber versicherte in seiner dienstlichen Äußerung, daß er mißverstanden werde, erklärte aber gleichwohl, daß er das Ablehnungsgesuch für begründet halte. Von den Angeklagten könne eine Unterscheidung zwischen einer Beschreibung sozialpsychologischer Phänomene und juristischer Argumentation nicht erwartet werden. Eine erstaunliche Begründung, weil sie auch in künftigen Fällen hätte Verwendung finden können. Aber davor wußten seine Richterkollegen Herrn Dr. Draber zu schützen. Sie meinten, daß Drabers Aufsatz eine Besorgnis der Befangenheit nicht gerechtfertigt hätte, daß aber seine Stellungnahme zum Ablehnungsantrag »ein Anzeichen für den Eindruck einer gewissen Befangenheit« sein könne, weil sie den Eindruck erwecke, »der abgelehnte Richter wolle aus dem Verfahren ausscheiden«. Diesen Eindruck hatten auch andere. Der Berichterstatter der *Kölnischen Rundschau* fragte: »Warf Roth-Richter freiwillig das Handtuch?« Und laut *Kölner Stadt-Anzeiger* (6.7.1977) hat Draber »die rote Karte freudig akzeptiert«.

So schied Dr. Draber am 48. Verhandlungstag (4. Juli 1977) aus dem Verfahren aus. Unter dem neuen Vorsitzenden, Richter Eggeling, gab es noch sechs Verhandlungstage, an denen alles anders war. Die Verteidiger wurden nicht mehr durchsucht, das Prozeßklima war entkrampft, die Haftbefehle wurden aufgehoben. Und doch mußten wir Verteidiger in umfangreichen Plädoyers auf eine Staatsanwaltschaft antworten, die unbeirrt daran festhielt, daß beide Angeklagte wegen Mordes und Mordversuchs zu lebenslangen Freiheitsstrafen verurteilt werden müßten.

Die am 54. Prozeßtag verkündeten Freisprüche von der Mordanklage wurden in den Medien mit viel Lob für eine rechtsstaatliche Justiz und unabhängige Richter verbunden. So rühmte Hans Schueler in der *Zeit* (29.7.1977), das Urteil habe

> das Vertrauen zur Fähigkeit der Justiz gestärkt, auch in politisch eingefärbten Strafverfahren Augenmaß und Vorurteilslosigkeit zu bewahren.

Dem nach 47 Verhandlungstagen verabschiedeten Vorsitzenden Richter Dr. Draber wurde keine Träne nachgeweint.

> Daß dieser Richter sich schließlich selbst für befangen erklärte und ausschied, war das Beste, was er noch für den Prozeß tun konnte. (Hartwig Suhrbier, *Frankfurter Rundschau*, 27.7.1977)

Um so mehr Anerkennung fand sein Nachfolger.

Karl Heinz Roth (2. von rechts) nach dem Freispruch mit den Verteidigern beider Angeklagter vor dem Eingang des Gerichtsgebäudes. Von links nach rechts: Wolfgang Heiermann, Armin Golzem, Heinrich Hannover, Frank Niepel, Karl Heinz Roth und Klaus Dethloff.

Ein Prozeß ist vor allem dann schwierig zu führen, wenn er von einer bestimmten öffentlichen Erwartungshaltung begleitet ist, und zumal gegenüber mutmaßlichen Terroristen geht schnell das richtige Augenmaß verloren. Doch die Kölner Justiz hat sich in diesem Verfahren bewährt. Das ist nicht zuletzt dem neuen Vorsitzenden Eggeling zu danken, der nach dem Ausscheiden seines Vorgängers Draber die Verhandlung mit bemerkenswertem Geschick und souverän abschloß. (*Kölner Stadt-Anzeiger*, 27.7.1977)

Polizei und Staatsanwaltschaft wurden mit heftiger Kritik bedacht.

Unglaublich, was da alles ans Licht kam. Am Tatort wurden nach der Tat Projektile und Hülsen bewegt und verschoben, Polizeibeamte verwickelten sich mehrere Male in deftige Widersprüche oder hatten Gedächtnislücken, 200 Tatortfotos tauchten erst in der Hauptverhandlung auf, unter den Asservaten fehlten wichtige Beweisstücke, und polizeiliche Zeugen wurden amtsintern vor ihrer Aussage von Vorgesetzten »geimpft«. Einigen anderen wurde – unverständlich, weil es ja um die Wahrheitsfindung ging – die

Aussagegenehmigung verweigert. (Helmut Müller, *Westfälische Nachrichten*, 27.7.1977)

Hartwig Suhrbier kritisierte in der *Frankfurter Rundschau* nicht nur die Anklagebehörde, sondern auch die um Schadensbegrenzung bemühte Urteilsbegründung:

Das Gericht folgte zwar im wesentlichen den zwingenden Fakten der Beweisaufnahme und den Anträgen der Verteidigung und rügte mit Ironie sogar einige besonders unhaltbare Behauptungen der Staatsanwaltschaft. Doch gleichzeitig versuchte die Kammer, die in der Hauptverhandlung gründlich erschütterte Glaubwürdigkeit einiger Polizeizeugen und der sie deckenden Führung zu reparieren. Angesichts zu vieler Merkwürdigkeiten im Vorverfahren und der vielen Vorbehalte, mit denen die Kammer ihre eigene Tatablaufschilderung versah, geriet dieser Versuch freilich wenig überzeugend.

Fatal bleibt überdies, daß die Anklagebehörde offensichtlich nicht in der Lage war, unabhängig von veröffentlichter Hysterie haltbare und unhaltbare Vorwürfe zu scheiden und dabei ihrer Pflicht entsprechend auch entlastende Indizien für die Betroffenen sachgerecht zu werten.

Nicht verschwiegen sei, daß es auch nach dem Urteil noch Stimmen gab, die Roth und Otto lieber lebenslang im Gefängnis gesehen hätten. So Konrad Simonis in der *Aachener Volkszeitung* vom 27.7.1977, der in ihrem Verhalten die »bekannte Handschrift der Terroristen« erkannte und meinte:

Aus der schusseligen Ermittlungstätigkeit der Polizei, die die restlose Klärung verhinderte, darf doch keine Schuldlosigkeit konstruiert werden. Nein, es war anders: Dem talentiert arbeitenden Verteidigerteam war das Richterkollegium einfach nicht gewachsen.

Daß dieser Freispruch ein Erfolg der Verteidigung war, meinten auch Berichterstatter, die Herrn Simonis' Unkenntnis rechtsstaatlicher Grundsätze (»Im Zweifel für den Angeklagten«) nicht teilten. So Hartwig Suhrbier in der *Frankfurter Rundschau* vom 27.7.1977:

Die Angeklagten und ihre Wahlverteidiger, die – anders als in Stammheim oder Düsseldorf üblich – keinerlei Schimpf- oder Propagandaauftritte lieferten, sondern ernsthaft die Tataufklärung betrieben und moralische Statur bewiesen, hatten dem Mißtrauen des Richters Draber längst jeden Boden entzogen. Es ist ausschließlich das Verdienst der Wahlverteidiger, daß der »Roth-Prozeß« nicht im Sumpfklima der Vorverurteilung steckenblieb und zu einem »normalen Mordprozeß« mit streng sachorientierter Beweisaufnahme wurde. Ohne die harte, gut koordinierte und intellektuell wie fachlich herausragende Arbeit ihrer Verteidiger hätten Roth und Otto angesichts ihrer Vorverurteilung als »Terroristen« keine Chance gehabt.

Oder Rainer Zunder in der *Westfälischen Rundschau* (27.7.1977):

Unter einem neuen Vorsitzenden, unterstützt durch eine Verteidigung, die statt der Verkündung von politischen Parolen die Indizienkette der Anklage durch eine minutiös angelegte Tatort-Rekonstruktion widerlegte, wurde aus einem Anarchoprozeß ein normaler Strafprozeß.

Oder Jürgen Maisel in der *Aachener Volkszeitung* (27.7.1977):

Mit großem Einfühlungsvermögen vollzogen die fünf Wahlverteidiger minutiös Dienstabläufe im Polizeiapparat nach und stießen dabei auf mancherlei Ungereimtheiten. Von ihnen zusätzlich geladene Beamte aus der Datenstelle vermochten beispielsweise nicht auszuschließen, daß die Hektik am Tatort durch einen Hinweis auf ein »Terroristenauto« ausgelöst worden sei.

(Ein wichtiger Punkt, in dem uns das Gericht übrigens nicht folgte, um nicht auch unsere These übernehmen zu müssen, daß die Polizei mit dem Schießen angefangen hatte. Wir wußten mehr, konnten aber eine ziemlich eindeutige, vertraulich erlangte Information nicht in das Verfahren einführen.)

Mit einer millimeter- und sekundengenauen Filigran-Arbeit schafften die Anwälte schließlich eine Tat-Rekonstruktion, die zwar letzte Klarheit nicht erbrachte, sehr wohl aber für einen Freispruch nach dem Grundsatz »im Zweifel für die Angeklagten« ausreichte. Hinsichtlich des Mordvorwurfs war der Verteidiger-Riege die nahezu vollständige Demontage der Anklage mit Hilfe ausschließlich strafprozessualer Möglichkeiten gelungen.

Und noch ein letztes Zitat in diesem Zusammenhang sei mir gestattet. Leo Waltermann im »Kritischen Tagebuch« des Westdeutschen Rundfunks am 27.7.1977:

Nicht auszudenken ist die Antwort, würde man fragen, wie denn wohl das Verfahren ausgegangen wäre, hätten andere Verteidiger mitgewirkt, die weniger engagiert gewesen wären, weniger sensibel, die nicht selbständig und auf eigene Faust und eigenes Risiko ermittelt hätten.

Alle, die wissen, daß Verteidigerrechte nicht zuletzt dazu da sind, die Verurteilung eines Unschuldigen zu verhindern, waren sich darin einig, daß dies ein »fälliger Freispruch« war (so die Überschrift in der *Zeit*). Aber es sollte nicht vergessen werden, wie schwer dieser »Sieg des Rechtsstaats« erkämpft werden mußte. Es war fast ein Wunder, daß Karl Heinz Roth ihn noch erlebte. Denn was Polizisten, Mediziner und Juristen in dieser Sache im Zeichen der Terroristenangst sich geleistet haben, ist nur zu verstehen, wenn man den Haßausbruch jenes Polizeibeamten im Ohr behält, der die schlechte Schießleistung seiner Kollegen bedauerte, die die Gelegenheit versäumt hatten, die drei »Terroristen« schon vor Ort »kaputt« zu machen. Das war die schamlose Offenbarung einer sonst angestrengt verborgengehaltenen, aber erfahrungsgemäß leicht aktivierbaren Totschlagsmentalität, die beim Umgang mit »Terroristen« nicht nur polizeiliches Handeln mit allen Risiken der »Feindberührung« belastet, sondern auch die beamteten Hüter der Gerechtigkeit vor eine Bewährungsprobe stellt, an der viele scheitern.

Justizgeschichten haben selten oder nie ein ungetrübtes Happyend. So hatte auch der Kölner Freispruch noch einen Rattenschwanz von kleinlichen Verfahren zur Folge, die dem Bild vom »Sieg des Rechtsstaats« noch einige Schönheitsfehler zufügten. Denn nicht nur bei der Polizei gab es Leute, die es lieber gesehen hätten, wenn auch Karl Heinz Roth und Roland Otto – vor allem Roth, der einmal zu den Identifikationsfiguren der Studentenbewegung gehört hatte – »kaputt« gemacht worden wären. Und die Wut der Konservativen – so will ich diese Leute mal nennen – richtete sich auch gegen die von ihnen als »Terroristenverteidiger« eingestuften Anwälte, die diesen Freispruch erkämpft hatten. Da war noch ein ungestilltes Bedürfnis, de-

Karl Heinz Roth begrüßt nach dem Freispruch seine Eltern vor dem Gerichtsgebäude.

nen, die dem Rechtsstaat zum Siege verholfen hatten, ein paar Niederlagen auf Nebenkriegsschauplätzen beizubringen. Für solche dem gesunden Volksempfinden abgelauschten Bedürfnisse hatte die Justiz schon immer ein feines Gespür und wußte sie allemal, unbekümmert um elementare Grundsätze von Gerechtigkeit, in juristische Sprüche umzusetzen.

Da gab es zunächst die Beschwerde der Staatsanwaltschaft gegen die Entscheidung der Strafkammer, den Angeklagten Roth für die 26monatige Polizei- und Untersuchungshaft zu entschädigen. Karl Heinz Roth habe, so hieß es in der Beschwerdebegründung der Generalstaatsanwaltschaft, die Untersuchungshaft grobfahrlässig verursacht. Er sei seit seiner Studentenzeit in linksextremen Gruppen tätig gewesen und über einen längeren Zeitraum von den Strafverfolgungsbehörden wegen Widerstands gegen Vollstreckungsbeamte mit Haftbefehl gesucht worden. Seine ärztlichen Fähigkeiten habe er in den Dienst seiner politischen Überzeugung gestellt. Er sei im Frühjahr 1975 polizeilich überwacht und bei ihm die Möglichkeit nicht ausgeschlossen worden, daß er zur Terroristenszene zu zählen sei. Was nicht gesagt wird, aber in der Logik dieser politisch begründeten Schuldzuweisung liegt: so einer braucht sich nicht zu wundern, wenn er halbtotgeschossen und über zwei Jahre auf Verdacht eingesperrt wird.

Im Rahmen seiner politischen Tätigkeit sei er mit dem als terroristischer Gewalttäter gesuchten Werner Sauber und dem ebenfalls der Anarchistenszene zuzurechnenden Roland Otto in Kontakt gekommen. Zwar räumt auch die Generalstaatsanwaltschaft ein, daß Roth die wirkliche Identität seiner beiden Mitfahrer nicht gekannt habe, meint aber, daß sich ihm hätte aufdrängen müssen, daß Sauber und Otto in der »sogenannten Illegalität« lebten. Was wiederum nicht ausgesprochen wird: wer in der Illegalität lebt, hat keinen Anspruch auf ärztliche Hilfe.

Roth sei »ferner vorzuwerfen«, daß er sich »für diese Fahrt« mit einer Schußwaffe ausgerüstet habe. Was nicht stimmt und so auch nicht im Urteil des Landgerichts steht. Die Pistole habe er durchgeladen und entsichert im Hosenbund getragen. Was zwar so im Urteil steht, aber trotzdem nicht stimmt. Insoweit hatten die Richter einem Polizeizeugen und nicht der gegenteiligen Bekundung Roths geglaubt, die objektiv plausibler und subjektiv sehr viel glaubwürdiger war.

Schließlich habe »der Beschuldigte« – Roth war, als dieser Schriftsatz verfaßt wurde, rechtskräftig freigesprochen – »auch der Wahrheit zuwider behauptet, die Polizeibeamten hätten zuerst und ohne Vorwarnung das Feuer auf Sauber eröffnet und mit dieser durch die Strafkammer widerlegten Behauptung den Eindruck hervorgerufen, die in Rede stehenden Straftaten Saubers als eigene gewollt zu haben«. Mit anderen Worten: wer sich erdreistet, als Angeklagter und beinahe Erschossener über den Hergang einer Schießerei Wahrheiten zu sagen, die dem Staatswohl abträglich sein könnten, muß sich nicht wundern, wenn er 26 Monate in Untersuchungshaft gehalten wird.

Das Oberlandesgericht stimmte der Staatsanwaltschaft in allen Punkten zu und setzte noch eins drauf: Roth habe gegenüber dem Polizeibeamten H. falsche Angaben gemacht (was nicht stimmt; falsche Angaben hat nur Roland Otto gemacht!) und sich geweigert, sein Fahrzeug zu verlassen (auch das ist schlicht falsch!), und sich dadurch »höchst verdächtig« gemacht. Er habe damit die Haft grobfahrlässig herbeigeführt und keinen Anspruch auf Haftentschädigung. Und damit hatten die Herren Oberlandesrichter, die immerhin für Roths Haft mitverantwortlich waren, indem sie Haftentlassungsanträge als Beschwerdeinstanz abgelehnt hatten, sich zugleich selbst von jeder Schuld reingewaschen.

Die Herren Oberlandesrichter nahmen auch in einer anderen Zuständigkeit die Gelegenheit wahr, ihre eigenen Vorstellungen von Gerechtigkeit im »Terroristenprozeß« zu entwickeln. Sie hatten nämlich darüber zu entscheiden, wie hoch die den als Pflichtverteidigern beigeordneten Anwälten aus der Staatskasse zusätzlich zu den Regelgebühren zu zahlende »Pauschgebühr« zu bemessen sei, die denen nach dem Gesetz in besonders umfangreichen oder schwierigen Strafsachen zusteht. Und da fanden sie, daß es gerecht sei, den Vertrauensverteidigern des Gerichts, die den Angeklagten gegen ihren Willen aufgezwungen werden, einen wesentlich höheren Betrag als den Vertrauensverteidigern der Angeklagten zu bewilligen. Dem Zwangsverteidiger wurde pro Verhandlungstag 240 Mark mehr als dem Vertrauensverteidiger des Angeklagten zugebilligt, weil er »einer besonderen Belastung ausgesetzt« und »auf eigenen Einsatz ohne arbeitsteilige Erleichterung angewiesen« gewesen sei. Dazu der *Spiegel* (1.10.1979):

Wirklich verteidigt freilich, gegen Strafverfolger und den später erfolgreich als befangen abgelehnten Vorsitzenden Richter Armin Draber, hatten vor gut zwei Jahren nahezu ausschließlich Hannover und die beiden ebenfalls auswärtigen Wahlverteidiger Klaus Dethloff und Armin Golzem. Der ortsansässige Zelenka dagegen war kaum mehr als anwesend. Mit dem Angeklagten kam er gar nicht erst ins Gespräch. Zu Wort meldete er sich während des halben Verhandlungsjahres eben zwei- oder dreimal.

Dennoch fand das OLG bei dem Vertrauensverteidiger des Gerichts auch einen Sondersatz von 5000 Mark »für die Vorbereitung der Hauptverhandlung und des Plädoyers« angemessen. Dem Vertrauensanwalt des Angeklagten wurden mit den gleichen Worten für die gleiche Arbeit 3000 Mark zugesprochen. Der höher dotierte Zelenka plädierte etwa 30 Minuten, der niedriger entlohnte Hannover, gewiß nicht schlechter präpariert, mehrere Stunden lang.

Diese willkürliche und diskriminierende Praxis der Gebührenfestsetzung in »Terroristenprozessen« war nicht etwa ein Kölner Sonderfall. Das OLG Stuttgart war mit schlechtem Beispiel vorangegangen. Der *Spiegel*:

Der Stammheimer Hauptverteidiger Otto Schily beispielsweise erhielt immerhin 50000 Mark weniger als ein Zwangskollege, der in knapp 200 Verhandlungstagen nur einen einzigen Satz geäußert hatte.

So kann man Geringschätzung in Zahlen ausdrücken.

Und dann gab es, wie üblich, noch Ehrengerichtsverfahren

gegen die von unabhängigen Prozeßbeobachtern gerade wegen ihrer sachlichen Arbeit gelobten Vertrauensverteidiger der Angeklagten. Da erfüllten die von Herrn Dr. Draber eingesetzten Stenografinnen den von uns von Anfang an vermuteten Zweck. Ihre umfangreichen Mitschriften von Verteidigeräußerungen gelangten über die Kölner Staatsanwaltschaft an die zur Einleitung von ehrengerichtlichen Ermittlungsverfahren zuständigen Generalstaatsanwaltschaften, und diese gaben Herrn Dr. Draber Gelegenheit, sich »dienstlich zu äußern«.

Bei mir ging es um Äußerungen zu prozeßordnungswidrigen Maßnahmen des Vorsitzenden Richters (»ein einmaliges Schauspiel von Rechtsanmaßung«) und zu den entwürdigenden Durchsuchungen der Verteidiger. Einmal hatte ich davon gesprochen, daß dieser Prozeß in meinen Augen nichts anderes sei als die Fortsetzung einer Polizeiaktion mit anderen Mitteln. In aller Bescheidenheit: Treffender konnte man es nicht sagen. (Dieses Nachspiel endete mit einer Mitteilung der Generalstaatsanwaltschaft Bremen, daß man mit Rücksicht auf das Urteil des Ehrengerichtshofs vom 7. Juli 1978 von der Einleitung eines Ehrengerichtsverfahrens abgesehen habe – oder mit anderen Worten: Ich sei schon ausreichend bestraft.)

5. Der Mord an Generalbundesanwalt Siegfried Buback und die Folgen (1977–1981)

Am 7. April 1977 wurde in Karlsruhe auf den Generalbundesanwalt Siegfried Buback ein Attentat verübt, bei dem drei Menschen starben. Ein Motorrad der Marke Suzuki 750 GS – der damals schnellsten Serienmaschine, von der Suzuki-Werbung als »Sportskanone für Scharfschützen« gepriesen – mit zwei Personen hatte an einer Esso-Tankstelle auf den Wagen des Generalbundesanwalts gewartet. Als er kurz nach 9 Uhr kam und vor einer Ampelkreuzung halten mußte, setzte sich die Maschine rechts neben den Mercedes. Aus nächster Nähe eröffnete der Mann auf dem Soziussitz aus einem verkürzten Selbstladegewehr der Marke Heckler & Koch das Feuer auf die Insassen des Wagens. Alle drei wurden tödlich getroffen, Siegfried Buback und sein Fahrer Wolfgang Göbel starben noch am Tatort, der auf der Rückbank sitzende Justizhauptwachtmeister Georg Wurster erlag eine Woche später seinen schweren Verletzungen.

Mich erreichte die Nachricht von dem Attentat im Gerichtssaal des Landgerichts Köln, während wir unsere für Karl Heinz Roth und Roland Otto gestellten Haftentlassungsanträge begründeten. Es war nicht nur die schockartig wirkende Erkenntnis, daß in diesem Klima Haftentlassung und Freispruch für unsere Mandanten wieder fraglich wurden, sondern auch meine persönlichen Erfahrungen mit Siegfried Buback, die mich auf die Nachricht mit Zorn und Trauer reagieren ließen.

Im Februar 1973 hatte ich Buback, damals noch Bundesanwalt, bei einer von der Arbeitsgemeinschaft sozialdemokratischer Juristen in Frankfurt am Main veranstalteten Podiumsdiskussion zum Thema »Der politische Strafprozeß heute« kennengelernt, an der weiter teilnahmen der *Spiegel*-Redakteur Gerhard Mauz, der Staatsanwalt und SPD-Bundestagsabgeordnete Dr. Hans de With und ich. Schon daß Buback sich dieser Diskussion stellte, fand ich sympathisch, und daß er meiner Kritik an der politischen Justiz vergangener Tage zustimmte,

Polizeiliche Beweissicherung am Tatort des Anschlags auf Generalbundesanwalt Buback und seine Begleiter. Im Vordergrund die mit einem Tuch abgedeckte Leiche des Generalbundesanwalts, auf der Straße die eines seiner Begleiter.

nicht minder. Die äußeren Bedingungen dieser Podiumsdiskussion waren so, daß den Teilnehmern schon einiger Verzicht auf Bequemlichkeit und würdevolle Selbstdarstellung abgefordert wurde. Ein verräucherter, überfüllter Saal mit einem äußerst lebhaften, vorwiegend jungen Publikum, das sich auch der für die Diskutanten vorgesehenen Stühle bemächtigt hatte, so daß wir uns mit baumelnden Beinen nebeneinander auf den Tisch setzen mußten.

Herr Buback sah sich einer aufmüpfig antiautoritär gestimmten Zuhörerschaft gegenüber und hat seine Rolle mit beachtlichem persönlichen Mut durchgestanden. Ich erinnere mich, daß einmal eine Kinderstimme aus dem Hintergrund des Saales krähte und, offensichtlich von Erwachsenen dazu angestiftet, eine Beschimpfung des Bundesanwalts ausstieß, die uns nötigte, unseren Diskussionspartner gegen eine solche Form der Auseinandersetzung in Schutz zu nehmen.

Die *Frankfurter Rundschau* vom 8.2.1973 schrieb in einem ironisch aufgemachten Kommentar, ich sei »der Held des Abends« gewesen, Mauz sei »mit einem blauen Auge davongekommen«, de With habe »kaum Gelegenheit« gehabt, »mehr als drei Sätze hintereinander zu reden, ohne nicht (das »nicht« ist wohl zu viel; H. H.) durch Tumulte unterbrochen zu werden«. Und dann:

Ganz übel dran war der Bundesanwalt Buback; er erdreistete sich nämlich, zu erklären, daß er bei der Beurteilung der Justiz in der Weimarer Republik völlig mit dem Rechtsanwalt Hannover übereinstimme. Als er sich schließlich dazu verstieg, die politische Rechtsprechung während der fünfziger Jahre mit ihrer extensiven Auslegung der Strafbestimmungen zu kritisieren, erntete er nur noch Hohn und Spott.

Seit diesem gemeinsamen Erlebnis verband mich mit Siegfried Buback die Erinnerung an eine Stunde, in der er auf meine (und der anderen Diskutanten) Fairneß angewiesen war, und daher rührte eine seinen persönlichen Mut respektierende Hochachtung, die wohl auch auf Gegenseitigkeit beruhte. Jedenfalls begrüßten wir uns, als ich ihn einmal Jahre später im Gebäude des Bundesgerichtshofs in Karlsruhe traf, fast wie alte Freunde. Und das war schon ein bemerkenswerter Unterschied zu dem dummdreisten Ton, den einige andere Herren dieser Behörde in der Ära Rebmann mir gegenüber angeschlagen haben.

Daß Herr Buback und ich in der Sache, wenn es nicht gerade um die politische Justiz der Weimarer Republik und die Kommunistenprozesse der fünfziger Jahre ging, erhebliche Meinungsverschiedenheiten hatten, bedarf wohl keiner näheren Ausführung. Als Generalbundesanwalt hat er den »Baader-Meinhof-Anwälten« vorgeworfen, mit den Angeklagten konspirativ zusammengearbeitet zu haben, um die Tätigkeit der Terroristen aus der Haftanstalt fortzusetzen – eine Falschinformation der Öffentlichkeit, die verheerende Folgen für die betroffenen Kollegen und für die Rechtsstaatlichkeit in der BRD hatte. Und daraus leitete er die Folgerung her, daß für diese Verteidiger der Grundsatz des fairen Prozesses (»fair trial«) nicht gelte (*Stern*, 5.6.1975), eine unverzeihliche Fehlleistung, die schon fast einer Kündigung des rechtsstaatlichen Grundkonsenses gleichkam. Aber als er das Opfer eines Mordanschlags wurde, fielen mir spontan andere Züge seiner Persönlichkeit ein.

Selbstverständlich war mir klar, daß meine gefühlsmäßige Einstellung zu Buback, die eine ganz individuelle Vorgeschichte hatte, nicht allgemeingültig war. Mir ist berichtet worden, daß seine Ermordung in verschiedenen Gefängnissen Jubel ausgelöst habe, und zwar weniger bei den politischen Gefangenen, die wohl eher als die anderen voraussahen, daß die

Rache nicht ausbleiben und besonders sie treffen würde. Und nicht nur in den Gefängnissen soll es derartige Gefühlsäußerungen gegeben haben. Eine Tatsache, an die der berühmtberüchtigte »Buback-Nachruf« anknüpfte, den ein Unbekannter unter dem Pseudonym »Ein Göttinger Mescalero« am 25.4.1977 in den *göttinger nachrichten*, einer vom AstA der Göttinger Universität herausgegebenen Zeitung, veröffentlichte. Um diese Veröffentlichung sollte es Aufregung und Justizwirbel geben, die mehr Aufmerksamkeit beanspruchten als die eigentliche Mordtat.

Der Verfasser des »Nachrufs« hatte in Form eines inneren Monologs die allmähliche Entwicklung seiner Gedanken geschildert, die ihn von der ersten spontanen Gefühlsregung (»klammheimliche Freude«) zur entschiedenen Ablehnung der Mordtat geführt hatten. Aber er verschwieg nicht seine unmittelbare Reaktion, dieses »innere Händereiben«, und er bediente sich zu ihrer Begründung der rüden Sprache, die in der Szene, die den Buback-Mord bejubelt hatte, benutzt und verstanden wurde (»Ich habe diesen Typ oft hetzen hören … Ehrlich, ich bedaure es ein wenig, daß wir dieses Gesicht nun nicht mehr in das kleine rotschwarze Verbrecheralbum aufnehmen können, das wir nach der Revolution herausgeben werden …«). Auf diesen Teil des Textes stürzten sich die durch eine Anzeige des Göttinger RCDS (Ring Christlich-Demokratischer Studenten) aufgescheuchten Medien, Politiker, Juristen und andere Sprecher des konservativen Lagers und setzten eine neue gegen Studenten und Intellektuelle gerichtete Hysterie in Gang, die am 27.5.1977 in einer großen Polizeiaktion in Göttingen einen ersten Höhepunkt fand. Es wurden die Geschäftsräume des AStA, zwei Druckereien, ein Buchladen, das Büro des KBW (Kommunistischer Bund Westdeutschlands) sowie 17 Privatwohnungen von schwerbewaffneten Polizisten durchsucht, um Hinweise auf den unbekannten Verfasser des Mescalero-Artikels zu finden. Ohne Erfolg. Strafverfahren wurden eingeleitet gegen Hersteller und Verbreiter des Mescalero-Artikels, der von den Studentenvertretungen anderer Universitäten aus Solidarität mit dem in die Schußlinie geratenen AStA der Universität Göttingen in ihren Publikationsorganen nachgedruckt wurde.

Im Juni 1977 veröffentlichten etwa 140 Hochschullehrer und wissenschaftliche Mitarbeiter aus Göttingen und Hannover eine Stellungnahme, in der sie sich schützend vor ihre Studenten stellten und das Vorgehen der Ermittlungsbehörden und die unvollständige Wiedergabe des Mescalero-Artikels in den Medien beanstandeten. Aber die öffentliche Entrüstung über einen der Allgemeinheit nur unvollständig bekannten Text hielt an, und die Staatsanwaltschaften erhoben Anklagen wegen öffentlicher Billigung von Straftaten, ohne die klare Absage gegen Gewalt und Terror, in die der Nachruf mündete, zur Kenntnis zu nehmen.

Da entschlossen sich 48 Hochschullehrer – unter ihnen der später von mir verteidigte Professor Dr. Peter Brückner, Hochschullehrer für Sozialpsychologie in Hannover –, eine Dokumentation herauszugeben, in der endlich der vollständige Text des Mescalero-Artikels einer größeren Öffentlichkeit bekanntgegeben werden sollte. Sie leiteten die am 30.6.1977 erschienene Schrift mit einer Erklärung ein, in der es hieß:

Wir sehen uns veranlaßt, einen Nachruf zu veröffentlichen – einen Nachruf, den zu veröffentlichen unter Strafe gestellt worden ist ... In den Massenmedien, auch in den bürgerlich-liberalen Zeitungen, wird dieser Nachruf als Ausgeburt »kranker Gehirne« und als Musterbeispiel für »blanken Faschismus« (*Frankfurter Rundschau*) deklariert. Der vollständige Text wird nirgends veröffentlicht, im Gegenteil, die zentrale Intention des Artikels – seine Absage an Gewaltanwendung – wird unterschlagen. ...

Wir sind der Auffassung, daß eine öffentliche Diskussion des gesamten Artikels möglich sein muß. Mit seiner Veröffentlichung wollen wir zugleich dazu beitragen, der Kriminalisierung, der Illegalisierung und dem politischen Äußerungsverbot entgegenzutreten, indem wir das Recht auf freie politische Meinungsäußerung praktisch wahrnehmen.

Wer des Lesens kundig war und lesen wollte, konnte jetzt zur Kenntnis nehmen, daß in dem »Buback-Nachruf« nicht nur die von Mescalero an sich selbst und in einer bestimmten Szene beobachteten aus Haß und Schadenfreude zusammengesetzten Gefühle beschrieben waren, sondern daß es dem Verfasser darum gegangen war, diese von ihm erlebten unmittelbaren Reaktionen kritisch zu reflektieren. Seine erste Überlegung galt den konkreten Folgen für die, denen er sich offenbar politisch verbunden fühlte. Und das erläuterte er am Beispiel des Kölner Prozesses gegen Karl Heinz Roth und Roland Otto:

In diesem Prozeß war die Strategie der Bubacks die, Linke, die nachweislich nicht geschossen haben, als Polizistenmörder zu verurteilen. Revolutionäre Linke sind Killer, ihre Gesinnung, ihre Praxis prädestiniert sie zu Killern, die vor keinem Mittel zurückschrecken – so die Gleichung der Ankläger und (offensichtlich) der Richter.

In mühevoller Kleinarbeit ist es den beteiligten Genossinnen und Genossen wenigstens ansatzweise gelungen, diese Strategie zu durchkreuzen und zwar so zu durchkreuzen, daß selbst die gleichgeschalteten Medien über die Sauereien, unmenschlichen Haftbedingungen, Verfahrensfehler etc. zu berichten gezwungen sind. Das kleine Stammheim in Köln hat so auch ein Schlaglicht auf das echte Stammheim werfen können. Am letzten Mittwoch haben die Anwälte von Roth und Otto Antrag auf Haftentlassung gestellt, weil einfach von der Beweislage her der Vorwurf des gemeinschaftlichen Mordes am Polizisten Pauli nicht mehr aufrecht zu halten war. Die Gleichung »Linke sind Killer« war durchkreuzt.

Ich befürchte aber, daß mit dem Anschlag auf Buback den Genossen die guten Karten aus der Hand geschlagen worden sind, daß hierdurch eine unfreiwillige Amtshilfe für die Justiz geleistet wurde, die vielleicht sogar den Urteilsspruch negativ beeinflussen wird.

Mescalero spricht im folgenden von der »Blindheit jener, für die sich die politische Welt auf Stammheim reduziert«, einer Blindheit, die einen unfreiwilligen Beitrag dazu leiste, andere Genossinnen und Genossen fertig zu machen. Allein diese Überlegungen hätten ausgereicht, sein »inneres Händereiben zu stoppen«.

Aber es kommt noch doller. Ich habe auch über eine Zeit hinweg (wie so viele von uns) die Aktionen der bewaffneten Kämpfer goutiert; ich, der ich als Zivilist noch nie eine Knarre in der Hand hatte, eine Bombe habe hochgehen lassen. Ich habe mich schon ein bißchen dran aufgegeilt, wenn mal wieder was hoch ging und die ganze kapitalistische Schickeria samt ihren Schergen in Aufruhr versetzt war. Sachen, die ich im Tagtraum auch mal gern tun tät, aber wo ich mich nicht getraut hab sie zu tun.

Schon durch die offenbar bewußt gewählte Primitivierung der Sprache haben sich manche, die bis hierher gelesen haben, provozieren lassen; so zum Beispiel der Berliner Wissenschaftssenator Peter Glotz (SPD) in einem »Offenen Brief« an zwölf

Berliner Professoren, den die *Welt* am 3.7.1977 veröffentlichte (»Auf sprachliche Sensibilität ... wird mit einer wegwerfenden Handbewegung verzichtet«).

Mescalero versucht sodann, sich in die Rolle eines »bewaffneten Kämpfers«, also eines RAF-Angehörigen, zu versetzen und fragt sich, wie er die Entscheidung über solch eine Aktion fällen könnte, wie er sich sicher sein könnte, daß dieser und kein anderer sterben müsse, wie er in Kauf nehmen könnte, »daß auch ein anderer dabei drauf geht, ein dritter vielleicht querschnittgelähmt sein wird etc. etc.« Er müßte völlig umdenken, sagt Mescalero, er denke immer noch, »daß die Entscheidung zu töten oder zu killen bei der herrschenden Macht liegt, bei Richtern, Bullen, Werkschützern, Militärs, AKW-Betreibern«. »Wie sollte ich mich entscheiden, daß Buback wichtig ist, nicht nur für mich und meine Leute, sondern auch für die anderen Leute.« Überlegungen, die Peter Glotz völlig mißverstanden haben muß, wenn er in seinem Offenen Brief daran den Stoßseufzer knüpft: »Welches Grauen muß über die Mittelschichten kommen, wenn sie wahrnehmen, daß solches Bewußtsein in ihren Kinderzimmern gewachsen ist?« In Wahrheit hatte Mescalero an dieser Stelle ein sehr grundsätzliches Thema problematisiert, eine Entscheidung, die Soldaten und anderen mit staatlichen Tötungsprivilegien ausgestatteten Staatsgewalttätern von der »herrschenden Macht« abgenommen wird. Die Brüder des von der RAF ermordeten Diplomaten Gerold von Braunmühl haben in ihren (unter dem Titel »Ihr habt unseren Bruder ermordet« veröffentlichten) Briefen an die RAF die Frage, die den Mescalero bewegt hat, ganz präzise gestellt: »Glaubt Ihr wirklich, jemanden davon überzeugen zu können, daß Ihr ausgerechnet mit dem Mord an unserem Bruder ›den strategischen plan der imperialistischen bourgeoisie, weltherrschaft zu erreichen, in seinen konkreten aktuellen projekten angegriffen‹ habt?« Die Briefe der Brüder Braunmühl, von denen mir Carlchristian und Hubertus liebe Freunde geworden sind, sind nie beantwortet worden – weil es keine Antwort gibt. Ich wünschte, es hätten alle, die in der RAF aktiv geworden sind, sich zuvor die Fragen gestellt, über die der Göttinger Mescalero, freilich unter Verzicht auf sprachliche Sensibilität, nachgedacht hat, und daraus die Konsequenzen gezogen.

Mescalero, dessen Überlegungen ich unterbrochen hatte, um den »Offenen Brief« des Berliner Senators für Wissenschaft und Forschung an der Stelle zu zitieren, auf die er Bezug nimmt, veranschaulicht das Problem der Opferauswahl bei politisch motivierten Attentaten mit munteren Beispielen: »Wie sollte ich mich entscheiden ..., daß der Verkäufer an der Ecke, der dauernd ›Kopf-ab‹ brüllt, eine geringere ›Schuld‹ trägt als Buback? Nur, weil er weniger ›Verantwortung‹ hat? Warum diese Politik der Persönlichkeiten? Könnten wir nicht mal zusammen eine Köchin entführen und sehen, wie sie dann reagieren, die aufrechten Demokraten? ...«

Wenn in Argentinien oder Spanien »einer dieser staatlich legitimierten Killer umgelegt« werde, habe er diese Probleme nicht, sagt Mescalero weiter. Er glaube zu spüren, daß der Haß gegen diese Figuren wirklich ein Volkshaß sei. »Aber wer und wieviele Leute haben Buback (tödlich) gehaßt. Woher könnte ich, gehörte ich zu den bewaffneten Kämpfern, meine Kompetenz beziehen, über Leben und Tod zu entscheiden?«

Schon diesen Teil des Mescalero-Textes kann wohl kaum einer von denen, die ihre Gehässigkeiten gegen seine Verbreiter losgelassen haben, wirklich gelesen und verstanden haben. Ganz sicher hat man sich aber wohl die Lektüre des Schlusses erspart, der das Fazit des Ganzen bietet. Ich will ihn im vollen Wortlaut zitieren:

Unser Zweck, eine Gesellschaft ohne Terror und Gewalt (wenn auch nicht ohne Aggression und Militanz), eine Gesellschaft ohne Zwangsarbeit (wenn auch nicht ohne Plackerei), eine Gesellschaft ohne Justiz, Knast und Anstalten (wenn auch nicht ohne Regeln und Vorschriften oder besser: Empfehlungen), dieser Zweck heiligt eben nicht jedes Mittel, sondern nur manches. Unser Weg zum Sozialismus (wegen mir: zur Anarchie) kann nicht mit Leichen gepflastert werden.

Warum liquidieren? Lächerlichkeit kann auch töten, zum Beispiel; auf lange Sicht und Dauer.

Unsere Waffen sind nicht lediglich Nachahmungen der militärischen, sondern solche, die sie uns nicht aus der Hand schießen können. Unsere Stärke braucht deswegen nicht in einer Phrase zu liegen (wie der der ›Solidarität‹). Unsere Gewalt endlich kann nicht die der Al Capones sein, eine Kopie des offenen Straßenterrors und des täglichen Terrors; nicht autoritär, sondern antiautoritär und deswegen umso wirksamer. Um der Machtfrage willen (o Gott!) dürfen Linke keine Killer sein, keine Brutalos, keine Vergewaltiger, aber sicher auch keine Heiligen, keine Unschuldslämmer. Einen Begriff und eine Praxis zu entfalten von Gewalt/Militanz, die fröhlich sind und die den Segen der beteiligten Massen haben, das ist (zum praktischen Ende gewendet) unsere Tagesaufgabe. Damit die Linken, die so handeln, nicht die gleichen Killervisagen wie die Bubacks kriegen.

Ein bißchen klobig, wie? Aber ehrlich gemeint ...

Ein Göttinger Mescalero.

Das also war der Teil des Textes, den die große Öffentlichkeit nicht erfahren durfte, um das Feuer der Empörung gegen Studenten und Professoren in Gang zu halten. Eine Empörung, die neue Nahrung durch weitere Gewalttaten der RAF erhielt (Mord an Jürgen Ponto, Entführung und Ermordung Hanns-Martin Schleyers). Eine Empörung, die auch davon ablenkte, daß man die Täter aller drei Mordanschläge nicht hatte. Es mußten also Ersatzobjekte präsentiert werden, an denen sich die Anheizer des Volkszorns abreagieren konnten, »Sündenböcke«, wie sie nach biblischem Vorbild heißen. Aber der Erfolg, den sich die für ihre Studenten eintretenden Hochschullehrer von der Publikation des vollständigen Mescalero-Textes versprochen hatten, blieb aus. Vielmehr wurde jetzt der Volkszorn gegen sie gelenkt.

Erleichtert wurde diese Schuldzuweisung dadurch, daß der für die Endredaktion zuständige Herausgeber in die Dokumentation noch einen Text von Rosa Luxemburg aufgenommen hatte, der zu neuen Fehlinterpretationen Anlaß gab. Es handelte sich um einen Artikel aus dem Jahre 1905, in dem Rosa Luxemburg sich zu der öffentlichen Resonanz auf ein Attentat geäußert hatte, dem der russische Großfürst Sergej Romanow zum Opfer gefallen war. Für die Aufnahme in die Dokumentation hatte wohl die Überlegung gesprochen, daß da ein ähnlicher gedanklicher Entwicklungsprozeß geschildert war, der von spontaner gefühlsmäßiger Zustimmung zu rational begründeter Ablehnung des Attentats führte. Aber nicht diese Parallele, um die es offenbar dem verantwortlichen Redakteur ging, sondern eine andere wurde gesehen und mit Empörung als neue Beleidigung des Generalbundesanwalts aufgespießt: Zu Beginn ihres Artikels hatte Rosa Luxemburg den getöteten Großfürsten als »Moskauer Bluthund« und einen der »reaktionärsten Vertreter des Zarismus« charakterisiert. Und das wurde nun auf Siegfried Buback bezogen, ohne zu bedenken, daß der Vergleich mit dem Luxemburg-Artikel einen ganz anderen Sinn hatte. Aber zugegeben, ein gezieltes Mißverständnis lag zu nahe, als daß man sich eine solche Blöße gegenüber der zu erwartenden Kritik hätte geben dürfen. Ein Fehler, den wohl nur der Endredakteur der Dokumentation zu verantworten hatte, den aber alle Herausgeber ausbaden mußten, als sich die publizistische Meute auf sie stürzte. Statt Aufklärung der Köpfe und Beruhigung der Gemüter also neue Empörung, kräftig angeheizt auch von Politikern, denen man ein offenes Ohr für vernünftige Argumente zugetraut hätte.

Der Berliner Wissenschaftssenator Peter Glotz vermißte in seinem »Offenen Brief« eine Distanzierung der Professoren von dem Mescalero-Text und forderte sie auf, ihren Dienst zu quittieren (»Bekämpfen Sie diesen Staat, wenn Sie dies für notwendig halten; aber bekämpfen Sie ihn nicht mit Pensionsberechtigung«). Wasser auf die Mühlen von Terroristenjägern wie Friedrich Karl Fromme, Justizkommentator der *FAZ* (»Das Straf- und sogar das Disziplinarrecht zu achten sind die Sympathisanten der Terrorszene gewöhnt. Sie passen sich dem an, wie das Wild am Waldrand; sie wissen, daß Schonzeit ist für Intellektuelle, die dem Terrorismus – und wäre es auf beflissen erklärende Weise – schön tun.« *FAZ*, 2.8.1977). *Die Welt* (2.8.1977) veröffentlichte einen Aufsatz von Rechtsanwalt Dr. Josef Augstein, der die von den Rektoren in Göttingen und Braunschweig gestellten Strafanträge gegen die Professoren begrüßte und die Paragraphen zitierte, die eine Verherrlichung von Straftaten, die Billigung von Mord und die Verunglimpfung des Andenkens Verstorbener unter Strafe stellen. Sollten die Gerichte zu dem Ergebnis kommen, daß diese Tatbestände nicht verwirklicht seien, so müsse diese Gesetzeslücke schnellstens geschlossen werden. Am 11.8.1977 druckte das selbe Blatt unter der Überschrift »Staatspension, klammheimlich« einen Artikel eines anonymen Verfassers, in dem die Bösartigkeit der Hetze bis zu dem aus der Nazi-Zeit bekannten Rattenvergleich gesteigert wurde:

Warum noch »Sympathisanten«? Schade um das lauwarme Wort, es geht um Blutiges. Nennt die kleinen Nagetiere hinter der Szene doch künftig die Klammheimlichen! Das hören sie lieber, paßt auch besser ins Wörterbuch des Neuen Unmenschen, nicht weit hinter Kader … Die Klammheimlichen mit der Freude am vergossenen Blut – kein Konfektionspelzchen steht ihnen besser als »klammheimlich«, hießen sie auch Professor gar, hätten sie leider auch

Theologie bei Hans Dampf Marx in allen Gassen durchaus studiert, und seien sie von Haus aus auch an Nerzpelzchen bis zum Überdruß gewöhnt ...

Soll man den Klammheimlichen, die ihre Schäbigkeit als Großmannssucht geehrt wissen möchten, nicht den Gefallen tun, ihre Gesichter so steckbriefgetreu zu verbreiten wie die rotbelichteten Schmarotzer, denen sie applaudieren? Hinauf mit ihnen auf die Terrorszene, und ganz oben hinauf, scharf belichtet, wenn sie ihr klammheimliches Händeklatschen und Feixen auch noch mit Staatspensionen honoriert haben wollen ...

Eine Orgie des Hasses, wie sie auch in Julius Streichers »Stürmer« gepaßt hätte. Und alles für Leser bestimmt, die nicht wußten und auch nicht wissen sollten, daß der Text, an dem sich Publizisten dieses Schlages aufgeilten, in Wahrheit zu den schärfsten Distanzierungen der »Szene« gegenüber der RAF und ihrem Terror gehörte.

In einer neuen, am 14.8.1977 erfolgten Veröffentlichung wehrten die 48 Herausgeber der Dokumentation sich gegen diese Schmutzkampagne, indem sie noch einmal in nüchterner Sachlichkeit klarstellten, warum sie den Nachdruck des vollständigen Mescalero-Textes für notwendig gehalten hatten. Sie erinnerten an die staatlichen Reaktionen auf den »Nachruf«, die »den Eindruck einer Fahndung nach Schwerverbrechern erweckten«, sie teilten noch einmal in aller Kürze mit, was wirklich in dem Text gestanden hatte (»klare Absage an politischen Terror in unserer Gesellschaft«), sie sahen sich veranlaßt, »eine Selbstverständlichkeit noch einmal ausdrücklich zu betonen: Wir lehnen Terror als Mittel politischer Auseinandersetzung ab«, und sie forderten eine freie und kritische Diskussion über Ursachen und Erscheinungsformen der Gewalt in unserer Gesellschaft. Anstatt die gesellschaftlichen Ursachen des politischen Terrorismus zu untersuchen, werde der Autor des Mescalero-Artikels, würden die Herausgeber des »Buback-Nachrufs« und die Universitäten insgesamt zu Sündenböcken gestempelt.

Es ist dies der immer wieder erneut gemachte Versuch, uns als kritische Intellektuelle zu Urhebern dessen zu machen, was wir zu analysieren versuchen.

Es war eine Zeit, in der vernünftige Argumente keine Chance hatten. Die RAF und der sie verfolgende Staatsapparat hatten eine Massenpsychose herbeigeführt, in der es leichter war, an Affekte zu appellieren, Schuldige zu definieren und härtere Gesetze zu machen. Bundesjustizminister Hans-Jochen Vogel (SPD) traf genau den Ton der Bürgerkriegsstimmung, die keine Parteien mehr kennt, als er zur Begründung neuer Anti-Terror-Gesetze im Bundestag den Feind benannte:

Haben wir es früher jemals erlebt, daß Verbrechen außerhalb der Unterwelt mit versteckter oder gar offener Zustimmung aufgenommen worden sind? Hier, meine Damen und Herren, ist es der Fall. Nicht nur, aber vor allem der Mord an Siegfried Buback hat ein solches Echo hervorgerufen. Ich denke dabei an den empörenden Nachruf, der immer wieder, teils mit eindeutiger, teils mit halbherziger, teils aber auch ohne jede Distanzierung oder sogar mit Bekundungen der Sympathie, nachgedruckt worden ist.

Der Bundesjustizminister kannte offensichtlich weder den vollständigen Mescalero-Text noch die Erklärungen, die die Hochschullehrer dazu abgegeben hatten. Aber er wußte von dem Luxemburg-Text, von dem er wohl auch nur den »Moskauer Bluthund« kannte:

Ich denke dabei an die Tatsache, daß dieser Nachruf von 43 (richtig: 48) Professoren, also beamteten, auf die Verfassung unseres Staates vereidigten Hochschullehrern in einem geradezu erbärmlichen Kontext unter schändlicher Vergleichung mit dem Tod eines zaristischen Polizeigouverneurs herausgegeben worden ist … Diese Vorgänge, meine sehr verehrten Damen und Herren, erinnern an den Beifall, mit dem zu Beginn der Weimarer Republik Verblendete die Ermordung eines Matthias Erzberger und eines Walther Rathenau aufgenommen haben, oder an die Menschenverachtung, mit der Adolf Hitler 1932 die Mörder von Potempa seiner Solidarität versicherte.

Unterstützt durch Strafanträge des Bundesjustizministers und des Bundesinnenministers erhoben die Staatsanwaltschaften Anklagen gegen die Herausgeber der Dokumentation bei den örtlich zuständigen Landgerichten Berlin, Bremen, Oldenburg, Hamburg und Bielefeld. Und so kam denn endlich der vollständige Text des »Buback-Nachrufs« zur Sprache und keines der angerufenen Gerichte konnte sich letztlich der Erkenntnis verweigern, daß darin nicht zu Mord und Terror, sondern im

Vom Oldenburger Prozeß hier leider nur unscharfe Fotos aus dem Gerichtssaal. Hier sitzt neben mir Gerhard Schröder, damals noch Rechtsanwalt und Verteidiger eines der angeklagten Professoren.

Gegenteil zu kritischem Nachdenken über den Buback-Mord aufgerufen war, und zwar mit dem Ergebnis, daß der Weg zum Sozialismus »nicht mit Leichen gepflastert« werden könne.

Während einige Landgerichte schon die Eröffnung des Hauptverfahrens abgelehnt hatten, kam es in Oldenburg zu einer Hauptverhandlung, die am 1. Februar 1979 begann und in sieben Verhandlungstagen noch einmal das ganze Mescalero-Drama aufrollte. Die mit drei Berufsrichtern (Draeger, Dr. Schneider-Horn und Wellmann) und zwei Schöffen (Dipl.-Gärtner Dr. Edwin Springer und Beamter Heinz-Dieter Frerichs) besetzte Strafkammer hatte es mit 13 der insgesamt 48 Herausgeber der Dokumentation und deren Verteidigern zu tun. Wie eine zum Gericht hin offene Wagenburg saßen wir da, denn die sonst üblichen Plätze reichten nicht aus, um 13 Angeklagte und bis zu 15 Verteidiger unterzubringen. Unter den Angeklagten mein Mandant Professor Dr. Peter Brückner; unter den Verteidigern so namhafte Rechtsanwälte wie Dr. Werner Holtfort, Landtagsabgeordneter der SPD und 1. Vorsitzender des Republikanischen Anwaltsvereins, ein freiheitlich gesinnter Sozialist und unermüdlicher Kämpfer für ein besseres Strafrecht und mehr Demokratie, und Gerhard Schröder, der später schließlich Bundeskanzler wurde, sowie die Professoren Dr. Dieter Sterzel, Dr. Ulrich Mückenberger und Dr. Thomas Blanke. (Nach § 138 StPO dürfen auch Rechts-

Neben mir Rechtsanwalt Dr. Werner Holtfort aus Hannover, ein kämpferischer Kollege, Sozialist und Demokrat, mit dem ich einige Jahre im Vorstand des Republikanischen Anwaltsvereins zusammengearbeitet habe.

lehrer an deutschen Hochschulen als Verteidiger gewählt werden.)

Die Anklageschrift der Staatsanwaltschaft warf den Angeklagten vor, sich durch die Veröffentlichung des Mescalero-Textes folgender Delikte schuldig gemacht zu haben: Volksverhetzung, Verunglimpfung des Staates, Beleidigung und Verunglimpfung des Andenkens Verstorbener.

Ein mit den angeklagten Hochschullehrern lebhaft sympathisierendes Publikum begleitete die Hauptverhandlung, in der Staatsanwalt Ibbeken als Vertreter der Anklage ein Rückzugsgefecht gegen die von der Verteidigung vorgetragenen Angriffe führen und eine Position nach der anderen räumen mußte. Daß der vollständige Mescalero-Text verlesen und auch vom Staatsanwalt und vom Gericht zur Kenntnis genommen werden mußte, war eine prozessuale Selbstverständlichkeit. Und daß es sich dabei nicht um die Befürwortung, sondern um eine klare Absage an politischen Mord handelte, konnte auch der Staatsanwalt nicht übersehen. Sein Versuch, aus dem »Moskauer Bluthund« eine Verunglimpfung des ermordeten Generalbundesanwalts herzuleiten, mußte schon daran scheitern, daß die von einigen Verteidigern mitgeteilte Tatsache nicht zu widerlegen war, daß die angeklagten Hochschullehrer von der Aufnahme dieses Textes in die Dokumentation nichts gewußt hatten. Die Angeklagten selbst hatten sich nicht darauf berufen, aber das Gericht unterstellte, daß dies »aus stillschweigender Solidarität« mit den übrigen 35 Mitherausgebern der Dokumentation geschehen sei. Letzte Rückzugsposition des Staatsanwalts: Eine Verunglimpfung des Staates sei jedenfalls die von den Hochschullehrern verfaßte Einleitung der Dokumentation, in der davon die Rede war, daß »der Staat Trauer für

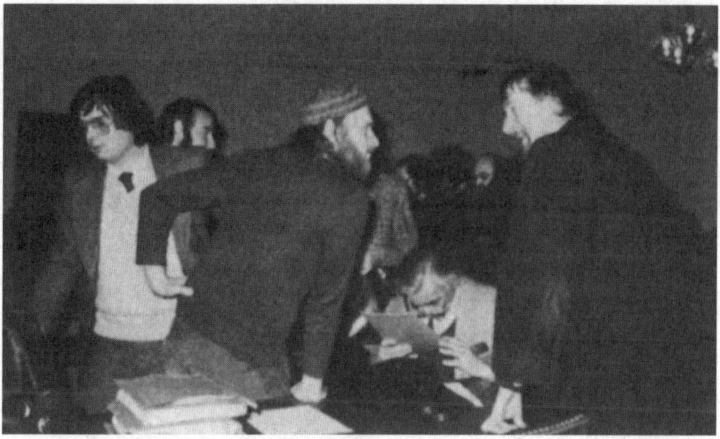

Im Gerichtssaal: Die Professoren Blanke, Maas, Künsken, Brückner (von links nach rechts)

einen seiner Repräsentanten verordnet und in Szene« gesetzt habe und »jeder Ansatz sozialistischer Kritik und Praxis erstickt« werden solle.

Aber auch das war unhaltbar, wie dem Gericht in den Erklärungen der angeklagten Hochschullehrer und ihrer Verteidiger vorgetragen wurde. Peter Brückner sagte in seinem Schlußwort:

Es ist wahr: es gibt in der Bundesrepublik Köpfe, die zu sagen wagen, daß manche der herrschenden Dogmen und Meinungen falsch sind, und wir gehören zu ihnen. Es gibt Bürger, die sagen, daß die Verfassung, die sich die BRD einst gab, und die Verfassung, in der sich Staat und Gesellschaft befinden, nicht dieselben sind, und wir gehören zu ihnen. Auch wir setzen Wörter, Ideen, Lernprozesse in Umlauf, die für ein Herrschaftsinteresse anstößig sind. Wie manche andere Leute auch treten wir für Personen ein, die zu treten von uns erwartet wird. Gewissen Tendenzen in Staat und Gesellschaft: Tendenzen der Entdemokratisierung, der »schiefen Ebene« zum totalitären Verfassungsstaat, wird Widerstand geboten, sogar von Professoren, was sich in Deutschland nicht von selbst versteht, und auch wir bieten in der Sache, die hier verhandelt wird, Widerstand …

Wir müssen das Gericht und die Öffentlichkeit wenigstens an eines der historischen Elemente dieses Verfahrens erinnern, das in der Anklageschrift gegen uns verdrängt und öffentlich vergessen werden soll: nämlich daß eine Verurteilung der Herausgeber ihren

Der Vorsitzende Richter Draeger bittet mich, beruhigend auf das Publikum einzuwirken.

Ort in einer spezifischen und beklemmenden deutschen Tradition finden würde, ob das urteilende Gericht dies nun will und erkennt oder ob nicht.

Allein der Chor der Stimmen, die seit Herbst 1977 unsere Bestrafung fordern, belehrt darüber, um welche Überlieferung es sich handelt: um den autoritären Obrigkeitsstaat deutscher Tradition. Wieder sollen nur straff gegliederte Unterordnungs-Verhältnisse imstande sein, die deutsche Gesellschaft und ihren Staat vor Krisen zu bewahren und in Krisen zu stabilisieren.

Aber diese Tradition ist blind. Sie sieht nicht, daß in der jüngeren deutschen Geschichte der Zusammenhang von Staatshörigkeit, Loyalität und Verbrechen, von Gehorsam und Schuld auf furchtbare Weise anders ist als bei den befreundeten Nachbarvölkern. Wenn es für Deutschland einen kollektiven Prozeß der »Entschuldung« für die Zeiten des NS-Staats und für seine Vorgeschichte gäbe, dann den des Widerstands, der Unbotmäßigkeit – also des Widerstands, der Unbotmäßigkeit überall dort, wo Prozesse der Demokratisierung in Staat und Gesellschaft gefährdet sind und wo – wie im Falle des »Mescalero«, der studentischen Linken, der Universität – erneut die Ausgrenzung einer störenden Minderheit begonnen hat. Gewiß: solche Ausgrenzungen führen nicht zwangsläufig nach Auschwitz, aber es gäbe Auschwitz ohne diese Ausgrenzungen nicht ...

Mein Mandant Professor Dr. Brückner

Das Gericht kam mit Urteil vom 23.2.1979 zum Freispruch aller Angeklagten. Zwar enthalte der Mescalero-Artikel strafbare Verunglimpfungen des ermordeten Generalbundesanwalts und der Bundesrepublik Deutschland, doch könne den angeklagten Herausgebern der Dokumentation nicht nachgewiesen werden, daß sie sich diese Verunglimpfungen zu eigen gemacht hätten. Auch ihr Vorwort zur Dokumentation stelle keine Verunglimpfung der Bundesrepublik Deutschland dar, wenngleich das Gericht in diesem Teil seiner Urteilsbegründung einige Zugeständnisse an die Staatsanwaltschaft und die herrschende öffentliche Meinung machte, indem es den Angeklagten »unberechtigte Kritik an den Verhältnissen in der Bundesrepublik« vorwarf, die »ganz offensichtlich falsch«, »geradezu absurd« und »gerade noch im Rahmen der grundgesetzlich erlaubten und geschützten freien Meinungsäußerung« sei. Ein schlechter Abgang, wie man ihn auch nach verlorenen Fußballspielen erlebt hat. Aber immerhin hatte man sich zu einem Freispruch durchgerungen. Und bei dem blieb es auch; die von der Staatsanwaltschaft gegen das Urteil eingelegte Revision wurde vom BGH am 26.2.1980 zurückgewiesen.

Für Peter Brückner war mit diesem Freispruch die Sache noch lange nicht zu Ende. Er war nicht nur der prominenteste, sondern auch der meistgehaßte unter den 13 angeklagten

Hochschullehrern und hatte wegen der Unbeugsamkeit seiner politischen Haltung und wegen seiner Freundschaft zu Ulrike Meinhof – er hatte der Untergetauchten einige Nächte Quartier gewährt – und vielleicht auch wegen seiner jüdischen Vorfahren viele und mächtige Feinde. Der niedersächsische Minister für Wissenschaft und Kunst, ein Herr Pestel (CDU), hatte gegen ihn ein Disziplinarverfahren mit dem Ziel der Entfernung aus dem Dienst eröffnet, ihn mit 40%iger Gehaltskürzung suspendiert und ihm Hausverbot für die Technische Universität Hannover erteilt. Erst kurz vor seinem Tode – Brückner starb am 10. April 1982 – wurden Ende des Jahres 1981 alle disziplinarischen Maßnahmen und Suspendierungen aufgehoben, mit denen man ihn fast zehn Jahre lang vom akademischen Lehramt fernzuhalten versuchte. »So etwas verkürzt das Leben«, schrieb Hans Mayer in einem Nachruf auf Peter Brückner in der *Zeit* (23.11.1984). Brückner ist nur 59 Jahre alt geworden.

6. Otto Schily und die Ehre der Polizei (1978–1984)

Im Dezember 1978 bat mich der Berliner Kollege Otto Schily, seine Verteidigung in einer beim Amtsgericht Stuttgart-Bad Cannstatt anhängigen Strafsache zu übernehmen. Auf Anregung der Bundesanwaltschaft und des Bundeskriminalamtes hatte der Hessische Minister des Innern als oberster Dienstvorgesetzter des Kriminalhauptmeisters Bernhard H. Strafantrag wegen Verleumdung und Beleidigung gegen die Rechtsanwälte Dr. Heldmann und Schily gestellt, und die Stuttgarter Staatsanwaltschaft hatte Anklage erhoben. Es ging um folgendes:

In dem als »Baader-Meinhof-Prozeß« bekannt gewordenen Verfahren in Stuttgart-Stammheim hatte Otto Schily die Angeklagte Gudrun Ensslin verteidigt. Der Verteidiger des Angeklagten Andreas Baader war der Darmstädter Kollege Dr. Hans Heinz Heldmann, ebenso wie Schily ein überregional bekannter Anwalt mit großer forensischer Erfahrung. Beide sollten ihre Bereitschaft, in diesem Verfahren das Verteidigeramt zu übernehmen, mit ungewöhnlichen Belastungen und Beschädigungen bezahlen.

»Stammheim« ist durch diesen Prozeß zu einem Begriff geworden, mit dem sich die Erinnerung an eine höchstrichterlich abgesegnete, der antiterroristischen Feinderklärung geschuldete Entrechtung von Angeklagten und Verteidigern verbindet, für die es in der deutschen Rechtsgeschichte kein Beispiel gibt. Was sich bereits im Vorfeld dieses »Terroristenprozesses« und dann in der vom 21. Mai 1975 bis zum 28. April 1977 durchgeführten Hauptverhandlung abgespielt hat (eigens für diesen Prozeß geänderte Gesetze, Ausschließung von Verteidigern, Verbot des gemeinschaftlichen Verteidigers, keine Unterbrechung für die Vorbereitung neuer Verteidiger, Entpflichtungen von Verteidigern, Einleitung von Ehrengerichtsverfahren, Streit um die Verhandlungsfähigkeit der Angeklagten usw.), kann man in der ausgezeichneten Dokumentation *In*

Rechtsanwalt Otto Schily mit seiner Mandantin Gudrun Ensslin

der Strafsache gegen Andreas Baader, Ulrike Meinhof, Jan-Carl Raspe, Gudrun Ensslin wegen Mordes u.a. von Ulf Stuberger (Frankfurt am Main 1977) nachlesen. Sie vermittelt trotz der nüchternen Juristensprache, in der die wiedergegebenen Entscheidungen abgefaßt sind, einen Eindruck von dem Klima des Hasses und des Bestrafungswillens, der im Umfeld dieses Verfahrens geherrscht und die Verteidiger (und deren Mandanten) mit unvorstellbaren Feindseligkeiten konfrontiert hat.

In der Verhandlung vom 8. September 1976 hatte Dr. Heldmann einen Beweisantrag auf Vernehmung des Arztes Dr. K. gestellt, der Baader nach seiner Festnahme untersucht hatte und als Zeuge auf Grund der von ihm festgestellten Befunde den Verdacht bestätigen sollte, daß die Schußverletzung, die der Angeklagte bei seiner Festnahme erlitten hatte, von einem Dum-Dum-Geschoß verursacht worden sei. Also von Munition, an der Manipulationen vorgenommen wurden, die zur Folge haben, daß sich das Projektil im Körper zerlegt und dadurch besonders große Wunden verursacht. Otto Schily hatte sich diesem Antrag angeschlossen. Der OLG-Senat hatte beide Anträge in der Sitzung vom 14.9.1976 abgelehnt, mit der Begründung, daß die Beweisbehauptung weder die Schuld- noch die Straffrage betreffe, so daß ein Beweisantrag im Sinne des Gesetzes überhaupt nicht vorliege. Daraufhin hatte Heldmann den Antrag anders formuliert, indem er in der Sitzung vom 23.9.1976 beantragte, den Zeugen Dr. K. zum Beweise dafür zu vernehmen, daß die Aussagen der Zeugen Bernhard H. und Knut M. über Anlaß, Zweck und Rechtfertigung des auf Andreas Baader abgegebenen Schusses unrichtig seien. Die Vernehmung des Zeugen Dr. K. werde ergeben, daß die von ihm behandelte Schußwunde des Herrn Baader durch ein Dum-Dum-Geschoß verursacht worden sei und eine Körperstelle getroffen habe, deren Schußverletzung regelmäßig zum Tode führe. Auch dieser Antrag – diesmal hatte Schily sich nicht angeschlossen – wurde vom Gericht abgelehnt. Es handle sich um die Wiederholung eines schon abgelehnten Antrages, der für die Entscheidung ohne Bedeutung sei.

Daß die Sache damit für die Bundesanwaltschaft nicht erledigt war, kündigte sich bereits in deren Plädoyer am Ende der Stammheimer Hauptverhandlung an. Bundesanwalt Zeis sprach von einem »Pseudo-Beweisantrag«, einem »Dum-Dum-Antrag«, mit dem allein »Agitation, Polemik und Verleumdung der Polizei« bezweckt worden sei.

Nehmen Sie, meine Herren dort drüben, bitte zur Kenntnis: die deutsche Polizei schießt nicht mit Dum-Dum-Munition.

Nicht die Polizei, wohl aber die Baader-Meinhof-Bande habe mit Hohlspitzmunition geschossen.

Und bei dieser Sachlage kann man es nur als eine maßlose Arroganz der Angeklagten bezeichnen, einen solchen Pseudo-Beweisantrag stellen zu lassen. Aber es ist ja nicht das erste Mal, daß die Angeklagten durch Verdrehung und Verleumdung versucht haben, die Wahrheit auf den Kopf zu stellen. Und um das Maß vollzumachen, hat Rechtsanwalt Dr. Heldmann im Rahmen eines weiteren Pseudo-Beweisantrages erneut die Behauptung – wenn wir hier nicht im Gerichtssaal wären, würde ich sagen, die infame, niederträchtige Behauptung – aufgestellt, Baader sei durch ein Dum-Dum-Geschoß angeschossen worden.

Der aggressive Ton des Herrn Zeis, auch mir aus anderer Sache durchaus vertraut, ließ ahnen, mit welchem blinden Eifer man gegen Rechtsanwälte vorzugehen gedachte, die in Ausübung ihrer Verteidigerpflichten Beweisanträge gestellt hatten, die den Respekt vor polizeilicher Untadeligkeit vermissen ließen. Aber es gab tatsächliche Anhaltspunkte für den im Antrag geäußerten Verdacht. Das Polizeigeschoß, von dem Baader am Oberschenkel getroffen worden war, hatte eine ungewöhnlich große Ausschußöffnung hinterlassen; von ärztlichen Sachverständigen war sie als »handtellergroß« bis »kindskopfgroß« beschrieben worden. Baader hatte seinem Verteidiger berichtet, daß der Arzt Dr. K., der die Wunde versorgt hatte, davon gesprochen habe, sie könne von einem Dum-Dum-Geschoß herrühren. Das Gleiche hatte Dr. Heldmann selbst von einem Unfall-Chirurgen gehört, der die Wunde gesehen hatte. Und Schily, der Heldmann als gewissenhaften Kollegen kannte, hatte sich auf dessen Angaben verlassen. Ob die Polizei tatsächlich mit Dum-Dum-Patronen, also einer völkerrechtlich verbotenen Munition, geschossen hatte, konnte für die Frage der Rechtmäßigkeit ihrer Amtsausübung und des von den Angeklagten geleisteten Widerstandes bedeutsam sein. Das galt sowohl für Andreas Baader als auch für Gudrun Ensslin, obwohl sie bei der Festnahme Baaders nicht dabei war. Denn nach dem in RAF-Sachen praktizierten Grundsatz der »Kollektivität« wurden alle Tatbeiträge einzelner Angeklagter allen Angeklagten zugerechnet.

Das Recht des Angeklagten und seines Verteidigers, Beweisanträge zu stellen, ist ein Kernstück des deutschen Strafprozesses. Das Gericht darf sie nur unter eng umschriebenen Voraussetzungen ablehnen und setzt sich, wenn die Ablehnung fehlerhaft begründet ist, der Gefahr aus, daß sein Urteil in der Revisionsinstanz wegen Verletzung der Aufklärungspflicht aufgehoben wird. Erfahrene Strafverteidiger stellen daher Beweisanträge nicht nur, um die Ermittlung der Wahrheit zu fördern, sondern auch im Blick auf die Revisionsinstanz, wo nur noch Rechtsfehler zählen. Eine Ablehnung des hier gestellten Beweisantrages konnte durchaus Ansatzpunkte für eine erfolgreiche Revision bieten.

Aus dem Stammheimer Haßklima aber war nun eine neue Dimension des Umgangs mit Beweisanträgen erwachsen, nämlich der Vorwurf, der Beweisantrag habe einen beleidigenden Inhalt gehabt. Was ungeahnte Möglichkeiten eröffnete, Angeklagte und Verteidiger mit Strafverfahren zu überziehen, wenn sie von ihren Verteidigungsrechten Gebrauch machten, ohne dabei an die Ehre der Polizei zu denken.

Die Anklage gegen Heldmann und Schily wurde am 12.10.1979 vor dem Schöffengericht Stuttgart-Bad Cannstatt (ein Berufsrichter und zwei Schöffen) in eisiger Atmosphäre verhandelt und endete mit einer Verurteilung der Angeklagten wegen Verleumdung zu Geldstrafen von 60 bzw. 40 Tagessätzen von je 150 DM. Die angeklagten Rechtsanwälte hätten unwahre Behauptungen aufgestellt, die ehrenrührig und geeignet seien, die bei der Festnahme Baaders beteiligten Polizeibeamten zu verunglimpfen und in der öffentlichen Meinung herabzusetzen. Sie hätten subjektiv wider besseres Wissen gehan-

Die Rechtsanwälte Otto Schily (rechts) und Dr. Hans Heinz Heldmann bei einer Pressekonferenz während des Stammheimer Prozesses gegen Andreas Baader, Ulrike Meinhof, Gudrun Ensslin und Jan-Carl Raspe (1977)

delt. Sie hätten bedenkenlos und ohne Skrupel das Ansehen der Polizei in den Schmutz ziehen wollen. Der Urteilsverfasser machte von der ihm im Rahmen der freien Beweiswürdigung erteilten Vollmacht, auch die subjektive Willensrichtung der Angeklagten festzustellen, mit einer Beliebigkeit Gebrauch, die jeder andere, der nicht durch richterliche Privilegien geschützt wäre, mit einer Strafe wegen Beleidigung und übler Nachrede hätte büßen müssen. Mich empört es noch heute, wie damals zwei angesehenen Strafverteidigern leichthin unterstellt wurde, sie hätten ihre Anträge nicht mit Verteidigungsmotivation gestellt, sondern weil sie das Ansehen der Polizei in den Schmutz ziehen wollten. Aber nur so ließ sich der Rechtfertigungsgrund der Wahrnehmung berechtigter Interessen hinweginterpretieren.

Auf Wahrnehmung berechtigter Interessen könnten die angeklagten Anwälte sich nicht berufen, verkündete der Amtsrichter, denn es habe sich nur um »Schein-Beweisanträge« gehandelt. Die Unhaltbarkeit ihrer Behauptung habe von vornherein auf der Hand gelegen.

Davon konnte nun keinesfalls die Rede sein. Sogar der vom Amtsgericht bestellte Sachverständige, Prof. Dr. Rauschke, hatte einräumen müssen, daß, »wer von Schußangelegenheiten und Jägerei nichts versteht, ferner wer nicht mit gerichtlicher Medizin in Berührung gekommen ist«, angesichts einer solchen Ausschußverletzung die Überlegung angestellt haben könne, daß diese Verletzung von einem Teilmantelgeschoß hätte stammen können. Das war gewunden und nicht gerade verteidigerfreundlich formuliert. Aber es zeigte, daß man über die Ursache der ungewöhnlich großen Ausschußwunde verschiedener Meinung sein konnte. Und es hatte immerhin einer Untersuchung durch einen medizinischen Sachverständigen bedurft, um zu der Feststellung zu gelangen, daß die große Ausschußwunde durch Knochensplitter entstanden war, weil das Geschoß den Oberschenkelknochen zertrümmert hatte. Das Schöffengericht hatte aus alledem nicht den naheliegenden Schluß gezogen, daß es das gute Recht und die selbstverständliche Pflicht der Verteidiger war, diese Frage durch Beweisanträge klären zu lassen, sondern befand, daß »Überlegungen von ihnen selbst oder von Nichtfachleuten« für sie nicht maßgebend sein durften. Vielmehr habe für sie die Verpflichtung bestanden, »sich eingehend bei mehreren Fachleuten zu erkundigen«.

Wenn diese Rechtsauffassung sich durchgesetzt hätte, wären Grundsätze über Bord geworfen worden, die in der höchstrichterlichen Rechtsprechung und in der Literatur seit den zwanziger Jahren festgeschrieben sind. »Wer einen Beweisantrag stellt«, heißt es in Max Alsbergs Klassiker *Der Beweisantrag im Strafprozeß*, »will dem Gericht nicht notwendig nur das beweisen, was für ihn selbst schon bewiesen ist«. Die aufgestellte Behauptung könne also »sehr wohl eine bloße Vermutung« sein. Anders ist effektive Strafverteidigung gar nicht möglich, es sei denn, man wolle dem Verteidiger zumuten, seine Zeit und seine Arbeitskraft darauf zu verwenden, Angaben seines Mandanten, die ihm nicht ganz unmöglich erscheinen, durch eigene Recherchen zu überprüfen. Nein, für die Wahrheitsermittlung ist nun einmal grundsätzlich die Beweisaufnahme vor dem Gericht da. Und jeder in Strafsachen erfahrene Jurist weiß auch, daß die Frage, die der Verteidiger geklärt wissen möchte, im Beweisantrag nicht als Frage formuliert werden darf (also nicht: »ob mit Dum-Dum-Munition geschossen wurde«), weil er dann als sogenannter Beweisermittlungsantrag ohne weiteres abgelehnt werden könnte, sondern daß sein Antrag, auch wenn es eigentlich um eine Frage geht, nach den Regeln des Strafprozeßrechts in eine bestimmte Behauptung gekleidet werden muß (hier also: »daß mit Dum-Dum-Munition geschossen wurde«). Und man kann deshalb dem Verteidiger nicht das Risiko aufbürden, daß eine im Auftrag des Angeklagten aufgestellte, für einen Dritten ehrenkränkende Beweisbehauptung, die sich als unrichtig herausstellt, für ihn eine Bestrafung wegen übler Nachrede nach sich zieht, weil die Behauptung »nicht erweislich wahr« sei.

Das war bisher selbstverständlich und gilt überall da, wo nicht eine emotionsgeladene politische Einstellung den Juristen das Denken erschwert, auch heute noch. So hat der BGH wiederholt entschieden, daß der Antragsteller Beweis über Tatsachen verlangen kann, die er nur vermutet oder für möglich hält; er muß sie gleichwohl als bestimmte Tatsachen behaupten. Der Verteidiger braucht die Richtigkeit der behaupteten Tatsache nicht gleichsam in einem Vorverfahren zu prüfen, sondern darf in der Regel die Erweisbarkeit der ihm mitgeteilten Tatsachen der Beweisaufnahme im Verfahren überlassen (z.B. BGH, Urteil vom 14.11.1961, NJW 1962, 244). Und er darf selbstverständlich nicht davor zurückschrecken, eine für seinen Mandanten entlastende Beweisbehauptung auch dann vorzutragen, wenn sich ein anderer dadurch beleidigt fühlen könnte. Er ist, mit Adolf Arndt zu sprechen, berechtigt und verpflichtet, das Unerhörte zu Gehör zu bringen.

Das alles mußten ausgebildete Juristen wissen. Und es ist daher schwer zu verstehen oder nur mit politisch motiviertem Verurteilungswillen zu erklären, wenn dieses Verfahren gegen die wegen ihrer »Terroristen«-Mandate angefeindeten Anwälte Heldmann und Schily insgesamt fünf Gerichtsinstanzen beschäftigen konnte.

Zunächst kam es in der Berufungsinstanz, in der ich zusammen mit dem Frankfurter Kollegen Eberhard Kempf, der von Heldmann beauftragt war, verteidigte, zu einem Freispruch. Eine große Strafkammer des Landgerichts Stuttgart (Vorsitzender Richter Luippold, Richter Otter, Richterin Wilhelm, Schöffen: Karl Asch und Giselher Hauptmann) fand die aufgestellte Beweisbehauptung zwar für die Polizeibeamten »in höchstem Maße ehrenrührig«, aber durch Wahrnehmung berechtigter Interessen gerechtfertigt.

Auf die Revision der Staatsanwaltschaft mußte sich nunmehr ein Senat des Oberlandesgerichts Stuttgart, also des Gerichts, dessen Ruf durch die Art der Verhandlungsführung im Stammheimer »Baader-Meinhof-Prozeß« einigermaßen lädiert war, mit der Sache befassen. Die Richter Vötsch, Frick und Reitzel hoben am 15.1.1982 das Urteil des Landgerichts auf und verwiesen die Sache an eine andere Strafkammer zurück. Sie meinten, daß die von den angeklagten Anwälten für Andreas Baader und Gudrun Ensslin gestellten Beweisanträge keinesfalls durch Wahrnehmung berechtigter Interessen gedeckt gewesen seien. Schilys Freispruch durch das Landgericht wollten sie schon deshalb nicht gelten lassen, weil Gudrun Ensslin bei Baaders Festnahme nicht dabei war; inwiefern die vorgetragenen Beweistatsachen ihre Prozeßsituation sollten beeinflussen können, sei »schlechthin unerfindlich«. Man ignorierte, daß es auch für die Verteidigung von Gudrun Ensslin durchaus bedeutsam war, wie die Festnahme von Terroristen damals ablief, ob sie insbesondere mit Todesschüssen der Polizei rechnen mußten – Petra Schelm und Georg von Rauch waren 1971, Thomas Weisbecker im März 1972 bei oder anstelle der Festnahme erschossen worden, letzterer von einem Scharfschützen aus drei Metern Entfernung durch Herzschuß. Man ignorierte weiter, daß die Frage, ob der von Andreas Baader geleistete Widerstand rechtswidrig war, auch deshalb für Schily von Interesse sein mußte, weil Baaders Verhalten nach dem von der Rechtsprechung in RAF-Sachen praktizierten Prinzip der »Kollektivität« auch Gudrun Ensslin zugerechnet werden konnte.

Auch Heldmanns Anträge hätten keine Zwecke der Verteidigung verfolgt, meinten die Oberlandesrichter. Das Landgericht habe verkannt, daß Baader nur vorgeworfen wurde, *vor* dem fraglichen Schuß Widerstand geleistet zu haben. Baader habe nicht etwa Widerstand geleistet,

> weil die Polizei mit Dum-Dum-Munition geschossen hat – dies hätte er überhaupt erst nach dem Schuß, der seinen Widerstand beendet hat, bemerken können –, sondern allein deshalb, weil er vor diesem Schuß seine Festnahme verhindern oder verzögern wollte. Dieser Widerstand war rechtswidrig, weil die Polizei Anlaß zur Festnahme von Mitgliedern der sogenannten Baader-Meinhof-Bande hatte; die dahin zielenden Maßnahmen der Polizei waren demnach rechtmäßig. Ein – theoretisch denkbarer – berechtigter Widerstand gegen eine unrechtmäßige Polizeimaßnahme entfällt somit.

Die Oberlandesrichter glaubten, ihre Kollegen vom Landgericht hätten die Rechtslage verkannt; aber der Denkfehler lag bei ihnen. Zuerst war nämlich zu prüfen, ob die Polizei rechtmäßig gehandelt hatte, und erst daraus ergab sich, ob Widerstand rechtswidrig war. Und nicht umgekehrt. Wenn die Polizei tatsächlich mit Dum-Dum-Munition geschossen hätte, wäre ihr Vorgehen unrechtmäßig gewesen, unabhängig davon, was Baader über ihre Munition wußte oder dachte. Und Baader hätte in diesem Fall rechtmäßig Widerstand leisten dürfen. Denn nach ausdrücklicher gesetzlicher Vorschrift (§ 113 Abs. 3 StGB) ist Widerstand gegen eine unrechtmäßige Diensthandlung nicht strafbar, und zwar selbst dann, »wenn der Täter (hier also Baader) irrig annimmt, die Diensthandlung sei rechtmäßig«. Es war also durchaus sachgemäß, wenn Heldmann und Schily geklärt wissen wollten, ob die Polizei bei Baaders Festnahme mit Dum-Dum-Munition geschossen hatte. Davon hing die Rechtmäßigkeit des polizeilichen Vorgehens und die Strafbarkeit des von Baader geleisteten Widerstands ab.

Die Oberlandesrichter aber, befangen in ihrer offensichtlich durch politische Vorurteile irritierten Logik, fanden die abweichende, aber richtige Rechtsauffassung der Verteidiger, daß es für die Beurteilung des von ihren Mandanten geleisteten Widerstands auf die Rechtmäßigkeit des polizeilichen Waffengebrauchs ankomme, und das auf diese Frage gerichtete Beweisbegehren so unerhört, daß sie die angeklagten Anwälte dafür bestraft sehen wollten. Und darum faßten sie ihr Urteil so ab, daß den Richtern des Landgerichts, an die sie die Sache zurückverwiesen, kaum noch Spielraum für einen Freispruch blieb Denn auch falsche Rechtsauffassungen eines Revisionsgerichts sind für alle nachfolgend mit der Sache befaßten Richter bindend. Nur die »subjektiven Tatumstände« der Verleumdung oder der üblen Nachrede, also die Frage, ob die Angeklagten vorsätzlich eine für die Polizei ehrenrührige Tatsache verbreiten wollten (üble Nachrede) oder gar die Unwahrheit der Tatsache kannten (Verleumdung), mußte das OLG als Revisionsgericht der »Beurteilung des Tatrichters«, also dem Landgericht, überlassen. Wenngleich die OLG-Richter auch da versuchten, das Landgericht durch die »Anmerkung« festzulegen, die Beweisbehauptung, die Polizei eines Bundeslandes habe völkerrechtlich geächtete Munition verwendet, habe »augenscheinlich so wenig für sich«, daß es naheliege, »strenge Anforderungen an die Prüfungspflicht der Angeklagten zu stellen«. Da war sie wieder, die vom Bad Cannstatter Amtsrichter mit übertriebenen Anforderungen versehene strafbewehrte Prüfungspflicht, die auch beim Oberlandesgericht als neue Argumentationsvariante zur Kriminalisierung unbequemer Verteidiger gefiel.

Wir hatten das Glück, auch bei der nunmehr zuständigen 12. Strafkammer des Landgerichts Stuttgart auf Richter und Schöffen zu treffen, die nicht bereit waren, die von den Richtern des Oberlandesgerichts gewünschte und mit falschen Rechtsbelehrungen vorgezeichnete Verurteilung der angeklagten Verteidiger auszusprechen (Richter: Hartenstein, Dr. Mayer und Dr. Grünberg; Schöffen: Zimmermann Erwin Schmidt und Redakteur Ignaz Hollay). Es war spürbar, daß der Staatsanwalt auf verlorenem Posten kämpfte, obwohl wir Verteidiger – Heldmanns Verteidiger war diesmal der Frankfurter Kollege Johannes Riemann – nur noch auf dem Felde der »subjektiven Tatumstände« eine Chance hatten. Auch die anwesenden Pressevertreter machten kein Hehl daraus, mit welcher Seite sie sympathisierten. Und so konnten wir vier Anwälte, die angeklagten und die verteidigenden, unsere Sache mit einiger Vehemenz vertreten, ohne befürchten zu müssen, etwas zu verderben. Schily konterte den Vorwurf des Staatsanwalts, einen »Scheinbeweisantrag« gestellt zu haben, mit dem Bonmot, der Staatsanwalt habe ein »Scheinplädoyer« gehalten, indem er einen Verteidiger verleumdet habe. Er, Schily, habe damals nur seine Pflicht getan. Das Ganze sei nur ein Racheakt.

Mit Urteil vom 22. Oktober 1984 sprach die Strafkammer die angeklagten Anwälte wiederum frei. Die Begründung mußte sich den Vorgaben des OLG anpassen und hatte daher nur noch bei den »subjektiven Tatumständen« freie Hand. Und da bescheinigte das Urteil den angeklagten Anwälten, daß sie ihre Anträge zur sachgerechten Verteidigung ihrer Mandanten für geeignet und geboten gehalten hatten und halten konnten.

Die Staatsanwaltschaft gab immer noch nicht auf. Und so kam die Sache noch einmal zum Oberlandesgericht. Aber auch dort waren inzwischen andere Richter zuständig (Weller, Dr. Orlowsky und Dr. Schmid), die am 22. Oktober 1984 die Revision der Staatsanwaltschaft gegen das Urteil des Landgerichts verwarfen. Auch diesen Richtern stand nach der Vorentscheidung ihrer Kollegen im ersten Revisionsverfahren nur noch eine Begründung im subjektiven Bereich offen, also bei der Frage, mit welchem Vorsatz die angeklagten Anwälte gehandelt hatten. Und da fanden sie noch eine fünfte Variante. Die angeklagten Anwälte hätten sich über das Gebotensein ihres Vorbringens zur Verteidigung ihrer Mandanten geirrt und nicht leichtfertig gehandelt. Ihr Irrtum soll also darin bestanden haben, daß sie geglaubt hatten, in Ausübung von Verteidigerrechten die Frage aufwerfen zu dürfen, mit welcher Munition die Polizei geschossen und ob ein Polizist möglicherweise tödliche Folgen seines Schusses in Kauf genommen habe. Ein »Irrtum«, den sie nun schon mit sechs

Berufsrichtern des Landgerichts teilten. Aber die vorwiegend aus Nichtjuristen bestehende Öffentlichkeit liest keine Urteilsbegründungen, so daß deren Peinlichkeiten gewissermaßen en famille bleiben. Und auch für Insider blieb immerhin der Eindruck, daß hier juristische Formulierungskunst eingesetzt wurde, um eine Beschädigung rechtsstaatlicher Verteidigerrechte und, soweit noch möglich, des Ansehens der Justiz abzuwenden.

Die zeitlichen und nervlichen Belastungen dieses sich über Jahre hinziehenden Strafverfahrens für die angeklagten und die sie verteidigenden Anwälte freilich konnten nicht ungeschehen gemacht werden. Ich weiß nicht, ob sie zu Otto Schilys Entschluß beigetragen haben, sich aus diesem Metier mehr und mehr zurückzuziehen und sich stattdessen der Politik zuzuwenden. Hans Heinz Heldmann, den ich aus gemeinsamen Verteidigungen und auch privat recht gut kannte und als kämpferischen Kollegen schätzte, hat sich, wie ich glaube, von den Belastungen des Stammheimer Prozesses und seiner Folgeverfahren nie wieder erholt. Er hat sich im Oktober 1995 das Leben genommen.

Was die Bewaffnung der Polizei angeht, so hat der Rechtsstaat inzwischen Fortschritte gemacht. Der *Weser-Kurier* vom 11.6.1997 berichtete unter der beruhigenden Überschrift »Von ›Dum-Dum‹ ist nun keine Rede mehr«, daß Bremens Polizei in Kürze neue Munition erhalten werde, sogenannte »Deformationsgeschosse«, die in fast allen anderen Bundesländern bereits Standard seien. Mit der neuen Munition werde, wie Politiker der CDU und der SPD versicherten, eine sofortige »Mann-Stopp-Wirkung« erzielt. Jahrelang habe es um diese Munition emotionsgeladene Debatten gegeben, weil sie mit den völkerrechtlich geächteten Dum-Dum-Geschossen verglichen worden sei, die extrem große Wunden verursache. Zwar verursache auch die neue Munition vergleichsweise größere Wunden, doch könne in der Regel ausgeschlossen werden, daß sich die Kugel im Körper zerlege. Innensenator Ralf Bortscheller (CDU):

Wir haben es endlich geschafft, uns vom Schlagwort Dum-Dum freizumachen.

Wie beruhigend. Auch Strafverteidiger werden in künftigen Fällen nur von »Deformationsgeschossen« sprechen. Aber danach wird man nun wohl fragen dürfen.

7. Der »Mord« in der Raths-Konditorei (1977–1989)

Am 18. Dezember 1974 hatte sich in der am historischen Bremer Marktplatz gelegenen Raths-Konditorei ein Drama abgespielt, bei dem ein Mensch getötet wurde. Der Inhaber der Raths-Konditorei, Gerd S., ein stadtbekannter Mann mit einem großen Freundeskreis, war am späten Abend dieses Tages in seinem Café erstochen auf dem Boden liegend aufgefunden worden. Alles sprach auf den ersten Blick für einen Mord, wie ihn sich ein Krimiautor nicht makabrer hätte ausdenken können. Die Leiche wies 16 Messerstiche auf. Umgeworfene Stühle zeugten von einem Kampfgeschehen. Hinter dem Tresen waren zwei Schubladen herausgezogen und lagen Tabletts auf dem Fußboden, alle mit Blut betropft. Blutspuren zogen sich von der Raths-Konditorei bis zu einem etwa 50 m entfernten Parkplatz hin, wo eine größere Blutlache anzeigte, daß der Täter hier ein Auto bestiegen haben mußte.

Ein Tatverdacht fiel sofort auf Michael K. – einen früheren Polizeibeamten, jetzt kaufmännischen Angestellten, Jahrgang 1947 –, der, wie man in der Umgebung des Konditormeisters S. wußte, seit Jahren ein Liebesverhältnis zu dessen Ehefrau Brigitte unterhielt. Nach anfänglichem Bestreiten gab Michael K. zu, daß es zwischen ihm und S. zu einem Wortwechsel gekommen sei, in dessen Verlauf S. ihn, mit einem Messer bewaffnet, angegriffen habe. Er habe sich gewehrt, es sei zu einem Kampf gekommen, bei dem er in Panik und Todesangst geraten sei. Von einem bestimmten Moment an fehle ihm jede Erinnerung. Diese setze bruchstückhaft erst wieder ein, als er sein Auto bestiegen und etwas Kühles an seinem Oberschenkel gefühlt habe. Dann erinnere er sich an Lichtreflexe auf der Fahrt zu seiner Wohnung in Delmenhorst. Erst dort beginne wieder eine kontinuierliche Erinnerung.

Alles gelogen, das war die Tendenz, mit der die Aussagen des Michael K. aufgenommen wurden. Denn er hatte, aus polizeilicher Sicht, Fehler gemacht, die ihn als Schuldigen verrieten: er

Am Abend des 18. Dezember 1974 kam der Konditormeister Gerd S. in seiner Raths-Konditorei zu Tode. 16 Messerstiche und Spuren einer tätlichen Auseinandersetzung deuteten auf ein Verbrechen hin. Die Polizei begann noch in der Nacht mit der Spurensicherung.

hatte blutige Kleidungsstücke noch in der Nacht teils gewaschen, teils im Heizungskeller verbrannt. Er hatte Blutspuren im Auto und im Eingangsbereich seines Wohnhauses beseitigt und einer Nachbarin gegenüber behauptet, er habe Farbe vergossen. Er hatte sich gleich nach seiner Rückkehr aus Bremen, so als ob nichts geschehen sei, bei einer Frau D. eingefunden und mit ihr den Abend verbracht. Es sah nach einem Versuch aus, sich ein Alibi für die Tatzeit zu verschaffen, da er auch vor seiner Fahrt nach Bremen, wo es zu dem Zusammentreffen mit S. gekommen war, bei Frau D. gewesen war und sich nur für eine Stunde von ihr verabschiedet hatte, angeblich, um sich in seine eigene Wohnung zu begeben und dort zu duschen und zu essen. Tatsächlich war er nur wenig länger als vorgesehen weggewesen, nämlich von ca. 18.30 Uhr bis gegen 20.00 Uhr. Wie jeden Abend um diese Zeit hatte er zunächst kurz nach 19 Uhr von einer Telefonzelle aus mit seiner Geliebten Brigitte S. telefoniert, war dann mit seinem Auto nach Bremen gefahren, wo es zu dem blutigen Geschehen in der Raths-Konditorei gekommen war, und wieder zurück nach Delmenhorst, ein äußerst knapper zeitlicher Rahmen, der ebenfalls für eine überfallartig durchgeführte Tötung des S. zu sprechen schien.

Schließlich hatte er bei seiner kriminalpolizeilichen Vernehmung zunächst abgestritten, mit dem Tod des Gerd S. etwas zu tun zu haben und für eine Verletzung am linken Arm, die bei dem Kampf mit S. entstanden war, andere Ursachen erfunden. Mit alledem hatte Michael K. das unausrottbare Vorurteil gegen sich mobilisiert, daß nur der Schuldige zu Lügen und falschen Alibis Zuflucht nehme und sich um Spurenbeseitigung bemühe. Und in der Tat muß man rückschauend sagen, daß es klüger gewesen wäre, wenn Michael K. sich sogleich zu dem Teil des Geschehens, den er erinnerte, bekannt hätte, weil das die Glaubwürdigkeit einer Notwehrsituation erhöht hätte. Aber ein konsequentes, die eigenen Verteidigungsinteressen richtig einschätzendes Verhalten ist, wie die Praxis zeigt, nach derartigen persönlichen Katastrophen nicht in jedem Fall zu erwarten, zumal wenn, wie hier, eine Erinnerungslücke wesentliche Teile des Geschehens wegblendet und noch gar nicht begriffen ist, was sich eigentlich ereignet hat.

Die Kriminalpolizei war sich denn auch von Anfang an sicher, daß es sich hier um ein Kapitalverbrechen handle, und tat alles, was Michael K., nachdem er sein anfängliches Leugnen aufgegeben hatte, über die tatsächlichen Vorgänge, soweit er sie erinnerte, und über seine Erinnerungslücke sagte, als Schutzbehauptung ab. Insbesondere glaubte man ihm auch nicht, daß nicht er das Tatmesser mitgebracht habe, sondern daß es S. gewesen sei, der mit einem Messer in der Hand auf ihn zugekommen und ein Handgemenge begonnen habe, bei dem es auch für ihn plötzlich und völlig unerwartet um Tod und Leben gegangen sei.

Nach seiner Darstellung hatte Michael K. nach seinem Telefonat mit Brigitte S. am 18.12.1974 ein Gefühl der Unzufriedenheit mit sich selbst verspürt. Und so war es zu dem unseligen Entschluß gekommen, nach Bremen zu fahren und ein Gespräch mit dem Ehemann seiner Geliebten zu führen. Worüber er mit ihm sprechen wollte, wußte er selbst nicht so recht. Er dachte, »das ist eine gute Idee«, die ihn aus seiner traurigen Stimmung befreite. Er traf Gerd S. allein in seinem Café an. Sodann entwickelte sich etwa folgendes Gespräch:

Michael K.: »Guten Abend, Herr S., Sie kennen mich ja« (oder: »Sie wissen wohl, wer ich bin«)

Gerd S.: »Michael K.«

Michael K.: »Herr S., ich möchte mich mal mit Ihnen unterhalten, von Mann zu Mann, und, wenn Sie wollen, vielleicht dort, wo wir etwas trinken können.«

Er habe die Vorstellung gehabt, daß man gemeinsam den in der Nachbarschaft gelegenen Ratskeller aufsuchen könne. S. habe hinter dem Tresen hantiert, manchmal nach unten, manchmal auf ihn geschaut. Schließlich habe S. gesagt, es gäbe nichts zu besprechen, und sei in die Küche gegangen. Er, Michael K., sei ihm zwei oder drei Schritte gefolgt und habe weitergesprochen, etwa in dem Sinne, daß man sich mal vernünftig und sachlich unterhalten solle. Als S. aus der Küche zurückgekommen sei, sei er, K., zwei Schritte zurückgetreten, um ihn vorbeizulassen (die räumlichen Verhältnisse in dem Café sind sehr beengt), S. sei wieder hinter den Tresen gegangen und habe, während Michael K. seinen Wunsch, mit ihm zu sprechen, wiederholt habe (»Wir sind doch erwachsene Menschen, wir können doch über alles sprechen«), dort rumhantiert und ihn wie Luft behandelt. Plötzlich sei S. auf ihn zugekommen und habe in barschem Ton geschrien: »Los, raus jetzt! Schluß jetzt!« oder »Ich mache Schluß jetzt!« Er, Michael K., habe begriffen, daß S. ihn jetzt rauswerfen wollte, sei einige Schritte zurückgewichen, habe aber nicht gewagt, S. den Rücken zuzuwenden, und sei in der Nähe der Tür, wo eine Wendeltreppe aus der im Kellergeschoß gelegenen Konditorei ins Freie führte, stehengeblieben. S. habe einen Gegenstand in der rechten Hand gehabt, den er nicht sogleich als Messer erkannt habe, und sei mit erhobenem Arm auf ihn zugekommen. Nunmehr habe er den Unterarm des S. mit beiden Händen gepackt und diesen an sich vorbeigezogen. Dann seien sie beide zu Boden gegangen und S. habe seinen Kopf mit dem linken Arm in den Schwitzkasten genommen. Er habe jetzt gesehen, daß der Gegenstand in der rechten Hand seines Gegners ein Messer war. Es sei ihm gelungen, die Hand des anderen nach Judoart – Michael K. hatte als früherer Polizeibeamter eine entsprechende Ausbildung genossen – irgendwogegen zu schlagen, so daß er das Messer fallen ließ. Beide hätten sich nunmehr in knieender Haltung umklammert, jeder bemüht, das Messer zu fassen zu kriegen. Er, Michael K., habe dauernd geschrien »Aufhören! Aufhören!« Im weiteren Kampfverlauf habe S. das Messer wieder in die Hand bekommen, er, Michael K., habe etwas Warmes am linken Arm herunterlaufen gespürt (er hatte eine stark blutende Stichverletzung erlitten, von der später das Gericht annehmen sollte, er habe sie sich selbst beigebracht) und sei in Panik und Todesangst geraten. Schließlich habe es eine Kampfsituation gegeben, in der er mit dem Kopf gegen den Türpfosten geprallt sei. Von diesem Moment an fehle ihm jede Erinnerung an das weitere Geschehen.

Wenn man Michael K. diese Darstellung nicht glaubte, und die Polizei glaubte ihm nicht, dann mußte man Überlegungen anstellen, wie es denn sonst gewesen sein sollte. Wenn man unterstellte, daß Michael K. den Ehemann seiner Geliebten kaltblütig ermordet habe, dann erhob sich vor allem die Frage nach einem Tatmotiv. Und die Frage, wo das Messer herkam und wo es geblieben war.

Wo das Messer geblieben ist, konnte nie geklärt werden. Michael K. konnte sich nur erinnern, beim Einsteigen ins Auto einen kühlen Gegenstand an seinem Oberschenkel gespürt zu haben, der vielleicht das Messer gewesen sein könnte. Aber darüber, was aus diesem Gegenstand geworden ist, ob er es, wie man vermutete, in ein Gulli oder unterwegs aus dem Fenster des fahrenden Autos geworfen hat, konnte er wegen fehlender Erinnerung nichts sagen. Man hat es jedenfalls nie gefunden.

Was vor dem Ereignis in der Raths-Konditorei war, erinnerte Michael K. mit großer Präzision, und so erklärte er auch mit Entschiedenheit, daß er zu dem beabsichtigten Gespräch mit S. kein Messer mitgenommen habe, daß dieses vielmehr zuerst in der Hand des S. aufgetaucht sei. Man verhörte die Mitarbeiter der Konditorei und kam zu dem Ergebnis, daß keines der dort vorhanden gewesenen Messer fehle oder überhaupt als Tatwaffe geeignet gewesen wäre. Die Frage, ob S. ein Messer in einer der hinter dem Tresen befindlichen Schubladen bereitliegen hatte, ist, soviel ich sehe, nie erörtert worden. Daß er angenommen haben könnte, sich bewaffnen zu müssen, und daß er gerade von Seiten des Geliebten seiner Frau einen Angriff erwarten zu müssen glaubte, lag an sich nahe. Denn es hatte im September 1974 einen Vorfall gegeben, der S. veranlaßt hatte, ein Testament aufzusetzen, in dem er seine Frau Brigitte für den Fall enterbte, daß er »durch einen unnatürlichen Tod sterben (Verbrechen, Mord etc.)« und die Ermittlungen der Polizei eine Mitschuld seiner Frau ergeben sollten. Vorausgegangen war ein auf Eifersucht oder Mißtrauen hindeutendes Verhalten des Michael K., der einen Aufenthalt in der Wohnung der Eheleute S. dazu genutzt hatte, in deren Schlafzimmer einen Minispion zu installieren. Die Entdeckung dieses Geräts durch

Gerd S. hatte diesen sehr erregt und zur Abfassung des erwähnten Testaments geführt. Auch hatte Gerd S. einmal zu seiner Frau gesagt, daß er Michael K. fertigmachen wolle, wenn er ihn mal zu fassen kriege, auch wenn er dafür ins Gefängnis komme. Woher also nahm man die Sicherheit, daß Gerd S. einem Mann, dem er einen Mord zutraute und den er, wenn er ihn zu fassen kriege, fertigmachen wollte, unbewaffnet gegenübergetreten ist? Von einem hinter dem Tresen in einer Schublade verborgenen Messer brauchte keiner seiner Angestellten etwas zu wissen.

Auch über das Tatmotiv hätte man etwas gründlicher nachdenken sollen. Wer macht sich nach einem Telefongespräch mit seiner Geliebten, das allabendlich zur gleichen Zeit stattzufinden pflegte und bei dem diesmal ein Treffen für den folgenden Tag zum Austausch der Weihnachtsgeschenke verabredet worden war, aus dem Gefühl einer unbestimmten Traurigkeit und Unzufriedenheit mit sich selbst spontan auf den Weg und bringt den Ehemann der Geliebten um? Darüber, daß Michael K. ein Typ war, der ganz und gar nicht zu gewaltsamen Lösungen neigte, sondern auf Gespräche setzte, wird noch zu reden sein. Aber hätte er, wenn man ihm denn eine Tötungsabsicht unterstellen will, ein Messer als Waffe gewählt? Als ehemaliger Polizist kannte er sich mit wirksameren Waffen aus (z.B. Pistole mit Schalldämpfer), die ihn vor dem Risiko geschützt hätten, von dem sportlich trainierten und ihm körperlich überlegenen S. selbst verletzt oder gar getötet zu werden. Zumal dieser die Drohung ausgesprochen hatte, ihn bei Gelegenheit fertigzumachen. Und mußte er nicht damit rechnen, daß auf ihn der erste Verdacht fallen würde? Es ist schwer vorstellbar, daß Michael K. sozusagen aus dem Stand beschlossen haben sollte, zum Mörder zu werden und dabei völlig unnötig alles zu riskieren: sein Leben, die Liebe seiner Geliebten, seine Freiheit, sein bisheriges Selbstverständnis. Denn es gab weder mit seiner Geliebten noch mit deren Ehemann Probleme, die nur eine solche »Lösung« zuließen.

Aber Polizei und Staatsanwaltschaft waren mit ihren Überlegungen zum Tathergang schnell fertig. Sie glaubten zu wissen, warum und wie Michael K. seinen Nebenbuhler umgebracht habe. Die Vorgabe an den psychiatrischen Sachverständigen Prof. Dr. Krause, den die Staatsanwaltschaft mit Schreiben vom 4.4.1975 beauftragte, ein Gutachten zur Schuldfähigkeit des Michael K. zu erstatten, lautete:

Die weiteren Ermittlungen haben ergeben, daß der Beschuldigte das Messer mit an Sicherheit grenzender Wahrscheinlichkeit zum Tatort mitgebracht hatte und sein Opfer dort heimtückisch überfallen hat, um es aus übermächtiger Eifersucht zu töten ...

Und damit war eine tatsächliche Festlegung erfolgt, gegen die Michael K. und seine Anwälte fast 20 Jahre lang vergeblich ankämpfen sollten. Denn der Sachverständige Prof. Krause hielt sich im wesentlichen brav an die Vorgabe der Staatsanwaltschaft und versuchte, wenn auch mit einigen Mühen, zu begründen, wie eine solche Tat mit dem Persönlichkeitsbild des Michael K. und seiner Befindlichkeit am 18. Dezember 1974 vereinbart werden könnte. Und Michael K. sollte an Richter geraten, die den von der Polizei und der Staatsanwaltschaft initiierten Spekulationen des Sachverständigen Krause den Rang unanfechtbarer Urteilsfeststellungen verliehen und den Angeklagten auf Lebenszeit zum Mörder stempelten.

Die Sache wurde vom 24.9. bis 13.10.1975 vor einer mit drei Berufsrichtern und zwei Schöffen besetzten Schwurgerichtskammer des Landgerichts Bremen verhandelt. Den Vorsitz führte Richter Crome, die Anklage vertrat Oberstaatsanwalt Dr. Janknecht – beide aus der Sache Otto Becker bekannt. An der Verteidigung, von der noch die Rede sein wird, war ich in diesem Stadium des Verfahrens noch nicht beteiligt.

In der Hauptverhandlung spielte das von der Staatsanwaltschaft in Auftrag gegebene Gutachten des Sachverständigen Professor Krause eine gewichtige Rolle. Krause kam nicht umhin, dem Angeklagten zu attestieren, daß er »von seiner Charakteranlage her eher als weich, einfühlsam, überschießend kooperativ und wenig durchsetzungsfähig« imponiere und »weder zu einer besonderen Erregbarkeit noch zu ungewöhnlichem Aggressionsverhalten« tendiere. Der Diplom-Psychologe Hebestreit ergänzte: »Seine Durchsetzungsfähigkeit ist außerordentlich niedrig. Eine aggressive Forschheit liegt ihm nicht. Seine Eigenschaften und Waffen sind Nachgiebigkeit und Weichheit.« Auch Ich-Stärke zeichne ihn nicht aus. Er sei im allgemeinen »gut fähig, Triebimpulse unter Kontrolle zu halten und mit abgestelltem Affekt zu handeln«. Es bestehe »eine übernormale Bereitschaft, in problematischen Situationen Lösungen zu betonen bzw. zu suchen«. Er umgehe Aggressionen, indem er geduldig sei und sich füge.

Von diesem Persönlichkeitsbild ausgehend hatte der Sachverständige Prof. Krause einige Schwierigkeiten mit den ihm vorgegebenen Anknüpfungstatsachen, und er salvierte sich mit dem üblichen Hinweis, daß die Entscheidung in der Tatsachenfeststellung »alleinige Aufgabe des erkennenden Gerichts« sei. Aber leider steuerte er dann doch »Vermutungen« bei, nach denen die um ein Tatmotiv verlegenen Juristen erleichtert griffen, um ihren eigenen Vermutungen das Gewicht von Sachverständigkeit zu geben. Aus dem Krause-Gutachten:

Der Proband ist sicher kein »Krimineller«. Für den Fall, daß er dennoch die inkriminierte Handlung begangen haben sollte, müßte dann auch nach einem spezifischen Motiv geforscht werden. Ich sehe dieses Motiv noch am ehesten in einer in ihren Auswirkungen seinerseits nicht reflektierten erotisch-emotionalen Abhängigkeit zu der Frau S. Möglicherweise hat der Proband in der Vorstellung gelebt, daß seitens der Frau S. von ihm eine »entscheidende Lösung« des Konflikts erwartet wurde, worauf er – wahrscheinlich nach vielem Hin und Her – mit der inkriminierten Handlung reagierte.

Diese Vermutung ist aus psychologischer Sicht naheliegender bzw. wahrscheinlicher als das ihm seitens der Staatsanwaltschaft unterstellte Eifersuchtsmotiv. Zu Eifersucht hätte er bereits seit Jahren Anlaß gehabt, denn er konnte schlechthin nicht in der Vorstellung leben, daß die Frau S. nicht auch weiterhin mit ihrem Ehemann intim verkehren würde.

Professor Krause bezeichnete seine Vermutungen ehrlicherweise als Vermutungen, sprach an anderer Stelle ausdrücklich von »Spekulationen«. Und mehr konnte daraus auch in der siebentägigen Hauptverhandlung nicht werden. Aber Richter verfügen über eine unheimliche Machtfülle, die es ihnen erlaubt, sich im Urteil den Anschein zu geben, als hätten sie einen Blick in Hirn und Herz des Angeklagten tun dürfen und wüßten mehr als jeder andere normale Sterbliche. Und Michael K. hatte es mit Richtern zu tun, die von dieser Machtfülle ausgiebig Gebrauch machten und dabei übersahen, daß bei gewissenhafter Beachtung des Grundsatzes »in dubio pro reo« (im Zweifel zugunsten des Angeklagten) die Indizien keinesfalls ausreichten, um Michael K. zum Mörder zu erklären.

Allerdings scheint, wenn man den Berichten von Prozeßbeobachtern folgt, die Verteidigung des Michael K. nicht besonders stark gewesen zu sein. Hans-Günther Thiele, der langjährige Prozeßberichterstatter des *Weser-Kurier*, ein überaus zuverlässiger Chronist, wurde ungewöhnlich sarkastisch (*Menschen Mörder*, Fischerhude 1978, S. 76f.):

Beinahe hätte ich's vergessen. Verteidigt wird K. gleich von zwei Anwälten, was die Sache nicht besser macht. Der eine, Dr. Dr. Reuter, mag ein bekannter Mann in Oldenburg sein. In Bremen jedoch holt er sich eine Erkältung und muß sich »leider kurz fassen« mit seinem Plädoyer, worunter Juristen den zusammenfassenden Schlußvortrag verstehen. Als zentrales Problem des Prozesses wertet Doppeldoktor Reuter die Frage nach dem Tatwerkzeug, um festzustellen: »Das Messer ist bis heute nicht aufgetaucht. Von K. kann es nicht stammen, denn er hatte ja nicht einmal ein Taschenmesser.« Scharfsinnig und verschnupft, wie er nun einmal ist, schlußfolgert der Anwalt sodann: »Da er ein solches Messer nicht besaß, kann er damit auch nicht in die Raths-Konditorei hineingegangen sein.«

Es übernimmt Verteidiger Nummer zwei, Dr. Kurt Entholt, der Öffentlichkeit geläufig als Deutschlands oberster Tierschützer. Von einer Abkühlung der Beziehungen zwischen K. und Brigitte S. könne keine Rede sein. Zum Beweis für diese These führt der Anwalt mehrere »glühende Liebesbriefe« der Geliebten an ihren Liebhaber an. Überdies habe Frau S., steigert sich Entholt, dem Angeklagten noch im Februar 1975 einen selbstgestrickten Pullover in die Untersuchungshaftanstalt geschickt, in den das Kürzel »eins-zwei-drei« eingewirkt sei – was zwischen den beiden soviel bedeutet wie »Ich liebe dich«.

Nein, diese Verteidiger können den Lack des Staatsanwalts nicht einmal ankratzen. Dr. Hans Janknecht, dem die Bremer *Morgenpost* einmal nachgesagt hat, er habe »etwas von Clark Gable in seinen besten Tagen« (11. November 1976), versteht sein Handwerk. Er scheut sich nicht, bildkräftige Motive zu wählen, so daß ein Kolossalgemälde entsteht, dem sich ein Gericht nur schwer entziehen kann.

Gewiß, es sei zwischen den beiden Männern zum Kampf gekommen, sagte der Staatsanwalt nach Thieles Bericht. Herr S. habe sich bestimmt nicht wie ein Lamm abschlachten lassen. In der Darstellung des Angeklagten aber mischten sich Dichtung und Wahrheit.

Und damit war man beim Kern der Sache. War Michael K. zu glauben, daß der Kampf mit Gerd S. so begonnen hatte, wie er es darstellte? Dann lag Notwehr vor und mußte Freispruch erfolgen. Oder durfte man ohne vernünftige Zweifel davon ausgehen, daß er mit einem Messer bewaffnet die Raths-Konditorei betreten habe, um seinen Konkurrenten zu erstechen?

Das Gericht hatte keine Zweifel. Zweifel zu haben ist eine hohe Kunst, die nicht jeder Richter beherrscht. Das Schicksal des Michael K. lag in den Händen von Richtern, die vorgaben, sicher zu sein, wo sie hätten zweifeln sollen; die eher die Kunst beherrschten, Urteile unter dem Gesichtspunkt der Revisionsfestigkeit ohne Rücksicht darauf zu formulieren, ob die Betroffenen das Ergebnis der Beweisaufnahme in den Urteilsgründen wiedererkennen. Die Verurteilung zu lebenslanger Freiheitsstrafe wegen Mordes kam für Michael K., der von seinen Verteidigern beruhigende Prognosen gehört hatte, völlig unerwartet. Er hat nie verstanden, wie die Richter Feststellungen über das Tatgeschehen und seine Absichten ins Urteil schreiben konnten, so als ob sie über das, was passiert war und sich in seinem Kopf abgespielt hatte, besser Bescheid wußten als er selbst. Da mußte er z. B. lesen:

Spätestens während der Fahrt (von Delmenhorst nach Bremen; H. H.) hatte er den Gedanken gefaßt, Herrn S. an diesem Abend mit einem mitgebrachten Messer zu töten. Er wollte damit – worauf unten noch näher eingegangen wird – den oft geäußerten Entschluß von Frau S. sicherstellen, sich endgültig für ihn zu entscheiden, ihr die Möglichkeit nehmen, zwischen ihm und ihrem Ehemann zu wählen.

»Wo ist dafür der Beweis?« schrieben die verzweifelten Eltern des Michael K. an den Rand der Urteilsabschrift.

Einige Seiten weiter heißt es im Urteil:

Spätestens als er im Café in der Nähe der Pendeltür mit Gerd S. zusammentraf, ist dem Angeklagten das Scheitern seiner vagen Hoffnung auf eine Aussprache klargeworden und hat er den endgültigen Entschluß gefaßt, Gerd S. zu töten. Hierdurch wollte der Angeklagte, der befürchtete, Frau S. könne sich endgültig für ihren Mann entscheiden, ihr die Wahlmöglichkeit zwischen ihm und ihrem Ehemann nehmen und durch Ausschaltung seines Mitkonkurrenten in der Weise auf ihre Entschließung einwirken, daß nur noch er als Partner in Betracht kam und sie somit ihrer oft gezeigten Liebeszuneigung folgte.

Freie Phantasien der Richter, für die es weder in Äußerungen des Angeklagten noch in Zeugenaussagen irgendwelche Anhaltspunkte gab, und die, wie sich später zeigte, auch einer Überprüfung unter dem Gesichtspunkt psychologischer Plausibilität nicht standhalten. Sie nennen das »freie Beweiswürdigung«.

Um in der Logik des vom Gericht erfundenen Mordplans zu bleiben, durfte auch das nicht stimmen, was Michael K. über den Geschehensablauf im Café ausgesagt hatte. So steht es im Urteil:

Ob zunächst Worte zwischen dem Angeklagten und S. gewechselt worden sind und gegebenenfalls welche, hat nicht festgestellt werden können. Jedenfalls drang der Angeklagte alsbald mit dem mitgebrachten Messer auf Gerd S. ein.

Als Beweis, daß es so gewesen sei, wertete das Gericht den Umstand, daß in der Nähe der Pendeltür auf dem Boden liegend ein Schlüsselbund mit drei Bankschlüsseln, eine Bankmarke und ein Tagesauszug gefunden worden waren. Daraus folgerte das Urteil, daß S., der kurz vor dem Zusammentreffen mit Michael K. Geld zur Bank gebracht hatte, nach seiner Rückkehr noch keine Gelegenheit gehabt habe, diese Gegenstände aus der Hand zu legen und sie bei der Gegenwehr gegen den Angriff des Angeklagten habe fallen lassen. Da sich auf dem Briefumschlag, der den Bankauszug enthielt, Blutwischspuren der Blutgruppe des Gerd S. befanden, müsse dieser, als er den Umschlag fallen ließ, bereits verletzt gewesen sein. Anscheinend ein gewichtiges Argument. Aber nur dann, wenn die Annahme, S. müsse diese Gegenstände bei Beginn des Kampfes noch in der Hand gehabt haben, wirklich zwingend war. Und das war sie, wie sich zeigen sollte, nicht.

Wie viele Fehlurteile mag es geben, die dadurch zustandegekommen sind, daß das Denken der Richter sich auf ein oder zwei anscheinend zwingende Indizien verengt und dabei alles andere aus dem Blick verloren hat. Das Urteil in Sachen Michael K. ist dafür ein typisches Beispiel. In der mündlichen Urteilsbegründung hatte der Vorsitzende Richter diese verhängnisvolle Ausblendung aller gegen ein vorsätzliches Tötungsdelikt sprechenden Überlegungen noch ganz unverblümt durchblicken lassen. Ich zitiere Hans-Günther Thieles Bericht (a.a.O., S. 78):

»Zwei Dinge, Herr K., sind Ihnen zum Verhängnis geworden«, fährt Crome fort. »Erstens, daß sich aufgrund des Obduktionsbefundes die Form des Messers feststellen ließ, und zweitens, daß die Bankutensilien gefunden wurden.« Dadurch würden alle Notwehrversionen widerlegt. Crome: »Diese Umstände beweisen, daß Sie schon während der Fahrt erwogen, das Messer gegen S. einzusetzen.« Sich selbst habe der Angeklagte ja nicht zu schützen brauchen, da er S. nach eigenen Angaben für einen ruhigen und besonnenen Mann hielt.

Und da man schon einmal dabei war, dürftigste Indizien als zwingend auszugeben, hatte man auch noch den traurigen Mut, dem Angeklagten »niedrige Beweggründe« zu attestieren, um ihn wegen Mordes verurteilen zu können. Vielleicht hat, wie so oft, ein moralischer Vorwurf den Ausschlag gegeben? Auch dies mußte sich Michael K. bei der mündlichen Urteilsbegründung anhören: »Sie waren derjenige, der in S.' Ehe eingedrungen ist ...« Wer so was tut, mordet natürlich auch.

Michael K. und dessen Eltern, die über die Verteidiger sehr enttäuscht waren, beauftragten mit der Revision gegen das Urteil der Crome-Kammer Revisionsspezialisten der ersten Garnitur. Aber die Urteilsgründe waren »revisionssicher« formuliert, und Beweisanträge, aus deren fehlerhafter Bescheidung sich revisible Verfahrensfehler hätten ableiten lassen, hatten die in der Hauptverhandlung tätig gewesenen Verteidiger nicht gestellt. Und so war alle Mühe vergebens, der BGH wies die Revision zurück, das Urteil wurde rechtskräftig.

Jetzt blieb nur noch die Hoffnung auf ein erfolgreiches Wiederaufnahmeverfahren, wenn es gelang, neue Tatsachen oder Beweismittel beizubringen, die geeignet sein könnten, in einer neuen Hauptverhandlung einen Freispruch herbeizuführen. Eine winzige Hoffnung, wie jeder weiß, der die Kompliziertheit dieses Verfahrens und die geringe Erfolgsquote kennt.

Zwei Hürden sind zu überwinden, bevor es zu einer neuen Hauptverhandlung kommt: Zunächst wird die Zulässigkeit des Antrags geprüft – sind die behaupteten Tatsachen neu? sind sie geeignet, die Freisprechung oder mildere Bestrafung zu begründen? –, dann folgt, wenn nicht schon die Zulässigkeit verneint wird, das sogenannte Probationsverfahren, in dem die angebotenen Beweise erhoben werden. Erst dann entscheidet das Gericht, ob der Antrag auf Anberaumung einer neuen Hauptverhandlung begründet ist. Ein langer Weg also, verlängert noch durch Beschwerdeinstanzen in beiden Verfahrensabschnitten und kompliziert durch formale Haken und Ösen. Die schwierigste Hürde aber ist das prinzipielle Richterinteresse, ein einmal rechtskräftig gewordenes Urteil, mag es sich auch als noch so falsch herausgestellt haben, mit Zähnen und Klauen zu verteidigen. Auch um den Preis, daß ein Unschuldiger Jahre seines Lebens im Gefängnis sitzt. Denn jedes Eingeständnis eines Fehlurteils beinhaltet, jedenfalls nach dem Verständnis einer bestimmten Sorte von Juristen, eine Schmälerung des Ansehens der an dem Fehlurteil beteiligten Richterkollegen (Spruchweisheit: »Eine Krähe hackt der anderen kein Auge aus«) und eine Erschütterung des Glaubens an die Unfehlbarkeit der Justiz. Daß es um Menschenschicksale geht, um Rehabilitierung von unschuldig Verurteilten, um Wiedergutmachung von Justizunrecht, und daß dies in einem auf Menschenwürde und Freiheit des Individuums verpflichteten Staatswesen mehr Gewicht haben müßte als die vermeintlich dem Ansehen der Justiz dienende Aufrechterhaltung von rechtskräftigen Fehlurteilen, gehört leider nicht zu den Selbstverständlichkeiten, über die sich mit konservativen Richtern Einverständnis erzielen ließe.

Im April 1977 beauftragten mich die Eltern des Herrn Michael K. neben dem Bremer Rechtsanwalt Dr. Wilhelm Bellmer, die Aussichten eines Wiederaufnahmeverfahrens zu prüfen. Ich ahnte noch nicht, daß daraus ein Mandat erwachsen würde, das mich bis Ende 1994, also über 17 Jahre lang, beschäftigen sollte.

Dr. Bellmer, ein ganz ausgezeichneter Strafverteidiger, übernahm als älterer Kollege, der sich durch Reduzierung seiner übrigen Praxis die nötige Zeit für dieses arbeitsintensive Mandat verschafft hatte, zunächst die Initiative.

Bellmers Konzept ging dahin, zunächst nur die »niedrigen Beweggründe«, also die Mordqualifikation, anzugreifen, um erst dann, wenn wir das Zwischenziel einer neuen Hauptverhandlung erreicht hätten, auf Freispruch zu verteidigen. Das Schwergewicht des von ihm formulierten Wiederaufnahmeantrags vom 16.1.1980 lag daher auf neuen Tatsachenbehauptungen und Beweismitteln zum subjektiven Tatbestand. Es ging darum, daß Michael K. keinen Anlaß gehabt habe, an der unvermindert starken Zuneigung seiner Geliebten zu zweifeln und verunsichert zu sein, so daß es an dem unterstellten Tatmotiv fehle. Als wichtigstes neues Beweismittel wurde ein

Gutachten der Psychologin Prof. Dr. Elisabeth Müller-Luckmann vorgelegt, das sich kritisch zu den Urteilsfeststellungen zur angeblichen Tatmotivation äußerte. Dabei verwies sie auf die »Inkonstanz des Verhaltensstils« (wohl eine Weiterentwicklung des Begriffs »Persönlichkeitsfremdheit«), die man voraussetzen müßte, wenn das Urteil richtig wäre.

Nirgendwo findet man eine einigermaßen einleuchtende Erklärung dafür, wieso der Proband, so wie er beschrieben worden ist, dazu gekommen sein sollte, radikal mit seinem bisherigen Wertsystem zu brechen, also überhaupt einen Mordplan zu entwerfen und dabei vorsätzlich eine Tötungsart zu wählen, die für einen im Grunde unaggressiven Menschen (ohne die Annahme eines überwältigenden Affektes) eine durchaus schwer vorstellbare Handlungsart repräsentieren muß.

An anderer Stelle ihres Gutachtens warf Frau Prof. Müller-Luckmann die naheliegende, aber bisher völlig übersehene Frage auf, wie eigentlich Brigitte S. darauf reagiert hätte, wenn sie den Verdacht geschöpft hätte, daß ihr Geliebter ihren Ehemann ermordet hätte. Michael K. habe mit einem solchen Verdacht rechnen müssen und wohl kaum erwarten können, »daß sie sich vorbehaltlos dem Mörder ihres Mannes überantworten würde«.

Hier hätte die Frage auftauchen müssen, ob in der Persönlichkeit des Michael K. ein solches Maß an Ich-Stärke antreffbar ist, das die Voraussetzung für das Verbergen der Täterschaft vor dem nächsten, begehrten Menschen darstellt, ob er sich selbst überhaupt das Durchhalten bis zum Ende zutrauen konnte, oder ob dies gar nicht in der Spielbreite seiner Persönlichkeit liegt. Diese innere psychologische Fortsetzung eines Planes ist überhaupt nicht erwogen worden; sie gehört aber unabdingbar dazu.

Frau Müller-Luckmann fand auch die Begründung des Michael K., weshalb er an jenem Abend mit Gerd S. habe sprechen wollen, durchaus plausibel.

Bei fast allen Dreiecksverhältnissen taucht nahezu regelhaft (wie meine langjährige Eheberatungserfahrung lehrt) der Wunsch auf, mit dem störenden »Dritten« einmal ein klärendes Gespräch zu führen in der Hoffnung, die eigene Position besser einordnen zu können, quälende Ungewißheiten zu beseitigen oder auch nur, um aus der zur Passivität verurteilten Rolle des isolierten Partners herauszukommen.

Die Gutachterin hatte sich die Zeit genommen, auch mit Brigitte S. zu sprechen, und von dieser erfahren, daß Michael schon während eines gemeinsamen Aufenthalts auf Lanzarote einmal gesagt habe, »am liebsten würde er einmal mit Gerd sprechen«.

Und schließlich ist Frau Prof. Müller-Luckmann auch der Frage nachgegangen, wie eigentlich Gerd S. auf das plötzliche Erscheinen des Geliebten seiner Ehefrau reagiert haben könnte.

Merkwürdigerweise ist nie diskutiert worden, daß ein betrogener Ehemann, selbst wenn er nicht zur gewalttätigen Lösung von Konflikten neigt (was aber auch der Verurteilte für sich in Anspruch nehmen kann), in der Situation der Interaktion mit dem Liebhaber seiner Frau aus dem Stand Aggressionen entwickeln kann (zumal dieser Mann, von dem man weiß, daß Prostituierte sowie eine Geliebte aus dem Betrieb eine Rolle in seinem Sexualleben spielten, wohl nicht als unproblematische Persönlichkeit angesehen werden kann). Wieso also die Möglichkeit, daß die Situation als Folge einer mißglückten Kontaktaufnahme zwischen den beiden Männern aus dem Stand eskaliert sein könnte, nicht ins Auge gefaßt wurde, ist eigentlich unverständlich. Dergleichen kann sich binnen Sekunden entwickeln, zumal Herr S. ja nicht unvorbereitet war, was Person und Rolle des Michael K. anging.

Zusammenfassend sei zu sagen:

das gravierendste Argument für eine andere Interpretation des Tatgeschehens als »Mord« ist hier die krasse Abweichung vom bisherigen Verhalten durch das Tatgeschehen. Die Klassifikation der Tat als Mord ist dementsprechend die allerunwahrscheinlichste, weil sie psychologisch überhaupt nicht stimmig ist.

Wir dachten eigentlich, daß dieses Gutachten wie ein Paukenschlag wirken und allein genügen müsse, um eine neue Hauptverhandlung herbeizuführen. Aber vorsorglich enthielt Bellmers Wiederaufnahmeantrag auch noch neue Tatsachenbehauptungen und Beweismittel zum objektiven Geschehensablauf. So wurden ein Polizeibeamter und ein Arzt, die als erste am Tatort eingetroffen waren, zum Beweise dafür benannt, daß die Bankutensilien, aus deren Lage in Nähe der Pendeltür das Schwurgericht wichtige Schlüsse gezogen hatte, erst nachträglich an diese Stelle verbracht worden sind. Und ein Pastor, mit dem Gerd S. sich am Tatabend nach Rückkehr von der Bank vor der Konditorei unterhalten hatte, wurde als Zeuge dafür benannt, daß S. bei diesem Gespräch einen Parka getragen habe, der später unberührt am Kleiderhaken im Café vorgefunden wurde. Aus diesen und noch weiteren Beweisbehauptungen zog Bellmers Schriftsatz den Schluß, daß der tragische Ablauf des Geschehens nicht so begonnen haben könne, wie es das Schwurgericht festgestellt habe.

Mit Beschluß vom 4.9.1980 verwarf das Schwurgericht II, eine mit drei Berufsrichtern besetzte Strafkammer des Landgerichts Bremen, den Wiederaufnahmeantrag als unzulässig. Den vorgebrachten Tatsachen wurde die Neuheit, den Beweismitteln die Eignung abgesprochen, das Urteil des Schwurgerichts I zu erschüttern.

Unsere Beschwerde wurde vom Oberlandesgericht durch Beschluß vom 29.4.1981 als unbegründet verworfen. Die Begründung war erstaunlich. Die entscheidenden Feststellungen im Schwurgerichtsurteil seien: daß Michael K. das zur Tötung des S. verwandte Messer mitgebracht habe und daß er eine Erinnerungslücke vortäusche. Hierzu vermißte das OLG neuen Sachvortrag. Solange der Beschwerdeführer nicht bereit sei, den ihm nach den Urteilsfeststellungen bekannten wirklichen Tathergang zu offenbaren, erscheine es undenkbar, aufgrund der vorgebrachten Tatsachen und Beweismittel das Vorliegen einer Mordqualifikation auszuschließen.

Die Unterstellung, Michael K. täusche eine Erinnerungslücke nur vor und könnte, wenn er wollte, erzählen, wie es wirklich gewesen ist, war natürlich absurd. Sie barg die Versuchung, dem Mandanten zu raten, nunmehr einen Ablauf zu erfinden, bei dem kein Richter ignorieren könne, daß er in Notwehr zugestochen habe. Selbstverständlich kam ein solcher Rat schon im Hinblick auf die anwaltliche Wahrheitspflicht, die ich immer sehr ernstgenommen habe, nicht in Frage. Er wäre bei Michael K. auch auf taube Ohren gestoßen, da es sich bei ihm um einen Menschen handelte, der »überschießend kooperativ« (Prof. Krause) um Mitwirkung bei der Wahrheitsfindung bemüht war, ein Wahrheitsfanatiker im besten Sinne des Wortes. Und nun bekam er zu lesen, daß alles, was wir in jahrelanger Arbeit zusammengetragen hatten, um ihm zur Rehabilitierung und zur Freiheit zu verhelfen, für die Katz war, weil er über seine Erinnerungslücke und das wirkliche Tatgeschehen nicht die Wahrheit gesagt habe. Denn so stehe es ja im Crome-Urteil.

Auch das Konzept, zunächst nur die »niedrigen Beweggründe«, also die Qualifikation der Tat als Mord, mit neuen Tatsachen und Beweismitteln auszuhebeln, war nicht aufgegangen. Nach der Logik dieses Konzepts konnte die Frage, ob Michael K. das Messer mitgebracht hatte, bis zur Eröffnung einer neuen Hauptverhandlung offenbleiben, und ebenso die Frage, ob die Erinnerungslücke echt war. Aber wir hatten die Bereitschaft der im Wiederaufnahmeverfahren tätigen Richter, wenigstens die Gesetze der juristischen Logik zu respektieren, überschätzt.

Sollten wir den Kampf aufgeben? Michael K. saß nun schon sechseinhalb Jahre unschuldig im Gefängnis. Aber noch war sein Mut ungebrochen. Und seine Eltern waren weiterhin bereit, alles für die Rehabilitierung und Befreiung ihres Sohnes zu tun. Es blieb jetzt nur der Weg offen, der im Beschluß des OLG vorgezeichnet war. Der nächste Wiederaufnahmeantrag mußte sich der Messerfrage und der Erinnerungslücke zuwenden, wenn wir überhaupt eine Chance haben wollten. Eine Aufgabe, die ich ohne die Hilfe des Kollegen Dr. Bellmer lösen mußte, da dieser im Juli 1981 verstorben war.

Beim Studium der psychiatrischen Literatur zur Erinnerungslücke stieß ich auf den Hinweis, daß es mit Hilfe bestimmter Methoden gelingen könne, scheinbar Vergessenes als tatsächlich nur Verdrängtes wieder zutage zu fördern. Und ich schlug dem Mandanten und dessen um die Förderung des Verfahrens sehr bemühten Eltern vor, einen erfahrenen Psychotherapeuten, den Hamburger Nervenarzt Dr. Ulrich Ehebald, mit einem solchen Behandlungsversuch zu beauftragen.

Bis Dr. Ehebalds Gutachten fertig war, vergingen weitere vier Jahre. In dieser Zeit hatten zahlreiche, jeweils mehrstündige Gespräche zwischen dem Gutachter und Michael K. stattgefunden, bei denen das ganze Leben des Probanden von Kindesbeinen an erörtert wurde und schließlich ein Persönlichkeitsbild von solcher Vollständigkeit und Anschaulichkeit entstand, daß man sich der Überzeugungskraft der Schlußfolgerungen, die Ehebald im Hinblick auf das Tatgeschehen vom 18.12.1974 formulierte, nicht entziehen konnte.

Dr. Ehebald hatte, unbekümmert um entgegenstehende rechtskräftige Feststellungen des Schwurgerichtsurteils, den Geschehensablauf so, wie ihn Michael K. nun schon seit zehn Jahren unverändert schilderte, als glaubhaft zugrundegelegt, und war zu dem Ergebnis gekommen, daß die Erinnerungslücke nicht durch nachträgliche Verdrängung, sondern dadurch zustandegekommen sei, daß Michael K. in einen schweren Panik- und Schockzustand geraten sei, der ihn unfähig gemacht habe, kognitive Wahrnehmungen zu machen und seine archaisch aggressiven Impulse zu kontrollieren. Es sei deshalb auch unmöglich, die fehlenden Abschnitte seiner Erinnerung auf therapeutischem Wege ins Bewußtsein zurückzuholen.

Mein Wiederaufnahmeantrag vom 23. 5. 1985 führte das Ehebald-Gutachten als neues Beweismittel und die ihm zu entnehmenden Erkenntnisse als neue Tatsachen ein, die eine neue Beurteilung nicht nur der Erinnerungslücke, sondern der vom Schwurgericht verneinten Glaubwürdigkeit des Michael K. insgesamt ermöglichen sollten. Ausführlich beschäftigte sich der Antrag auch mit den Indizien, aus denen das Schwurgericht Rückschlüsse auf die objektiven und subjektiven Umstände des Tatgeschehens gezogen hatte. Insbesondere legte ich als neue Beweismittel Vergrößerungen eines Fotos vor, das nicht Gegenstand der Augenscheinseinnahme im Ursprungsverfahren gewesen war, und benannte Zeugen und Sachverständige zu folgender neuer Tatsachenbehauptung: Bei allen am Tatort vorgefundenen Blutspuren sowohl auf dem Fußboden, auf der herausgezogenen Schublade und auf den Tabletts handelte es sich um Tropfspuren. Hätte die Person, von der die Blutspuren stammen – nämlich Michael K. –, die auf dem Foto sichtbare Situation der Schubladen und der Tabletts (sie lagen auf dem Boden) verursacht, so hätten sich Blutspuren nicht nur in Form des senkrechten Auftreffens auf diesen Gegenständen befinden müssen. Weder auf dem Griff der herausgezogenen und auf dem Boden abgestellten Schublade noch an anderen Stellen waren Griff- oder Wischspuren, sondern ausschließlich Tropfspuren erkennbar. Auch dieser Umstand sprach dafür, daß die offenbar heftig blutende Person, von der die Blutspuren stammen (Michael K.), nicht identisch mit der Person war, die die Schublade herausgezogen und sie und die Tabletts auf dem Boden deponiert hat. Dasselbe ergab sich aus meiner weiteren Beweisbehauptung, daß unter der Schublade und den Tabletts keine Blutspuren gefunden worden sind.

Aus alledem folgerte ich, daß die Annahme des Schwurgerichts, der Angeklagte habe nach der Tat hinter der Theke Zustände geschaffen, die einen Raubmord vortäuschen sollten, um den Verdacht von sich abzulenken, falsch war. Vielmehr ergebe sich daraus ein starkes Indiz dafür, daß die Einlassung des Angeklagten richtig war, wonach S. sich hinter der Theke zu schaffen gemacht hatte, bevor es, für K. überraschend, zum Beginn der tätlichen Auseinandersetzung kam. Dieses Sich-hinter-der-Theke-zu-schaffen-machen des Herrn S. konnte, so trug ich vor, den Sinn gewinnen, daß S. nach einem in einer der Schubladen verborgen gehaltenen Messer gesucht hatte. Die Lage des Messers (welche Schublade?) mag S. in dem Augenblick, als K. für ihn überraschend vor ihm stand, nicht sogleich erinnert haben, da die Minispionaffäre schon einige Zeit zurücklag und sich seine Angst vor einem Überfall durch K. inzwischen, wie auch das Urteil annahm, wieder gelegt hatte. Daraus erklärt sich, daß S. nach dem Messer zunächst suchen mußte und in Hast, Nervosität und aggressiver Aufwallung eine Schublade mit Inhalt ganz herausgerissen hat. Es besage daher nicht viel, wenn das Schwurgericht meinte, es hätten sich »keine Anhaltspunkte dafür ergeben, daß Herr S. sich bewaffnet hatte«. Die sich an die neuen Beweismittel anknüpfenden Überlegungen seien durchaus ein solcher Anhaltspunkt.

Auch für die Frage, was Michael K. hinter der Theke zu suchen hatte, bot ich eine Erklärung an. Wenn sich die Schubladen und Tabletts bereits in dem ungeordneten Zustand befanden, entfalle jedenfalls das vom Schwurgericht angenommene Motiv, K. habe einen Raubüberfall vortäuschen wollen. Die Wahrscheinlichkeit eines solchen Motivs sei ohnehin schon unter den Voraussetzungen der schwurgerichtlichen Feststellungen äußerst gering gewesen. Die von K. hinterlassenen Blutspuren lieferten einen so eindeutigen Hinweis auf seine Person, daß angesichts der vom Schwurgericht unterstellten planvollen Überlegtheit seines Vorgehens die Annahme, er habe geglaubt, durch Vortäuschung eines Raubmordes von sich abzulenken, keine überzeugende Evidenz habe. Die Gefahr, zusätzliche Spuren zu hinterlassen, mußte dem Angeklagten als geschultem Polizeibeamten bewußt sein, insbesondere wenn er in stark blutendem Zustand Schubladen herausgezogen und weitere Gegenstände berührt hätte. Es liege daher nahe, daß er entweder nach Tüchern, Servietten oder anderen zum Abbinden von Wunden geeignetem Material gesucht habe, oder aber, daß er in einen Zustand völliger Kopflosigkeit geraten war. Die letztere Annahme wurde übrigens später durch einen Erinnerungsfetzen des Michael K. bestätigt, dem bei intensiver Befragung durch einen Sachverständigen eingefallen war, daß er in dem Café in völliger Verwirrung keinen Ausgang habe finden können.

Zur Lage der Bankutensilien an der Pendeltür wiederholte ich Bellmers Vortrag und wies darauf hin, daß diese Gegenstände, wenn S. Zeit hatte, seinen Parka aufzuhängen, zunächst auf einem Tisch abgelegt worden und von dort infolge des Kampfgeschehens auf den Boden gefallen sein könnten. Es waren mehrere Stühle umgefallen und von einem in der Nähe der Pendeltür stehenden Tisch eine Getränkekarte und ein Aschenbecher heruntergefallen.

Schließlich ging mein Antragsschriftsatz auch auf die Persönlichkeit des Getöteten ein, von dem das Urteil gesagt hatte, er sei ein ruhiger Mensch gewesen, der sich zurückzuziehen pflegte, wenn eine körperliche Auseinandersetzung drohte, und der auch nach Alkoholgenuß (bei S. waren 0,6 Promille festgestellt worden) Meinungsverschiedenheiten nicht durch Gewalt, sondern durch Argumente zu lösen versuchte. So habe auch der Angeklagte selbst S. eingeschätzt.

Diese Einschätzung des Herrn S. durch den Angeklagten war ebenso falsch wie die durch das Schwurgericht. Der Verteidigung ist nachträglich bekannt geworden, daß es Zeugen gibt, die von heftigen Reaktionen des Herrn S. bei relativ geringfügigen Anlässen wissen.

Das wurde unter Benennung von Zeugen noch näher ausgeführt.

Eine Strafkammer des Landgerichts Bremen (drei Berufsrichter) verwarf durch Beschluß vom 14.1.1986 den Antrag als unzulässig. Wieder wurde das übliche formale Juristenvokabular abgespult, indem die Tatsachen und Beweismittel entweder als nicht neu oder als nicht geeignet abgetan wurden. Man genierte sich auch nicht, Tatsachen und Beweismittel, die schon im ersten Wiederaufnahmeantrag vorgebracht worden waren, als verbraucht zu disqualifizieren, obwohl sie im Beschluß des OLG, der sich mit Belehrungen zur Messerfrage und zur Erinnerungslücke begnügt hatte, überhaupt nicht geprüft worden waren. Eine klare Gesetzesverletzung, da § 359 StPO ausdrücklich gebietet, die neuen Tatsachen und Beweismittel auch »in Verbindung mit den früher erhobenen Beweisen«, also erst recht in Verbindung mit noch nicht einmal geprüften Beweisbehauptungen zu werten.

Aber dann schien sich das Blatt zu unseren Gunsten zu wenden. Der 1. Strafsenat des Hanseatischen Oberlandesgerichts Bremen, bestehend aus den Richtern Dr. Brademann, Elling und Dr. Thomas, gab meiner Beschwerde gegen den Beschluß des Landgerichts statt und erklärte durch Beschluß vom 4.5.1987 den Wiederaufnahmeantrag für zulässig. Es waren dieselben Richter, die sechs Jahre früher jenen ominösen Beschluß gefaßt hatten, der Michael K. unterstellte, es fehle ihm nur an gutem Willen, das wirkliche Tatgeschehen zu offenbaren. Ich hatte zwischenzeitlich den Vorsitzenden des Senats, Herrn Dr. Brademann, bei einer Begegnung auf der Straße ins Gebet genommen, sich diesmal keinesfalls der Hilfe eines an schneller Schreibtischleerung interessierten Referendars zu bedienen. Er versicherte mir zwar, das sei auch voriges Mal nicht geschehen, aber ich wurde meinen Verdacht nicht los, da ich den Richtern ein höheres Niveau zutraute. Auch diesmal war ich allerdings mit dem Senat nicht ganz zufrieden, denn der Beschluß enthielt einige Schwachstellen, an denen Richter, die eine Wiederaufnahme des Verfahrens verhindern wollten, in ihrem Sinne heruminterpretieren konnten. Und so kam es denn auch.

Der Beschluß des OLG-Senats entnahm dem Wiederaufnahmeantrag die neue Tatsachenbehauptung, daß Michael K. »zur Zeit des zur Tötung S.' führenden Geschehens« – eine Formulierung, an deren Unbestimmtheit sich der künftige Streit entzünden sollte – sich in einem effektiven Ausnahmezustand befunden habe, der zu seiner Schuldunfähigkeit aufgrund einer tiefgreifenden Bewußtseinsstörung geführt habe. Hierfür sei mit dem Gutachten des Nervenarztes Dr. Ehebald ein neues Beweismittel beigebracht.

Die Richter des Oberlandesgerichts verkannten nicht, daß Dr. Ehebald in seinem Gutachten nicht an die vom Schwurgericht festgestellten Tatsachen anknüpfte, sondern an die Darstellung seines Patienten, die er aufgrund einer ungewöhnlich gründlichen Exploration – über 20 jeweils mehrstündige Gespräche, die sich über einen Zeitraum von mehreren Jahren erstreckten – für glaubwürdig erachtete. Aber sie sahen in der Entstehungsgeschichte des Gutachtens, das aus einem Auftrag, Vergessenes ins Gedächtnis zurückzurufen, erwachsen war, die Besonderheit, die es rechtfertigte, das Gutachten als neues Beweismittel und sein Ergebnis als neue Tatsache anzuerkennen. Die von der Verteidigung erbetene Exploration des Beschwerdeführers durch den Nervenarzt Dr. Ehebald habe »nach dessen Gutachten nun ergeben, daß beim Beschwerdeführer bei Beginn des zur Tötung S.' führenden Geschehens eine Erinnerungslücke vorgelegen habe, die auch nicht auf tiefenpsychologische Weise zu beseitigen sei«. Erst danach sei Dr. Ehebald zu seiner Einschätzung gelangt, der Beschwerdeführer sei bereits zu diesem Zeitpunkt (*zu diesem Zeitpunkt!!*) »unter dem Druck plötzlich einschießender panikartiger Todesangst« in einem Affektzustand gewesen, der ihm »mit an Sicherheit grenzender Wahrscheinlichkeit keinerlei bewußte Kontrolle mehr über seine archaisch aggressiven Impulse« ermöglicht habe. Um jedes Mißverständnis auszuschließen, für welchen Zeitpunkt die Frage der Schuldfähigkeit neu zu beurteilen war, nahm der OLG-Beschluß an dieser Stelle Bezug auf das Ehebald-Gutachten: »(vgl. Bl. 102a des Gutachtens Dr. Ehebald)«. Dort stand folgendes:

Der Beginn dieser ausgestanzten Erinnerungslücke steht in unmittelbarem Zusammenhang mit einem schweren Panik- und Schockzustand, der durch eine von Herrn K. nicht vorhergesehene Angriffshandlung des Herrn S. während des Kampfes ausgelöst wurde. Er ist insofern zeitlich exakt zu beschreiben.

Und nachdem sie dies zitiert hatten, folgerten die Richter des Oberlandesgerichts:

Das aber bedeutet nichts anderes, als daß der Beschwerdeführer sich bei Beginn des zur Tötung S.' führenden Geschehens im Zustand einer tiefgreifenden Bewußtseinsstörung befunden habe.

Die neue Tatsache und das neue Beweismittel seien auch geeignet, die Freisprechung des Antragstellers zu begründen. Leider aber trauten sich die Richter des Oberlandesgerichts nicht zu, den wissenschaftlichen Wert des Ehebald-Gutachtens aufgrund eigener Sachkunde zu beurteilen und gaben deshalb die Sache noch einmal ans Landgericht zurück mit dem Auftrag, »wissenschaftliche Kapazitäten« hinzuzuziehen, um zu entscheiden, ob bei Michael K. »ein die Schuldfähigkeit ausschließender Affektsturm vorgelegen« habe.

Daß wir es bei der nunmehr zuständigen Strafkammer des Landgerichts mit Richtern zu tun kriegten, die nur widerwillig bereit waren, dem Beschluß des Oberlandesgerichts zu folgen, wurde schon bei dem nun folgenden Gezerre um die »wissenschaftlichen Kapazitäten« sichtbar. Es ist ein offenes Geheimnis, daß die Auswahl des Gutachters »das heißeste Problem in der ganzen Gutachtenerstattung« (Wilfried Rasch) ist, und daß erfahrene Richter und Staatsanwälte »sehr wohl (wissen), welchen Gutachter sie für bestimmte juristische Zielsetzungen heranziehen müssen« (Tilman Moser). Da die Auswahl des Gutachters nach dem geltenden Recht entgegen dem Prinzip der »Waffengleichheit« noch immer Sache der Staatsanwaltschaft und des Gerichts ist, befindet sich der Verteidiger, selbst wenn er die Bestellung eines Sachverständigen beim Beschwerdegericht durchgesetzt hat, plötzlich wieder in der Rolle eines rechtlosen Bittstellers, wenn es darum geht, welcher Gutachter genommen wird.

Also führte ich Gespräche mit dem Staatsanwalt und den Richtern, um meine Wunschkandidaten, den Göttinger Psychiater Prof. Dr. Ulrich Venzlaff und den Hamburger Psychologen Dr. Herbert Maisch, durchzusetzen. Und erlangte auch wirklich die Zustimmung des Staatsanwalts. Aber den Richtern gefielen beide nicht. Beide waren bei Bremer Gerichten schon unliebsam aufgefallen, weil sie entgegen konservativen Lehrbuchmeinungen bei bestimmten Affekttaten für Schuldausschluß votiert hatten.

Die Richter der Strafkammer bevorzugten Prof. Dr. Wilfried Rasch, an sich ein Gutachter mit Rückgrat, den ich in jeder anderen Sache mit Freuden akzeptiert hätte. Aber hier war die Wahl offenbar deshalb auf ihn gefallen, weil bekannt war, daß er zur Frage der Erinnerungslücke eine Auffassung vertrat, die für die Sache des Michael K. höchst ungünstig war. Rasch hatte sich, beginnend mit einer Veröffentlichung aus dem Jahre 1967, wiederholt nachdrücklich zu der Meinung bekannt, daß das Phänomen der Erinnerungslücke »als Kriterium für die Beurteilung der Schuldfähigkeit nicht brauchbar« sei. Ob jemand eine Erinnerungslücke habe oder nicht, sei eine Frage seiner Glaubwürdigkeit, und die habe das Gericht und nicht der Sachverständige zu entscheiden. Daran hielt Rasch auch fest, nachdem der Bundesgerichtshof in mehreren Grundsatzentscheidungen die Ansicht vertreten hatte, daß »als Anzeichen für das Vorhandensein eines schuldausschließenden Affektsturms in der Regel Erinnerungslosigkeit beim Täter festzustellen« sei (BGHSt 11,20) und die Gerichte verpflichtet seien, zwischen echten Erinnerungslücken und Schutzbehauptungen oder Verdrängungen mit Hilfe von Sachverständigen zu unterscheiden (BGH, Strafverteidiger 1987, 434; 1988, 57, 58; 1989, 335). Auch das Hanseatische Oberlandesgericht war in seinem Beschluß vom 4.5.1987 davon ausgegangen, daß der von Michael K. behaupteten Erinnerungslücke eine wichtige Bedeutung bei Aufklärung der Frage zukomme, ob er sich »beim Beginn des zur Tötung S.' führenden Geschehens« in einem Zustand der Schuldunfähigkeit befunden habe: Wenn die Strafkammer zur Beurteilung dieser Frage ausgerechnet einen Sachverständigen heranzog, von dem man wußte, daß er der Erinnerungslücke jede Bedeutung für die Frage der Schuldfähigkeit absprach, dann lief das auf eine Sabotage des OLG-Beschlusses hinaus.

Rasch war für ein Gericht, das ein für Michael K. ungünstiges Ergebnis der Beweisaufnahme anpeilte, auch aus einem zweiten Grund der richtige Mann. Er hielt nicht nur die Erinnerungslücke, sondern auch das Kriterium der Persönlichkeitsfremdheit der Tat für wissenschaftlich unbrauchbar, das im Gutachten Müller-Luckmann (unter dem Begriff »Inkonstanz des Verhaltensstils«) eine entscheidende Rolle gespielt hatte. Letztlich werde, so formuliert Rasch in seiner »Forensischen Psychiatrie« (S. 288), mit dem Begriff der Persönlichkeitsfremdheit nicht mehr als die unwissenschaftliche Meinungsäußerung umschrieben, daß man dem Betreffenden ein derartiges Verhalten nicht zugetraut hätte. Rasch: »Grundsätzlich ist zu sagen, daß es persönlichkeitsfremdes Verhalten nicht gibt«. Ein Satz, gegen den einiges zu sagen wäre und gesagt worden ist. Aber er paßte ins Konzept von Juristen, die es für möglich hielten, daß ein Mann wie Michael K. von heute auf morgen zum Mörder habe werden können. Schon im Ursprungsverfahren hatte Oberstaatsanwalt Dr. Janknecht das Gericht mit dem Argument beeindrucken können, daß man aus der Erfahrung mit den Tätern der in nationalsozialistischer Zeit begangenen Verbrechen wisse, »daß solche Menschen völlig unauffällig in der Gemeinschaft gelebt haben, obwohl sie zu furchtbaren Taten in der Lage waren«. Ein Argument, das den grundsätzlichen Unterschied verkennt zwischen Taten, die vom gesellschaftlichen Normensystem abweichen (der »auf eigene Faust« unternommene Mord), und Taten, die gerade umgekehrt auf Anpassung an herrschende gesellschaftliche

Normen beruhen (z.B. Kriegstötung und Mitwirkung an den Massenverbrechen der Nazizeit). Man weiß, daß die Mitwirkenden an den Massentötungen an wehrlosen Menschen jüdischen Glaubens »ganz normale Männer« (so der Titel des aufregenden Buches von Christopher R. Browning über das Reserve-Polizeibataillon 101 und die »Endlösung« in Polen) waren, die daheim wieder zu friedlichen Nachbarn und Familienvätern wurden und die angepaßten Staatsbürger blieben, die sie immer – auch in ihrer Eigenschaft als staatliche Massenmörder – gewesen waren.

Aber gerade für diesen Typus des angepaßten, friedlichen Bürgers ist der individuelle Mord, also etwa der Entschluß, den Ehemann der Geliebten zu erstechen, in der Regel »persönlichkeitsfremd«, um den von Rasch problematisierten Ausdruck noch einmal zu gebrauchen.

Davon zu unterscheiden ist natürlich die Frage, ob es auch für den »normalen«, in friedlicher Anpassung an gesellschaftliche Normen lebenden Menschen Situationen geben kann, in denen er »zum Mörder werden« kann. Und das ist im Grunde auch bei Rasch gemeint. Aber indem er der »Persönlichkeitsfremdheit« der Tat grundsätzlich jede Bedeutung für die wissenschaftliche Beurteilung abspricht, überläßt er ein weites Feld psychologischer Anknüpfungstatsachen der laienhaften Bearbeitung durch Juristen, die von der Materie von ihrer Ausbildung her keine Ahnung haben. Und wozu sollte wohl die im OLG-Beschluß vom 4.5.1987 in Übereinstimmung mit der Rechtsprechung des sachverständig belehrten BGH für nötig gehaltene »eingehende Untersuchung des Verhaltens des Täters vor, während und nach der Tat« und die »Ergründung seines Persönlichkeitsbildes« gut sein, wenn man dann alles wieder vergessen soll, sobald es um die Frage geht, ob dieser »Täter« wirklich so, wie es das Schwurgericht unterstellt hat, zur Tat geschritten sein kann.

Für Prof. Dr. Rasch reduzierte sich die Problemstellung – obwohl er auftragsgemäß seine Exploration auch auf die Persönlichkeit des Probanden erstreckt hatte – schließlich auf die Frage, ob sich aus der Vorgeschichte der Tat die Entwicklung einer für schwere Aggression disponierenden Tatbereitschaft ergibt. Und diese Frage hat er immerhin verneint:

Die unterstellte Motivation ist kriminalpsychologisch nicht nachvollziehbar und nicht mit geläufigen Erfahrungen aus Kapitaldelikten in Einklang zu bringen.

Und er stimmte Frau Prof. Dr. Müller-Luckmann zu, daß eine einigermaßen einleuchtende Erklärung für die im Schwurgerichtsurteil angenommene Entwicklung fehle. Er machte kein Hehl daraus, daß er die von Michael K. gegebene Sachdarstellung für »plausibel« hielt. Den Ausdruck »glaubhaft« vermied er, um mit seinen wissenschaftlichen Ansichten zur Erinnerungslücke nicht in Konflikt zu geraten. Und aus dem gleichen Grund konnte er den nächsten sich logisch anbietenden Schritt nicht tun, die von Michael K. behauptete Erinnerungslücke als glaubhaft zu behandeln und daraus Rückschlüsse auf das Vorliegen eines schuldausschließenden Affekts zu ziehen.

Ergebnis des Rasch-Gutachtens: ob Michael K. bereits »beim Beginn des zum Tode S.' führenden Geschehens« in einem Zustand tiefgreifender Bewußtseinsstörung gewesen sei, lasse sich nicht mit Sicherheit feststellen. Dabei verstand Rasch die ihm gestellte Aufgabe so, daß zu prüfen sei, ob dieser Zustand schon »gelegentlich des Wortwechsels« mit S. eingetreten sei, wobei er sich auf eine mißverständliche Formulierung im OLG-Beschluß bezog und in dieser Interpretation des Beschlusses von den Richtern der Strafkammer nachdrücklich unterstützt wurde. Vergeblich kämpfte ich um eine andere am Sinn und an der Logik des OLG-Beschlusses orientierte Fragestellung an den Sachverständigen. Es ging dem OLG offensichtlich darum, so schrieb ich in einem meiner Schriftsätze, »die vom Schwurgericht übersehene Möglichkeit aufzuklären, daß eine Situation, die Anlaß für Todesangst gibt, einen mit Erinnerungslosigkeit verbundenen psychogenen Ausnahmezustand hervorrufen kann, der Schuldunfähigkeit bedingt. Ist die Frage zu bejahen, so muß das zu einer Neubewertung der Einlassung des damaligen Angeklagten führen. Man kann also nicht die Einlassung des Angeklagten als rechtskräftig widerlegt behandeln und damit dem Auftrag an den Sachverständigen die Grundlage entziehen«. Als ob ich es mit Taubblinden zu tun hätte, zitierte ich immer wieder die Stellen des OLG-Beschlusses, aus denen sich ergab, daß mit dem »Beginn des zur Tötung S.' führenden Geschehens« nur der Zeitpunkt gemeint sein konnte, in dem die von Michael K. behauptete Erinnerungslosigkeit einsetzte, und nicht etwa ein beliebiger Zeitpunkt davor, bei dem nichts als Worte zwischen den beiden Männern gewechselt worden waren.

Eine dem Sinn und der Logik des OLG-Beschlusses entsprechende Beweisaufnahme hätte erfordert, daß den »wissenschaftlichen Kapazitäten« als Anknüpfungstatsachen die der Sachdarstellung des Michael K. zu entnehmenden Umstände vorgegeben worden wären, auf denen das Ehebald-Gutachten beruhte. Wenn Michael K. im Zustand der Schuldunfähigkeit zugestochen hatte – und selbst Rasch räumte ein, daß man eine Vielzahl von Verletzungen (16 Messerstiche!) in der Regel bei Affekttaten finde –, dann war die von ihm behauptete Erinnerungslücke glaubhaft. Und das mußte logischerweise dazu führen, seine Glaubwürdigkeit auch im übrigen neu zu beurteilen (woher kam das Messer? was wollte Michael K. im Café? wie hat die Auseinandersetzung mit S. angefangen?). Wenn man freilich einen Sachverständigen heranzog, der abweichend von der Rechtsprechung des BGH und der herrschenden Meinung seiner Fachkollegen seine Kompetenz zur Beurteilung von Erinnerungslücken leugnete, und wenn man ihm darüber hinaus eine absurde Frage stellte, die nach ihrer Eigenlogik darauf hinauslief, ob die behauptete Erinnerungslücke durch Worte ausgelöst worden sein könnte, dann wurde das ganze Verfahren zur Farce.

Man muß leider sagen, daß die Richter des Oberlandesgerichts es ihren Kollegen vom Landgericht leicht gemacht hatten, die Aufklärung der Wahrheit zu sabotieren. Nicht nur, daß sie mit unpräzisen Formulierungen dem Mißverständnis Tür und Tor geöffnet hatten, sondern auch die im ersten OLG-Beschluß von 1981 vorgenommene Ausscheidung eines Großteils der neuen Tatsachen und Beweismittel wurde ausdrücklich wiederholt:

Der Senat hat bereits in seinem früheren Beschluß ausgeführt, daß die seinerzeit beigebrachten Tatsachen und Beweismittel nicht geeignet sind, allein aus sich heraus den im Ursprungsverfahren ausgesprochenen Schuldvorwurf des Mordes zu entkräften.

Das war schon damals gesetzwidrig. Denn in § 359 Ziffer 5 StPO steht nicht, daß die neuen Tatsachen »allein aus sich heraus« geeignet sein müssen, den Schuldvorwurf zu entkräften, sondern ganz im Gegenteil, daß die neuen Tatsachen und Beweismittel darauf zu prüfen sind, ob sie »allein *oder in Verbindung mit den früher erhobenen Beweisen*«, und das heißt: erst recht in Verbindung mit noch nicht erhobenen Beweisen, die Freisprechung zu begründen geeignet sind. Das OLG hatte sich damals eine Prüfung einer Vielzahl neuer Tatsachen und

Beweismittel mit der Begründung erspart, daß diese nur dann von Bedeutung sein könnten, wenn auch zur behaupteten Erinnerungslücke und zur Herkunft des Messers neue Tatsachen und Beweismittel beigebracht würden. Das hatten wir nun getan. Wenn jetzt der ganze übrige Sachvortrag, der ja in einem notwendigen Zusammenhang mit der Glaubwürdigkeit der Erinnerungslücke und der Messerfrage stand, als »verbraucht« abgetan wurde, obwohl sich das OLG auch im ersten Verfahren damit nicht beschäftigt hatte, dann lief das auf eine Verweigerung des rechtlichen Gehörs hinaus.

Die Richter der Strafkammer, ohnehin nur widerwillig bereit, die vom OLG angeordneten Beweise zu erheben, nahmen nur zu gern zur Kenntnis, daß der OLG-Beschluß ihnen Absolution erteilte, wenn sie uns das rechtliche Gehör für wichtige Teile unseres neuen Vorbringens verweigerten. So beschränkte sich ihre Beweisaufnahme einzig und allein auf das Thema, ob Michael K. »gelegentlich des Wortwechsels« mit S. in einen schuldausschließenden Affekt geraten sei. Ich fühlte mich mehr als einmal an absurdes Theater erinnert. Und zu meiner Enttäuschung spielte Rasch mit, obwohl auch er erkannte, daß der ihm erteilte Gutachtenauftrag sinnlos (»Daß einzig aus einem Wortwechsel bei einem geistig gesunden Menschen eine ›plötzlich einschießende panikartige Todesangst‹ resultiert, ist nur schwer nachvollziehbar«) und das Schwurgerichtsurteil falsch war (»Die Feststellungen des Urteils sind aus psychologischer Sicht nicht nachvollziehbar. In der damaligen Situation läßt sich kein motivischer Zugang zum Tatgeschehen finden. Es ist sehr schwierig, daß man von einem Tatbestand ausgehen muß, den man selbst nicht nachvollziehen kann. Es fehlt eine stets erkennbare Persönlichkeitsentwicklung zur Tat hin. Die Darstellung des Herrn K. ist plausibler als die des Schwurgerichts«).

Den Richtern der Strafkammer hätte das Rasch-Gutachten genügt, um sich guten Gewissens hinter das von ihrem Landgerichtspräsidenten mitzuverantwortende Fehlurteil aus dem Jahre 1975 zu stellen. Aber sie mußten befürchten, daß das Oberlandesgericht als Beschwerdeinstanz ihnen eine nochmalige Prüfung der Schuldfrage aufbürden würde. Denn immerhin hatte das OLG in seinem Beschluß vom 4.5.1987 die Notwendigkeit, wissenschaftliche Kapazitäten anzuhören, im Plural ausgedrückt. Und es war nicht auszuschließen, daß die Richter des OLG sich auch gegen eine Fehlinterpretation ihrer

Entscheidung wehren würden, die zu einer Beweiserhebung über eine absurde Fragestellung geführt hatte. Denn ihr Beschluß enthielt nicht nur die unglückliche, von der Strafkammer immer wieder genüßlich zitierte Wendung, daß es darauf ankomme, ob K. bereits »gelegentlich des Wortwechsels« in einen Affektsturm geraten sei, sondern auch Formulierungen, die klarstellten, daß man den auf Seite 102a des Ehebald-Gutachtens angegebenen Zeitpunkt, nämlich den durch eine Angriffshandlung des Herrn S. ausgelösten schweren Panik- und Schockzustand, gemeint hatte, ein Ereignis, von dem man, wenngleich mißverständlich, auch sagen konnte, daß es »gelegentlich des Wortwechsels« eingetreten ist.

Und so kam ich doch noch zu einem der von mir gewünschten Sachverständigen, dem Hamburger Psychologen Dr. Herbert Maisch, der durch seine auf überragender wissenschaftlicher Kompetenz beruhenden Gutachten schon manchem Verfahren eine vernünftige Wendung gegeben hat. Auch hier lieferte Maisch eine vorzügliche Arbeit ab, ein 110 Seiten umfassendes, sehr gründliches Gutachten, das Rasch in wesentlichen Punkten widersprach.

Besonders interessant waren seine Ausführungen zur Erinnerungslücke. Maisch erläuterte zunächst den Begriff der anterograden Amnesie, mit dem man eine Erinnerungslücke bezeichnet, die sich, anders als die bekanntere retrograde Amnesie, auf einen bestimmten Zeitraum *nach* einem stark belastenden psychosozialen Ereignis erstreckt. Gegen die von Rasch vertretene generelle Skepsis gegenüber derartigen Täterangaben führte Maisch an, daß es bestimmte formale Merkmale gibt, die in den Angaben zu Erinnerungslücken bei Affekttaten mit großer Regelmäßigkeit wiederkehren und wohl kaum auf ein- und derselben Erfindungsgabe von Tätern höchst unterschiedlichen intellektuellen, sozialen und persönlichkeitsstrukturellen Zuschnitts beruhen könnten. Auch brachte er Beispiele aus Erfahrungsbereichen außerhalb des Strafrechts, in denen der Verdacht, man habe es mit »Schutzbehauptungen« zu tun, überhaupt nicht auftauchen konnte. Maisch zählte neun Kriterien für anterograde Amnesie auf, von denen ich hier nur zwei erwähne: abrupter Beginn der Erinnerungslücke und abruptes Wiedereinsetzen einer kontinuierlichen Erinnerung oder einer fragmentarisch-bruchstückhaften Erinnerung an Wahrnehmungen und Körperempfindungen, die der kontinuierlichen Erinnerung zeitlich vorangeht; enger kausaler Zusammenhang zwischen Wiedereinsetzen von kontinuierlicher und bruchstückhafter Erinnerung mit starken physikalischen Reizen (z.B. Kälte, Lichtblitze, Quietschen von Autobremsen). Alle neun Kriterien fand Maisch in Michael K.s Angaben wieder (z.B. der kalte Gegenstand am Oberschenkel, die Lichtreflexe auf der Rückfahrt), so daß er eine »hohe empirische Wahrscheinlichkeit« annahm, daß K.

(a) im Laufe der verbalen und tätlichen Auseinandersetzung nach mehrfach erfolglosen Abwehr- und Befreiungsversuchen in eine bedrängte, situativ bedrohlich erlebte Lage geriet, in der es (b) infolge einer plötzlich einschießenden panischen Angst zur Entwicklung einer ausnahmezustandshaften Verfassung und damit einhergehender Bewußtseinseinengung von forensischer Relevanz kam, für die (c) eine psychogene anterograde Amnesie besteht.

Dabei setzte er sich sowohl mit Rasch als auch mit Ehebald kritisch auseinander, betonte z.B. gegenüber Ehebalds Gutachten, das von Wahrnehmungsdefiziten ausging, daß ein psychogener Ausnahmezustand mit anterograder Amnesie nicht bedeute, daß während des Tatgeschehens und bis zum Wiedereinsetzen inselhafter und kontinuierlicher Erinnerungen überhaupt keine Wahrnehmungen mehr stattfinden, sondern daß nicht alle Wahrnehmung von Bewußtseinsprozessen begleitet wird. Aus der Annahme eines solchen Ausnahmezustands folge also nicht, daß für den Zeitraum der Erinnerungslücke situationsgerechtes Handeln ausgeschlossen sei. Gegen Rasch, der aus dem situationsorientierten Verhalten des Michael K. nach der Tat Schlüsse gegen die Annahme aufgehobener Schuldfähigkeit gezogen hatte, wandte Maisch ein, daß das Tatnachverhalten kein geeignetes Beurteilungskriterium darstellt. Er zitierte Specht (»Begrenzt zweckmäßiges oder scheinbar ›kühles‹ Handeln nach der Tat spricht nicht gegen einen affektiven Ausnahmezustand«) und Venzlaff (»Daß auch derjenige, der durch eine Tat auf das Schwerste erschüttert ist und sie zutiefst bereut, mitunter dann nach der Ernüchterung – und diese kann nach Explosivtaten sehr rasch eintreten – doch zunächst den Versuch macht, Spuren zu verwischen, einen Unfall vorzutäuschen oder mehr oder minder planvoll eine Flucht vorbereitet, will merkwürdigerweise kaum jemals einleuchten, sondern wird in so manchem Gutachten und Gerichtsurteil dem Täter als besonders verwerflich vorgeworfen. Wer fassungslos vor den Folgen einer ungewollten Tat steht und sie zutiefst bereut, wünscht deshalb noch nicht automatisch, ins Gefängnis zu kommen«). Ausführungen, die Maisch mit Hinweisen auf zahlreiche weitere, das Tatnachverhalten bestimmende Faktoren ergänzte.

Übereinstimmend mit Rasch hatte Maisch keine Anhaltspunkte für eine Konflikteskalation gefunden, die das vom Schwurgericht angenommene Tatmotiv nachvollziehbar gemacht hätte.

Als Ehemann war Herr S. für Herrn K. kein ernst zu nehmender »Rivale«, von dem er etwas zu befürchten hatte ... Der in dieser Lebensphase in seiner Beziehung zu Frauen bindungsscheue Herr K. hatte im Grunde eine »ideale« Geliebte (in »festen Händen«, aber ohne ernsthaften »Rivalen«) ...

Ebenso wie Rasch hatte Maisch Probleme mit den Urteilsfeststellungen zum Tatmotiv. Rasch hatte bei seiner mündlichen Anhörung gesagt:

Es bleibt unklar, warum Herr K. eigentlich vor dem unmittelbaren Geschehen mit dem Gedanken gespielt haben sollte, den Herrn S. zu töten ...

Maisch formulierte:

Konkrete Anhaltspunkte in Tatvorgeschichte und unmittelbarem Tatvorfeld für das Entstehen einer bestimmten Handlungsbereitschaft ist genau das, was Rasch und auch ich (sowie Müller-Luckmann und Ehebald) in diesem Fall völlig vermissen.

Wenn man ihn nach der Schuldfähigkeit des Michael K. in dem Zeitpunkt, den das OLG nach Sinn und Logik seines Beschlusses allein gemeint haben konnte, befragte, mußte auch Prof. Rasch einräumen:

Zu dem Zeitpunkt, in dem Herr K. sich im Schwitzkasten befand, er unter Todesangst litt und er die Bewaffnung seines Gegners erkannte, mögen die Voraussetzungen des § 20 StGB (d.h. Schuldunfähigkeit) anzunehmen sein.

Maisch verschwieg ebensowenig, wie dies vor ihm schon Prof. Müller-Luckmann und Prof. Rasch getan hatten, daß die Version von Herrn K. hinsichtlich Tatvorgeschichte, unmittelbarem Tatvorfeld und tatsituativer Interaktion nicht nur plausibel ist, sondern eine hohe empirische Wahrscheinlichkeit besitzt.

Demgegenüber sei die dem Urteil zugrundeliegende Version

weder mit zentralen strukturellen und Verhaltensmechanismen der Persönlichkeit oder mit der Tatvorgeschichte noch mit forensisch relevanten wissenschaftlichen Erkenntnissen in Einklang zu bringen.

Vornehmer konnte man es wohl nicht ausdrücken, was von dem Urteil des Schwurgerichts zu halten ist.

In meiner Stellungnahme zur Beweisaufnahme schrieb ich:

Alle Sachverständige (Ehebald, Müller-Luckmann, Rasch und Maisch) schlugen sich irgendwie mit der von Juristen vorgegebenen Aufgabe herum, ein von ihnen für ganz unwahrscheinlich gehaltenes Tatgeschehen mit dem in Einklang zu bringen, was sie von ihrem Fach her und unter Inanspruchnahme gesunden Menschenverstandes eigentlich besser wußten.

Dr. Maisch hatte sich bei seiner mündlichen Anhörung vor der Strafkammer ausdrücklich gegen die Zumutung gewehrt, bei seinem Gutachten Anknüpfungstatsachen zugrundezulegen, die von allen psychologischen und psychiatrischen Sachverständigen, die dazu befragt worden waren, für falsch gehalten wurden. Er gab zu Protokoll:

Das Schwurgericht hat unzutreffende Sachverhalte angenommen. Es widerspricht dem besten Wissen und Gewissen eines Sachverständigen, von diesen vom Schwurgericht vorgegebenen Prämissen auszugehen …

Das war der in Deutschland so seltene Bekennermut des »Hier stehe ich, ich kann nicht anders«, der eigentlich von jedem Sachverständigen erwartet wird und dem die »Professoren« (= »Bekenner«) sogar ihren Namen verdanken. Sehr zu recht erinnerte Maisch daran, daß die vom Gesetz vorgeschriebene Eidesformel für Sachverständige dahin lautet, daß sie ihr Gutachten »nach bestem Wissen und Gewissen erstattet« haben. Aber in deutschen Gerichtssälen ist das Bekenntnis zur Wahrheit mitunter nur dann gern gesehen, wenn es mit den Intentionen des Gerichts übereinstimmt.

Völlig unberührt von der Plausibilität (Rasch) und empirischen Wahrscheinlichkeit (Maisch) des von Michael K. geschilderten Kampfgeschehens und unbeeindruckt von der Logik, daß das OLG, wenn es vom Ehebald-Gutachten ausging, nur die während des Kampfes aufgetretene Todesangst und Panik gemeint haben konnte und nachgeprüft wissen wollte, verwarf die Strafkammer (drei Berufsrichter) am 30.9.1994 den Wiederaufnahmeantrag als unbegründet.

Die Einfachheit ihrer Gedankenführung war peinlich. Das Gutachten des Sachverständigen Dr. Maisch sei »unbrauchbar«, da es nicht auf den vom OLG »ausdrücklich und deutlich beschriebenen Zeitpunkt« abstelle. Kein Wort zur mehrfach, nicht nur von mir, sondern auch von den Sachverständigen, erörterten Problematik, welchen Zeitpunkt das OLG gemeint hatte, und daß es nach Sinn und Logik seines Beschlusses mit Sicherheit nicht den gemeint haben konnte, den die Strafkammer zugrundelegte. Kein Wort zu den tiefgründigen Ausführungen des Sachverständigen Dr. Maisch zur empirischen Wahrscheinlichkeit des Vorliegens einer anterograden Amnesie und zur Bedeutung des Tatnachverhaltens. Kein Wort zu den schlüssigen Argumenten des »verbrauchten« Gutachtens Prof. Dr. Müller-Luckmanns. Kein Wort natürlich auch zu der im Laufe des Verfahrens immer deutlicher gewordenen psychologischen Unwahrscheinlichkeit eines geplanten Mordes.

Ohne sich mit Maischs Kritik am Rasch-Gutachten auch nur im mindesten auseinanderzusetzen, wird Rasch – und zwar ohne die auch von ihm vorgenommenen einschränkenden Differenzierungen – zitiert und mit der üblichen Wendung vereinnahmt, das Gericht habe sich ihm »aufgrund eigener Meinungsbildung und Überzeugung angeschlossen«. Auch teile das Gericht die Auffassung des Hanseatischen Oberlandesgerichts Bremen, daß die im ersten Wiederaufnahmeantrag beigebrachten Tatsachen und Beweismittel, auch soweit sie im zweiten Wiederaufnahmeantrag wiederholt und ergänzt wurden, »allein aus sich heraus nicht geeignet« seien, die im Ursprungsverfahren ausgesprochene Verurteilung wegen Mordes zu entkräften. Kein Wort zu der von mir wiederholt thematisierten Rechtswidrigkeit dieser Entscheidung. Aber gegenüber Richtern, die sich rechtstaubblind stellen, zitiert man selbst den Gesetzestext vergebens. Im Gesetz (§ 359 Ziffer 5 StPO) steht, wie gesagt, daß die neuen Tatsachen und Beweismittel »allein oder in Verbindung mit den früher erhobenen Beweisen« – und nicht: »allein aus sich heraus« – die Freisprechung zu begründen geeignet sein müssen. Stattdessen betrachtete man jede neue Tatsache und jedes neue Beweismittel isoliert für sich und fand, wie nicht anders möglich, daß sie »allein aus sich heraus« das Schwurgerichtsurteil nicht erschüttern könnten. Auf diese Weise wurde man eine Fülle neuer Tatsachen und Beweismittel als »verbraucht« los, mit denen der angebliche Überfall (Bankutensilien!), die Vortäuschung eines Raubmords (Blutstropfen hinter der Theke!) und die Friedlichkeit des Herrn S. (Aggressivität unter Alkoholeinfluß!) in Frage gestellt wurden.

Die intellektuelle Unredlichkeit und Schlichtheit dieses Beschlusses paßte zu der naßforschen Bedenkenlosigkeit des Schwurgerichtsurteils. Man fragte sich, wozu wir eigentlich diesen immensen Aufwand an anwaltlicher Arbeit und psychologisch-psychiatrischem Sachverstand betrieben hatten, wenn wir am Ende mit juristischen Floskeln dieses Kalibers abgefertigt wurden.

Ich hätte gern noch gewußt, ob das Hanseatische Oberlandesgericht Bremen sich diesen Umgang mit seinem den Wiederaufnahmeantrag für zulässig erklärenden Beschluß hätte gefallen lassen. Aber Michael K. hatte das Zutrauen verloren, daß ihm bei dieser Justiz Gerechtigkeit verschafft werden könnte, und bat mich, die Beschwerde gegen den Beschluß der Strafkammer zurückzunehmen. Er war seit November 1989, nach Aussetzung des Strafrestes durch die zuständige Hamburger Strafvollstreckungskammer (§ 57a StGB), wieder auf freiem Fuß, lebte in einer guten Zweierbeziehung zu einer Frau, die er während der Haftzeit kennengelernt hatte, und hatte auf der Grundlage eines in der Haft begonnenen Fernstudiums sich eine angesehene und befriedigende berufliche Existenz erarbeiten können. Er wollte jetzt keine Kraft mehr an ein Verfahren wenden, das im günstigsten Fall zu einer neuen Hauptverhandlung hätte führen können, an deren öffentlichem Aufsehen ihm in seiner jetzigen Position nicht gelegen war.

Und auch den ungünstigsten Fall, daß nämlich eine neue Hauptverhandlung zu einer erneuten Verurteilung geführt hätte, durfte man als Möglichkeit nicht aus dem Blick verlieren. Denn wenn es einmal möglich gewesen war, daß ein Mensch des Mordes schuldig gesprochen wird, obwohl der ihm unterstellte Mordplan jeder psychologischen Plausibilität entbehrt, dann kann das auch ein zweites Mal passieren. Den für das Fehlurteil von 1975 mitverantwortlichen Juristen schien jedenfalls noch viele Jahre später jede Einsicht für den ihnen unterlaufenen Irrtum zu fehlen. Herr Crome, seinerzeit Vorsitzender Richter des Schwurgerichts, ließ sich Anfang der neunziger Jahre in der Gerichtskantine dahin vernehmen, er könne überhaupt nicht verstehen, was K. eigentlich noch wolle; er sei doch jetzt wieder in Freiheit. Das Gespür dafür, daß hier einer um Gerechtigkeit kämpfte, schien zu fehlen. Und der damalige Anklagevertreter, Herr Dr. Janknecht, bezeichnete, als er im März 1983 ein Presseinterview gab, den Fall Michael K. als den einzigen »richtigen« Mord, an den er sich spontan erinnern könne; die anderen Taten seien, wie er sagte, eher planlos geschehen. Herr Janknecht glaubte also immer noch an den geplanten Mord des Cromeschen Schwurgerichtsurteils.

Als Krimischreiber wären die Herren wohl gescheitert, weil die Leser für einen »richtigen« Mord mindestens eine plausible Tatmotivation erwarten dürfen. Als Juristen konnten sie Karriere machen. Herr Crome wurde Präsident des Landgerichts und Herr Janknecht Generalstaatsanwalt beim Hanseatischen Oberlandesgericht.

Ich denke, dem Ansehen der an dem Urteil gegen Michael K. beteiligten Juristen hätte es durchaus gedient, wenn sie sich nachträglich zu einem Irrtum bekannt hätten und vielleicht auch zu einem Wort des Bedauerns für einen Menschen, der 16 Jahre seines Lebens im Gefängnis verbringen mußte, damit der Fetisch Rechtskraft keinen Schaden nehme. Nur der Abschaffung der Todesstrafe ist es zu verdanken, daß der Fall Michael K. nicht als Justizmord geendet hat.

8. Eine Frankfurter Räuberpistole. Der Fall Astrid Proll (1979)

Die Fotografin Astrid Proll, »Gründungsmitglied der Baader-Meinhof-Bande«, wie es später im Schwurgerichtsurteil hieß, war angeklagt, in zwei Fällen versucht zu haben, einen Menschen zu töten, um eine Straftat zu verdecken (Mordversuch), des schweren Raubs in zwei Fällen sowie anderer bandentypischer Delikte von geringerem Gewicht. Sie befand sich seit dem 6. Mai 1971 in Untersuchungshaft und war längere Zeit Haftbedingungen ausgesetzt, die von den einen als »isolierende Haftbedingungen«, von den anderen als »Isolationsfolter« bezeichnet wurden. Durch Räumung aller benachbarten Zellen war in der Justizvollzugsanstalt Köln-Ossendorf ein »Toter Trakt« eingerichtet worden, der die einzige Insassin dieses Gebäudeteils einer Einschränkung sinnlicher Wahrnehmungen – in der Fachsprache: »sensorische Deprivation« – unterworfen hatte, die, wie man aus der experimentellen Forschung weiß, ein Mensch nicht längere Zeit ertragen kann, ohne schwere gesundheitliche Schäden zu erleiden. Bei Astrid Proll hatten diese Haftbedingungen eine schwere Kreislauferkrankung zur Folge, die dazu führte, daß sie im Laufe der ersten Hauptverhandlung verhandlungsunfähig wurde, so daß diese am 32. Verhandlungstag abgebrochen und die Angeklagte aus der Haft entlassen werden mußte. Das war am 1. Februar 1974.

Einige Wochen später setzte sie sich nach England ab, wo sie unter anderem Namen ein neues Leben begann, eine Automechanikerlehre absolvierte und schließlich als Ausbilderin in einer Lehrwerkstatt arbeitete. Sie hatte sich »aus der terroristischen Szene gelöst«, wie selbst die zuständige Staatsanwaltschaft erkannte, und wurde damit zum Testfall für die aus Bonn und Karlsruhe immer wieder angekündigte Milde und Fairneß gegenüber rückkehrwilligen »Terroristen«. Die einfachste Lösung wäre es gewesen, die offensichtlich »resozialisierte« Frau, die immerhin fast drei Jahre Untersuchungshaft hinter sich hatte, in ihrer neuen Umgebung in Ruhe zu lassen. Es wäre, wie sich später zeigen sollte, auch die gerechteste Lösung gewesen. Denn die Anklage gegen Astrid Proll stand auf schwachen Füßen, und die Auslieferung aus England mußte durch eine Rechtsmanipulation herbeigeführt werden, die man je nach Standpunkt als Versehen (so der BGH in seiner Revisionsentscheidung vom 15.1.1982) oder als »schäbigen Trick« (so Bernhard Docke in *Spartakus*, April 1980) verstehen konnte. Nach britischem Recht konnte Astrid Proll nur ausgeliefert werden, wenn der ersuchende Staat ein beschworenes Zeugenprotokoll vorlegte. Und so wurde der Kronzeuge Ruhland, der Frau Proll der Teilnahme an einem Banküberfall bezichtigte, auf seine Aussage vereidigt, obwohl dies nach der eindeutigen Vorschrift des § 60 Ziffer 2 StPO unzulässig war, weil Ruhland wegen Beteiligung an derselben Tat verurteilt war. Ob es den beteiligten Juristen an »Arglist« fehlte, wie der BGH meinte, mag dahinstehen. Auf jeden Fall war es ein glatter Rechtsbruch, mit dem man diese von deutschem Justizvollzug schon hinreichend geschädigte Frau noch einmal vor ein deutsches Gericht und in ein deutsches Gefängnis brachte.

Was dann vor der 22. großen Strafkammer des Landgerichts Frankfurt unter Vorsitz der Richterin Johanna Dierks ablief, mag allerdings dem traditionell gebrochenen Rechtsverständnis konservativer Strafverfolger nicht ganz entsprochen haben. Vom 19. September 1979 bis zum 22. Februar 1980 wurde an 40 Sitzungstagen im Schwurgerichtssaal über eine Anklage der Frankfurter Staatsanwaltschaft verhandelt, die nicht nur von den Verteidigern – ich verteidigte zusammen mit dem Bremer Rechtsprofessor Dr. Ulrich K. Preuß und dem Frankfurter Rechtsanwalt Johannes Riemann –, sondern auch vom Richtertisch her, insbesondere seitens der couragierten Vorsitzenden, kritisch hinterfragt und in wesentlichen Teilen erschüttert wurde. Auch der äußere Verhandlungsstil unterschied sich wohltuend von der aus anderen »Terroristenprozessen« bekannten eisigen Atmosphäre. Dazu ein Stimmungsbild vom Beginn der Hauptverhandlung, vielleicht etwas übertrieben pointiert, aber kennzeichnend für das Erstaunen eines prozeßerfahrenen Journalisten, daß es auch so geht (Jürgen Busche, *FAZ*, 20.9.1979):

Als die Staatsanwaltschaft die Aufhebung des Haftbefehls beantragte und empfahl, die Angeklagte auf freien Fuß zu setzen, als

Astrid Proll nach der Aufhebung des Haftbefehls vor dem Gericht von Freundinnen mit Blumen begrüßt. Hinter Astrid, von ihr halb verdeckt, Rechtsanwalt Johannes Riemann

darauf Freudenschreie des Entzückens im Zuhörerraum ausbrachen, als nun die Vorsitzende Richterin Johanna Dierks mit ernster Miene verkündete, bei nochmaligem solchen Betragen werde sie den Zuhörerraum räumen lassen, da war der Augenblick der äußersten Ernsthaftigkeit in der ersten Phase des neueröffneten Terroristenprozesses gegen Astrid Proll erreicht. Ansonsten sah alles mehr nach Heiterkeit und Sonnenschein aus.

Ein alter Saal in einem alten Gerichtsgebäude, nette junge Polizisten, die nur bestellt sind, dem Andrang zu wehren.

Ein Gericht, das, da es auf dem Weg in den Richterraum den Saal durchqueren muß, artig den Weg an der Verteidigerbank entlang nimmt, um den drei Verteidigern, den Rechtsanwälten Hannover und Riemann sowie dem Bremer Juro-Professor Preuß die Hand zu schütteln. Ein entspanntes Getuschel und Gefreue, wohin man sah.

Die Angeklagte machte da keine Ausnahme. Adrett gekleidet, mit einer weißen Jeans-Latzhose, freundliches Lächeln austeilend, bewegte sie sich ganz und gar unbehindert im Saal, trat auch an die Glastrennwand zum Zuhörerraum, um alte Freunde zu begrüßen. Als etwas über die Trennwand geflogen kam, zeigte sich niemand erschreckt. Es war ein kleiner Blumenstrauß, den Preuß vom Boden aufhob und seiner Mandantin mit unauffälliger Courtoisie überreichte. Die Idylle war perfekt.

Nun, ganz so idyllisch ging es nicht weiter. Immerhin handelte es sich um den Versuch der Staatsanwaltschaft, unsere Mandantin für etliche Jahre hinter Gitter zu bringen. Und die Herren Anklagevertreter spielten ihre Rolle mit unbeirrbarem Erfolgswillen. Der *Spiegel* schrieb gegen Ende der Hauptverhandlung (4.2.1980):

Es ist ein Prozeß, in dem beide Seiten unbeglichene Rechnungen präsentieren, ein Schlagabtausch, der mitunter auch auf Klima und Tonlage abfärbt. Geplant zumindest war es anders: als Testfall und Signal dafür, wieweit nach den Umkehrappellen der Bundesregierung nun auch die Justiz solchen Tätern entgegenkommt, die sich aus dem Terrorismus gelöst haben. Für ihren eigenen Part an dem notwendigen Befriedungswerk erwiesen sich die Frankfurter Staatsanwälte als Fehlbesetzung.

Freilich war es keine leichte Aufgabe für sie, sich aus der Rolle von Hilfsbeamten des Bundeskriminalamtes und des Verfassungsschutzes zu lösen, die ihnen von diesen Behörden als den eigentlichen Herren des Verfahrens zugedacht war.

Worum ging es? – Die beiden Mordversuche, gewichtigster Punkt der Anklage, sollten sich laut Anklageschrift so abgespielt haben:

Am 10. Februar 1971 wurden in der Nähe der Wohnung Falkenberg die Angeschuldigte (Astrid Proll) und Manfred Grashof von ROI (Regierungsoberinspektor) Grünhagen und Kriminalobermeister Simons beobachtet. Kriminalobermeister Simons forderte die beiden, die die Observation offensichtlich bemerkt hatten und sich schnell entfernen wollten, auf, sich auszuweisen. Die Angeschuldigte übergab daraufhin einen gefälschten Paß auf den Namen Lucie Przybilla, Grashof einen falschen Paß auf den Namen Theodor Gärtner. Als ROI Grünhagen auf dem Lichtbild im Paß »Przybilla« eindeutig Astrid Proll erkannte und dies Kriminalobermeister Simons zurief, zog Manfred Grashof eine Pistole, richtete sie auf Kriminalobermeister Simons und rief »Hände hoch«. Gleichzeitig forderte er die Angeschuldigte auf: »Hau ab! Lauf weg!« In demselben Augenblick ergriff auch diese ihre Pistole und schoß sofort auf Kriminalobermeister Simons. Dieser konnte jedoch hinter einem Baum Deckung nehmen. Währenddessen flüchtete Manfred Grashof über die Grünanlagen, schoß aber aus etwa 10 m Entfernung gleichfalls auf Kriminalobermeister Simons. Dieser nahm sodann die Verfolgung von Grashof auf, während ROI Grünhagen die flüchtende Angeschuldigte verfolgte. Bei ihrer Flucht schoß sie dreimal gezielt auf ihren Verfolger und rief: »Komm doch näher, Du Scheißbulle, damit ich Dich umlegen kann!« (Großschreibung von Du und Dich aus der Anklageschrift übernommen; H. H.) ROI Grünhagen gelang es jedoch, ihren Schüssen zu entgehen, indem er sich jeweils hinter parkende Fahrzeuge duckte. Auch Manfred Grashof gab flüchtend noch mehrere Schüsse auf den ihn verfolgenden Kriminalobermeister Simons ab. Die Entfernung zwischen beiden war aber so groß, daß die Schüsse ihr Ziel verfehlten. Beiden Tätern gelang es, auf diese Weise zu entkommen.

Eine Story, die, soweit Astrid Prolls Rolle beschrieben wird, mit der Wahrheit kaum etwas zu tun hatte. Tatsächlich hatte sie weder geschossen noch überhaupt eine Waffe bei sich. Aber nach Aktenlage sah es böse für sie aus.

Das wirkliche Geschehen an diesem Februarabend war von Anfang an geflissentlich verschleiert worden. Denn es war schon eine peinliche Fahndungspanne, die da passiert war und von den beteiligten Versagern durch eine in wesentlichen Teilen frei erfundene Räubergeschichte beschönigt werden mußte. Frankfurt wimmelte an jenem Abend von Kriminalbeamten und Verfassungsschützern, die mit einer möglichst lückenlosen Observation verdächtiger Wohnungen und Personen einen großen Schlag gegen die RAF vorbereiten sollten, der für den 16. Februar, also sechs Tage später, geplant war. Durch die von Simons und Grünhagen eigenmächtig vorgenommene Personenkontrolle und ihren fehlgeschlagenen Festnahmeversuch war das ganze Konzept kaputt gemacht worden. Nicht mal Astrid Proll und Manfred Grashof hatte man erwischt. Eine totale Pleite, für die Simons und Grünhagen sicher kein Lob von ihren Dienstherren zu erwarten hatten. Nur durch Dramatisierung des Geschehens war für sie noch so etwas wie Heldenverehrung zu erreichen. Um so peinlicher freilich, daß die Wahrheit, die weniger heldenhaft war, nach und nach ans Licht gebracht wurde.

Bei dem Regierungsoberinspektor Michael Grünhagen handelte es sich um einen Verfassungsschutzbeamten aus Berlin, der schon in der Mordsache Schmücker eine fragwürdige Rolle gespielt hatte, eine Rolle, die sowohl ihn als auch seine Behörde ins Zwielicht gebracht hatte. Stefan Aust hatte in seinem Buch *Kennwort Hundert Blumen* (Hamburg 1980) aufgedeckt, daß Grünhagen nicht nur den als »Verräter« ermordeten Studenten Ulrich Schmücker, sondern auch den am Mord beteiligten späteren Kronzeugen Jürgen Bodeux »betreut« hatte. Ein ungeheuerlicher Verdacht, der durch die Versagung einer Aussagegenehmigung für Grünhagen im Berliner Schmücker-Prozeß bestärkt wurde. Denn daß diese dem Zweck diene, den unter dem Decknamen Rühl agierenden Grünhagen nicht als

V-Mann zu »verbrennen«, glaubte dem Berliner Verfassungsschutz niemand, spätestens seit Grünhagens Bild im Mai 1980 in *Konkret* veröffentlicht worden war. Dazu der *Spiegel* (11.8.1980):

Zu enttarnen ist an dem Mann nichts mehr, und mithin entfällt die von Amts wegen vorgegebene Behauptung, daß allein zu dessen Schutz die ganze Geheimniskrämerei in der Mordsache Schmücker betrieben werden müsse.

Wenn es richtig sei, daß ein und derselbe Verfassungsschützer in Gestalt Grünhagen den späteren Mit-Mörder Bodeux, in Gestalt Rühl dessen Opfer Schmücker »betreut« habe, dann läge, so der *Spiegel*, die Vermutung nicht fern,

daß wider alle offiziellen Beteuerungen doch eine Amtsperson den Tatort observiert, womöglich dort den Überblick verloren oder aus Feigheit Hilfe unterlassen haben könnte, und solche Umstände würde gewiß keine Behörde gern öffentlich im Gerichtssaal erörtert sehen.

Wohlgemerkt: vom Tatort des Schmücker-Mords im Berliner Grunewald ist die Rede, nicht von dem Frankfurter Tatort, wo Grünhagen hinter geparkten Autos vor Astrid Prolls Schüssen in Deckung gegangen sein will. Aber diese Vorgeschichte sollte man kennen, um richtig einschätzen zu können, was davon zu halten war, wenn dem Zeugen Grünhagen auch für die erneute Hauptverhandlung in Sachen Astrid Proll von seiner Behörde keine Aussagegenehmigung erteilt wurde. »Das erneute Auftreten des Beamten und seine persönliche Aussage an Gerichtsstelle würden dem Wohl des Landes Berlin in sicherheitsmäßiger Hinsicht Nachteile bereiten und die Erfüllung öffentlicher Aufgaben ernstlich gefährden«, schrieb der Berliner Senator für Inneres am 13.9.1979 an das Frankfurter Gericht. Und weiter:

Herr Grünhagen ist seit Jahren erfolgreich in der Terrorismusbekämpfung eingesetzt. Sein persönliches Erscheinen und damit das Bekanntwerden auch seines Äußeren und seiner persönlichen Merkmale würden den Beamten selbst in hohem Maße gefährden. Darüber hinaus würde sein weiterer Einsatz bei der Terrorismusbekämpfung wesentlich erschwert, wenn nicht sogar unmöglich gemacht werden.

Gespräch in einer Verhandlungspause mit dem Mitverteidiger Prof. Dr. Ulrich K. Preuß (2. von links) und den Zeugen Otto Schily und Horst Mahler. Man sieht im Hintergrund die gläserne Trennwand zum Zuhörerraum.

Eine verlogene Begründung, da Grünhagens Aussehen schon aus seiner Zeugenrolle in der ersten, wegen Verhandlungsunfähigkeit der Angeklagten abgebrochenen Hauptverhandlung bekannt war. Damals war ihm Aussagegenehmigung erteilt worden. Aber das war 1973. Da lebte Grünhagens Schützling Ulrich Schmücker noch, und sein Schützling Jürgen Bodeux war noch nicht durch die Enthüllungen im Reinhard-Prozeß kompromittiert. Der Doppelbetreuer war damals noch vorzeigbar gewesen. Aber inzwischen konnte man ihn offenbar nicht mehr den Fragen wißbegieriger und einigermaßen sachkundiger Anwälte aussetzen. Obwohl man, wenn die Sache astrein gewesen wäre, den schlimmen Verdacht aus der Schmücker-Mordsache durch Grünhagens öffentliche Befragung hätte klären können, zum Wohle des Landes Berlin und seines Verfassungsschutzes.

Die Vorsitzende Richterin des Frankfurter Schwurgerichts gab am ersten Tag der erneuten Hauptverhandlung das Schreiben des Berliner Innensenators bekannt und kommentierte es mit deutlichen Worten: »Uns stimmt es nachdenklich, auf welche Weise die Exekutive hier in die Rechtsprechung eingreift, indem sie dem wichtigsten Zeugen die Aussagegenehmigung verweigert und damit das Gericht daran hindert, den schlimmen Vorwurf des versuchten Mordes restlos aufzuklären, was an sich Aufgabe des Gerichts gewesen wäre.« Sie habe Gegenvorstellung erhoben, aber die Mitteilung erhalten, daß es bei der Versagung der Aussagegenehmigung bleibe. »Das bedeutet«, so resümierte Frau Dierks, »daß wir Herrn Grünhagen hier nicht als Zeugen haben werden, und daß alle Lücken der Beweisführung, die sich durch sein Nichterscheinen ergeben, sich zugunsten von Frau Proll auswirken.« Die Staatsanwälte waren so beeindruckt, daß sie Außervollzugsetzung des Haftbefehls beantragten, ein Antrag, den das Gericht mit Aufhebung des Haftbefehls beantwortete. Die Verhältnismäßigkeit weiterer Untersuchungshaft sei, so hieß es zur Begründung, im Hinblick auf die Tatsache, daß der Zeuge Grünhagen nicht zur Verfügung stehen werde, nicht mehr gewahrt.

Grünhagen selbst hatte schon in einem für die Handakte der Sonderkommission des BKA gefertigten Vermerk vom 10.2.1971, der die angeblichen Mordversuche der Astrid Proll schilderte, schriftlich angekündigt:

Der Vermerk wird nicht Gegenstand der Sachakte, auch komme ich nicht als Zeuge in Frage. Der Vermerk des beteiligten Exekutivbeamten ist entsprechend abgefaßt.

»Entsprechend abgefaßt« konnte, wenn die Sache Sinn machen sollte, nur heißen, daß Grünhagen in dem Vermerk überhaupt nicht auftauchte. Und Ulrich Preuß hat in seinem Plädoyer auch wirklich die These vertreten, daß die »Dienstliche Äußerung« des Kriminalobermeisters Simons vom 12.2.1971, in der zwar nicht der Name Grünhagen, wohl aber ein zweiter Beamter vom Berliner Landesamt für Verfassungsschutz erwähnt wird, erst nachträglich in die Akte eingefügt worden ist. Preuß hat das mit gewichtigen Indizien plausibel gemacht, die von nachweislichen Aktenmanipulationen bis zur Benutzung einer anderen, am 12.2.1971 gar nicht verfügbaren Schreibmaschine reichten. Dieser Vermerk, so seine These, sei erst zur Akte gelangt, als man sich entschlossen habe, Grünhagen freizugeben. Ein starkes Indiz für die Richtigkeit dieser These ist auch der Umstand, daß in einem Vermerk des BKA vom 10.2.1971 ausdrücklich davon die Rede ist, daß auf *einen* Beamten geschossen worden sei, und daß dementsprechend das Verfahren sieben Monate lang nur wegen versuchten Totschlags an Simons geführt wurde, bis endlich im Oktober 1971 die Staatsanwaltschaft glaubte, nicht ohne Grünhagen auszukommen und den

Haftbefehl auf einen weiteren Tötungsversuch erweitern ließ, nun übrigens beide Fälle als Mordversuch qualifizierend.

Und auch die Existenz eines Tatzeugen, des Verfassungsschutzbeamten J., sollte unterschlagen werden. Noch am 15.7.1971 behauptete Herr Simons in einem Aktenvermerk:

Am 10.2.71, während des Schußwechsels zwischen Manfred Grashof, Astrid Proll und *mir*, sind am Tatort in Frankfurt/M. *keine Zeugen festgestellt* bzw. ermittelt worden. (Hervorhebungen von mir; H.H.)

Die angeblichen Mordversuche der Astrid Proll hatte Grünhagen nach alledem unbesorgt um eine später etwa als Zeuge zu verantwortende Wahrheitspflicht (»... auch komme ich nicht als Zeuge in Frage«) und im Vertrauen auf die von seinem Dienstherrn erzwungene Diskretion des Zeugen J. mit lebhafter Phantasie schildern können. Er wollte gesehen haben, daß Astrid Proll zu der Zeit, als Manfred Grashof den Exekutivbeamten (Simons) mit einer Pistole bedrohte und dieser aufforderungsgemäß die Hände hochnahm, auf Simons geschossen habe. Eine schon in sich wenig plausible Darstellung. Denn von Simons ging in diesem Augenblick keine Gefahr aus, er stand mit erhobenen Händen wehrlos da und wurde von Grashof in Schach gehalten. Warum also sollte Astrid Proll auf ihn schießen, statt Grashofs Aufforderung zu befolgen und wegzulaufen? Andererseits konnte Astrid Proll sich von Grünhagen bedroht fühlen, der, nach seiner Darstellung, schräg hinter ihr stand. Da sie nicht wissen konnte, daß Grünhagen unbewaffnet war, hätte es eher Sinn gemacht, wenn Astrid Proll ihm Aufmerksamkeit gewidmet hätte. Aber nein, laut Grünhagen schoß sie völlig unnötigerweise auf Simons und beging damit den ersten Mordversuch.

Erst dann rannte sie los, so Grünhagen, über die Bockenheimer Landstraße hinweg, wo sie, auf der anderen Straßenseite angekommen, noch einmal geschossen haben soll, und zwar »vermutlich«, wie Grünhagen formulierte, wieder auf Simons. »Zu der Zeit war starker Fußgängerverkehr, die Passanten warfen sich zu Boden«. Und dann begann, wenn man Grünhagen glauben will, eine für ihn lebensgefährliche Verfolgungsjagd durch mehrere Seitenstraßen.

Astrid Proll bog rechts in eine Seitenstraße ein, ich blieb 20–30 m hinter ihr. Während der gesamten Verfolgung verringerte sich der

diese woche

Justiz

Der dritte Mann aus dem Dunkel

Im Frankfurter Proll-Prozeß kam heraus, daß acht Jahre lang ein Entlastungszeuge unterschlagen worden war – ein Beamter vom Verfassungsschutz

Die deutschen Staatsanwaltschaften sind nach eigenem Urteil die objektivste Behörde der Welt. Muß doch der Ankläger be- und entlastende Beweise sammeln. Doch längst ist klar, daß bundesdeutsche Staatsanwälte besonders in politischen Prozessen mit diesem Anspruch überfordert sind. Besonders kraß zeigt das der Frankfurter Prozeß gegen Astrid Proll. Seit acht Jahren läuft das Verfahren. Seit acht Jahren ist es ferngesteuert. Nicht das Gericht, sondern Verfassungsschutz und Bundeskriminalamt (BKA) entpuppten sich als die wahren Herren des Verfahrens.

Die unrühmliche Geschichte beginnt bei einer Fahndung nach Mitgliedern der Roten Armee Fraktion (RAF) am 10. Februar 1971 im Frankfurter Stadtteil Westend. Der BKA-Beamte Simons und der Verfassungsschützer Grünhagen stellen die als Terroristen gesuchten Astrid Proll und Manfred Grashof. Es kommt zu einer Schießerei. Grashof und Astrid Proll können flüchten. Drei Monate später wird die junge Frau in Hamburg verhaftet. Grashof wird im März 1972 in Hamburg gefaßt.

Vier Monate sitzt Astrid Proll in strengster Einzelhaft im sogenannten „toten Trakt“ des Gefängnisses Köln-Ossendorf, später unter dem Stichwort Isolationshaft diskutiert. Als im Herbst 1973 der erste Proll-Prozeß beginnt, leidet die Angeklagte an lebensgefährlichen Kreislaufstörungen — vor allem eine Folge der extremen Untersuchungshaft. Auf Grund eines medizinischen Gutachtens wird sie aus der Haft entlassen, der Prozeß ausgesetzt. Als Monate später das Verfahren fortgesetzt werden soll, ist Astrid Proll nach einer Kur spurlos verschwunden. Erst vier Jahre später, am 15. September 1978, wird sie in London festgenommen. Sie hatte sich von der RAF losgesagt und arbeitete unter falschem Namen als Ausbilderin in einer Autolehrwerkstatt in den Londoner Slums. Die Bundesregierung fordert ihre Auslieferung wegen des Verdachts des zweifachen Mordversuchs 1971 in Frankfurt. Nach langem Tauziehen kommt Astrid Proll schließlich freiwillig nach Deutschland.

Mitte September letzten Jahres wird wiederum in Frankfurt das Verfahren gegen sie eröffnet. In der nächsten Woche soll das Urteil gesprochen werden, und wenn alles mit rechten Dingen zugeht, so müßte die Staatsanwaltschaft hierbei eine Pleite erleben. Von den Behauptungen der Anklage ist nämlich so gut wie nichts mehr übriggeblieben: Der angebliche Mordversuch an den Beamten Simons und Grünhagen stand von Anfang an auf wackeligen Füßen. Und im Laufe des Prozesses stellte sich heraus, zu welchen Tricks die Ermittler gegriffen haben, um Haftbefehl, Anklage und Auslieferungsbegehren zu begründen: Polizeizeugen wurden präpariert, Akten frisiert und Entlastungszeugen unterschlagen.

Der Hintergrund: Die am 10. Februar 1971 gescheiterte Festnahme von Proll und Grashof hatte damaligen Pressemitteilungen des BKA zufolge ein großes Einsatzkonzept zunichte gemacht.

Seinerzeit vermutete das Bundeskriminalamt mehrere RAF-Mitglieder in Frankfurt. Das BKA ordnete eine langfristige Observation bestimmter Wohnungen im Stadtteil Westend an. An Festnahme war vorerst nicht gedacht. Der „große Schlag“ sollte, wenn überhaupt, erst sechs Tage später, also am 16. Februar, stattfinden. Die Sache platzte am 10. Februar durch das eigenmächtige Handeln einiger Beamter — allen voran Simons und Grünhagen. Die Polizei — unter ihnen der Hauptbelastungszeuge Simons — hatte nichts Eiligeres zu tun,

Astrid Proll vor Gericht

Pleite für den Staatsanwalt

als die Anwesenheit des Verfassungsschützers Grünhagen und weiterer Staatsschutzbeamter in Tatortnähe zu vertuschen. In der ersten Meldung des BKA, die in der offiziellen „Sachakte Proll“ abgeheftet wurde, ist ausschließlich von „einem Kriminalbeamten“ die Rede — gemeint ist Simons —, auf den Proll und Grashof geschossen hätten. Schon wenige Zeilen weiter wird dann plötzlich von Schüssen „auf die Beamten“ gesprochen.

Der verheimlichte Grünhagen selbst schrieb noch am gleichen Abend einen vertraulichen Bericht an die „Sonderkommission Baader-Meinhof“ beim BKA und betonte abschließend, daß „dieser Vermerk nicht Gegenstand der Sachakte“ werden dürfe und er, Grünhagen, „als Zeuge nicht in Frage“ käme; „der Vermerk des beteiligten

Exekutivebeamten (Simons) is
entsprechend abgefaßt“. De
Grünhagen-Bericht verschwan
in einer zweiten, „vertrauli
chen“ BKA-Akte.

Erst im Oktober 1971, als
sieben Monate nach dem Vo
fall, wurde Grünhagen anläßlic
einer BKA-Vernehmung off
ziell in das Proll-Verfahren ei
geführt. Jetzt wurde er doch a
Zeuge der Anklage gebrauch
Konsequent wurde nun au
der Haftbefehl gegen Ast
Proll entsprechend aufbereite
Lautete er zunächst auf ve
suchten Totschlag an Simo
so taucht in einer Haftbefeh
ergänzung dann plötzlich z
sätzlich der Beamte Grünhag
auf, den Astrid Proll ebenfa
beschossen haben soll. Aus d
einen Totschlagsversuch w
nun nicht etwa ein zweifac
Totschlagsversuch, sondern
ohne jede weitere Begründ
— ein zweifacher Mord
such.

Die massivste Manipula
kam schließlich im ersten Pr
Prozeß 1973 ans Licht. E
beiläufig wurde während
Vernehmung eines BKA
mittlungsbeamten zum ers
mal öffentlich bekannt, daß
ßer Grünhagen noch eine g
Zahl weiterer Verfassu
schutzbeamter in der Nähe
Tatorts gewesen waren.
BKA-Mann sagte aus, er s
habe einen dieser Beamter
beten, seine Beobachtunge
Papier zu bringen.

„Meines Wissens“, so
Zeuge weiter, „ist ein sc

8 **stern**

Stern (Heft Nr. 6 vom 31. 1. 1980, S. 138/139)

Abstand nicht. Wir durchquerten relativ einsame Straßen, Passanten waren keine zu sehen, auch Fahrzeugverkehr war nicht vorhanden. Sie drehte sich mehrmals um und rief: »Komm doch näher, Du Scheißbulle, damit ich dich umlegen kann«.

Schüsse im Westend

Nach den Aussagen im Prozeß spielte sich die Szene am Abend des 10. Februar 1971 in Frankfurt an der Kreuzung Bockenheimer Landstraße/Unterlindau so ab: Der Verfassungsschützer Grünhagen und der Kriminalbeamte Simons stellen Astrid Proll und Manfred Grashof und verlangen die Ausweise. Erste Phase (Figuren in Umrissen): Grashof zieht seine Pistole. Simons hebt die Arme. Grünhagen packt Astrid Proll. Zweite Phase (Figuren voll ausgezeichnet): Grashof flüchtet. Simons zieht seine Pistole und geht hinter dem Baum in Deckung. Grünhagen sucht hinter einem Auto Schutz, weil die Proll angeblich auch eine Waffe zieht. Der zweite Verfassungsschützer Jakobus, der in unmittelbarer Nähe mit erhobenen Händen steht, sagt im Dezember 1979 als Zeuge aus, Astrid Proll habe keine Waffe gezogen. Dritte Phase (Figuren schraffiert): Simons und Grashof schießen. Astrid Proll flüchtet über die Bockenheimer Landstraße

stern 139

Damit hatte er in polizeitypischer Weise die Tötungsabsicht festgeschrieben. Ich kannte das aus der Sache Werner Hoppe.

Ich versuchte, durch lautes Schreien Anwohner aufmerksam zu machen. Während der Verfolgung hat sie Viermal (Großschreibung im Original; H. H.) geschossen. Die Entfernung war allerdings relativ groß. Sie drehte sich um, ich konnte mich jeweils hinter parkende Fahrzeuge stellen …

Soweit Zitate aus Grünhagens nur für seine Behörde bestimmtem Bericht vom 10.2.1971, dem »Tattage«. Neun Monate später, am 16.11.1971, wurde Grünhagen erstmalig als Zeuge vernommen, und zwar von Beamten der Sonderkommission des BKA. Da kamen noch einige Details hinzu:

Als die männliche Person ihre Waffe auf den KOM Simons richtete, stand ich fast hinter der Proll und versuchte, sie festzuhalten. Hierbei bemerkte ich, daß sich die Proll an ihrer Kleidung bzw. Handtasche zu schaffen machte. Ich sprang daraufhin hinter einen am Straßenrand stehenden Pkw. Beim Wegspringen konnte ich sehen, daß die Proll einen dunklen Gegenstand in der Hand hatte. Ob sie diesen Gegenstand in der rechten oder linken Hand hatte, kann ich nicht sagen.

Auch das ist polizeitypisch. Der Zeuge leistet sich eine Gewissenhaftigkeit vortäuschende Unsicherheit in einem an sich unwesentlichen Nebenpunkt, der aber Bedeutung für die Glaubwürdigkeitsprüfung erlangen kann, wenn sich etwa Linkshändigkeit der geschilderten Person herausstellen sollte.

Ich hörte einen Knall und sah ein Mündungsfeuer auf KOM Simons ...

Die Entfernung zwischen Astrid Proll und KOM Simons belief sich bei der Schußabgabe auf ca. 10 bis 15 Meter. Sie schoß aus Hüfthöhe.

Dann schilderte er »die Verfolgung der Proll« unter genauer Bezeichnung der Straßen und der Stellen, an denen sie auf ihn geschossen habe, übrigens nur noch dreimal.

Das mußte nach einschlägiger Gerichtserfahrung für eine Verurteilung wegen Mordversuchs reichen. Insbesondere dann, wenn es übereinstimmende Aussagen eines weiteren Beamten gab. Und die gab es. Die »Dienstliche Äußerung« des Kriminalobermeisters Simons vom 12.2.1971 stimmte in so hohem Maße mit Grünhagens zwei Tage vorher abgefaßtem behördeninternen Bericht überein, daß sich jedem kritischen Leser sofort aufdrängte: hier hat einer vom anderen abgeschrieben. Und das erwies sich in der Folge als Fehler, den Simons noch dadurch vertiefte, daß er vor Gericht bestritt, Grünhagens Bericht damals gekannt zu haben. Ja, er hatte in anderer Sache sogar behauptet, Grünhagen überhaupt nicht zu kennen. Das alles sollte ihm von der Dierks-Kammer kein gutes Zeugnis eintragen. Es sei nicht zu verkennen, so hieß es später im Urteil, daß der Zeuge Simons selbst Zweifel in seine Wahrheitsliebe gesetzt habe, indem er in der Hauptverhandlung gegen Asdonk und andere unter Eid wahrheitswidrig ausgesagt habe, er kenne Grünhagen nicht, und dies, wie er habe einräumen müssen, allein zu dem Zweck, sich über die Ungewißheit hinwegzuhelfen, ob die Nennung Grünhagens von seiner Aussagegenehmigung gedeckt sei.

Mag dieser Vorfall noch durch mangelnde Erfahrung und Überforderung in der konkreten Situation zu erklären sein, so mußte es doch bedenklich stimmen, daß der Zeuge Simons kategorisch abgestritten hat, er habe den Bericht Grünhagens vom 10.2.1971 bei der Abfassung seiner ersten dienstlichen Erklärung am 12.2.1971 nicht als Vorlage verwendet, obwohl die Übereinstimmung von Wortwahl und Satzfolge in umfangreicheren Passagen das Gegenteil erweist. Es läßt sich nicht von der Hand weisen, daß der Zeuge Simons aus Zweckmäßigkeitsgesichtspunkten dazu neigt, der Wahrheit nicht den unbedingten Vorrang einzuräumen.

Wann hat man je so kritische Worte über die Glaubwürdigkeit eines Polizeizeugen gelesen? Darauf waren die Herren Simons und Grünhagen und deren Dienstherren offenbar nicht gefaßt, daß es in Deutschland ein Gericht geben könnte, das, noch dazu in einem »Terroristenprozeß«, Aussagen von Polizeibeamten einer so objektiven Beweiswürdigung unterziehen könnte. Auch daß sich dieses Gericht die angeblich dem Wohl des Staates dienende Zurückhaltung von Beweismitteln nicht einfach gefallen ließ, kam den sich als Herren des Verfahrens aufspielenden Behörden offenbar überraschend. Entsprach es doch alter deutscher Justiztradition, unbequeme Wahrheiten einfach zum Staatsgeheimnis zu erklären und ihre Offenbarung als Dienstpflichtverletzung oder gar als Landesverrat zu bestrafen. Und nun dies. Ein Gericht, das eine »Terroristin« davor schützte, aufgrund falscher Zeugenaussagen verurteilt zu werden, und darauf bestand, auch die Zeugen zu hören, die von ihren Dienstherren, aus welchen Gründen auch immer, zurückgehalten werden sollten.

Aber nicht nur Frau Dierks und ihre Strafkammer waren ein Glücksfall der Verteidigung, sondern auch der damals amtierende Bundesinnenminister, Gerhart Baum (FDP). Gegen den Widerstand des Präsidenten des Bundesamtes für Verfassungsschutz, Richard Meier, wies er das Amt an, zwei Beamten dieser Behörde Aussagegenehmigung zu erteilen, die Augenzeugen des Frankfurter Schußwechsels gewesen sein sollten, aber bisher in keiner Akte auftauchten und auch von Simons und Grünhagen unterschlagen worden waren. Der Verfassungsschutzpräsident hatte mitteilen lassen, diese Beamten hätten »keine Beobachtung gemacht, die ... von Bedeutung ist«. Noch ein letzter Versuch, das Gericht irrezuführen. Denn einer der beiden bisher zurückgehaltenen Beamten erwies sich als unmittelbarer Tatzeuge, der Simons und Grünhagen Lügen strafte.

Es handelte sich um den 51jährigen Heinz J., Beamter beim Bundesamt für Verfassungsschutz, der am 13. Dezember 1979 in nichtöffentlicher Sitzung vernommen wurde. Ein Mann von seriösem Erscheinungsbild, der sich ganz sicher nicht als V-Mann im Umfeld krimineller Vereinigungen eignete, so daß die achtjährige Verheimlichung seiner Existenz gegenüber der Justiz bei jedem rechtlich Denkenden Erstaunen und Erschrecken auslösen mußte. Eben diese Reaktion war bei der Frankfurter Strafkammer und ihrer Vorsitzenden Richterin spürbar, als der Zeuge, dem das Gericht später bescheinigte, daß er einen »überaus gewissenhaften und um Wahrheit bemühten Eindruck hinterlassen« habe, eine Sachverhaltsschilderung gab, die Grünhagens und Simons Darstellung in wesentlichen Punkten widersprach. »Er war die eigentliche Sensation dieses Prozesses«, sagte ich später in meinem Plädoyer.

Nicht nur die Tatsache, daß es ihn gab, daß er freigegeben wurde unter Mitwirkung höchster politischer Instanzen, daß er freigegeben wurde vielleicht auch dank eines Klimawechsels im politischen Raum, sondern sensationell war diese Aussage insbesondere wegen ihres Inhalts. Mit Herrn J. war der Verteidigung ein Zeuge – ja, man kann wohl sagen – geschenkt worden, gegen den alles das nicht verfing, was man sonst Entlastungszeugen in derartigen Prozessen seitens der Staatsanwaltschaft entgegenzuhalten pflegt. Jetzt hatten wir mal einen Zeugen aufzubieten, der von Berufs wegen zum Schutze des Staates legitimiert ist und damit den Glaubwürdigkeitsvorschuß mitbrachte, der sonst von Staatsanwälten so gern gegen Angeklagte und Verteidiger ausgespielt wird ... Es tra hier ein Mann auf, dessen Aussehen ich nicht schildern darf ... Ein Mann von bürgerlicher Seriosität – ich glaube, damit über sein Aussehen nicht zuviel gesagt zu haben (Lachen im Zuschauerraum) – ein Mann, dessen Aussage durch ihre Präzision, durch ihre Sicherheit, Abgeklärtheit und durch ihr inhaltliches Gewicht die Aufmerksamkeit aller Verfahrensbeteiligten erregen mußte. (Zitat nach einem Tonbandprotokoll meines Plädoyers)

Simons und Grünhagen hatten behauptet, Astrid Proll habe aus kurzer Entfernung auf Simons geschossen, nachdem Grashof »Hände hoch!« und »Hau ab!« gerufen hatte. Von J. bekamen wir nun eine andere Darstellung, die ich hier nach dem Urteil der Strafkammer zitiere:

Er (J.) habe sich allein in einem Observationsfahrzeug aufgehalten, das nahe der Ecke Oberlindau/Bockenheimer Landstraße am rechten Fahrbahnrand der Oberlindau in Richtung Bockenheimer Landstraße geparkt habe. Über Funk sei er von der Observation des verdächtigen Pärchens unterrichtet gewesen, das er über die Grünfläche zwischen Ober- und Unterlindau in sein Blickfeld habe treten und sich der Ecke habe nähern sehen. Die verfolgenden Beamten hätten die Fahrbahn der Unterlindau überquert und seien im Begriff gewesen, zu dem Pärchen an der Ecke aufzuschließen. Er habe sodann sein Fahrzeug in Gang gesetzt und sei mit mäßiger Geschwindigkeit etwa 50 m zur Einmündung der Unterlindau gefahren, in die er nach rechts eingebogen sei. Beim Umfahren der Ecke habe er die Gruppe noch aus nächster Nähe beieinanderstehen sehen. Es sei etwas überreicht worden. Nach wenigen Metern in der Unterlindau habe er sein Fahrzeug angehalten und mit zwei Rädern auf dem Bordstein geparkt. Er habe alsdann sein Fahrzeug verlassen und den Bürgersteig betreten. In diesem Augenblick habe er Grashof und die Angeklagte, verfolgt von Grünhagen und Simons, auf sich zulaufen sehen. Grashof habe einen Vorsprung von 2 oder 3 m vor der Angeklagten gewonnen. Auf seiner Höhe habe Simons Grashof erreicht und am Arm gefaßt, der sich daraufhin herumgedreht und eine großkalibrige Pistole gezeigt habe. Grünhagen habe die Angeklagte ergriffen und sei mit ihr zu Boden gefallen, sie aber beim Anblick der Pistole wieder losgelassen. Eine Schußwaffe in der Hand der Angeklagten sei ihm nicht aufgefallen. Nunmehr habe er sein Augenmerk allein auf Grashofs Pistole gerichtet und dabei Grünhagen und die Angeklagte aus den Augen verloren, denen er jetzt den Rücken zugedreht habe. Grashof habe beim Vorzeigen der Pistole sogleich die Aufforderung ausgesprochen, die Hände hochzunehmen, und dabei mit der Waffe auch in die Richtung gezeigt, in der sich Grünhagen befunden habe. Sowohl er – der Zeuge J. – als auch Simons hätten der Aufforderung Folge geleistet. Simons müsse ihn gesehen haben. Er habe nur etwa 3 m von Simons und Grashof entfernt gestanden. Grashof habe sich rückwärts gehend auf der Grünfläche entfernt und sie noch etwa 4 bis 5 m in Schach gehalten. Dann sei er in Richtung Oberlindau gerannt. Simons habe die Gelegenheit genutzt, um hinter dem nächsten Straßenbaum Deckung zu nehmen. Er selbst habe sich zu Boden geworfen und sei zu seinem Fahrzeug gerobbt. Grashof habe schon über die Hälfte der Grünfläche überwunden gehabt. Erst jetzt seien die ersten Schüsse gefallen. Wer mit dem Schießen begonnen habe, könne er nicht mehr sagen. Jedoch sei aus mindestens zwei Waffen geschossen worden. Er habe die Tonhöhe deutlich unterscheiden können. Den dumpferen Knall habe er Grashof zugeordnet, den helleren Simons. Es sei ihm gelungen, in sein Fahrzeug zu gelangen, wo er das Funkgerät betätigt habe. Derweil habe Simons aus der Deckung heraus weitere Schüsse abgegeben.

Die Staatsanwaltschaft versuchte, ihre Zeugen Simons und Grünhagen mit der Behauptung zu retten, J. habe ja die Gruppe Proll/Grünhagen im Rücken gehabt und daher nicht sehen können, was Frau Proll gemacht habe. Aber es kam hier nicht auf Sehen, sondern auf Hören an. Und wenn Astrid Proll in seinem Rücken, wenige Meter entfernt, geschossen hätte, so wäre J. das sicher nicht entgangen. Danach stehe fest, so sagte ich in meinem Plädoyer,

daß J. den Moment mitgekriegt hat, in dem Grashof die Waffe zog. Das war nach allen Aussagen der Beginn des Geschehens. Der erste Schuß fiel erst, als Simons hinter einen Baum gesprungen ist. Das ist der wesentliche Inhalt der J.-Aussage. Und Frau Proll war zu diesem Zeitpunkt außer Sichtweite, beziehungsweise in der Bockenheimer Landstraße, und Grashof mitten auf der Rasenfläche. Damit ist, so leid es mir für Sie, meine Herren Staatsanwälte, tun mag, Ihr Beweisgebäude zusammengebrochen, und zwar witzigerweise dank eines Zeugen, der selber beim Staatsschutzapparat, der heute morgen so viel Schläge von Herrn Preuß hat einstecken müssen, beheimatet ist.

Eine Seite aus meinen Verhandlungsmitschriften. Ich mache bei längeren Prozessen gern Skizzen von den Zeugen als Gedächtnisstütze, hier von dem Zeugen Simons.

Auch der Zeuge Simons hatte sich gegen die Aussage J. gewehrt, aber in einer Weise, die seine Glaubwürdigkeit nicht gerade erhöhte. Auch darauf kam ich zu sprechen:

Da war plötzlich nichts mehr von diesem anscheinend sachlichen Beamtenton, sondern da war jetzt jemand in seiner Ehre gekränkt und lachte über das, was ihm als Aussage J. vorgehalten wurde. Er schlug einen saloppen, flachsigen Ton an, wie zum Beispiel in folgender Äußerung, die ich mir notiert habe: »Das ist absoluter Quatsch. Wenn das stimmt, dann bin ich dienstunfähig, dann bin ich blind. Diese Konstruktion, das ist ja was ganz Tolles. Vielleicht kommen ja noch ein paar Beamte von anderen Behörden.« In diesem flachsigen Ton, meine Damen und Herren, Sie werden sich erinnern, nahm Herr Simons zu dem Stellung, was uns hier Herr J. in seiner betont sachlichen und, ich meine es jetzt wirklich im guten Sinne, beamtenhaften Art dargelegt hatte. J. war im Unterschied zu Simons ein unbeteiligter Zeuge. J. war ein Mann, der keine Ermittlungen in eigener Sache geführt hat, wie Simons. Er war ein Mann, der nicht unter Rechtfertigungszwang stand wie Simons und Grünhagen. J. war ein Mann, dessen Aussage keine Widersprüche in sich enthielt, wie die Aussagen von Simons und Grünhagen.

Aber ich mußte auch dem Unbehagen Ausdruck geben, das mich und andere angesichts der Tatsache befiel, daß es von der politischen Haltung des jeweiligen Innenministers abhängen kann, ob ein prozeßentscheidend wichtiger Tatzeuge vor Gericht aussagen und möglicherweise ein Fehlurteil verhindern darf. Und so sagte ich zum Schluß meiner Würdigung des Zeugen J., daß eines für mich schwer zu verstehen bleibe:

Wie hat ein solcher Mann, den ich für einen anständigen und gewissenhaften Menschen halte, mit diesem Wissen so lange schweigen können? Es hat ja nicht nur die politische Dimension, die Herr Preuß heute morgen aufgezeigt hat, sondern es hat auch eine menschliche, eine individuelle Seite. Auch Beamte – vielleicht darf ich das mal so salopp sagen – sind ja Menschen, die ein Gewissen haben. Und gerade Herr J. hat gewiß eins. Und darum will es mir nicht in den Kopf, daß der Dienstherr dieses Beamten es in der Hand hatte, durch Versagung der Aussagegenehmigung das Schweigen eines Zeugen zu erzwingen, auch wenn davon Leben, Ehre und Freiheit eines Menschen abhängen. Der Zeuge J. hat schließlich reden dürfen. Aber es bleibt die Frage, ob es in einem Staat, dessen Verfassung Würde und Freiheit des Menschen zum obersten Prinzip erhoben hat, rechtens sein kann, ein angebliches Wohl der Bundesrepublik oder eines ihrer Länder höher zu stellen als das Wohl eines Menschen, der ohne diesen Zeugen wahrscheinlich zu Unrecht verurteilt worden wäre.

Wäre Astrid Proll wegen der angeblichen Mordversuche verurteilt worden, wenn es den Zeugen J. nicht gegeben hätte? Eine hypothetische Frage, die schwer zu beantworten ist. Es gab zwar noch weitere Indizien für ihre Unschuld – so waren nur Patronenhülsen und Projektile gefunden worden, die zu den Waffen von Simons und Grashof gehörten, aber keine dort, wo Astrid Proll geschossen haben sollte; auch gab es einen Zeugen, der die Verfolgung im Kettenhofweg erlebt und weder eine Waffe gesehen noch einen Schuß gehört hatte – aber ob die Bedenken gegen die Aussagen der Beamten Simons und Grünhagen auch dann durchgeschlagen hätten, wenn es nicht einen beamteten Gegenzeugen gegeben hätte, wage ich zu bezweifeln.

Wie schwer sich selbst dieses Gericht damit tat, beamteten Staatsdienern die Glaubwürdigkeit abzusprechen, wird recht deutlich, wenn man den Windungen der Beweiswürdigung im

Urteil nachgeht. Da heißt es zum Beispiel, daß »weder bei Simons noch bei Grünhagen ein Motiv zutage getreten« sei, die Angeklagte zu Unrecht zu belasten. Auch sei Grünhagen davon ausgegangen, daß Beamte des Verfassungsschutzes nicht als Zeugen freigegeben und ihre Aussagen nicht »gerichtsverwertbar« seien, so daß er sich habe ausrechnen können, »daß eine unzutreffende Bezichtigung zu keinen strafrechtlichen Nachteilen« – für wen wohl? – »für die Angeklagte führen werde«. Der Gedanke, daß Grünhagen unter dieser Voraussetzung keine strafrechtlichen Nachteile für sich selbst zu befürchten brauchte, ist dem Gericht nicht gekommen. Auch den Umstand, daß Grünhagens Bericht in die Aussage Simons eingegangen und dadurch eben doch »gerichtsverwertbar« geworden war, und daß Grünhagen dies auch wußte (»Der Vermerk des Exekutivbeamten ist entsprechend abgefaßt«), hatte der Verfasser des Urteils an dieser Stelle anscheinend wieder vergessen. Das prinzipielle Denkverbot, ein Beamter könne bewußt lügen, um Terroristen und andere Staatsfeinde ins Gefängnis zu bringen, ist allenthalben spürbar. Nein, ich fürchte, die Sache wäre anders ausgegangen, wenn wir nicht den Zeugen J. gehabt hätten.

Die beiden Staatsanwälte, die die Anklage vertraten, blieben bis zum Schluß dabei, daß Astrid Proll so, wie es Simons und Grünhagen geschildert hatten, auf diese Beamten geschossen habe. Es sei allerdings nicht mit Sicherheit nachzuweisen, daß sie deren Tötung in Kauf genommen hätte. Deshalb ließ man den Vorwurf des zweifachen Mordversuchs fallen und wollte die Angeklagte in diesem Fall nur wegen Widerstands gegen die Staatsgewalt, und zwar im besonders schweren Fall (§ 113 Ziffer 2 StGB), bestraft wissen.

So verlor der ursprünglich schwerste Fall der Anklage an Gewicht. Um so mehr Ehrgeiz entfalteten die Staatsanwälte, Astrid Proll wenigstens wegen ihrer angeblichen Beteiligung an einem Bankraub der Bande in Berlin schuldig sprechen zu lassen. Alles hing davon ab, ob dem tatbeteiligten Kronzeugen Karl-Heinz Ruhland geglaubt werden konnte. Und zu dieser Frage lieferte der Kollege Johannes Riemann ein sowohl rhetorisch als auch inhaltlich großartiges Plädoyer, das in der Presse mit Recht Beachtung fand und nicht nur bei uns Verteidigern die Hoffnung begründete, das Gericht werde sich auch hinsichtlich dieses Teils der Anklage, der einzig und allein auf der Aussage des Zeugen Ruhland beruhte, zu einem Freispruch

In deutschen Strafprozessen darf nicht fotografiert werden. Daher mußte sich auch im Proll-Prozeß der bekannte Gerichtszeichner Erich Dittmann bemühen, die Köpfe der Angeklagten und ihrer Verteidiger für die Öffentlichkeit abzubilden.

durchringen. Ich zitiere Norbert Lepperts Bericht in der *Frankfurter Rundschau* vom 7.2.1980:

Fünfeinhalb Jahre Einsatzstrafe hat die Staatsanwaltschaft für »Rosys« (Astrid Prolls; H.H.) angebliche Rolle im Raub an der Rheinstraße gefordert. Fünfeinhalb Stunden mühte sich Rechtsanwalt Johannes Riemann durch einen Berg von Beweisen – als wollte er mit jeder Stunde seines Plädoyers ein Jahr im Strafantrag abtragen, um am Ende seines unbestrittenen Glanzstückes dann den Freispruch zu fordern.

Was bei Proll-Verteidiger Professor Preuß gelegentlich zu kurz kam, führte Riemann gleichsam mit barocker Genüßlichkeit vor: eine Fülle von Details und Widersprüchen, die zusammengenommen in das Beweisbild der Anklage häßliche Löcher rissen. Riemanns Thema hieß Ruhland, und hatte es nahegelegen, daß die Verteidigung dessen Glaubwürdigkeit etwa mit der bezahlten Dauer-Zeugenschaft bestritt, puzzelte der Anwalt stattdessen vor einer aufmerksamen Richterbank heraus, daß Ruhland im konkreten Fall nicht Astrid Proll am Steuer eines Fluchtwagens habe sitzen sehen können.

Unverkennbar für die Prozeßbeobachter ist dem Gericht mit Riemanns Plädoyer elegant auch eine Brücke gebaut worden. Sollte es nämlich freisprechen, käme die Begründung fast ohne die leidige Historie um Ruhland, den »Kronzeugen«, aus. Was zählte, wäre der Bericht des Zeugen einzig in diesem Fall. Andere Verfahren, die Ruhland als Hauptbelastungszeugen hatten, blieben davon weitgehend unberührt – und Frankfurt müßte mit einem rundum für tauglich befundenen »Kronzeugen« nicht Lügen strafen, was in Prozessen gegen die RAF als wahr erachtet wurde.

Würde das Gericht die Brücke nutzen? Wir hofften es einerseits, sahen andererseits aber auch die Gefahr, daß ein Freispruch auch in diesem Anklagepunkt das Urteil, das, wie wir voraussahen, Astrid Proll im Hinblick auf die anzurechnende Untersuchungshaft die Freiheit bringen würde, in der Revisionsinstanz gefährden könnte. Realistischer Umgang mit dieser Strafjustiz kann mitunter bedeuten, lieber ein Fehlurteil in Kauf zu nehmen als weiteren Prozeßstreß mit ungewissem Ausgang zu riskieren. Und die Staatsanwälte, mit denen wir es im Frankfurter Schwurgerichtssaal zu tun hatten, wollten ihr Opfer nicht freiwillig aus den Fängen lassen. Sie vermißten noch gegen Ende der Hauptverhandlung von der Angeklagten – sie hatte sich dazu bekannt, daß sie zwar nicht ihre Meinung, aber ihr Leben geändert habe – weitere Bußfertigkeit: »Ihre Abkehr vom Terrorismus müßte deutlicher ausfallen.« Der *Spiegel* berichtete (4.2.1980):

Die Angeklagte, sichtbar verwirrt, bat um zehn Minuten Pause. Dann las sie einen Satz vom Zettel: Sie lasse sich nicht vom Schweigen abbringen, Wohlverhalten wolle sie nicht auf Abruf äußern, und sie finde es »unwürdig, einem Menschen in einer Zwangssituation öffentliche Bekenntnisse abzuverlangen«.

Ulrich Preuß, der die Verteidigerplädoyers mit einem leidenschaftlichen Grundsatzreferat eröffnet hatte, hatte noch einmal alle Manipulationen und Fälschungen des Akteninhalts im Vorfeld der Hauptverhandlung aufgelistet und der Staatsanwaltschaft mit schonungsloser Deutlichkeit vorgeworfen, ihre Pflicht zur Wahrheitsermittlung verletzt zu haben. Riemann und ich konnten, darauf aufbauend, uns mit sanfterer Tonlage begnügen. Mein Thema war, wie mit Preuß und Riemann verabredet, der Astrid Proll angelastete Verbrechenskomplex in Frankfurt:

Astrid Proll kann, was die Vorgänge in Frankfurt am 10.2.1971 anbelangt, weder ein Mordversuch noch Widerstand gegen Beamte angelastet werden. Astrid Proll ist wie ein gehetztes Wild weggelaufen. Ein Mensch, der hätte schießen können und schießen

INTERNATIONAL

Herald Tribu

Published with The New York Times and The Washington Post

*R ZURICH, SATURDAY-SUNDAY, FEBRUARY 23-24, 1980

nesco
Curbs
News

are some of its more
recommendations:
ship or arbitrary con-
nation should be abol-

al reservation to this
ation, commission
ei Losev, director-gen-
, wrote: "This whole
censorship or arbitrary
formation is within the
lation of each country
solved within the na-
framework taking in
ation the national in-
h country."
ountries should take
re admittance of for-
ondents and facilitate
on and transmission of
ccess to news sources
s is an indispensable
for accurate, faithful
l reporting. This neces-
s access to unofficial,
ficial sources of infor-
is, access to the entire
opinion within any

offered a written dis-
to this proposal.
ive legal measures
signed to: (a) limit the
ncentration and mono-
b) circumscribe the ac-
nationals by requiring
ply with specific crite-
ditions defined by na-
tion and development

the word "transnation-
carefully defined, the
debated at length and
a special meeting in

on Page 3, Col. 1)

SCHWURGERICHTSSAAL
146

Associated Press

Astrid Proll, a former member of the Baader-Meinhof terrorist group, leaves Frankfurt courtroom after sentencing Friday. She is accompanied by her lawyer, Heinrich Hannover.

Astrid Proll Guilty of Terrorism but Not Jailed

FRANKFURT, Feb. 22 (UPI) — Astrid Proll, once a leading member of the Baader-Meinhof terrorist group, was fined 4,500 marks ($2,600) today for robbery and forging official documents. But the court suspended a 5½-year jail sentence on grounds that she had already served two thirds of the sentence and had renounced terrorism.

Miss Proll began her terrorist activity in 1970, when she took part in a spectacular attack that freed Andreas Baader from a West Berlin jail. Robbing banks to buy their weapons and staging bomb attacks, kidnappings and murders, the group led by Baader and his girlfriend, journalist Ulrike Meinhof, waged a 10-year war against the West German establishment beginning in the late 1960s.

Miss Proll was first arrested in 1971 but not brought to trial until September, 1973. The proceeding was interrupted the following February when she became ill, and eight weeks later she fled. She remained free until September, 1978, when she was arrested in London. She had married and was working as a car mechanic.

The terrorist group itself has been dormant for more than two years following the death of Baader and two of his main followers.

Saturday Departure Scheduled

Brezhnev (

Kabul
Under

From Agency Dispatches

NEW DELHI, Feb. 22 — The Soviet-supported regime in Afghanistan today declared martial law in Kabul after gunfire and mass demonstrations erupted during a dramatic national general strike, reports reaching here from the Afghan capital said. Soviet forces were reported called into Kabul to prop up the weakening authority of the regime of Babrak Karmal.

In Moscow, Soviet President Leonid Brezhnev declared today that the Soviet Union will pull its troops out of Afghanistan if the United States and Afghanistan's neighbors guarantee an end to "outside interference" in the Moslem nation.

The statement, in a toughly worded speech, came three days after European Economic Community foreign ministers proposed that the Afghan crisis be resolved through international guarantees of the country's neutrality.

It was difficult to assess immediately whether Mr. Brezhnev's call for U.S. guarantees was intended as an endorsement of the neutralization proposal and an overture to the Carter administration, or was meant to deflect international pressure onto the United States.

Refinement Seen

Mr. Brezhnev's remarks were seen by a Western diplomat as a refinement of the existing Soviet position, which was that withdrawal from Afghanistan would be possible only when outside support for the rebels ceased, Craig Whitney of The New York Times reported from Moscow.

By raising the idea of a "guarantee" by the United States and "the

Das Verfahren gegen Astrid Proll fand in der internationalen Presse Beachtung.

wollen, hätte sich wahrscheinlich anders verhalten. Ein Glück, möchte ich sagen, daß Grünhagen keine Waffe hatte, und daß Simons erst zum Schießen kam, als Astrid Proll weit genug entfernt war, um ihm noch ein Ziel zu bieten. Astrid Proll wäre nicht das erste Opfer angeblich in Notwehr oder Putativnotwehr (irrtümliche Annahme einer Notwehrsituation; H. H.) handelnder Beamter gewesen. Aber was sie nicht mit der Kugel geschafft haben, das hätten sie beinahe noch mit dem Wort geschafft. Auch Worte können töten. Und das falsche Zeugnis von Grünhagen und Simons hätte diese Frau, die den ungeheuren Belastungen der Haft nicht gewachsen war, fast das Leben gekostet. Ich meine, dem Freispruch für Astrid Proll sollte die Anklage gegen Grünhagen und Simons auf dem Fuße folgen.

Freispruch für Astrid Proll in Sachen Frankfurter Schußwechsel und fünfeinhalb Jahre Freiheitsstrafe wegen des Berliner Bankraubs, sowie 4500 Mark Geldstrafe für die Verwendung falscher Personalpapiere; Aussetzung des noch nicht durch Untersuchungshaft verbüßten Strafrestes zur Bewährung. So sah die Entscheidung aus, die am 22. Februar 1980 verkündet wurde. Und eine glückstrahlende Astrid konnte den Gerichtssaal als freier Mensch verlassen.

Anklage gegen Grünhagen und Simons wegen Falschaussage? Das blieb ein frommer Wunsch. Sie galten auch weiterhin als geeignet, dem Wohle des Staates zu dienen. Und auch von einem Karriereknick der Frankfurter Staatsanwälte, die sich dieses Kriminalstück hatten bieten lassen, hat man nichts gehört.

Es war Ulrich Preuß zu verdanken, daß die Revision gegen das Urteil der Frankfurter Strafkammer durchgeführt wurde und eine Reduzierung der für den Bankraub verhängten Strafe auf die gesetzliche Mindeststrafe von fünf Jahren erbrachte. Zwar folgte der BGH nicht dem Antrag der Revision, das Verfahren wegen der gesetzwidrig erwirkten Auslieferung einzustellen. Aber er fand einen Rechtsfehler darin, daß bei der Strafzumessung ein weiterer Banküberfall der Bande zu Lasten der Angeklagten berücksichtigt wurde, der nicht mehr Gegenstand des Verfahrens war. Für Astrid Proll war die Bedeutung dieser kosmetischen Korrektur des Frankfurter Urteils nicht groß, da sie auch ohnedies in Freiheit geblieben wäre. Sie hat ihre Freiheit jedenfalls gut genutzt und sich in ihrem Beruf als Pressefotografin Ansehen erworben. Nach ihren Angstträumen habe ich sie lieber nicht befragt.

9. Eine öffentliche Rekrutenvereidigung und ihre Folgen (1980)

Am 6. Mai 1980 demonstrierten in Bremen etwa 15000 Menschen gegen die im Weser-Stadion durchgeführte öffentliche Vereidigung von 1700 Rekruten, die auch wegen ihres Zeitpunktes (zwei Tage vor dem 35. Jahrestag der Kapitulation der Hitler-Wehrmacht) in der Öffentlichkeit sehr umstritten war. Die von oppositioneller Seite als Provokation und politische Instinktlosigkeit charakterisierte Veranstaltung fand in Anwesenheit des wegen seiner politischen Vergangenheit angefochtenen Bundespräsidenten Karl Carstens statt, eine Personifizierung deutscher Kontinuität, die zusätzlichen Zündstoff lieferte. Es kam zu Ausschreitungen, die im Werfen von Steinen und im Anzünden und Umwerfen von Militärfahrzeugen gipfelten. Entsprechend rabiat waren die Maßnahmen der Staatsgewalt, die nach üblichem Muster das Ausflippen Einzelner (wenn nicht gar die bestellte Arbeit von Provokateuren) zum Anlaß nahm, Tausende von antimilitaristisch gesinnten Demonstranten als Kollektivschuldige zu behandeln.

Einer der betroffenen Bürger, der medizinische Bademeister Horst K., beauftragte mich mit einer Strafanzeige gegen unbekannte Polizeibeamte. Ihm waren von Polizeibeamten 9 Zähne ausgeschlagen sowie ein Unterkiefer- und ein Nasenbeinbruch zugefügt worden; außerdem hatte er an verschiedenen Körperstellen Prellungen von Stockschlägen erlitten. Mein Mandant hatte unbewaffnet und ohne durch Helm oder wasserdichte Kleidung geschützt zu sein an der Demonstration teilgenommen und wiederholt auf andere einzuwirken versucht, unnötige Provokationen der Polizei zu unterlassen.

Am späten Abend, als sich das Gros der Demonstranten bereits verlaufen hatte, gehörte er zu einer Gruppe, die sich auf dem Osterdeich, einer parallel zur Weser verlaufenden Straße, vom Ort der Demonstration entfernte. Die Polizei fand einen Anlaß, die Straße und den Abhang bis zur Weser hinunter zu räumen. Auf diesen Abhang hatte sich der Bademeister ge-

Polizeibeamte in Zivil und Uniform, die mit Steinen beworfen wurden, werfen Steine zurück auf die Demonstranten. Der als Pressefotograf ausgewiesene Rechtsanwalt Dr. Rolf Gössner wurde wegen dieser unerwünschten Dokumentation polizeilicher »Diensthandlungen« abgeführt und geschlagen.

flüchtet, als der Sturm begann. Er wurde sodann von Beamten, die den Abhang in ganzer Breite durchkämmten, geschlagen, zu Fall gebracht und auf dem Boden liegend weiter geschlagen. Er spürte, wie ihm im Mund einiges kaputt ging. Nachdem er schon im schwer verletzten Zustand einige Zeit im Gras gelegen hatte, kamen nochmals Polizeibeamte und schlugen wieder auf ihn ein, obwohl er so laut er konnte rief: »Hört doch endlich auf!« Aus den Reihen der Beamten hörte er Äußerungen wie »Das Schwein hat noch nicht genug. Immer drauf! Das Schwein kann noch mehr vertragen.« Endlich hörte er einen der Beamten sagen: »Der hat genug« sowie die Aufforderung: »Geh hoch, da oben warten Krankenwagen auf dich.«

Natürlich war mein Mandant nicht in der Lage, irgendwelche Personenbeschreibungen abzugeben. In der Strafanzeige bat ich die Staatsanwaltschaft, die Ermittlungen auf die Verantwortlichen für diese offensichtliche Überschreitung polizeilicher Befugnisse zu erstrecken.

Das Ergebnis meiner Strafanzeige entsprach den Erfahrungen, die ich auch sonst mit Strafanzeigen gegen Polizeibeamte gemacht habe: das Verfahren wurde eingestellt. Im Einstellungsbescheid der Staatsanwaltschaft vom 16.9.1981 hieß es, ein Täter habe nicht ermittelt werden können. Die befragten Einheitsführer hätten erklärt, daß ein derartiges Vorkommnis weder gesehen noch gemeldet worden sei. Von einer Befragung sämtlicher Angehörigen der betreffenden Einheit habe er Abstand genommen, da dieses Vorgehen nicht erfolgversprechend sei. Wegen der »Vielzahl gleichartiger Geschehen« bei der Räumung des Osterdeiches sowie der damals allgemein herrschenden Hektik und Aufregung erscheine es illusorisch, unter den Beamten Zeugen zu finden, die Übergriffe ihrer Kollegen beobachtet haben könnten. Diese Annahme werde bestätigt durch die Ergebnisse zu drei ähnlich gelagerten Fällen, die sich ebenfalls bei der Räumung des Osterdeichs nach 22 Uhr abgespielt hätten. Zu diesen seien den ca. 370 Beamten Fragebogen vorgelegt worden, »doch konnte dadurch kein einziger Augenzeuge ausfindig gemacht werden«.

Ein seltsames Verfahren, an Personen, die nicht nur als Zeugen, sondern auch als Täter in Frage kamen, Fragebogen zu verteilen, die sie im stillen Kämmerlein, wahrscheinlich aber im Rahmen einer vergnüglichen Kollektivveranstaltung ausfüllen durften. Keiner brauchte zu befürchten, wegen Körperverletzung im Amt oder wegen falscher Aussage oder Meineids angeklagt zu werden, wenn er alle Fragen, ob er die geschilderten Mißhandlungen gesehen habe, schlicht verneinte. Das Interesse des Staatsanwalts, die Wahrheit zu erfahren, war offenbar nicht groß. Sie hätte nicht zu dem Bild des streng gesetzmäßig handelnden und allezeit glaubwürdigen Polizeizeugen gepaßt, den die Justiz zur Abstrafung aufmüpfiger und deshalb verdientermaßen verprügelter Bürger braucht.

Bei den anderen drei erwähnten Fällen, zu denen der Staatsanwalt 370 Beamte mittels Fragebogen ergebnislos befragt hatte, handelte es sich um drei Frauen, die unabhängig voneinander Anzeige erstattet hatten. Die eine hatte geschildert, wie sie von Beamten eingeholt, auf Kopf, Arme und Rücken geschlagen und auch getreten worden sei; sie habe versucht, über einen Zaun in einen Vorgarten zu klettern; dabei sei sie von Beamten zurückgerissen und weiter mit Knüppeln geschlagen worden; mit dem Schlagen hätten die Beamten erst aufgehört, nachdem ein anderer Beamter sie mit seinem Schlagstock daran gehindert habe. Also einen, der die Frau vor weiteren Schlägen schützen wollte, hatte es gegeben, aber auch sein Mut hatte nicht dazu gereicht, im Fragebogen die Wahrheit zu sagen.

Die zweite, Jahrgang 1923, hatte beschrieben, wie sie, ohne dazu einen Anlaß geboten zu haben, von drei Polizeibeamten zusammengeschlagen und weiter geschlagen worden sei, als sie schon auf der Fahrbahn des Osterdeichs lag. Ein Beamter sei kurz darauf zu ihr gegangen, habe sie in die Seite getreten und gesagt: »Steh auf, du Sau!« Ein anderer Beamter habe gesagt: »Es ist eine alte Frau.« Dennoch hätten andere Polizeibeamte sie erneut geschlagen.

Die dritte Frau hatte folgendes Erlebnis geschildert: Sie sei bei einem Angriff durch Polizeibeamte aus der Linie der Demonstranten herausgerissen worden und habe einen Schlag über den Hinterkopf erhalten, worauf sie niedergestürzt und vermutlich kurze Zeit bewußtlos gewesen sei. Als sie wieder erwacht sei, hätten Polizeibeamte auf sie eingeschlagen und sie mit Stiefeln getreten. Die Beamten hätten geschrien: »Aufstehen, weitergehen, du Dreckstück!«

Für alle diese polizeilichen Gewalttaten hat die Staatsanwaltschaft keine Schuldigen gefunden. Auch eine strafrechtliche Verantwortlichkeit der Einsatzleitung wurde für den Fall, daß es überhaupt »zu Übergriffen einzelner Beamter gekommen sein sollte«, verneint.

Ich legte für meinen Mandanten, den verletzten Bademeister, gegen den Bescheid der Staatsanwaltschaft Beschwerde ein. Aber auch die Generalstaatsanwaltschaft fand das Verfahren in Ordnung und wies meine Beschwerde zurück. »Ich gehe einmal davon aus«, hieß es da, »daß sich der Vorfall so zugetragen hat, wie Herr K. ihn schildert.« Dann hätten sich nicht nur die prügelnden Polizisten, sondern auch diejenigen Beamten strafbar gemacht, die den Vorfall beobachtet, aber nicht gemeldet hätten (Strafvereitelung im Amt). Und was ergibt sich daraus für eine zur Verfolgung von Straftaten zuständige Behörde? Ein argumentativer Salto, wie ihn nur verfolgungsunwillige Juristen zustandebringen:

Es liegt nichts dafür vor, daß diese Beamten jetzt bereit wären, Hinweise auf die Täter zu geben und sich damit selbst zu belasten. Ich verspreche mir deshalb von einer erneuten Befragung der an dem Einsatz beteiligten Beamten keine Aufklärung.

Ein juristischer Freibrief für künftige Fälle. Weil von Beamten, die an einem polizeilichen Prügeleinsatz beteiligt waren, nicht zu erwarten ist, daß sie die Wahrheit sagen, wird eine Vernehmung unterlassen. Man stelle sich ein derartiges Prinzip einmal in einem Verfahren vor, in dem es um die Aufklärung von Taten einer kriminellen oder terroristischen Vereinigung geht. Die Strafprozeßordnung sieht für die Vernehmung von tatverdächtigen Beschuldigten und Zeugen bestimmte Belehrungspflichten vor, die sie vor Selbstbelastungen schützen sollen; aber einen generellen Verzicht auf die Vernehmung solcher Personen kennt die Strafprozeßordnung nicht.

Wenn es darum geht, die Täter polizeilicher oder militärischer Gewaltakte laufen zu lassen und dafür Begründungen zu formulieren, ist der Erfindungsreichtum deutscher Richter und Staatsanwälte unbegrenzt. Das juristische Handwerkszeug ist vielgestaltig und für den Nichtjuristen oft unverständlich, ihm fällt es gar nicht auf, daß die Gesetze je nach Bedarf mal so und mal anders interpretiert werden. Aber der einfachste Weg ist natürlich der, staatliche Gewalttäter gar nicht erst zu finden, und auch das entspricht alter deutscher Justiztradition. Paul Levi, der große politische Strafverteidiger der Weimarer Republik, hat den Eifer deutscher Staatsanwälte bei der Verfolgung rechter Gewalttäter mit dem eines Jagdhundes verglichen, der zur Jagd getragen werden muß. Und daraus beziehen Staatsgewalttäter immer wieder den traurigen Mut, ihre aufgestaute Wut über Störungen der herrschenden Ordnung an Wehrlosen auszutoben. Auch die Beamten, die am späten Abend des 6. Mai 1980, als alles vorbei war, ihr Mütchen an einer kleinen Gruppe friedlich abziehender Demonstranten gekühlt haben, brauchten keine Strafe zu fürchten und durften weiterhin Dienst tun, gestärkt in dem Bewußtsein, daß sie sich auf diese Justiz verlassen konnten.

10. Eine Verteidigung in Stammheim. Der Fall Peter-Jürgen Boock (1981–1986)

Eine Verteidigung in Stammheim hätte ich mir gerne erspart. Kurz vor Beginn des Prozesses gegen Andreas Baader, Ulrike Meinhof, Jan-Carl Raspe und Gudrun Ensslin im Mai 1975 waren die Stammheimer Gefangenen auf der Suche nach neuen Verteidigern gewesen, weil sie durch Änderungen der Strafprozeßordnung und darauf beruhende Gerichtsbeschlüsse einige ihrer bisherigen Verteidiger verloren hatten. Jan-Carl Raspe, den ich zur Zeit meines Meinhof-Mandats, als ein Anwalt noch mehrere derselben Tat Beschuldigte verteidigen durfte, einige Male in der Untersuchungshaftanstalt Köln-Ossendorf besucht hatte, versuchte in einem langen Telefongespräch, mich zur Übernahme seiner Verteidigung in der Stammheimer Hauptverhandlung zu überreden. Aber ich habe mich geweigert. Mein Konflikt mit Ulrike Meinhof, der in grundsätzlichen Meinungsverschiedenheiten über Sinn und politische Rechtfertigung des Konzepts Stadtguerilla wurzelte, hatte mich belehrt, daß die Vorstellungen der Stammheimer Gefangenen, wie sie verteidigt werden wollten, mit meinen eigenen Vorstellungen unvereinbar waren. Aber es kamen auch ganz persönliche Gründe hinzu. Ich wußte von dem furchtbaren Prozeßklima, von den Verdächtigungen und Beschimpfungen, den entwürdigenden Durchsuchungen, denen die Verteidiger ausgesetzt waren. Ich hatte auch die existenzgefährdende finanzielle Belastung durch derartige Großprozesse kennengelernt und kannte die rücksichtslose Terminplanung autoritärer und anwaltsfeindlicher Vorsitzender, die den Verteidigern einen zeitlichen Einsatz abfordert, neben dem jede anwaltliche Tätigkeit für andere Mandanten zum Erliegen kommt. Auch die öffentliche Diskriminierung als »Terroristenverteidiger« und deren Folgen im privaten und im beruflichen Bereich hatte ich zur Genüge kennengelernt. Es war vorauszusehen, daß eine Verteidigung in Stammheim alle bisherigen Belastungen noch übertreffen würde, zumal ich aus meinen Erfahrungen mit

Ulrike Meinhof wußte, daß auch von seiten der Angeklagten Zumutungen und Anfeindungen zu erwarten waren, denen ich mich nicht aussetzen wollte. Irgendwo, so sagte ich mir, hat auch mein Verteidigeridealismus eine Grenze, wo ich anfangen muß, an meine eigenen Interessen, an meine Gesundheit und meine finanziellen Möglichkeiten zu denken.

Daß ich dennoch in Stammheim verteidigen mußte, verdankte ich einem Mandat, das ich unter hier nicht näher zu erörternden falschen Voraussetzungen übernommen habe, zu denen jedenfalls auch die gehörte, daß ich mit einer Hauptverhandlung in Hamburg und einem Verfahren in der angenehmen Atmosphäre des Proll-Prozesses rechnen zu können glaubte. Es ging um die Verteidigung von Peter-Jürgen Boock, der sich schon ein Jahr vor seiner im Januar 1981 erfolgten Festnahme von der RAF getrennt hatte und nach meiner damaligen Einschätzung als RAF-Aussteiger das von maßgebenden Politikern und Juristen immer wieder versprochene »faire Verfahren« zu erwarten hatte. Nachdem Boock die Hoffnung der Bundesanwaltschaft enttäuscht hatte, sich als Kronzeuge gegen seine ehemaligen Genossen gebrauchen zu lassen, war die Stimmung in Karlsruhe jedoch gegen ihn und seinen Verteidiger umgeschlagen und hatte dazu geführt, daß keine Möglichkeit zu Schikanen ungenutzt blieb, um die Verteidigung so rigoros wie möglich zu erschweren. Dazu gehörte auch die Anklageerhebung in Stuttgart-Stammheim, die für den in Hamburg wohnhaften Angeklagten und seinen in Bremen ansässigen Verteidiger schon wegen der räumlichen Distanz unangenehmste örtliche Zuständigkeit, deren Wahl man prompt mit einem Antrag begleitete, den bisherigen Pflichtverteidiger, also mich, seines Amtes zu entschlagen und einen neuen Verteidiger aus Stuttgart zu bestellen. Dieser plumpe Versuch, den unbequemen Verteidiger aus Bremen, zu dem Boock ein Vertrauensverhältnis entwickelt hatte, abzuschütteln, spornte meinen Widerstand. Und so lud ich mir einen fürchterlichen Prozeß auf, der mich sowohl gesundheitlich als auch finanziell an den Rand des existenziellen Abgrunds gebracht hat. Schon die äußeren Bedingungen waren zermürbend: die Verhandlungstage waren gegen meinen Widerspruch so gelegt, daß man 15 Monate lang fast jeden Tag (abgesehen von kurzfristig abgesagten Terminen) in den Abendstunden auf Reise war und im Hotel übernachten mußte; die Übernahme anderer Mandate war praktisch unmöglich (auch kurzfristig abgesagte Ter-

Die Stammheimer Justizfestung zur Zeit des Boock-Prozesses

mine kann ein Strafverteidiger in der Regel nicht für andere Sachen nutzen); das Entgelt als Pflichtverteidiger, die sogenannte Pauschgebühr, wurde von den Richtern des OLG ohne Rücksicht auf die tatsächlichen Kosten einer Anwaltspraxis festgesetzt (oft hatte ich am Ende eines Monats noch nicht einmal das Gehalt meiner Sekretärin hereinverdient); Durchsuchungen beim Betreten des festungsartig gesicherten Gebäudes (»Mehrzweckhalle«), in dem die Verhandlung stattfand, zeugten vom Erfolg der gegen »Terroristenverteidiger« geführten Verdächtigungskampagne, ebenso die feindselige und oft bösartige Tonlage im Gerichtssaal und die rigorose Ablehnung fast aller von uns gestellten Anträge; ein Klima, das geeignet und darauf angelegt ist, Menschen fertigzumachen. Nachdem alles überstanden ist, kann ich heute glücklicherweise sagen: ich möchte auch diese Erfahrung nicht missen. Denn sie hat mir eine Seite deutscher Justizausübung gezeigt, die ich, wenn ich sie nicht selbst erlebt hätte, nicht für möglich gehalten hätte.

Der Prozeß gegen Peter-Jürgen Boock fand in den Medien ein großes Interesse. Es ging um die Glaubwürdigkeit des offiziell angekündigten fairen Umgangs mit »Aussteigern aus dem Terrorismus«, die schon mit der Wahl des Gerichtsorts einen ersten Riß erlitten hatte. Boock hatte seine Abkehr von der

RAF in einem von der Redaktion des Blattes großaufgemachten *Spiegel*-Interview begründet (*Spiegel* vom 23.2.1981), das ihm von der Bundesanwaltschaft – und nicht nur von ihr – sehr verübelt wurde, weil er gleichzeitig sich gegen Vernehmungsversuche sperrte mit der Begründung, seine früheren Genossen nicht verraten zu wollen. Seitens der Bundesanwaltschaft wurde ihm unterstellt, daß es ihm nur um das vom *Spiegel* gezahlte Honorar gegangen sei. In Wahrheit hatte Boock eine Möglichkeit gesucht, einen nach seinen Informationen bevorstehenden Anschlag auf das Heidelberger Schloß in der Weise zu verhindern, daß die Veröffentlichung des Plans Polizei und RAF gleichzeitig warnte, ohne daß es zu Verhaftungen kam. Man hätte voraussehen können, daß Bundesanwaltschaft und RAF sich in dem Bemühen treffen würden, den Attentatsplan als Hirngespinst abzutun. Aber man hätte wohl erwarten dürfen, daß Boocks offen bekannte Abkehr vom Konzept des bewaffneten Widerstands auch von den Anklägern in Karlsruhe mit einem gewissen Maß an Fairneß honoriert werden würde.

Daß auch Schuldige einen Anspruch auf einen fairen Prozeß haben, gerät immer wieder in Vergessenheit. Vor allem dann, wenn das schließlich ergangene Urteil in der Sache richtig zu sein scheint. Und so ist es um das Verfahren gegen den RAF-Aussteiger Peter-Jürgen Boock still geworden, nachdem dieser öffentlich eingestanden hat, daß er seine Beteiligung an den mit mehreren Morden verbundenen Anschläge gegen Jürgen Ponto und Hanns-Martin Schleyer wahrheitswidrig bagatellisiert hatte. Es ist für mich nicht leicht, diesen Fall darzustellen, ohne die Grenzen zu überschreiten, die mir als einem seiner Verteidiger durch fortwirkende anwaltliche Pflichtbindungen gezogen sind. Aber mein Buch wäre unvollständig, wenn ich diesen aufreibendsten Prozeß meiner Anwaltslaufbahn auslassen würde. Und so wähle ich aus der Fülle dessen, was über diesen Prozeß zu sagen wäre, ein für das Ganze typisches Kapitel aus, das auf jeden Fall gültig bleibt und die Interessen meines einstigen Mandanten nicht verletzen kann, nämlich die Art und Weise, wie über die Frage seiner Drogenabhängigkeit Beweis erhoben worden ist.

Die erste Hauptverhandlung fand vom 25. Januar 1983 bis zum 7. Mai 1984 vor dem 2. Strafsenat des Oberlandesgerichts Stuttgart statt und endete mit einer Verurteilung des Angeklagten zu dreimal lebenslanger und weiteren 15 Jahren Frei-

Mit Wolf Römmig während des Boock-Prozesses in Stammhein

heitsstrafe. Er wurde schuldig befunden, im Jahr 1977 an den Terroranschlägen auf Jürgen Ponto, Hanns-Martin Schleyer und dessen Begleiter sowie an dem versuchten Raketenbeschuß des Gebäudes der Bundesanwaltschaft in Karlsruhe als Mittäter beteiligt gewesen zu sein.

Es ging in diesem Verfahren u.a. um die Frage, ob Boock im Zeitpunkt der ihm vorgeworfenen Taten wegen Drogenabhängigkeit vermindert schuldfähig gewesen ist. Zu dieser Frage hatte ein pensionierter Heidelberger Psychiater, Professor Dr. Hans-Joachim Rauch, ein schriftliches Gutachten erstattet, das nach Auffassung der Verteidigung (Boock wurde damals von dem Hamburger Kollegen Wolf Römmig und mir verteidigt) an erheblichen Mängeln litt. Es gab weder die körperlichen Befunde noch Boocks Angaben über die verbrauchten Drogenmengen richtig wieder und gipfelte in der, später von anderen Sachverständigen als methodisch fehlerhaft und wissenschaftlich unhaltbar bezeichneten Schlußfolgerung, daß Boock, wenn er die in der Anklage behaupteten Taten begangen habe, nicht drogenabhängig gewesen sein könne. Eine logische Umkehrung der Kausalitäten, die nichts von der für jeden Angeklagten geltenden Unschuldsvermutung wußte.

Bevor Rauch am 21. April 1983 als Sachverständiger zu seinem Gutachten gehört wurde, stellten wir einen Antrag, in dem wir ihn als befangen ablehnten. Er sei, so hieß es in dem Antrag, durch seine politische Vergangenheit disqualifiziert und habe auch früher schon Gutachten erstattet, die auf ungenügender, oberflächlicher Untersuchung beruhten. Aus der Begründung des Antrags:

Der Sachverständige Professor Rauch mit seiner Assistentin im Gerichtssaal

Dem Angeklagten ist bekanntgeworden, daß Herr Professor Rauch als »strammer Nationalsozialist« galt. Ihm ist weiter bekanntgeworden, daß Herr Professor Rauch aufgrund dieser politischen Einstellung bei einem kurz vor Kriegsende durchgeführten Strafverfahren seine Pflichten als Sachverständiger in eklatanter Weise verletzt hat. Es handelt sich um einen Vorfall, bei dem Herr Rauch aufgrund völlig ungenügender Untersuchung ein Fehlgutachten erstattet hat, das die Hinrichtung des Betroffenen zur Folge gehabt hätte, wenn nicht die Fehlerhaftigkeit des Rauch-Gutachtens vom Gerichtsherrn erkannt worden wäre und zu einer Überprüfung des Urteils und des Gutachtens geführt hätte.

Dem Ablehnungsantrag war eine eidesstattliche Versicherung des Facharztes für innere Medizin Dr. Klaus Knapp aus Wiesloch beigefügt, der im Februar 1945 eine Berufungsverhandlung vor einem Kriegsgericht miterlebt hatte, bei der über Rauchs Gutachtertätigkeit folgendes zur Sprache gekommen war: Ein Soldat, der bereits in den zwanziger und dreißiger Jahren mehrfach wegen hochgradigen Schwachsinns in psychiatrischen Kliniken und Krankenhäusern begutachtet, als nicht zurechnungsfähig beurteilt und in der Nazizeit wegen seines Schwachsinns zwangssterilisiert worden war, war 1944 als Soldat eingezogen worden und seinem Unteroffizier als schwachsinnig aufgefallen. Dieser meldete es dem Kompanieführer. Eine Untersuchung beim Truppenarzt führte zu einer psychiatrischen Begutachtung in der Psychiatrischen Klinik in Heidelberg. Diese erfolgte durch Herrn Rauch, damals Universitätsdozent und Militärstabsarzt. Ein Unteroffizier, der den Soldaten zur Begutachtung führte, hat später den Ablauf der »Begutachtung« so geschildert: Soldat und Unteroffizier betraten das Zimmer des Herrn Rauch, worauf dieser den Soldaten anschrie: »Stehen Sie stramm! Machen Sie mir nichts vor!

KV!«. KV bedeutete damals: kriegsverwendungsfähig. Die »Begutachtung« hat, nach der Aussage des begleitenden Unteroffiziers, höchstens eine Minute gedauert. Der Soldat wurde aufgrund dieser Beurteilung vom Divisionsgericht als Simulant betrachtet und wegen Zersetzung der Wehrkraft (§ 5 Kriegssonderstrafrechtsverordnung) zum Tode verurteilt.

Zur Vollstreckung des Urteils war die Unterschrift des kommandierenden Generals erforderlich. Nachdem dieser die umfangreiche Akte über den früher diagnostizierten Schwachsinn des Soldaten eingesehen hatte, die auch Rauch vorgelegen hatte, verweigerte er seine Unterschrift und ließ den Soldaten in der psychiatrischen Abteilung des Reservelazaretts in Wiesloch nochmals untersuchen. Dort wurde der hochgradige Schwachsinn bestätigt und der Soldat als nicht zurechnungsfähig beurteilt. Er wurde in der Berufungsverhandlung freigesprochen und anschließend aus der Wehrmacht nach Hause entlassen, wo er wie bisher wegen völliger Harmlosigkeit frei und von seiner Ehefrau behütet weiterlebte.

Der Arzt, dem wir die Kenntnis dieser Episode aus dem Vorleben des Sachverständigen Rauch verdankten, teilte ergänzend noch mit, daß der Gutachter in Wiesloch, Oberstabsarzt Dr. Schwenninger, Psychiater, ihn auf diesen Fall als Lehrbeispiel aufmerksam gemacht, ihn zu der Verhandlung eingeladen und in der Verhandlung die Umstände der Begutachtung durch Rauch absichtlich ausführlich behandelt habe. Schwenninger sei ein Gegner des Naziregimes gewesen und habe Rauch als strammen Nationalsozialisten gekannt und bezeichnet.

Wir verbanden unseren Ablehnungsantrag gegen Rauch mit einem Antrag, an seiner Stelle einen anderen Sachverständigen zu bestellen und schlugen vor: Prof. Dr. Rasch (Berlin), Prof. Dr. Specht (Göttingen) oder Prof. Dr. Bschor (Berlin), drei hochangesehene Wissenschaftler mit forensischer Erfahrung auf dem Gebiet der Drogenabhängigkeit.

Für die Bundesanwaltschaft nahm der Oberstaatsanwalt Pflieger zum Ablehnungsantrag Stellung. Es handle sich um den Versuch, einen Sachverständigen abzuschießen, der zu einem Ergebnis gekommen sei, das dem Angeklagten nicht behage. Man versuche, aus der Vergangenheit etwas hervorzukramen, und man habe dann eine Geschichte gefunden, die seit Jahr und Tag bekannt und in verschiedenen Verfahren ohne Erfolg vorgebracht worden sei. Es sei eine Ungehörigkeit, diesen Antrag heute vorzutragen, um hier vor Publikum schmutzige

Wäsche zu waschen. Herr Rauch sei seit Jahren als anerkannte Kapazität bekannt.

Professor Rauch selbst erklärte, die Sache sei von hinten bis vorne erlogen. Er habe nie an einer Kriegsgerichtsverhandlung teilgenommen (das war auch nicht behauptet worden; die Vorlage seines schriftlichen Gutachtens hatte genügt). Er habe auch nie einen derartigen Fall bei der Militärgerichtsbarkeit begutachtet, daran würde er sich erinnern. Es widerspreche auch der Art, wie er begutachte. Es gebe natürlich Fälle, wo man schon beim Betreten des Zimmers durch den Patienten die Diagnose stellen könne. Aber das sei eine grobe Verleumdung, gegen die er gerichtlich noch nicht vorgegangen sei, weil ein Anwalt ihn dahin beraten habe, daß nach der Art, wie das vorgebracht worden sei, schwer eine Bestrafung zu erwirken sei. Im übrigen sei er nie Mitglied der NSDAP gewesen. Er habe Boock auch körperlich untersucht und nichts gefunden, was auf Injektionen schließen lasse. Natürlich habe er eine andere Einstellung als Boock, aber er habe die Untersuchung nicht von vornherein mit der Absicht durchgeführt, ihn als zurechnungsfähig hinzustellen.

Unser Ablehnungsantrag wurde vom Gericht abgelehnt und Rauch als Sachverständiger vernommen. Das war am 21. April 1983.

Am 25. April 1983 veröffentlichte die *taz* einen Artikel von Götz Aly, der die NS-Vergangenheit des Professor Rauch zum Gegenstand hatte und offenbarte, daß dieser als Assistent des berüchtigten »Euthanasie«-Professors Carl Schneider an den Massenmorden der Nazis an geisteskranken Menschen beteiligt war. Rauch hatte unter Schneiders Anleitung in einer Abteilung des auf Anweisung der »Kanzlei des Führers« gegründeten Instituts in Heidelberg-Wiesloch gearbeitet, die sich, wie Aly mitteilte, mit »Begutachtung und Tötung verkrüppelter oder geistig behinderter Kinder« befaßte. Dort wurden die Gehirne der getöteten Kinder wissenschaftlich ausgewertet, nachdem Schneiders Assistenten zuvor an den lebenden Kindern eingehende klinische Befunde erhoben hatten. Schneider hat sich »regelrecht Gehirne von lebendigen Menschen bestellt«. Aly zitiert eine Äußerung Schneiders nach einer Kommissionsreise durch Lothringen: »Ich habe sehr viele schöne Idioten gesehen«, man müsse unbedingt ihre Gehirne untersuchen. Aly:

Die Kinder wurden in der Regel mit Luminalspritzen getötet und in der Krankengeschichte »Lungenentzündung« als Todesursache vermerkt.

In diese Forschungspraxis war Hans-Joachim Rauch eingebaut.

Sodann teilte Aly einen Vorgang mit, bei dem die Mitwirkung Rauchs durch einen Brief seines Chefs Schneider zu belegen ist. Ende 1941 waren die Kindertötungen in Wiesloch ins Stocken geraten, nachdem der damit beauftragte Medizinalrat Schreck es abgelehnt hatte, die Tötungen von eigener Hand durchzuführen, und Unruhen beim Pflegepersonal eingetreten waren. So wurden nunmehr die Kinder in Wiesloch in einer sogenannten »Forschungsabteilung« nur noch untersucht und begutachtet und sodann zur Tötung in die Anstalt Eichberg bei Eltville verlegt. Götz Aly berichtet:

Dort werden sie getötet, seziert, werden ihnen die Gehirne entnommen und in eigens angefertigten Kisten nach Heidelberg geschickt. Für diesen ganzen Vorgang ist Hans-Joachim Rauch zuständig. Am 2.9.1944 schreibt sein Chef Carl Schneider an seinen Freund Nitsche: »Wie Sie wissen, sind die Kinder in unserem Auftrag durch die Transportgesellschaft nach dem Eichberg verlegt worden. Der Eichberg behauptet nun, nichts davon gewußt zu haben, daß die Kinder bei uns waren, trotzdem doch alle Schritte durch uns gegangen sind und eigentlich ja alle Vereinbarungen in dieser Richtung getroffen waren ... Man behauptet auf dem Eichberg, man hätte nichts mehr von der Fortführung unserer Untersuchungen gewußt, trotzdem ab und zu einmal einer der Mitarbeiter da war. Als dann vor einigen Tagen auf meine Veranlassung Herr Dr. Rauch die ganze Frage der Gehirnentsendung noch einmal im Eichberg besprach, stellte sich heraus, daß unsere Versandgefäße da waren. Sie waren nur versteckt worden und dem Direktor gesagt, es wären keine gekommen. Auch erwies sich, daß im Eichberg zu wenig Formalin da war, so daß die Gehirne verdorben sind. Ein Teil der Kinder ist nicht seziert. Auf jeden Fall werden wir von etwa 10 der von uns untersuchten Idioten keine Gehirne bekommen ...«

Gegen Ende seines Artikels ging Götz Aly dann konkret auf den Stammheimer Boock-Prozeß ein:

Bei dem Ablehnungsantrag in Stammheim spielte letzten Donnerstag der Vorwurf eine Rolle, Rauch habe bei einem Kriegsgerichtsverfahren 1944 einen psychisch kranken Soldaten fast in den Tod begutachtet. Dieses ist nur zu wahrscheinlich, nur ein Zipfel der Wahrheit. Carl Schneider war nämlich neben seiner Gutachter- und Forschungstätigkeit im Rahmen der »Euthanasie« auch sogenannter »beratender Psychiater« bei der Wehrmacht. In dieser Eigenschaft hatte er vor allem Gutachten für Kriegsgerichtsprozesse zu erstatten – Gutachten über Selbstverstümmler, »Kriegsneurotiker« und Deserteure. In der weit überwiegenden Zahl endeten diese Prozesse in der zweiten Kriegshälfte mit der Hinrichtung der Angeklagten. Schneider war vielbeschäftigt und überlastet, er hat weit mehr als nur ein Gutachten an seine Assistenten delegiert.

Dies ist die wissenschaftliche Vergangenheit des Professor Hans-Joachim Rauch. Die Tätigkeit in der Wieslocher »Forschungsabteilung« ist die Grundlage seiner Karriere. Er hat sich 1944 habilitiert und, nachdem sich Schneider 1946 (in amerikanischer Haft) erhängt hatte, die gemeinsame wissenschaftliche Arbeit veröffentlicht: »Beiträge zur Histopathologie des Gehirns« (Heidelberg 1948) heißt diese Arbeit – reine Wissenschaft, vom verbrecherischen Hintergrund entkeimt. Die Vergangenheit von Rauch und Wendt (ebenfalls Assistent bei Schneider; H. H.) war in der Heidelberger Universitätsklinik immer ein offenes Geheimnis. Der sie vor allem belastende Briefwechsel zwischen Carl Schneider und Hermann Nitsche ist im Bundesarchiv zugänglich; er liegt seit Mitte der sechziger Jahre bei der Staatsanwaltschaft Frankfurt; bei der Zentralen Stelle für NS-Verbrechen in Ludwigsburg ist Hans-Joachim Rauch erfaßt. Daß Rauch trotz dieser justizintern bekannten Tatsachen vielbeschäftigter Gutachter baden-württembergischer Gerichte blieb, ist ein Stück deutscher Nachkriegsgeschichte.

Am 13. Mai 1983 veröffentlichte die *Zeit* einen Aufsatz von Ernst Klee: »Auf der Suche nach Gehirnen. Was wußte der Gerichtsgutachter Rauch?«, der noch einige Ergänzungen zu Alys Artikel brachte. So erfuhr man, daß Rauchs Chef Carl Schneider auch als Spitzel für den Sicherheitsdienst (SD) arbeitete und als Wehrpsychiater bei »mangelndem Gesundheitswillen« von Soldaten für eine Unterbringung im Konzentrationslager plädierte.

Schließlich sendete der Südwestfunk am 23. Mai 1983 einen 55-minütigen Kommentar von Leo Waltermann, der die Frage aufwarf, wie lange und wie weit ein Mann mit unerträglicher Vergangenheit für unser öffentliches Leben tragbar sei, der seine Mitwirkung an Greueltaten verdrängt hat oder verleugnet. Waltermann hatte diesen Mann, Herrn Rauch, im Gerichtssaal in Stuttgart-Stammheim erlebt und gehörte zu den treuesten journalistischen Begleitern des langwierigen Verfahrens. Waltermann berichtete von dem auf Rauchs aktives Engagement im Nationalsozialismus gestützten Ablehnungsantrag, von Rauchs Stellungnahme dazu (alles »erstunken und erlogen«, er sei kein Nazi gewesen, nicht einmal Parteimitglied) und schließlich davon, daß nunmehr zwei Autoren, die seit geraumer Zeit das sogenannte Euthanasie-Programm während des Dritten Reiches erforschen, dargelegt haben, daß und wie Rauch an diesem systematischen Tötungsprogramm beteiligt war.

Seither gehört es für mich zu den Verwunderlichkeiten der deutschen Nachkriegsgeschichte, daß die Strafjustiz den Professor Rauch beschäftigt als Helfer bei ihrer Rechts- und Urteilsfindung, anstatt sich mit ihm selbst zu beschäftigen und mit seinen Beteiligungstaten.

Waltermann hatte eigene Recherchen angestellt, die Rauchs Beteiligung an der NS-»Euthanasie« detailliert belegten.

Rauch betrieb laut Arbeitsplan der Forschungsabteilung vom Januar 1943 die Aufgabe der »Hirnhistopathologie der Idioten«; das heißt, Rauch untersuchte und präparierte die Gehirne der getöteten Kranken und verglich seine Befunde mit den Niederschriften in den Krankenakten.

Was ist aus den Mittätern der Heidelberger »Forschungsabteilung« geworden? Auch dieser Frage ist Leo Waltermann in seinem SWF-Kommentar nachgegangen:

Nach dem Kriege wurde der Leiter der kriminellen Ärztegruppe und Lehrer des Hans-Joachim Rauch, der Professor Carl Schneider, verhaftet; vor Gericht kam er nicht mehr, er nahm sich vorher das Leben. Der Haupttäter hatte sich der irdischen Gerichtsbarkeit entzogen, seine Helfer gingen unbehelligt ihren Weg. Der Weg des Doktors der Medizin Hans-Joachim Rauch führte nach oben: Leiter des histologischen Kliniklabors, Oberarzt, außerplanmäßiger Professor, Abteilungsvorstand, ärztlicher Direktor und Professor für forensische Psychiatrie, sowie wohldotierter Gutachter bei vielen Gelegenheiten und für die Judikatur.

Und Waltermann schloß mit einer Empfehlung an die Adresse der in Stammheim amtierenden Sitzungsvertreter des Generalbundesanwalts, die Herrn Rauch gegen den Ablehnungsantrag der Verteidigung vehement in Schutz genommen hatten:

Wird die Bundesanwaltschaft weiterhin sagen, wie sie kürzlich öffentlich kundgetan hat, ihr seien keine Tatsachen bekannt, welche die Behauptung einer sogenannten NS-Vergangenheit Professor Rauchs belegen könnten? Vielleicht sollten ihre Stammheimer Sitzungsvertreter doch einmal in einer Sitzungspause einen Abstecher machen nach Ludwigsburg zur Zentralen Justizstelle und dort die »Heidelberger Dokumente« einsehen. Die Fahrzeit von der Stammheimer Verhandlungshalle zur Zentralen Stelle beträgt fünfzehn Minuten.

Die Herren von der Bundesanwaltschaft taten etwas anderes. Die Frucht ihrer Bemühungen trug einer von ihnen, der damalige Oberstaatsanwalt Pflieger, in der Sitzung vom 30. Mai 1983 vor.

Man habe im Berliner Document Center nachgeforscht und könne die Angabe des Sachverständigen Professor Rauch bestätigen, daß er niemals Mitglied der NSDAP gewesen sei (eine Angabe, die niemand bezweifelt hatte). Man habe aber festgestellt, daß einer der Verteidiger, ein gewisser Heinrich Hannover (»Ich kann natürlich nicht ausschließen, daß Herr Rechtsanwalt Hannover einen Zwillingsbruder hat«) am 20.4.1943 Mitglied dieser Partei geworden sei. Wenn der Angeklagte zu diesem Anwalt Vertrauen habe, ergebe sich daraus, daß er auch keinen Anlaß zum Mißtrauen gegen Professor Rauch habe.

Ich habe im Kapitel »Noli me tangere« im ersten Band meiner Erinnerungen ausgeführt, daß die Parteimitgliedschaft im Jahre 1943 eine der Bedingungen für die Zulassung zur Forstlaufbahn, dem von mir damals angestrebten Beruf, war, aus damaliger Sicht eine Formalie, die ich mit der Naivität eines 17jährigen erfüllt hatte, ohne zu bedenken, daß eines Tages ein durch späte Geburt begnadigter Staatsanwalt dem fast 60jährigen in öffentlicher Hauptverhandlung vorhalten könnte, daß er sich deshalb mit einem an Massentötungen beteiligten Mediziner vergleichen lassen müsse, der dabei ohne Mitgliedsbuch der NSDAP ausgekommen war.

Das Gericht kam trotz der eifrigen Fürsprache, die Herr

Rauch von seiten der Herren Bundesanwälte erfuhr, nicht umhin, dem zweiten Ablehnungsantrag gegen diesen Sachverständigen stattzugeben. Denn daß der Angeklagte es ablehnte, von einem Arzt begutachtet zu werden, der nach seiner Meinung im nationalsozialistischen Unrechtssystem an Menschenversuchen teilgenommen und Geistesschwache für Tötungsaktionen ausgewählt und in diesem Sinne einem verbrecherischen System gedient habe, und daß er dessen Untersuchungsergebnissen, seiner Gewissenhaftigkeit und Unparteilichkeit mißtraue, sei nicht unverständig.

Das hätte die Wende des Prozesses sein können. Dem Gericht lag ein Antrag der Verteidiger vor, zur Frage der Drogenabhängigkeit des Angeklagten weitere Gutachten der Sachverständigen Prof. Dr. Friedrich Specht (Göttingen) und Prof. Dr. Wilfried Rasch (Berlin) einzuholen. Wir hatten zwei schriftliche Stellungnahmen dieser beiden Sachverständigen überreicht, die sich kritisch mit dem Rauch-Gutachten auseinandersetzten und zahlreiche Mängel rügten, insbesondere auch den methodisch fehlerhaften und wissenschaftlich unhaltbaren Rückschluß von den angeklagten Taten auf mangelnde Drogenabhängigkeit.

Aber nun stellte sich heraus, daß das Gericht, obwohl es dem Ablehnungsantrag gegen Rauch stattgegeben hatte, durchaus an dessen Ergebnissen festhalten wollte, indem es einen Sachverständigen mit einem ergänzenden Gutachten beauftragte, der in den Augen des Angeklagten und seiner Verteidiger schon dadurch hinreichend diskreditiert war, daß er sich Rauchs Gutachten in einer früheren Sitzung vollinhaltlich zu eigen gemacht hatte. Es handelte sich um den Leitenden Regierungsmedizinaldirektor Engell, Gefängnisarzt der Anstalt Hohenasperg, den das Gericht am 21. April 1983 unmittelbar nach Rauch angehört und der sich in allem den Ansichten seines professoralen Kollegen angeschlossen hatte. Auch die unzureichenden körperlichen Befunde hatte er von Rauch übernommen, da er selbst den Angeklagten überhaupt nicht untersucht hatte. Dieser sollte nun nach dem Willen des Gerichts den Angeklagten untersuchen. Damit war, noch bevor wir uns über den Erfolg des Ablehnungsantrags gegen Rauch hätten freuen können, eine Phase neuer erbitterter Auseinandersetzungen eröffnet, da Herr Engell durch seine bisherigen Leistungen nur allzu deutlich gezeigt hatte, was von ihm zu erwarten war.

Der Angeklagte erklärte, daß er es ablehne, sich von Herrn Engell psychiatrisch untersuchen zu lassen, und stellte einen Befangenheitsantrag gegen Engell, der mit dessen kritikloser Übernahme Rauchscher Untersuchungsergebnisse und Schlußfolgerungen begründet war. Das Gericht wies den Antrag zurück und belehrte den Angeklagten, daß Engells Gutachten keine Anhaltspunkte dafür geboten habe, daß es ihm an innerer Unabhängigkeit und Selbständigkeit gegenüber seinem Kollegen Prof. Dr. Rauch fehle, denn er habe vom Gericht den Auftrag gehabt, von dessen Befunden und Explorationsergebnissen auszugehen und diese als richtig zu unterstellen.

Boocks Weigerung, sich von Engell untersuchen zu lassen, konterte der Vorsitzende damit, daß er einen Zeugen lud, der den Angeklagten bereits untersucht hatte und nun über seine Befunde aussagen sollte. Wen wohl? Herrn Professor Dr. Hans-Joachim Rauch. Sachverständige kann man als befangen ablehnen, Zeugen nicht. Wir konnten auf diesen unglaublichen Affront nur mit einem Ablehnungsantrag gegen den Vorsitzenden Richter, Herrn Dr. Eitel, reagieren. Allzu offensichtlich war sein Bestreben hervorgetreten, Rauchs flüchtige Feststellungen – er hatte bei Boock keine Spuren von Injektionen gefunden – zur Grundlage eines Sachverständigengutachtens zu machen, das mit Sicherheit die volle Schuldfähigkeit des Angeklagten ergeben würde. Daß Herr Engell dafür der richtige Mann war, hatte er bereits bewiesen.

Wie der Vorsitzende Richter zu Herrn Rauch stand, hatte darüber hinaus ein der Verteidigung bekanntgewordenes Schreiben Dr. Eitels deutlich gemacht, in dem er sich bei dem Euthanasie-Professor mit überfließender Höflichkeit quasi dafür entschuldigte, daß man dem gegen ihn gerichteten Ablehnungsantrag habe stattgeben müssen:

Sehr geehrter Herr Professor Dr. Rauch,

Sie haben in der Zwischenzeit von anderer Seite vom Befangenheitsbeschluß des Senats Kenntnis erhalten. Zum Verständnis der Entscheidung erlaube ich mir, Ihnen eine Ausfertigung des Beschlusses zu übermitteln. Nach Rechtslage war der Senat gehalten, ohne Rücksicht auf den Wahrheitsgehalt der fraglichen Vorwürfe zu entscheiden und dabei von der Sicht des Angeklagten auszugehen. Aus diesem Grund hat der Senat auch davon abgesehen, Sie zu den vorgetragenen Sachverhalten zu hören oder Akten beizuziehen.

Mit vorzüglicher Hochachtung
– Dr. Eitel –
Vorsitzender Richter am Oberlandesgericht

Mit diesem Schreiben – wir hatten es in unserem Ablehnungsantrag gegen Dr. Eitel zitiert – kam der Vorsitzende »lediglich einer selbstverständlichen Anstandspflicht nach«. Das war die Meinung seiner Kollegen Dr. Berroth, Keller und Frick, die beschlossen, daß der Angeklagte keinen Grund habe, an der Unparteilichkeit und Unvoreingenommenheit des Vorsitzenden zu zweifeln.

So kam es denn also zur nochmaligen Vernehmung des Professors Dr. Hans-Joachim Rauch, diesmal als »Zeuge« über die von ihm erhobenen Befunde. Vergeblich beanstandeten wir Verteidiger immer wieder Fragen und Antworten, bei denen die Grenze zwischen Zeugen- und Sachverständigenbekundung nach unserer Meinung überschritten wurde. So fragte einer der Richter nach dem »neurologischen Befund«; Beanstandung abgelehnt; ein andermal machte der Vorsitzende einen Vorhalt aus Rauchs schriftlichem Gutachten; Beanstandung (»Es kann nicht aus einem Gutachten vorgehalten werden, das rechtlich nicht mehr als existent gilt; die Antwort des Zeugen ist ebenso irrelevant wie der Vorhalt«), abgelehnt. Herr Oberstaatsanwalt Pflieger leistete seine Beiträge im üblichen Stil (»Herr Rechtsanwalt Hannover hat nicht begriffen, was die Aufgabe eines Sachverständigen ist; ich will es Ihnen noch einmal mit einfachen Worten sagen …«). Gericht und Bundesanwaltschaft waren sich einig, einen besseren »Zeugen« als Herrn Rauch konnten sie sich nicht wünschen.

Aber auch wir Verteidiger nutzten unsere Chance, den »Zeugen« Rauch zu befragen. Und wohl erstmalig hatten »Terroristenverteidiger« eine bessere Presse als Gericht und Bundesanwaltschaft.

Michael Schwelien schrieb in der *Zeit* (22.7.1983) unter dem Titel »Ein Hauch von Vendetta«? und setzte sich kritisch mit der »kuriosen Entscheidung« auseinander, den als Sachverständigen abgelehnten Euthanasie-Professor nunmehr als Zeugen zu laden.

Im *Stern* vom 22.7.1983 – leider nur in der Auslands-Ausgabe – schilderte Raimund Kusserow, wie er den Auftritt des »Zeugen« Rauch erlebt hatte:

So still war es schon lange nicht mehr in der Justiz-Festung von Stuttgart-Stammheim. Nur das leise Quietschen von zwei Krücken kündigt den Zeugen Hans-Joachim Rauch an. Während sich der 74jährige Psychiatrie-Professor aus Heidelberg, gestützt von zwei Wachtmeistern, über ein paar Stufen hinab in den Zeugenstuhl quält, blicken Richter und der Angeklagte, Ex-Terrorist Peter-Jürgen Boock, etwas peinlich berührt auf ihre Unterlagen. Ein Mann muß aussagen, dem man angesichts seiner Gebrechlichkeit alles andere als Stuttgart-Stammheim wünschen möchte.

Strafverteidiger Heinrich Hannover: »Herr Professor Rauch, haben Sie ein gutes Gedächtnis?« Rauch: »Im allgemeinen ja!« Rechtsanwalt Hannover macht zehn Sekunden Pause. Dann fragt er: »Haben Sie an der Kinder-Euthanasie des NS-Regimes teilgenommen?« Rauch: »Nein!«

Ob er denn das überhaupt beantworten müsse, will der Professor vom Gerichtsvorsitzenden wissen. Mit einer Handbewegung deutet Richter Dr. Walter Eitel an, daß man daran wohl nicht vorbeikomme …

Auch andere Journalisten widmeten Rauchs Zeugenauftritt in Stammheim lange Artikel und vermittelten ihre Eindrücke von der vergifteten Prozeßatmosphäre, in der wir Anwälte uns gegen den Widerstand der Bundesanwaltschaft und des Gerichts um die Aufklärung einer unbequemen historischen Wahrheit bemühten.

Wer diese Befragung des Zeugen Hans-Joachim Rauch miterlebt hat, wurde ein für allemal von der Illusion geheilt, daß vor deutschen Gerichten nicht ungestraft gelogen werden dürfe. Die im Stammheimer Mehrzweckgebäude amtierenden Richter und Staatsanwälte nahmen die Bekundung des einstigen Euthanasie-Arztes, er habe in der Zeit des Dritten Reiches weder mit der Beschaffung von Kindergehirnen zu tun gehabt noch überhaupt etwas von der Euthanasie-Aktion gewußt, gleichmütig entgegen, wurden aber zunehmend ungehaltener über die kritischen Fragen der Anwälte, die man offenbar als lästig empfand. Die Wahrheit, die wir zutage fördern wollten, war unerwünscht.

Am 6. September 1983, dem 43. Verhandlungstag, wurde ein Gerichtsbeschluß verkündet, durch den unser Antrag auf Einholung weiterer Sachverständigengutachten (Prof. Dr. Specht und Prof. Dr. Rasch) abgelehnt wurde. Begründung: der Senat habe selbst die erforderliche Sachkunde und sei von der Richtigkeit des Gutachtens des Ltd. Reg. Med. Dir. Engell überzeugt. Dieser hatte, ohne den Angeklagten selbst untersucht zu haben, auf der Grundlage der »Zeugenaussage« des Herrn Rauch dem Angeklagten für die Tatzeit volle Schuldfähigkeit attestiert.

Nun blieb uns noch ein letztes Mittel, das die Strafprozeßordnung dem Verteidiger zur Verfügung stellt, um einem Gericht bestimmte Beweismittel auch gegen seinen Willen aufzuzwingen: Die unmittelbare Ladung eines Sachverständigen. Herr Professor Rasch hatte es uns gegenüber abgelehnt, auf Verteidigerladung hin zu gutachten, da er damit in langjähriger forensischer Praxis schlechte Erfahrungen gemacht hatte; er wäre nur auf gerichtliche Ladung gekommen. Zu unserem Glück bestand Herr Professor Specht nicht auf dieser Bedingung. Aber ihm wurde, wie Rasch es befürchtet hatte, übel mitgespielt.

Voraussetzung eines medizinischen Sachverständigengutachtens war selbstverständlich, daß dem Sachverständigen eine gründliche Untersuchung des inhaftierten Angeklagten ermöglicht wurde. Bei Herrn Rauch war das kein Problem gewesen. Dem von der Verteidigung benannten Sachverständigen hingegen wurde von Dr. Eitel eine »Besuchserlaubnis« von zweimal zwei Stunden Dauer »ohne Trennscheibe, jedoch in Anwesenheit des Anstaltsarztes« erteilt, eine Einschränkung, die er wie folgt begründete:

Ein völlig unüberwachter Besuch kommt nicht in Betracht. Dem Untersuchungsgefangenen werden schwerste, als Mitglied einer terroristischen Vereinigung begangene Straftaten vorgeworfen, für die mitverantwortlich zu sein er größtenteils bestreitet. Kontrollmaßnahmen, von denen nach den besonderen gesetzlichen Bestimmungen selbst die Verteidiger des Angeklagten nicht ausgenommen werden können, sind deshalb unumgänglich, zumal dem Senat Prof. Dr. Specht nicht bekannt ist. Ein vorliegendes Schreiben von Prof. Dr. Specht an den Verteidiger Rechtsanwalt Hannover endet mit der Bemerkung, »wir sind es einem derart verstrickten Menschen wie Herrn Boock schuldig, dem für ihn zuständigen Gericht die Möglichkeit zur Überprüfung seiner Entscheidungsgrundlagen aufzuzeigen«. Ein Risiko für den Zweck der Untersuchungshaft kann unter den gegebenen Umständen nicht von vornherein ausgeschlossen werden. Um den Interessen des Angeklagten und der Verteidigung sowie dem besonderen Charakter einer ärztlichen Untersuchung Rechnung zu tragen, wird von der Gesprächsüberwachung durch Polizeibeamte hier abgesehen und diese Überwachung dem Anstaltsarzt anvertraut. Mit dieser milderen Maßnahme wird zugleich dem Interesse der Anstalt Rechnung getragen, daß aus Gründen der Anstaltsordnung der Anstaltsarzt von ärztlichen Untersuchungen nicht ausgeschlossen sein darf (vgl. auch Nr. 56 Abs. 1 UVollzO). Ärztlicher Schweigepflicht unterliegt dieser insoweit nicht. Darauf wird vorsorglich hingewiesen.

Diese Verfügung entsprach den Wünschen der Bundesanwaltschaft, in deren von Herrn Oberstaatsanwalt Pflieger unterschriebener Stellungnahme Herr Professor Specht zweimal als Professor *Schlecht* bezeichnet wurde. Ein Versehen?

Wir erhoben Gegenvorstellung gegen die Verfügung des Vorsitzenden und beantragten, dem Sachverständigen Prof. Dr. Specht die ärztliche Untersuchung des Angeklagten ohne Überwachung durch den Anstaltsarzt oder andere Personen zu gestatten und die zeitliche Begrenzung auf zweimal zwei Stunden aufzuheben.

Herr Professor Dr. Specht ist nicht ein Besucher, der, wie die Bundesanwaltschaft in ihrem der Verteidigung erst jetzt bekanntgegebenen Schriftsatz vom 12. Oktober 1983 vorbringt, nach dem Gleichbehandlungsgrundsatz »wie jeder andere Besucher zu behandeln« wäre, sondern er hat in diesem Verfahren die Funktion eines Sachverständigen. Der Angeklagte und die Verteidigung haben einen prozessualen Anspruch darauf, daß dem Sachverständigen die Untersuchung des Angeklagten und das zur Vorbereitung des Gutachtens erforderliche Gespräch ermöglicht werden. Das heißt aber, daß die Untersuchung und das Gespräch unter den gleichen Bedingungen stattfinden, die auch sonst für Sachverständigenexplorationen gewährleistet sind.

Wir wiesen darauf hin, daß Professor Rauch unüberwachte Gespräche mit dem Angeklagten gestattet worden sind, und daß der Gleichbehandlungsgrundsatz es gebiete, daß Professor Specht die gleichen Untersuchungs- und Gesprächsbedingungen geboten werden.

Wir wandten uns auch gegen den unmißverständlich formulierten Überwachungscharakter der Verfügung des Vorsitzenden.

Die Begründung der Verfügung ist eine einzige Verdächtigung des von der Verteidigung benannten Sachverständigen, die mit Besorgnis registriert wird.

Wenn in der angefochtenen Verfügung von »Kontrollmaßnahmen, von denen nach den besonderen gesetzlichen Bestimmungen selbst die Verteidiger des Angeklagten nicht ausgenommen werden können« die Rede ist, dann trifft dieses Argument gerade nicht die Überwachungsmaßnahme, um die es hier geht. Denn nach den gesetzlichen Bestimmungen sind Gespräche der Verteidiger mit dem Mandanten bisher noch unüberwacht.

Zu Spechts wörtlich zitiertem Schlußsatz, in dem von »einem derart verstrickten Menschen wie Boock« die Rede war, dem wir es schuldig seien, dem zuständigen Gericht die Möglichkeiten zur Überprüfung seiner Entscheidungsgrundlagen aufzuzeigen:

Von Richtern, die dem Angeklagten mit der nötigen Unbefangenheit gegenübertreten, sollte eigentlich erwartet werden, daß sie sich diese humane Äußerung des Sachverständigen zu eigen machen können.

Und zu der angeordneten Überwachung durch den Anstaltsarzt, eine Bedingung, die Professor Specht uns gegenüber strikt ablehnte:

Daß das Gespräch zwischen Professor Specht und dem Angeklagten dazu dienen soll, den Anstaltsarzt als Beweismittel zu gewinnen, läßt sich aus dem Hinweis schließen, daß dieser der ärztlichen Schweigepflicht nicht unterliegt. Es ist offenbar beabsichtigt oder jedenfalls nicht auszuschließen, daß der Anstaltsarzt als sachverständiger Zeuge über den Gang der Untersuchung und den Inhalt des Gesprächs zwischen Professor Specht und dem Angeklagten oder gar als Sachverständiger gehört werden soll. Auch darin kündigt sich bereits ein Mißtrauen gegen den von der Verteidigung benannten Sachverständigen an, bevor das Gericht ihn überhaupt kennengelernt hat.

Das sind Bedingungen, die kein vom Gericht oder von der Staatsanwaltschaft bestellter Sachverständiger zu akzeptieren braucht. Sie können auch einem von der Verteidigung benannten Sachverständigen nicht zugemutet werden. Die Verfügung des Vorsitzenden läuft daher darauf hinaus, die Untersuchung des

Angeklagten durch den Sachverständigen Professor Specht zu verhindern.

Die Exploration durch Professor Dr. Specht kann nur dann, wenn sie in einer vertrauensvollen Atmosphäre stattfindet, ihren Sinn erfüllen. Die Gespräche mit dem inzwischen erfolgreich abgelehnten Sachverständigen Professor Dr. Rauch litten daran, daß eine solche vertrauensvolle Atmosphäre nicht hergestellt werden konnte. Welchen Sinn soll eine Untersuchung haben, die unter Bedingungen stattfindet, unter denen der Angeklagte wahrscheinlich nicht mehr zu sagen bereit ist, als er Rauch gesagt hat?

Zusammenfassend betonten wir, daß auch für einen Angeklagten, dem vorgeworfen werde, sich als Mitglied einer terroristischen Vereinigung schwerster Verbrechen schuldig gemacht zu haben, die Unschuldsvermutung der Menschenrechtskonvention gilt.

Diese Unschuldsvermutung wird jedenfalls dann verletzt, wenn die Rechte eines Angeklagten auf direkte Ladung und Präsentstellung eines Sachverständigen mit einer Begründung beschnitten werden, die aus dem gegen ihn gerichteten Anklagevorwurf hergeleitet wird.

Der Vorsitzende blieb bei seiner Verfügung. Wir beantragten Gerichtsbeschluß. Antrag abgelehnt. Ein von der Verteidigung angekündigter Sachverständiger stehe einem gerichtlich bestellten nicht gleich. Auf seine Auswahl habe das Gericht keinerlei Einfluß; nicht selten sei er dem Gericht als Sachverständiger überhaupt nicht bekannt.

Auf seine Gewissenhaftigkeit und Unparteilichkeit von vornherein vollkommen zu vertrauen, besteht deshalb kein Grund. So liegt der Fall hier.

Wie lange würde Professor Specht sich diese Verdächtigungen und Kränkungen noch bieten lassen? Sie zielten offensichtlich darauf ab, ihn zu zwingen, seinerseits das Handtuch zu werfen. Aber vermutlich wurde bei ihm ein ähnlicher psychologischer Mechanismus des Nun-erst-recht! wirksam, wie ich selbst ihn bei den wiederholten Versuchen der Bundesanwaltschaft und des Gerichts, mich aus dem Prozeß herauszuekeln erlebt hatte. Mit Spechts Einverständnis beantragten wir nunmehr, ihm die zur Vorbereitung seines Gutachtens notwendig-

Exploration in der Weise zu ermöglichen, daß der Sachverständige den Angeklagten ohne Überwachung, aber mit Trennscheibe sprechen könne. Bei der mündlichen Begründung dieses Antrags gab ich dem Gericht zu bedenken, ob nicht hier eine Grenze erreicht sei, bei deren Überschreitung das Urteil von vornherein mit einem schweren Mangel behaftet sein dürfte. Ich ging auf die gegen die Verteidiger gerichteten Verdächtigungen ein, mit denen das Gericht noch jüngst wieder entwürdigende Durchsuchungsmaßnahmen gerechtfertigt hatte (»Die sitzungspolizeiliche Anordnung über die generelle Durchsuchung von Prozeßbesuchern soll – gestützt auf Erfahrungen in früheren Prozessen – verhindern, daß Gegenstände in das Prozeßgebäude eingebracht werden, die geeignet und auch dazu bestimmt sind, Sicherheit und Ordnung dort zu stören«) und verwahrte mich gegen Verallgemeinerungen, die auf Diskriminierung eines ganzen Berufsstandes hinauslaufen. Ich zitiere aus dem Tonbandprotokoll:

Aber nun sind Sie einen Schritt weiter gegangen. Nun haben Sie darüber hinaus auch noch ein Beweismittel verdächtig gemacht, das von der Verteidigung benannt worden ist ... Das ist ein Schritt zu weit, meine Herren, und ich hoffe, daß das ein Revisionsgericht nicht mitmachen wird ... Wir haben, wohl bedenkend, mit welchem Mißtrauen wir hier bedacht werden, einen Sachverständigen gewählt, gegen den unter keinem denkbaren Aspekt irgendein Einwand zu erheben ist. Mit Professor Specht haben wir einen Mann gewählt, der so jenseits jeglichen politischen Verdachtes steht, daß die CDU-Regierung des Landes Niedersachsen ihn in einem bestimmten Bereich zu ihrem Berater gewählt hat ...

Gerichtsbeschluß:

Die beanstandete Entscheidung des Vorsitzenden über den Antrag, Prof. Dr. Specht die Exploration des Angeklagten mit Trennscheibe, aber unüberwacht zu gestatten, wird aus ihren zutreffenden Gründen bestätigt.

Gründe:

Die angeordnete Teilnahme des Anstaltsarztes ist die hier mildeste Maßnahme zur Sicherstellung des Haftzwecks.

Dieser Beschluß wurde am 8. November 1983, dem 53. Verhandlungstag, kurz vor Ende der Sitzung verkündet. Erklärungen der Verteidigung dazu schnitt der Vorsitzende mit der Bemerkung ab:

Die Sitzung ist geschlossen.

Zum 54. Verhandlungstag, dem 15. November 1983, hatte die Verteidigung Professor Specht unter strenger Beachtung strafprozessualer Vorschriften durch Gerichtsvollzieher geladen. Außerdem stellten wir einen sachverständigen Zeugen präsent, der aus Paris anreiste und in Spechts Gegenwart über Untersuchungsbefunde berichten sollte, die er Ende 1977 und Anfang 1978, also in einem tatrelevanten Zeitpunkt, bei Boock erhoben hatte: Dr. Léon Schwartzenberg, Professor für Cancerologie am Hôpital Paul-Brousse in Villejuif bei Paris, auch deutschen Lesern bekannt als Verfasser des Buches *Den Tod verändern. Bericht eines Arztes*. Was sich an diesem 15. November 1983 in der Stammheimer Justizfestung abspielte, spottet jeder Beschreibung. Die Eindrücke, die Schwartzenberg und Specht von deutscher Justiz mitgenommen haben, erfüllen mich noch heute mit Scham. Immerhin waren wir, der Kollege Wolf Römmig und ich, dafür verantwortlich, daß wir den beiden Professoren, beide Wissenschaftler von internationalem Ansehen, die Reise nach Stuttgart und die Vernehmung durch Richter und Bundesanwälte zugemutet hatten, deren Mißtrauen und Feindseligkeit auch sie zu spüren bekamen.

Es hatte schon im Vorfeld damit begonnen, daß uns einer der Richter, Herr Dr. Berroth, eine Dolmetscherin, eine Frau Federmann*, empfohlen hatte, die ihrer Aufgabe in keiner Weise gewachsen war. Es ist schwer zu glauben, daß nicht schon da böser Wille im Spiel war.

Die durch Übersetzungsfehler und unterdurchschnittliche Formulierungskompetenz der Dolmetscherin schwer beeinträchtigte Vernehmung von Professor Schwartzenberg, dessen geschliffenes Französisch in holprigem Deutsch, oft sinnentstellt und streckenweise unverständlich wiedergegeben wurde, ergab, daß er Boock Ende November oder Anfang Dezember 1977 in Paris untersucht und an den Venen beider Arme und an den Fußvenen Folgen von Injektionen (u.a. Vernarbungen in der Ellenbeuge, Venen zum großen Teil nicht mehr durchgängig oder in so schlechtem Zustand, daß sehr dünne Nadeln benutzt werden mußten) vorgefunden hatte. Auch seine sonsti-

* Name geändert

gen Bekundungen sprachen dafür, daß Boock damals sich erhebliche Mengen von Drogen zuführte. Aussagen also, die dem Gericht und der Bundesanwaltschaft gar nicht gefielen, weil sie das Rauch-Engell-Gutachten in Frage stellten.

Professor Dr. Schwartzenberg wirkte durch die souveräne Ruhe und Sicherheit seines Auftretens und seiner Aussage sehr überzeugend, so daß die polemisch formulierten Fragen der Bundesanwälte und Richter, die seine Glaubwürdigkeit erschüttern sollten, für den Zuhörer eine quälende Peinlichkeit hatten. Schwartzenberg, dem die ihm entgegenschlagende Feindseligkeit trotz der schlechten Übersetzung nicht verborgen bleiben konnte, reagierte gelassen und mitunter ironisch. Als einer der Richter sich darüber verwundert gab, daß Schwartzenberg dem schwerkranken jungen Mann, den er für einen politischen Flüchtling hielt, keine Rechnung erteilt hatte (»Sie haben also auch die Medikamente selbst bezahlt?«), bekam er zur Antwort: »Ich kann Ihnen versichern, solche Medikamente sind in Frankreich nicht teuer.« Den blamabelsten Hieb aber holte sich der Bundesanwalt Zeis, als er Schwartzenberg eine Stelle aus seinem Buch *Den Tod verändern* vorhielt, wo davon die Rede ist, ob man einem todkranken Patienten die Wahrheit sagen soll. Zeis wollte, ein maliziöses Lächeln aufsetzend, wissen, ob die Empfehlung, nicht die Wahrheit zu sagen, nur gegenüber Krebskranken gelte. Noch bevor Schwartzenberg antworten konnte, griff der Kollege Römmig ein und warf dem Bundesanwalt Unredlichkeit vor; er wies darauf hin, daß der von Zeis zitierte Satz aus dem Kapitel »Die Argumente gegen die Wahrheit« stammt, und daß noch auf derselben Seite das Kapitel »Die Argumente gegen die Lüge« beginnt.

Im Anschluß an die Vernehmung des französischen Krebsarztes gab der von uns geladene Sachverständige Professor Dr. Specht eine gutachtliche Stellungnahme ab, die er als vorläufig bezeichnete, da er selbst Boock noch nicht untersuchen konnte. Aber er konnte an die von Schwartzenberg festgestellten Befunde anknüpfend einige generelle Auskünfte über die Leistungsfähigkeit von Opiatabhängigen geben, die der Rauch-Engellschen Schlußfolgerung von den angeklagten Taten auf mangelnde Drogenabhängigkeit widersprachen. Specht verwies darauf, daß z. B. morphiumabhängige Ärzte jahrelang ihren Beruf ausgeübt hätten, ohne daß ihnen Kunstfehler unterlaufen seien. Was aber nichts über ihre Schuldfähigkeit aussage.

Das gefiel natürlich erst recht nicht. Und so wurde Specht

noch bösartiger als Schwartzenberg befragt. Hatten die Bundesanwälte bei Schwartzenberg nur die politische Einstellung verdächtigt (»Können Sie uns Ihre politische Einstellung schildern?«), so wurde bei Specht sogar die fachliche Kompetenz in Zweifel gezogen (»Wie oft sind Sie schon als Gutachter tätig gewesen?«). Vor allem aber wurde sowohl seitens der Bundesanwaltschaft als auch seitens des Gerichts versucht, Professor Specht als Sympathisanten des Angeklagten und des Terrorismus hinzustellen. »Wie kommen Sie eigentlich dazu, die Rolle des Angeklagten bei dem Raketenwerfer in Karlsruhe zu verniedlichen?« lautete eine der provokanten Fragen des Bundesanwalts Zeis. Specht hatte, juristisch völlig korrekt, formuliert, Boock sei an der Tat »beteiligt« gewesen. Herr Zeis liebte stärkere Ausdrücke.

Professor Specht, im Gegensatz zu seinem französischen Kollegen ein ganz unpolitischer Mann, der in seiner bürgerlichen Redlichkeit überhaupt nicht darauf gefaßt war, in Stammheim wie ein Komplize von Terroristen behandelt zu werden, reagierte auf all diese Anfeindungen mit der defensiven Höflichkeit, die ihm als Umgangsform aus der Universitätsklinik und aus anderen, von politischen Leidenschaften unberührten, Gerichtsverfahren vertraut war. Er litt spürbar unter dem in Stammheim herrschenden Ton. Aber es war noch nicht alles, was diesem von der Verteidigung geladenen Sachverständigen zugemutet wurde.

Die Verteidigung beantragte in der Verhandlung vom 15. November 1983 erneut, Professor Specht zu ermöglichen, den Angeklagten unter den üblichen Bedingungen eines Sachverständigengesprächs, d.h. ohne Überwachung und ohne, eventuell mit, Trennscheibe zu explorieren und sein Gutachten auf der Grundlage dieser weiteren Erkenntnisquelle zu erweitern. Ich wies darauf hin, daß die Begründung, mit der bisher ein unüberwachtes Gespräch abgelehnt worden sei, nämlich daß der Senat den von der Verteidigung benannten Sachverständigen nicht kenne und ihm deshalb kein Vertrauen entgegenbringen könne, nicht mehr zutreffe.

Die Begründung, mit der das Gericht auch diesen Antrag ablehnte, übertraf alles, was man Professor Specht bisher an beleidigenden Unterstellungen zugemutet hatte. In dem am 17. November 1983 verkündeten Beschluß wurde formuliert, es bestehe »die Gefahr, daß Prof. Dr. Specht Verdunkelungsversuchen des Angeklagten nicht standhält«.

Was sich Richter und Bundesanwälte gegenüber den Verteidigern des RAF-Aussteigers Peter-Jürgen Boock und den von ihnen präsentierten Beweismitteln, den Professoren Specht und Schwartzenberg, geleistet haben, ging weit über das hinaus, was ich aus anderen politischen Prozessen als sozusagen normale Feindseligkeit kannte. Hier in Stammheim ließ man sich in einer Weise gehen, die im deutschen Strafprozeß ungewöhnlich ist und einen sachkundigen Prozeßbeobachter (Prof. Dr. Wolf-Dieter Narr) zu der Bemerkung veranlaßte, es habe »ein Hauch von Volksgerichtshof« im Saale geschwebt. In vielen kritischen Kommentaren seriöser Journalistinnen und Journalisten wurde immer wieder das den Prinzipien eines fairen Prozesses widersprechende Verhalten der Anklagevertreter und des Gerichts mit Erstaunen zur Kenntnis genommen. Gerade auch beim Thema Drogenabhängigkeit kamen zielgerichtete Gehässigkeiten und mangelnder Aufklärungswille in solchem Maße zum Vorschein, daß man geneigt ist, für eine solche, immerhin von intelligenten und rechtskundigen Juristen getragene Prozeßführung irrationale Motive zu suchen, die über die schon von Paul Reiwald (*Die Gesellschaft und ihre Verbrecher*, Zürich 1948/Frankfurt 1973) analysierten Affekte der Strafenden noch hinausgehen.

Ich habe meine Stammheimer Verteidigererfahrungen an anderer Stelle (*Kritische Justiz*, 1985, S. 396) als »Begegnung mit der Angst« beschrieben und andere auf der Hand liegende Motive mit Vorbedacht auf die damals noch ausstehende Fortsetzung des Prozesses verschwiegen. Für die in Stammheim agierenden Bundesanwälte und Richter wurden alle, die als Verteidiger, Zeugen oder Sachverständige Beiträge zur Wahrheitsfindung leisten wollten, die möglicherweise den Schuldbeweis im Detail (z.B. wegen Drogeneinflusses) in Frage stellen konnten, zu Feinden, die mit der Rote Armee Fraktion (RAF) im Bunde standen. Da herrschte ein verschwörungstheoretisches Denkmodell, für das alles, was zur Verteidigung des Angeklagten unternommen wurde, als Bestandteil einer großangelegten, unheimlichen und angsterregenden Konspiration erschien, in die, wie die Sitzungsvertreter des Generalbundesanwalts glaubten, sogar die bürgerliche Presse einbezogen war.

Und so bekam auch alles, was die Professoren Specht und Schwartzenberg äußerten, im verschwörungstheoretischen Koordinatensystem dieser Stammheimer Juristenriege eine andere Bedeutung. Wenn Professor Specht den Angeklagten als

»verstrickten Menschen« bezeichnete, dann witterte man darin eine Parteinahme nicht nur für den Angeklagten, sondern für das terroristische Konzept, von dem gerade dieser Angeklagte sich schon vor Jahren mit Wort und Tat getrennt hatte. Und nun präsentierten diese verdächtigen Verteidiger gar noch einen Professor, der bereit war, aus Paris anzureisen, und sich dieses namenlosen Patienten erinnerte, den er unter geheimnisvollen Umständen in einer Wohnung aufgesucht und behandelt hatte. Geradezu triumphal wurde Schwartzenbergs Aussage aufgespießt, daß er für Boocks Behandlung in Paris keine Rechnung erteilt und sogar die Medikamente selbst bezahlt hatte. Für die lockere, humane Selbstverständlichkeit und Souveränität, mit der dieser französische Arzt seinen Beruf ausübte, fehlte den Stammheimer Gehaltsempfängern jede Antenne.

Es durfte einfach nicht wahr sein, daß Professor Schwartzenberg schon 1977 beim Angeklagten völlig zerstochene Venen gesehen und Drogenabhängigkeit vermutet hatte. Und Professor Specht durfte nicht die Möglichkeit geboten werden, die bequemen Gutachten der Herren Rauch und Engell zu erschüttern.

Peter Henkel, der Stuttgarter Prozeßbeobachter der *Frankfurter Rundschau*, sah als juristischer Laie voraus, was den Rechtskundigen auf der Richterbank erst vom BGH gesagt werden mußte (*Frankfurter Rundschau* vom 14. 2. 1984):

> Wenn der Senatsvorsitzende Walter Eitel vermutlich im März das voraussehbare Urteil »lebenslang« verkünden wird, dann haben Anklagevertretung und Gericht in bewährter Kooperation verhindert, daß die für eine Strafminderung entscheidende Frage der Rauschmittelsucht fachmedizinisch ausreichend geprüft werden konnte.

Und so kam es denn auch. Das Urteil des 2. Strafsenats vom 7. Mai 1984 wurde vom BGH am 8. Juli 1985, allerdings nur im Strafausspruch, mit den Feststellungen aufgehoben und die Sache zu neuer Verhandlung und Entscheidung an einen anderen Senat des Oberlandesgerichts zurückverwiesen. Der Bundesgerichtshof sah einen Verfahrensfehler darin, daß der Stuttgarter Strafsenat eine möglicherweise durch Drogenabhängigkeit bewirkte verminderte Schuldfähigkeit des Angeklagten bei Begehung der Taten ausgeschlossen hatte, ohne ausreichend sachverständig beraten gewesen zu sein. Damit trug der BGH der öffentlichen Kritik an dem skandalösen Verfahren des Eitel-Senats Rechnung. Aber er sorgte dafür, daß wesentliche von dem Euthanasie-Professor Rauch vorgegebene Feststellungen und Wertungen auch für die folgende Hauptverhandlung verbindlich blieben, ohne daß dies der nichtrechtskundigen Öffentlichkeit sogleich auffiel. Er ließ nämlich den Schuldspruch mit all den bösen Feststellungen zur subjektiven Seite bestehen, so daß den neuen Sachverständigen und dem nunmehr zuständigen Gericht kaum Bewegungsfreiheit blieb. Sie waren an die mit Hilfe des Heidelberger Hirnspezialisten getroffenen Feststellungen des ersten Urteils gebunden, wonach Boock mit Tatkraft, Umsicht, Durchsetzungsvermögen, Eifer, Hingabe und Entschlossenheit seine Taten begangen habe, Bewertungen also, die kaum Raum für neue Feststellungen ließen und denn auch den neuen Vorsitzenden zu dem Stoßseufzer veranlaßten, »wozu eigentlich man denn hier verhandele« (vgl. Peter Henkel, *Frankfurter Rundschau* v. 27.11.1986).

Die neue Hauptverhandlung fand vom 6. Mai bis 28. November 1986 vor dem 5. Strafsenat des Oberlandesgerichts Stuttgart statt – ich nahm wiederum als Verteidiger teil, diesmal zusammen mit den Kollegen Johann Schwenn (Hamburg) und Dr. Sebastian Cobler(Frankfurt) – und unterschied sich, insbesondere dank der souveränen Liberalität des Vorsitzenden Richters Herbert Schmid, ganz wesentlich vom ersten Durchgang.

Susanne Sonntag in der *Stuttgarter Zeitung* vom 26.5.1986:

Dankbar werden Veränderungen registriert, kleine Anzeichen einkehrender Normalität – sofern dies im sogenannten Mehrzweckgebäude von Stammheim überhaupt möglich ist. Man hört, daß sich die Wahlverteidiger nicht mehr durchsuchen lassen müssen. Jahrelang war dies anders gewesen, hatten sie sich eine potentielle Komplizenschaft mit ihren Mandanten unterstellen lassen müssen. Die Durchsuchungen der Besucher sind weniger kleinlich und die Großraummine im Kugelschreiber darf jetzt auch wieder mit in den Saal.

Souveränität, wie lange hat man sie in Stammheim vermißt. Der Vorsitzende Richter Herbert Schmid zeigt, was auch hier möglich ist: eine faire Verhandlungsführung, die über jeden Verdacht der Parteilichkeit erhebt, in unverkrampfter Distanz zu den anderen Verfahrensbeteiligten, insbesondere auch zur Bundesanwaltschaft.

Die Sitzungsvertreter der Bundesanwaltschaft hatten auch diesmal keine gute Presse. Bundesanwalt Zeis wußte keine andere Erklärung dafür, als daß es dem Angeklagten und seinen Vertrauensverteidigern gelungen sei, »gleich mehrere Presseorgane zu seinem Sprachrohr zu machen«. Ob er auch Peter Henkel, den Stuttgarter Berichterstatter der *Frankfurter Rundschau* meinte, der sich zum Angeklagten dieses Prozesses oft geradezu hellsichtig kritisch verhielt und dafür manches Lob von den Bundesanwälten erntete? Er schrieb am Ende der zweiten Hauptverhandlung (*Frankfurter Rundschau* vom 27.11.1986):

Zu den Lichtblicken dieses Prozesses zählt das menschliche und juristische Format, das auf der Verteidigerbank durchgehalten worden ist.

Die Bundesanwälte werden sich darüber ebensowenig gefreut haben wie über die ihnen zuteil gewordene Würdigung:

Eine subtilere Anklagevertretung hätte nicht über die »Kotzkübel« gejammert, die die Verteidiger bei ihrer sogenannten Medienkampagne über ihr ausgeleert haben sollen. Sie wäre ernsthafter auf die Frage eingegangen, welchen Stellenwert sie dem ehrwürdigen Rechtsgrundsatz »Im Zweifel für den Angeklagten« einräumt angesichts der Tatsache, daß der Pariser Medizinprofessor Léon Schwartzenberg Anfang Dezember 1977 bei Boock an Armen und Beinen massenweise Einstichspuren fand, die aus intensiver Spritzpraxis der vergangenen Wochen und Monate rühren müßten.

Zwar kam der 5. Strafsenat des Oberlandesgerichts hinsichtlich der Drogenabhängigkeit des Angeklagten und deren Folgen zu anderen Ergebnissen als der auf Herrn Rauch fixierte 2. Strafsenat. Aber vor dem erneuten Lebenslang konnten wir Peter-Jürgen Boock gleichwohl nicht schützen. Als ehemaliger Verteidiger möchte ich das Urteil in diesem Fall nicht kommentieren.

Was aus den anderen Prozeßbeteiligten geworden ist? Peter-Jürgen Boock wurde im März 1998 nach 17 Jahren Haft vorzeitig auf Bewährung entlassen. Herr Dr. Eitel wurde Landgerichtspräsident. Herr Zeis, lange Zeit als Nachfolger Kurt Rebmanns im Gespräch, wurde nicht Generalbundesanwalt. Herr Professor Hans-Joachim Rauch wurde weiterhin als Sachverständiger, sogar vom BGH, beschäftigt. Ein Ermittlungsverfahren wegen seiner Beteiligung an den Euthanasie-Morden stellte die Staatsanwaltschaft Heidelberg ein. Ein weiteres Verfahren wegen Falschaussage im Boock-Prozeß (sein Bestreiten, mit der Euthanasie-Aktion des Dritten Reiches zu tun gehabt zu haben) gedieh immerhin zu einer Anklage der von dem Kollegen Wolf Römmig und mir mit Material und mancherlei Anstößen versorgten Staatsanwaltschaft Stuttgart, wurde aber am 12.12.1991 durch einen Beschluß eines Stuttgart-Bad Cannstatter Amtsrichters erledigt, der die Eröffnung des Hauptverfahrens mit haarsträubender Begründung ablehnte, nämlich, er habe seine Mitwirkung »am Forschungsauftrag des Prof. Dr. Carl Schneider« verschweigen dürfen, weil dieser Fragenkreis »für das Strafverfahren gegen Peter-Jürgen Boock unerheblich und ohne Bedeutung« gewesen sei; es sei nicht beweisbar, daß Rauch an Tötungsaktionen kausal beteiligt gewesen sei. Das war ganz unauffällig und ohne Information der Öffentlichkeit erfolgt. Wir erfuhren erst davon, als die Akten längst zugeklappt waren. Die Staatsanwaltschaft hatte von ihrem Beschwerderecht keinen Gebrauch gemacht und es auch wohlweislich unterlassen, Römmig und mich zu benachrichtigen. Herr Professor Rauch wird, wie das hierzulande bei NS-Tätern üblich ist, seinen Lebensabend mit einer guten Pension ausgestattet und in allen Ehren genossen haben oder noch genießen.

11. Handtaschenklau oder ein unterbrochener Späh- und Lauschangriff (1981/82)

Im Februar 1982 wurde vor dem Schöffengericht Bremen eine Strafsache verhandelt, deren Anlaß bundesweites Aufsehen erregt hatte. Eine Wohngemeinschaft hatte sich gegen einen tölpelhaft inszenierten Lauschangriff des Verfassungsschutzes gewehrt und dabei Notizen erbeutet, deren Veröffentlichung erstaunliche Einblicke in den Umfang geheimdienstlicher Überwachung gewährte. Die Staatsanwaltschaft hatte daraus eine Anklage wegen Raubes gemacht. Der Angeklagte Waldemar Schwarz*, ein damals 33jähriger arbeitsloser Gärtner, Oberleutnant der Reserve, wurde beschuldigt, sich eines Kunststoffbeutels, in dem sich einige der brisanten Unterlagen befanden, mit Gewalt bemächtigt zu haben. Einzige Belastungszeugin: die Agentin Silvia Hahn*, deren Glaubwürdigkeit von meinem Mandanten und dessen Freunden mit guten Gründen bestritten wurde. Es ging um folgendes:

Im Juni 1981 hatten die Bewohner des Hauses Graudenzer Straße 26 in Bremen bemerkt, daß in die Dachgeschoßwohnung des gegenüberliegenden Hauses ein Observationstrupp des Verfassungsschutzes eingezogen war und sie von dort aus mit Teleobjektiven, Fotoapparaten und Videokameras aufs Korn nahm. Man verlegte die Mahlzeiten in einen der nach hinten gelegenen Räume, um wenigstens unbeobachtet essen zu können, und begann, die alltäglich von 14.30 Uhr bis 20.30 Uhr auf- und untertauchenden Verfassungsschützer ihrerseits zu observieren und zu fotografieren. Nachdem man das eine Woche lang durchgehalten hatte, beschloß man, der Sache ein Ende zu bereiten.

Am 30. Juni 1981 spielte sich dann folgendes ab: Waldemar Schwarz, mein späterer Mandant, klingelte an der Haustür des gegenüberliegenden Hauses. Der Hausbesitzer, Herr Winter*, öffnete und ließ sich durch die Frage »Kann ich mal eben zu den Kollegen?« überlisten. Als dann noch drei weitere Perso-

* Namen geändert

nen angelaufen kamen, versuchte er vergeblich, die Tür zu schließen. Waldemar Schwarz fand in der unverschlossenen Dachgeschoßwohnung zwei Frauen vor, die völlig überrascht und verschreckt die Hände hoben, obwohl noch kein Wort gefallen war. Die eine, Silvia Hahn, rief dann angstvoll: »Werden Sie bitte nicht radikal!« – »Wir hüteten uns, den beiden Agentinnen auch nur ein Haar zu krümmen«, sagte Waldemar Schwarz später. Inzwischen waren die anderen gefolgt. Einer schraubte spontan die Kamera, die im Flur montiert und auf das Haus Nr. 26 gerichtet war, vom Stativ und warf sie zum Fenster hinaus. Die beiden anderen machten sich an die größeren Geräte. Und so flog die ganze Observationseinrichtung aus dem Fenster, Fernglas, Mikrofon, Funkgerät, Trafos, Fernsehgerät, Monitor, Fotoapparate, Stative, Kopfhörer, Kabel, Video-Filmkamera, Filme und anderes Lausch- und Spähzubehör. Alles lag mehr oder weniger beschädigt im Vorgarten oder auf der Straße und wurde von der bald eintreffenden Polizei, die Silvia Hahn telefonisch herbeigerufen hatte, eingesammelt, wobei Waldemar Schwarz hilfreich zur Hand ging. Er erklärte den Polizeibeamten sogleich, daß er an der Aktion beteiligt war. »Das war Notwehr. Das hält doch kein Mensch aus, wenn man seit Tagen keinen Schritt mehr unbeobachtet tun kann.« Die Polizeibeamten, die vor Ort die Empörung und den Triumph der inzwischen zahlreich versammelten Anwohner der Graudenzer Straße miterlebten, sahen keinen Anlaß zu Personenfeststellungen oder gar Festnahmen, sondern begriffen offenbar, daß sich hier Bürger gegen einen Eingriff in ihre Privatsphäre gewehrt hatten, den man sich nur in autoritären Systemen gefallen lassen muß. Sie nahmen nur die Verfassungsschützerin Silvia Hahn mit, die ihre Jacke über den Kopf zog, um sich gegen neugierige Blicke zu schützen. Die andere Lauschbeamtin hatte schon vorher das Weite gesucht.

Während die Bewohner des Hauses Graudenzer Straße 26 mit einigen Gläsern Wein ihren Sieg feierten, brüteten die Hüter von law and order ihren Gegenschlag aus. Zwischen 19 Uhr und 19.30 Uhr war das Verfassungsschutznest ausgehoben worden. Gegen 22 Uhr kam die Staatsgewalt zurück. So haben die Betroffenen es später der Journalistin Margot Overath geschildert:

Wir hörten knallende Geräusche. Autotüren wurden zugeschlagen. Ich rannte zum Fenster, an beiden Enden der Straße sah ich

Mannschaftswagen der Polizei, quergestellt, kleinere Busse und Polizeistreifen. Zwanzig oder dreißig Beamte stürzten auf unser Haus zu. Wir hatten schon einen getrunken, da waren wir alle ein bißchen langsam. Einer von uns ist runtergegangen zur Tür. Aber geklingelt hat es gar nicht, es hat gleich gekracht, die Tür wurde eingetreten.

Sie fielen über uns her. Wir wußten nicht, wie uns geschah. Mir schlugen sie in den Magen, als ich nach einem schriftlichen Durchsuchungsbefehl fragte. Das war ihre Antwort. Ich habe in den Garten gekuckt, da standen die Bullen, in der Gastfeldstraße und in der Graudenzer auch. Also das Haus war ringsum umstellt. Sie waren auch schon überall. Sie ließen kein Zimmer aus. Wäsche und Handtücher holten sie aus den Schränken heraus. Einer war dabei, der war ein bißchen verrückt. Der hat nacheinander vier Weingläser genommen, angekuckt, den Fuß abgeschlagen und dann das kaputte Glas ohne Fuß wieder hingestellt. Ein anderer, mit Helm und Knüppel, war völlig nervös. Der fuchtelte mit dem Knüppel, sagte: bleib da ja stehen, und dann trat er nach dem Hund. Auch von den Zivilen hatten einige einen Helm auf, als sie die Treppe hochstürmten. Die hatten anscheinend gedacht, es gibt Randale.

Was eigentlich gesucht wurde, erfuhren die Bewohner des Hauses Nr. 26 nicht. Wahrscheinlich ging es um die Notizbücher und Adressenverzeichnisse, die sich in einem Aktenkoffer und in dem Kunststoffbeutel der Silvia Hahn befunden hatten. Aber die waren längst anderswo in Sicherheit. Und daraus sollte dem Verfassungsschutz noch viel Ärger erwachsen. Denn diese Papiere enthielten Namen und Adressen von für das Landesverfassungsschutzamt tätigen Agenten und Agentinnen und deren Zielpersonen, samt Observationsprotokollen. Etwa 500 Bremer erfuhren einige Tage später aus einer reichbebilderten Broschüre anonymer Herausgeber, daß sie Objekt staatlicher Beschnüffelung waren, und eine Hochrechnung der bekannt gewordenen Zahlen erlaubte den Schluß, daß in Bremen mehrere tausend Bürger amtlich überwacht wurden. Der Leiter des Landesverfassungsschutzamtes, ein Herr Galle, mußte gehen, das gesamte Observationspersonal mußte ausgetauscht werden. Aus konservativer Sicht eine peinliche Panne. Dafür mußte jemand bestraft werden. Und so wurde denn die Frage, wie Waldemar Schwarz in den Besitz der Tasche mit diesen brisanten Papieren gelangt war, zum zentralen Thema des nachfolgenden Strafverfahrens. Aber davon später.

Zunächst wurden nach ergebnisloser Hausdurchsuchung alle fünf Anwesenden ins Polizeihaus verbracht, wo sie ein paar Stunden in Einzelzellen eingesperrt wurden. Später wurde bekannt, daß die Agentin Silvia Hahn sie durch die Gucklöcher der Zellentüren identifizieren sollte. Wenn das eine Gegenüberstellung sein sollte, war sie höchst unsachgemäß und erklärt vielleicht die zahlreichen Personenverwechslungen und Falschbezichtigungen, die der Agentin später in ihrer Rolle als Zeugin unterliefen. Aber davon abgesehen war eine Identifizierung völlig überflüssig, da keiner der Bewohner des Hauses Nr. 26 bestritt, an der Aktion beteiligt gewesen zu sein. Aber an überflüssigen Staatsgewaltakten ließ man es an diesem Abend auch sonst nicht fehlen. So wurde auch noch das Nachbarhaus Nr. 24 durchsucht, nachdem man auch dort die Haustür eingetreten hatte, obwohl ein Hausbewohner bereit war, die Tür aufzuschließen.

Was war überhaupt der Grund, daß die Bewohner des Hauses Graudenzer Straße 26 vom Verfassungsschutz observiert wurden? Sie sollten es erst Monate später erfahren, denn die mit der Untersuchung des Vorfalls betraute parlamentarische Kontrollkommission der Bremischen Bürgerschaft, bestehend aus den Herren Neumann (CDU), Wedemeier (SPD) und Lahmann (FDP), hüllte sich in Schweigen. Der einzige Skandal, den diese Herren entdecken konnten, war der, daß die Verfassungsschützer sich hatten erwischen lassen. Die Observation als solche aber erklärten sie für notwendig und rechtmäßig und beriefen sich im übrigen auf ihre Geheimhaltungspflicht.

Auch nach dem bremischen Verfassungsschutzgesetz bedarf es »tatsächlicher Anhaltspunkte« für Bestrebungen oder Tätigkeiten, die gegen die freiheitlich demokratische Grundordnung oder den Bestand und die Sicherheit des Bundes oder eines Landes gerichtet sind, um die Anwendung »nachrichtendienstlicher Mittel« zulässig zu machen. Wie man im Fall Graudenzer Straße 26 diese »tatsächlichen Anhaltspunkte« konstruiert hatte, erfuhren die betroffenen Hausbewohner bei einer weiteren Hausdurchsuchung, die im Oktober desselben Jahres stattfand. Diesmal kamen die Herren um sieben Uhr morgens. Wie Diebe hatten sie lautlos die Tür aufgehebelt. Plötzlich standen mehrere Männer in der Wohnung. Einer stellte sich als Vertreter des Generalbundesanwalts aus Karlsruhe vor, ein Herr Kouril, den ich später als einen der Ankläger im Prozeß gegen

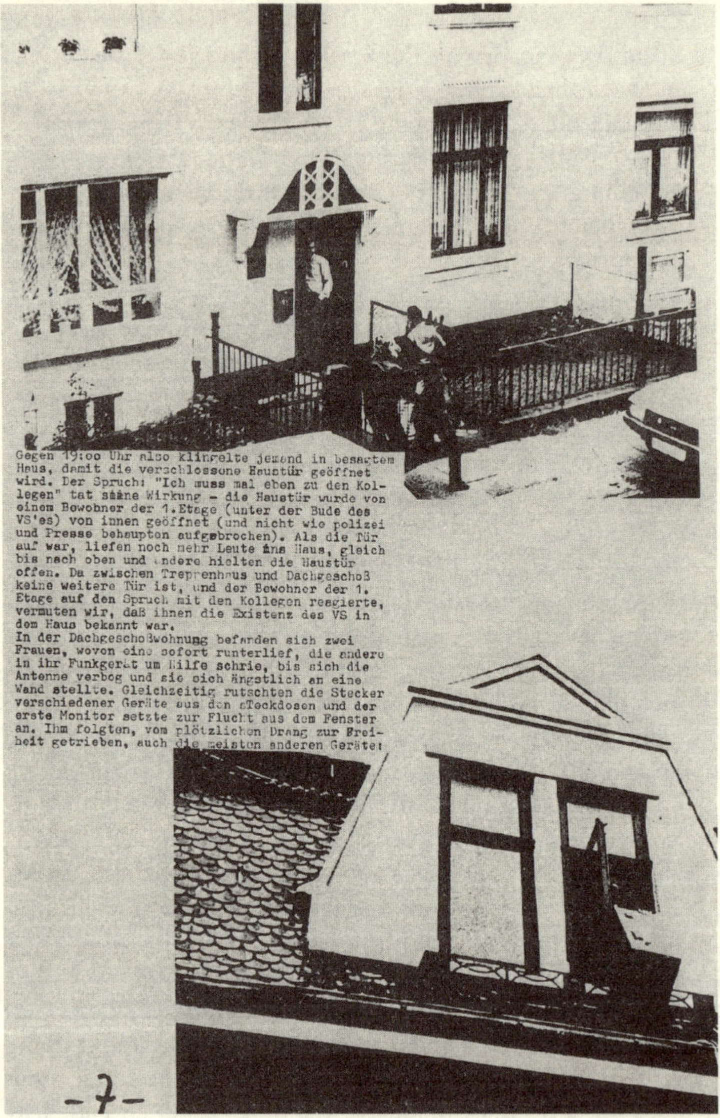

Gegen 19:oo Uhr also klingelte jemand in besagtem Haus, damit die verschlossene Haustür geöffnet wird. Der Spruch: "Ich muss mal eben zu den Kollegen" tat seine Wirkung - die Haustür wurde von einem Bewohner der 1.Etage (unter der Bude des VS'es) von innen geöffnet (und nicht wie polizei und Presse behaupten aufgebrochen). Als die Tür auf war, liefen noch mehr Leute ins Haus, gleich bis nach oben und andere hielten die Haustür offen. Da zwischen Treppenhaus und Dachgeschoß keine weitere Tür ist, und der Bewohner der 1. Etage auf den Spruch mit den Kollegen reagierte, vermuten wir, daß ihnen die Existenz des VS in dem Haus bekannt war.
In der Dachgeschoßwohnung befanden sich zwei Frauen, wovon eine sofort runterlief, die andere in ihr Funkgerät um Hilfe schrie, bis sich die Antenne verbog und sie sich ängstlich an eine Wand stellte. Gleichzeitig rutschten die Stecker verschiedener Geräte aus den sTeckdosen und der erste Monitor setzte zur Flucht aus dem Fenster an. Ihm folgten, vom plötzlichen Drang zur Freiheit getrieben, auch die meisten anderen Geräte:

-7-

Die Opfer des Späh- und Lauschangriffs dokumentierten in einer Broschüre den Eingriff in ihre Privatsphäre.

Peter-Jürgen Boock in Stuttgart-Stammheim kennenlernen sollte. Einer der ihn begleitenden Herren war Harry Warrelmann, Sprengstoffexperte der Bremer Polizei, der jahrelang Bomben aus dem letzten Weltkrieg entschärft hat. Eine der Betroffenen zu Margot Overath:

Schluck, dachte ich, das ist dann doch zu dicke. Karlsruhe, sagte ich, was wollen Sie denn bei uns? Ja, meinte der, terroristische Vereinigung. Das war so aberwitzig, so irreal ... Wir mußten lachen, obwohl das ja gar nicht zum lachen war ... In allen Töpfen haben sie dann nach Sprengstoff gesucht, überall wo Hohlräume waren, haben sie rumgeschnüffelt, ob das nun unter der Dusche war oder sonstwo. Und sie waren immer sehr erfreut, wenn sie irgendwo ein Pulver gefunden hatten. Harry, Harry, komm mal schnell. Und Harry Warrelmann, der Sprengstoffexperte, war immer ganz enttäuscht, wenn es nur Roggenmehl oder Weizenmehl oder sonstwas war. Einen alten Chemiekasten haben sie dann gefunden und mitgenommen. Und einen Feuerlöscher. Das Schaumzeug haben sie dann unter ein Auto gespritzt und ein Feuerzeug drangehalten. Wenn da wirklich was Explosives dringewesen wäre, wäre das Auto hochgegangen. Es war ein Bullenauto. Wir haben uns schiefgelacht. Da kam eine ältere Frau auf dem Bürgersteig vorbei, die hat was auf dem Mantel abbekommen. Zuerst war sie sauer, aber als sie merkte, daß das Bullen waren, ist sie schnell weitergegangen. Dann fingen sie an, auf unseren Schreibmaschinen Kommandoerklärungen zu tippen. Da haben wir nach einem Anwalt gerufen, sie hätten ja später sagen können, diese Erklärung ist auf eurer Schreibmaschine getippt worden, da haben wir Blut und Wasser geschwitzt.

Als Anwalt war dann Rolf Gössner zur Stelle, der sich die Kommandoerklärungen zeigen ließ und darauf vermerkte, daß es sich um Schriftproben der Polizei handelte.

Diesmal hatten die Herren einen Durchsuchungsbeschluß dabei, der über die tatsächlichen Anhaltspunkte für den Verdacht und deren Dürftigkeit hinreichend Auskunft gab. Was der Ermittlungsrichter des Bundesgerichtshofs, Herr Kuhn, in einem Beschluß vom 31. August 1981 abgezeichnet hatte, war offenbar eine Computerkombination von Fakten, wie man sie auch für zigtausend andere Bürger unseres Staates hätte zusammenstellen können. Da hieß es beispielsweise, daß die Beschuldigten einen Personenkreis bildeten, »der weitgehend durch intensive Kontakte verbunden ist« (für welchen Kegelclub, welche Partei, welchen Freundeskreis gilt das nicht?); daß sie eine »Einstellung zur bestehenden Gesellschaftsordnung haben«, die bestimmten, ausführlich dargestellten Aktionen gegen Atomkraftwerke und Militärtransporte zugrundeliege (daß sie an diesen beteiligt waren, wird nicht behauptet; also nur die »passende Motivation« wird unterstellt); daß einer der Verdächtigen während seiner Bundeswehrzeit einem Pionierzug angehört habe, der im Sprengen ausgebildet wurde und sich später als Reinigungskraft beim Kernkraftwerk Esenshamm beworben habe; und schließlich:

Für die Beteiligung einer Bremer Gruppierung am Anschlag auf den US-Militärzug bei Verden/Aller spricht der hierbei gewählte Tatort, der genaue Ortskenntnis beweist.

Das letztgenannte Argument ist besonders putzig, weil es nicht nur für alle Bremer, sondern auch für alle Verdener Bürger zutreffen würde.

Endlich klärte sich das Rätsel, warum der Verfassungsschutz in der Graudenzer Straße 26 die freiheitlich demokratische Grundordnung in Gefahr gesehen hatte. Waldemar Schwarz zu Margot Overath:

Meine Wohngenossen und ich waren zusammen mit einigen unserer Bekannten in eine Rasterfahndung geraten. Der BKA-Computer PIOS hatte unsere Observation auf dem Gewissen. PIOS kann vier Informationen miteinander verknüpfen: Personen, Institutionen, Objekte, Sachen. Als Mitglieder einer Bürgerinitiative gegen Atomkraft und verschiedener Anti-Kriegs-Gruppen in Bremen kannte uns die Polizei seit Jahren. Zum Beispiel hatte ich im Sommer 78 mit zwanzig anderen den Informationspavillon des Kernkraftwerks Unterweser in Esenshamm besetzt. Wir wollten die Verantwortlichen dazu bringen, den Katastrophenplan für das Kraftwerk zu veröffentlichen. Zweieinhalb Jahre später bewarb sich einer unserer »verdächtigen« Bekannten als Reinigungskraft im Kernkraftwerk. Der Bürgerinitiative lag ein Hinweis vor, daß die Sicherheitsbestimmungen im Atomkraftwerk nicht eingehalten werden. Das wollten wir an Ort und Stelle recherchieren. Unsere gutgemeinten Absichten landeten in der Datensammlung des Bundeskriminalamtes. Als im April 81 zwei Sprengstoffanschläge auf Hochspannungsmasten in der Nähe des Kernkraftwerks Unterweser verübt wurden, tippte der Computer auf uns.

Acht Monate nach der zweiten Durchsuchung des Hauses Graudenzer Straße 26 stellte die Bundesanwaltschaft das Verfahren ein. Der Verdacht ließ sich nicht erhärten. Damit hatten sich auch die »tatsächlichen Anhaltspunkte«, auf denen die Observation und die ihr von der parlamentarischen Kontrollkommission bescheinigte Notwendigkeit und Rechtmäßigkeit beruhte, in Luft aufgelöst. Die Herren Neumann, Wedemeier und Lahmann hatten sich von der Computerlogik des BKA ebenso täuschen lassen wie der Ermittlungsrichter des Bundesgerichtshofs. Ein insgesamt doch recht blamables Ergebnis verfassungsschützerischer Aktivität.

Aber da war ja noch die Sache mit dem Kunststoffbeutel der Agentin Silvia Hahn, dessen Inhalt auf keinen Fall hätte bekannt werden dürfen. Eine Gelegenheit für die Hüter der Staatsgewalt, ihr angeschlagenes Prestige wiederherzustellen. Und eine Gelegenheit für die in flagranti ertappte und enttarnte Agentin, sich wenigstens in der Rolle als Zeugin zu bewähren. Doch ihr Dienstherr, der neue Leiter des Bremer Landesamts für Verfassungsschutz, wollte ihr nur unter der Bedingung eine Aussagegenehmigung erteilen, daß sie in nichtöffentlicher Verhandlung und in Abwesenheit des Angeklagten und seines Verteidigers, Rechtsanwalt Hannover, vernommen werde. Und das machte das Schöffengericht unter Vorsitz des Richters Teuchert nicht mit. Es verzichtete auf eine Vernehmung der Zeugin unter den vom Verfassungsschutz gewünschten gesetzwidrigen Bedingungen und sprach den Angeklagten mit Urteil vom 16. Februar 1982 frei.

Weitere Schlappen konnte sich der Verfassungsschutz jetzt nicht mehr leisten. Für die Verhandlung vor dem Landgericht, das von der Staatsanwaltschaft mit dem Rechtsmittel der Berufung angerufen worden war, erhielt die Zeugin Silvia Hahn die Genehmigung, in Anwesenheit des Angeklagten und des Verteidigers auszusagen. Wenngleich mit einigen Einschränkungen. So galt die Genehmigung nicht für Aussagen, »die dem Wohle des Bundes oder eines deutschen Landes Nachteile bereiten würden ...« Und die Genehmigung erging nur unter der Voraussetzung, daß dem Leiter des Landesamts für Verfassungsschutz gestattet wurde, Frau Hahn »ggf. darauf aufmerksam zu machen, daß bestimmte Fragen nicht beantwortet werden dürfen«. Auch sollten »keinerlei Fragen über den gegenwärtigen Wohn- und Beschäftigungsort« der Zeugin und »über ihre jetzige Dienststelle und die Art der von ihr ausgeübten Tätigkeit gestellt werden dürfen«. Letzteres brauchten wir nicht zu fragen, weil sich bereits herumgesprochen hatte, daß Frau Hahn weiterhin für den Verfassungsschutz arbeitete, und zwar in einem benachbarten Bundesland. Und dem Wohle des Bundes oder eines deutschen Landes wollten wir auch keine weiteren Nachteile bereiten.

Die Berufungsverhandlung vor einer großen Strafkammer (drei Berufsrichter und zwei Schöffen) des Landgerichts Bremen begann am 5. Oktober 1982 mit Verspätung. Denn der Vorsitzende Richter, Herr Landgerichtspräsident Crome, war auf seinem Fahrrad unterwegs von unbekannten jungen Leuten mit roter Farbe begossen worden. Anlaß zu einem von mir formulierten Ablehnungsantrag des Angeklagten gegen den Vorsitzenden, da bei diesem der Eindruck entstanden sein konnte, daß die Urheber des Farbattentats mit dem Angeklagten sympathisierten (und umgekehrt). Aber Herr Crome erklärte sich für unbefangen und ein Beschluß seiner Kollegen gab ihm recht. Obwohl mißtrauische Äußerungen des Vorsitzenden gegenüber einer Reporterin von Radio Bremen (die er zunächst nicht ohne Rückfrage beim Sender in den Saal lassen wollte) durchaus zu Zweifeln Anlaß gaben. Auch ein zweiter Ablehnungsantrag, der sich auf eine vorweggenommene Beweiswürdigung gegen einen von mir benannten Zeugen stützte, wurde zurückgewiesen. Und so behielten wir Herrn Crome.

Waldemar Schwarz hatte sich entschlossen, zur Sache keine Aussage zu machen, obwohl er der einzige war, der Silvia Hahns Darstellung des angeblichen Raubs ihres Kunststoffbeutels auf Grund eigener Wahrnehmung hätte widersprechen können. Denn was sich zwischen der Zeugin und dem Angeklagten abgespielt hatte, hatte kein unbeteiligter Zeuge gesehen. Aber ich mußte das Argument meines Mandanten akzeptieren, daß er keine für seine Freunde belastenden Aussagen machen wollte, obwohl seine Verteidigung durch sein Schweigen erschwert wurde. Daß die Observationsausrüstung einfach aus dem Fenster segelte, war vermutlich nicht in seinem Sinne; er selbst hatte sich die Mühe gemacht, einen Aktenkoffer und andere Gegenstände herunterzutragen. Er machte nach meiner Einschätzung als Persönlichkeit einen sehr viel besseren Eindruck als die Zeugin Hahn, was bei einer Abwägung der Glaubwürdigkeit widersprechender Aussagen vielleicht doch eine Rolle gespielt hätte. Und ein Schweigen des Angeklagten wird bei deutschen Gerichten immer noch allzu häufig als Schuldeingeständnis gewertet, obwohl es sich um ein prozessuales Recht handelt, aus dessen Wahrnehmung nach höchstrichterlicher Rechtsprechung keine für den Angeklagten nachteiligen Schlüsse gezogen werden dürfen.

Die Zeugin Silvia Hahn, in Begleitung ihres Behördenchefs, schilderte die Sache so, daß mehrere Personen in der vom Verfassungsschutz angemieteten Dachgeschoßwohnung erschienen, sie mit beleidigenden Ausdrücken beschimpft und bedroht und Sachen an sich genommen hätten. Der Angeklagte sei mit einem Aktenkoffer die Treppe runtergegangen. Sie habe aus Angst vor dem Angeklagten keinen Widerstand geleistet. Als sie den Angeklagten mit dem Koffer die Wohnung verlassen sah, sei sie in die im ersten Stock gelegene Wohnung des Hauseigentümers gelaufen und habe von dort aus die Polizei alarmiert. Dann sei ihr eingefallen, daß sich in der Dachgeschoßwohnung noch ihre Handtasche befand. Sie sei deshalb noch einmal nach oben gegangen, um diese Tasche zu holen, die sich in einem Kunststoffbeutel befunden habe. Als sie in die Dachgeschoßwohnung gekommen sei, habe der Angeklagte, der inzwischen zurückgekehrt war, den Kunststoffbeutel in der Hand gehabt. Sie habe mehrfach vergeblich versucht, ihm diesen Beutel zu entreißen. Dabei habe er ihr die Finger umgebogen, so daß sie losgelassen habe. Sie habe dann gesagt, daß sich in ihrer Handtasche nur ihre Privatsachen befänden. Darauf habe der Angeklagte erwidert, wenn private Dinge darin seien, bekomme sie diese auch wieder. Er habe den Beutel dann aus dem Fenster geworfen und nach unten gerufen, daß es sich bei dem Tascheninhalt angeblich um private Sachen handle.

Silvia Hahn bestritt, daß noch eine zweite Verfassungsschützerin in der Dachgeschoßwohnung gewesen war. Eine Aussage, der mehrere Zeugen widersprachen. Auch andere Behauptungen der Zeugin ließen sich widerlegen. So waren ihr mehrere Personenverwechslungen unterlaufen. Und was sonst über ihre Wahrheitsliebe bekannt wurde, trug auch nicht dazu bei, ihrer dramatischen Sachdarstellung Gewicht zu verleihen. So bezeichnete ihre eigene Mutter, die allerdings mit ihrer Tochter wegen deren Sexualbeziehung zu ihrem Stiefvater verfeindet war, sie als verlogen. Und ein angesehener Bremer Rechtsanwalt, bei dem Frau Hahn von Juni 1980 bis März 1981 als Aushilfskraft gearbeitet hatte, ohne ihrem Arbeitgeber zu sagen, daß sie gleichzeitig für den Verfassungsschutz tätig war, äußerte sich sehr betroffen über diesen Mißbrauch seines Vertrauens sowie über einen Versuch der Zeugin, ihn nach Aufdeckung ihrer Doppelrolle zu falschen Angaben über ihr Arbeitsverhältnis und ihr Gehalt zu überreden. Der Zeuge wußte aus einer Unterredung mit dem Justizsenator, daß auch dem Verfassungsschutz die Doppelbeschäftigung seiner Mitarbeiterin unbekannt gewesen sei. Dieser Anwalt, der Frau Hahn nun aus längerer Zusammenarbeit kannte, trug als Zeuge einige Überlegungen zur Persönlichkeit dieser Agentin bei, die auch dem Gericht hätten zu denken geben können. So nannte er

Anhaltspunkte für eine besonders lebhafte Phantasie der Zeugin und erklärte ihr Verhalten ihm gegenüber damit, daß sie offenbar unter Rechtfertigungsdruck gestanden habe und alles recht machen wolle, weil sie etwas falsch gemacht habe.

Einer solchen Zeugin also wurde nun die Wahrheitsfindung in der Frage anvertraut, ob sie auch die Mitnahme des Kunststoffbeutels mit seinem für den Verfassungsschutz so peinlich entlarvenden Inhalt widerstandslos geduldet habe. Der Motivationsdruck, sich in ein möglichst günstiges Licht zu stellen, muß ungeheuer groß gewesen sein. Und da mein Mandant vor Gericht schwieg, wurde ihr auch eine Auseinandersetzung mit seiner Gegendarstellung erspart.

Wie es wirklich war, hat Waldemar Schwarz nur außerhalb der Gerichtsverhandlung gesagt.

Als ich reingekommen bin, saß eine auf der Badewanne. Die andere, Frau Hahn, stellte gerade das Objektiv am Fotoapparat ein. Sie hat mich gesehen, aber zunächst nicht reagiert. Die hat wahrscheinlich zuerst angenommen, ich wäre einer von ihnen. Sie hatte nicht mitgekriegt, daß ich ins Haus gegangen bin. Erst als ich vorbei war, da kuckte sie hoch, und dann hat sie wohl gedacht, da stimmt doch was nicht. Und danach kam erst der große Schreck. Dann kam sie nach vorne gerannt und sagte, ja, mein Gott, werden Sie bitte nicht radikal, dieser berühmte Spruch. Die Hände hatten sie beide an die Wand, obwohl sich überhaupt keiner um die gekümmert hat. Dann lief eine der beiden raus, die Hahn auch, und die hat dann wahrscheinlich telefoniert ... Die Hahn hat erzählt, daß ich die Tasche genommen habe, und daß Otto die Video-Kamera abgebaut hat. Aber die konkreten Sachen stimmten alle nicht. Ich hatte die Tasche nie, die hat jemand anders an sich genommen. Aber über die konkreten Sachen habe ich nie etwas ausgesagt, ich habe nur im Prozeß gesagt, daß die Hahn von vorne bis hinten gelogen hat. Dazu sag ich auch jetzt nicht mehr, um die anderen nicht zu belasten. Mir wurde ja nicht nur Raub vorgeworfen, sondern auch Sachbeschädigung. Und es ist ja ganz klar, daß die Sachen kaputt gegangen sind, als sie aus dem Fenster flogen, also Sachbeschädigung. Dann stell ich mich doch nicht hin und sag, ja, ich hab da irgendwas rausgeschmissen, wenn ich es in Wirklichkeit nicht getan habe. Deswegen habe ich das völlig offengelassen, was ich gemacht hab ... Wenn ich eine Aussage gemacht hätte, dann hätte der Richter mit Recht von mir verlangen können, daß ich alles erzähle, wie es wirklich war. Aber dann müßte ich nicht nur sagen, was ich gemacht hab, sondern auch, was die anderen gemacht haben.

Man hatte sich vorher überlegt, so berichtete Waldemar Schwarz weiter, daß es natürlich ein Strafverfahren geben würde. Aber man hatte nur Hausfriedensbruch in Erwägung gezogen, weder Sachbeschädigung (zu der es dann spontan kam) noch gar Raub oder Diebstahl. Aber gerade den, der in dieser Sache am überlegtesten und bis zuletzt mit disziplinierter Selbstkontrolle gehandelt hatte, wollte die Staatsanwaltschaft wegen Raubes und Sachbeschädigung verurteilt sehen.

Daß man auch wegen Sachbeschädigung anklagen konnte, hatte die Staatsanwaltschaft, ganz auf Raub fixiert, zunächst übersehen. Im freisprechenden Urteil des Schöffengerichts konnte man nachlesen, daß es insoweit an einem Strafantrag der geschädigten Behörde fehlte. Inzwischen war die Frist für eine Antragstellung abgelaufen. Aber plötzlich erklärte der in der Berufungsinstanz auftretende Staatsanwalt, daß ihm doch ein Strafantrag wegen Sachbeschädigung vorliege, am letzten Tag der Frist bei ihm eingegangen, aber versehentlich nicht zu den Akten gelangt. Auch ein Eingangsstempel fehlte. Er habe den Eingang handschriftlich vermerkt, versicherte der Staatsanwalt, weil ihm der Antrag durch Boten auf den Schreibtisch gelegt worden sei. Ich nötigte den Staatsanwalt in den Zeugenstand, wo er die Richtigkeit seiner Darstellung versicherte. Und dann sind Zweifel natürlich nicht mehr angebracht.

Der Versuch, aus diesem hochpolitischen Fall eine »reine Rechtssache« zu machen, bei der es nur um Raub und Sachbeschädigung ging, gelang den Justizprotagonisten und ihren politischen Hintermännern nicht ganz. So wehrten sich die Mitglieder der parlamentarischen Kontrollkommission vergeblich dagegen, vor Gericht als Zeugen erscheinen zu müssen. Sie hatten in einem zu dritt unterschriebenen Brief das Gericht wissen lassen, daß sie einstimmig festgestellt hätten, »daß die vom Bremischen Landesamt für Verfassungsschutz in der Graudenzer Straße getroffenen Maßnahmen nach den Vorschriften des Bremischen Verfassungsschutzgesetzes notwendig und rechtmäßig waren«. Die Beratungen der Kommission seien geheim, außerdem seien die Mitglieder der Kommission zur Geheimhaltung der Angelegenheiten verpflichtet, die ihnen bei ihrer Tätigkeit in der Kommission bekanntgeworden sind. Sie würden deshalb nicht zur Sache aussagen und sich auf ein Aussageverweigerungsrecht berufen. Ich bestand darauf, daß die Herren trotzdem geladen wurden. Und es bestätigte sich die Einschätzung eines Fachmanns, des Leiters der Rechtsabteilung im Hessischen Innenministerium, Dr. Helmut Lenz, der schon 1969 die Parlamentskontrolle als »makabre Farce« bezeichnet hatte, da die Kontrolleure »alles glauben müssen, was ihnen die Verwaltung erzählt«. (*Spiegel*, Nr. 41/69)

Zuerst war der Vorsitzende der parlamentarischen Kontrollkommission, der CDU-Abgeordnete Bernd Neumann, 40 Jahre alt, von Beruf Lehrer, an der Reihe. Schon seine Antwort auf eine vom Vorsitzenden Richter Crome gestellte Frage löste Erstaunen aus.

Crome: Sahen Sie Ihre Aufgabe auch so, daß Sie Ihre Kontrolle nicht nur für das Parlament, sondern auch für die Öffentlichkeit ausübten?

Neumann: Nein. Wir haben ja keine direkte Demokratie. Wir drei sind ausschließlich dem Parlament verantwortlich.

Entrüstete Reaktionen im Publikum ließen vermuten, daß die jungen Leute unter parlamentarischer Kontrolle etwas anderes verstanden als Herr Neumann. Sie wurden von Herrn Crome zur Ordnung gerufen. Obwohl seine Frage zu verraten schien, daß auch er eine andere Antwort des Volksvertreters erwartet hatte. Herr Neumann, als medienerfahrener Politiker bestens bewandert in der Kunst, mit hochtönenden Worten nichts zu sagen, verließ sich offenbar darauf, daß an einen, der sich ausschließlich dem Parlament verantwortlich fühlte und auch diesem gegenüber selbstverständlich zum Stillschweigen verpflichtet war, keine weiteren Fragen zu stellen seien. Ich hatte aber noch einige.

Hannover: Waren und sind Sie sicher, daß Ihnen vollständige Angaben gemacht worden sind über die Voraussetzungen der Observation?

Neumann: (sich an das Gericht wendend) Ich bitte um Ihren juristischen Rat ... Ich möchte in meiner Verantwortung nicht zur weiteren Verunsicherung beitragen ...

Wortreich verkleidete Unsicherheit und seltsame Variationen über das Thema »Vertrauen ist gut, Kontrolle ist besser« (Lenin).

Und Herr Crome tat sein Bestes, um dem Zeugen Neumann mit Rat und Tat zur Seite zu stehen, immer wieder mußte ich mein Fragerecht gegen seine Zulässigkeitsbedenken durchsetzen.

Hannover: Haben Sie sämtliche Akten eingesehen, auf denen die sogenannten »tatsächlichen Anhaltspunkte« für die Observation beruhten?

Neumann: Wir haben das Recht, alles einzusehen, was vorliegt.

Hannover: Mich interessiert nicht, ob Sie das Recht haben, sondern ob Sie es getan haben.

Neumann: Keine Aussage.

Hannover: Hat die Kommission zum Komplex Graudenzer Straße Zeugen vernommen? Wenn ja, haben Einschränkungen der Aussagegenehmigungen vorgelegen?

Neumann: Ich verweigere die Aussage unter Berufung auf meine Verschwiegenheitspflicht.

Hannover: Hat die Kommission den Begriff »nachrichtendienstliche Mittel« problematisiert?

Neumann: Keine Aussage.

Hannover: Was verstehen Sie unter »nachrichtendienstlichen Mitteln«?

Neumann: Es ist nicht interessant, was ich darunter verstehe, sondern welche es gibt.

Hannover: Und alles, was es gibt, halten Sie für zulässig?

Neumann: Keine Aussage.

Hannover: War Ihnen im Zeitpunkt Ihrer Tätigkeit in der parlamentarischen Kontrollkommission bekannt, daß visuelle Dauerobservation bestimmter Orte und Objekte rechtlich problematisch ist?

Neumann: Keine Aussage.

Hannover: Ist diese Frage in der Kontrollkommission beraten worden?

Neumann: Keine Aussage.

Hannover: Haben Sie es für zulässig gehalten, daß der Verfassungsschutz Bürger fotografiert? Wußten Sie, daß auch diese Frage rechtlich problematisch ist? Ist diese rechtliche Problematik damals von den Mitgliedern der Kommission erörtert worden? Wenn ja, wie haben Sie die Frage damals allgemein entschieden?

Neumann: Keine Aussage.

Hannover: Haben Sie bzw. die Kommission die Frage der Rechtmäßigkeit des Verfassungsschutzeinsatzes in der Graudenzer Straße auch unter dem Gesichtspunkt des Schutzes der Unverletz lichkeit der Wohnung, der Achtung des Privat- und Familienlebens, der Kommunikationsfreiheit, der Freiheit vor Überwachungsmaßnahmen und der allgemeinen Handlungsfreiheit geprüft?

Neumann: Keine Aussage.

Hannover: War Ihnen und der Kommission das Urteil des Europäischen Gerichtshofs für Menschenrechte vom 6. 9. 1978 bekannt, das eine Überwachung unter Verletzung dieser Menschenrechte für unzulässig erklärt? (NJW 79, 1755)

Neumann: Keine Aussage.

Hannover: Haben Sie bzw. die Kommission geprüft, wann die Observation in der Graudenzer Straße beendet und ob und gegebenenfalls wann sie den Betroffenen mitgeteilt werden sollte?

Neumann: Keine Aussage.

Der Zeuge versicherte immer wieder, daß die Maßnahmen »aus unserer Sicht notwendig und rechtmäßig« gewesen seien.

Hannover: Wann haben Sie sich Ihr Urteil über die Rechtmäßigkeit des Lauschangriffs gebildet? Nach Abschluß der Arbeit der Kontrollkommission oder schon vorher?

Neumann: Auch darüber gebe ich keine Auskunft.

Hannover: Das ist aber merkwürdig. Dann haben Sie es eventuell auch schon vorher gewußt?

Neumann: Aber nein, natürlich erst hinterher.

Hannover: Wie erklären Sie dann die Tatsache, daß Sie gegenüber der Presse schon vor Abschluß Ihrer Untersuchung die Meinung geäußert haben, daß die Observation »nach dem bisherigen Erkenntnisstand aus rechtlicher Sicht schlüssig und geradezu verpflichtend« gewesen sei (*Weser-Kurier*, 10. 7. 81)? Und wie konnten Sie, dem Strafverfahren vorgreifend, sagen, daß der Handtaschenklau ein brutaler Raubüberfall gewesen sei, der durch nichts zu rechtfertigen wäre, da wisse man ja gleich, um was für eine Kategorie von Leuten es sich handeln würde (*Bremer Nachrichten*, 21. Juli 1981)?

Noch bevor dem Zeugen eine Antwort einfiel, versuchte Herr Crome, ihm Schützenhilfe zu leisten.

Crome: Das hat der Zeuge ja nicht in seiner Eigenschaft als Vorsitzender der parlamentarischen Kontrollkommission, sondern als Abgeordneter gesagt.

Hannover: Ich habe nicht Sie, sondern den Zeugen gefragt. Und in welcher Eigenschaft er das gesagt hat, interessiert überhaupt nicht. Es geht darum, wann er sich sein Urteil über die Rechtslage gebildet hat.

Der Zeuge Neumann griff den Ball, den ihm der Vorsitzende Richter zugespielt hatte, trotzdem dankbar auf.

Neumann: Ich habe gegenüber der Presse nur meine politische Meinung als Politiker kundgetan. Selbstverständlich habe ich als Politiker auch eine politische Meinung.

Hannover: Schon bevor Sie die Sache geprüft haben!

Der Vorsitzende hilft zu wiederholtem Male dem Zeugen aus der Verlegenheit.

Crome: Hätten Sie nur von Verdacht des Raubes gesprochen, wäre die Sache jetzt einfacher. Aber das haben Sie sicher gemeint.

Hannover: Herr Vorsitzender, Sie verhalten sich, als wären Sie sein Anwalt.

Der Zeuge Neumann brauchte noch mehrmals einen Sekundanten. Denn auch sonst hatte er politische Meinungen geäußert, die seinen Anspruch, als Mitglied der Kontrollkommission hinreichend für den Schutz der Bürger vor Übergriffen des Verfassungsschutzes gesorgt zu haben, unglaubwürdig machten. Radio Bremen hatte am 28. Juli 1981 in der damals sehr populären Sendung »Popkarton« ein von Margot Overath geführtes Gespräch mit Herrn Neumann ausgestrahlt, in dem er auf die Frage, ob er sich vorstellen könne, einmal selbst observiert zu werden, geantwortet hatte, vorstellen könne er sich alles, aber da er sich, was sein Leben angehe, in keiner Weise schuldig gemacht habe, habe er kein schlechtes Gewissen. Ihn könne jeder aufschreiben (als ob es nur um »aufschreiben« ging!) wie und wann er will.

Ich hätte allerdings wohl auch etwas dagegen, wenn ich erführe, daß ich von morgens bis abends observiert würde. Ganz abgesehen davon, daß ich erführe, daß mein Telefon abgehört wird. Wenn ich davon erführe, würde ich der Sache völlig auf den Grund gehen.

Wie man das macht, wenn man nicht selbst Mitglied der Kontrollkommission ist, hat Herr Neumann leider nicht verraten Aber dann kam noch das Schärfste:

Mir würde auch nicht genügen, wenn dann eine Kontrollkommission erklärt, das ist alles korrekt und rechtmäßig gewesen.

Na also. Aber auch diese Meinung hatte Herr Neumann wohl nur in seiner Eigenschaft als Politiker geäußert.

Auch die Vernehmung der Herren Wedemeier und Lahmann brachte keine weitere Aufhellung der Frage, welche »tatsächlichen Anhaltspunkte« der Observation zugrunde gelegen hatten, und ob die Kommission sich überhaupt Gedanken über die Zulässigkeit der verwendeten »nachrichtendienstlichen Mittel« gemacht hatte. Da der Angeklagte sich auf Notwehr gegenüber einem rechtswidrigen Späh- und Lauschangriff berief, kam es aber entscheidend auf die Frage an, ob die Observation rechtmäßig gewesen war. Und das heißt: ob wirklich tatsächliche Anhaltspunkte für einen Verdacht vorlagen, die eine Observation rechtfertigten, und ob die eingesetzten nachrichtendienstlichen Mittel rechtlich zulässig gewesen waren. Und da alle vor dem Landgericht vernommenen Zeugen, auch der Leiter des Landesverfassungsschutzamtes, ein Herr Wilhelm, zu diesem Fragenkomplex unter Berufung auf ihre Geheimhaltungspflicht die Auskunft verweigerten, kam der Staatsanwalt mit seiner Beweisführung in Schwierigkeiten. Er schlug deshalb in seinem Plädoyer dem Gericht vor, die »tatsächlichen Anhaltspunkte« dem Durchsuchungsbeschluß des Ermittlungsrichters des BGH vom 31. August 1981 zu entnehmen. Eine Verfahrensweise, der ich widersprach. Der Ermittlungsrichter mußte glauben, was ihm der Verfassungsschutz erzählte, und es hatte sich als unhaltbar erwiesen. Und nun sollte, nach dem Willen des Staatsanwalts, auch das Gericht glauben, was der Verfassungsschutz erzählte. Wenn dem Gericht niemand sagen wollte, welche tatsächlichen Anhaltspunkte der Verfassungsschutz schon im Juni 1981, also zwei Monate vor dem Durchsuchungsbeschluß des Ermittlungsrichters, zu haben glaubte, dann könne das Gericht eben nicht die Rechtmäßigkeit der Observation feststellen.

Und wie sollte das Gericht, so gab ich zu bedenken, zu einem Urteil über die Rechtmäßigkeit der eingesetzten nachrichtendienstlichen Mittel kommen, wenn ihm niemand sagen wollte, was überhaupt aufgeklärt werden sollte und wie das geschehen sollte. Mit dem Fotografieren der Besucher des Hauses allein war es ja sicher nicht getan. Man mußte auch hören, was gesprochen wurde, und die dafür erforderlichen Geräte waren, als das Verfassungsschutznest ausgehoben wurde, offenbar noch nicht installiert oder sind nicht gefunden worden. Sicher ist nur die Spitze des Eisbergs entdeckt worden. Immerhin kam durch einen Beweisantrag der Verteidigung heraus, daß eine weitere Agentin auf einem nahegelegenen Parkplatz in einem Auto auf Beobachtungsposten gesessen hatte. Daraus war zu schließen, daß Personen, die das Haus Graudenzer Straße 26 verließen, weiter verfolgt und observiert wurden. Für eine solche Observation einer einzigen Person sind mindestens acht sich abwechselnde Agenten erforderlich, wenn die Überwachung nicht auffallen soll (in den bei der Selbsthilfeaktion erbeuteten Unterlagen der Verfassungsschützer fand sich u.a. ein Observationsplan zur Überwachung eines Polen, in dem der Einsatz von nicht weniger als zwanzig namentlich benannten VS-Mitarbeitern beschrieben wird). Es muß also ein ungeheurer personeller Apparat eingeschaltet gewesen sein. Der in der Dachgeschoßwohnung vorgefundene Gerätepark war ja schon eindrucksvoll genug. Und die von den anonymen Herausgebern der Späh- und Lauschangriffsdokumentation veröffentlichten Fundstücke ließen erkennen, daß nicht nur die Bewohner des observierten Hauses, sondern ein ganzes Heer von Bremer Bürgern als Verdächtige behandelt wurden.

Wenn die Bewohner des Hauses Graudenzer Straße 26 die Observation nicht entdeckt und durch Selbsthilfe beendet hätten, wären sie, wie der Leiter des Landesverfassungsschutzamtes als Zeuge zugegeben hatte, auch nachträglich nie über den gegen sie verübten Lauschangriff benachrichtigt worden. Sie hätten also nie die Möglichkeit gehabt, die Rechtmäßigkeit der Maßnahme gerichtlich überprüfen zu lassen. Schon damit stand, wie ich unter Hinweis auf das Abhörurteil des Europäischen Gerichtshofs für Menschenrechte darlegte, die Rechtswidrigkeit der Observation fest, die zur Notwehr berechtigte. Der Staatsanwalt hielt entgegen, die Betroffenen hätten nur mitzuteilen brauchen, daß sie die Observation erkannt hatten, dann wäre sie sicher abgebrochen worden. Und in anderer Weise mit besserer Tarnung fortgesetzt worden, ohne daß die Betroffenen den Beweis für ihre geheimdienstliche Überwachung je hätten führen können. Es kam den jungen Leuten ja gerade darauf an, daß die Beweise für jedermann sichtbar auf dem Tisch bzw. auf der Straße lagen. Und daß auch andere daraus lernten, daß man sich in einer Demokratie nicht jeder staatlichen Eingriff in die persönliche Freiheit widerstandslos gefallen lassen muß.

Das Urteil der Crome-Kammer erging nach zweimonatiger Hauptverhandlung am 9. Dezember 1982. Der Angeklagte wurde wegen Raubes in Tateinheit mit Sachbeschädigung zu einer Freiheitsstrafe von 9 Monaten verurteilt, deren Vollstreckung zur Bewährung ausgesetzt wurde. Dem Angeklagten wurde auferlegt, 900 DM zugunsten Terre des Hommes in monatlichen Raten von 75 DM zu zahlen und 25 Tage gemeinnützige Arbeit zugunsten des Gartenbauamts Bremen zu erbringen.

Das Gericht erklärte die Observation für rechtmäßig, so daß die Bewohner des Hauses Graudenzer Straße 26 kein Notwehrrecht gehabt hätten. Bei der Feststellung der für die Rechtmäßigkeit der Observation nötigen »tatsächlichen Anhaltspunkte« ging das Gericht eigene Wege. Die »tatsächlichen Anhaltspunkte« für den Verdacht, daß die Hausbewohner »im Rahmen von linksextremistischen Bestrebungen an schwerwiegenden Straftaten beteiligt waren«, habe das Landesamt für Verfassungsschutz »aus deren Vorleben« entnommen. So sei der Angeklagte einmal in einer Jugendgerichtssache zu einer Geldstrafe verurteilt worden, weil er, zu den »linksgesinnten Störern« eines Aufzuges der NPD gehörend, einen Kriminalbeamten von hinten umklammert und gerufen habe: »Das ist auch ein Bulle, haut drauf!« Eine weitere Vorstrafe (6 Monate mit Bewährung) betraf einen Vorfall in der Vorhalle des Hamburger Strafjustizgebäudes, wo es eine tätliche Auseinandersetzung zwischen Prozeßbesuchern und Polizeibeamten gegeben hatte, bei der der Angeklagte einen Schlagstock, den ein Polizist verloren hatte, dazu benutzt hatte, um einem anderen Polizisten zwei wuchtige Schläge auf den Kopf zu versetzen. Außerdem habe das Verfassungsschutzamt Kenntnis davon gehabt, daß gegen zwei andere Mitbewohner Verfahren wegen Landfriedensbruchs im Zusammenhang mit den »Krawallen bei der Gelöbnisfeier der Bundeswehr am 6. 5. 1980 in Bremen« anhängig und gegen einen der beiden bereits früher Strafverfahren auf dem Gebiet des Staatsschutzes gelaufen waren. Und schließlich seien dem Landesamt auch diejenigen »tatsächlichen Verdachtsumstände« bekannt gewesen, die den Ermittlungsrichter des Bundesgerichtshofs am 31. 8. 1981 veranlaßt hätten, die Durchsuchung der Wohnung Graudenzer Straße 26 anzuordnen. Daß dieses Verfahren im Herbst 1982 »mangels hinreichenden Tatverdachts eingestellt« wurde, teilt das Urteil mit, ohne es kritisch zu reflektieren. Der Gedanke, daß der erst zwei Monate nach Beendigung der Observation herbeigeführte Durchsuchungsbeschluß der Versuch einer nachträglichen Scheinlegitimation des mißlungenen Späh- und Lauschangriffs gewesen sein könnte, ist dem Gericht nicht gekommen. Und ebensowenig der Gedanke, daß man die »tatsächlichen Verdachtsumstände«, auf denen der Durchsuchungsbeschluß vom 31.8.1981 beruhte, dem Ermittlungsrichter auch schon zwei Monate früher hätte erzählen können, wenn der Computer sie schon damals ausgespuckt und man den Verdacht für ausreichend gehalten hätte. Ein Durchsuchungsbeschluß schon im Juni 1981 wäre aus der Sicht des Verfassungsschutzes doch sehr viel effektiver gewesen, als das stümperhafte Fotografieren von Besuchern des observierten Hauses. Aber die Crome-Kammer dachte nun einmal in Kategorien des Verfassungsschutzes und machte selbst die logischen Brüche seiner Schutzbehauptungen mit.

Die Strafkammer glaubte dem Verfassungsschutz auch, daß es ihm nur um das Fotografieren der Besucher des Hauses an der Haustür gegangen sei. Ein Hineinfotografieren in die Räume oder ein akustischer Lauschangriff sei mit den eingesetzten Geräten nicht möglich und auch nicht vorgesehen gewesen. Und dafür der ganze Aufwand? Die von mir aufgeworfene Frage, wie man denn mit der bloßen Feststellung des Bekanntenkreises der Hausbewohner Straftaten aufklären oder verhindern wollte, blieb unbeantwortet. Daß es in Wahrheit um mehr ging, war schon dadurch hinreichend deutlich geworden, daß sich auf den bei der Selbsthilfeaktion erbeuteten Filmen auch Aufnahmen der zur Straße gehenden Fenster des Hauses Graudenzer Straße 26 befanden. Meine These, daß der eigentliche Lauschangriff und die Installation der dafür nötigen Geräte noch bevorstand, fand im Urteil keine Erwähnung. Man traute den Verfassungsschützern offenbar eine Tölpelhaftigkeit zu, die an die Ineffektivität schildbürgerlichen Bemühens grenzte, in Kisten und Körben Licht in ein fensterloses Rathaus zu tragen. Denn die Crome-Kammer dachte auch in den Kategorien der offiziellen Politik und ihrer Kontrollkommissionäre, die die Bremer Verfassungsschützer als eine Sammlung von »Flaschen« und »Stümpern« beschimpften, weil sie sich hatten erwischen lassen. Eine Terminologie die das Gericht selbstverständlich nicht übernahm. Und di

Strafkammer glaubte auch der Agentin Silvia Hahn, daß ihr der Kunststoffbeutel mit den für die Öffentlichkeit so interessanten Unterlagen gewaltsam abgenommen worden sei, und daß es der Angeklagte gewesen sei, der das getan hatte. Zwar mußte das Gericht einräumen, daß die Zeugin sich im übrigen einige Male geirrt und Personen als Tatbeteiligte bezeichnet hatte, die ein einwandfreies Alibi vorweisen konnten. Aber alles, was ich in meinem Plädoyer zur Frage der Glaubwürdigkeit dieser Zeugin noch einmal zusammengefaßt hatte – der Rechtfertigungsdruck, unter dem sie stand, die Gucklochidentifizierung, die aktenmäßig zu belegenden Wandlungen ihrer Aussagen, ihr Vertrauensbruch gegenüber einem Arbeitgeber und ihr Versuch, diesen zu falschen Angaben zu verleiten, und andere Fragwürdigkeiten ihres »Vorlebens« – fiel bei diesem Gericht auf keinen fruchtbaren Boden. Hier mußte ein Exempel statuiert werden, daß man gegen staatliche Behörden, und mögen sie noch so stümperhaft gearbeitet haben, keinen Widerstand leisten darf. Und da reichte eine Zeugin von der Qualität der Agentin Silvia Hahn als Garantin der Wahrheitsfindung aus.

In dieser Sache wurden zwei Sprachen gesprochen. Waldemar Schwarz hatte in seinem Schlußwort gesagt:

Ich fand die Aktion sehr gut. Da ist den Leuten gezeigt worden, man braucht sich nicht alles gefallen zu lassen. Nicht wie unsere Eltern den Kopf zwischen die Schultern ziehen.

Aber wir waren bei einem Gericht, bei dem die Staatsräson Vorrang hatte.

Die Abwägung von Freiheitsrechten und Staatsräson hat mit Computerkombinationen gemeinsam, daß immer nur das herauskommt, was menschlicher Kombinationswille hineingelegt hat und heraushören möchte. Am Anfang dieser Sache stand ein Computerverdacht, aus dem sich dann alles weitere wie von selbst programmierte. Wie wäre die Sache wohl ausgegangen, wenn man den Computer nicht nach einem Verdacht der Beteiligung an bestimmten Straftaten, sondern nach den Indizien für demokratische Gesinnung und Bereitschaft zum Widerstand gegen staatliches Unrecht gefragt hätte? Auch dann wäre vielleicht der arbeitslose Gärtner Waldemar Schwarz herausgekommen, weil er schon früher an Aktionen gegen Rechtsextremisten, polizeiliche Knüppeleinsätze, Kriegsvorbereitung und Atomkatastrophen beteiligt war. Aber als einer, auf den man sich verlassen kann, wenn Widerstand das Gebot der Stunde ist. Und was wäre herausgekommen, wenn man den Computer nach Gründen für Widerstand gefragt hätte? Vielleicht diese historischen Reminiszenzen, die ich dem Gericht in meinem Plädoyer nicht erspart hatte:

1963: Werner Pätsch, Angestellter im Dienst des Bundesamts für Verfassungsschutz, macht öffentlich, daß im Amt ehemalige SS-Angehörige und andere Stützen des Nazi-Regimes tätig sind, und daß unter Bruch deutschen Verfassungsrechts Briefe geöffnet und mitgelesen und Telefone abgehört werden. Der Bundesgerichtshof verurteilte ihn am 8.11.1965 wegen Verletzung der Amtsverschwiegenheit zu einer Gefängnisstrafe von vier Monaten. Die gesetzwidrige Lauschtätigkeit der schon im Nazi-Reich bewährten Verfassungshüter hingegen blieb unbestraft.

1967: Entführung des Komponisten Isang Yun und anderer koreanischer Staatsbürger unter Mitwirkung deutscher Geheimdienstler. (Vgl. *Die Republik vor Gericht. 1954–1974*, Kapitel 14)

1972: Es wird bekannt, daß der damalige Leiter des Bundesamts für Verfassungsschutz, Hubert Schrübbers, im Hitler-Reich als Staatsanwalt an politischen Prozessen gegen Widerstandskämpfer beteiligt war. Er geht in Pension.

1977: Agenten des Bundesamts für Verfassungsschutz brechen auf Grund eines ominösen Verdachts heimlich in die Wohnung des Atomwissenschaftlers Dr. Klaus Traube ein und bringen dort eine Wanze an. Der Bonner Strafrechtslehrer Prof. Dr. Gerald Grünwald schon damals (*Spiegel* vom 7.3.1977): »... beängstigend aber ist es, daß man in unserem Staate nicht mehr sicher sein kann, in seinem privaten Lebensbereich, in seinen vier Wänden, frei sprechen und sich bewegen zu können«. Der damalige Bundesinnenminister Prof. Dr. Werner Maihofer muß gehen.

Eine unvollständige Liste von »Pannen« des Verfassungsschutzes. Aus konservativer Sicht alles nur deshalb »Pannen«, so hatte ich in meinem Plädoyer gesagt, weil die Öffentlichkeit etwas über die Praxis des Verfassungsschutzes erfuhr, das eigentlich geheim bleiben sollte.

Der damalige Innensenator Helmut Fröhlich (SPD) hatte die Gemüter der Konservativen mit der Versicherung zu beruhigen versucht, es sei sichergestellt, daß sich ein solcher Vorfall nicht wiederholen könne, weil sichergestellt sei – man höre und staune! – »daß die Mitarbeiter bei Einsätzen keine privaten Notizen mehr bei sich führen und auch dienstliche Unterlagen auf ein Minimum reduziert sind« (*Weser-Kurier*, 18.9.81).

Gottseidank gab es in der politischen Öffentlichkeit auch andere Stimmen. So hieß es in einer Stellungnahme der Bremer Jungsozialisten schon einen Tag nach dem Vorfall:

Für viele Jugendliche drängt sich der Eindruck auf, als lebten wir in Bremen in einer Bananenrepublik, in der demokratische Rechte für Bürger nicht existent sind. Es ist ein Skandal, daß man damit rechnen muß, in der Privatsphäre seiner Wohnung massiv beschnüffelt zu werden. (*Weser-Kurier*, 3.7.81)

Es sei geradezu grotesk, erklärte der stellvertretende Juso-Landesvorsitzende Herbert Grimberg, wenn quasi in Notwehr handelnde und sich gegen einen Lauschangriff wehrende Jugendliche festgenommen würden und der Verfassungsschutz unbehelligt bleibe. Die Vorfälle zeigten, daß die demokratische Kontrolle des Verfassungsschutzes immer noch nicht gegeben sei.

Der Landesjugendring Bremen forderte die Einstellung jeglicher Verfahren gegen die Jugendlichen der betroffenen Wohngemeinschaft. Es sei eine Ungeheuerlichkeit, wenn jetzt gegen die jungen Leute strafrechtlich ermittelt würde, nur weil sie sich gegen die Bespitzelung gewehrt hätten. Der stellvertretende Vorsitzende des Landesjugendrings, Rainer Butt, warf der parlamentarischen Kontrollkommission, die sich als Farce erwiesen habe, vor:

Nicht um den Schutz der Bürger zerbrechen sich die Herren Politiker den Kopf, sondern vielmehr um einen noch reibungsloseren und vor allem nicht enttarnbaren Ablauf der Schnüffelei. (*Bremer Nachrichten*, 16.7.81)

Auch diese Zitate habe ich dem Gericht in meinem Plädoyer nicht vorenthalten, immer in der Hoffnung, bei den Schöffen, und vielleicht auch bei dem einen oder anderen Berufsrichter, Sensibilität dafür zu wecken, daß die Entscheidung dieser Sache nicht nur von Paragraphen, sondern von einer grundsätzlichen politischen Einstellung zum Verhältnis von Staatsgewalt und Bürgerrechten abhing. Ich war mir sicher, die richtige Entscheidung zu treffen, wenn ich den Richtern und Schöffen sagte:

Der beste Verfassungsschutz eines freiheitlich demokratischen Staates ist die Bereitschaft seiner Bürger, sich schützend vor die Verfassung zu stellen, wenn staatliche Gewalt in ihre Freiheitsrechte eingreift.

Ich hätte auch den von mir sehr verehrten einstigen Präsidenten des Oberlandesgerichts Stuttgart Dr. Richard Schmid zitieren können, einen Mann, der auch durch seinen Widerstand gegen das Nazi-Regime als glaubwürdiger Demokrat ausgewiesen war. Von ihm stammt der Satz, es scheine ihm geboten, die Verfassung vor den Verfassungsschutzämtern zu schützen.

12. Lauschangriff auf einen unbequemen Rechtsanwalt (1972–1990)

Im Sommer 1982 teilte mir das Bundesinnenministerium mit, daß zehn Jahre zuvor, nämlich vom 2. Juni bis zum 18. Juli 1972 – das war haargenau der Zeitraum, in dem die Hauptverhandlung gegen Werner Hoppe stattgefunden hatte – meine gesamte Post geöffnet und eingesehen und meine Praxis- und Privattelefone abgehört und auf Tonträger aufgenommen worden sind. Die erlangten Unterlagen seien inzwischen vernichtet worden. Daß ich überhaupt benachrichtigt wurde, wenn auch mit zehnjähriger Verspätung, hatte ich wohl der liberalen Gesinnung eines Behördenmitarbeiters zu verdanken, der das Ende der sozialliberalen Koalition und damit das schwarze Schweigen über solche Rechtsbrüche des freiheitlich-demokratischen Staatsapparats kommen sah.

Dieser Lauschangriff stützte sich auf das kurz »G 10« genannte »Gesetz zur Beschränkung des Brief-, Post- und Fernmeldegeheimnisses« vom 13.8.1968, wonach eine solche Maßnahme »zur Abwehr von drohenden Gefahren für die freiheitliche demokratische Grundordnung oder den Bestand oder die Sicherheit des Bundes oder eines Landes« für zulässig erklärt wurde, »wenn tatsächliche Anhaltspunkte für den Verdacht bestehen«, daß jemand bestimmte, im Gesetz aufgezählte Straftaten »plant, begeht oder begangen hat«, und »wenn die Erforschung des Sachverhalts auf andere Weise aussichtslos oder wesentlich erschwert wäre«. Gegen mich habe der Verdacht bestanden, daß ich die »Vorbereitung eines von der Baader-Meinhof-Bande geplanten hochverräterischen Unternehmens« unterstützt habe. Das Ergebnis der Ermittlungen habe den Verdacht allerdings nicht bestätigt.

Der Anordnung habe folgender Erkenntnisstand der Sicherheitsbehörden zugrundegelegen:

Heinrich Hannover und Dr. Rudolf Monnerjahn (mein damaliger Sozius, dessen Telefone ebenfalls abgehört worden sind; H. H.) sind in einer Anwaltssozietät zusammengeschlossen. Sie sind Verteidiger des Angeklagten Hoppe (Monnerjahn hatte mit Hoppes Verteidigung nichts zu tun; H. H.), der zum Kreis um die Baader-Meinhof-Bande gehört und dessen Prozeß in Hamburg stattfindet. Sie treten außerdem als Anwälte von anderen Angehörigen der »Neuen Linken« auf.

Durch eine zuverlässige Quelle wurde bekannt, daß sich in den Büroräumen der Anwälte eine Blankovollmacht der Ulrike Meinhof ohne Datum befindet. H. dürfte auch weiteren Kontakt zu Ulrike Meinhof haben. Über ihn erhielt Ulrike Meinhof ein Paket ihres geschiedenen Ehemannes, des Herausgebers der Zeitschrift »Konkret«, Rainer Röhl. Im Laufe der Ermittlungen gegen festgenommene Mitglieder der Baader-Meinhof-Bande wurde festgestellt, daß einige nach ihrer Festnahme H. telefonisch davon unterrichteten, obwohl H. zu keinem Zeitpunkt als deren Verteidiger aufgetreten war noch später auftrat. Es besteht deshalb der dringende Verdacht, daß die Anwälte Hannover und Dr. Monnerjahn als Auskunfts- und Informationsstelle handeln, die Privatwohnungen und das Büro von der Baader-Meinhof-Bande als Anlauf- und Kontaktstelle benutzt werden. H. und M. leisten damit auch in anderer als anwaltschaftlicher Art Hilfe.

Die vom Deutschen Bundestag zur Überprüfung solcher Maßnahmen gebildete Kommission habe die Überwachungsmaßnahmen für zulässig und notwendig erachtet.

Ich beantragte zunächst Akteneinsicht, weil ich vor allem wissen wollte, wer mich denunziert hatte. Ich sollte offenbar in den Glauben versetzt werden, daß es sich um jemand aus meinem engsten Bekanntenkreis handelte, möglicherweise einen Mitarbeiter oder eine Mitarbeiterin aus meiner Anwaltspraxis. Aber die gewünschte Auskunft erhielt ich nicht. Der Name des Spitzels wurde zum Wohle der Bundesrepublik Deutschland weiterhin geheimgehalten. Man berief sich auf angeblich notwendigen Personenschutz.

Ich erhob Klage auf Feststellung der Rechtswidrigkeit der Überwachungsmaßnahmen beim Verwaltungsgericht Köln und verlangte erneut, daß der Informant namhaft gemacht werde. Aber die Behörde weigerte sich auch jetzt. Dem Hinweisgeber sei seinerzeit absolute Vertraulichkeit zugesichert worden, hieß es in einem Schreiben des Vizepräsidenten des Bundeskriminalamts, Herrn Boeden, das zur Akte gereicht wurde. Er müsse anonym bleiben, weil sonst sein Leben gefährdet sei. Der Hinweisgeber habe »stets als gut informierte und zuverlässige Quelle« gegolten, behauptete Herr Boeden. »Auf Grund der besonderen Umstände im vorliegenden Fall« sei er in der Lage gewesen, »Informationen, an denen begründet keine Zweifel bestehen, zu liefern«. Eine weitere schriftliche Erklärung erhielt das Verwaltungsgericht von Herrn Staatssekretär Neusel. In ihr wurde zusätzlich mitgeteilt, daß Neusel sich durch Einblick in die Akten, insbesondere in ein vertrauliches Schreiben des BKA »von der Richtigkeit dieser Angaben überzeugt« habe. Dieses geheimnisvolle Schreiben des BKA verwies seinerseits auf einen Bericht der Soko BMB (Sonderkommission Baader-Meinhof-Bande). Von diesem Bericht hieß es in dem Schreiben des Herrn Neusel, daß dieser »in den noch verbliebenen Akten des Baader-Meinhof-Verfahrens (VS-Teil) nicht mehr nachweisbar« sei. Ausgerechnet dieser Teil der Akten »wurde einer Bereinigung unterzogen«. Dabei seien die entsprechenden Teilstücke des Vorgangs vernichtet worden.

»Bereinigung« nennt man also diese Form amtlicher Vernichtung von Beweismitteln, deren Dürftigkeit andernfalls offenbar geworden wäre. Denn die angeblich von einem Spitzel im Schutze der ihm zugesagten Vertraulichkeit erzählten Stories waren erstunken und erlogen. Richtig war nur, daß ich eine Vollmacht von Ulrike Meinhof hatte, sie in einer bereits anhängigen Strafsache zu verteidigen. In der Bezeichnung »Blankovollmacht« steckte bereits der Versuch, den völlig legalen Vorgang, daß ein noch nicht gefaßter Straftäter einen Anwalt mit seiner Verteidigung beauftragt, anrüchig erscheinen zu lassen. Daß ich eine Verteidigervollmacht hatte, war auch überhaupt kein Geheimnis. Also alles in allem eine Spekulation darauf, daß die G-10-Kommission des Deutschen Bundestages sich von dem scheinjuristischen Wortgetöse imponieren lassen würde, eine Spekulation, die denn auch voll aufgegangen war. Die weiteren Behauptungen waren völlig freie Erfindungen des Spitzels (oder der Spitzelin) oder derjenigen, die die Existenz des Spitzels (oder der Spitzelin) erfunden hatten. Weder hatte ich ein Paket von Klaus Rainer Röhl zur Weiterleitung an seine geschiedene Frau erhalten noch gab es Anrufe von verhafteten RAF-Mitgliedern. Beides überdies Behauptungen, die, selbst wenn sie richtig gewesen wären, die Lauschaktion nicht gerechtfertigt hätten. Aber das Verwaltungsgericht Köln war anderer Meinung und ließ sich von den amtlichen Erklärungen mehr beeindrucken als von den Versicherungen des belauschten Rechtsanwalts und seinen Rechtsausführungen. Es wies meine Klage mit Urteil vom 12.9.1985 ab.

Ich legte Berufung ein, so daß die Sache nunmehr zum Oberverwaltungsgericht Münster kam. In meiner Berufungsbegründung nahm ich kein Blatt vor dem Mund:

Ich wiederhole mit aller Deutlichkeit, was ich schon in der mündlichen Verhandlung vor dem Verwaltungsgericht gesagt habe: Der Informant der Beklagten (der Bundesrepublik Deutschland) ist ein infamer Lügner und Verleumder, ein Lump von der moralischen Qualität eines 8-Groschen-Jungen. Die Beklagte sollte dankbar sein, daß sie von mir die nötigen Informationen erhält, um sich jedenfalls in Zukunft von den Diensten eines solchen verlogenen Subjekts freizuhalten und für diese keine Steuergelder zu verschwenden. Statt dessen gibt die Beklagte vor, es entspräche dem Wohl der Bundesrepublik Deutschland, einen Informanten dieser Qualifikation weiterzubeschäftigen.

Ihr Informant möge mich wegen Beleidigung verklagen, hatte ich den Prozeßvertretern des BMI in der mündlichen Verhandlung zugerufen. Aber sie steckten alles ein, nur um ihre trübe Quelle nicht aufdecken zu müssen. Sie stellten sich auch taub gegenüber den von mir problematisierten Konsequenzen einer Vertraulichkeitszusage an solche Figuren:

Es fällt mir schwer, einzusehen, daß es dem Wohl der Bundesrepublik Deutschland dienen soll, den Zuträgern staatlicher Behörden einen solchen Freibrief für Lügen und Verleumdungen zu geben, die sodann die Grundlage für schwerwiegende und nicht wiedergutzumachende Eingriffe in staatsbürgerliche Grundrechte bilden, von denen nicht nur der Kläger, sondern auch seine ihm als Anwalt vertrauenden Gesprächspartner betroffen worden sind.

Auch sonst gab mir der Prozeßvortrag des BMI manchen Anlaß, den Herren Lektionen zum Thema freiheitlich-demokratische Grundordnung zu erteilen. Seitenlang hatten die Prozeßbevollmächtigten des BMI sich über die Aktivitäten der RAF im Zeitraum der Überwachungsmaßnahme verbreitet, um deren Notwendigkeit zu begründen. Dazu schrieb ich:

Eine rechtsstaatliche Verfassung ist nicht nur für Schönwetterperioden da, sondern hat sich gerade dann zu bewähren, wenn Attentate und andere Terrorakte panische Reaktionen der Staatsgewalt nahelegen.

In einem Schriftsatz der BMI-Anwälte hatte es geheißen, daß die Polizei gegenüber den Aktionen der RAF noch auf keine ausgereifte Konzeption habe zurückgreifen können, was dazu geführt habe, daß die öffentliche und veröffentliche Meinung sowie maßgebliche Stimmen aus dem politischen Raum die Hilflosigkeit des Staates bei der Bekämpfung des Terrorismus beklagt und ein entschiedenes Vorgehen gegen die zutage getretene Bedrohung gefordert hätten. Welche Stimmen waren für das BMI maßgebend, fragte ich zurück, etwa Axel Cäsar Springer und dessen *Bild-Zeitung*?

Die Frage drängte sich auf, weil die Anwälte des BMI Kopien von Pressestimmen vorgelegt hatten, die ihre These belegen sollten. Es wäre Sache des Beklagten gewesen, schrieb ich, solchen Stimmen zu widerstehen, wenn sie etwa gefordert haben sollten, die Telefone von Rechtsanwälten abzuhören, die in Erfüllung ihrer Berufspflichten auch Mandate sogenannter Terroristen angenommen haben. Die Pressestimmen, auf die das BMI sich berief, hätten ein gerüttelt Maß Schuld an der damaligen Aufheizung einer hysterischen Stimmung getragen. Die Unverbrüchlichkeit von Grundrechten sei nur dann gewährleistet, wenn diese auch und gerade in Situationen gelten, in denen der Staat sich gefährlichen Angriffen ausgesetzt sehe.

Wie die Richter des Oberverwaltungsgerichts die Sache beurteilten, wurde bereits in der mündlichen Verhandlung am 21.1.1988 deutlich, als sie einen von mir gestellten Beweisantrag, mit dem ich die Unzuverlässigkeit der vom BKA benutzten Quelle beweisen wollte (Vernehmung meiner damaligen Büromitarbeiter und des Herrn Röhl), mit der Begründung ablehnten, es komme auf die unter Beweis gestellten Tatsachen nicht an, der Klage könne unabhängig von diesen Tatsachen der Erfolg nicht versagt bleiben.

Das OVG erklärte in seinem Urteil vom gleichen Tage die gegen mich gerichteten Überwachungsmaßnahmen für rechtswidrig, gab also meiner Klage statt und legte der Gegenseite die Kosten des Verfahrens auf. Die von dem Spitzel angedienten Berichte hätten nach Meinung des Gerichts, selbst wenn sie wahr wären, die Lauschaktion gegen mich nicht gerechtfertigt. Der Besitz einer Blankovollmacht von Ulrike Meinhof ergebe nur, daß ich ihr Verteidiger war. Und bei der Paketangelegenheit komme es auf den Inhalt des Pakets an (ich hatte in der Verhandlung polemisiert: vielleicht war ja eine Bibel drin). Ich hätte mich auch nicht dagegen wehren können, angerufen zu werden, meinte das OVG; solange der Zweck dieser Anrufe ungeklärt sei, könne man daraus den Verdacht einer Beteiligung an einem hochverräterischen Unternehmen nicht herleiten.

Das BMI ließ durch seine Prozeßvertreter, die renommierte Bonner Anwaltssozietät Prof. Dr. Redeker & Partner, gegen das Urteil des Oberverwaltungsgerichts Revision einlegen. Aber das Bundesverwaltungsgericht war der gleichen Auffassung wie das OVG und wies die Revision mit Urteil vom 17.10.1990 zurück.

Damit stand rechtskräftig fest, daß die Abhörung meiner Telefone und das Mitlesen meiner Post rechtswidrig gewesen waren. Aber was brachte mir das? Mal abgesehen davon, daß ich dem Bundesministerium des Innern meine Kosten für ein durch drei Instanzen geführtes Verwaltungsgerichtsverfahren aufgeben konnte.

Mein wichtigstes Prozeßziel, den Namen des angeblichen Informanten zu erfahren, der mich mit erlogenen Informationen als hochverräterischen Komplizen der RAF angeschwärzt haben sollte, hatte ich nicht erreicht. Kein Mensch wird je erfahren, wie viele unbescholtene Bürger unseres Staates dieser Informant, wenn es ihn denn gegeben haben sollte, mit falschen Verdächtigungen belastet hat, in wievielen Akten, aus denen seine Spuren im Wege der »Bereinigung« getilgt worden sind, noch seine Phantasien (oder die Phantasien seiner Erfinder) als Fakten festgehalten sind, gegen die sich keiner der Betroffenen wehren kann. Und auch die Chance, am Beispiel dieses angeblichen Informanten einmal den öffentlichen Beweis für die Unzuverlässigkeit von Geheimdienstakten zu führen, ist vertan worden. Ich hätte als Zeuge zur Verfügung gestanden, und auch meine damaligen Büromitarbeiter und Herrn Röhl hätte man zu den Stories dieses angeblichen Informanten vernehmen können. Aber nein, man gab vor, diesen unsichtbaren Informanten auch weiterhin zum Schutze der freiheitlich demokratischen Grundordnung zu brauchen, um ihn bei Bedarf vor Gericht durch Biedermänner vertreten und als »stets gut informierte und zuverlässige Quelle« rühmen zu können

Da ich immer vertrauenswürdige Mitarbeiter und Mitarbeiterinnen gehabt habe und behördliche Wahrheitsliebe nicht besonders hoch einschätze, halte ich es für nicht unwahrscheinlich, daß die »stets gut informierte und zuverlässige Quelle«, die sich den Anschein gab, über bürointerne Informationen zu verfügen, eine schlichte Erfindung war, genau so schlicht wie die Erfindungen, die diesem Phantom in den Mund gelegt worden sind. Dafür spricht auch, daß eine »Bereinigung« der Akten nötig war, bevor man sie Herrn Neusel zur Einsicht überlassen hatte.

Fast noch empörender als die Tatsache, daß meine Korrespondenz mitgelesen und meine Telefongespräche mitgehört worden sind, fand ich den Umstand, daß man die durch die Lauschaktion erlangten Unterlagen, also die auf Tonträger aufgenommenen Telefongespräche und wohl auch Kopien von Briefen vernichtet hatte, ohne mir zuvor Gelegenheit zu geben, sie einzusehen und mir einen Eindruck zu verschaffen, was da alles aus meinem Privatleben und meiner Berufsarbeit erschnüffelt worden ist. Man berief sich insoweit auf den Wortlaut des Gesetzes und stellte sich dumm gegenüber meinem Vorwurf, daß diese Verhinderung meiner Kenntnisnahme eine zusätzliche Persönlichkeitsrechtsverletzung darstellte. Die Lauschaktion lag im Zeitpunkt der nachträglichen Bekanntgabe an mich so lange zurück, daß es für mich völlig ausgeschlossen war, auch nur annäherungsweise zu rekonstruieren, welche Bereiche meines Berufs- und Privatlebens dem Einblick staatlicher Horcher offengelegen hatten. Ich schrieb in einem meiner Gerichtsschriftsätze:

Das daraus folgende Mißtrauen gegen bestimmte staatliche Instanzen muß notwendig auch die Personen erfassen, mit denen ich in dem Abhörzeitraum beruflich oder privat zu tun hatte und die nun auch ihrerseits nicht wissen, welche vertraulich gemeinten Gesprächsinhalte belauscht worden sind und nun zum Erinnerungsbestand anonymer Personen gehören, denen man möglicherweise irgendwann einmal begegnet, ohne zu ahnen, daß sie Mitwisser bestimmter Tatsachen aus meinem und meiner Gesprächspartner beruflichen und privaten Leben sind, die sie nicht das geringste angehen.

Die Unterlagen waren, wie das BMI mitteilte, erst in den Jahren 1974 und 1979 vernichtet worden, hatten also jahrelang

Behördenmitarbeitern, die für mich unbekannt blieben, zur be
liebigen Kenntnisnahme zur Verfügung gestanden. Ich schrieb

> Mir wird niemand verdenken können, daß ich kein Vertrauen me
> in die Unverbrüchlichkeit bestimmter Grundrechte habe, die de
> Bürger dieses Staates vor staatlichen Lauschern schützen solle

Ich habe zuverlässige Informationen, daß dieser gegen mic
verübte Lauschangriff während des Hoppe-Prozesses von 197
nicht der einzige Einbruch in meine Privatsphäre und in di
Vertraulichkeit meiner beruflichen Kommunikation mit Man
danten war. Ich traue inzwischen auch meinen Wänden nich
mehr.

Und auch außerhalb des Hauses haben meine Schritte zei
weilig Verdacht erregt, wie ich durch die Ungeschicklichke
eines Hilfsbeamten des westdeutschen Lauschapparats erfuh

Am 27. Oktober 1977 wurde ich auf dem Münchener Flug
hafen bei der Paßkontrolle aufgehalten und in einen andere
Raum gebeten, wo ein Grenzschutzbeamter an Hand meine
Passes einen Vordruck ausfüllte, der, wie ich mit eigene
Augen sehen konnte, überschrieben war mit »Ausschreibun
zur BeFa«. BeFa ist die Abkürzung für »Beobachtende Fahn
dung«.

Ich schrieb an den Bundesinnenminister, damals Prof. D
Werner Maihofer, den ich aus liberaleren Tagen als Mitstreite
im Initiativausschuß der Verteidiger in politischen Strafsache
und von gemeinsamen Universitätsveranstaltungen her per
sönlich kannte, und bat um Mitteilung, worauf diese Maß
nahme beruhe, und um Veranlassung, daß die beobachtend
Fahndung gegen mich unverzüglich eingestellt werde. In der
ersten Antwortschreiben, unterzeichnet von einem Herr
Kranz, wurde behauptet, daß ich nicht zur Überwachung i
Rahmen der beobachtenden Fahndung ausgeschrieben se
Sonst nichts. Nachdem ich daraufhin meine eigenen Beobach
tungen konkretisiert hatte, kam ein weiteres Schreiben, da
zunächst die Behauptung wiederholte, ich sei nicht zur beob
achtenden Fahndung ausgeschrieben, und dann fortfuhr:

> Ihre Annahme mag darauf zurückzuführen sein, daß im Zusam
> menhang mit der Fahndung nach den Entführern und Mördern vo
> Hanns-Martin Schleyer vorübergehend die Reisebewegungen vo
> Personen beobachtet worden waren, die Kontakte zu Terroriste

oder terroristischer Straftaten Verdächtigen hatten. Hierfür haben die zuständigen Dienststellen verschiedentlich auch den Vordruck »Beobachtende Fahndung« verwandt.

Aha, also nur ein falscher Vordruck! Ob man die Sache beobachtende Fahndung oder anders nannte, war aber ziemlich gleichgültig. Wenn ich den »falschen Vordruck« nicht zufällig hätte lesen können – der kontrollierende Beamte ist dafür wahrscheinlich nicht gelobt worden –, hätte man die Überwachung meiner Reisebewegungen ganz abgeleugnet. So aber mußte man immerhin zugeben:

Die Beobachtung Ihrer Reisebewegungen erfolgte, weil Sie Briefkontakte zu den Inhaftierten Peter-Paul Zahl, Ilse Jandt und Siefried Haag hatten.

Peter-Paul Zahl war seit 1972 in Haft und konnte schon deswegen mit Schleyers Entführung nichts zu tun haben. Zu Ilse Jandt und Siegfried Haag hatte ich überhaupt kein Mandatsverhältnis. In jedem Fall war die Annahme, eine Beobachtung meiner Reisebewegungen könne zur Auffindung der Entführer und Mörder des Herrn Schleyer führen, ein Armutszeugnis für die Gehirntätigkeit der Fahnder. Aber in ihrem Denksystem war einem »Terroristenverteidiger« eben alles zuzutrauen. Ich muß davon ausgehen, daß sich nach meiner Kontrolle ein Observant an meine Fersen geheftet hat, denn man wird ja wohl nicht angenommen haben, die Entführer und Mörder des Herrn Schleyer auf dem Münchener Flughafen vorzufinden.

Und schließlich habe ich auch die sogenannte »offene Überwachung« kennengelernt, also die Form der Überwachung, die der Überwachte spüren, die ihn belästigen und ihn wie eine ständige Bedrohung begleiten soll. Zu allererst muß ich die sich tagtäglich wiederholende Durchsuchungsprozedur in bestimmten »Terroristen«-Prozessen nennen, die außer Entwürdigung und Diskriminierung des Verteidigers keine ihren angeblichen Zweck rechtfertigenden Erfolge gezeitigt hat. Einmal gelang es mir, meine durch die Amtsbefassung mit meiner Genitalzone provozierte Aggressivität nur dadurch zu bewältigen, daß ich dem an mir herumfingernden Beamten mit voller Lautstärke die Arie »Gern hab ich die Frau'n geküßt« vorsang. Diese Form des gewaltlosen Widerstands kam in seiner Dienstanweisung wohl nicht vor, so daß er seine Amtshandlung etwas verunsichert und schneller als sonst beendete.

Und auch dies sollte wohl »offene Überwachung« sein, ein Fall, der sich ebenfalls während des Stammheimer Boock-Prozesses 1983/84 ereignete: Als ich vor dem Tor des mit Gittern und Stacheldraht gesicherten Justizgeländes auf mein Taxi wartete, pflanzte sich auf der gegenüberliegenden Straßenseite ein Beamter, den ich schon in der Geschäftsstelle des Gerichts gesehen hatte, neben einem Personenkraftwagen auf und wartete ebenfalls mehrere Minuten, bis mein Taxi erschien. Dann bestieg er den Wagen und fuhr hinter mir her, bis ich an meinem Ziel, einer Gaststätte, ausstieg. Ob er dann von einem anderen Observanten abgelöst wurde, der meine Bissen zu zählen hatte, weiß ich nicht.

So also war es um die Vertraulichkeit anwaltlicher Arbeit und den Respekt vor Grundrechten unserer freiheitlich-demokratischen Verfassung bestellt, schon bevor die konservativen Parteien den »großen Lauschangriff« aus der Taufe gehoben haben. Nach meinen Erfahrungen mit staatlichen Überwachungsaktionen habe ich diese mit irreführenden Volksverdummungsparolen popularisierten Bemühungen, auch noch das Grundrecht der Unverletzlichkeit der Wohnung abzuschaffen, mit größtem Unbehagen verfolgt.

13. Ein verspäteter Antrag auf Wiedergutmachung. Der Fall Richard Gehrke (1984–1986)

Im Jahre 1984 suchte mich ein Mann in meiner Praxis auf, dessen Antrag auf Entschädigung wegen in der Nazi-Zeit erlittener KZ-Haft mit der Begründung abgelehnt worden war, daß er die Frist zur rechtzeitigen Antragstellung versäumt habe. Die Sache empörte mich, so daß ich mich entschloß, sein Mandat zu übernehmen, obwohl es sich um eine für mich fremde Rechtsmaterie handelte. Das bedeutete viel Arbeit. Aber nachdem ich mich eingearbeitet hatte, glaubte ich, dem Mann helfen zu können.

Der Mandant, Herr Richard Gehrke aus Frankfurt am Main, Jahrgang 1922, war im August 1940 als 17jähriger kaufmännischer Lehrling verhaftet und in das sogenannte »Jugendschutzlager« Moringen bei Göttingen verbracht worden, wo er bis Februar 1945 eingesperrt wurde. Dann sollte er, zusammen mit anderen »Politischen«, in ein anderes KZ verlegt werden, doch erreichte der Transport sein Ziel nicht mehr. Im April 1945 wurde Gehrke aus einem Gefängnis in Wolfenbüttel von den Amerikanern befreit

Den Grund seiner Inhaftierung hat er nie erfahren. Gehrke war nicht Mitglied der Hitler-Jugend, entzog sich also einer »staatsbürgerlichen Pflicht«. Vielleicht reichte schon das. Aber wahrscheinlich war er ein Opfer der im Nazi-Staat praktizierten »Sippenhaft«, da sein neun Jahre älterer Bruder Friedrich mit der verbotenen KPD sympathisierte und einen Textil- und Stoffhandel mit Juden betrieben hatte. Der Bruder war von der Gestapo verhaftet und im KZ eingesperrt, später zur Frontbewährung in einem Strafbataillon eingesetzt worden und schließlich am 31.1.1942 gefallen. »Gefallen für Großdeutschland« stand auf einer Gedenktafel, die irgendwo in Rußland hinter 31 hölzernen Kreuzen aufgestellt wurde und auch seinen Namen nannte. »Wir alle verlieren einen guten Kameraden, der sein Bestes für die geliebte Heimat gegeben hat«, schrieb sein Kompaniechef an die Mutter, deren zweiter Sohn weiterhin im KZ gequält wurde. Über das Schicksal eines dritten Sohnes wird noch zu berichten sein.

Richard Gehrke hat viereinhalb furchtbare Jahre in dem Moringer »Kinder-KZ« verbracht – es waren dort Kinder und Jugendliche beiderlei Geschlechts von 10 bis 25 Jahre eingesperrt –, in denen seine Gesundheit nachhaltig ruiniert worden ist. Da gab es alles, was man aus den Erlebnisberichten von Konzentrationslagerhäftlingen seit Eugen Kogons *SS-Staat* kennt, den täglichen Terror der Herrenmenschen an den ihnen ausgelieferten Sklaven, die Degradierung des Menschen zur Nummer, die jede Privatheit vernichtenden entwürdigenden Verhältnisse in den Massenschlafsälen und Waschräumen, die unzureichende Ernährung, den verwalteten Tagesablauf mit Zählappellen, schweren Arbeiten, Exerzieren, die von Essensentzug bis zu 15 Hieben vor versammelter Mannschaft reichenden Strafen – ein Szenario des Terrors, das viele Menschen, die es erdulden mußten, in immer wiederkehrenden Alpträumen bis ins hohe Alter und bis in den Todeskampf verfolgt hat.

Richard Gehrke hat seinen Leidensweg in einem selbstverfaßten Schriftsatz, der zur Vorlage bei Gericht bestimmt war, niedergelegt. Ich möchte einige Abschnitte daraus wörtlich zitieren:

Im August 1940 wurde ich an meinem Arbeitsplatz verhaftet. Als ich mich nach dem Grund meiner Verhaftung erkundigte, bekam ich zur Antwort, daß ich meine Schnauze halten solle; den Grund würde ich noch früh genug erfahren.

In das Polizeigefängnis Frankfurt/Main eingeliefert, kam ich in Einzelhaft. Sie können sich denken, daß ich verzweifelt war. Ich suchte nach Gründen, die zu meiner Einweisung geführt hatten.

Nach einigen Tagen wurde ich zur Vernehmung an einem unbekannten Ort abgeholt. Nacheinander verhörten mich mehrere Beamte. Sie fragten, zu welchen Personen wir, mein Bruder und ich, Kontakt hätten, ob es Kommunisten wären. Ich konnte darüber keine Auskunft geben. Sie fragten weiter, mit wem wir Geschäfte abschlossen, mit welchen Juden ... Ich konnte einzelne nennen. Nach jeder Antwort bekam ich Schläge, wurde mißhandelt. Am Schluß war ich soweit, daß ich jede Frage bejahte, denn keine Nahrung, kein Schlaf, nur Schläge und Schikane, das ging über meine Kräfte.

Richard Gehrke schilderte weiter, wie er etwa fünf Wochen später den Empfang des »Schutzhaftbefehls« durch Unterschrift bestätigen mußte, wie er mit einem Sammeltransport mit Zwischenstationen in mehreren Gefängnissen ins KZ gebracht wurde.

Als ich »Heil Hitler« grüßend die Wachstube des KZ betrat, wurde ich zusammengeschlagen und beschimpft: Ich hätte »den Führer« nicht in mein dreckiges Maul zu nehmen, ich sei ein Schweinehund, eine dreckige Bazille ... Dann die erste Frage, weshalb ich im KZ sei. Auf meine Antwort, daß ich es nicht wüßte, hieß es, ich solle eine richtige Antwort geben, und wieder setzte es Schläge.

Dann mußte ich stundenlang unter Befehlen im Laufschritt durch das Lager laufen und immer wieder hieß es »hinlegen! aufstehen! hinlegen!«, bis wir endlich an dem mir zugewiesenen Block anlangten und von dem Blockältesten empfangen wurden. Jetzt begann der Leidensweg erst richtig. Während meines Aufenthaltes im KZ arbeitete ich in der Rüstungsindustrie unter unmenschlichen Bedingungen. Einmal über und einmal unter Tage. 10 bis 12 Stunden Arbeit waren an der Tagesordnung. Mißhandlungen, die bei manchen zum Tode führten, zählten zum Alltag. All das ereignete sich unter den schlimmsten Bewachungsvorschriften. So durfte weder gesprochen noch unter sonstigen Verständigungen untereinander verkehrt werden. Der geringste Verstoß wurde mit Strafe durch Schläge, Essensentzug oder sonstige Schikanen geahndet. Die Bewacher selbst ließen jede menschliche Regung vermissen. Sie fühlten sich als die »Herrenschicht« gegenüber ihren »Anvertrauten« ...

Richard Gehrkes Mutter hatte im Jahre 1942 ein Bittgesuch an den Reichsführer SS, Heinrich Himmler, gerichtet, ihren Sohn freizulassen.

Es war vergeblich – im Gegenteil – sie wollten meinen jüngsten Bruder auch noch in ein KZ bringen. Jedoch meldete er sich sofort freiwillig zum Militär; und kam nicht mehr zurück.

Der Versuch, den durchlebten Terror des KZ-Systems darzustellen, kommt immer wieder an sprachliche Grenzen.

Ich könnte Ihnen noch stundenlang vom Alltag im KZ berichten, von den Quälereien, den Toten, der Schande, der Sklavenarbeit usw., aber ich ginge damit zu weit. Fernsehen, Rundfunk, Zeitungen und Bücher können niemals das wiedergeben, was wir im KZ durchgemacht haben.

Auch der Befreiung im April 1945 gingen noch entsetzliche Erlebnisse voraus. Richard Gehrke über die Endstation des Transports, die Unterbringung in Wolfenbüttel:

Mir stockte der Atem, als ich in die Zelle hineingeschubst wurde: Franzosen, Tschechen, Polen, Russen lagen dort, krank, elendig abgemagert. Wanzen fraßen die Menschen fast auf.

Nach einigen Wochen hörten wir die Amerikaner auf dem Gefängnishof. Sie riefen uns in englisch zu und alle jubelten. Die Zellentüren wurden aufgeschlossen; der langersehnte Tag der Freiheit war gekommen. Die Befreiten drängten beim Hinausstürmen derart, daß verschiedene von ihnen schon unterwegs starben, die nicht die Kraft hatten, gegen diese Menschenmenge aufzukommen.

Viele dieser geschwächten Menschen starben auch noch an der ungewohnt kräftigen Nahrung.

Auch ich war sehr krank. Um überhaupt einigermaßen auf den Beinen stehen zu können, wurde ich von der Stadt Wolfenbüttel in einer ehemaligen Gaststätte untergebracht. Dort erhielt ich leichte Kost und Verpflegung über ein paar Wochen hinweg. Dann nahmen mich amerikanische Soldaten mit in Richtung Heimat.

Richard Gehrke fand nach langem Suchen seine Mutter.

Sie war fast blind. Wir umarmten uns und weinten. Auch sie hatte Schweres mitgemacht und mußte darunter leiden, daß ihre Söhne im Konzentrationslager waren. Sie mußte im Winter bei Kälte Straßenbahnen abwaschen, obwohl sie sechs Kinder gehabt hatte. Sie wurde gequält und schikaniert, überall war sie die Letzte. Sie war »die Frau von denen, die im KZ waren«. Am liebsten hätten sie sie ebenfalls in ein KZ gebracht.

Richard Gehrke war, bevor man ihn ins KZ brachte, ein kräftiger junger Mann. Jetzt kam er als kranker Mensch zurück. In den ersten beiden Jahren litt er an Muskelschwäche, Knochenerweichung, Nervenschwäche, Darmkoliken und vermehrter

Schweißabsonderungen. Einiges davon ist ihm lebenslänglich geblieben.

Ich bin auch heute noch krank. Mein Rücken schmerzt, meine Hüften sind kaputt, die große Fußzehe ist versteift, ich leide unter Sehschwäche. All diese Leiden habe ich mir im Bergwerk zugezogen, wo ich mit Munition arbeiten mußte und schwere Kisten zu transportieren hatte, ohne ausreichende Nahrungszufuhr.

Vor allem nervlich hat Richard Gehrke den Terror, dem er viereinhalb Jahre ausgesetzt war, nie überwunden.

All meine Bemühungen, diese Zeit zu verdrängen, mißlangen. Das KZ begegnet mir überall, in der Nacht und am Tage.

Es war für mich unvorstellbar, daß es rechtens sein könne, die Entschädigungspflicht des Staates für diese terroristische Freiheitsberaubung, an deren Folgen die Betroffenen lebenslänglich zu tragen haben, von der Einhaltung einer Antragsfrist abhängig zu machen. Ich hatte gelernt, daß es auch gesetzliches Unrecht gebe, und ließ mir deshalb nicht von im Bundesgesetzblatt veröffentlichten Paragraphen imponieren, nach denen alle Anträge auf Entschädigung »wegen Schadens an Freiheit infolge Freiheitsentziehung« spätestens bis zum 1.4.1958 hätten gestellt sein müssen.

Ich erhob für Herrn Gehrke Klage beim Landgericht Wiesbaden gegen das Land Hessen und beantragte, dem Kläger Entschädigung für die in der Zeit von August 1940 bis April 1945 erlittene Freiheitsentziehung zu zahlen.

Fristvorschriften haben, so trug ich vor, eine formale Ordnungsfunktion. Sie dienen der »Rechtssicherheit«. Nun könne es aber Fälle geben, in denen zwischen dem Prinzip der Rechtssicherheit, also den Interessen des Staates, und der materiellen Gerechtigkeit ein unerträglicher Widerspruch entsteht. Einen solchen Widerspruch sah ich darin, daß der Anspruch meines Mandanten auf Entschädigung wegen nationalsozialistischen Unrechts an einer Ausschlußfrist scheitern sollte.

Richard Gehrke hatte schon 1949 bei einer Betreuungsstelle für NS-Verfolgte vorgesprochen und damals erfahren, das Jugendschutzlager Moringen gelte nicht als KZ im Sinne der Entschädigungsvorschriften. Tatsächlich wurde das »Jugendschutzlager« Moringen erst 1977 – nämlich durch eine Verordnung vom 20.9.1977, die im Bundesgesetzblatt veröffentlicht wurde – als KZ anerkannt. Die Frist zur Anmeldung einer Entschädigung wegen Freiheitsschadens war aber schon 1958, eine Nachfrist für Wiedereinsetzungsanträge 1969 abgelaufen. Gehrke aber hatte im Vertrauen auf die Auskunft der Betreuungsstelle den Antrag erst 1979 gestellt, nachdem ihm die nachträgliche Anerkennung Moringens als KZ bekannt geworden war. Diese nachträgliche »Aufwertung« des Jugendschutzlagers betraf aber, wie auch mir erst im Laufe des Verfahrens klar wurde, nur die Entschädigung wegen Schadens an Körper und Gesundheit und begründete für diese eine das Verfahren erleichternde gesetzliche Vermutung einer 25-prozentigen Erwerbsminderung. Auch diese »3. Verordnung zur Änderung der 6. Verordnung zur Durchführung des Bundesentschädigungsgesetzes« war den noch lebenden Moringer Häftlingen – es waren noch etwa 30 – erst nach Ablauf der verordneten Antragsfrist von sechs Monaten bekannt geworden, da das Bundesgesetzblatt nicht zur ständigen Lektüre ehemaliger KZ-Häftlinge gehörte. Und wer seinen Antrag nicht schon 1958 oder früher gestellt hatte, brauchte auch diese Verordnung nicht mehr zu lesen. Ein schwer durchschaubarer Gesetzeswirrwarr, in dem offenbar System lag.

Die Ausschlußfristen bildeten denn auch einen der zahlreichen Kritikpunkte des Wiedergutmachungsrechts, gegen die seitens der Betroffenen und deren Organisationen, aber auch seitens der parlamentarischen Opposition immer wieder Sturm gelaufen worden ist. Christian Pross in seinem Buch *Wiedergutmachung. Der Kleinkrieg gegen die Opfer* (S. 108f.):

Eine der größten Härten des Bundesentschädigungsgesetzes waren seine Ausschlußfristen.

Pross erinnert daran, daß die Verfolgten über die ganze Welt verstreut lebten, wie schwer sich viele mit dem bürokratischen Drum und Dran eines Antrages taten, und wie schwer und widersprüchlich es für sie oft war, sich zu entschließen, den Deutschen gegenüber als Bittsteller aufzutreten. Viele hätten keinen Antrag gestellt aus Furcht vor einem Wiederaufbrechen der im KZ geschlagenen Wunden. Und in der Tat, das Entschädigungsverfahren war in der Regel eine Fortsetzung der Demütigung, die den Verfolgten schon im Nazi-Reich zugefügt worden war. Das ist wiederholt ausgezeichnet dokumentiert worden (vor allem bei Christian Pross, aber auch schon bei Dörte von Westernhagen in einem vierseitigen zusammenfassenden Artikel in der *Zeit* vom 5.10.1984), aber kaum ins öffentliche Bewußtsein gedrungen. Nur die Betroffenen wußten von dem »erschreckenden Ausmaß von Einfühlungslosigkeit« der medizinischen Gutachter (Alexander und Margarete Mitscherlich, *Die Unfähigkeit zu trauern.* München 1967, S. 81; William G. Niederland, *Folgen der Verfolgung: Das Überlebens-Syndrom. Seelenmord*. Frankfurt am Main 1980, S. 8) sowie davon, daß es »sowohl bei Entschädigungsbehörden als auch bei den Gerichten Mitarbeiter gibt, die nur eins im Sinne haben, möglichst viel Entschädigungsansprüche abzulehnen« (Heinz Düx, Richter am Oberlandesgericht Frankfurt am Main).

Alles das muß man wissen, um zu verstehen, daß Richard Gehrke, ebenso wie viele andere Moringer, sich mit der Auskunft der Betreuungsstelle, für das Jugendschutzlager gebe es keine Entschädigung, abspeisen ließ und bei der staatlichen Behörde, die ihm etwas anderes hätte sagen können, gar nicht erst vorstellig wurde. Den Moringer Häftlingen war nur zu helfen, wenn entweder der Gesetzgeber tätig wurde und das durch die Ausschlußfristen gesetzte Unrecht beseitigte oder die Gerichte aus der Sozialstaatsklausel, dem Gleichheitssatz und anderen Grundprinzipien des Grundgesetzes die Verfassungswidrigkeit der Ausschlußfristen herleiteten.

Ich erwartete von den Richtern, bei denen ich für Richard Gehrke Klage erhob, daß sie die richterlichen Möglichkeiten ausschöpfen würden, gesetzliches Unrecht zu korrigieren. Aber unsere Klage wurde nicht nur vom Landgericht Wiesbaden (Urteil vom 25.10.1984) mit knapper Begründung zurückgewiesen, sondern blieb auch in der Berufungsinstanz beim Oberlandesgericht Frankfurt am Main erfolglos, obwohl dem dort zuständigen Senat ein Richter vorsaß, den ich aus gemeinsamer rechtspolitischer Arbeit im Bundesvorstand der Vereinigung Demokratischer Juristen (VDJ) und seinen Veröffentlichungen als fundierten Kritiker des Wiedergutmachungsrechts kannte. Aber es scheint, daß er sich in diesem Fall in seinem Senat nicht durchsetzen konnte. Denn in den Gründen des die Berufung zurückweisenden Urteils des Oberlandesgerichts vom 18.4.1986 heißt es:

Daß diese gesetzliche Regelung, d.h. der Ausschluß des Klägers durch die gesetzten Fristen zu einer ihm ungerecht erscheinenden

Vorenthaltung von Entschädigung führt, ist von der Jurisdiktion hinzunehmen; denn die Gerichte sind an Gesetz und Recht gebunden (Art. 20 Abs. 3 GG).

Abhilfe könnte allein der Gesetzgeber durch Änderung oder Aufhebung der Anmeldefristen im BEG (Bundesentschädigungsgesetz) und BEG-Schlußgesetz schaffen.

Das war eine allzu schlichte Begründung, sich der richterlichen Verantwortung für die Anwendung ungerechten Rechts zu entziehen. Statt die herkömmliche Binsenweisheit zu zitieren, daß die Gerichte an Gesetz und Recht gebunden sind, hätte eine am Gerechtigkeitsprinzip orientierte Entscheidung sich darauf berufen können, daß die Grundrechte der Verfassung allem Gesetzesrecht vorgehen (Art. 1 Abs. 3 GG). Hier war einer der Fälle gegeben, wo sich der Grundsatz hätte bewähren müssen, daß Richter gesetzlichem Unrecht den Gehorsam zu verweigern haben. Die Pensionsberechtigung der Staatsfunktionäre, die Richard Gehrke und seine Leidensgenossen im KZ terrorisiert haben, ist sicher nicht an der Versäumung von Antragsfristen gescheitert.

An Gesetzesinitiativen seitens der parlamentarischen Opposition, die auf Abhilfe hinsichtlich der vielen Ungerechtigkeiten des Wiedergutmachungsrechts zielten, hat es nicht gefehlt. Noch 1985 haben die GRÜNEN einen sehr sachgemäßen umfassenden Antrag im Bundestag eingebracht. Aber alle Bemühungen scheiterten letztlich an der konservativen Mehrheit.

Christian Pross hat angedeutet, welche Haltung dahintersteht:

Die Fristenregelung in der Entschädigung sollte den Kreis der Antragsteller begrenzen – sicher nicht nur aus finanziellen Gründen, sondern auch um die Auseinandersetzung mit den Opfern der NS-Verbrechen so bald wie möglich zu den Akten legen zu können. Aufgrund von Fristversäumnissen gingen Tausende von Antragsberechtigten leer aus. (a. a. O., S. 109)

Die Konservativen werden mit diesem Ergebnis ihrer Fristenregelung zufrieden gewesen sein. Und konnten sich wohl auch der Zustimmung ihrer Wähler sicher sein. Denn die Entschädigung der Verfolgten des Nazi-Regimes ist nie populär gewesen. Ja, daß es sie überhaupt gegeben hat, diese Minderheit, die nicht in den allgemeinen Jubel über Hitler eingestimmt hat, hätte man am liebsten verdrängt und vergessen. Und das haben die Verfolgten frühzeitig und all die Jahre zu spüren bekommen.

Die anläßlich der Ausstellung zu den Jugend-Konzentrationslagern Moringen und Uckermark von den Überlebenden des Terrors herausgegebene Dokumentation begann mit dem Satz:

Den Jahren der Verfolgung, der brutalsten Mißhandlung und der Zwangsarbeit folgten Jahrzehnte des Verschweigens, der Mißachtung und der Diskriminierung.

Richard Gehrke erinnert sich:

Anders als die Rückkehrer aus langjähriger russischer Kriegsgefangenschaft, die in den fünfziger Jahren von der deutschen Bevölkerung jubelnd und mit Blumen und Geschenken begrüßt wurden, bekamen wir Rückkehrer aus den Konzentrationslagern des Nazi-Staates Ablehnung und Feindseligkeit zu spüren.

In Moringen gab es noch im Jahre 1983 (!) eine heftige Debatte im Rat der Stadt, ob es in Moringen überhaupt ein KZ gegeben habe, eine Frage, die schließlich mit Mehrheit bejaht wurde. Mit dem tröstlichen Zusatz: »Ein Vernichtungslager war es nicht.« Das »Jugendschutzlager« hatte an der Hauptstraße mitten im Ort gelegen. Die Bevölkerung war in den Jahren 1940 bis 1945 immer wieder den Häftlingskolonnen begegnet, die zur Arbeit ausrückten. Eine nicht geringe Anzahl der Moringer hatte von der Existenz des Lagers profitiert. Schon in den Jahren 1933 bis 1938 hatte das später zum Hauptgebäude des Jugendschutzlagers umfunktionierte »Provinzialwerkhaus« als Männer- und Frauen-KZ gedient. Die Moringer Zeitung hatte schon im April 1933 unter der Überschrift »Unterbringung politischer Gefangener im Werkhaus« die wirtschaftliche Bedeutung eines Konzentrationslagers für die Kleinstadt erahnt:

Wie sehr auch an sich die Notwendigkeit der Inhaftierung dieser irregeleiteten Volksgenossen zu bedauern ist, so bedeutet doch ihre Überführung in das hiesige Werkhaus für unsere Stadt einen außerordentlichen Gewinn, da, wie wir gehört haben, die Direktion nach Möglichkeit alle notwendig werdenden umfangreichen Aufträge der hiesigen Geschäftswelt zukommen läßt.

Der Katalog zur Ausstellung über das Moringer Jugend-KZ

Daß die Ausbeutung der Arbeitskraft auch der im Jugendschutzlager eingesperrten Jungen und Mädchen ein gutes Geschäft war, ist einem Bericht des Lagerkommandanten Dieter aus dem Jahre 1944 zu entnehmen. (Ausstellungskatalog, S. 34):

Das jährliche Lohneinkommen aus der Arbeit der Lagerzöglinge hat den Betrag von 1.000.000 RM bereits weit überschritten. Die Gesamtausgaben des Jugendschutzlagers, einschließlich der Aus gaben für Mieten, Gehälter und Löhne für rund 150 Einsatzkräfte, für Uniformen, Bekleidung und Beköstigung der Lagerzöglinge usw., bleibt mit mehreren hunderttausend Reichsmark hinter den Einnahmen zurück …

Die Gewinne resultierten nicht nur aus dem Einsatz in lagereigenen Arbeitskommandos in der Landwirtschaft und in Werkstätten, die vorwiegend für die Wehrmacht produzierten, sondern auch aus der Sklavenarbeit für private Firmen, die den »Lohn« an die SS überwiesen. Von diesem Arbeitsentgelt haben die Moringer Häftlinge keinen Pfennig erhalten.

Zum 40. Jahrestag der Befreiung, den die überlebenden Moringer Gefangenen im Mai 1985 bei einem Treffen an der inzwischen mit Unterstützung des Landes Niedersachsen eingerichteten Gedenkstätte in Moringen begehen und mit einer Totenehrung verbinden wollten, hatte Richard Gehrke im Namen seiner Kameraden an die Geschäftsleitung der Firma Anton Piller GmbH & Co KG in Osterode am Harz geschrieben, die seinerzeit einen Zweigbetrieb in unmittelbarer Nähe des Jugend-KZ eingerichtet und von der Zwangsarbeit der Häftlinge profitiert hatte. Richard Gehrkes Brief war sehr höflich gehalten und enthielt die bescheiden vorgetragene Bitte um eine finanzielle Unterstützung des Treffens, um auch den Kameraden eine Teilnahme zu ermöglichen, die finanziell nicht zur Bestreitung der Reisekosten in der Lage wären. Er bekam keine Antwort.

Ähnlich ist es anderen, namhafteren Bittstellern gegangen, die bei den kapitalistischen Nutznießern der von KZ-Häftlingen geleisteten Zwangsarbeit angeklopft haben. Jan Philipp Reemtsma hat im September 1988 mehrere Industrieunternehmen um Beiträge zu einer Stiftung gebeten, die das ehemalige Konzentrationslager Neuengamme in eine Gedenk- und Forschungsstätte umwandeln sollte – die meisten antworteten gar nicht, die anderen, mit einer Ausnahme, ablehnend. Auch der ehemalige amerikanische Hochkommissar John McCloy holte sich eine kaltschnäuzige Abfuhr, als er bei dem deutschen Milliardär Flick vorsprach, um eine Entschädigung für ungarische und polnische Jüdinnen zu erbitten, die in einem Betrieb, dessen Aktienkapital zu 80 % Friedrich Flick gehörte, Zwangsarbeit hatten leisten, nämlich Sprengstoff, Bomben und Granaten für Hitlers Wehrmacht hatten herstellen müssen (Jörg Friedrich, *Die kalte Amnestie*. Frankfurt am Main 1984, S. 264 ff.).

Richard Gehrke und vielen anderen Verfolgten des Nazi-Regimes ging es weniger um die materielle Entschädigung – es gab für jeden Haftmonat im KZ ganze 150 DM – als um die Anerkennung, die ihnen in der bundesrepublikanischen Gesellschaft versagt geblieben ist. Richard Gehrke schrieb mir 1986:

Ich wäre glücklich, wenn ich politisch anerkannt würde, auf das Geld würde ich gerne verzichten. Somit wäre wenigstens meine Ehre, sowie die Ehre meines verstorbenen Bruders wieder hergestellt.

Richard Gehrke meinte mit »Ehre« die moralische Anerkennung und Hochachtung, die Verfolgten des Nazi-Regimes in der Bundesrepublik nach seinen Erfahrungen nur partiell zuteil geworden ist. Offizielle Ehrungen und lobende Erwähnungen in Schulbüchern konzentrieren sich ja auf den konservativen, viel zu spät einsetzenden Widerstand vom 20. Juli 1944, während vom Widerstand der »kleinen Leute«, dem kommunistischen Widerstand insbesondere, nur selten und widerwillig die Rede ist.

Das Schicksal meines Mandanten Richard Gehrke wäre nicht vollständig erzählt, wenn ich nicht noch mitteilen würde, was aus seinem jüngeren Bruder geworden ist, der sich, um nicht auch ins KZ zu kommen, freiwillig zu Hitlers Wehrmacht gemeldet hatte. Aus einem mit großer Anteilnahme geschriebenen Brief eines katholischen Priesters und Krankenhaus-Seelsorgers vom 3. Dezember 1945 erfuhr die Familie, daß Günther Gehrke, nachdem er Krieg und Kriegsgefangenschaft überlebt hatte, in einem Breslauer Krankenhaus an Entkräftung gestorben ist. Ich zitiere aus dem mir vorliegenden Brief an die Eltern:

Ihr Sohn ist ungefähr am 15. November (1945) hier in Breslau mit einem Gefangenentransport aus Rußland angekommen. Er hat nach seiner Gefangennahme im Donez-Becken als Bergarbeiter im Schacht arbeiten müssen. Den Anstrengungen und Entbehrungen sind seine Kräfte offenbar nicht gewachsen gewesen, und er erkrankte an allgemeiner Entkräftung. So kam er zur Entlassung aus der Gefangenschaft.

Als der Zug in dem Vorort Brockau hielt und ein längerer Aufenthalt war, durften die Gefangenen die Stadt besuchen. Bei diesem Besuch brach Günther mit seinem schwachen Kräftezustand vollends zusammen. Unfähig sich selbst zu helfen und zu dem Transportzug zurückzugehen, fand er Aufnahme bei zwei lieben katholischen Frauen, welche seine Hilflosigkeit auf der Straße sahen und sich seiner annahmen. Das ist Frau Elisabeth Kosmal, wohnhaft Trebnitzer Straße

Mit Richard Gehrke bei der Feier meines 70. Geburtstages in Worpswede (31. 10. 1995)

22 und ihre Schwester Frieda. Sie haben ihn 14 Tage in ihrer Wohnung mit großer Liebe gepflegt und zu kräftigen gesucht. Dann ging es ihm so, wie es anderen entlassenen Gefangenen auch ergeht, es schlug die beste Pflege nicht mehr an, weil der Körper zu sehr erschöpft war.

So kam er am 29. November in unser Krankenhaus, und an demselben Tage vormittags riefen mich unsere Schwestern zu ihm, weil sie sofort seine Lebensgefahr erkannt hatten. Er empfing von meiner Hand die hl. Sterbesakramente, also hl. Beichte, hl. Kommunion und hl. Ölung nebst Sterbeablaß, und ich lernte dabei Ihren lieben Sohn als einen vollkommen unverdorbenen, schlichten, treuen christlichen Jungen kennen. Er erkannte klar seinen schweren kranken Zustand und nahm sein Los, als Heimkehrer auf deutschem Boden zu stehen und noch nicht bis zum Elternhaus gelangen zu können, mit williger Ergebung …

Am 1. Dezember habe Günther ihn rufen lassen und in klarer Voraussicht seines bald zu erwartenden Todes um seine Unterstützung mit Gebet und die Entgegennahme seiner letzten Wünsche gebeten.

Er bestellt Ihnen, seinen lieben Eltern, seine letzten herzlich dankbaren Grüße; ebenso den guten Geschwistern. Den lebenden von den 5 Brüdern und seiner Zwillingsschwester Anni. Er zählte sie auf: Fritz gefallen, Richard – – – weiter konnte er nicht sprechen …

Richard Gehrke wird bitter, wenn er von dem Unrecht spricht, das ihm und seiner Familie zugefügt und durch Ausschlußfristen der Bonner Gesetzesmacher bis in die Gegenwart verlängert worden ist. Aber wo er Anteilnahme an seinem verletzten Rechtsbewußtsein spürt, bricht die ganze Herzlichkeit und der gute Humor eines Frankfurter Kindes auf. Und so sind wir, obwohl ich ihm als Anwalt nicht zu seinem Recht verhelfen konnte, gute Freunde geworden.

14. Der Mord an Ernst Thälmann. Eine Anklage (1982–1988)

Es gab ein Verfahren in meinem Anwaltsleben, in dem ich auf der Anklägerseite stand und den sanften Umgang der Justiz mit Naziverbrechern vor Ort kennenlernte. Das war die Nebenklagevertretung in der Mordsache Thälmann, die zwar hoffnungsvoll begann, aber mit dem üblichen Freispruch endete.

Ernst Thälmann, 1886 in Hamburg geboren, von Beruf Transportarbeiter, seit 1919 Mitglied der Hamburger Bürgerschaft, seit 1924 Reichstagsabgeordneter, seit 1925 Vorsitzender der Kommunistischen Partei Deutschlands (KPD), wurde nach dem von den Nazis als willkommenen Vorwand zur Verfolgung der Kommunisten genutzten Reichstagsbrand im März 1933 verhaftet. Das gleiche Schicksal erlitten die mit ihm noch am 5. März 1933, also schon unter terroristischen Bedingungen, in den Reichstag gewählten 81 Abgeordneten der KPD, soweit sie nicht gleich ermordet wurden oder ins Ausland flüchten konnten. So beschaffte sich Hitler die für das Ermächtigungsgesetz benötigte Mehrheit im Reichstag. Ein zunächst geplantes Hochverratsverfahren gegen Thälmann wurde nie durchgeführt, weil man die publizistischen Auswirkungen in der deutschen und der Weltöffentlichkeit fürchtete. Stattdessen wurde Thälmann elf Jahre lang in sogenannter »Schutzhaft« gehalten, zuletzt im Zuchthaus Bautzen, bis Hitler, als er das Ende seiner Herrschaft kommen sah und prominente politische Gegner durch die SS liquidieren ließ, Thälmanns Tötung anordnete. Hitlers Mordbefehl ist in einer erhalten gebliebenen Aktennotiz des Reichsführers SS, Heinrich Himmler, vom 14. August 1944 niedergelegt: »Thälmann ist zu exekutieren.« Dieser Mordbefehl wurde drei Tage später ausgeführt.

Der Mord an Ernst Thälmann gehört zu den unzähligen Naziverbrechen, die vor bundesdeutschen Gerichten keine Sühne gefunden haben. Daß es überhaupt zu einem Verfahren kam, war dem Umstand zu verdanken, daß die Ehefrau und di

Elf Jahre war Ernst Thälmann Hitlers Gefangener. Auf dem Gefängnishof von Moabit geht er einsam seine Runden am Vormittag des 12. Mai 1934.

Tochter des ermordeten Kommunistenführers das Konzentrationslager Ravensbrück überlebt hatten und mit Hilfe von Rechtsanwälten die Staatsanwaltschaft zu Ermittlungen und schließlich zur Anklageerhebung zwingen konnten.

Ernst Thälmann war, wie sich aus Berichten mehrerer ehemaliger KZ-Häftlinge ergab, in der Nacht vom 17. zum 18. August ins KZ Buchenwald eingeliefert und dort von einem SS-Kommando erschossen worden. Seit 1947 war eine Aussage des ehemaligen Buchenwald-Häftlings Marian Zgoda bekannt, daß er Augenzeuge des Mordes geworden sei. Zgoda gab an, er sei an jenem Abend durch ungewöhnliche Vorbereitungen aufmerksam geworden, daß eine sogenannte Sonderaktion bevorstand. Er habe die Häftlingsunterkunft verlassen und sei durch einen Luftschacht auf den Hof des Krematoriumsgebäudes gelangt. Dort habe er sich hinter einem Schlackenhaufen verborgen und stundenlang ausgeharrt. Dann habe er von seinem Versteck aus beobachtet, wie nach und nach mehrere SS-Funktionäre das Krematorium betraten, als erster Wolfgang Otto, dann Gust, Hofschulte, Warnstedt, Stobbe, Schmidt, Schiedlausky und Berger. Diese Leute hätten sich im Büro des Krematoriums aufgehalten, das sie öfter verlassen hätten, offensichtlich um nach einem erwarteten Transport Ausschau zu halten. Das Telefon habe mehrmals geklingelt. Kurz nach Mitternacht seien die beiden Kommandoführer Warnstedt und Stobbe aus dem Krematorium herausgetreten und hätten das Tor geöffnet, um einen großen Personenwagen einzulassen. Dem Wagen seien drei Zivilisten entstiegen, von denen zwei den dritten, der in der Mitte ging, offenbar bewachten. Weiter im Wortlaut des Protokolls:

Ich konnte den Gefangenen nur von hinten sehen. Er war groß, breitschultrig und hatte eine Glatze. Ich sah dies, da er keinen Hut trug. Inzwischen waren auch die SS-Leute Berger, Otto, Stobbe und Hofschulte aus dem Krematorium gekommen und flankierten sich an der Eingangstür desselben nach dem Hof zu. Die Zivilisten ließen ihren Gefangenen vorgehen. In dem Augenblick, wo der Gefangene das Spalier der 4 angeführten SS-Leute passiert hatte und den Gang des Krematoriums betrat, fielen hinter ihm vom Hof her drei Schüsse. Hierauf begaben sich die draußengestandenen SS-Leute und die 2 Zivilisten in das Krematorium und schlossen die Tür hinter sich. Etwa 3 Minuten später fiel im Krematorium ein vierter Schuß. Offensichtlich war es der übliche Fangschuß.

Zgoda schilderte weiter, daß nach einiger Zeit Otto und Hofschulte das Krematorium verlassen hätten und die anderen ihnen wenige Augenblicke später gefolgt seien. Aus einem zwischen Otto und Hofschulte geführten Gespräch konnte Zgoda entnehmen, daß es sich bei dem Erschossenen um den Kommunistenführer Thälmann gehandelt habe.

Eine anschauliche und präzise Aussage, deren Details sich

Zgoda, den andere Haftgefährten als einfachen, wenig phantasiebegabten, ehrlichen und aufrechten Menschen einschätzten, kaum ausgedacht haben konnte. Für ihre Glaubwürdigkeit sprach auch der Umstand, daß Zgoda sein Erlebnis schon wenige Tage später anderen Häftlingen erzählt hatte, und daß einige seiner Beobachtungen durch akustische Wahrnehmungen anderer Zeugen bestätigt wurden. Zu einer Anklage gegen die von Zgoda namhaft gemachten Täter kam es gleichwohl nicht.

Im April 1962 erstattete der Ostberliner Rechtsanwalt Dr. Friedrich Karl Kaul Strafanzeige gegen zwei der damals noch lebenden Mittäter. Einer von ihnen war der ehemalige SS-Stabsscharführer Wolfgang Otto, der als »Spieß« und rechte Hand des Lagerkommandanten im KZ Buchenwald für die Durchführung von Hinrichtungen zuständig gewesen war. Ein amerikanisches Militärgericht hatte ihn nach dem Krieg zu 20 Jahren Freiheitsstrafe wegen der an ausländischen Häftlingen begangenen Verbrechen verurteilt, von denen er jedoch nur sieben Jahre verbüßen mußte. Die von den Amerikanern mit der Begnadigung verurteilter Kriegsverbrecher belohnte westdeutsche Wiederaufrüstung brachte auch ihm schon 1952 die Freiheit. Er nutzte sie, um seine Einstellung in den Schuldienst des Landes Nordrhein-Westfalen zu beantragen, und wurde, obwohl er seine Beteiligung an den Verbrechen der SS im KZ Buchenwald nicht verschwiegen hatte, als Lehrer für Religion und Geschichte an einem katholischen Gymnasium in Geldern angestellt und verbeamtet. Als die Sache öffentlich ruchbar wurde und das Land ihn wieder loswerden wollte, klagte er mit Erfolg gegen seine Entlassung aus dem Schuldienst und konnte sich im Wege eines Vergleichs eine lebenslängliche Pension sichern.

Das Ermittlungsverfahren der für die Verfolgung von Naziverbrechen im Lande Nordrhein-Westfalen zuständigen Staatsanwaltschaft in Köln wurde, wie Paul Levi gesagt hätte, mit der Energie eines Jagdhundes, den man zum Jagen tragen muß, betrieben. Sieben Einstellungsbescheide waren das dürftige Ergebnis jahrelanger Ermittlungen, bei denen zwar eine lange Reihe von Aktenordnern mit Vernehmungsniederschriften gefüllt wurde, aber keine Anklage zustande kam. Die Begründungen der Einstellungsbescheide bieten erstaunliche Einblicke in das politische Bewußtsein und den mangelnden Verfolgungseifer der ermittelnden Staatsanwälte. So heißt es in einem von Oberstaatsanwalt Dr. Gehrling unterschriebenen Bescheid, die Tötung Thälmanns sei weder grausam noch heimtückisch erfolgt, so daß es an diesen Merkmalen des Mordtatbestandes fehle. Zugunsten der Beschuldigten müsse davon ausgegangen werden, daß Thälmann »nicht arglos gewesen ist, als er nächtens in das Krematorium des KL Buchenwald gebracht worden war«. Das heißt doch, wenn die Annahme richtig wäre, Thälmann wußte, daß seine Hinrichtung unmittelbar bevorstand. Ist die Erzeugung von Todesangst, z. B. die als Foltermethode bekannt gewordene Scheinhinrichtung, nicht grausam? Nimmt man aber an, daß Thälmann bis zum Schluß arglos war, dann lag Heimtücke vor. Eines dieser beiden Mordmerkmale war also sicher gegeben. Aber der Oberstaatsanwalt sah das im Fall Thälmann anders. Auch niedrige Beweggründe seien den Beschuldigten nicht nachzuweisen. Sie hätten offensichtlich nur einem Befehl Folge geleistet, der durch Führerbefehl legitimiert zu sein schien. Sie seien nicht Täter, sondern nur Gehilfen, denen die besonderen persönlichen Merkmale des Mörders fehlten, so daß ihre Tat verjährt sei. Eine Begründung, die bezüglich Otto schon deshalb nicht zutraf, weil die Verjährung dank Kauls Bemühungen durch richterliche Handlungen rechtzeitig unterbrochen worden war.

Ein weiterer Einstellungsbescheid stammte von dem Staatsanwalt Dr. Korsch, der den Ermittlungen in der Thälmann-Mordsache nach seinen Worten elf Jahre seines Lebens »geopfert« hat, und schließlich entdeckt zu haben glaubte, daß alles überflüssig war, weil Otto für alle seine Taten im KZ Buchenwald schon von den Amerikanern verurteilt worden sei. Es hätte ein Blick in das Urteil des amerikanischen Militärgerichts und ein Minimum von Rechtskenntnissen genügt, um zu erkennen, daß diese Begründung für die Einstellung seiner weiteren Ermittlungstätigkeit falsch war. Das amerikanische Verfahren betraf ausschließlich Kriegsverbrechen, also Verbrechen an nichtdeutschen Opfern des Naziterrors.

»Die Vorgeschichte des Prozesses ist blamabel, aber bei weitem nicht untypisch«, schrieb Ingrid Müller-Münch in der *Frankfurter Rundschau* vom 5. 11. 1985. Sie hatte ermittelt, daß die Akte »immer wieder in unmittelbarer Nähe von Menschen landete, die irgendwann und irgendwie dem Naziregime in treuer Pflichterfüllung gedient hatten«. Das hatte schon damit begonnen, daß Kauls Anzeige aus dem Jahre 1962 von einem Staatsanwalt bearbeitet wurde, der einst Ankläger beim Sonder-

Ernst Thälmann (links) beim Aufmarsch zum »Rotfrontkämpfertag« im Juni 1927 in Berlin

gericht Stettin gewesen war. Auch Marian Zgodas erste Zeugenvernehmung hatte ein Richter aufgenommen, der 1933 der SA beigetreten war und in dessen Personalakte bei seiner Ernennung zum Amtsgerichtsrat vermerkt wurde, daß er die Gewähr dafür biete, jederzeit rückhaltlos für den nationalsozialistischen Staat einzutreten. Und Generalstaatsanwalt in Köln und Dienstvorgesetzter des Leiters der zuständigen Staatsanwaltschaft zur Verfolgung von NS-Verbrechen im Lande Nordrhein-Westfalen war ein Herr Werner Pfromm, einst nationalsozialistischer Führungsoffizier und nach einer Beurteilung seiner NS-Chefs vom 1.10.1944 ein überzeugter Nazi, »der aufgrund seiner genossenen Schulung in den Gliedern der Partei … stets geeignet ist, nationalsozialistisches Gedankengut zu vermitteln«.

Anfang 1982 wurde ich, nachdem Kaul gestorben war, von der Thälmann-Tochter Irma Gabel-Thälmann mit der Durchführung eines Klageerzwingungsverfahrens beauftragt. Ein sehr seltenes und noch seltener erfolgreiches Rechtsmittel, mit dem die Staatsanwaltschaft unter bestimmten Voraussetzungen gezwungen werden kann, Anklage zu erheben (§ 172 StPO). Obwohl sich die Staatsanwaltschaft auch jetzt noch mit formalen Argumenten gegen eine Anklageerhebung wehrte, war mein Antrag beim OLG Köln erfolgreich. Widerwillig erhob die für die Verfolgung von Naziverbrechen

Mit meiner Mandantin, Irma Gabel-Thälmann, nach dem Krefelder Urteil

zuständige Kölner Staatsanwaltschaft nunmehr die vom OLG angeordnete Anklage. Aber noch immer waren nicht alle Hindernisse überwunden. Das für den Wohnsitz des Angeklagten zuständige Landgericht Kleve lehnte, nachdem es zwei Zeugen vernommen hatte, die Eröffnung des Hauptverfahrens ab. Gegen diesen Beschluß legte nicht nur die von mir vertretene und inzwischen als Nebenklägerin zugelassene Antragstellerin, Frau Gabel-Thälmann, sondern auch die Staatsanwaltschaft Beschwerde ein. So kam es nochmals zu einer Oberlandesgerichtsentscheidung. Diesmal war das OLG Düsseldorf zuständig. Wieder verging Zeit, weil sich neue Richter in die umfangreichen Akten einarbeiten mußten. Aber die Beschwerde war erfolgreich, das OLG eröffnete das Hauptverfahren, und zwar in Krefeld, wo eine Strafkammer unter dem Vorsitz des Richters Dr. Paul zuständig wurde. Mit der Wahl dieser Strafkammer, gegen die sich die Verteidigung des Angeklagten vergeblich wehrte, hatte das OLG, wie sich zeigen sollte, eine gute Hand gehabt. Die mit den Richtern Dr. Paul, Kosche und Dr. Böttges und den Schöffinnen Maria Böhmer und Inge Naujoks besetzte Krefelder Strafkammer sollte der bundesdeutschen Justiz vorübergehend ein Ansehen erwerben, das sie im Hinblick auf ihre klägliche Rolle bei der justiziellen Vergangenheitsbewältigung gar nicht verdiente. Aber das beschä mende Ende des Thälmann-Verfahrens hat das Bild mittlerweile wieder richtiggestellt.

Als die Hauptverhandlung gegen Wolfgang Otto am 5. November 1985 vor dem Landgericht Krefeld begann, stand das Gericht, da der Angeklagte eine Tatbeteiligung bestritt, vor einer durch die verspätete Anklageerhebung erheblich erschwerten Aufgabe. Es gab nur noch wenige lebende Zeugen, die über die Hölle von Buchenwald aus eigener Kenntnis aussagen konnten. Marian Zgoda, der einzige Zeuge, der bekundet hatte, das eigentliche Tatgeschehen aus einem Versteck beobachtet zu haben, war 1967 verstorben. Der Zeuge Fricke, ehemals SS-Angehöriger und für die Beurkundung der Todesfälle zuständiger Standesbeamter in Buchenwald, dem Otto seine Tatbeteiligung eingestanden hatte, war vernehmungsunfähig geworden. Ihre früheren Aussagen standen daher nur in Form von Protokollen zur Verfügung, die zwar verlesen werden konnten, aber bei Unklarheiten und Widersprüchen, die sonst durch Rückfragen aufgeklärt werden können, Sand im Getriebe der Strafrechtspflege hinterlassen, mit dem sich der Lauf der Gerechtigkeit nur zu gern stoppen läßt, wenn man nur widerwillig bei der Sache ist.

Aber es gab noch einen unmittelbaren Tatzeugen, den ehemaligen polnischen Häftling Zbigniew Fuchs, der ebenso wie Marian Zgoda zum Leichenträgerkommando gehört hatte, einem aus Häftlingen bestehenden Kommando, das für den Transport der getöteten Häftlinge zum Krematorium und deren Verbrennung zuständig war. Daß es einen Zeugen für einen der unzähligen Nazimorde gab, hätte für eine Justiz, die vom Opfer her dachte, als großer Glücksfall begriffen werden müssen. Denn: »Das Dritte Reich war eine der größten Organisationen für perfektes Verbrechen, weil mehr als bei allen anderen bekannten Verbrechen die Zeugen rechtzeitig umgebracht wurden« (Robert W. Kempner, Ankläger bei den Nürnberger Kriegsverbrecherprozessen, in seinen Lebenserinnerungen *Ankläger einer Epoche*). Auch Fuchs und Zgoda haben ihre fürchterliche Zwangsarbeit im KZ Buchenwald unter der ständigen Drohung des Krematoriumskapos Jupp Müller, eines brutalen, mit der SS kollaborierenden und manche Vorteile genießenden Häftlings, verrichtet, er werde auch sie eines Tages in den Ofen schieben. Daß sie das KZ überlebt haben, war einer der wenigen Organisationsfehler, die der SS in der Turbulenz der letzten Kriegswochen unterlaufen sind. Und so

Der Fall Thälmann:
ein Verbrechen, das nie verjährt

Das Unschuldslamm

In der Nacht zum 18. August 1944 wurde der KPD-Vorsitzende Ernst Thälmann im Konzentrationslager Buchenwald ermordet. Bis heute blieb das Verbrechen ungesühnt. Einer der Tatbeteiligten, der ehemalige SS-Stabsscharführer Wolfgang Otto, lebt als angesehener Bürger in Geldern am Niederrhein

Wolfgang Otto: im Buchenwald-Prozeß 1947 zu 20 Jahren verurteilt – wegen Massengreueltaten und mindestens 50 Hinrichtungen. Der Mord an Ernst Thälmann wurde nicht geahndet

36 stern

Stern (Heft Nr. 1 vom 29. Dezember 1983)

wurde der Thälmann-Mord zu einem der ganz wenigen Fälle, in denen die Chance einer gerichtlichen Aufklärung des konkreten Tatgeschehens bestand. Die Millionen von Menschen, die in Gaskammern und anderen Hinrichtungsstätten des Nazi-Staates umgebracht worden sind, konnten nicht mehr sprechen; und die Täter schwiegen aus eigenem Interesse. Und nun gab es also einen Fall, in dem man sowohl das Opfer als auch die Täter individualisieren konnte, und in dem es über-

Nach seiner Entlassung aus dem Kriegsverbrechergefängnis in Landsberg am Lech bewarb sich Wolfgang Otto für den Schuldienst. Heute genießt der Lehrer im Ruhestand seine Pension

lebende Häftlinge gab, die Zeugnis ablegen konnten, und darüber hinaus einen ehemaligen SS-Funktionär, den Standesbeamten Werner Fricke, der die Kameraderie des Schweigens und Verleugnens durchbrochen hatte. Aber die Chance wurde vertan. Denn die Ermittlungen lagen in den Händen von Staatsanwälten, die aus ihrer antikommunistischen Einstellung kein Hehl machten.

Der für die Ermittlungen in Sachen Thälmann-Mord jahrelang zuständige Staatsanwalt Dr. Korsch fand Gründe, den Zeugen Zgoda in eigener Regie abzuwerten. In einer Verfügung vom 10.1.1964 äußerte er »durchgreifende Bedenken« gegen Zgodas Glaubwürdigkeit. Dies folge weniger aus seinen Bekundungen selbst, »da die Grundversion der Vorgänge um Thälmanns Tod in sich fehlerfrei scheint und von ihm auch (abgesehen von gewissen Abweichungen, die hier aber außer Betracht bleiben können) in stets gleichbleibender Form wiederholt und teilweise durch andere Zeugen bestätigt worden ist«. Aber dann folgten von bestimmten Zeugen übernommene Wertungen, die Zgoda als »Kollaborateur« und »Berufszeuge« disqualifizierten und der Satz: »Abgerundet wird das Bild des Zeugen, der heimatloser Ausländer ist, durch die Tatsache, daß er im Jahre 1951 wegen Verteilens kommunistischer Flugblätter in Erscheinung getreten ist.«

Für Marian Zgoda kam die Krefelder Hauptverhandlung zu spät. Aber Zbigniew Fuchs konnte das, was er in Buchenwald miterlebt hatte, noch einmal in öffentlicher Hauptverhandlung sagen. Er berichtete in höchst eindrucksvoller Weise über seine Erlebnisse in der Mordnacht, die damit begann, daß ein Befehl zum Anheizen eines Ofens gegeben wurde.

Nach einiger Zeit, etwa gegen 19 oder 20 Uhr, es war noch hell, kam der Befehl von Müller, daß wir uns in die Unterkunft begeben sollten. Diese wurde von ihm von außen zugesperrt ... Wir hörten Geräusche und deutsche Sprache, nahmen irgendwie Bewegungen wahr, konnten aber durchs Fenster nichts sehen ... Wir hörten, wie das Tor des Krematoriums geöffnet wurde, und zwar an dem typischen Knarren, das auch bei sonstigen Gelegenheiten auftrat, wenn LKW mit Leichen eintrafen. Wir hörten Gesprächsfetzen, und ich hörte drei Schüsse. Die genaue Uhrzeit ist mir nicht bekannt, da ich keine Uhr hatte. Ich meine aber, daß es so gegen 22 bis 24 Uhr gewesen sei. Danach hörten wir weitere Gesprächsfetzen. Außerdem hörten wir Türgeräusche. Eine Türe wurde zugeknallt, dann trat Stille ein. Danach haben wir nichts mehr gehört.

Am nächsten Morgen nach dem Appell wurde vom Kapo Müller befohlen, daß wir das übliche Aufräumen im Krematoriumsbereich durchzuführen hätten. In einem der zwei Öfen, die jeweils drei Kammern aufweisen, fanden wir die Reste eines Leichnams in Form von Asche und holten diese heraus. Außerdem habe ich ein Stück Metall wahrgenommen, bei dem es sich um die Reste einer Uhr gehandelt haben kann. Es war nicht total vernichtet worden trotz der hohen Temperatur des Ofens.

Im Krefelder Gerichtssaal vor Beginn meines Plädoyers. Links neben mir: Staatsanwalt Brendle und Oberstaatsanwalt Röseler. Am Richtertisch von links nach rechts: Vorsitzender Richter Dr. Paul, Richter Kosche, eine Schöffin und der Protokollführer. Im Hintergrund zwei Ersatzschöffen.

Aus diesem Umstand sowie aus der Farbe der Asche ergab sich, daß die Leiche mit Bekleidung verbrannt worden war. Die SS-Leute, die das Verbrennen sonst den Häftlingen des Leichenträgerkommandos überließen, hatten es offenbar eilig gehabt und auf die Vernichtung aller zur Identifizierung des Toten geeigneten Gegenstände abgesehen.

Zbigniew Fuchs schilderte weiter, wie er und seine Mithäftlinge am nächsten Morgen beim Reinigen des Krematoriums in der Nähe des Fensters, das der Eingangstür gegenüberlag, die Spuren von Geschoßeinschlägen fanden. Der Kapo Jupp Müller habe sie gefragt, ob sie wüßten, wer in der Nacht erschossen worden sei.

Er sagte uns, daß es der bekannte Kommunistenführer Thälmann gewesen sei.

Der Zeuge Zbigniew Fuchs hinterließ bei allen, die ihn im Gericht erlebt haben, einen tiefen Eindruck. Ein Intellektueller, den man sich schwer in der Rolle eines Leichenträgers im KZ Buchenwald vorstellen konnte. Man konnte nur ahnen, was sich hinter dem beherrschten, höflich-freundlichen Äußeren dieses leisen Mannes an seelischer Erinnerungslast verbarg.

Der polnische Zeuge Zbigniew Fuchs und die Dolmetscherin im Krefelder Gerichtssaal. Fuchs gehörte als Buchenwald-Häftling zum Leichenträgerkommando und war Ohrenzeuge des Thälmann-Mordes in der Nacht vom 17. zum 18. August 1944.

Nur einmal verlor er die Fassung und konnte die Tränen nicht zurückhalten, als ich ihn nach einem Vorfall fragte, der in Eugen Kogons Buch *Der SS-Staat* geschildert ist:

Der Krematoriumsgehilfe Zbigniew Fuchs hat erlebt, daß ein russischer Kriegsgefangener, der mit einer Fuhre Leichen eingebracht worden war, ihn noch ansprach: »Kamerad, gib mir die Hand!« Er war wie alle Erschossenen nackt und blutig und hatte auf einem Haufen nackter Leichen gelegen. Er wurde von dem hinzuspringenden SS-Oberscharführer Warnstedt, dem Leiter des Krematoriums Buchenwald, mit einem Revolverschuß getötet.

Ich habe später in meinem Plädoyer begründet, warum ich dem Zeugen Fuchs die ihn sichtbar seelisch erschütternde Erinnerung an diesen Vorfall nicht erspart habe:

Es fehlen dem Menschen die Mittel sinnlicher Wahrnehmung, die erforderlich wären, um wirklich ins Bewußtsein aufzunehmen, was es heißt, eine größere Anzahl von Menschen, 8000 oder gar Millionen zu töten. Solange Menschenleben nur durch Zahlen chiffriert werden, kommen wir dem, was da wirklich geschehen ist, nicht so nahe, daß wir es sinnlich erfassen. Anteilnahme an dem Schicksal der Ermordeten, Trauer, Zorn, Empörung und letztlich die Fähigkeit, aus dem Geschehenen Konsequenzen zu ziehen, hängen davon ab, daß es uns gelingt, die Toten zu individualisieren, uns einige von ihnen beispielhaft vor Augen zu führen, um an ihrer Ermordung stellvertretend zu erfassen, was auch den Tausenden und Millionen anderen widerfahren ist.

An diesem einen Menschen, der da aus dem Haufen nackter Leichen um Hilfe rief, die ihm keiner der selbst hilflosen Häftlinge bieten konnte, haben wir mehr Anteil genommen als an seinen 8000 ermordeten Kameraden, die für uns anonym geblieben sind. Um ihn haben im Gerichtssaal Menschen geweint.

Und es war wohl keiner im Saal – vielleicht Herr Otto ausgenommen –, der sich in diesem Moment einer seelischen Erschütterung entziehen konnte.

Bei einem Ortstermin in Buchenwald, der unter Mitwirkung der DDR-Justiz zustandekam, zeigte Fuchs uns, den aus Krefeld angereisten Mitgliedern des Gerichts, Staatsanwälten, Verteidigern und Nebenklägervertretern, die Stellen an der Wand, wo die Kugeln eingeschlagen waren, die Thälmann getötet hatten, und den Ofen, in dem seine Leiche verbrannt worden war. Weiter zeigte uns Fuchs, der vom 1. April 1941 bis zur Befreiung im April 1945 Häftling in Buchenwald war, die Stelle im Hof, wo der Galgen stand, an dem unter Mitwirkung des Angeklagten Otto 21 kriegsgefangene polnische Offiziere, denen wiederholter Fluchtversuch vorgeworfen wurde, auf Befehl des Reichssicherheitshauptamtes gehängt worden sind. Wir waren auch in der erbärmlichen Unterkunft des Leichenträgerkommandos, zu dem Fuchs und Zgoda damals gehörten, wir haben die Sektionsräume und den Leichenkeller gesehen, sowie den Krematoriumskeller mit den Haken an der Wand, an denen, ebenfalls unter Mitwirkung Ottos, sowjetische Kriegsgefangene aufgehängt und erwürgt worden sind.

Vielleicht waren wir die letzten, die von einem Augenzeugen der grauenvollen SS-Verbrechen einen Bericht an Ort und Stelle hörten, der so konkrete Einzelheiten enthielt. – An den Gerichtsort zurückgekehrt, fanden wir übrigens das Schreiben eines Unbelehrbaren vor, der uns vor erfundenen Verbrennungsöfen warnen zu müssen glaubte.

Ortstermin im ehemaligen KZ Buchenwald. Vor dem Krematorium, in dessen Eingang (links im Bild) Thälmann erschossen worden ist.

Am Ende der Hauptverhandlung beantragte die Staatsanwaltschaft, wie nicht anders zu erwarten, den Angeklagten Otto freizusprechen. Die Aufgabe anzuklagen lag bei mir, dem Vertreter der Nebenklägerin Irma Gabel-Thälmann.

In meinem Plädoyer setzte ich mich kritisch mit der Rechtsprechung des BGH auseinander, dessen 3., für politische Strafsachen zuständiger Senat ein Modell zur wohlwollenden Behandlung von Nazi-Verbrechern entwickelt hatte, nach dem die Gerichte mit wachsweichen, im Sinne des gewünschten Ergebnisses interpretierbaren Formeln aus Tätern nach Belieben »Gehilfen« machen konnten. Was zur Folge hatte, daß deren Taten milder bestraft werden konnten oder ganz verjährt waren. So war es zur Gewohnheit geworden, lediglich Hitler und einige seiner Spitzenkräfte – Himmler, Göring und Kaltenbrunner –, die alle bereits tot waren, als Täter zu definieren, alle anderen Mitwirkenden der Massenmorde jedoch als »Gehilfen« einzustufen, die ihre Taten »nicht als eigene gewollt«, sondern nur im Sinn hatten, Hitler bei der Durchführung seiner Verbrechen zu helfen. So kamen als »Gehilfen« davon beispielsweise der Einsatzgruppenkommandeur Dr. Otto Bradfisch, verantwortlich für 15000 Morde, und der SS-General Karl Friedrich Wolff, der 300000 Juden aus Warschau zur Vergasung nach Treblinka befördern ließ. Von dem Rechtsprofessor Jürgen Baumann stammt die Formulierung:

Ein Täter und 60 Millionen Gehilfen, das deutsche Volk ein Volk von Gehilfen. Eine nur für wenige erhebende, für den Verfasser entsetzliche Vorstellung.

Eine Rechtsprechung, die auch dem Angeklagten Wolfgang Otto gute Chancen bot. Aber für mich war dieser Mann, als »Spieß« des KZ Buchenwald oberster Dienstgrad der Schreibstube und rechte Hand des Adjutanten, nicht Gehilfe, sondern Täter. Und zwar einer, der schon wegen seiner Schreibstubenfunktion schuldig gesprochen werden mußte. Er war der Mann, auf dessen Schreibtisch die Exekutionsbefehle des Reichssicherheitshauptamtes (RSHA) eingingen, er versammelte das für Hinrichtungen zuständige »Kommando 99« (so benannt nach seiner Telefonnummer), er hakte in den Exekutionslisten die Namen der Getöteten als erledigt ab, er schickte Vollzugsmeldungen ans RSHA, er verteilte die Sonderrationen – Wurst, Zigaretten, Schnaps – an die Mitglieder des Exekutionskommandos. Über seinen Schreibtisch muß auch der Befehl »Thälmann ist zu exekutieren« gegangen sein. Ich sagte in meinem Plädoyer:

Der Angeklagte Otto füllte eine Stelle im Konzentrationslager Buchenwald aus, die ihn zum Mitwirkenden am faschistischen Massenmord machte. Er war ein Glied in der Kausalkette, an deren Ende die entsetzliche Hinrichtung ungezählter Menschen stand, die das faschistische Herrschaftssystem durch Verwaltungsakt zum Tode bestimmt hatte.

Ich erinnerte daran, daß auch Adolf Eichmann, den das Bezirksgericht Jerusalem im Dezember 1961 der Tötung von Millionen Juden schuldig sprach, nicht einen einzigen Mord mit eigener Hand ausgeführt hatte.

Eichmanns Hände blieben auf dem Schreibtisch, sie handhabten allenfalls Federhalter und Schreibmaschine, er machte sich seine Hände nicht schmutzig. Und doch ist er neben Hitler und Himmler als der größte Massenmörder aller Zeiten in die Geschichte eingegangen.

Ich argumentierte, daß es zwischen Hitler, der den Mordbefehl erteilte, und dem Schützen, der ihn ausführte, eine Kausalkette gab, in der Wolfgang Otto ein notwendiges Glied bildete.

Und ich zitierte Fritz Bauer, den großen einsamen Ankläger von Naziverbrechen: »Sogenannte Schreibtischtäter gab es in allen Bereichen der bürokratischen Pyramide, nicht nur in den höheren Rängen.« Und den Frankfurter Rechtswissenschaftler Herbert Jäger, Verfasser des Standardwerks *Verbrechen unter totalitärer Herrschaft* (1967): »Auch eine Handlung, die nur in der Unterzeichnung eines Dokuments oder einem telefonischen Anruf besteht, kann Mord sein.«

Wäre das Krefelder Gericht meiner Argumentation gefolgt, so hätte die Frage, ob der Angeklagte auch bei Thälmanns Erschießung dabei war, keine entscheidende Rolle gespielt. Aber vorsorglich zählte ich auch die Indizien auf, aus denen sich nach meiner Meinung ergab, daß Otto nicht nur in seiner Schreibstubenfunktion, sondern auch bei der blutigen Erledigung des Hinrichtungsbefehls im Eingangsbereich des Krematoriumsgebäudes mitgewirkt hatte. Und schließlich erinnerte ich daran, daß es in diesem Verfahren nicht nur um die Schuld des ehemaligen SS-Stabsscharführers Wolfgang Otto ging:

Der Angeklagte Otto ist ja nur einer von vielen Tausenden, die den faschistischen Staatsterror gegen Menschen des deutschen Volkes und anderer Völker ausgeübt haben. Das eigentlich Erschreckende an dem historischen Sachverhalt, der in diesem Prozeß noch einmal aus der allgemeinen Verleugnung und Verdrängung ins öffentliche Bewußtsein gehoben wurde, ist nicht die Tatsache, daß es Verbrecher wie Hitler, Himmler, Heydrich und Kaltenbrunner gegeben hat, erschreckend ist die Tatsache, daß sich in unserem Volk auf allen Ebenen dieser Mörderhierarchie die nötigen Mitwirkenden gefunden haben, die ihren Platz mit einem Gefühl von Pflichterfüllung ausfüllten, wie sie jeden anderen Job ausgefüllt hätten, und nicht auf die Stimme ihres Gewissens hörten, die ihnen eine solche Art von Pflichterfüllung hätte verbieten müssen. Der Angeklagte hat, wie Tausende von Angeklagten vor ihm, seine mörderische Tätigkeit als Normalität, als alltägliche Pflichterfüllung begriffen. Er war kein Exzeßtäter, sondern ein ganz normaler, den Gesetzen und Befehlen der jeweiligen Obrigkeit ergebener Technokrat, der die Pistole mit der gleichen kühlen Gelassenheit handhabte wie die Schreibmaschine. Diese Normalität des Verbrechens, die Banalität des Bösen, wie Hannah Arendt sie genannt hat, sollte die Generationen nach Hitler hellhörig machen, wenn wieder staatliche Gewalt als Normalität ausgegeben wird. Wir sollten Verbrechen staatlicher Hierarchien nicht erst dann als solche brandmarken, wenn sie nach einem verlorenen Krieg zusammengebrochen sind, sondern ihnen schon dann in den Arm fallen, wenn sie noch verhindert werden können ...

Was wir heute noch als Normalität empfinden, ist vielleicht schon ein Schritt in einen Abschnitt deutscher Geschichte, der von der nächsten Nachkriegsgeneration, wenn es sie geben sollte, als die Zeit der Vorbereitung des zweiten Massenverbrechens dieses Jahrhunderts definiert werden könnte. Und jeder von uns wird als mitschuldig gelten, der nicht seinen Beitrag zum Widerstand gegen eine Obrigkeit geleistet hat, die wieder einmal mit dem Feuer spielt. Der Abschnitt deutscher Geschichte, den dieser Prozeß noch einmal in einem seiner finstersten Winkel ausgeleuchtet hat, ist dazu geeignet, die Generationen nach Hitler wachsamer und kritischer gegen das Gewaltmonopol des Staates nach innen und nach außen zu machen, als es die Generation des Wolfgang Otto war.

Das nach sechsmonatiger Hauptverhandlung am 15. Mai 1986 verkündete Urteil der Krefelder Strafkammer bildete für die an Freisprüche von Nazi-Verbrechern gewöhnte Öffentlichkeit eine Überraschung. Das auf vier Jahre Freiheitsstrafe wegen Beihilfe zum Mord lautende Urteil, das auch für den Angeklagten und seine Verteidiger unerwartet kam, wurde von der Presse ganz überwiegend zustimmend aufgenommen. »Es gibt noch Richter in dieser Republik« (*Deutsches Allgemeines Sonntagsblatt*), »In Krefeld sprach eine neue Richtergeneration Recht« (*Die Zeit*) und »Das Vertrauen in die deutsche Justiz darf nach diesem überraschenden Urteil gegen den ehemaligen SS-Schergen Wolfgang Otto wieder steigen« (*Westfälische Rundschau*) – das war der allgemeine Tenor der Kommentare.

Das Krefelder Gericht kam zu seinem Schuldspruch, ohne vom rechten Wege abzuweichen, den die BGH-Rechtsprechung vorgezeichnet hatte. Weder folgte es meinem Vorschlag, den Angeklagten als Täter einzustufen, noch ließ es seine Schreibstubenfunktion genügen. Vielmehr begründete es seine Überzeugung, daß Otto durch persönliche Anwesenheit und Mitwirkung am Ort der Erschießung schuldig geworden sei. Zwar wollte es die protokollierten Aussagen des Zeugen Marian Zgoda seinem Urteil nicht zugrundelegen, weil einige Widersprüche nicht mehr aufgeklärt werden konnten. Und auch die Aussage des Zeugen Zbigniew Fuchs wurde, obwohl das Urteil ihm bescheinigte, daß er »einen absolut vertrauenswürdigen Eindruck vermittelt« habe, nicht voll ausgeschöpft. Ihr hätte das Gericht das genaue Datum des Mordes entnehmen können, das auch von anderen Zeugen bestätigt worden war (Fuchs: »Das Datum habe ich mir deshalb gemerkt, weil es drei Tage nach meinem Geburtstag liegt«). Stattdessen glaubte das Gericht, es genüge die Feststellung, daß die Tat jedenfalls vor dem Luftangriff auf das Lager erfolgt war, bei dem Thälmann nach einer von den Nazis verbreiteten Pressemeldung ums Leben gekommen sein sollte. Es blieb eine Unbestimmtheit des Tatzeitpunkts (»zwischen dem 14. und 24. August 1944«), die sich im weiteren Verlauf des Verfahrens verhängnisvoll auswirken sollte. Der 14. August war der Tag, an dem Adolf Hitler nach einer Aktennotiz des Reichsführers SS, Heinrich Himmler, verfügt hatte: »Thälmann ist zu exekutieren«; der 24. August war der Tag des Luftangriffs.

Wichtigster Zeuge für das Krefelder Gericht war der ehemalige Standesbeamte des KZ Buchenwald, Werner Fricke, dessen protokollierte Aussagen aus den Jahren 1947 und 1963 ergaben, daß Otto ihm bei einer Begegnung im amerikanischen Kriegsgefangenenlager gestanden habe, daß er bei Thälmanns Erschießung anwesend gewesen sei; man könne ihm aber nichts anhaben, weil nicht er, sondern ein gewisser Barnewald geschossen habe. Fricke hatte auch bekundet, daß Otto ihn nach dem Bombenangriff vom 24.8.1944 beauftragt habe, den Tod Ernst Thälmanns zu beurkunden. Fricke hatte diese ihm angesonnene Falschbeurkundung abgelehnt. Mit dieser Aussage wurde Ottos Behauptung widerlegt, er habe von Thälmanns Tod erst vier Wochen später aus der Zeitung erfahren. Eine Behauptung, die im Munde des damaligen Kompaniefeldwebels und Chefs der Schreibstube im KZ Buchenwald ohnehin unglaubwürdig war und nur allzu deutlich machte, daß dieser Mann hinsichtlich der Tötung des prominenten Kommunistenführers etwas zu verbergen hatte.

Der für politische Strafsachen zuständige 3. Strafsenat des Bundesgerichtshofs hob am 25.3.1987 auf die Revision des Angeklagten das Krefelder Urteil auf. Mit spitzfindigen Überlegungen zu den tatsächlichen Feststellungen des Landgerichts mischten sich die Karlsruher Richter in die Beweiswürdigung des Landgerichts ein. Der Angeklagte könne sich »während der in Betracht kommenden Zeit (aus dienstlichen oder privaten Gründen) nicht im Lager aufgehalten haben und von einem anderen SS-Angehörigen vertreten worden sein«. Ein unübersehbarer Wink an den Angeklagten, sich ein neues Ver-

Mit Rechtsanwalt Dr. Winfried Matthäus, dem Ost-Berliner Kollegen, der die Verbindung zur Generalstaatsanwaltschaft der DDR herstellte und wichtige Beweismittel beschaffte, beim Pressegespräch im August 1984. Rechts im Bild der Redakteur des *Weser-Kurier* Hans-Günther Thiele.

teidigungsvorbringen zurechtzulegen, auf das er selbst noch nicht gekommen war.

In der erneuten Hauptverhandlung vor dem Landgericht Düsseldorf, an das der BGH die Sache verwiesen hatte, kam der Angeklagte prompt mit der Behauptung, er habe anläßlich seines Geburtstages am 23. August 1944 Besuch von seiner Frau gehabt. Sie sei eine Woche dagewesen, er wisse nicht mehr genau, ob vor oder nach dem Geburtstag, und habe in einem Hotel in Weimar gewohnt, wo er sie jede Nacht vom Dienstschluß bis zum Wecken aufgesucht habe.

Nun brachte die Verhandlung in Düsseldorf aber eine überraschende Wendung. Die Nebenklagevertretung war in der Lage zu beweisen, daß der Angeklagte in der Nacht vom 17. zum 18. August 1944 im Lager anwesend gewesen war. Die Generalstaatsanwaltschaft der DDR hatte in Archivbeständen, die im Rahmen eines Kulturabkommens aus der Bundesrepublik übernommen worden waren, die Fernschreibbücher des KZ Buhenwald entdeckt. Und da fanden sich Eintragungen von der Hand des Wolfgang Otto, die keinen Zweifel daran ließen, daß er zur Tatzeit in seinen üblichen Funktionen tätig gewesen war.

In der Nacht vom 17. zum 18. August 1944 hatte Otto zu drei verschiedenen Zeitpunkten mit drei farblich zu unterscheidenden Stiften (also sicher nicht etwa nachträglich) Eingänge abgezeichnet.

Wäre die Sache auch diesmal in den Händen von Richtern gewesen, die den Freispruch dieses Massenmörders als Skandal begriffen hätten, wäre das Schicksal des Angeklagten nach dem Vorliegen dieser Urkunden besiegelt gewesen. In Düsseldorf kam es anders. Da gab es ja noch den Ausweg, das Datum des Mordes – auf das es nunmehr entscheidend ankam – weiterhin offenzulassen, so daß Thälmann gerade an einem Abend umgebracht worden sein könnte, für den Ottos Anwesenheit nicht durch seine Unterschrift dokumentiert war. Man brauchte nur dem Zeugen Zbigniew Fuchs, der auch für die Düsseldorfer Hauptverhandlung noch einmal aus Polen anreiste, in diesem einen Punkt nicht zu glauben. Und so geschah es. Seine Bekundung, daß er sich das Datum der Mordnacht fest eingeprägt habe, sie sei drei Tage nach seinem Geburtstag gewesen, reichte den Richtern nicht, weil es frühere Erklärungen des Zeugen gab, wo nur von »im August« oder »einige Tage nach meinem Geburtstag« die Rede war. Was ja, wenn es dem Vernehmer nicht auf Genauigkeit ankam und nicht weiter nachgefragt wurde, auch durchaus richtig war. Aber als Rezept für den Freispruch eines NS-Massenmörders bot sich natürlich die Interpretation an, Fuchs habe es im Grunde gar nicht so genau gewußt und erst später ein genaues Wissen behauptet, das er in Wahrheit gar nicht hatte. Eine geradezu beleidigende Unterstellung bei einem Zeugen, der immerhin Mitglied des polnischen Rechnungshofes war, also sicher bis drei zählen konnte, und dem hinsichtlich seiner Glaubwürdigkeit sowohl in Krefeld als auch in Düsseldorf das beste Zeugnis ausgestellt werden mußte. So hieß es im Düsseldorfer Urteil vom 29.8.1988:

Die Kammer hat keinerlei Grund, an der Wahrheitsliebe und dem Erinnerungsvermögen des Zeugen zu zweifeln. Seine Angaben sind auch angesichts des von dem Zeugen angegebenen Anknüpfungspunktes für die Datierung glaubhaft.

Die Kammer habe keinerlei Zweifel an der Glaubwürdigkeit des Zeugen Fuchs. Dennoch vermöge sie seine Aussage über den Tatzeitpunkt ihren Feststellungen nicht zugrundezulegen.

Der Hinweis auf den Geburtstag wäre nach der Überzeugung der Kammer nur dann eine zuverlässige Gedächtnisstütze, wenn di

Tat an diesem Tage selbst geschehen wäre. Liegen mehrere Tage zwischen dem Geburtstag und dem weiteren Ereignis, so kann sich die Anzahl der dazwischenliegenden Tage im Laufe der Zeit in der Erinnerung verschieben.

Sollte es nicht vielleicht für die individuelle Gedächtnisleistung darauf ankommen, welche Wichtigkeit das erinnerte Geschehen für den Zeugen hatte? Daß für den Buchenwald-Häftling Zbigniew Fuchs der in Hörweite verübte Mord an dem von den Nazis seit 1933 in Haft gehaltenen Reichstagsabgeordneten und Vorsitzenden der KPD Ernst Thälmann ein so einschneidendes Erlebnis war, daß es überhaupt keiner zusätzlichen Gedächtnisstütze bedurft hätte, sich das Datum zu merken, sollten Richter ohne weiteres für glaubhaft halten, die sich nicht dem Verdacht aussetzen wollen, selbst nur solche Geschichtsdaten zu erinnern, die zufällig auf ihren Geburtstag fallen. Aber wenn die Richtung stimmt, ist kein Argument zu dumm. Dem BGH gefiel das Urteil. Meine Revision gegen das Düsseldorfer Urteil wurde zurückgewiesen.

Damit war ein Mann rechtskräftig freigesprochen, der bei früheren Vernehmungen selbst eingestanden hatte, an der Hinrichtung von etwa 200 Menschen deutscher und anderer Nationalität mitgewirkt zu haben – eine Zahlenangabe, die wahrscheinlich erheblich untertrieben ist, da allein im sogenannten Pferdestall 7000 bis 8000 sowjetische Kriegsgefangene durch Genickschuß getötet worden sind und Otto mindestens ein- oder zweimal an diesen Erschießungen teilgenommen hat. Otto war auch als Protokollführer dabei, wenn Menschen an einem transportablen Galgen auf dem Hof oder an Wandhaken im Keller des Krematoriums aufgehängt wurden. »Dieser Anblick war noch weniger ästhetisch als der einer Hinrichtung durch Strick und Fallklappe«, hatte Otto bei einer Vernehmung im Jahre 1963 zu den Einrichtungen im Keller gesagt. Was Herrn Otto da ästhetisch störte, hat der Zeuge Osche, ein kommunistischer Häftling, so beschrieben:

An diesem furchtbaren Ort habe ich einmal selbst Gelegenheit gehabt, mich von der Methode des Massenmordes in den Kellergewölben zu überzeugen. Eines Nachmittags, im Sommer 1944, kam der obenerwähnte Standortzahnarzt zu mir in den Sektionsraum und forderte mich auf, Zahnziehzangen aus dem Instrumentenschrank zu nehmen und mit ihm zu kommen. Er ging mit mir in den Keller des Krematoriums, in dem sich mir ein entsetzlicher Anblick bot. Rundherum an den Wänden und an den Zwischenträgern hingen und röchelten ungefähr 40 sowjetische Kriegsgefangene an in die Wand eingeschlagenen Haken. Auf dem Boden lag noch einmal ungefähr dieselbe Anzahl sowjetischer Kriegsgefangener, die meist völlig entkleidet waren. Der Zahnarzt verlangte, daß ich die Gebisse nachsehe und Goldkronen oder Brücken herausziehe. Als wir an einen Gefangenen kamen, der noch Lebenszeichen von sich gab, wurde dieser nochmals von Warnstedt und Stobbe an einem der Haken aufgehängt. Währenddessen wurden auch die an den Wänden hängenden sowjetischen Kriegsgefangenen von Müller und Rohde von den Haken abgenommen, und ich mußte auch ihnen die Zähne nachsehen. Danach mußte ich den Raum wieder verlassen, und kurz darauf kam der Kapo Müller zu mir und warnte mich, über das zu sprechen, was ich gesehen hätte.

Auch was im sogenannten Pferdestall geschah, hat das robuste SS-Gewissen des Herrn Otto nie berührt. Dort war eine Genickschußanlage installiert, die es erlaubte, sowjetische Kriegsgefangene, die sich für eine vorgetäuschte ärztliche Untersuchung entkleiden mußten, während einer scheinbaren Körpermessung durch einen Schlitz in der Wand zu erschießen. Es handelte sich um Kriegsgefangene, die unter Hitlers berüchtigten »Kommissarbefehl« fielen, der darauf abzielte, die kommunistische Intelligenz zu vernichten (so Hitler am 30.3.1941 vor Generalen und Offizieren der Wehrmacht). Demgemäß stellten die im KZ Buchenwald von Mörderhänden umgebrachten 7000 bis 8000 Kriegsgefangenen eine Auslese dar, die nach ziemlich oberflächlichen Vernehmungen unter dem Gesichtspunkt getroffen worden war, möglichst die intelligentesten Sowjetbürger auszurotten (vgl. Alfred Streim, *Die Behandlung sowjetischer Kriegsgefangener im »Fall Barbarossa«*. Karlsruhe 1981). Für diese Aufgabe wurden gewissensamputierte Pflichterfüller vom Typus Wolfgang Otto gebraucht. Eine Massenmordaktion, über die vor dem Krefelder Gericht noch lebende Zeugen vernommen werden konnten, und zwar sowohl ehemalige SS-Leute, die selbst geschossen hatten, als auch ein ehemaliger Häftling, nämlich Zbigniew Fuchs, der bei der Beseitigung der Leichen und der Säuberung der Hinrichtungsstätte mitwirken mußte.

Insgesamt sind im Konzentrationslager Buchenwald von seiner Errichtung im Jahre 1937 bis zur Befreiung im April 1945 mindestens 56500 Menschen gestorben, erhängt oder erschos sen worden, an Hunger, Krankheiten, Mißhandlungen, Menschenversuchen zugrundegegangen. An dieser Stätte tagtäglichen Mordens an Wehrlosen hat es der Angeklagte Wolfgang Otto während der ganzen Dauer des Krieges, also über viereinhalb Jahre lang, in verantwortlicher Position ausgehalten. Der Vorsitzende der Krefelder Strafkammer hatte den Angeklagten irgendwann mit spürbarer Fassungslosigkeit gefragt, wie er dies mit seiner religiösen Überzeugung als gläubiger Christ habe vereinbaren können. Eine Frage, die sich wohl jedem im Sitzungssaal aufdrängte, den Angeklagten aber gar nicht erreichte. Er sprach nur von Befehlen, die er ausgeführt, und von Pflichten, die er erfüllt habe. Sein Freispruch durch die Düsseldorfer Strafkammer wird ihn und seinesgleichen in dem Glauben bestärkt haben, daß alles rechtens war, was sie im Dienste einer verbrecherischen Staatsmacht getan haben.

Es hängt mit meiner grundsätzlichen Einstellung zum Strafrecht zusammen, daß ich zwar den Schuldspruch gegen Wolfgang Otto gewünscht, seine Begnadigung aber befürwortet hätte, wenn nicht ohnehin Alter und Krankheit eine Haftunfähigkeit begründet hätten. Für Herrn Otto hätte der Schuldspruch in jedem Fall nur noch symbolische Bedeutung gehabt. Für das kollektive Rechtsbewußtsein aber, das von der mit Naziverbrechen befaßten bundesdeutschen Justiz seit Jahrzehnten mit Füßen getreten wurde, wäre ein Schuldspruch so etwas wie eine Wiedergutmachung in eigener Sache gewesen, ein Lichtblick, der es erlaubt hätte, dieses traurige Kapitel deutscher Justizgeschichte halbwegs versöhnlich abzuschließen. Aber dieses Ende war schamlos und bestätigte noch einmal alles, was von Kurt Tucholsky bis Peggy Parnass über deutsche Justiz geschrieben worden ist.

Nach dem Ende des Thälmann-Mord-Prozesses ist bekannt geworden, daß noch ein weiterer Tatverdächtiger lebte, der für das Verfahren mindestens als Zeuge von großer Wichtigkeit gewesen wäre. Es handelte sich um den SS-Obersturmführer Erich Gust, der seinerzeit als 2. Schutzhaftlagerführer im KZ Buchenwald amtierte. Gust war in einer Aussage des Zeugen Zgoda aus dem Jahr 1948 als einer der SS-Funktionäre genannt worden, die im Eingang des Krematoriums auf Thälmann geschossen haben. In einer späteren Aussage von 1963 hat Zgoda ihn allerdings nicht mehr erwähnt.

Erich Gust soll unter dem Namen Franz Giese in der Bundesrepublik gelebt und ein Prominentenlokal geführt haben.

Ernst Thälmann bei einer Versammlung zum 1. Mai 1931 im Berliner Lustgarten

Wie Patricia Schlesinger (Fernsehmagazin »Panorama« vom 2.11.1992) und Falco Werkenthin (*Politische Strafjustiz in der Ära Ulbricht*, Berlin 1995) ermittelt haben, wußte das MfS (Ministerium für Staatssicherheit) seit 1969 von der Existenz des Gust/Giese, der erst am 18.2.1992 in Melle verstorben ist. Über die Frage, weshalb die Stasi Gusts Identität geheimgehalten hat, läßt sich nur spekulieren. Oberstaatsanwalt Günther Wieland, einst zuständiger Sachbearbeiter bei der Generalstaatsanwaltschaft der DDR, den ich beim Ortstermin in Buchenwald persönlich kennenlernte, war offenbar ebensowenig informiert wie der Ost-Berliner Kollege Dr. Winfried Matthäus, mit dem ich in dieser Sache zusammenarbeitete. Ingrid Müller-Münch, die den Fall Gust/Giese in der *Frankfurter Rundschau* vom 20.12.1995 schilderte, hat beide nach den möglichen Motiven der Stasi befragt. Matthäus meinte, er könne sich fast nicht vorstellen, daß das Absicht war, während Wieland den Verdacht äußerte, daß Gust/Giese womöglich als IM von Interesse gewesen sei, weil in seinem Lokal soviel Prominenz verkehrte. Als sie mich fragte, sagte ich: »Eine der vielen Enttäuschungen, die man als Sozialist mit der DDR erlebt hat.«

Und noch eine Frage an die Historiker scheint mir aufklärungsbedürftig zu sein: Warum ist Ernst Thälmann zur Zeit des Hitler-Stalin-Paktes nicht freigelassen worden? Nicht nur Hitler scheint daran interessiert gewesen zu sein, Thälmann nicht überleben zu lassen.

15. Der Justizmord an einem »Volksschädling«. Der Fall Walerjan Wróbel (1987)

Am 3. Mai 1987 begegnete ich im Hause meines Freundes Christoph Schminck-Gustavus Gästen aus Polen, die ich schon aus seinem Buch *Das Heimweh des Walerjan Wróbel. Ein Sondergerichtsverfahren 1941/42* kannte. Frau Alfreda Woźniak war die Schwester des Walerjan Wróbel, der 1942 vom Sondergericht Bremen wegen einer Straftat, die er als gerade 16jähriger Zwangsarbeiter begangen hatte, zum Tode verurteilt worden ist und unter dem Fallbeil eines deutschen Henkers mit 17 Jahren sterben mußte. Herr Michal Piotrowski, der in Begleitung seiner Ehefrau nach Bremen gekommen war, hatte den Jungen im KZ Neuengamme bei Hamburg kennengelernt, wohin ihn die Gestapo für neun furchtbare Monate verbracht hatte, bevor es zur Verhandlung vor dem Sondergericht kam.

Christoph Schminck-Gustavus, Professor für Rechtsgeschichte an der Universität Bremen, war auf die im Bremer Staatsarchiv aufbewahrten Akten dieses Falles aufmerksam geworden und hatte in einer ungewöhnlich mühseligen und aufwendigen Recherche Familienangehörige und Freunde des Hingerichteten in Polen aufgespürt und von ihnen Informationen über das kurze Leben des Walerjan Wróbel erhalten. Seinerseits hatte er den noch lebenden Familienangehörigen zum ersten Mal Nachricht über das traurige Justizschicksal des Jungen gebracht, dessen Eltern schon vor Jahren gestorben waren, ohne je erfahren zu haben, ob und wie ihr Sohn zu Tode gekommen ist. Sie hatten erschütternde Abschiedsbriefe des Jungen bekommen; einen davon hatte der Vater verbrannt, weil die Mutter ohnmächtig vor Schmerz geworden war, als sie ihn gelesen hatte; zwei hatte die Schwester aufgehoben und gab sie dem Besucher aus Deutschland vertrauensvoll mit. Christoph Schminck-Gustavus hat sie in seinem Buch abgedruckt. Sie sollen auch hier am Schluß des Kapitels mitgeteilt werden.

Nun waren sie also aus Polen gekommen, die Schwester aus Dabrowa Górnicza und der ehemalige Haftgenosse mit seiner

Empfang im Bremer Rathaus. Von links nach rechts: Michal Piotrowski, Frau Piotrowska, Frau Alfreda Woźniak (Walerjan Wróbels Schwester), Justizsenator Wolfgang Kahrs, Christoph Schminck-Gustavus und ich.

Frau aus Warschau, eingeladen vom Senat der Freien Hansestadt Bremen, wurden vom Bürgermeister, vom Justiz- und vom Bildungssenator sowie vom Landgerichtspräsidenten empfangen, erlebten eine Gedenkstunde in dem Gerichtssaal, in dem Walerjan vor 45 Jahren verurteilt worden war, und nahmen eine Spende des Senats für ein polnisches Kinderkrankenhaus mit, dem Christoph Schminck-Gustavus bereits sein Buchhonorar gespendet hatte. Ein gut gemeintes, aber irgendwie hilfloses Programm angesichts des Unrechts, das nicht wiedergutzumachen ist. Für Christoph Schminck-Gustavus und mich gab die Begegnung mit den polnischen Gästen den Anstoß, darüber nachzudenken, wie man jenes justizschändliche Todesurteil aus dem Jahre 1942 aufheben lassen und damit wenigstens den Familienangehörigen des von Henkerhand gestorbenen Minderjährigen eine späte Genugtuung verschaffen könne. Auch das letztlich ein hilfloses Unterfangen, da es den von feigen und verantwortungsscheuen Richtern und Staatsanwälten ums Leben gebrachten jungen Polen nicht wieder lebendig machen konnte.

Walerjan Wróbel war mein Jahrgang. Er wurde am 2. April 1925 in Falkow, einem kleinen Dorf ein paar hundert Kilometer südlich von Warschau geboren. Ein Freund aus gemeinsamen Kindheitstagen, Czeslaw Dabrowski, den Christoph Schminck-Gustavus in Dobków, einem polnischen Dorf nahe der tschechischen Grenze, aufgesucht hat, wußte von gemeinsamen Dummejungenstreichen zu berichten (»Wir waren damals doch noch Kinder, vielleicht dreizehn oder vierzehn: dumme Jungs. Nur Streiche im Kopf, andere Leute ärgern, no, Sie kennen das schon«). Walerjan war vierzehn, als Hitlers Wehrmacht Polen überfiel und am 5. September 1939 bei einem Bombenangriff auf sein Heimatdorf sein Elternhaus zerstörte; es brannte ab. Es begann eine Zeit großer Not und Arbeitslosigkeit, in der die deutsche Verwaltung die polnische Bevölkerung mit schikanösen Verboten, Ablieferungsverpflichtungen, Razzien, Beschlagnahmen und Verhaftungen drangsalierte.

Walerjan Wróbel war einer von 1,7 Millionen polnischer Zwangsarbeiter, die während des Krieges nach Deutschland geschafft wurden, um die durch Einberufung deutscher Arbeitskräfte zur Wehrmacht entstandenen Lücken vor allem in der landwirtschaftlichen Produktion zu schließen. In den Akten heißt es, er habe sich »freiwillig« verpflichtet. Wie es mit der »Freiwilligkeit« stand, hat Czeslaw Dabrowski so beschrieben (alle folgenden Zitate nach Schminck-Gustavus):

Wissen Sie, das hat der Dorfschulze entschieden. Da gab es gar keinen Widerspruch. Das Dorf hatte ein bestimmtes Kontingent: So und so viele müssen fahren, und der Schulze, der hat die ausgesucht. Der war zwar auch Pole, aber er hat doch Angst gehabt vor den Deutschen. So ist er in die Familien gekommen mit den meisten Söhnen und hat gesagt: »Der und der muß fahren!« Von seiner eigenen Familie hat er natürlich keinen geschickt, nur von den anderen.

Vielleicht hat auch die von den deutschen Besatzern herbeigeführte Not dazu beigetragen, daß die Familie den kleinen, noch ganz kindlichen Walerjan gehen ließ. Czeslaw Dabrowski:

Die Leute haben gehungert. Es gab nichts zu essen. Sogar Kartoffelschalen haben wir gegessen. Die Feldbestellung ging zwar weiter, aber alles mußte abgeliefert werden. Auch das ganze Viehzeug wurde registriert, und man durfte nicht mehr schlachten. Alles haben sie den Leuten abgenommen. Es durfte auch kein Getreide mehr gemahlen werden. Die Mühlen wurden geschlossen. Also versuchten die Leute, kleine provisorische Mühlen zu basteln, um ein bißchen Korn zu mahlen. Aber mit solchen Sachen mußte man sehr vorsichtig sein. Wenn die Deutschen so etwas gefunden haben, dann wurde das sofort kaputtgemacht und die Leute geschlagen. Es kamen ja dauernd Razzien. Nichts zu essen, keine Arbeit.

Walerjans Schwägerin – die Witwe seines tragisch zu Tode gekommenen Bruders (er wurde beim Löschen eines Brandes von einem Feuerwehrauto überfahren) – wurde von Christoph Schminck-Gustavus ebenfalls zu Walerjans »freiwilliger« Arbeitsverpflichtung befragt:

Warum? No, weil hier doch Elend war, und der Dorfschulze ... No, da haben sich doch viele gemeldet, war ja nix. Elend gab's. Und da haben sie versprochen: Viel zu essen und etwas Geld auch. Viele sind nach Deutschland gegangen. Freiwillig. Und zwar deshalb, damit sie das besser haben sollten.

Walerjan Wróbel war fünfzehn, als er auf diese Weise zur Arbeit in Deutschland verpflichtet wurde. Czeslaw Dabrowski hat den Transport in abgeschlossenen, überfüllten Personenwagen geschildert. Die beiden Jungen aus Falkow wollten zusammenbleiben, ertrugen hungernd und durstig, ohne Sitzplatz, die Strapazen der langen Fahrt. Und dann, in Hannover, wurden sie doch getrennt:

Als sie uns in Hannover dann ausgepackt haben aus dem Waggon, mußten wir gleich wieder antreten. Das war auf einem großen Platz vor einer Halle. Zuerst gab es eine Steckrübensuppe, sehr wässrig, und eine Schnitte Brot. Wir waren sehr ausgehungert von der langen Fahrt. Dann mußten wir antreten in Zweier-Reihen: Abzählen. »Schnell, schnell!« Wenn jemand ein bißchen langsamer war, dann kamen sie gleich mit Fußtritten und Gummiknüppeln. Aber die ganze Zeit hab ich mich dicht neben Walerjan gehalten: In der Reihe immer dicht nebeneinander gestanden. Dann: »Papiere vorzeigen!« Als sie meine Papiere gesehen haben, kam sofort das Kommando: »Los, rüber, in die andere Kolonne!« – Aber ich wollte doch nicht. Ich hab den an der Hand gefaßt, den Walerjan, und wollte ihn mit rüberziehen. Ach, ich weiß nicht, was der Gendarm gebrüllt hat. Ich konnte doch die deutsche Sprache nicht verstehen Kein Wort, damals. Sofort hab ich mit dem Gummiknüppel auf die

Hand bekommen, und da hab ich losgelassen. Und mit Fußtritten rübergetrieben zu der anderen Kolonne. Die marschiert ab, und ich dreh mich noch um und seh ihn stehen. Danach hab ich den nie wieder gesehen. Kinder waren wir doch noch, haben nicht gewußt, daß man uns zu so schwerer Arbeit fährt.

Walerjan wurde einem Bauernhof in Bremen-Lesum als landwirtschaftlicher Hilfsarbeiter zugewiesen. Das war im April 1941, dem Monat, in dem Walerjan 16 wurde. In diesem Monat April beging Walerjan die Straftat, die nach Meinung deutscher Richter und Staatsanwälte todeswürdig war. Krank vor Heimweh hatte der Junge, der offenbar noch nicht einmal die Reife eines 16jährigen hatte, zunächst versucht, einfach auszureißen und die 900 Kilometer nach Hause zu laufen, war aber schon nach wenigen Metern ergriffen und zurückgeholt worden. Einige Tage später – das war am 29. April 1941 – hatte er dann eine noch unreifere Idee: Er wollte die Scheune seines Zwangsarbeitgebers in Brand setzen, in der Erwartung, daß man ihn dann, weil auf dem Hof nicht mehr gearbeitet werden könnte, als unbrauchbare Arbeitskraft nach Hause schicken werde. Das von ihm gelegte Feuer wurde rechtzeitig, noch bevor es Schaden anrichten konnte, entdeckt und unter seiner Mithilfe gelöscht.

Walerjan wurde, wie das damals beschönigend hieß, in »Schutzhaft« genommen und von Gestapo-Beamten verhört. Sie brachten ihn »nach langem hin und her und in die Enge getrieben« zu einem Geständnis. »Ich gebe zu«, heißt es in der Akte, »dass ich die Absicht hatte, die gesamte Scheune niederbrennen zu lassen«. Der Gedanke, daß auch das Wohnhaus abbrennen könne, sei ihm nicht gekommen. Ein Fragezeichen am Rand deutet an, daß man ihm dies nicht glauben wollte.

Einen Monat später, am 28. Juni 1941, wurde der Junge »dem Konzentrationslager Neuengamme zugeführt«, was erst am 3. Oktober von einem Gestapo-Beamten in der Akte vermerkt wurde. Im Auftrage des offenbar um seine Kompetenz besorgten Oberstaatsanwalts bat ein Staatsanwalt Albrecht die Gestapo um Mitteilung, warum die Akten erst am 6. Oktober an ihn abgegeben worden seien; der in den Akten befindliche Schlußbericht datiere bereits vom 5. Mai. Die Gestapo ließ sich Zeit mit der Antwort. Dann, mit Schreiben vom 15. November, ließ sie den Oberstaatsanwalt wissen, »daß die Übersendung der Akten aus innerdienstlichen Gründen am 3. Oktober

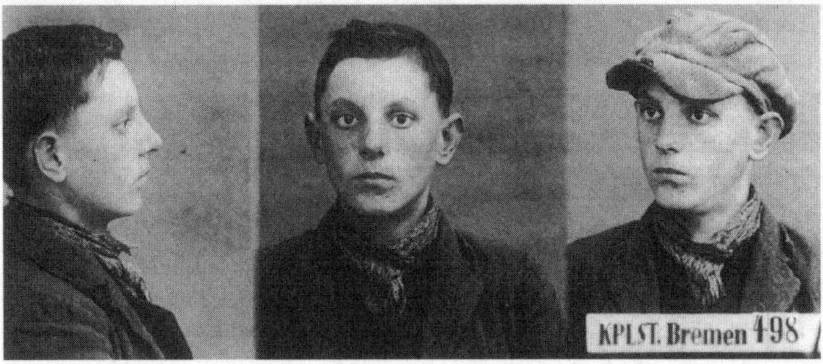

Walerjan Wróbel wurde bei der erkennungsdienstlichen Behandlung durch die Nazis fotografiert.

1941 erfolgte. Nun wußte er es genau. In diesem Staat hatte die Polizei das Sagen.

Neun Monate, vom 28. Juni 1941 bis zum 8. April 1942, hielt die Gestapo Walerjan in eigener Zuständigkeit im KZ Neuengamme fest. Es war eine schreckliche Leidenszeit für den 16jährigen, über die wir einiges aus Michal Piotrowskis Bericht wissen. Ich zitiere nach dem Buch von Schminck-Gustavus:

No, wissen Sie, das gab da noch ein Kommando auf der Elbe, ein Strafkommando; da waren wir drin. Das war die schwerste Arbeit. Wir mußten mit voll geladenen Schiebkarren über solch einen Steg balancieren und die Erde auf die andere Seite vom Kanal, auf das andere Ufer fahren. Der Kanal ist breit, vielleicht acht Meter. Nur zwei schmale Bohlen sind drübergelegt und in der Mitte ein Schwimmkasten: Da mußt du rüber mit deinem Karren. Das wackelt und hast keine Schuhe an, sondern diese Holzklumpen, wo du dich nicht mit halten kannst. Manchmal passiert das, und die Karre läuft schief, fällt runter ins Wasser. Aber ohne Karre darfst du nicht rausgehen: Sofort mußt du springen vom Steg und die Karre retten. – In dem Kommando war ich mit Walerek (Koseform von Walerjan) zusammen, bin immer hinter ihm gewesen mit meiner Karre.

Einmal hat Michal Piotrowski den Walerjan gerettet, als dem die Karre heruntergefallen war und er, obwohl Nichtschwimmer, ins Wasser springen mußte:

Ich sehe: Der geht ja unter, kommt nicht wieder raus. Und ich nehme schnell, schnell meine Karre und schmeiß sie auch ins Wasser. Und spring hinter ihm her. Ich kann ja schwimmen. Und

Ein von der SS aufgenommenes Foto aus dem Konzentrationslager Neuengamme bei Hamburg. Hier mußte der 16jährige Walerjan Wróbel neun Monate lang schwere Zwangsarbeit leisten, bevor er zur Aburteilung durch das Sondergericht ins Untersuchungsgefängnis in Bremen verlegt wurde.

der Kanal ist tief bei der Stelle, vielleicht zwei Meter. Erst den Walerek rausgezogen ans Ufer. Der Unterboden war so weich, Schlamm, daß die Füße versinken. No, und dann, wissen Sie, die eine Karre rausgeschmissen ans Ufer und dann die zweite Karre auch. Von dieser Zeit an, wissen Sie, sind wir immer zusammengeblieben, immer einer hinter dem anderen gefahren.

Ein Fall von Solidarität, der im SS-Staat des KZ-Systems Seltenheitswert hatte. Denn hier wurde auch den Häftlingen, wenn sie überleben wollten, das barbarische, als Recht des Stärkeren ausgelegte Prinzip des *survival of the fittest* aufgezwungen. Michal Piotrowski:

Freundschaft? Kameradschaft? – Wie sollen Sie das verstehen? Wissen Sie, ein Beispiel: Am Kanal, wo wir arbeiten, da stand solch eine Baracke. Das ist das Werkzeug-Magazin. Früh morgens, wir kommen an, tausend Mann, alle müssen stehen ... Dann kommt das Kommando für uns: »Arbeitskommando antreten!« Dann müssen alle rennen zum Werkzeugholen, zu der Baracke: Die Schaufeln liegen da drin. Die Schiebkarren stehen draußen. Alle laufen, alle rennen, jeder will die Schaufel nehmen, weil das doch leichter ist. Wenn die Schaufeln alle ausgegeben sind, dann ist Schluß: Alles andere muß ab zum Schiebkarren. Und wenn wir schnell gerannt sind und haben die Schaufel gekriegt: No, Glück gehabt. Aber wer sowieso schwach ist und kann nicht schnell laufen, der muß den Schiebkarren nehmen: Schwache Leute – ganz egal, die müssen an den Karren. Und wissen Sie: Kameradschaft gibt's dann nicht. Jeder denkt, daß er muß leben. Ist das Freundschaft?

Aber dann erzählte Michal Piotrowski doch noch ein Beispiel von Menschlichkeit in dieser unmenschlichen Umgebung. Diesmal war es Walerjan, der ihm das Leben rettete, als er in einem Zustand völliger Mutlosigkeit den Tod an der Postenkette (»auf der Flucht erschossen«) suchen wollte:

Und die Karre laß ich stehen und geh los auf die Postenkette. Und der Walerek sieht das, kommt hergerannt, zieht mich am Arm zurück und sagt: »Gott wird helfen!« – Ach, der war immer mit dem Gott. Und sagt zu mir: »Gott wird uns helfen, aber wir müssen beide bleiben. Zusammen. Komm zurück!« – Und ich bin zurückgegangen.

Was war der Walerjan für ein Mensch? Michal Piotrowski:

Der Walerek war sehr jung, sehr naiv. Erfahrung hatte der auch keine ... Für solche ist das schwer im KZ, sehr schwer. Da mußt du brutal sein, aber nicht naiv, und Walerek war immer naiv, sehr naiv. Von den Eltern hat er immer erzählt, von der Schwester, von der Schule. So wie er erzählt hat, war er kein guter Schüler. Hatte immer Schwierigkeiten in der Schule, der arme Kerl. Er hat gesagt: »Hatte immer Sand in den Taschen auf der Schule, war schwer zum Weiterkommen.« Oder ein anderes Mal sagt der und grinst: »Die Schule hat gelegen am Berg. War schwer zum Raufsteigen.« No, in Falkow, wissen Sie, da ist alles flach: keine Berge ...

Aber der Junge war gläubig, hatte die Religion. Und wenn er nicht gerade von seinen Eltern sprach, immer kam das Gespräch auf die Freiheit: »Wann komm ich raus?« Der hatte immer Angst und hat überlegt, was er tun kann, daß er rauskommt. Und hatte solche Sehnsucht nach den Eltern; machte sich mehr Sorgen um die, als um sich selbst. So sehr wollte er zu denen zurück. Aber der hatte Angst, daß er das nicht wird überleben: Immer Angst.

Als Walerjan endlich aus der Hölle des KZ Neuengamme ins Untersuchungsgefängnis überführt wird, mag er Hoffnung geschöpft haben, daß nun anstelle furchtbarer Willkürherrschaft so etwas wie Gerechtigkeit kommen müsse. Wenn er gewußt hätte, daß ein Todesurteil auf ihn wartete, hätte er sicher nicht an das Gericht geschrieben: »Ich bitte um Beschleunigung meines Termins.«

Mitte Juni 1942 wurde ihm die Anklageschrift (auf deutsch!) zugestellt, deren Paragraphenwerk ihm sicher auch dann noch unverständlich geblieben ist, als es ihm zehn Tage später durch den Gestapo-Dolmetscher Lasarewitz, der dafür einen Zeitaufwand von 45 Minuten abrechnete, übersetzt wurde. Das war am 25. Juni 1942. Am 6. Juli, zwei Tage vor der auf den 8. Juli 1942 anberaumten Hauptverhandlung, teilt der dem Angeklagten bestellte Pflichtverteidiger, Rechtsanwalt Dr. Bechtel, dem Gericht mit, daß eine Verständigung mit dem Angeklagten auf Schwierigkeiten stoße; und bittet, da die Leitung des Untersuchungsgefängnisses über eine Person, die der polnischen Sprache mächtig ist, nicht verfüge, »den Dolmetscher der Geheimen Staatspolizei zu veranlassen, dass er mir morgen im Laufe des Tages einen Zeitpunkt bekanntgibt, wann er in der Lage ist, mit mir gemeinsam den Angeklagten zu besuchen«. Der Verteidiger weiß, daß er sich nach dem Zeitplan des Gestapo-Dolmetschers zu richten hat.

Ob der Verteidiger seinem inzwischen 17 gewordenen Mandanten durch den Mund des Gestapo-Dolmetschers gesagt hat, was ihn erwartet? Ich weiß es nicht. Jedenfalls hat der Verteidiger die perfide »Rechts«-Konstruktion der Anklage durchschaut, die auf Todesstrafe gegen einen Minderjährigen abzielte, und in einem Schriftsatz, den er am Tage der Hauptverhandlung überreichte, das Gericht in nüchterner Juristensprache auf alle Gesichtspunkte hingewiesen, die es auch unter der Herrschaft des terroristischen Nazi-»Rechts« erlaubt hätten, den jungen Polen freizusprechen oder – was im Hinblick auf die außergerichtliche Tötungszuständigkeit der Gestapo für den Angeklagten das Beste gewesen wäre – zu einer Freiheitsstrafe zu verurteilen.

Aber das Todesurteil stand schon fest, bevor Walerjan Wróbel und sein Verteidiger den Gerichtssaal betraten. Die Staatsanwaltschaft hatte sich durch Rückfrage beim Reichsjustizministerium vergewissert, daß man dort eine Anklage nicht etwa nach den guten alten Paragraphen des Strafgesetzbuches über Brandstiftung, sondern nach der »Volksschädlingsverordnung« und der »Polenstrafrechtsverordnung« erwartete – und das bedeutete, daß der Junge, weil er Pole war, zum Tode verurteilt werden konnte. In § 3 der Verordnung gegen Volksschädlinge vom 5.9.1939 (das war übrigens der Tag, an dem das Dorf Falkow von deutschen Flugzeugen bombardiert wurde und Walerjans Elternhaus abbrannte) hieß es:

Wer eine Brandstiftung oder ein sonstiges gemeingefährliches Verbrechen begeht und dadurch die Widerstandskraft des deutschen Volkes schädigt, wird mit dem Tode bestraft.

Und die Polenstrafrechtsverordnung (Verordnung über die Strafrechtspflege gegen Polen und Juden in den eingegliederten Ostgebieten vom 4.12.1941) ließ die Todesstrafe auch für Jugendliche zu – wenn sie Polen oder Juden waren.

Demgemäß kündigte der Oberstaatsanwalt in Bremen dem Herrn Reichsjustizminister der Justiz auf dem Dienstwege mit Schreiben vom 15. Juni 1942 an:

Gegen Wrobel werde ich in der Hauptverhandlung trotz seines Alters von 16 Jahren z.Zt. der Tat die Todesstrafe beantragen.

Und in den Protokollen über die sogenannten »Vor- und Nachschauen« – das waren regelmäßige Treffen aller höheren Richter und Staatsanwälte eines Gerichtsbezirks, bei denen alle wichtigen Fälle durchgesprochen und in jedem Einzelfall eine Verständigung über Strafmaß, Urteilsbegründung, Begnadigungsvorschlag usw. erfolgte – findet sich der dokumentarische Beleg, daß man sich auch über das Todesurteil gegen Walerjan Wróbel im voraus geeinigt hatte:

...Wrobel: Erster Staatsanwalt Dr. Seidel erwähnt, daß die Staatsanwaltschaft Anweisung habe, aus § 3 Volksschädlingsverordnung anzuklagen, der absolute Todesstrafe vorsehe. Herr Senator und Landgerichtsdirektor Dr. Warneken (der Vorsitzende des für Walerjan Wróbel zuständigen Sondergerichts; H.H.) äußern, daß in diesem Falle keine Bedenken gegen eine Todesstrafe bestünden.

Das war am 26. Juni 1942, also noch bevor ein Verteidiger Gelegenheit gehabt hatte, die Bedenken vorzutragen, die die Herren hätten haben sollen. Und noch bevor sie den jungen Menschen, um den es ging, selbst kennengelernt und sich einen Eindruck verschafft hatten, ob er nach seiner geistigen und sittlichen Entwicklung zur Zeit der Tat überhaupt strafmündig war.

Daß es da Zweifel geben konnte, hat der Pflichtverteidiger in seinem Schriftsatz vom 8. Juli 1942 thematisiert. Und auch einer der sachbearbeitenden Staatsanwälte hatte offenbar ein Sachverständigengutachten zur Frage der geistigen und sittlichen Reife des jugendlichen Angeklagten vermißt, wie sich aus zwei Aktenvermerken ergibt. Die ärztliche Begutachtung beziehe sich lediglich auf den rassischen Typ, womit strafrechtlich nichts gewonnen sei, heißt es in dem einen Vermerk. Er stammt vom 29.10.1941, so daß noch genügend Zeit gewesen wäre, bis zur Hauptverhandlung ein psychiatrisches Gutachten einzuholen. Nichts dergleichen ist geschehen. Man begnügte sich mit der »rassischen Beurteilung« durch den Polizeivertragsarzt, das mit der Feststellung endete: »Wrobel ist von ostischem Typ.« Erst als Walerjan schon zum Tode verurteilt war, begannen die für das Urteil verantwortlichen Richter und Staatsanwälte, sich darüber Gedanken zu machen, daß es »nicht angängig« erscheine, »Todesstrafe an Kindern zu vollstrecken« (so Staatsanwalt Dr. Zorn im Entwurf seiner Gnadenempfehlung; sein Vorgesetzter machte aus »an Kindern«: »an einem Knaben«). Auch die Richter des Sondergerichts befürworteten die gnadenweise Umwandlung der von ihnen verhängten Todesstrafe in verschärftes Straflager von angemessener Dauer und betonten, daß der Verurteilte »den Typ eines jugendlichen Schwerverbrechers« (im Sinne einer Verordnung vom 4.10.1939) »nach seiner ganzen Persönlichkeit offensichtlich nicht darstellt«. Solange sie noch in eigener Zuständigkeit über das Schicksal des Walerjan Wróbel entscheiden konnten, hatten sie nicht den angesichts des kindlichen Erscheinungsbildes des Angeklagten und der Unreife seines Tatmotivs naheliegenden Entschluß gefaßt, sich über die Strafmündigkeit des jungen Polen durch Anhörung eines psychiatrischen Gutachters Gewißheit zu verschaffen oder ihn aus eigener Sachkompetenz freizusprechen.

Es hätte auch noch andere juristische Handhaben gegeben, jedenfalls die Todesstrafe zu vermeiden, deren Vollstreckung man dann später durch Appelle an die Gnadeninstanz vergeblich zu verhindern suchte. »Das Gesetz kennt als Strafe nur die Todesstrafe«, heißt es im Urteil des Sondergerichts. Mit anderen Worten: Wir waschen unsere Hände in Unschuld, denn wir sind an das Gesetz gebunden. Aber wer zwang das Gericht, die berüchtigte »Volksschädlingsverordnung« anzuwenden, wonach Brandstiftung nur dann mit dem Tode bestraft werden sollte, wenn dadurch die »Widerstandskraft des deutschen Volkes« geschädigt wurde und der Täter dies auch subjektiv wollte? Wer zwang das Gericht, dies ins Urteil zu schreiben:

Der Angeklagte hat trotz seiner Jugend und trotzdem er in seiner geistigen Entwicklung etwas zurückgeblieben zu sein scheint, nach der Überzeugung des Gerichts die Einsicht besessen, die Folgen für die Widerstandskraft des deutschen Volkes zu erkennen. Er hat mindestens damit gerechnet. Er hat sie in Kauf genommen, wenngleich er sie nicht anstrebte.

Eine absurde Vorstellung, daß der 16jährige Pole Walerjan Wróbel, als er mit Streichhölzern in der Scheune zündelte, an die Widerstandskraft des deutschen Volkes gedacht haben könnte. Nicht einmal an die Widerstandskraft des polnischen Volkes, die ihm allenfalls wichtig hätte sein können, hat er gedacht. Und darum hätten die Richter, wenn sie sich nicht schon im voraus aller »Bedenken« entledigt hätten, die Anwendung der Volksschädlingsverordnung auch mit der Begründung ablehnen können, daß »Volksschädling« nur einer sein konnte, der dem deutschen »Volk« angehörte. So in der Tat ein Urteil eines anderen Sondergerichts (SG Graudenz, DR 1942, 930). Oder man hätte sich auf das Reichsgericht berufen können, das den Begriff des »Volksschädling« danach definierte, ob seine Tat »nach dem gesunden Volksempfinden besonders verwerflich« sei (RG, *DJ* 1940, 1423). Im Fall Wróbel hätte es nahegelegen, die »besondere Verwerflichkeit« der Tat wegen der Jugend des Täters, seiner kindlichen Motivation (Heimweh) und der Geringfügigkeit des eingetretenen Schadens nach »gesundem Volksempfinden« zu verneinen. Man hätte sogar den faschistischen Eiferer Roland Freisler zitieren können, der in der Volksschädlingsverordnung bestimmte Verbrechertypen in »plastischen Verbrecherbildern« veranschaulicht sehen wollte. In dem (vom

Sondergericht angewandten) § 3 der Verordnung sah er »vor unseren Augen den gemeingefährlichen Saboteur« erscheinen »als verabscheuungswertes Wesen von Fleisch und Blut«. Hier steigere der Gesetzgeber »das Bild des vorsätzlichen Brandstifters und überhaupt gemeingefährlichen Verbrechers durch die Kennzeichnung seiner Handlung als eines Dolchstoßes in den Rücken des kämpfenden Volkes« (*DJ* 1939, 1450f.). Wie sollte das alles auf den armen heimwehkranken Jungen passen, der weder dem Typ des »Terroristen« entsprach (auch ihn erwähnt Freisler in diesem Zusammenhang) noch einen Dolch in den Rücken des kämpfenden Volkes stoßen wollte.

Auch die Anwendung der Polenstrafrechtsverordnung vom 4.12.1941, die Polen und Juden in den »eingegliederten Ostgebieten« einem terroristischen Sonderrecht unterwarf, hätte den Richtern und Staatsanwälten »Bedenken« verursachen sollen. Diese Terrorverordnung war Ende 1941 in Kraft getreten, also erst *nach* der Tat, die Walerjan Wróbel vorgeworfen wurde. Wäre die Sache unverzüglich nach der Tat verhandelt worden, wie es für Sondergerichtsverfahren an sich vorgeschrieben war, hätte Walerjan Wróbel selbst nach Nazi-»Recht« nicht zum Tode verurteilt werden können. Zur Zeit der Tat galt noch die »Verordnung über die Einführung des deutschen Strafrechts in den eingegliederten Ostgebieten« vom 6.6.1940, die das Jugendgerichtsgesetz gegenüber Polen immerhin insoweit für anwendbar erklärte, als es eine Höchststrafbegrenzung für junge Rechtsbrecher vorsah. Erst eine Ausführungsbestimmung vom 4.12.1941 bestimmte, daß die Volksschädlingsverordnung mit Zustimmung der Staatsanwaltschaft auch auf Taten angewendet werden könne, die vor dem Inkrafttreten der Verordnung begangen sind, führte die Todesstrafe also rückwirkend ein. Ein eklatanter Bruch des in Rechtsstaaten geltenden Rückwirkungsverbots, den der NS-Gesetzgeber erstmals 1933 vollzogen hatte, um die angeblichen Reichstagsbrandstifter zum Tode verurteilen zu können. Die nach der Verordnung nötige Zustimmung der Staatsanwaltschaft entnahm das Gericht »ohne weiteres« daraus, daß sie auf Grund der Bestimmungen der VO Anklage erhoben habe. Hätte es nicht nahegelegen, die Staatsanwälte, die später, als es um ihre Stellungnahme zum Gnadengesuch ging, betonten, daß sie es nicht für angängig hielten, ein Todesurteil an einem Kinde bzw. einem Knaben zu vollstrecken, zu fragen, ob sie die Anklage auf dieser rückwirkend in Kraft gesetzten »Rechts«-Grundlage wirklich aufrechterhalten wollten? Stattdessen: »keine Bedenken«. Außerdem blieb die rückwirkende Anwendung der Polenstrafrechtsverordnung selbst dann, wenn der Staatsanwalt sie wünschte, eine Kann-Bestimmung.

Es hätte nach alledem keines richterlichen Heldentums bedurft, um dem jungen Walerjan Wróbel das Todesurteil zu ersparen und sich doch streng an den Buchstaben des damals geltenden »Rechts« zu halten. Aber die Richter wußten, was höheren Orts von ihnen erwartet wurde. Und überließen es der Gnadeninstanz, die Gerechtigkeit walten zu lassen, die sie selbst dem jungen Polen verweigert hatten. Erst im Gnadenverfahren fiel ihnen plötzlich ein, was sich alles zugunsten des von ihnen Verurteilten sagen ließ.

Der Verteidiger hatte in seinem Gnadengesuch vom 20. Juli 1942 geltend gemacht, daß Wróbel auch jetzt noch »einen für sein Alter zurückgebliebenen Eindruck« mache; er sei »minderbegabt« und habe »den sicherlich nicht besonders hohen Anforderungen« der Schule in seinem Heimatort Falkow nicht entsprochen, so daß er sieben Jahre für den fünfjährigen Lehrgang dieser Schule gebraucht habe; es sei glaubhaft, daß er die Tat »nur aus Dummheit getan« habe, obwohl seine Eltern ihn ermahnt hätten, »sich ordentlich zu führen und keine Dummheiten zu machen«; objektiv seien die Folgen der Tat unbedeutend gewesen; die Widerstandskraft des deutschen Volkes sei durch die Tat nicht geschwächt worden; Wróbel habe sicher keine Überlegungen in dieser Richtung angestellt, »da er dazu nicht in der Lage war«.

Der Oberstaatsanwalt als Leiter der Anklagebehörde bei dem Sondergericht Bremen (so die vollständige Bezeichnung der zuständigen Staatsanwaltschaft) gab mit Schreiben vom 21. Juli 1942 dem Reichsjustizminister die »Empfehlung«, »die verhängte Todesstrafe im Gnadenwege in ein langjähriges verschärftes Straflager« umzuwandeln. Nach dem persönlichen Eindruck des Verurteilten in der Hauptverhandlung dürfe davon ausgegangen werden, daß es glaubwürdig sei, wenn er zur Erklärung des Beweggrundes für seine Tat angebe, er habe Heimweh gehabt und geglaubt, man würde ihn nach Hause schicken, wenn das bäuerliche Anwesen, auf dem er beschäftigt war, abgebrannt wäre. Der Oberstaatsanwalt wies darauf hin, daß der Verurteilte bereits am 29. April 1941 von der Polizei festgenommen wurde, in das Untersuchungsgefängnis aber erst am 8. April 1942 eingeliefert worden ist.

Es kann angenommen werden, daß die in der Zwischenzeit seitens der Gestapo angestellten Ermittlungen dieser keinen Anlaß geboten haben, den Fall in eigener Zuständigkeit zu erledigen (das heißt im Klartext: den Jungen kurzerhand selbst umzubringen; H. H.), wie es sonst bei schweren von Polen begangenen Delikten üblich ist.

Hier wurde bereits wie selbstverständlich vorweggenommen, was bald darauf vom Reichsjustizminister selbst angeregte Praxis der »Strafverfolgung« wurde: für Polen, Juden und Zigeuner war nicht mehr die Justiz, sondern die Polizei zuständig.

Der Unterzeichnete ist davon überzeugt, daß die Staatspolizeistelle von einer Überstellung des Verurteilten an die Staatsanwaltschaft abgesehen und die Hinrichtung selbst angeordnet haben würde, wenn sie ihn für todeswürdig gehalten haben würde.

Ein dieser Staatsanwaltschaft würdiges Argument!

Weiter wurde darauf hingewiesen, daß die späte Überstellung Wróbels an das Gericht zur Folge hatte, daß die Polenstrafrechtsverordnung und nicht mehr deutsches Jugendstrafrecht anzuwenden war. Bei früherer Überstellung an die Justiz würde ein Todesurteil nicht ergangen sein.

Und dann geradezu menschliche Töne, die aber leider zu spät kamen:

Der Unterzeichnete hat in einer persönlichen Vernehmung des Verurteilten, die jetzt, also etwa 1 ¼ Jahr nach Begehung der Tat, erfolgt ist, den Eindruck gewonnen, daß es sich bei dem Verurteilten heute noch um einen nicht nur rein äußerlich noch kindlich wirkenden jungen Mann handelt – Wróbel wiegt mit Kleidern 100 Pfund und ist von zartem Körperbau, er weinte bei der Vernehmung –, sondern daß er auch seiner geistigen Reife nach noch als durchaus jungenhaft (im Entwurf stand: kindlich; H. H.) anzusprechen ist.

Der Oberstaatsanwalt weiß sich gegen den Verdacht der Menschlichkeit zu schützen:

Der Unterzeichnete ist sich dessen bewußt, daß auf Todesstrafe lautende Urteile gegen Polen in der Regel schonungslos vollstreckt werden müssen.

Aber nur, um auf dieser Folie ein gutes Wort für den kleinen Walerjan einzulegen, gegen den er das Todesurteil beantragt hatte:

Andererseits hält er es nicht für angängig, ein Todesurteil an einem Knaben (im Entwurf stand: Todesstrafe an Kindern; H. H.) zu vollstrecken.

Auch die Richter, die Walerjan Wróbel zum Tode verurteilt hatten, obwohl sich leicht Gründe für ein anderes Urteil hätten finden lassen, legten sich nun für ihn ins Zeug. Drei Seiten umfaßt die von dem Richter Landwehr formulierte und auch von den Richtern Dr. Warneken und Dr. Heumann unterschriebene Stellungnahme zur Gnadenfrage.

Sie beginnt mit dem Satz:

Der Verurteilte ist Angehöriger des ehemaligen polnischen Staates.

Damit hatten sie schon mal eine Verbeugung vor den von Hitler und Stalin vermeintlich für die Ewigkeit geschaffenen Tatsachen gemacht, die ihrem Anliegen, das von ihnen verkündete Todesurteil dem Gnadenherrn zur Umwandlung in verschärftes Straflager von angemessener Dauer zu empfehlen, nützen mochte.

Sodann wird noch einmal lang und breit begründet, warum das Gericht den Angeklagten »nach der zwingenden Vorschrift des § 3 V. Sch. V. O.« zum Tode verurteilen »mußte«. Das Gericht befürworte jedoch, die Todesstrafe nicht zu vollstrecken. Trotz der seit der Tat inzwischen vergangenen eineinviertel Jahre mache der Verurteilte »auch jetzt noch einen sehr jugendlichen Eindruck«. Es sei nicht hervorgetreten, daß der Verurteilte, wenn er auch in der Arbeit faul und unzuverlässig gewesen sei, eine deutschfeindliche Gesinnung gezeigt und geäußert habe. Daß also die Absicht der Schädigung der Widerstandskraft des deutschen Volkes im gegenwärtigen Kriege die Veranlassung zur Straftat gewesen sei, könne nicht gesagt werden.

Unter all diesen Umständen würde das Gericht, wenn nicht die Todesstrafe rechtlich zwingend vorgeschrieben wäre, nicht auf Todesstrafe, sondern auf verschärftes Straflager erkannt haben.

Wie gesagt: die Todesstrafe war keineswegs »rechtlich zwingend«, aber sie wies die Richter als willige Vollstrecker des Führerwillens aus. Wenn der junge Pole am Leben bleiben sollte, dann wollte man das der Verantwortung des Gnadenherrn überlassen. Die Richter wußten, wer dieses Amt damals ausübte: Roland Freisler, damals Staatssekretär im Reichsjustizministerium, später Präsident des Volksgerichtshofs, ein amtlicher Massenmörder, der schlimme Haßtiraden gegen Polen, Juden und andere »Fremdvölkische« in juristischen Fachzeitschriften veröffentlicht hatte. Ausgerechnet bei ihm eine menschliche Regung für Walerjan Wróbel zu erwarten, war unrealistisch und konnte nur der heuchlerischen Entlastung des eigenen Gewissens dienen, zumal man einschlägige Erfahrungen hatte. Dr. Warneken, der Vorsitzende des Sondergerichts, hat nach dem Krieg, ohne jedes Schuldbewußtsein, einen apologetischen Bericht geschrieben, in dem zu lesen ist:

In verschiedenen Fällen, in denen das Sondergericht nach dem festgestellten Sachverhalt und der Gesetzeslage an der Verhängung der Todesstrafe nicht vorüberkommen konnte, hat es aus menschlichen Erwägungen und aus Milderungsgründen, die in der Person des Angeklagten zu finden waren, gleichzeitig mit dem Erlaß des Urteils einen Gnadenerweis befürwortet. Solche Befürwortungen sind dem Gericht von vorgesetzten Dienststellen (gemeint offenbar: der Reichsjustizminister als Gnadeninstanz; H. H.) wiederholt als »unlogisch« angekreidet worden; hierbei wurde es als »unverständlich« erklärt, daß das Gericht einerseits die schwerste Strafe aussprach, andererseits gleichzeitig einen Gnadenerweis empfahl.

Hätten die Richter aus dieser nicht ganz abwegigen Argumentation der Gnadeninstanz nicht lernen müssen, daß es auf ihr eigenes Rückgrat ankam? Daß nicht Herr Freisler, sondern sie dafür die Verantwortung trugen, daß wirklich alle »menschlichen Erwägungen« und »Milderungsgründe, die in der Person des Angeklagten zu finden waren«, bei der Urteilsfindung berücksichtigt wurden? Die für das NS-»Recht« typischen generalklauselartigen Tatbestandsmerkmale und Auslegungsformeln boten für Richter, die guten Willens und ohne Angst vor Karrierenachteilen waren, mancherlei Handhabe, jedenfalls Todesurteile zu vermeiden. Aber an dieser Haltung fehlte es den Bremer Sonderrichtern.

Christoph Schminck-Gustavus schreibt:

Die brutalen Terror-Urteile der Sondergerichte sind auf ihre Weise auch ein Ausdruck von Angst. Angst nicht nur vor dem drohenden Zusammenbruch des »Dritten Reichs«, sondern auch Angst der Richter um ihre eigene und höchstpersönliche Zukunft. Zur gleichen Zeit, in der das Urteil gegen Walerjan gefällt wurde, war nämlich gerüchteweise von Plänen der Nazi-Führung zu hören, die Strafjustiz insgesamt abzuschaffen. Solche Gerüchte werden ihren Einfluß auf ängstliche Gemüter ebensowenig verfehlt haben, wie die gerade unter Juristen weit verbreitete Sorge »aufzufallen« oder »anzuecken«. Die Versetzung wegen »Unzuverlässigkeit« oder wegen mangelnder »Schärfe beim Durchgreifen« hätte für den einzelnen Richter dann auch das Ende der sog. »uk-Stellung«, also der Unabkömmlichkeit, bedeuten können und damit Einberufung zur Wehrmacht, vielleicht sogar Fronteinsatz. Die Angst um den Posten wird manchen zu Dingen fähig gemacht haben, die ihm vor dem Krieg vielleicht noch undenkbar und als Alptraum erschienen wären.

Die von Freisler unterschriebene Entscheidung über das Gnadengesuch lautete kurz und bündig:

In der Strafsache gegen den vom Sondergericht in Bremen am 8. Juli 1942 als Volksschädling wegen Brandstiftung zum Tode verurteilten Walerjan Wróbel habe ich mit Ermächtigung des Führers beschlossen, von dem Begnadigungsrecht keinen Gebrauch zu machen, sondern der Gerechtigkeit freien Lauf zu lassen.

Berlin, den 15. August 1942
Der Reichsminister der Justiz
In Vertretung
gez. Dr. Freisler

In den Akten der Staatsanwaltschaft Bremen – und zwar im sog. Vollstreckungsheft – findet sich eine fünfseitige von Staatsanwalt Albrecht unterschriebene Verfügung, was nunmehr zu geschehen hatte.

Ziffer 1 wiederholt die Freisler-Entscheidung. Ziffer 2 setzt die »Eröffnung« des ablehnenden Gnadenbescheids an den Verurteilten auf »Montag, den 24. August ds. Js., 19 Uhr, Untersuchungshaftanstalt Hamburg-Stadt« fest. Ziffer 3:

Termin zur Hinrichtung des Verurteilten wird angesetzt auf Dienstag, den 25. August ds. Js., 6 Uhr, Untersuchungshaftanstalt Hamburg-Stadt.

Ziffern 4 bis 6 betreffen den Transport des Verurteilten nach Hamburg. Ziffer 7 verfügt ein Schreiben an den Direktor des Anatomischen Instituts der Universität Hamburg, in dem mitgeteilt wird, der Reichsminister der Justiz habe angeordnet, daß bei Überlassung des Leichnams des am 25. August 1942 hinzurichtenden Walerjan Wróbel das Anatomische Institut der Universität in Hamburg zu berücksichtigen sei.

Sofern Sie die Herausgabe des Leichnams wünschen, kann er einem Beauftragten ausgehändigt werden.

Ziffer 8 verfügt ein Schreiben an den Herrn Generalstaatsanwalt bei dem Hanseatischen Oberlandesgericht in Hamburg, in dem mitgeteilt wird, daß die Vornahme der Hinrichtung dem Scharfrichter Hehr/Hannover übertragen sei, der sich am Montagabend bei dem Vertreter des Oberstaatsanwalts in Hamburg melden werde.

Ziffern 9 bis 13 betreffen Mitteilungen an den Oberstaatsanwalt und die Untersuchungshaftanstalt in Hamburg, den Verteidiger, den Landgerichtspräsidenten in Bremen und den Präsidenten des Hanseatischen Oberlandesgerichts in Hamburg.

Alles mit offenbar oft geübter Routine. Die Gerechtigkeit konnte ihren Lauf nehmen.

Über die Eröffnung, daß das Gnadengesuch abgelehnt sei und das Urteil am folgenden Morgen vollstreckt werden solle, gibt es ein Protokoll, das den Zeitpunkt dieser Mitteilung (24.8.1942, 19.15 Uhr) und die dabei Anwesenden nennt (Verwaltungsoberinspektor Plett als Gefängnisbeamter, Reg. Med. Rat Dr. Dr. Meywerk als Anstaltsarzt, Dozent Bargholst als Dolmetscher der poln. Sprache, Rechtsanwalt Dr. Bechtel als Verteidiger und Justizinspektor Bumann als Protokollführer) und sodann Aufzeichnungen über Walerjans letzte Stunden enthält, die man nicht ohne Erschütterung lesen kann:

Wróbel nahm das Urteil ruhig entgegen und fragte, ob er seine Tat nicht auf andere Weise büßen könne, sonst käme er ja nie wieder zu seinen Eltern zurück. Es wurde ihm gesagt, daß sich an der Vollstreckung nichts mehr ändern ließe. Auch bat er, den Pfarrer sprechen zu dürfen. Danach ließ er sich ruhig in die Sonderzelle abführen.

Hier angelangt blieb er weiterhin ruhig. Er erzählte seinen Wachbeamten, daß er die Tat nur begangen habe, weil er annahm, daß, wenn das Gehöft abgebrannt sei, er wieder nach Polen zu seinen Eltern zurückkäme. Er bat, ein Bild von sich zu bekommen, um es seinen Eltern senden zu können, da er jetzt 1½ Jahre von Polen fort sei und seine Eltern inzwischen nicht gesehen habe. Ganz offenbar hatte er starkes Heimweh, und seine Wachbeamten hatten den Eindruck, daß er seine Tat wohl auch nur in der Vorstellung begangen habe, dadurch zu seinen Eltern zurückzukommen. Er äußerte, mit dem Todesurteil habe er nie gerechnet, da er doch bemüht gewesen sei, das Feuer selbst wieder zu löschen. Er meinte, wenn er vielleicht sterben müßte im Alter von 40 Jahren, so wäre das ja nicht so schlimm, aber schon so jung sterben zu müssen, sei doch sehr hart, und er habe doch noch nichts vom Leben gehabt. Sein Benehmen und seine Äußerungen machten einen sehr kindlichen Eindruck. Trotzdem blieb er ganz ruhig und war der festen Überzeugung, daß Gott ihn gnädig aufnehmen würde. Diese Zuversicht ließ ein Angstgefühl bei ihm überhaupt nicht aufkommen. Gegen 22 Uhr erhielt er zu essen. Er aß mit gutem Appetit 2 große Schüsseln voll (3½ l) Gemüsesuppe mit Rindfleisch und verrauchte im Laufe der Nacht 25 Zigaretten. Später verzehrte er noch 4 Scheiben Brot mit Butter bestrichen.

Er schrieb einen Brief an seine Eltern. Der katholische Anstaltsgeistliche, Pfarrer Behnen, schenkte Wróbel mehrere Heiligenbilder, die dieser, nachdem er sie mit seinem Namen versehen hatte, dem Pfarrer zurückgab mit der Bitte, sie an seine Eltern zu senden. Sein ganzes Verhalten verriet immer wieder sehr starkes Heimweh. Um 4 Uhr erhielt er die Kommunion. Auch im weiteren Verlauf der Nacht blieb er gleichmäßig ruhig, nur als er zu seinem letzten Gang fertig gemacht wurde, wurde er etwas aufgeregt. Als Pfarrer Behnen ihm jedoch zuredete: »Ich gehe ja mit«, wurde er wieder ruhiger, so daß er den Weg zur Richtstätte ziemlich festen Schrittes zurücklegen konnte.

An der Richtstätte angelangt, wurde er nach nochmaliger Eröffnung des Urteils dem Scharfrichter übergeben und 5 Sekunden später fiel sein Kopf.

Über diesen letzten Akt des Justizmordes gibt es noch ein weiteres Protokoll, das mit deutscher Gründlichkeit die Sekunden der Henkertätigkeit anders gezählt hat:

Der Scharfrichter Hehr, dem der schriftliche Vollstreckungsauftrag übergeben worden war, meldete, daß das Hinrichtungsgerät in Ordnung sei.

Der Verurteilte Walerjan Wrobel wurde um 6.15 Uhr im Hinrichtungsraum vorgeführt.

Der Staatsanwalt Peters verlas den entscheidenden Teil des gegen Wrobel ergangenen Urteils des Sondergerichts in Bremen vom 8. Juli 1942 und gab die Entschließung des Reichsministers der Justiz, daß er von dem Begnadigungsrecht keinen Gebrauch gemacht habe, bekannt. Der Dolmetscher Bargholst übersetzte das Vorgetragene in die polnische Sprache.

Sodann beauftragte der Staatsanwalt Peters um 6 Uhr 15 Minuten 22 Sekunden den Scharfrichter, das Urteil zu vollziehen. Nach 11 Sekunden meldete der Scharfrichter, daß das Urteil vollstreckt sei.

Der anwesende Regierungsmedizinalrat Dr. Dr. Meywerk trug auf der Todesbescheinigung in der vorgedruckten Rubrik »Wahrscheinliche Todesursache« ein: »Enthauptung« und bescheinigte, daß er die Leiche gesehen und untersucht habe.

Laut Verfügung des Oberstaatsanwalts bei dem Landgericht Hamburg wurden Telegramme über die vollzogene Vollstrekkung abgesandt an a) Reichsminister der Justiz, b) Oberstaatsanwalt in Bremen. Der Oberstaatsanwalt bei dem Landgericht Bremen meldete dem Reichsminister der Justiz darüber hinaus durch eingeschriebenen Brief:

Die hiesige Presse brachte am 26. d. Mts. die Mitteilung von der Vollstreckung. Die öffentliche Bekanntmachung an den Anschlagsäulen erfolgt ab morgen.

Auch der entsprechende Auftrag an die Deutsche Städte-Reklame GmbH und ein Muster des roten Plakats, das die Hinrichtung bekanntmachte, finden sich in den Akten.

Die Juristen hatten ihre »Pflicht« getan.

Als Christoph Schminck-Gustavus Mitte der achtziger Jahre den Fall Walerjan Wróbel ausgrub und mir sein Buch darüber zu lesen gab, war keiner der an diesem Todesurteil beteiligten Richter mehr am Leben. Das erleichterte die Aufgabe, das Verfahren neu aufzurollen. Denn wie schwer sich Richter tun, über noch lebende oder gar noch in Amt und Würden befindliche Richterkollegen den Stab zu brechen, das hatte ich in anderen Sachen hinreichend erfahren.

Nachdem feststand, daß Walerjans Schwester und sein Neuengammer Leidensgefährte nach Bremen kommen und feierliche Empfänge stattfinden würden, war ich noch voller Skepsis, was in dieser Sache an Taten zu erhoffen war.

Aber die Justiz war besser, als ich gedacht hatte. Allerdings auch die Gesetzeslage. Ich brauchte das Wiedergutmachungsbedürfnis der Justiz nicht, wie ich ursprünglich vorhatte, im Wege eines Wiederaufnahmeverfahrens auf die Probe zu stellen, bei dem ich Walerjans Schwester als »neues Beweismittel« zum geistigen Entwicklungsgrad ihres Bruders benennen wollte, sondern fand ein Gesetz aus dem Jahre 1947, das Bremer Gesetz zur Wiedergutmachung nationalsozialistischen Unrechts in der Strafrechtspflege, auf das ich den Antrag stützen konnte.

Mit Beschluß vom 26. November 1987 gab die Jugendkammer II des Landgerichts Bremen unter Mitwirkung der Richter Kratsch, Schmacke und Lang meinem Antrag statt, hob das Urteil des Sondergerichts vom 8. Juli 1942 auf und fand zur Begründung ungewöhnlich deutliche Worte der Kritik an den Richterkollegen von einst. Es handle sich um einen typischen Fall nationalsozialistischer Gesetzesanwendung. Die Anwendung der Volksschädlingsverordnung sei selbst bei damaliger Betrachtungsweise nicht zwingend gewesen und zeuge von »besonders radikaler und im Sinne des Regimes extrem linientreuer Gesetzesanwendung«. Die Argumentation des Sondergerichts sei »offensichtlich von der Absicht getragen, hier ohne Rücksicht auf die Person des jugendlichen Angeklagten die Todesstrafe zu verhängen, um ein Exempel zu statuieren und auf diese Art und Weise das nationalsozialistische Regime zu stärken«. Das Urteil des Sondergerichts enthalte »typisch rassistisches und nationalsozialistisches Gedankengut«. Es habe dem gerade erst 16 Jahre alt gewordenen Angeklagten mit der Begründung, er sei schließlich Pole, den Schutz des für deutsche Jugendliche geltenden Rechts versagt, das die Todesstrafe ausgeschlossen hätte. Das sei für alle an diesem Verfahren Beteiligten erkennbares Unrecht gewesen, über welches sich das Sondergericht unter Berufung auf eine völkerrechtswidrige Verordnung mit nationalsozialistischer Willkür hinweggesetzt habe. Auch die nach der Verordnung zugelassene rückwirkende Anwendung sei mit den Grundsätzen zivilisierten Rechts auch zur damaligen Zeit nicht in Einklang zu bringen. Die damals tätig gewordenen Richter und Staatsanwälte seien sich der Unhaltbarkeit ihrer Entscheidung voll bewußt gewesen. Das ergebe sich aus ihren Stellungnahmen im Gnadenverfahren. Die dort vorgetragenen Gründe für eine Begnadigung seien zweifellos bereits in der Hauptverhandlung ersichtlich gewesen und hätten allen Anlaß geboten, von der Anwendung der Volksschädlingsverordnung abzusehen und das Leben des Angeklagten auf diese Weise zu retten. Die Richter hätten rücksichtslos nationalsozialistische Interessen vertreten.

Die Richter, die Walerjan Wróbel zum Tode verurteilt haben, waren lange genug tot, daß man solche Wahrheiten über sie sagen konnte. Solange sie lebten, durften sie in allen Ehren ihre wohlverdienten Pensionen kassieren oder gar weiter judizieren. Einen von ihnen, Dr. Heumann, habe ich als junger Referendar noch kennengelernt, er amtierte als Vorsitzender einer Zivilkammer des Bremer Landgerichts. Sein Entnazifizierungsverfahren – es endete mit einem Sühnebescheid, der ihm eine Geldbuße in Höhe etwa eines Monatsgehalts auferlegte – war nur ein lästiger Formalismus. Anmaßend schrieb er an die Spruchkammer:

Zu meiner Ladung auf den 24.3.1947, 10 Uhr, bitte ich, wenn es möglich ist, mich pünktlich zu hören, da ich auf 10.30 Uhr, 10.45 Uhr und 11.15 Uhr Gerichtstermine angesetzt habe.

Mitte der sechziger Jahre wurden anläßlich seines 80. Geburtstags die Verdienste dieses Richters vom Senat der Freien Hansestadt gewürdigt, die Tagespresse berichtete über die Ehrung. Die Erwähnung des Bremer Sondergerichts wurde dabei taktvoll vermieden.

Auch über die Sünden der beteiligten Staatsanwälte war schnell Gras gewachsen. Einer von ihnen, Herr Albrecht, unterschrieb als Oberstaatsanwalt die Anklagen gegen Kommunisten, darunter auch gegen solche, die schon unter Hitler Opfer der politischen Justiz waren. Ein anderer, Herr Dr. Zander – er war als Vorsitzender Richter einer Kammer für Handelssachen einer meiner Ausbilder in der Referendarzeit –, wurde, von der CDU nominiert, sogar Justizsenator der Freien Hansestadt. Der damalige Staatsanwalt Dr. Zorn, der in der Sitzung des Sondergerichts vom 8. Juli 1942 die Anklage vertreten und den Antrag auf Todesstrafe gestellt hatte, wurde nach dem Krieg in Hamburg als Rechtsanwalt zugelassen. Er war der einzige Justizmörder, den Christoph Schminck-Gustavus bei seiner Spurensuche noch lebend antraf. Als der lästige Fragensteller an seiner Haustür auftauchte und fragte, ob er sich an

Walerjan Wróbel erinnere – eine Erinnerung, die zuvor schon brieflich aufgefrischt worden war –, bekam er zur Antwort: »Ich habe heute ganz andere Interessen. Ganz andere.«

Wie die Richter des Bremer Sondergerichts, die immerhin 49 Todesurteile zu verantworten hatten, ihre Tätigkeit nachträglich sahen, ist dem Selbstlob zu entnehmen, das der Vorsitzende dieses Gerichts, Landgerichtsdirektor Dr. Warneken, Anfang der sechziger Jahre zu einem von Hermann Weinkauff, dem ersten Präsidenten des Bundesgerichtshofs, betreuten Projekt »Die deutsche Justiz unter dem Nationalsozialismus« beisteuerte:

(Das Sondergericht) ist in der ganzen Zeit seiner Tätigkeit bemüht gewesen, seine Rechtsprechung so zu gestalten, daß sie einerseits mit unserer beschworenen Richterpflicht, andererseits mit unserem menschlichen Gewissen im Einklang stand.

Warneken hatte die Stirn, sich darauf zu berufen,

daß nach dem Zusammenbruch oder später kein einziger der vom Sondergericht Bremen Verurteilten oder – soweit Todesurteile ausgesprochen und vollstreckt waren – ihrer Angehörigen jemals eine Beschwerde über angeblich ungerechtfertigt schwere Strafen erhoben hat, ein Beweis dafür, daß auch die von den Urteilen in erster Linie Betroffenen die ausgesprochenen Strafen als den jeweiligen Straftaten angemessen, jedenfalls nicht als ungerechtfertigt zu schwer empfunden haben.

Die Angehörigen des Walerjan Wróbel haben erst über 40 Jahre nach dem Urteil erfahren, weswegen der Junge zum Tode verurteilt worden ist. Seine Eltern haben es nie erfahren. Von ihnen hatten die Bremer Sonderrichter »Beschwerden« nicht zu erwarten. Alles, was sie über sein Schicksal wußten, mußten die Angehörigen den Briefen entnehmen, die von ihm aus Deutschland gekommen waren. Walerjans Schwester, Frau Woźniak, hat Christoph Schminck-Gustavus darüber berichtet:

Die Briefe waren sehr bekannt im Dorf. Viele sind gekommen, und sie lasen die Briefe, und sie weinten. Auch der Priester hat sie gelesen. Am meisten erschütternd war sein letzter Brief gewesen, der allerletzte. Auch diesen allerletzten hat der Vater verbrannt. In dem

Brief hat er sich von jedem von uns, von jedem einzeln, verabschiedet. Und er hat uns gewünscht, daß uns das Glück doch anlächeln möge. Und daß er beten wird, daß sein kleiner Bruder und Schwesterchen doch glücklich werden – wie ihm nicht gegeben wurde. Das war ein sehr schrecklicher Brief. Es gab keinen Menschen, der nicht geweint hat beim Lesen. So sehr wollte er mit uns sein und uns helfen, daß wir nicht in einer solchen Armut leben.

Unser Haus war doch abgebrannt, gleich am Anfang vom Krieg. Wir wohnten in einer Scheune, einer Lehmhütte. An diesen letzten Brief erinnere ich mich am meisten, denn da hat er auch den Tag und die Stunde seiner Hinrichtung geschrieben: daß er früh am nächsten Morgen um 6 Uhr, daß er dann nicht mehr wird bei uns sein. Das Papier war voll von Tränen. Er hat aber nicht geschrieben, wie er sterben wird. Nach diesem Brief ist die Mutter herzkrank geworden. Sie ist jede Nacht zum Friedhof gegangen. So lange, bis der Pfarrer sich gekümmert und gesagt hat, daß es so nicht weitergehen kann.

Auch der Pfarrer, der ihn gebeichtet hatte vor der Hinrichtung, hat zwei Briefe geschrieben, wie leid ihm das Kind getan hat. Und daß der Walerjan ihn immer gebeten und gesagt hat, daß er doch alles wieder gutmachen will – nur, daß sie ihn doch möchten zurückschicken zu den Eltern. Das hat er gebeten.

Im letzten Brief hat er auch die Heiligenbilder geschickt: Für Mutter und Vater die Heilige Familie – Maria und Josef und das Kind. Darauf hat er geschrieben, sie sollen nicht verzweifeln, daß ihm das Schicksal den Tod gegeben hat. Und daß er wird beten für die Eltern, und daß auch sie sollen beten für ihn. Was er meinem Bruder geschrieben hat, das erinnere ich schon nicht. Ich hatte einen kleinen Engel auf meinem Bild, und der Engel hütete ein Kind. Der Pfarrer hatte ihm die Bilder gegeben.

Christoph Schminck-Gustavus hat das Gespräch mit Frau Woźniak beschrieben, in dem sie erfuhr, daß ihr Bruder mit dem Fallbeil getötet worden ist:

Sie zuckt zusammen, geht aus der Tür. Schmerzenslaute. Nach einer langen stummen Weile kommt sie zurück, entschuldigt sich und bittet mich noch einmal um die Abschiedsbriefe. Sie liest sie laut vor. Satz für Satz. Sie weint beim Lesen. Dann wendet sie sich wieder zu mir und bittet Irek (den Dolmetscher), mir die Briefe Wort um Wort, Satz um Satz zu übersetzen.

Der eine Brief ist, wie sein Inhalt ergibt, vor der Hauptverhandlung geschrieben, und ließ noch Hoffnung (Übersetzung aus dem Polnischen):

Brief ist ohne Datum, denn er ist im Versteck geschrieben.

Liebe Mamusiu (Mutti)
und
tatusiu (Papi).

Ich schreibe die letzten Worte. Worte an Euch, daß ich nie wiederkomme nach Hause, denn es ist mir etwas Schweres geschehen. Aber ich bitte doch Gott, den Allmächtigen, darum, daß er mir hilft in der letzten Weile, daß ich zur Beichte gehen kann und zur Heiligen Kommunion. Aber wenn ich weiterleben werde, dann schreibe ich Euch schnell einen Brief, liebe Eltern, damit Ihr um mich keinen Kummer habt. Ich werde noch ein Verfahren haben. Und was mir der Richter zuteilt, ob ich lange sitzen werde im Gefängnis oder ob es sein wird der Tod, das weiß ich noch nicht. Noch einmal bitte ich Euch, daß Ihr Euch keinen Kummer um mich macht, denn der Brief ist vor dem Verfahren abgegeben. Wenn ich nicht länger leben sollte, dann bitte ich nur um eine Heilige Messe. Ich verabschiede mich von Euch, liebe Eltern, in der letzten Weile, damit Ihr solltet möglichst lange leben. Und bittet Gott, dann hilft er Euch, gesund zu bleiben. Die letzten Worte schreibe ich mit Heiliger Hand.

Gute Nacht, liebe Mamma, Papa, Bruder und Schwesterchen.

Der zweite erhaltengebliebene Brief ist am Tage nach dem Urteil geschrieben. Eine Zeichnung: ein Pferdekopf mit Zügel und geflochtenem Zaumzeug. Und darunter nur (auf polnisch):

Bremen, den 9. VII. 1942

Bremen
Liebe, Mami.
und
Lieber, Papi.
Bruder, und, Schwesterchen.
Letzte Worte.
Walerjan Wróbel

Beide Briefe sind wahrscheinlich von dem Pfarrer aus dem Gefängnis geschmuggelt worden. Sie tragen keine Kontrollvermerke.

Walerjan schrieb diesen Abschiedsbrief am Tag nach dem Urteil. Er wurde aus dem Gefängnis geschmuggelt:
Bremen, den 9. VII. 1942
Bremen
Liebe, Mami.
und
Lieber, Papi.
Bruder, und, Schwesterchen.
Letzte Worte.
Walerjan Wróbel.

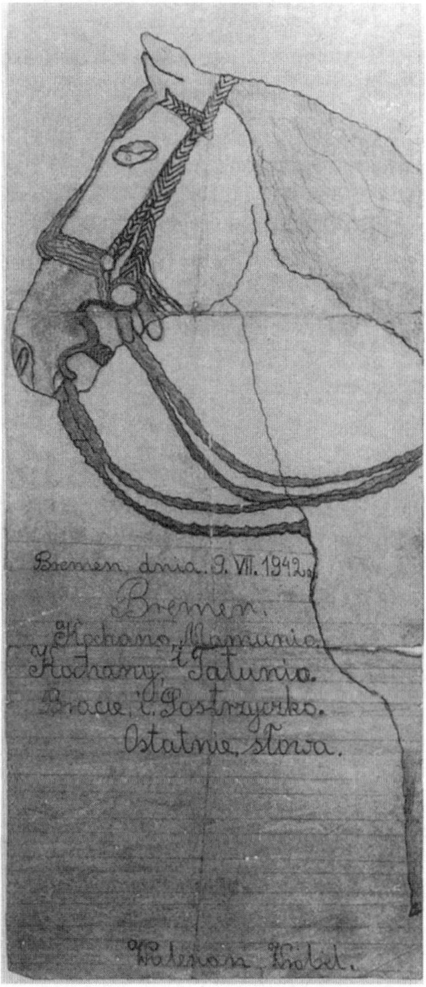

Walerjan hat sicher nicht geahnt, daß noch mehr als 50 Jahre nach seinem Tode Menschen beim Lesen seiner Briefe weinen würden. Sowohl in Polen als auch in Deutschland und in Italien (wo eine Übersetzung des Buches von Schminck-Gustavus erschienen ist). Wir nehmen an dem Schicksal dieses jungen Menschen Anteil, weil sich einer die Mühe gemacht hat, den Spuren seines Lebens und Sterbens nachzugehen und sie zu dokumentieren. Und weil Akten gefunden worden sind, in denen über die Geschichte seiner Tötung penibel Buch geführt ist.

Aber wie viele von staatlich beauftragten Mördern, Soldaten, Juristen und Polizisten – was mitunter alles ein und dasselbe ist – verkürzte Menschenleben hat es gegeben, von denen niemand mehr etwas weiß, viele, um die nie jemand geweint hat, weil ganze Familien und Dörfer ausgerottet worden sind, ohne daß über die Toten Akten angelegt waren. Da gibt es eine durch die Massenhaftigkeit des Unrechts bedingte Unfähigkeit zu trauern.

Alfreda Woźniak und Michal Piotrowski sind, so hoffe ich, mit dem Bewußtsein nach Polen zurückgekehrt, daß es heute in Deutschland Menschen gibt, die mit Trauer, Zorn und Veränderungswillen reagieren auf das, was in der Zeit kollektiver Rechtsblindheit gerade auch von deutschen Juristen an Unrecht getan worden ist. Und so sehr wir, die wir sie als Gäste in Bremen begrüßen und ihnen unsere Freundschaft zeigen durften, uns darüber gefreut haben, daß wir ihnen die juristische Rehabilitierung ihres Walerjan mitteilen konnten, so sehr haben wir uns geschämt, ihnen sagen zu müssen, daß die reiche Bundesrepublik Deutschland, die Geld für neue Kampfflugzeuge und andere militärische Mordwerkzeuge verpulvert, kein Geld für die Entschädigung der im Krieg nach Deutschland verpflichteten Zwangsarbeiter und die Opfer der nazistischen Blutjustiz hat. Während die Richter und Staatsanwälte des Hitler-Reichs fast ausnahmslos in der Justiz der Bundesrepublik weiter judizieren und ihre trotz »Staatsnähe« ungekürzten Gehälter und Pensionen verzehren durften – die Rente der Witwe Freisler ist bekanntlich sogar aufgebessert worden, weil nicht ganz unrealistisch unterstellt wurde, daß ihr Mann, wenn er nicht kurz vor Kriegsende bei einem Bombenangriff umgekommen wäre, in der Bundesrepublik Karriere gemacht hätte –, hat die Familie des hingerichteten jungen Polen keinen Pfennig Entschädigung erhalten. Die Todesurteile des Terrorstaats blieben auch für seinen Rechtsnachfolger die billigste Form gesetzlichen Unrechts.

16. Die NS-»Euthanasie« und die unschuldigen Juristen. Der Fall Dr. Kramer gegen Dr. Jung (1989)

Dr. Helmut Kramer, Richter am Oberlandesgericht Braunschweig, hat sich mit seinen kritischen Veröffentlichungen zur Nazijustiz und zu den Nachkriegskarrieren von Nazijuristen bei seinen Berufskollegen wenig Freunde gemacht. Am folgenreichsten war sein in der Zeitschrift *Kritische Justiz* (1984, S. 25) veröffentlichter Artikel »Oberlandesgerichtspräsidenten und Generalstaatsanwälte als Gehilfen der NS-›Euthanasie‹«, durch den ein Herr Dr. Ernst Friedrich Franz Jung, Botschafter der Bundesrepublik Deutschland in Budapest, die Ehre seines Vaters, Dr. Friedrich Walter Jung, verletzt sah, der von 1933 bis 1943 Generalstaatsanwalt beim Kammergericht in Berlin und danach bis 1945 Oberlandesgerichtspräsident in Breslau gewesen war. Der hessische Generalstaatsanwalt Dr. Fritz Bauer hatte 1965 ein Ermittlungsverfahren wegen Beihilfe zum Mord gegen führende Juristen des Nazistaats – darunter Dr. Jung senior – eingeleitet, das nach Bauers Tod eine stillschweigende, von Kramer kritisch beleuchtete Erledigung gefunden hatte. Und nun sorgte der Konflikt zwischen Dr. Jung junior und dem von mir anwaltlich als Nebenkläger vertretenen Richter Dr. Helmut Kramer dafür, daß sich bundesdeutsche Richter noch einmal mit dem angepaßten Verhalten ihrer Kollegen im Unrechtsstaat befassen mußten. Es ging um folgendes:

Am 23. und 24. April 1941 fand in Berlin im »Haus der Flieger«, dem ehemaligen preußischen Landtagsgebäude, eine Konferenz statt, zu der das Reichsjustizministerium das gesamte Führungskorps der Justiz geladen hatte. Zu den ungefähr 90 bis 100 Teilnehmern gehörten alle 34 Oberlandesgerichtspräsidenten des Großdeutschen Reiches, die 34 Generalstaatsanwälte (oder ihre Vertreter im Amt), außerdem der damalige Staatssekretär und spätere Präsident des Volksgerichtshofs Dr. Roland Freisler, der Präsident des Reichsgerichts Dr. Erwin Bumke, der Präsident des Volksgerichtshofs

Gehorsame Juristen im Nazistaat.
Nach dieser Feierstunde im Berliner Kriminalgericht am 1. Oktober 1936 mußten die Richter an ihren Roben das NS-Hoheitszeichen tragen.

Dr. Otto Thierack, die beiden Oberreichsanwälte (beim Reichsgericht und beim Volksgerichtshof) und zahlreiche Beamte des Reichsjustizministeriums. Diesem erlauchten Publikum trugen der Staatssekretär Dr. Franz Schlegelberger und zwei von diesem eingeführte Referenten, der »Oberdienstleiter« Viktor Brack und der Psychiater Professor Dr. Werner Heyde vor, daß der Führer Adolf Hitler beschlossen habe, »lebensunwertes Leben« zu vernichten, und weihten sie in das bereits seit Januar 1940 laufende Programm zur massenhaften Tötung von geistig behinderten Menschen ein, die in bestimmten Anstalten durch Gas oder Giftinjektionen umgebracht wurden. Die Justiz war zunächst nicht informiert worden, so daß es zu Irritationen gekommen war – Vormundschaftsrichter erkundigten sich nach dem Verbleib geisteskranker Mündel, Richter und Staatsanwälte wurden mit Strafanzeigen der Angehörigen ermordeter Geisteskranker konfrontiert und wußten nicht, wie sie damit umgehen sollten, usw. Diesem Mißstand sollte die Einberufung der Justizprominenz abhelfen. Die Herrschaften wurden angewiesen, alle Eingaben und Strafanzeigen unbearbeitet dem Reichsjustizministerium vorzulegen.

In Kramers Aufsatz hieß es:

Widerspruchslos hörten sich die Konferenzteilnehmer die Ausführungen an. Keiner äußerte grundsätzliche Kritik, wenige stellten Fragen. Die meisten blieben stumm, auch als Schlegelberger anschließend erklärte, nachdem »ein rechtlich geltender Erlaß des Führers für diese Maßnahmen vorliege, könnte Bedenken gegen die Durchführung der Euthanasie nicht mehr gegeben sein«. Nur ein Teilnehmer machte Ausführungen zu der Notwendigkeit einer gesetzlichen Regelung. Schweigend nahmen die Teilnehmer auch das abschließende Ansinnen hin, die »Aktion T 4« (so die Tarnbezeichnung; H. H.) vor jedweder Störung durch Richter oder Staatsanwälte abzublocken ... Strafanzeigen gegen an der Mordaktion Beteiligte, hilfesuchende Eingaben von Todeskandidaten oder ihrer Angehörigen, überhaupt alles, was die reibungslose Durchführung des geplanten Massenmords hätte behindern können, sollte unter den Teppich gekehrt werden ...

Kramer berichtete weiter über den von Fritz Bauer am 22.4.1965 beim Untersuchungsrichter des Landgerichts Limburg gestellten Antrag auf Voruntersuchung – ein damals in Schwurgerichtssachen obligatorisches Vorverfahren. Der Antrag richtete sich gegen insgesamt 20 noch lebende Teilnehmer der Juristenversammlung vom April 1941 und beschuldigte sie, durch ihr Schweigen Beihilfe zum Mord geleistet zu haben. Die in Berlin versammelten Juristen konnten sich, da es für den Anstaltsmord kein Gesetz gab, nicht darauf berufen, sie hätten die Gesetze des Unrechtsstaats für bindend gehalten und deshalb keine Rechtsbeugung begangen. Mit dieser Zauberformel, dem sogenannten »Richterprivileg«, sind die furchtbaren Juristen des NS-Staats von ihren bundesdeutschen Kollegen freigesprochen worden; und zwar bis hinauf zu den Blutjuristen des Freislerschen Volksgerichtshofs. Die im Haus der Flieger versammelten Juristen aber wurden, wenn sie zu dem ihnen eröffneten Mordprogramm schwiegen und dessen Durchführung ermöglichten, nicht in richterlicher Funktion, sondern als Verwaltungsjuristen tätig. Und dafür gab es kein »Richterprivileg«. Um sie einer Bestrafung als Mordgehilfen zu entziehen, mußten neue Gründe erfunden werden.

Das von Fritz Bauer initiierte Verfahren begann, wie es bei Kramer heißt, mit einem Sabotageversuch des Limburger Untersuchungsrichters, der erst von der Strafkammer angewiesen werden mußte, die Voruntersuchung zu eröffnen. Inzwischen waren 21 Monate seit dem Eingang der Anschuldigungsschrift vergangen und weitere Angeschuldigte verstorben oder verhandlungsunfähig geworden. Die restlichen elf Angeschuldigten wurden vernommen und bestätigten den Sachverhalt. Dennoch kam es nicht zu einer Anklageerhebung, da Fritz Bauer am 30. Juni 1968 unerwartet verstarb. Kramer:

Alsbald nach seinem Tod müssen Überlegungen eingesetzt haben, wie man das Verfahren sang- und klanglos zu Ende bringen könne. Nach Verstreichenlassen einer Schonfrist unter Durchführung »ergänzender Ermittlungen« beantragte der Generalstaatsanwalt jedenfalls unter dem 31. März 1970 die Außerverfolgungsetzung der Angeschuldigten. Am Ende eines Verfahrens, das – ohne Beiakten und Nebenakten – vierzehn Bände umfaßte, stand ein aus 9 Zeilen bestehender Beschluß, mit dem das Landgericht Limburg unter schlichter Bezugnahme auf den Antrag der Staatsanwaltschaft und somit ohne ersichtliches eigenes Durchdenken der Sach- und Rechtslage die Angeklagten außer Verfolgung setzte.

In Fritz Bauers Antragsschrift vom 22.4.1965 war das Schweigen der höchsten Juristen des NS-Staates zu dem ihnen eröffneten Mordprogramm als Beihilfe durch Unterlassen klar definiert worden:

Gemessen an den Anforderungen, die in den Strafverfahren der Nachkriegszeit an kleinste Gehilfen nationalsozialistischen Unrechts gestellt wurden, war von den versammelten Spitzen der deutschen Justiz zu erwarten, daß sie widersprachen, notfalls sogar erklärten, ihr Amt zur Verfügung zu stellen, um zu verhindern, daß sie durch ihr Stillschweigen zu Gehilfen tausendfachen Mordes wurden. Ihre Schuld wird darin erblickt, daß sie sich gleichwohl zu schweigenden und tätigen Mitwissern haben machen lassen.

Demgegenüber ließ Bauers Amtsnachfolger die erbärmlichsten Entschuldigungsgründe der hohen Juristen gelten, denen die »bestürzende Neuheit« der Mitteilungen die Sprache verschlagen hätte und jeder Widerspruch »sinn- und zwecklos« erschienen sei. Kramer erinnerte daran, daß es Richter der sogenannten Eingangsstufe gegeben hat, die durchaus widersprochen haben:

So untersagte der Brandenburger Amtsrichter Dr. Lothar Kreißig schon im Sommer 1940 in drastischen Aktionen sämtlichen sieben ihm zugeordneten Heilanstalten die Verlegung von Geisteskranken ohne seine Zustimmung. Dabei blieb er auch, als er zu dem damaligen Staatssekretär Freisler und Reichsjustizminister Gürtner zitiert wurde, und erstattete sogar Mordanzeige gegen die Verantwortlichen der »Aktion T 4«. Ihm geschah deswegen nicht mehr, als daß ihm (im Zusammenhang mit anderen oppositionellen Äußerungen) nahegelegt wurde, seine vorzeitige Pensionierung zu beantragen.

Die Führungselite der deutschen Justiz jedoch schwieg und gab damit den Weg frei zur Ermordung einer nicht mehr genau feststellbaren Zahl – die Schätzungen gehen bis zu 250000 – geistig behinderter Menschen. Kramer:

Mit der widerspruchslosen Entgegennahme der Stillhalte-Weisung war die Beihilfe zum Anstaltsmord geleistet. Jeder einzelne Teilnehmer hatte durch sein Schweigen die Vorgesetzten im Ministerium zu der Überzeugung gebracht, die Justiz im Lande werde sich zu der »Aktion T 4« konform verhalten ... Insgeheime Vorbehalte oder – wie dies Dr. Jung für sich behauptet hat – nachträgliche vertrauliche Verwahrungen einzelner Teilnehmer konnten daran und an der im Reichsjustizministerium entstandenen Gewißheit nichts ändern, daß seitens der Gerichte und Staatsanwaltschaften insgesamt nun keine Schwierigkeiten mehr zu erwarten waren.

Das wollte der bundesdeutsche Diplomat Dr. Ernst Friedrich Franz Jung (Jahrgang 1922) auf seinem Vater Dr. Friedrich Walter Jung (1890–1978), der als Generalstaatsanwalt beim Kammergericht an der Tagung teilgenommen hatte, nicht sitzen lassen und versandte ein Rundschreiben an »Personen und Institutionen meiner Wahl«, in dem er Kramer bewußte Verfälschung der Wahrheit durch absichtliche Falschbehauptungen und wissentliche Tatsachenunterdrückung vorwarf. Darüber hinaus beantragte er bei dem Präsidenten des OLG Braunschweig, dem Dienstvorgesetzten des Richters Dr. Kramer, gegen diesen ein Disziplinarverfahren einzuleiten. Kramer habe durch Schmähung eines bedeutenden Juristen der NS-Zeit seine Pflicht zur Mäßigung und Zurückhaltung nach § 39 Deutsches Richtergesetz verletzt und sich als Richter unwürdig verhalten. Zu den Tatsachenunterdrückungen zählte Jung jun. z.B. die von Kramer nicht näher ausgeführte Einlassung seines Vaters, er habe bei der Juristenkonferenz vom April

JUSTIZ

Geflüsterter Widerstand

Das Bonner Amtsgericht muß sich mit der Verstrickung der Nazi-Justiz in Hitlers Euthanasie-Programm beschäftigen. Anlaß: eine Beleidigungsklage.

Der Generalstaatsanwalt beim Kammergericht in Berlin, Friedrich Walter Jung, war ein furchtbarer Jurist. Er gehörte zu dem Kreis ranghoher NS-Richter und -Staatsanwälte, die Massenmord und Folter des Hitler-Regimes deckten.

Gehorsam nahm er so am 23. April 1941 im „Haus der Flieger“ in Berlin die Weisungen des NS-Justizstaatssekretärs Franz Schlegelberger entgegen. Jung und Kollegen wurden damals in Hitlers Euthanasieprogramm, die staatlich organisierte „Vernichtung unwerten Lebens“, eingeweiht. Sie sollten die Massentötung vertuschen helfen und wurden deshalb vergattert, alle Strafanzeigen gegen die Mordgehilfen – es ging um 71 088 Morde – „unbearbeitet dem Reichsjustizministerium vorzulegen“.

Es war ein Mordkomplott, an dem sich Jung und Kollegen beteiligt hatten. Doch die Rolle der Hintermänner des Euthanasieprogramms, die wie Jung dafür sorgten, daß die Justiz tatenlos zusah, blieb bis heute weitgehend ungeklärt, Ermittlungen wurden eingestellt.

Nun soll die Mittäterschaft zumindest des Staatsanwaltes Jung bei den Euthanasiemorden erstmals aktenkundig werden. Das Bonner Amtsgericht muß über dieses blutige Stück deutscher Geschichte verhandeln, weil der Sohn des Nazi-Juristen Jung einen frechen Brief zur Ehrenrettung seines Vaters geschrieben hat und ein Oberlandesrichter sich von diesem Brief beleidigt fühlt.

Der Richter am Oberlandesgericht Braunschweig, Helmut Kramer hatte

Angeklagter Botschafter Jung, Vater: „Stockhiebe auf das Gesäß“

Kramer wollte diese Vorwürfe nicht auf sich sitzen lassen. Er erstattete Strafanzeige, die Staatsanwaltschaft erhob Anklage wegen Beleidigung, Verleumdung und falscher Verdächtigung gegen Jung junior, das Schöffengericht in Bonn eröffnete das Verfahren gegen ihn.

Um die Berechtigung dieser Vorwürfe zu klären, muß das Bonner Amtsgericht nun die braune Justiz-Vergangenheit aufrollen – eine Aufgabe, vor der sich die Richter-Generation der Söhne bislang zu drücken wußte.

Die Nachkriegsjustiz faßte jene, die überlebten, stets mit Glacé-Handschuhen an. In den sechziger Jahren hatte zwar der damalige hessische Generalstaatsanwalt Fritz Bauer, ein erklärter Antifaschist, gegen den Nazi-Staatssekretär Schlegelberger, elf OLG-Präsidenten und fünf Generalstaatsanwälte wegen Beihilfe zum Mord ermittelt. Doch sein Nachfolger schloß die Akten.

Das Mordkomplott von 1941 war schon von den Nazis zur „Geheimen Reichssache“ erklärt worden. Es blieb

Ankläger Kramer
„Mordgehilfe Hitlers“

Der *Spiegel* berichtete am 9. November 1987 vom Prozeß Kramer gegen Jung.

1941 sich einem neben ihm sitzenden Berufskollegen zugewandt und diesem zugeflüstert: »Jetzt möchte ich den sehen, der vor Scham nicht rot wird.« Eine Tatsache, die der *Spiegel* (9.11.1987) als »geflüsterten Widerstand« und Helmut Kramer selbst später als »innere Schamröte« ironisierte. Auch sei sein Vater einige Tage danach bei Staatssekretär Dr. Schlegelberger vorstellig geworden und habe erklärt, er könne die erteilte Weisung nicht durchführen. Eine Behauptung, für die es keinen Beweis gibt. Weitere Verfälschungen der Wahrheit sah Jung jun. darin, daß sein Vater nicht als Oberlandesgerichtspräsident (das wurde er erst 1943), sondern als Generalstaatsanwalt an der Versammlung der schweigenden Juristen teilgenommen habe. Was die Sache nicht besser machte. Auch habe sein Vater keine Uniform angehabt. Was sicher nicht stimmt, da Uniform, die es im Nazistaat auch für Generalstaatsanwälte und Oberlandesgerichtspräsidenten gab, in der Einladung ausdrücklich vorgeschrieben war. Und auch in Zivil hätte er es nicht an Zivilcourage fehlen lassen dürfen.

Die bundesdeutsche Justiz hatte alles getan, um das schon von den Nazis zur »Geheimen Reichssache« erklärte Mordkomplott der führenden NS-Juristen auch weiterhin als Geheimnis zu hüten. Helmut Kramer war Akteneinsicht zunächst ganz verweigert, dann auf Beschwerde mit unzulässigen Beschränkungen erteilt worden (er dürfe keine Namen nennen, der Persönlichkeitsschutz habe Vorrang vor dem öffentlichen Informationsinteresse). Die mit der Sache ebenfalls befaßte Stuttgarter Staatsanwaltschaft hatte die Akte zur geheimen Verschlußsache erklärt, weil die Kenntnisnahme durch Unbefugte für das Ansehen der Bundesrepublik schädlich sein könne. Der *Spiegel* vom 9.11.1987:

Der Stuttgarter Geheimstempel, der die NS-Kollegen vor der Öffentlichkeit abschirmte, offenbart die Neigung der Nachkriegsjustiz, immer wieder ihre dunkle Vergangenheit zu vertuschen.

Auch Helmut Kramers Aufsatz in der nur von ein paar tausend kritischen Juristen gelesenen Fachzeitschrift hätte kein großes öffentliches Aufsehen erregt, wenn nicht der Botschafter Dr. Jung sich berufen gefühlt hätte, die Ehre seines Vaters mit ehrenrührigen Angriffen gegen Kramer zu verteidigen. Denn nunmehr zwang eine von Kramer gegen Jung erstattete Strafanzeige wegen Beleidigung, übler Nachrede und falscher Verdächtigung (§§ 185, 186, 164 StGB) die Justiz, sich noch einmal mit dem lästigen Thema zu beschäftigen. Sie tat es mit geringem Eifer.

Daß die Staatsanwaltschaft in Bonn tatsächlich Anklage gegen den Botschafter Dr. Ernst Friedrich Franz Jung erhob, war noch das Rühmlichste, was die Bonner Justiz zur Aufklärung einer unrühmlichen Justizvergangenheit beigetragen hat. Was dann folgte, war bundesdeutscher Justizdurchschnitt. Als erstes verschwanden die Akten – 15 Aktenordner mit den auf Fritz Bauers Initiative in jahrelanger Arbeit zusammengetragenen Ermittlungsergebnissen gegen die führenden NS-Juristen –, sie verschwanden spurlos auf dem rund 100 Meter langen Weg vom Gebäude der Bonner Staatsanwaltschaft zum Gebäude des Amtsgerichts. Dann sprach das Amtsgericht – ein Berufsrichter und zwei Schöffinnen – den Botschafter Jung mit Urteil vom 1.2.1989 frei. Es hielt dem Volljuristen Dr. Ernst Friedrich Franz Jung zugute, bei seinen gegen Kramer erhobenen Beschuldigungen nicht »wider besseres

Wissen« und in einem »nicht vermeidbaren Verbotsirrtum« – also ohne zu wissen, daß er Unrecht tat – gehandelt zu haben, denn es habe ja in Kramers Aufsatz einige Unrichtigkeiten gegeben, und Jung habe vor Absendung seiner Schreiben ein Rechtsgutachten eines Hamburger Rechtsanwalts eingeholt, der sie gebilligt habe. Ein Urteil, das sich um die bisher versäumte Aufarbeitung einer verbrecherischen Justizvergangenheit herumdrückte und deshalb ohne Kenntnis der verschwundenen Ermittlungsakten auskam.

Aber das war noch nicht der Tiefstpunkt des Verfahrens. Kramers Berufung gegen das Urteil des Amtsgerichts kam zu einer Strafkammer des Landgerichts Bonn, deren Berufsrichter offensichtlich bestrebt waren, eine öffentliche Hauptverhandlung ganz zu vermeiden. Durch Beschluß vom 27.11.1989 stellten sie das Verfahren »wegen Geringfügigkeit« ein. Schöffen brauchten sie dazu nicht zu befragen, weil die Berufsrichter Beschlüsse außerhalb der Hauptverhandlung ohne Schöffen fassen können. Aber sie hätten mindestens die Zustimmung der Staatsanwaltschaft einholen müssen, und das hatten sie in der Eile versäumt. Und so hob das OLG Köln auf Beschwerde der Staatsanwaltschaft den Einstellungsbeschluß der Strafkammer auf.

Auch in der nunmehr notwendig gewordenen öffentlichen Hauptverhandlung wurde eine Befassung mit dem zugrundeliegenden Mordkomplott von 1941 tunlichst vermieden. Der Vorsitzende steuerte, wie es die Redakteurin des *Kölner Stadt-Anzeiger* (12.9.1990), Marianne Quoirin, formulierte, »beharrlich auf einen Kompromiß hin«. Und der bestand darin, daß »am Ende eines mit Feindseligkeiten gespickten Prozeßtages« (Helmut Kerscher in *Süddeutsche Zeitung* v. 13.9.1990) Jung und Kramer wechselseitige Erklärungen abgaben, die eine Einstellung des Verfahrens ermöglichten. Eine Verfahrenserledigung, die es gestattete, die inzwischen wieder aufgetauchten Akten – sie wurden im Frankfurter Landgericht in einem Umzugskarton ohne Absender und ohne Anschreiben gefunden – endgültig ins Archiv zu verbannen.

Immerhin hatte das sich über sechs Jahre hinziehende Verfahren einige öffentliche Aufmerksamkeit auf eines der finstersten Kapitel deutscher Justizgeschichte gelenkt, die die Traditionsträger der furchtbaren Juristen gern vermieden hätten. Auch der um die Ehrenrettung seines Vaters bemühte Diplomat Dr. Jung jun. wird nicht über alles erfreut gewesen sein was bei Gelegenheit des von ihm provozierten Prozesses ans Tageslicht gekommen ist.

So erfuhr eine breitere Öffentlichkeit, daß der Berliner Generalstaatsanwalt Dr. Jung am 4. Juni 1937 an einer Besprechung im Reichsjustizministerium teilgenommen hatte, bei der es um die »verschärfte Vernehmung« von politischen Häftlingen ging. Aus dem Bericht des Düsseldorfer Oberstaatsanwalts (vgl. Ilse Staff, *Justiz im Dritten Reich*. Frankfurt/M. 1964, S. 118ff.; *Spiegel* v. 9.11.1987; Ingrid Müller-Münch, *Frankfurter Rundschau* v. 6.2.1989 und andere Tageszeitungen):

Von Seiten der höchsten Staatsführung sind verschärfte Vernehmungen für erforderlich und unerläßlich anerkannt worden. In derartigen Fällen wäre es widersinnig, die ausführenden Beamten wegen Amtsverbrechens zu verfolgen ... Grundsätzlich sind bei »verschärften Vernehmungen« nur Stockhiebe auf das Gesäß, und zwar bis zu 25 Stück, zulässig. Die Zahl wird von der Gestapo vorher bestimmt ... Es soll ein »Einheitsstock« bestimmt werden, um jede Willkür auszuschalten ...

Geht eine Anzeige bei der Staatsanwaltschaft ein, wendet sich diese an die Stapo und laßt die Genehmigung (durch die Gestapo Berlin) nachweisen. Wird sie nachgewiesen, ist das Verfahren einzustellen. Nur formeller Bescheid: »Nach den Ermittlungen liegt eine strafbare Handlung nicht vor.«

Sozusagen eine Generalprobe für den Juristengehorsam von 1941. Eine weitere Probe bestand der Generalstaatsanwalt Dr. Jung, als in der sogenannten Reichskristallnacht am 9. November 1938 der von den Nazis aufgehetzte Mob jüdische Geschäfte zertrümmerte und plünderte, Synagogen in Brand steckte und Juden mißhandelte und tötete. Er war an diesem Abend mit seinem Sohn in der Tauentzienstraße in Berlin unterwegs und zeigte ihm die antisemitischen Gewaltakte, um ihn, wie Jung jun. vor dem Bonner Amtsgericht versicherte, »vor den Nazis abzuschrecken«. Was der Diplomat verschwieg: daß sein Vater, der als höchster Ankläger der Reichshauptstadt für die Verfolgung der Täter zuständig gewesen wäre, nur wenige Tage später an einer Konferenz teilnahm, bei der die Nazis ihre Elitejuristen darauf einschworen, alle im Zusammenhang mit den Pogromen in der Reichskristallnacht erstatteten Strafanzeigen im Papierkorb verschwinden zu lassen.

Das paßte zu einer Haltung, die Jung sen. schon in einem

Aufsatz aus dem Jahre 1935 bekannt hatte, wonach »die Staatsanwaltschaft ... zu einem Werkzeug in der Hand des Führers geworden« sei, »das ihm – bis in seine letzten Gliederungen hinein – in treuem, unbedingtem Gehorsam zur Verfügung steht«.

Die *Frankfurter Rundschau* veröffentlichte nach der ersten Hauptverhandlung in Sachen Kramer gegen Jung am 6.2.1989 einen ganzseitigen Artikel von Ingrid Müller-Münch, die den Ehrenrettungsversuch für Jung senior so kommentierte:

> Da schälte sich dann, unter Wolfspelz und schwarzer Robe gut getarnt, nach zwei Tagen Verhandlung in Bonn ein Mann heraus, der ganz offenbar zu der Riege der furchtbaren Juristen jener Zeit gehört hat. Der jederzeit bereit war, seinen Mann dort zu stehen, wo man ihn fürs Vaterland brauchte, der die Stellung hielt auf Ehre und Gewissen und solange schwieg, bis dies zumindest im moralischen Sinne zur Beihilfe an Massentötungen wurde. Sein Verteidiger Konrad Anschütz charakterisierte ihn – wohl in dem Glauben, etwas Gutes über den Verstorbenen zu sagen – an einer Stelle seines Plädoyers als das, was er und seinesgleichen wirklich waren: als einen Juristen, der »unter jeder Staatsform ein hervorragendes Amt erlangt hätte«.

Ob der einstige Generalstaatsanwalt und Oberlandesgerichtspräsident Dr. Friedrich Walter Jung auch in der Justiz der Bundesrepublik Deutschland ein hervorragendes Amt erlangt hätte, konnte nicht mehr erprobt werden, weil er bei seiner Rückkehr aus Kriegsgefangenschaft schon das Pensionsalter erreicht hatte. Jedenfalls sahen die zuständigen Instanzen der Bundesrepublik Deutschland keine Hinderungsgründe, den furchtbaren Juristen bis zu seinem Lebensende mit der Pension eines Oberlandesgerichtspräsidenten zu alimentieren.

Auch Dr. Franz Schlegelberger, der einstige Staatssekretär und stellvertretende Justizminister Hitlers, der die Juristenkonferenz vom April 1941 geleitet hatte, brauchte in der Obhut bundesdeutscher Beamtenkollegen keine Not zu leiden. Die amerikanische Besatzungsmacht freilich hatte 1947, also noch in der antifaschistischen Phase der ersten Nachkriegszeit, gegen Schlegelberger und andere führende Juristen des Nazi-Reichs ein Militärgerichtsverfahren durchgeführt, in dem Schlegelberger wegen anderer Justizverbrechen – seine Rolle bei der NS-»Euthanasie« war damals wohl noch nicht bekannt –

zu lebenslänglichem Zuchthaus verurteilt worden ist. Aber schon 1950 wurde er wegen Haftunfähigkeit aus der Haft entlassen, und die Bundesrepublik Deutschland zahlte ihm für die Haftzeit eine Pensionsnachzahlung von 160000 DM und sodann eine monatliche Pension von 2894 DM, was damals etwa dem siebenfachen eines Facharbeiterlohns entsprach.

Nicht so gut wie den Juristen ging es den an der »Aktion T 4« beteiligten Medizinern. Ein amerikanisches Militärgericht verurteilte im August 1947 zwei der Hauptorganisatoren der Aktion, Karl Brandt und Viktor Brack, zum Tode, sie wurden hingerichtet. Auch vor deutschen Gerichten gab es in den Jahren 1946 bis 1949 Prozesse gegen medizinische Mittäter, die mit Todes- und Zuchthausstrafen endeten. Wer dieser justiziellen Vergangenheitsbewältigung der frühen Jahre entging, konnte jedoch auch als Mediziner durchaus Karrierechancen haben. Einem dieser Karrieremediziner mit Euthanasie-Vergangenheit, Prof. Dr. Hans-Joachim Rauch, bin ich im Stammheimer Prozeß gegen Peter-Jürgen Boock begegnet (vgl. das Kapitel »Eine Verteidigung in Stammheim«). Einem anderen, Prof. Dr. Werner Heyde, der auf der Juristentagung im Haus der Flieger neben Viktor Brack als Referent aufgetreten war, war 1947 auf einem amerikanischen Gefangenentransport die Flucht vom fahrenden LKW gelungen. Er konnte untertauchen und dank hoher Protektion zwölf Jahre lang unbehelligt in Flensburg als Facharzt für Psychiatrie und vielbeschäftigter Gutachter bei Behörden und Gerichten wirken, obwohl seine Identität bei maßgeblichen Juristen bekannt war. Zu den Eingeweihten gehörten der Präsident des schleswig-holsteinischen Landessozialgerichts und ungefähr zwanzig weitere Richter, Staatsanwälte und Ministerialbeamte. Heyde-Sawade wurde erst 1959 amtlich identifiziert und verhaftet. Er endete durch Selbstmord. Sein Prozeß wäre interessant geworden, denn er hatte nach seiner Verhaftung als erster das Geheimnis der Konferenz im Haus der Flieger gelüftet und sich darauf berufen, daß die Juristen schließlich besser als die Mediziner hätten wissen müssen, was Recht und was Unrecht ist. Vielleicht erklärt sich daraus auch seine Kumpanei mit der schleswig-holsteinischen Justizprominenz. Die Herren wußten sicher nicht nur, wer sich hinter der Maske des Dr. Sawade verbarg, sondern auch, wer sonst noch mit ihm im Boot saß.

Nach der Enttarnung des Dr. Heyde-Sawade waren Disziplinarverfahren gegen die juristischen Mitwisser unvermeidlich. Aber die Kollegen gingen sanft mit den Kollegen um, die sich ihrer Verbundenheit mit den Kollegen von gestern bewußt geblieben waren. Die Verfahren endeten mit Freisprüchen, Einstellung, Verweis oder (in einem Fall) zehnprozentiger Gehaltskürzung. Das war in den sechziger Jahren. In den achtziger und neunziger Jahren wäre wahrscheinlich nicht einmal das passiert. Inzwischen kann man – wie der Fall Prof. Dr. Hans-Joachim Rauch zeigt – wieder Gerichtsgutachter beschäftigen, die sich ihre Sporen bei der NS-»Euthanasie« verdient haben, und gegen einen Kritiker der am Mordkomplott beteiligten Juristen deren geflüsterten Widerstand ins Feld führen, ohne schamrot zu werden.

17. Die Richter-Blockade in Mutlangen (1987)

Daß Richter einen Verteidiger brauchen, kommt selten vor. Es muß sich schon um ein Delikt handeln, das nicht in den üblichen konservativen Konsens paßt. Aber auch das hat es gegeben.

Im Mai 1987 beauftragte mich der Hamburger Richter Dr. Michael Passauer mit seiner Verteidigung. Er hatte am 12. Januar 1987 zusammen mit neunzehn weiteren Richtern und Richterinnen bei klirrender Kälte (minus 22 Grad Celsius) die Zufahrt zum amerikanischen Raketendepot in Mutlangen blockiert. Die richterlichen Demonstranten hatten sich etwa zwei Stunden auf die Straße vor einem der Tore gesetzt und zwei Fahrzeuge vorübergehend an der Weiterfahrt gehindert. Auf Antrag der Staatsanwaltschaft hatte der Schwäbisch Gmünder Amtsrichter Mayerhöffer einen Strafbefehl über die bei diesem Gericht übliche Geldstrafe von 20 Tagessätzen wegen Nötigung erlassen. Der Tagessatz war auf 60 DM festgesetzt worden. Michael Passauer sollte also ebenso wie seine »Tatgenossen« 1200 DM Strafe für seine Protestaktion zahlen. Das Juristendeutsch des Strafbefehls möchte ich den Lesern und Leserinnen nicht vorenthalten:

Die Staatsanwaltschaft beschuldigt Sie, gemeinschaftlich in mindestens 2 Fällen jeweils einen anderen rechtswidrig mit Gewalt zu einer Handlung und Unterlassung genötigt (zu haben),

indem Sie am 12.1.1987 zwischen 9.12 Uhr und 11.00 Uhr in Mutlangen auf der Zufahrt zum US-Militärgelände in bewußtem und gewolltem Zusammenwirken mit 21 anderweitig verfolgten Personen durch Blockieren der Fahrbahn den Zeugen Plumlee und mindestens einen weiteren amerikanischen Soldaten, welche mit ihren Privatfahrzeugen aus dem Militärgelände herausfahren wollten, zum Anhalten zwangen und an der Weiterfahrt hinderten, weshalb Sie nach dreimaliger polizeilicher Aufforderung die Fahrbahn zu räumen gegen 11.00 Uhr von den Polizeibeamten Dalferth und

Lindenlaub sitzend angetroffen wurden und weggetragen werden mußten, um den amerikanischen Soldaten mit ihren Fahrzeugen die Weiterfahrt zu ermöglichen.

Die Tat ist rechtswidrig, weil der verbotene gezielte Eingriff in die Grundrechte fahrbereiter und fahrwilliger Kraftfahrzeuglenker über nahezu 2 Stunden als Teilakt einer mehrjährigen Dauerblockade des Militärlagers mit empfindlicher Störung des Militärbetriebes, deren Beseitigung aufwendige Polizeieinsätze erforderte, zu dem Zweck, mehr Aufmerksamkeit für die Warnung vor den Gefahren der atomaren Rüstung zu erzielen, als verwerflich anzusehen ist.

Es kam, nachdem alle beschuldigten Richter gegen den Strafbefehl Einspruch eingelegt hatten, am 19. und 26. Oktober 1987 zur Hauptverhandlung beim Amtsgericht Schwäbisch Gmünd. Richter Mayerhöffer hinter dem Richtertisch, die Richter Plorin, Panzer und Dr. Passauer auf der Anklagebank. Als Verteidiger die Rechtsanwälte Maeffert, Thömen und ich.

Richter Mayerhöffer interessierte sich nicht sonderlich für die Motive, aus denen die angeklagten Richterkollegen vor dem amerikanischen Raketendepot demonstriert hatten. Aber er kam nicht umhin, sich noch einmal deren Erklärung anzuhören, mit der die Aktion gegenüber der Öffentlichkeit begründet worden war – die *Frankfurter Rundschau* hatte sie am 15.1.1987 unter der Überschrift »Die Menschheit als Geisel« im Wortlaut abgedruckt:

Wir sind Richterinnen und Richter und gehören der Initiative »Richter und Staatsanwälte für den Frieden« an. Wir haben gemahnt und gewarnt, durch unsere Mitarbeit in lokalen Friedensgruppen, durch Zeitungsanzeigen, Demonstrationen und Resolutionen, durch unsere Friedensforen in Bonn im Sommer 1983 und in Kassel im November 1985. Die Warnungen der Friedensbewegung sind, soweit sie überhaupt gehört wurden, verhallt. Heute ist unsere Sicherheit stärker gefährdet als je zuvor. In Reykjavik sind umfassende Abrüstungsvereinbarungen gescheitert. Es droht die Fortsetzung der weltweiten Atomwaffenversuche.

Deswegen blockieren wir heute in Mutlangen. Wir meinen, daß dies besser gehört wird als alle unsere Worte bisher.

Atomwaffen dienen weder der Gerechtigkeit noch dem Frieden. Sie haben die gesamte Menschheit als Geiseln genommen und bedrohen in Ost und West unmittelbar alle Menschen. Die Anwendung dieser Massenvernichtungswaffen ist nicht nur denkbar, son-

Blockade in Mutlangen.
Auf die Minute genau 44 Jahre nach Beginn des Zweiten Weltkrieges hat um 05.45 Uhr die dreitägige Blockade des US-Militärdepots in Mutlangen auf der Schwäbischen Alb begonnen. Mit von der Partie waren auch Nobelpreisträger Heinrich Böll (links oben) und die Bundestagsabgeordneten der Grünen Gert Bastian (links unten) und Petra Kelly (ganz rechts). Aufgenommen am 1. September 1983.

dern hier und heute jederzeit möglich. Der Einsatz von Atomwaffen kann schon morgen durch eine weltpolitische Krise, die eingebildete oder echte Existenzbedrohung einer Weltmacht oder auch durch schlichte Fehlfunktion eines sowjetischen oder amerikanischen Computers ausgelöst werden. Es bedarf dann nur eines Knopfdrucks, um nicht nur Deutschland oder Europa, sondern die gesamte Erde in eine verstrahlte Wüste ohne menschliches Leben zu verwandeln.

Eine solche Gefahr für die gesamte Menschheit hat es in der Geschichte noch nie gegeben.

Wir sehen, daß die furchtbare Gefahr der Atomwaffen von den meisten Menschen verharmlost oder verdrängt wird entweder, weil das Ausmaß der Bedrohung falsch eingeschätzt wird, oder weil wir Menschen die Vernichtungskraft der bereitgestellten Waffen in unserem alltäglichen Vorstellungsvermögen nicht ertragen können.

Wir sind der Überzeugung, daß Atomwaffen keinen Platz in der menschlichen Zivilisation haben dürfen. Deshalb wollen wir dabei mitwirken, die Massenvernichtungswaffen zu beseitigen.

Es folgten sodann Ausführungen zur Rechtswidrigkeit nicht nur des Einsatzes, sondern schon der Stationierung von Pershing-II, Cruise Missiles und vergleichbaren Waffen. Sie verstoße gegen unsere Verfassung und sei völkerrechtswidrig. (Eine Rechtsauffassung, die inzwischen vom Internationalen Gerichtshof in Den Haag bestätigt worden ist. In seiner Entscheidung vom 8. Juli 1996 hat der Internationale Gerichtshof festgestellt, daß die Androhung und der Einsatz von Atomwaffen gegen das Völkerrecht verstößt. Was aber die Rüstungskonzerne, das Militär und die Regierung der westlichen Führungsmacht USA nicht hindert, weiterhin Atomwaffen zu produzieren und ihre verantwortungslosen Planungen sogar auf den Weltraum auszudehnen.)

Weiter hieß es in der Erklärung der Richter und Richterinnen, daß die Raketenstationierung auch eine Preisgabe der Souveränität unseres Staates bedeute, weil die Entscheidung über den Einsatz der auf unserem Boden stationierten Massenvernichtungswaffen allein dem Präsidenten der USA anvertraut sei.

Und schließlich sagten die Richter und Richterinnen, was sie von der Kriminalisierung ihrer Demonstration hielten:

Wenn das friedliche Sitzen vor dem Militärstützpunkt in Mutlangen Gewalt sein soll, weil z. B. ein amerikanischer Soldat einige Minuten mit seinem Lkw warten muß, was ist dann die Aufstellung einer Pershing-II-Rakete mit der mehrfachen Vernichtungskraft der Bombe von Hiroshima?

Wir nehmen das Risiko in Kauf, daß diese Aktion zu Unrecht als Straftat gewertet wird. Wir sind betroffen als Bürger und als Mütter und Väter, die sich um die Zukunft ihrer Kinder, für die wir verantwortlich sind, sorgen. In dieser existenzbedrohenden Situation können wir uns von unserem Handeln auch nicht dadurch abhalten lassen, daß die Stationierung der Atomwaffen durch eine demokratisch gewählte Regierung gebilligt worden ist.

Durch die heutige Sitzblockade – unseren zivilen Ungehorsam – wollen wir deutlich machen, daß wir als Richter, denen vom Grundgesetz besondere Verantwortung für den Schutz von Verfassung und Völkerrecht übertragen worden ist, uns dem menschenverachtenden Wahnsinn der Atomrüstung widersetzen müssen. Darüber hinaus ist unsere Blockade auch ein Akt der Solidarität mit Hunderten von Mitbürgern, die eben wegen einer solchen Blockade von Staatsanwälten angeklagt und von Richtern verurteilt worden sind.

Solidarität auch mit den Menschen in Ost und West, die wegen ihres Eintretens für Frieden und Abrüstung mit härtesten Strafen belegt wurden.

Ihnen allen gilt unsere Verbundenheit. Und mit ihnen sagen wir so laut, wie wir es können: NEIN!

Einer der angeklagten Richter beschrieb später in einer Publikation die Ereignisse am »Tatort« so:

Nachdem wir am Morgen mit dem Bus von Stuttgart aus in Mutlangen eingetroffen und zu der Wegkreuzung vor dem Raketendepot gegangen waren, setzten wir uns so auf die Kreuzung, daß wir den innerörtlichen Verkehr nicht behinderten, jedoch die Zufahrten zu den beiden Toren der Militärbasis versperren konnten. Die Fahrer der ankommenden Armeefahrzeuge schienen nicht sonderlich überrascht zu sein. Sie hielten ihre Fahrzeuge vor der Sperre an, holten Zeitungen heraus und begannen zu lesen. Es war sehr kalt. Ein Journalist maß minus 22 Grad Celsius. Da es völlig windstill war, war die Kälte jedoch zu ertragen.

Zunächst passierte eine Zeitlang nichts. Aus Richtung Mutlangen kam ein Polizeifahrzeug. Ein Beamter stieg aus, schaute sich das Geschehen an und fuhr wieder ab. Einige Zeit später wurden plötzlich die wartenden Armeefahrzeuge abgezogen, und es rollte eine Kolonne von zwölf bis fünfzehn Polizei-Pkw an, die vor unserer Sperre stoppte. Aus dem ersten Fahrzeug verkündete uns ein Polizeibeamter über Lautsprecher die Verfügung des Landrats: Unsere Veranstaltung sei verboten worden, und wir sollten die Kreuzung räumen, andernfalls unmittelbarer Zwang angeordnet werde, wir die Kosten des Polizeieinsatzes tragen und mit einer Anzeige wegen Nötigung rechnen müßten.

Als wir nach der dreimaligen Aufforderung sitzenblieben, kamen zahlreiche Polizeibeamte, die uns einen nach dem anderen rechts und links unterfaßten und hochhoben. Jeweils begleitet von zwei Polizeibeamten wurden wir einzeln zu abseits stehenden Mannschaftswagen gebracht und dort mit unseren Begleitern fotografiert. Uns wurde nicht gesagt, daß wir festgenommen seien. In mehreren Polizeifahrzeugen wurden wir nach Schwäbisch Gmünd befördert. Dort wurden bei jedem einzelnen die Personalien aufgenommen.

Die angeklagten Richter und ihre Verteidiger wußten aus der bisherigen Verurteilungspraxis des Amtsgerichts Schwäbisch

Gmünd, was sie von Richter Mayerhöffer zu erwarten hatten. Es hing wieder einmal einzig und allein vom politischen Bewußtsein des Richters ab, ob für ihn das Recht auf seiten derer war, die den atomaren Massenmord vorbereiten, oder auf seiten derer, die diesem völkerrechtswidrigen Wahnsinn Widerstand entgegensetzen. Die öffentlichen Erklärungen zu der von Herrn Mayerhöffer zu beurteilenden Richter-Demo hatten schon einen lehrreichen Querschnitt durch die Gesinnungslage der Nation gegeben. Ein paar Beispiele:

Otto Graf Lambsdorff forderte, die Richter müßten »aus dem Dienst entfernt werden«. Mit einem Disziplinarverfahren und einem Verweis sei es nicht getan. Mit ihrer Sitzblockade hätten sie einen »Vertrauensverlust der Bevölkerung« in die Justiz provoziert. (*Berliner Morgenpost*, 17.1.1987)

Martin Hirsch, früherer Richter am Bundesverfassungsgericht, sagte, diese Protestaktion sei »eine Art Wiedergutmachung« für das, was deutsche Richter im Dritten Reich getan hätten. Er würde am liebsten jeden von den 20 zum Dank umarmen. (*Frankfurter Rundschau*, 19.1.1987)

Bundesjustizminister Hans Engelhard (FDP) erklärte, es sei nicht hinnehmbar, daß Richter unter Inanspruchnahme ihrer besonderen Rechtskenntnis und der Autorität ihres Amtes die Bürger durch Sitzblockadeaktionen rechtlich in die Irre führen und ein denkbar schlechtes Beispiel geben. (*Frankfurter Rundschau*, 14.1.1987)

Aus dem konservativen Lager war noch so mancher pflichtgemäße und gesinnungsstarke Aufschrei der Empörung über den richterlichen Ungehorsam zu hören. So vom niedersächsischen Justizminister Walter Remmers (CDU), von der bayerischen Staatsministerin der Justiz, Mathilde Berghofer-Weichner (CSU) und vom baden-württembergischen Justizminister Heinz Eyrich (CDU). Auch die Bundesregierung ließ durch Regierungssprecher Friedhelm Ost wissen, daß sie in dem Verhalten der Richter einen Rechtsbruch und ein schlechtes Beispiel für die rechtstreue Bevölkerung sehe. Von sozialdemokratischer Seite waren einige mehr oder weniger pflaumenweiche Widersprüche zu den Anwürfen der CDU/CSU/FDP-Riege gekommen, die sich über das Argument Meinungsfreiheit auch für Richter kaum hinausgewagt hatten. Deutlicher waren manche Einsendungen in den Leserbriefspalten der Zeitungen, die das kontroverse Meinungsbild in der Bevölkerung sehr viel drastischer widerspiegelten.

Eine Repräsentativumfrage des Emnid-Instituts, über die vom Ersten Deutschen Fernsehen (ARD) am 1.3.1987 berichtet wurde, ergab, daß 64% der Bürger der Bundesrepublik der Meinung waren, daß Richter wie jeder andere Bürger das Recht haben sollten, in der Art zu demonstrieren, wie es in Mutlangen geschehen war. Aus der Umfrage ergab sich weiter, daß auch von den verbleibenden 36% Bürgern weitaus die meisten in einem solchen Verhalten zwar einen Regelverstoß erblickten, das Verhalten aber nicht als verwerflich ansahen. Eine für die Anwendbarkeit des Nötigungsparagraphen nicht unwichtige Feststellung, da die Rechtswidrigkeit der Tat – hier: der Blockade – nach § 240 Absatz 2 StGB davon abhängt, ob die Anwendung der »Gewalt« zu dem angestrebten Zweck als »verwerflich« anzusehen ist.

Aber unbeeindruckt von den in Bewegung geratenen Denkprozessen in der Öffentlichkeit hatte die Staatsanwaltschaft beim Amtsgericht Schwäbisch Gmünd ihre Strafbefehle beantragt und in Richter Mayerhöffer einen zuverlässigen Mitkämpfer. Eine Überraschung hatte es nur bei einem anderen Richter, dem Schwäbisch Gmünder Amtsrichter Wolfgang Krumhard gegeben, der in den vergangenen Jahren rund hundert Anhänger der Friedensbewegung wegen Sitzblockaden verurteilt und bisher den »Ruf eines ganz harten Richters« genossen hatte (*SZ* 17./18.1.1987). Krumhard verkündete drei Tage nach der Richter Blockade seinen ersten Freispruch und lehnte fortan den Erlaß von Strafbefehlen ab. So auch den Antrag der Staatsanwaltschaft betreffend den Hamburger Richter Ernst Grothe, der zu den »Tatgenossen« meines Mandanten gehörte.

In seinem Beschluß vom 23.3.1987 hatte Richter Krumhard eine ausführliche Begründung für seinen Gesinnungswandel gegeben.

Zwar ging er davon aus, daß der Beschuldigte Gewalt im Sinne des Nötigungsparagraphen angewendet habe. Die Anwendung von Gewalt sei aber nach der neueren Rechtsprechung der Oberlandesgerichte Köln und Stuttgart nur dann verwerflich, wenn die Handlung »nach *allgemeinem* Urteil sittlich zu mißbilligen« sei. Das Gericht dürfe daher seiner Entscheidung nicht nur seine eigene rechtsethische Wertung zugrundelegen.

Die tatsächliche Entwicklung vor dem Raketendepot in Mutlangen, wie anderswo, ging jedoch zwischenzeitlich dahin, daß nicht nur einige hundert (für die Rechtsentwicklung möglicherweise vernachlässigbare), sondern tausende – in der Regel unbescholtene – Bürger mit weit überwiegend gewichtigen und ernsthaften Argumenten an derartigen Blockaden teilnehmen und wegen ihrer Tat vor Gericht gestellt werden *wollen*, um den Vorwurf verwerflichen Tuns zu entkräften; ein – soweit ersichtlich – einmaliger Vorgang der Rechtsgeschichte. In gleichem Maße von Bedeutung erscheint bei der Prüfung der Frage, ob derartige Aktionen »nach *allgemeinem* Urteil sittlich zu mißbilligen« sind, daß die Medien (Presse, Funk und Fernsehen) diesen Aktionen jedenfalls zu einem großen Teil mit Sympathie gegenüberstehen, während Verurteilungen der Blockadeteilnehmer wegen Nötigung keinesfalls nur in politisch extremen Publikationsorganen auf Kritik, zumindest aber Bedenken stoßen.

Auch eine Entscheidung des Bundesverfassungsgerichts vom 11.11.1986 hatte Richter Krumhard zu denken gegeben, die eine Verfassungsbeschwerde gegen die Verurteilung von Sitzblockaden nach dem Nötigungsparagraphen nur mit Stimmengleichheit abgelehnt hatte. Schon damals hatten vier Verfassungsrichter, die Hälfte des 1. Senats, die »Verwerflichkeit« von Sitzblockaden dieser Art verneint und eine Bestrafung wegen Nötigung für verfassungswidrig gehalten.

Richter Krumhard blieb mit seiner gewandelten Rechtsauffassung allein. Seine Kollegen vom Amtsgericht Schwäbisch Gmünd machten wie seit Jahren gehabt weiter. Sie hielten weiterhin ihre eigene Auffassung von der Verwerflichkeit der Sitzproteste vor dem Raketendepot für das *allgemeine* Urteil, obwohl so angesehene Zeitgenossen wie Heinrich Böll, Günter Grass, Inge und Walter Jens, Helmut Gollwitzer, Dorothee Sölle, Inge Aicher-Scholl, Klaus und Hanne Vack, Andreas Buro und Helga Einsele zu den Demonstranten vor den Toren des eingelagerten Massenmords gehört hatten. Und so wurden denn fortan auch die Sachen, die bisher in Krumhards Zuständigkeit fielen, von den anderen Richtern des Amtsgerichts erledigt.

Bei Richter Mayerhöffer brauchte der Staatsanwalt sich nicht sehr ins Zeug zu legen. Um so sorgfältiger hatten wir, die angeklagten Richter und ihre Verteidiger, uns vorbereitet. Die angeklagten Richter hatten ihre Sacheinlassung thematisch aufgeteilt. Reiner Plorin begründete noch einmal die politische Notwendigkeit der Demonstration und deren symbolischen

Charakter. »Ich weiß, daß ich durch das Sitzen auf der Straße nichts anhalten kann, aber ich will die Menschen zum Nachdenken bewegen«. Michael Passauer erinnerte an den Widerstand im Dritten Reich und die Rolle der Justiz damals. »Ich habe mir vorgenommen, als Richter wachsam zu sein, ob staatliches Handeln übereinstimmt mit dem Völkerrecht, der Verfassung und den Grundrechten.« Ulf Panzer setzte sich mit völkerrechtlichen Fragen auseinander. »Es ist unbestritten in der Völkerrechtslehre, daß die Anwendung nuklearer Waffen ein Völkerrechtsverbrechen ist.«

Auch die Verteidiger ergänzten sich in ihren Ausführungen. Und wir schonten den Richter, der da über Berufskollegen zu Gericht saß, nicht. Aus meinem Plädoyer:

Daß Richter auf der Anklagebank sitzen, ist in diesem unserem Land noch nicht oft vorgekommen. Deutsche Richter haben sich stets durch getreuliche Anwendung des jeweils geltenden Gesetzes bedeckt gehalten, ohne viel nach der politischen Dimension dessen, was sie taten, zu fragen. Und das hat sie vor Strafe bewahrt, selbst wenn ihre richterliche Tätigkeit dem Schutz des Unrechts diente. Wir wissen heute, daß gerade auch Juristen an den furchtbaren Verbrechen der Hitler-Zeit maßgebend beteiligt waren. Auf einer Anklagebank hat kaum einer von ihnen gesessen.

Wenn nunmehr plötzlich Richter angeklagt und verurteilt werden, muß es sich um Kriminaltaten besonderer Art handeln. Um Taten nämlich, die nicht von dem konservativen Konsens umfaßt sind, der es hinnehmen konnte, daß Freisprüche von Nazi-Juristen damit begründet wurden, daß sie ja nur die Gesetze des Unrechtsstaats in dem damals nun einmal herrschenden Sinne getreulich angewendet hätten. Gesetze, die es nach Auffassung dieser Juristen rechtfertigten, Menschen zum Tode zu verurteilen, die Zweifel am Endsieg geäußert oder mit jüdischen Menschen »Rassenschande getrieben« hatten. Sie hätten sicher auch, wenn es das gegeben hätte, Menschen verurteilt, die das Tor des Massenvernichtungslagers Auschwitz blockiert hätten. Alles in Anwendung von Gesetzen, die eine Ordnung sichern sollten, von der wir heute wissen, daß es eine Ordnung des Unrechts war.

Mit einem Rückblick auf die Rechtsprechung des kaiserlichen Reichsgerichts problematisierte ich das im Nötigungsparagraphen vordergründig geschätzte Rechtsgut der Willensfreiheit und fragte, ob es hier wirklich um die Willensfreiheit der amerikanischen Soldaten Plumlee und Rozul gehe, die als Zeugen geschildert hatten, daß sie ihre Fahrzeuge vor den Sitzdemonstranten zum Halten gebracht hätten, um nicht über den verschneiten Acker zu fahren. Oder ob es nicht vielmehr um die uneingestandene Bejahung dessen gehe, was diese Soldaten tun, wenn sie an der permanenten Einsatzbereitschaft der in Mutlangen stationierten Raketen mitwirken.

Was haben Richter geschützt, die vor knapp hundert Jahren streikende Arbeiter wegen Erpressung bestraften, weil sie ihren Arbeitgeber zu einer Lohnerhöhung genötigt hatten? War es wirklich nur die Willensfreiheit des Arbeitgebers, die ihnen am Herzen lag? Oder war es nicht vielmehr eine Parteinahme für einen Zustand, der von den Streikenden als Unrecht betrachtet wurde?

Was hätten Richter geschützt, die Widerstandskämpfer zum Tode verurteilt hätten, die sich – ein leider nur erfundener Fall – auf die ins Tor von Auschwitz führenden Schienen gesetzt hätten? Etwa nur die Willensfreiheit der die Todestransporte begleitenden SS-Männer?

Ich hoffe, daß gerade die Drastik des zuletzt gewählten Beispiels die Augen dafür öffnen kann, daß ein am Rechtsgüterschutz orientiertes Strafrecht dem Richter die Möglichkeit eröffnet, sich bei seinem Urteil auf scheinbar neutrale Strafzwecke zu berufen und doch eine politische Entscheidung zu treffen, die allenfalls ihm selbst undurchschaubar bleibt.

Und nach einer mit Urteilszitaten gespickten Untersuchung der Rechtslage kam ich zum Schluß:

In der Tat wäre es zu wünschen, daß der Widerstand gegen den in Mutlangen gespeicherten Massenmord zu einer Effektivität gesteigert werden könnte, die den Betrieb dieses völkerrechtswidrigen Unternehmens lahmlegen würde. Dann wäre endlich von der Willensfreiheit derer zu reden, die sich nicht im atomaren Holocaust verbrennen und vergiften lassen wollen. Aber solange Widerstand im Hinblick auf die Machtverhältnisse notwendig nur ein symbolischer Akt sein kann, sollte ihm jedenfalls nicht das lächerliche Argument der Willensfreiheit einiger amerikanischer Soldaten entgegengehalten werden, denen logischerweise ein Recht zugesprochen werden muß, an der Vorbereitung des Völkermords mitzuwirken.

Und auch dies mußte sich Richter Mayerhöffer von mir anhören:

Ihnen ist in den beiden Tagen dieser Hauptverhandlung viel Rechtsgelehrsamkeit vorgetragen worden, deren Sie sich für die Begründung eines Freispruchs bedienen können, – wenn Sie wollen. Darauf, ob Sie freisprechen oder verurteilen *wollen*, wird es ankommen. Denn alle Rechtsgelehrsamkeit nützt nichts, wenn das politische Bewußtsein eines Richters Barrieren aufgebaut hat, die mit rationalen Argumenten nicht zu überwinden sind. Das, was Ihnen als politisch wünschenswert erscheint, werden Sie auch als juristisch richtig begründen können. Die Theologen sind da schon etwas weiter in der selbstkritischen Desillusionierung der Wortgebundenheit ihres Handwerks, jedenfalls wenn sie Martin Luthers Erkenntnis beherzigen, der einmal gesagt hat: Das Evangelium hat eine wächserne Nase; je nachdem, wohin man sie biegt, kann man herauslesen, was man will. Das gilt sinngemäß auch für die Interpretation von Gesetzen. Aber es gibt Juristen – und sie sitzen erfahrungsgemäß im konservativen Lager –, die noch immer glauben, sie, und nur sie allein, würden frei von irgendwelchen politischen Vorverständnissen aus dem Gesetz genau das herauslesen, was die einzig mögliche Exegese sei. Nur könnten auch sie aus der jüngeren Rechtsgeschichte gelernt haben, daß die Werke dieser vermeintlichen Positivisten nicht nur durch Striche des Gesetzgebers, sondern auch durch politische Entwicklungen zu Makulatur werden. Konservative Juristen bildeten die letzte Bastion der Produktionsmittelbesitzer im Kampf gegen eine zu politischem Bewußtsein gelangte Arbeiterklasse. Konservative Juristen haben eine unrühmliche Rolle bei der Stabilisierung des Unrechtsstaats gespielt. Konservative Juristen haben in der mit dem 1. Strafrechtsänderungsgesetz beginnenden Phase innerstaatlicher Feinderklärungen sich als eifrige Sekundanten einer Politik betätigt, die letztlich in die unser aller Leben gefährdende Konfrontation von im Anwendungsfall unbeherrschbaren Waffensystemen gemündet ist. An alle diese Taten deutscher Juristen werden heute gerade die konservativsten unter ihnen nicht mehr gern erinnert, weil die Zeit allzu offensichtlich über sie hinweggegangen ist, und das, was sie damals für recht gehalten haben, heute mindestens als politische Torheit gilt.

Auch die im Zeichen des Schutzes eines so schönen und neutralen Rechtsgutes wie der Willensfreiheit amerikanischer Soldaten geführte Kriminalisierungskampagne bundesdeutscher Gerichte gegen die dem nächsten Massenverbrechen dieses Jahrhunderts widerstehenden Demokraten, wird eines Tages denen, die an diesen Abstrafungen mitgewirkt haben, nicht gerade zum Ruhme gereichen.

Wir wollen alle hoffen, daß das Völkerrechtsverbrechen, an dessen Vorbereitung so sympathische Leute, wie Herr Plumlee und Herr Rozul, in ahnungsloser Unschuld mitwirken, nicht stattfindet. Aber sollte der atomare Holocaust ausbrechen, so wird man denen, die seine Gefahr vorausgesehen und ihr wenigstens durch eine symbolische Handlung widerstanden haben, sicher nicht zum Vorwurf machen, daß sie die Herren Plumlee und Rozul für ein paar Stunden daran gehindert haben, ihre Funktionen im Rahmen des Mutlanger Langzeitverbrechens auszuüben. Und was wird man – wenn es noch Menschen geben sollte, die den atomaren Winter als denkende Wesen überstehen – von den Richtern sagen, die sich für oder gegen diese Form des Widerstandes entschieden haben? Sie, Herr Richter, haben noch die Freiheit der Entscheidung. Ich wünsche Ihnen einen Freispruch.

Es gelang uns nicht, den Schwäbisch Gmünder Richter von einem Urteilsspruch abzuhalten, der, wie ich an anderer Stelle meines Plädoyers gesagt hatte, »schon in einigen Jahren, wenn nicht früher, zur peinlichen Makulatur der deutschen Rechtsgeschichte gehören wird, an der wir ja keinen Mangel haben«. Peter Henkel zitierte in der *Frankfurter Rundschau* vom 28.10.1987 diesen Satz und fuhr fort:

Hannover gründet seinen Optimismus auf die wachsende Zahl von Gerichten, die diesen Kurs verlassen und freisprechen. Das Amtsgericht Schwäbisch Gmünd gehört nicht dazu. Am Montagabend ist es in Gestalt des Amtsrichters Klaus Mayerhöffer, zum xten Male seiner »Verurteilungslethargie« erlegen, die der Angeklagte Ulf Panzer an der Schwäbisch Gmünder Rechtsprechung beklagt hat – und das ausgerechnet im Prozeß gegen drei Richterkollegen …

Am Ende braucht Richter Mayerhöffer eine knappe Viertelstunde. Im Sauseschritt durcheilt er das von den Angeklagten mit soviel Aufwand beackerte Gelände: Die drei haben US-Soldaten aufgehalten und damit gegen den Nötigungsparagraphen 240 StGB verstoßen, der die Freiheit der Willensentscheidung anderer zu schützen da ist; das war verwerflich, und es kommt ihm, ungeachtet aller hehren politischen Ziele, ein erhöhtes Maß sittlicher Mißbilligung zu; es war Gewalt, und die darf keinen Platz haben in der politischen Auseinandersetzung; die Stationierung war gewollt von der zuständigen Regierung; ein Völkerrechtsverbrechen stellt sie nicht dar.

»Ein Vergleich mit Vorgängen des Dritten Reiches verbietet sich«, sagt Richter Mayerhöffer lakonisch. Und: Andere Formen der Meinungsäußerung hätten bestanden, gibt er dem ähnlich einsilbigen Plädoyer der Staatsanwaltschaft recht. Die drei angeklagten Richter beherrschen sich sichtlich. »Es wäre ja ein Skandal«, hatte Michael Passauer unter Bezugnahme auf das gängige Bild von den die Augen einander niemals aushackenden Krähen zu seinem Richter gesagt, »wenn Sie ausgerechnet uns freisprechen würden«. Der Skandal ist vermieden worden.

Das mit der Berufung gegen dieses Urteil befaßte Landgericht Ellwangen, bisher auf harter Linie, ließ die Sache jahrelang liegen, ohne Termin zur Hauptverhandlung anzuberaumen, fragte dann an, ob wir mit einer Einstellung des Verfahrens gegen Zahlung einer Buße von 600 DM einverstanden wären – wir sagten nein – und stellte schließlich mit Beschluß vom 10.12.1993 das Verfahren wegen überlanger Verfahrensdauer ohne Buße ein. Es kam der Entscheidung des Bundesverfassungsgerichts, wonach Sitzblockaden nicht mehr als Gewalt im Sinne des Nötigungstatbestandes gelten, nur um drei Monate zuvor. Mit seiner am 15. März 1995 veröffentlichten Entscheidung korrigierte das Bundesverfassungsgericht sein eigenes Urteil aus dem Jahre 1986 nunmehr in anderer Besetzung. Ein paar tausend Urteile gegen Sitzdemonstranten, mit denen Hunderte von Richtern sich jahrelang beschäftigt hatten, waren, wie 1987 prophezeit, zur peinlichen Makulatur der deutschen Rechtsgeschichte geworden.

Aber gemach, so schnell gibt sich die konservative Fraktion in diesem Land der juristischen Peinlichkeiten nicht geschlagen. Aus dem bayerischen Justizministerium war schon am Tage des Karlsruher Urteils zu hören, daß diese Entscheidung »schädlich für die Kultur der politischen Auseinandersetzung und für den rechtstreuen Bürger kaum verständlich« sei. Und auch in Bonn rügte ein CDU-Politiker das Urteil als »unerträglich«. Dann müsse eben ein neues Gesetz her, war zu hören.

Man kann um unser und unserer Kinder Leben willen nur hoffen, daß aus Minderheiten Mehrheiten werden, die sich nicht nur symbolisch, sondern effektiv gegen den Würgegriff der internationalen Rüstungslobby und deren parlamentarische und medienpolitische Repräsentanz zur Wehr setzen. Die Bürger, die vor dem amerikanischen Vernichtungswaffendepot demonstriert und dafür die Konfrontation mit der Polizei und verurteilungswilligen Richtern nicht gescheut haben, verdienen unseren Dank und unseren Respekt. Das war auch die Meinung von 554 Richtern und Staatsanwälten, die in einer großformatigen Anzeige in der Wochenzeitung *Die Zeit* vom 13.2.1987 sich mit den 20 Berufskollegen solidarisierten und an die Verantwortlichen appellierten: »Beendet den Wahnsinn der atomaren Rüstung!«. Auch 228 Rechtsanwälte bekannten sich in einer am 14.7.1987 in der *Frankfurter Rundschau* veröffentlichten Anzeige zur Solidarität mit den angeklagten Richtern und schrieben:

Wer verantwortlich denkende Menschen, die sich gegen den atomaren Rüstungswahnsinn wenden, verurteilt und kriminalisiert, leistet juristisch Beihilfe zur Durchsetzung der atomaren Hochrüstung und Einschüchterung der Friedensbewegung. Um so bedeutsamer und erfreulicher ist es für uns, daß der Widerstand gegen diese Politik und diese Rechtsprechung nun auch Kreise der Justiz ergriffen hat. Wir fühlen uns verbunden mit den Kolleginnen und Kollegen aus der Justiz, die sich angesichts der existenziellen Bedrohung der gesamten Menschheit durch den atomaren Wahnsinn nicht mäßigen, sondern vernehmlich ihre Stimme für den Schutz des Lebens und damit letzten Endes auch für den Schutz unserer Verfassung erheben.

Ein Richter am Bayerischen Verwaltungsgericht München schrieb in einem Leserbrief an die *Süddeutsche Zeitung* (31.1./1.2.1987):

Wenn diejenigen, die jetzt nach Sanktionen gegen diese Richterinnen und Richter rufen, sich mit dem gleichen Eifer für die Erhaltung des Friedens und für Abrüstung einsetzen würden, sähe es wohl besser auf dieser Welt aus …

Ich verstehe allerdings gut die Aufregung in einer so autoritätsfixierten Gesellschaft wie der unsrigen, wenn ziviler Ungehorsam auch von Angehörigen einer Berufsgruppe geleistet wird, die gemeinhin als immun gegen diesen Bazillus gilt. Für mich haben meine Kolleginnen und Kollegen ein ermutigendes Zeichen für eine andere Entwicklung in unserem Land gesetzt.

18. Der »Mord« in der Diskothek »Paradiso« (1987–1991)

In der Nacht zum 16. Mai 1987 war es in der Diskothek »Paradiso« in Weener/Ostfriesland zu Auseinandersetzungen zwischen dem Wirt, dem 38jährigen Kaufmann Walter Fokken, und einigen Gästen gekommen, bei denen es einen Toten und zwei Verletzte gegeben hatte. Ausgelöst wurde das Geschehen durch den von Fokken persönlich vollzogenen Rausschmiß eines weiblichen Gastes, der einige andere Gäste dermaßen empörte, daß sie den Gastwirt auf der Straße vor seiner Diskothek zusammenschlugen. Trotz eines von diesem nunmehr verkündeten Hausverbots (»Ihr kommt hier nicht mehr rein!«) versuchten mehrere Gäste, an dem vor der äußeren Eingangstür stehenden Fokken vorbei wieder in die Diskothek zu gelangen, vorneweg die Brüder Uwe und Manfred C., die an der Mißhandlung des Wirtes auf der Straße aktiv beteiligt gewesen waren. Fokken wich bis in den Windfang der Diskothek, einen winzigen trapezförmigen Raum, zurück. Dort verletzte er Uwe C. durch einen Messerstich tödlich, während zwei weitere Personen, Manfred C. und Timo Friedrich*, leichtere, oberflächliche Schnittverletzungen erlitten. Die Verletzung des Timo Friedrich wurde nicht angeklagt, da dieser nach eigenem Bekunden selbst ins Messer gefaßt hatte. Die Tötung des Uwe C. jedoch war als Totschlag (§ 212 StGB), die Verletzung des Manfred C. als gefährliche Körperverletzung (§ 223a StGB) angeklagt worden. Für beide Taten hatte die Staatsanwaltschaft aufgrund eines von ihr eingeholten Gutachtens der Sachverständigen Frau Dr. med. Sliwka (Nervenärztin am Niedersächsischen Landeskrankenhaus Osnabrück) verminderte Schuldfähigkeit im Sinne des § 21 StGB angenommen (»affektive Zuspitzung seines Gemütszustandes in Zusammenwirken mit einer nicht unerheblichen Alkoholbeeinflussung«).

Ich verteidigte Herrn Fokken in der vor einer Schwurgerichtskammer des Landgerichts Aurich – Vorsitzender Richter

* Name geändert

W. – vom 2. August bis 28. September 1988 durchgeführten Hauptverhandlung mit dem Ziel des Freispruchs, weil ich davon ausging, daß er in Notwehr gehandelt hatte. Für mich stellte sich die Sache so dar, daß Fokken gegen die Gäste, die an seiner Mißhandlung auf der Straße beteiligt gewesen waren, ein Hausverbot erteilt hatte – wozu er ohne weiteres berechtigt war – und sodann versucht hatte, diesem Hausverbot durch Vorzeigen eines Messers Nachdruck zu verleihen. Das Hausrecht ist nach anerkannter Rechtsprechung ein notwehrfähiges Rechtsgut. Fokken durfte daher die Gäste notfalls mit Gewalt am Betreten des Lokals hindern, wenn sie sich über sein Hausverbot hinwegsetzten. Fokken sah sich einer Übermacht gegenüber – die ins Lokal zurückflutende Menge wurde auf 20 bis 25 Personen geschätzt – und durfte sich daher auch bewaffnen, um sein Notwehrrecht durchsetzen zu können. Aber man nahm seine Drohung offenbar nicht ernst und drängte ihn, der zunächst auf einem durch eine Treppenstufe gebildeten Podest zwei bis drei Schritte vor der Eingangstür gestanden hatte, immer weiter zurück. Die Brüder C. befanden sich bereits im Windfang, als der folgenschwere Messerstich erfolgte, hatten also den durch das Hausrecht geschützten Bereich bereits betreten und damit Hausfriedensbruch begangen. Das war, in der Terminologie des Notwehrparagraphen, ein »gegenwärtiger rechtswidriger Angriff« auf das Hausrecht, der Fokken zur Notwehr berechtigte.

Daß der Messerstich, den Fokken in der Enge des Windfangs dem ins Lokal drängenden Uwe C. versetzte, eine tödliche Verletzung zur Folge hatte, hat Fokken nicht sogleich mitgekriegt, später, als er es in der Haft von einem Polizeibeamten erfuhr, aber zutiefst bedauert. Der Polizeiobermeister Bernhard J. hat darüber einen Aktenvermerk angelegt:

Während des Gesprächs in der JVA Aurich sagte mir Herr Fokken über sein Verhalten und seine Gefühle sinngemäß folgendes:

Bernhard, ich bin am Ende. Ich bin fertig. Ich habe schon viele Schlägereien gehabt; du kennst mich ja. Aber jetzt habe ich einen umgebracht. Das wollte ich nicht. Ich kann manchmal sehr wütend werden; dann kann ich sofort draufhauen. Ich bin von Kind an »jähzornig« gewesen. Ich kann aber sofort wieder vergessen. Ich bin nicht nachtragend. Nur diese Sache kann ich nicht vergessen. Es tut mir sehr leid.

Das waren, so meinte ich, nicht die Worte eines Menschen, der einen anderen vorsätzlich umgebracht hatte. Der Polizeibeamte Bernhard J., später in zwei Gerichtsverhandlungen als Zeuge befragt, faßte seine Eindrücke von Fokkens Gemütsverfassung so zusammen:

Fokken machte einen verzweifelten Eindruck. Auf jeden Fall, daß es ihm sehr, sehr leid tat. Auch hilfesuchend. So waren meine Eindrücke.

Ähnlich äußerte sich der Kriminalhauptkommissar Otto R.. In seiner Gegenwart hatte Fokken wiederholt geweint, als er auf den Tod des Uwe C. zu sprechen kam. Er habe schon manchen »Schiet« gemacht, sagte Fokken auf plattdeutsch bei einem Gespräch in der Untersuchungshaftanstalt, aber bisher habe er alles wiedergutmachen können.

Ich bin hingegangen und habe gesagt: so und so, alles wieder klar. Hier ist aber einer tot. Das belastet mich. Ich möchte den Eltern was sagen, irgendwie mit ihnen sprechen. Aber wie? Es ist alles noch so frisch. Ich werde moralisch damit nicht fertig (weint weiter).

So hatte R. Fokkens Worte in einem Aktenvermerk festgehalten. Und ich glaubte, als ich die Akten las, daß dieser Angeklagte gut zu verteidigen sein müßte. Denn ich konnte mir nicht vorstellen, daß Richter, die zur Unparteilichkeit verpflichtet sind und die Wahrheit finden wollen, der Unterstellung der Anklage folgen würden, dieser Mann habe den Tod des Uwe C. »billigend in Kauf genommen« (so die juristische Formel für bedingt vorsätzliches Handeln).

Nach Aktenlage gab es Zeugen, die Fokken zu irgendeinem Zeitpunkt mit einem Messer in der Hand vor der Tür der Diskothek stehend gesehen und gehört hatten, wie er gleichzeitig sagte: »Ihr kommt hier nicht mehr rein!« Einige behaupteten, dies sei erst gewesen, als Uwe C. schon von dem Messerstich getroffen zu Boden gesunken war; vorher hätten sie ein Messer in Fokkens Hand nicht gesehen. Einige bekannten sich dazu, daß sie die zeitliche Reihenfolge nicht mit Sicherheit erinnerten. Und mindestens zwei, der Zeuge Erwin Hamann* und die Zeugin Anke Bermann*, hatten den Vorgang so geschildert, daß das mit einem Hausverbot verbundene Vorzeigen des

* Namen geändert

Messers vor der tödlichen Verletzung des Uwe C. gelegen haben muß. Nur diese Reihenfolge der Ereignisse erschien mir sinnvoll, wenn man davon ausgeht, daß Fokken sich und seine Diskothek durch ein Hausverbot vor dem Eindringen unerwünschter Gäste schützen wollte. Diese, wie ich meine, plausible Motivation seines Handelns nahmen nicht nur mehrere Zeugen, sondern auch die psychologisch kundigen Sachverständigen an. Nach dem Zustechen blieb Fokken nur noch die Flucht vor der empörten »Meute« – ein von Zeugen gebrauchter Ausdruck – und die Preisgabe seines Eigentums an die Zerstörungswut der »aufgebrachten, hysterischen Menschenmenge« – so die Bezeichnung der Gäste durch den kurz nach dem Vorfall eingetroffenen Polizeihauptmeister Hero G. So wurde denn auch eine Scheibe der Diskothek durch Steinwurf zerstört und Fokkens Mercedes erheblich demoliert. Und auch Fokken selbst wurde ein Opfer der Volkswut und nochmals auf der Straße zusammengeschlagen. Die Tötung des Uwe C. war also sicher das denkbar ungeeignetste Mittel, wenn es Fokken darum gegangen wäre, sich, wie ihm der Staatsanwalt unterstellte, als »der starke Mann von Weener« darzustellen.

Der Staatsanwalt sah fast alles anders. Zwar ging auch er in seinem Plädoyer vor dem Landgericht Aurich davon aus, daß der Angeklagte das Messer geholt habe, »um das Aussprechen des Hausverbots zu untermauern«. Auch wolle er nicht behaupten, daß Fokken den Uwe C. töten wollte, als er das Messer holte. Er habe geglaubt, »den Nimbus sich wiederaufzubauen, den er haben wollte«. Die Sache sei dann »aus seiner Sicht völlig danebengegangen«. Die Menge habe »anders als erwartet reagiert«. Mit anderen Worten: Fokken hatte auch nach Meinung des Staatsanwalts darauf vertraut, daß die Menge das Hausverbot respektieren würde. Und wenn sie es getan hätte, würde Uwe C. heute noch leben. Aber die Menge, voran die Brüder C., wollte ungeachtet des ausgesprochenen Hausverbots wieder in die Diskothek hinein. Der Staatsanwalt:

> Und dann kam es zu der Drängelei, bei der es zu der Fehlreaktion kam. Er hat nicht zugestochen, um sein Hausrecht zu verteidigen, sondern weil er wütend war, daß seine Anordnungen nicht befolgt wurden.

Als Jurist wußte der Staatsanwalt, daß der Angeklagte im Recht war, wenn er sein Hausrecht verteidigte. Also mußte die

Wut als Tatmotiv erfunden werden. Es gab nicht einen Zeugen, der Fokken in diesem Augenblick als wütend beschrieben hatte, im Gegenteil, gerade aus der angeblichen »Friedlichkeit« der »Unterhaltung« zwischen Fokken und Uwe C. wurde hergeleitet, daß man nicht mit Fokkens Widerstand gerechnet habe. Hingegen gab es mindestens eine Zeugin, die ihm Angst angesehen hatte, er sei ganz weiß im Gesicht gewesen. Und an anderer Stelle seines Plädoyers bekannte denn auch der Staatsanwalt, daß Fokken »durch die Angst zur Tat gekommen« sei. Aber er blieb dabei, daß es Fokken nicht um die Verteidigung seines Hausrechts gegangen sei. Wenn er wirklich sein Hausrecht hätte verteidigen wollen, hätte er Alternativen gehabt. Fokken hätte einfach die Tür zuschließen oder die Polizei rufen können. Wirklich? Hätten die Gäste sich mit einer zugeschlossenen Tür ohne weiteres abgefunden? Wäre die Polizei schnell genug gekommen? Und warum Polizei, wenn sich die Situation schon wieder beruhigt hatte, wie der Staatsanwalt unter Berufung auf bestimmte Zeugen immer wieder betonte? Auch der Staatsanwalt war ja davon ausgegangen, daß Fokken damit gerechnet hatte, die Menge würde sich schon von der verbalen Verkündung eines Hausverbots beeindrucken lassen (»die Menge reagierte anders als erwartet«). Jetzt war es zu spät für Alternativen, sagte ich in meinem Plädoyer, jetzt hatte Fokken nur noch die Wahl zwischen Durchsetzung oder Preisgabe seines Hausrechts. Eine Entscheidung, die er in Sekundenbruchteilen treffen mußte, bedrängt von Gästen, die ihn schon bis in den Windfang seines Lokals zurückgeschoben hatten. Der Staatsanwalt versuchte in seinem Auricher Plädoyer noch, den Tatort vor die äußere Eingangstür zu verlegen, was aber in allzu krassem Widerspruch zum Ergebnis der Beweisaufnahme stand. Manfred C. hatte ganz eindeutig ausgesagt, daß er und sein Bruder sich bereits in der Mitte des Windfangs befanden. Sie hatten sich also in diesem Augenblick ganz sicher ins Unrecht gesetzt. Daß es dennoch klüger gewesen wäre, auch jetzt noch nachzugeben, steht auf einem anderen Blatt. Das wußte im nachhinein auch Herr Fokken. Aber gerade Juristen ist eigentlich diese Denkweise, daß das Recht dem Unrecht nicht zu weichen brauche, sehr vertraut. Es kommt allerdings darauf an, wer sich auf das Recht beruft. Und Herr Fokken genoß nicht nur bei dem Gros der Zeugen, sondern auch bei dem Staatsanwalt und den Richtern keine großen Sympathien.

Ich habe in meiner ganzen Praxis eine derartige Explosion von Haß, die sich gegen einen Angeklagten ausgeschüttet hat, nie erlebt.

Das sagte der Staatsanwalt am Beginn seines Auricher Plädoyers. Aber nicht etwa mit der Konsequenz, alle belastenden Zeugenaussagen besonders kritisch auf ihre Glaubwürdigkeit zu prüfen, sondern mit erkennbarer Tendenz, diesen Haß für berechtigt zu erklären.

Es handelt sich nicht nur um eine böse Tat, sondern um eine bösartige Tat.

So der Staatsanwalt weiter. Fokken habe den Ausbruch der Explosion des Hasses schuldhaft vorbereitet, indem er einen weiblichen Gast, Margit Overbeck*, in so brutaler Weise vor die Tür gesetzt habe, daß helle Empörung bei den anderen Gästen aufgeflammt sei. Das habe den Volkszorn ins Wallen gebracht und die weiteren Ereignisse ausgelöst. Auf die Abreibung, die Fokken dann seitens mehrerer Gäste zuteil wurde, ging der Staatsanwalt nur kurz ein. Er hob hervor, daß es nicht Uwe C. gewesen sei, der Fokken niedergeschlagen habe. Daß Uwe C. nicht unbeteiligt an Fokkens Mißhandlung war, konnte er allerdings nicht verschweigen. So hatte der Zeuge Bernd Koepcke* noch am Tattage zu polizeilichem Protokoll erklärt:

Als wir nun draußen waren, habe ich gesehen, daß einer der beiden C.-Brüder sich den Walter griff und ihn zu Boden riß. Als er am Boden lag, wurde er von beiden Brüdern auch mit Füßen getreten. Vorher hatten sie ihn schon mit Fäusten geschlagen …

Aber gerade diese handfeste Antwort der Brüder C. auf Fokkens Verhalten gegenüber Margit Overbeck – sie war die Verlobte des Uwe C. gewesen und hatte mit ihm ein Kind – lieferte dem Staatsanwalt das angebliche Tatmotiv des Angeklagten: Rache. Dabei mußte er unterstellen, daß der Zufall dem Angeklagten zu Hilfe gekommen ist, indem er Uwe C., von dem der Angeklagte fälschlich angenommen habe, daß dieser ihn niedergeschlagen habe, ihm geradezu ins Messer laufen ließ. Und zwar so, daß der Angeklagte für seinen Racheak

* Namen geändert

»rechtsmißbräuchlich« ein Notwehrrecht in Anspruch nehmen konnte. Eine komplizierte Konstruktion, wie sie sich nur ein Juristengehirn ausdenken kann, die aber sicher nichts mit dem zu tun hatte, was sich im Kopf des Angeklagten und im Windfang der Diskothek »Paradiso« abgespielt hat.

Aber der Staatsanwalt hatte genau den Ton getroffen, der bei den Auricher Richtern und Schöffen ankam. In dem am 28. September 1988 verkündeten Urteil – zehn Jahre Freiheitsstrafe wegen Totschlags in Tateinheit mit gefährlicher Körperverletzung – überboten sie ihn noch an Emotionalität und entwarfen, bevor sie überhaupt zur Sache kamen, das Kolossalgemälde eines gewalttätigen Menschen, dem nicht nur Mißhandlungen seiner geschiedenen Ehefrau und anderer als Zeuginnen vernommener Frauen, sondern auch Schläge, die seine »Rausschmeißer« gegen renitente Gäste ausgeteilt hatten, angelastet wurden. Das eigentliche Tatgeschehen sollte sich nach dem Urteil so abgespielt haben:

Nachdem der Angeklagte sich von dem Niederschlag auf der Straße wieder erhoben hatte, sei er etwa fünf bis sieben Minuten an einem Zaun neben der Diskothek stehengeblieben. Er habe gewußt, »daß er nichts mehr zu befürchten hatte«. Zur Überzeugung der Kammer habe der Angeklagte gedacht,

daß man einen Walter Fokken nicht ungestraft niederschlagen dürfe, und daß er sofort jetzt in irgendeiner Weise reagieren müsse, um vor allen Leuten zu beweisen, daß er der Chef im Hause, seiner Diskothek und deren Umfeld sei, daß er zwar ein Gefecht, nicht aber die Schlacht verloren habe.

Also habe er sein Klappmesser aus der Diskothek geholt,

um dem Uwe C., der ihm nach seiner Auffassung die Schmach angetan hatte, unter Einsatz des Messers eine Lektion zu erteilen.

Er habe das Messer verdeckt getragen. Die Brüder C. seien »langsam, in erkennbar friedlicher Weise« auf den Angeklagten zugekommen.

Uwe C. glaubte, durch beruhigendes Zureden doch herein zu können, um in der Diskothek sein Bier austrinken zu können und zumindest seine Jacke holen zu können. Um vom Angeklagten reingelassen zu werden, bat er in ruhigem und versöhnlichem Ton um

Einlaß, wobei er sinngemäß sagte, es sei doch alles vorbei, der Angeklagte solle sie doch hineinlassen und ihr Bier austrinken lassen. Der Angeklagte wiederholte jedoch in normaler Tonlage sinngemäß sein erteiltes Hausverbot, wobei weder ein heftiger noch gar drohender Unterton mitschwang.

Also geschickte Tarnung seiner bösen Absichten. Denn die allwissenden Richter wissen, was der Angeklagte im Schilde führte:

Tatsächlich ging es dem Angeklagten auch gar nicht um das Hausverbot, sondern er dachte an das Messer, welches er zu einer nachhaltigen Lektion gegenüber Uwe C. einsetzen wollte.

Wie der Angeklagte nunmehr den Uwe C. zum Zwecke der Lektionserteilung in den Windfang gelockt hat, liest sich im Urteil so:

Als Uwe C. dem Angeklagten seine Hand ohne Kraftaufwand auf den Arm legte, schob der Angeklagte diesen etwas weg, sagte jedoch nichts und ging nunmehr, ohne von Uwe C. oder einer anderen Person hierzu genötigt zu werden, weitere 1-2 kleine Schritte rückwärts über die Türschwelle in den Windfang.

Die Brüder C. folgten ihm in dem Glauben, »jetzt auf gütlichem Wege doch noch Einlaß in die Diskothek zu bekommen«. Darauf hatte der Angeklagte, wenn man dem Gericht glauben will, nur gewartet, denn:

Als er sich jetzt im engen Windfang auf Armeslänge dem Uwe C. und dem für ihn links daneben stehenden Manfred C. gegenüber sah, stach er mit dem bis dahin immer noch verdeckt geführten Messer blitzschnell und mit großer Wucht dem Uwe C. das Messer unterhalb des Rippenbogens links fast senkrecht von unten her ins Herz ...

Spätestens in diesem Augenblick habe der Angeklagte sich entschlossen, den Uwe C. »abzustechen«,

wobei er damit rechnete und es billigte, daß dieser gezielte und hef tige Stich zum Tode des Uwe C. führen werde.

Die Einlassung des Angeklagten, er sei nach dem Ergreifen des Messers nach draußen getreten und habe, das Messer zeigend, deutlich und mit Nachdruck Lokalverbot erteilt, sei widerlegt. Kein Zeuge habe, bevor Uwe C. niedergestochen war, ein Messer in der Hand des Angeklagten gesehen. Ebenso habe kein Zeuge zu diesem Zeitpunkt gehört, daß der Angeklagte ein Lokalverbot ausgesprochen habe.

Das war nun schlicht unrichtig und stand auch im Widerspruch zu an anderer Stelle des Urteils getroffenen Feststellungen. Wie überhaupt die schriftliche Urteilsbegründung an Widersprüchen litt, die dadurch zustandegekommen waren, daß der Vorsitzende Richter W. den Urteilsentwurf des Berichterstatters durch seitenlange handschriftliche Korrekturen verschlimmbessert hatte. Wohl in der Absicht, die Revisionsfestigkeit des Urteils zu erhöhen, hatte er genau das Gegenteil bewirkt. So hatte er übersehen, daß auf Seite 30 des Urteilsentwurfs die Einlassung des Angeklagten zutreffend wiedergegeben war, als er auf Seite 53 des Urteils die Behauptung einfädelte, der Angeklagte habe zu keinem Zeitpunkt »auch nur andeutungsweise zum Ausdruck gebracht, er habe befürchtet, die noch draußen stehenden, Einlaß wünschenden Gäste würden seine Diskothek zertrümmern, wenn sie wieder hineinkämen«. Das konnte der Bundesgerichtshof nicht durchgehen lassen, der das Auricher Urteil durch einstimmigen Beschluß vom 2. Mai 1989 aufhob. Er ersparte sich damit ein Eingehen auf weitere Revisionsgründe, die der Hamburger Kollege Gerhard Strate vorgebracht hatte, den ich als Revisionsspezialisten beigezogen hatte. Aber Strates Revisionsbegründung sollte für das weitere Verfahren doch noch Konsequenzen haben, so daß wir einen Blick hineinwerfen müssen.

Strate hatte u.a. gerügt, daß an dem Verfahren als beisitzender Richter und Berichterstatter der Richter Dr. H. mitgewirkt habe, der in entsprechender Anwendung des § 22 StPO von der Ausübung des Richteramtes kraft Gesetzes ausgeschlossen gewesen sei. Strate entnahm diesem Paragraphen den allgemeinen Rechtsgedanken, daß ein Richter nicht in eigener Sache tätig werden dürfe, und leitete einen Verstoß gegen dieses Verbot daraus her, daß Dr. H. Eigentümer eines Grundstücks sei, das der Angeklagte als Parkplatz für seine Diskothek »Paradiso« nutzte. Strate legte Kopie des Pachtvertrages zwischen Dr. H. und Walter Fokken vor, um zu belegen, daß der Richter »unmittelbarer Nutznießer der Diskothek ›Paradiso‹« sei, und zwar »in Form von regelmäßigen Pachtzahlungen«. Hinsichtlich der ihm gehörenden Teilstücke des Grundstücks, auf dem die Diskothek »Paradiso« betrieben wurde, sei der Richter Dr. H. als Verpächter neben dem Angeklagten auch Mitinhaber des Hausrechts. Er sei insoweit »Mitberechtigter« jenes Rechts, dessen Verteidigung der Angeklagte – nach den Feststellungen der Strafkammer allerdings »nur scheinbar« – für sich in Anspruch genommen habe.

Der Richter Dr. H. habe es auch hinsichtlich weiterer Umstände unterlassen, gemäß § 30 StPO von Verhältnissen Anzeige zu machen, die seine Ablehnung rechtfertigen könnten. Er sei nicht nur Miteigentümer des Geländes, auf dem die Diskothek »Paradiso« betrieben werde, sondern auch Eigentümer der sogenannten »Memminga-Burg«, eines früheren Hotels, das nunmehr in anderer Weise genutzt wurde. Dr. H. habe die »Memminga-Burg« an einen Heiner Schmieder* verpachtet, der einen Teil des Erdgeschosses an den Angeklagten unterverpachtet habe, der hier ebenfalls eine Diskothek, den sogenannten »Musikpalast«, betrieb. Der andere Teil der dem Richter Dr. H. gehörenden »Memminga-Burg« sei von Schmieder an einen Betrieb vermietet, der sich »Romantica-Bar« nenne. Die »Romantica-Bar« sei, mit Unterbrechungen, schon seit Jahren mit wechselnden Unterpächtern betrieben worden. Am 1. Oktober 1988 – zwei Tage nach der Urteilsverkündung gegen Fokken – sei die »Romantica-Bar« mit einem neuen Inhaber neu eröffnet worden, ein Ereignis, das die örtliche Tageszeitung mit dem Versprechen »Stephany und ihre Crew erwarten Sie« angezeigt habe. Strate verdeutlichte noch durch weitere Details, daß es sich um einen Bordellbetrieb handelte.

Das war nun starker Tobak, und ich hätte, wenn ich gefragt worden wäre, wahrscheinlich abgeraten, diese Umstände vorzutragen, wie ich dies auch vor Beginn der Hauptverhandlung getan hatte, als die Frage zu entscheiden war, ob wir den Richter Dr. H. als befangen ablehnen müßten. Herr Fokken und ich waren uns einig gewesen, daß dies das Prozeßklima von Anfang an verdorben hätte, selbst wenn dem Antrag stattgegeben worden wäre. Auch fürchtete Herr Fokken, daß ein Ablehnungsantrag gegen Dr. H. zur Kündigung des Pachtvertrages hätte führen können. Strate hatte denn auch »im Hinblick darauf, daß sich bei dieser mit starken Emotionen belasteten Sache in der Richterschaft des Landgerichts Aurich bereits eine

* Name geändert

feste Meinung gebildet haben dürfte«, den Antrag gestellt, die Sache an ein Schwurgericht eines benachbarten Gerichtsbezirks zu verweisen. Ein Antrag, dem der BGH durch Zurückverweisung an das Landgericht Oldenburg entsprach. Und so hofften wir, nunmehr zu Richtern zu kommen, die sich bei ihrer Entscheidung nicht von feindseligen Gefühlen gegen den Angeklagten würden leiten lassen.

Was wir nicht voraussehen konnten, und was auch der BGH nicht wußte: der Vorsitzende Richter der Auricher Schwurgerichtskammer, Herr W., ein Mann von starken Gefühlen, dessen Voreingenommenheit gegen Fokken sich in seinen Urteilskorrekturen allzu deutlich gezeigt hatte, war von Aurich wegversetzt worden. Und wohin? Ausgerechnet nach Oldenburg. Wo ihm in Herrn O., dem nunmehr zuständigen Schwurgerichtsvorsitzenden, ein würdiger Nachfolger und Kantinengenosse erwuchs. Die Auricher Richter konnten sicher sein, daß ihre Sache in guten Händen war, zumal auch der Auricher Staatsanwalt, ein Herr S., von seiner Behörde extra für diesen Prozeß nach Oldenburg geschickt wurde. Ein Mann, der sich keine Mühe gab, seinen Haß gegen Fokken (und dessen Verteidiger?) weiterhin mit »sanfter Rhetorik« zu tarnen, die ich ihm in Aurich noch bescheinigt hatte. In Oldenburg höhnte er: »Eine mit wenig Augenmaß eingelegte Revision kann ins Auge gehen.«

Der Ton, in dem die Verhandlung geführt wurde, war von Anfang an gereizt und unfreundlich. Dem Angeklagten war das minutiöse, einheitliche Lebensvorgänge in kleinste Partikel zerstückelnde Denken der Juristen nicht vertraut. Daraus ergaben sich dauernd kleine atmosphärische Spannungen nach folgendem Muster:

Beisitzender Richter B.: Wer hat auf Sie eingeschlagen?

Fokken: Das weiß ich nicht. Ich bin auch getreten worden. Von mehreren Seiten. Ich hatte überall Schmerzen.

B.: Ich habe nicht gefragt, wo Sie Schmerzen hatten.

Oder:

Fokken: Ich habe gedacht, daß die sich durch das Messer abschrecken lassen. Das war aber nicht der Fall. Die kamen immer näher. Ich dachte, wenn die das Messer sehen, daß die erst mal abwarten. Überhaupt nicht. Die kamen immer näher. Ich sagte: »Ihr kommt hier nicht mehr rein!«

Vorsitzender Richter O.: Haben Sie das noch näher erläutert?

Fokken: »Ihr kommt hier nicht mehr rein! Ihr habt Hausverbot.«

O.: Wie haben die anderen reagiert?

Fokken: Ich stand auf dem Podest, die kamen immer näher.

O.: Die haben sich also nicht beeindrucken lassen. Haben die was gesagt?

Fokken: Ja, daß sie wieder rein wollten.

O.: Was haben Sie noch im Ohr und wer was gesagt hat, was genau gesagt worden ist.

Fokken: Daß sie wieder rein wollten, wir trinken unser Bier weiter. Die Situation wurde für mich immer bedrohlicher.

O.: Ich wollte wissen, was die gesagt haben.

Oder:

Richter B.: War während der Auseinandersetzung zwischen Ihnen und Uwe C. die Außentür irgendwann mal geschlossen?

Fokken: Nein. Das kann gar nicht.

B.: Das ist eine Schlußfolgerung von Ihnen. Ich frage, ob sie geschlossen war.

Der Angeklagte konnte es den Herren nicht recht machen. Anders als im täglichen Leben muß bei Gericht alles doppelt und dreifach gesagt werden. Und wehe, der Angeklagte kennt sich nicht mit der pedantischen Unterscheidung zwischen Tatsachenbehauptung und Schlußfolgerung aus. Auch das Denken im Schneckentempo ist nicht jedermanns Sache. Herr Fokken jedenfalls hatte Schwierigkeiten, Vorgänge, die sich in Sekunden abgespielt hatten, in gedankliche Trippelschritte zu zerlegen. Man ließ ihn spüren, daß das nur daran liegen könne, daß er etwas zu verbergen habe.

Vielleicht sind diese kleinen Aggressionen, die der Angeklagte als Vorboten des Urteils verstehen muß und verstehen soll, ja im Grunde ehrlicher als die bei anderen Richtern anzutreffende Maske verständnisvoller Höflichkeit, die schon manchen Angeklagten darüber getäuscht hat, was ihn erwartet. Bei dieser Oldenburger Strafkammer wurde jedenfalls frühzeitig Flagge gezeigt.

Am neunten Verhandlungstag – das war am 13. März 1990 – war es dann soweit, daß ein Ablehnungsantrag wegen Besorgnis der Befangenheit gegen die drei Berufsrichter und die beiden Schöffen unvermeidlich wurde. An diesem Tage waren zwei Zeugen vernommen worden: der 39jährige Maler Ekkehard Hansen*, ein langjähriger Mitarbeiter und Freund des Angeklagten, und der 23jährige Koch Armin Wöhr*, ein Diskothekengast. Ein dritter geladener Zeuge wurde nach Hause geschickt, weil das Gericht am Ende dieses Verhandlungstages, nachdem man uns stundenlang hatte warten lassen, einen für alle Prozeßbeteiligten – außer den Staatsanwalt – völlig überraschenden Beschluß verkündete: Es wurde die vorläufige Festnahme des Zeugen Ekkehard Hansen angeordnet, weil dieser dringend verdächtig sei, vorsätzlich falsch ausgesagt und versucht zu haben, den Angeklagten einer Bestrafung zu entziehen. Die Falschaussage sollte darin bestanden haben, daß der Zeuge Ekkehard Hansen bestritten hatte, unmittelbar nach dem Ereignis, bei dem Uwe C. getötet worden war, noch mit Walter Fokken gesprochen zu haben. Das hatte der Zeuge schon bei seiner polizeilichen Vernehmung zwei Tage nach dem Vorfall so gesagt (»Ich habe ihn danach nicht mehr wiedergesehen. Es ist deswegen falsch, wenn ein Zeuge behauptet, daß ich nach dem Vorfall noch mit Walter im Lokal oder im Eingangsbereich gesprochen habe«). Der Zeuge, der dies behauptet hatte, war Armin Wöhr, ein Zeuge, den die Auricher Strafkammer als unglaubwürdig abgetan hatte, weil seine Beobachtungen zum Gedränge an der Tür nicht ins Konzept paßten (»Die Aussage des Zeugen Wöhr ist nicht geeignet, die Einlassung des Angeklagten zu stützen. Dieser Zeuge, der sich selbst zur Tatzeit als deutlich ›angeheitert‹ bezeichnet hat und, wie seine ausführliche Vernehmung ergeben hat, von relativ geringem Intellekt ist, hat offensichtlich einiges durcheinander geworfen bzw. nicht richtig erfaßt«). Nun erwies er sich doch als brauchbar, den Zeugen Ekkehard Hansen einer Falschaussage zu überführen. Der Zeuge Wöhr habe bekräftigt, sich dieser Sache absolut gewiß zu sein, hieß es in dem Gerichtsbeschluß. Seine Aussage decke sich auch weitgehend mit der Einlassung des Angeklagten hierzu (Fokken hatte gesagt, er könne nicht ausschließen, noch kurz mit Ekkehard Hansen gesprochen zu haben). Ferner werde die Aussage auch gestützt durch die Bekundungen der Zeugin Anke Hanken* vor der Polizei.

In meinem Ablehnungsantrag wies ich darauf hin, daß außer Wöhr kein Zeuge das angebliche Gespräch zwischen Fokken und Hansen wahrgenommen hat. Auch Anke Hanken, die in

* Namen geändert

der Hauptverhandlung noch nicht vernommen war, wurde aus dem Polizeiprotokoll falsch zitiert; sie hatte von einem Gespräch *vor* dem Vorfall mit Uwe C. berichtet. Über den Inhalt des angeblichen Gesprächs hatte auch Wöhr nichts sagen können, er hatte nur gesehen, aber nichts gehört. Was da fehlte, ersetzten die Richter durch freie Phantasie.

Auch der Umstand, daß der Angeklagte selbst erklärt hatte, er könne sich an ein solches Gespräch nicht erinnern, wolle es aber nicht ausschließen, ließ die Richter nicht an die Möglichkeit denken, daß das Gespräch, wenn es denn stattgefunden haben sollte, einen belanglosen Inhalt gehabt haben und deshalb von Ekkehard Hansen vergessen worden sein könnte (es liegt z.B. nahe, daß Fokken ihm gesagt haben könnte: »Ich hau ab, paß du auf den Laden auf«).

Sie vermuteten offenbar, daß es um das Verschwindenlassen des Tatmessers gegangen sei. Man glaubte Fokken nicht, daß er es auf der Flucht weggeworfen hatte, denn die Polizei hatte es an der von Fokken bezeichneten Stelle nicht gefunden. Man glaubte offenbar auch mir nicht, daß eine dem Angeklagten nahestehende Person, deren Identität ich nicht preisgeben dürfe, das Messer in falscher Einschätzung seiner Interessenlage beseitigt habe. Offenbar hatte man kombiniert, das könne nur Ekkehard Hansen gewesen sein, und hoffte nunmehr, diesem Beweismittel durch Haussuchung bei diesem Zeugen auf die Spur zu kommen. Aber Richter, die sich als Detektive betätigen, haben nicht immer eine glückliche Hand. Dies hier wurde ein Schlag ins Wasser. Weder fand man das Messer, noch reichte es auch nur zu einer Anklage gegen Ekkehard Hansen. Aber den Richtern, die über Fokkens Schicksal zu entscheiden hatten, reichte es zu einem Festnahmebeschluß, bei dem sie nicht nur einen dringenden Tatverdacht – Falschaussage und Strafvereitelung –, sondern auch Flucht- und Verdunkelungsgefahr bejahten. (Der Kollege Armin von Döllen, der Ekkehard Hansens Verteidigung übernahm, setzte bald darauf bei einer nüchterner denkenden Amtsrichterin die Aufhebung des abenteuerlich begründeten Haftbefehls durch – wegen der »Nähe der holländischen Grenze« hätte man in Ostfriesland jeden Eierdieb als fluchtverdächtig behandeln können).

Die fabulatorische Kühnheit, mit der das Gericht zu wissen vorgab, welchen Inhalt das angeblich zwischen Fokken und Hansen geführte Gespräch gehabt haben sollte, ließ bereits erkennen, mit welchen Mitteln man den Schuldbeweis gegen den

Angeklagten zu führen gedachte. Alles, was zum Inhalt dieses Gesprächs festgestellt werden könne, entstamme einzig und allein der Phantasie der abgelehnten Richter und Schöffen, schrieb ich in meinem Antrag. Damit hätten sie einen Schuldspruch vorweggenommen, bei dem auch Vermutungen und Vorurteile zur Überzeugungsbildung herangezogen werden sollten. Man werde Verständnis dafür haben müssen, daß der Angeklagte, der schon einmal erlebt habe, daß ein Gericht ihm eine Tötungsabsicht unterstellt habe, wo in Wirklichkeit ein Notwehrmotiv gegeben war, hellhörig sei gegenüber bestimmten Wendungen des die Festnahme des Zeugen Ekkehard Hansen begründenden Beschlusses, die darauf hindeuteten, daß auch dieses Gericht sich hinsichtlich der Schuldfrage bereits festgelegt habe.

Der Ablehnungsantrag hatte das Schicksal fast aller Ablehnungsanträge: er wurde von drei Richtern einer anderen Strafkammer als unbegründet zurückgewiesen. Mit Genugtuung verlas Herr O. in der Sitzung vom 29.3.1990 den von seinen Richterkollegen gefaßten Beschluß, wonach kein Grund vorliege, Mißtrauen gegen die Unparteilichkeit der abgelehnten Richter zu rechtfertigen. Auch der in meinem Ablehnungsantrag gerügte Umstand, daß eine Ausfertigung des Festnahmebeschlusses zwar dem Staatsanwalt, nicht aber dem Verteidiger ausgehändigt worden war – ich mußte ihn mir erst über den Verteidiger des Ekkehard Hansen beschaffen –, fanden die Richterkollegen in Ordnung. Der Verteidiger hätte sich ja durch Akteneinsicht Kenntnis verschaffen können. Daß es sich um einen Versuch gehandelt haben könnte, einen Ablehnungsantrag, der nach dem Gesetz »unverzüglich« gestellt werden muß, zu verhindern oder zu erschweren, lag außerhalb ihrer Vorstellungskraft. Auch die Aushändigung des Beschlusses über den Ablehnungsantrag wurde übrigens (entgegen ausdrücklicher gesetzlicher Bestimmung; § 35 StPO!) verweigert, der Verteidiger erhielt ihn erst eine Woche später auf telefonisches Drängen von der Geschäftsstelle.

An Machtdemonstrationen und Schikanen ließen es diese soeben mit dem kollegialen Persilschein als unbefangen deklarierten Richter nicht fehlen. Eines Tages führte Herr O. entgegen der bis dahin geübten Praxis das Aufstehen der Prozeßbeteiligten bei jedem Erscheinen des Gerichts ein. Eine Begründung dafür wurde nicht gegeben, aber es war offensichtlich und sollte wohl auch so verstanden werden, daß wir wie böse Schulbuben behandelt wurden, weil ein von mir gestellter Beweisantrag das Gericht verärgert hatte, von dem gleich noch die Rede sein wird. Herr Fokken, ein gefälliger und anpassungsfähiger Mensch, hatte keine Probleme mit dem Affentheater der ständig wiederholten Ehrenbezeigung, und auch ich versuchte, im Gedenken an Fritz Teufels klassischen Ausspruch »Wenn's der Wahrheitsfindung dient« die Sache mit Humor zu nehmen. Als es auf Weihnachten ging, überreichte ich Herrn O. außerhalb der Sitzung als »Weihnachtsgeschenk« einen Auszug aus den Richtlinien für das Strafverfahren, aus denen sich ergibt, daß es nur zu Beginn der Sitzung üblich ist, sich bei Erscheinen des Gerichts zu erheben. Herr O. gab zu verstehen, daß er das wisse, ließ es aber bei der von ihm verfügten Disziplinierung der Verfahrensbeteiligten. Und so trugen wir weiterhin zu einer Wahrheitsfindung bei, die solcher Stärkungen bedurfte.

Auslöser für diese demonstrativ schikanöse Militarisierung des Verhandlungsrituals war ein von mir gestellter Beweisantrag gewesen, der die Vernehmung einiger Zeugen notwendig machte, die das Gericht zunächst nur widerwillig, dann aber mit wachsendem Interesse anhörte. Die Zeugin Anke Hanken, eine der Familie des Getöteten freundschaftlich verbundene Person, hatte von einem Gerücht berichtet, wonach die Ehefrau des Angeklagten bestimmten Personen Geld oder Forderungsverzicht angeboten haben sollte, wenn sie für den Angeklagten vor Gericht günstig aussagen. Das Gericht hatte dieses von der Zeugin Hanken kolportierte Gerücht so ernst genommen, daß es die als Zuhörerin im Saal befindliche Ehefrau des Angeklagten hinausschickte, sie aber nicht etwa, was sachgemäß gewesen wäre, anschließend gleich als Zeugin dazu anhörte, sondern sie für weitere Sitzungen von der Anwesenheit ausschloß. In meinem Beweisantrag trug ich nunmehr, um den vermutlichen Ausgangspunkt des Gerüchts zu erklären, vor, daß der frühere Verteidiger des Angeklagten im Sommer 1987 dessen Ehefrau gebeten hatte, Personen zu ermitteln, die für ihren Mann ein Leumundszeugnis abgeben könnten. Es war dem damaligen Verteidiger, wie seinem Schreiben zu entnehmen war, darum gegangen, die allgemeine charakterliche Veranlagung des Angeklagten unter dem Einfluß von Alkohol zu klären. Frau Anita Fokken, die Ehefrau des Angeklagten, hatte entsprechend diesem anwaltlichen Rat mehrere Personen angesprochen, die als Leumundszeugen in Frage kamen, und sie zu einer gemeinsamen Besprechung in ihr Haus gebeten, zu der auch der Anwalt mit einem Tonbandgerät erschienen war. Es handelte sich um etwa 20 bis 25 Personen, darunter auch Berufskollegen des Angeklagten, die mit bestimmten Gästen die gleichen Schwierigkeiten gehabt hatten wie der Angeklagte. Alle an dieser Besprechung beteiligten Personen wurden nunmehr als Leumundszeugen sowie als Zeugen dafür benannt, daß niemandem Geld oder Forderungsverzicht für den Fall einer günstigen Aussage angeboten worden war. Zum gleichen Beweisthema benannte ich auch die von der Zeugin Hanken angegebenen Gewährsleute.

Der Staatsanwalt befürwortete meinen Antrag und benannte noch weitere Zeugen, von denen er sich eine entgegengesetzte Beurteilung des Angeklagten erhoffte. Und das Gericht beschloß, alle Zeugen zu hören. Es handelte sich um insgesamt 25 Zeugen, die, da es sich um ein begrenztes Beweisthema handelte, das mit dem eigentlichen Tatvorwurf nichts zu tun hatte, bei zügiger Terminierung in zwei bis drei Sitzungstagen hätten vernommen sein können. Stattdessen wurde daraus ein monatelanges Prozeßmarathon, künstlich verlängert durch eine Terminierung, bei der nur einmal wöchentlich, und zwar jeweils nur kurz, verhandelt wurde. Das Gericht bestand gegen meinen Widerspruch darauf, daß die Ehefrau und der Vater des Angeklagten weiterhin von der Verhandlung ausgeschlossen blieben, da sie »zu dem Komplex Beeinflussung von Zeugen vernommen werden sollen« und »die Reihenfolge der Vernehmungen im pflichtgemäßen Ermessen des Gerichts« stehe. Der schikanöse Charakter des künstlich in die Länge gezogenen Verfahrens wurde immer offensichtlicher.

Der Beweisantrag zum Thema Zeugenbeeinflussung datierte vom 24. April 1990 – das war der 15. Verhandlungstag. Am 29. November 1990 – das war der 40. Verhandlungstag – sollten endlich die Ehefrau und der Vater des Angeklagten zu diesem Beweisthema angehört werden. Da das Gerücht, das den Antrag ausgelöst hatte, längst widerlegt war, konnte ihre Anhörung wohl nur noch der Ausfragung zu anderen Themen dienen. Sie machten von ihrem Aussageverweigerungsrecht Gebrauch.

Nunmehr beantragte ich unter Berufung auf die Konzentrationsmaxime und das Beschleunigungsgebot – von der Rechtsprechung entwickelte prozessuale Grundsätze, die im Interesse des Angeklagten einen Abschluß der Sache in angemessener Zeit sicherstellen sollen –, die Verhandlung im Dezember zügig zu konzentrieren, mit dem Ziel, die Sache endlich, möglichst noch vor Weihnachten, zum Abschluß zu bringen. Das Gericht beantwortete diesen Antrag mit der Ansetzung weiterer Kurztermine, für die auch die dem Gericht seit langem bekannte Urlaubszeit des Verteidigers während der Weihnachtsferien in Anspruch genommen wurde. Das war die Art, wie dieses Gericht einen Antrag auf Beschleunigung des Verfahrens verstand.

Auch sonst wurde für weitere Verlängerung des Prozeßmarathons gesorgt. Der Staatsanwalt und die Rechtsanwältin, die den Vater des Getöteten als Nebenkläger vertrat, beantragten die Vernehmung von Zeuginnen und Zeugen, die den Angeklagten gewalttätig erlebt hatten. Und das Gericht landete einen scheinheilig begründeten Coup zur Neutralisierung der unbequemen Sachverständigen Dr. Sliwka, die im Auricher Verfahren dabei geblieben war, daß der Angeklagte aus ihrer Sicht mit Verteidigungswillen gehandelt habe: Es bestellte mit der Begründung, auf »Terminschwierigkeiten« der Sachverständigen Dr. Sliwka Rücksicht nehmen zu wollen, einen zweiten psychiatrischen Sachverständigen, Herrn Dr. Winterscheid, von dem sich sagen ließ, daß die Kammer ihn aus einer Vielzahl von Prozessen kenne und seine Gutachten »stets von zutreffenden tatsächlichen Voraussetzungen ausgegangen« seien. Ein versteckter Hieb gegen Frau Dr. Sliwka, die auch in Oldenburg Widerstand gegen die erfindungsreiche Laienpsychologie des Gerichts leistete. Herrn Dr. Winterscheid hingegen traute man offenbar zu, daß er, ohne an der längst abgeschlossenen Beweisaufnahme über das Tatgeschehen teilgenommen zu haben, von den richtigen, nämlich den ihm vom Gericht vorgegebenen Anknüpfungstatsachen ausgehen werde, ohne diese in Frage zu stellen. Die »Terminschwierigkeiten« der Sachverständigen Dr. Sliwka, die den Vorwand für diese am 43. (!) Verhandlungstag erfolgende Bestellung eines neuen Sachverständigen bildeten, hatten darin bestanden, daß sie, als ihr die Anberaumung eines neuen Kurztermins erst einen Tag vorher mitgeteilt worden war, zunächst ihre Verhinderung angezeigt hatte. Obwohl ihre Beurlaubung für diesen Verhandlungstag ohne weiteres möglich gewesen wäre, hatte der Vorsitzende auf ihrem Erscheinen bestanden. Und Frau Dr. Sliwka entsprach dieser Zumutung, sagte ihre beruflichen Verpflichtungen ab und erschien. Zu ihrer und unserer Überraschung saß der »wegen ihrer Terminschwierigkeiten« bestellte Sachverständige Dr. Winterscheid, bereits da. Der übrigens seinerseits bald Verhinderungen wegen Urlaubs ankündigte, ohne daß diese »Terminschwierigkeiten« zu Weiterungen führten.

Am 21. Dezember 1990 – der Angeklagte saß in dieser Sache seit fast drei Jahren in Untersuchungshaft, die Hauptverhandlung dauerte schon fast ein Jahr, ein Ende war nicht abzusehen – beantragte ich (erfolglos), den Haftbefehl aufzuheben oder außer Vollzug zu setzen. Unter Berufung auf Entscheidungen des Bundesverfassungsgerichts und anderer Gerichte, wonach aus dem Grundrecht auf persönliche Freiheit eine zeitliche Begrenzung der Untersuchungshaft folgt und Versäumnisse der Strafrechtspflege selbst dann nicht zu Lasten des Angeklagten gehen dürfen, wenn er schwerster Straftaten dringend verdächtig ist, trug ich vor, daß im vorliegenden Fall die Hauptverhandlung in extremer Weise zerstückelt und in die Länge gezogen und dadurch der Angeklagte in seinen Grundrechten verletzt werde. Es hatte sich herausgestellt, daß die Strafkammer mehrere Hauptverhandlungen in verschiedenen Strafsachen zeitlich parallel durchführte, so daß jedenfalls für die Sache Fokken, wie ich für einen bestimmten Zeitraum ausgerechnet hatte, nur 73 Minuten pro Woche übrig blieben. Ich konnte vorrechnen, daß bei der in Schwurgerichtssachen normalerweise üblichen Terminierung und Verhandlungsdauer das Pensum, für das die Strafkammer elf Monate gebraucht hatte, in drei Wochen zu erledigen gewesen wäre. Dem wurde auch gar nicht widersprochen. Vielmehr bekannte sich die Strafkammer mit einem gewissen Stolz dazu, daß sie, »um so die bei ihr rechtshängigen Verfahren entsprechend zu fördern und die Arbeitskraft ihrer Mitglieder zu nutzen«, eine Vielzahl anderer Verfahren, nämlich 42 (in Worten: zweiundvierzig!) Verfahren, parallel zum Fokken-Prozeß abgewickelt habe. Fokken konnte sitzen, Fokken konnte warten, andere Verfahren waren wichtiger, schließlich hatte, wie sowohl der Staatsanwalt als auch das Gericht allen Ernstes behaupteten, der Verteidiger mit seinem Beweisantrag vom 24.4.1990 an allem Schuld, wenn nun schon seit Monaten über zweit- und drittrangige Fragen Beweis erhoben wurde.

Wie dieses Verfahren auf unabhängige Prozeßbeobachter wirkte – und auch darüber werden die Richter sich geärgert haben –, war in der *Ostfriesen-Zeitung* vom 12.1.1991 zu lesen:

Totschlag oder Notwehr: Das ist die Frage, die weder vor dem Landgericht Aurich noch bisher vor dem Landgericht Oldenburg geklärt werden konnte.

Keiner der Zeugen hat den tödlichen Messerstich wirklich gesehen. Fest steht nur, daß der Angeklagte einige Minuten zuvor vom Bruder des Toten, Manfred C., mit einem Faustschlag zu Boden gestreckt wurde.

Hat er anschließend nur aus Rache mit dem Messer zugestoßen oder fühlte er sich bedroht? Um das zu klären, befaßt sich das Oldenburger Gericht schon seit Monaten mit Zeugen, die etwas über den Charakter Fokkens aussagen sollen: gewalttätig oder nicht. Über diese Hilfskonstruktion will man offenbar an das Tatmotiv, Rache oder Notwehr, herankommen. Fraglich ist allerdings, ob sich allgemeine Aussagen über Charaktermerkmale des Angeklagten auch auf den konkreten Fall des Messerstichs beziehen lassen. Sprich: Auch ein gewalttätiger Mensch kann sich schließlich bedroht fühlen.

Weil das Gericht unter diesen Bedingungen nichts wirklich Neues zum gut dreieinhalb Jahre zurückliegenden Hergang der Tat herausfinden kann, begibt es sich mehr und mehr auf Nebenkriegsschauplätze. Und wird in Nebensächlichkeiten verstrickt. Da geht es um die Glaubwürdigkeit eines Zeugen, der etwas über die Glaubwürdigkeit eines Zeugen aussagen soll, der einen Zeugen kennt, der zum Leumund Fokkens befragt worden ist. Außer Spesen nichts gewesen.

Das mußte anders werden. Diesem Angeklagten mußte gezeigt werden, was dabei herauskommt, wenn man sich über Richter beschwert, die den Prozeß in die Länge ziehen und sich in Nebensächlichkeiten verstricken. Ihm mußte gezeigt werden, daß man nicht ungestraft Rechtsmittel gegen ein Urteil einlegt, wenn man noch anderes auf dem Kerbholz hat. Ihm mußte gezeigt werden, daß man als Angeklagter auch die Sünden seiner Anwälte ausbaden muß. Hatte da doch der eine gewagt, einen ehrenwerten Richter als Bordellbesitzer zu dekuvrieren, und der andere die Kühnheit besessen, für den angeklagten Diskothekenbesitzer Leumundszeugen zu benennen und dadurch das Konzept, mit ihm kurzen Prozeß zu machen, zu durchkreuzen. Dem wollen wir mal zeigen, was Sache ist. Von wegen »Nebenkriegsschauplätze«, da gibt es doch noch handfeste andere Sachen, die man in diesen Prozeß einbeziehen kann, und bei denen die Beweislage nicht so dürftig ist wie in der Hauptsache. Und auch der Hauptsache läßt sich noch eine neue Dimension abgewinnen, indem man sie vom Totschlag zum Mord hinaufstilisiert. Und so wurde nach monatelangem Hickhack auf Nebenkriegsschauplätzen ein neues Schlachtfeld eröffnet.

Der Staatsanwalt kündigte an, daß er den Angeklagten nicht nur, wie in der Anklage und im Auricher Urteil angenommen, wegen Totschlags, sondern wegen Mordes verurteilt zu sehen wünsche. Die bisherige Beweisaufnahme habe nach Ansicht der Staatsanwaltschaft ergeben, so hieß es in einem Schriftsatz vom 12. Januar 1991, daß beim Angeklagten die Mordmerkmale des »niedrigen Beweggrundes« und der »Heimtücke« vorgelegen haben. Das Gericht reagierte prompt und wies den Angeklagten darauf hin, daß er auch wegen Mordes verurteilt werden könne.

Dann erhob der Staatsanwalt Anklage wegen zweier Sexualdelikte Fokkens aus den Jahren 1982 und 1983, die schon vor Jahren nach § 154 StPO (wonach von der Verfolgung einer Tat abgesehen werden kann, wenn wegen einer anderen Tat ausreichende Strafe zu erwarten ist) vorläufig eingestellt worden waren, nun aber kurz vor der Verjährung reaktiviert wurden, um das Gericht in die Lage zu versetzen, trotz des gesetzlichen Verbots der reformatio in peius (Verbot der Schlechterstellung durch Einlegung eines Rechtsmittels) über die vom Landgericht Aurich verhängten zehn Jahre Freiheitsstrafe noch hinauszugehen.

Herr Fokken, an sich ein fröhlicher Was-kostet-die-Welt-Typ, der sich nicht so leicht einschüchtern ließ, inzwischen aber durch die lange Haftzeit zermürbt war, so daß die Verhandlung zeitweise wegen Verhandlungsunfähigkeit des Angeklagten unterbrochen werden mußte, wollte sich gegen die neuen Anklagevorwürfe nicht mehr verteidigen. Er hatte längst resigniert, litt unter Depressionen und ließ das aus seiner Sicht auf Lügen und Unterstellungen basierende apokalyptische Prozeßgeschehen wehrlos über sich ergehen. Der Staatsanwalt erinnerte ihn höhnend daran, daß er längst die für Strafgefangene geltenden Hafterleichterungen genießen könnte, wenn er nicht gegen das Auricher Urteil ein Rechtsmittel eingelegt hätte. Und zu Hause warteten eine junge Ehefrau und drei Kinder, an denen Herr Fokken sehr hing, seit fast vier Jahren auf den Familienvater. Seit Monaten befand Herr Fokken sich in der Untersuchungshaftanstalt Oldenburg.

Anträge, ihn nach Aurich zurückzuverlegen, um Besuche von Familienangehörigen zu erleichtern, wurden ebenso abgelehnt wie ein Antrag, ihm wenigstens zu Weihnachten eine einmalige Ausführung zu seiner Familie zu gestatten. Und jeder Verhandlungstag brachte neue Signale, wie dieses Verfahren ausgehen würde.

Nach der Bestellung des Sachverständigen Dr. Winterscheid hatte das Gericht angekündigt, diesen durch die Mitteilung von Verhandlungsmitschriften über die Ergebnisse der Beweisaufnahme unterrichten zu wollen. Dies mußte zwangsläufig eine weitere Verlängerung der Hauptverhandlung zur Folge haben. Der Staatsanwalt meinte, die Unterrichtung des Sachverständigen könne außerhalb der Hauptverhandlung, also ohne Kontrolle durch den Verteidiger, erfolgen. Dem mußte ich selbstverständlich widersprechen. Auch gab ich zu bedenken, daß die Mitteilung von Mitschriften nicht den unmittelbaren Eindruck der Zeugen ersetzen könne, und beantragte, die wichtigsten Tatzeugen, die ich namentlich benannte, noch einmal in Gegenwart des neuen Sachverständigen zu vernehmen. Ich wies darauf hin, daß durch die Verletzung des Beschleunigungsgebots (das Gericht hatte in einem seiner Beschlüsse »Beschleunigungsverbot« geschrieben; was hätte Freud dazu gesagt?) nicht mehr gewährleistet sei, daß alle Verfahrensbeteiligten sich in ausreichendem Maße an die Tatzeugen und deren schon neun Monate zurückliegende Aussagen erinnerten. Eine zusätzliche zeitliche Belastung würde im übrigen durch eine erneute Vernehmung dieser Zeugen kaum eintreten, weil das Gericht in jedem Falle den Inhalt ihrer Aussagen in öffentlicher Hauptverhandlung repetieren und den anderen Verfahrensbeteiligten die Möglichkeit einräumen müsse, Korrekturen und Ergänzungen nach deren Mitschriften anzubringen. Ich fügte meinem Antrag eine 28 Seiten umfassende Zusammenstellung meiner Zeugenmitschriften bei und kleidete meinen Antrag in die Beweisbehauptung, daß die Zeugen diese Mitschriften als inhaltlich richtig bestätigen würden.

Der Antrag wurde abgelehnt. Aufgabe des Sachverständigen sei es, »den Sachverhalt zu begutachten, den das Gericht ihm mitteilt«. Einer erneuten Vernehmung der Zeugen bedürfe es nicht. Dem Verteidiger wie auch den anderen Beteiligten bleibe es unbenommen, dem Sachverständigen weitere Anknüpfungstatsachen mitzuteilen, die er gegebenenfalls alternativ seinem Gutachten zugrundezulegen hätte.

Praktisch sah das dann so aus, daß der Berichterstatter, Richter B., an mehreren Verhandlungstagen aus seinen Notizen vorlas, was der Angeklagte und die Zeugen gesagt hätten. Dank meiner Stenographiekenntnisse, über die sich Richter und Staatsanwälte schon oft geärgert haben, gelang es mir, mitzuschreiben und später mit meinen eigenen Notizen zu vergleichen. Und in einem Schriftsatz, den ich am 65. Verhandlungstag überreichte, trug ich dann einige Ergänzungen und Korrekturen vor, die ein bezeichnendes Licht auf die Wahrnehmungsdefizite oder Auswahlprinzipien des Gerichts warfen.

So fehlten bei der Wiedergabe der Einlassung des Angeklagten u.a. folgende Sätze:

Ich wollte ihn nicht töten. Ich habe das selbst gar nicht erfaßt, ob das durch meine Kraft geschehen ist, daß der umgefallen ist, oder daß der Uwe zurückgegangen ist ... Ich war erstaunt, daß das Gericht in Aurich unterstellt hat, daß ein Tötungsvorsatz da war. Ich hatte doch nicht vor, jemand abzustechen. Ich hatte vor, das Messer zu zeigen, daß sich alle abschrecken lassen. Deshalb verstehe ich nicht, daß das Schwurgericht mir unterstellt hat, daß ich das absichtlich gemacht habe ...

Es fehlte weiter der Vermerk des Polizeiobermeisters Bernhard J. über das mit Walter Fokken geführte Gespräch, bei dem dieser seine Verzweiflung und seine Trauer über den von ihm verursachten Tod des Uwe C. ausgedrückt hatte. Richter B. behauptete, als ich ihn auf dieses Versäumnis hinwies, der Vermerk sei in der Gerichtsakte unleserlich. Das konnte nun unmöglich wahr sein, denn ich hatte den Vermerk in der Gerichtsakte gelesen und für meine Handakten kopiert. Ich war einen Moment in Versuchung, mir sofort Band II Blatt 127 der Gerichtsakten zeigen zu lassen, wo sich der Vermerk befand. Aber ich glaubte, auf diese Bloßstellung des Richters verzichten zu sollen, um die Stimmung nicht auf den Siedepunkt zu bringen.

Weiter beanstandete ich, daß folgende Antwort des Angeklagten auf eine Frage des Staatsanwalts, weshalb er ein Messer mit nach draußen genommen habe, nicht zitiert worden war:

Ich habe ja gesehen, was mir passiert, wenn ich nicht bewaffnet bin.

Der Sachverständige Dr. Winterscheid – und seinetwegen passierte ja das Ganze – gab sich den Anschein, alles mitzukriegen und zu behalten. Auf jeden Fall hat er herausgehört, daß von ihm ein Gutachten über einen Angeklagten erwartet wurde, der eine Notwehrsituation nur zum Schein ausgenutzt habe und sich in Wirklichkeit an seinem Opfer rächen wollte. Es war nicht schwer, das herauszuhören. Wenn er sich an die von Richter B. getroffene Auswahl hielt und die Korrekturen und Ergänzungen des Verteidigers ignorierte, konnte er nicht fehlgehen.

Und so geschah es denn auch. Befangenheitsantrag gegen den Sachverständigen Dr. Winterscheid wegen einseitiger Auswahl der Anknüpfungstatsachen. Antrag abgelehnt.

Nun versuchte ich, den Diplom-Psychologen Schramer, der im Auricher Verfahren ein sehr kompetentes und für den Angeklagten günstiges Gutachten erstattet hatte und wohl deshalb für die Oldenburger Hauptverhandlung nicht wieder geladen worden war, ins Verfahren zurückzuholen. Zunächst stellte ich einen Beweisantrag auf Beiziehung eines psychologischen Sachverständigen, dessen Thesen ich dem damaligen Gutachten Schramers entnahm (eingeschränkte Situationswahrnehmung, bedingt durch Gefühle wie Angst und Ärger, aber auch infolge des genossenen Alkohols; Fokken empfand die einlaßbegehrende Gruppe als Bedrohung, die Angst auslöste; er verstand eine möglicherweise beschwichtigend gemeinte Geste als Teilhandlung eines Angriffs auf sein Hausrecht usw.), und schlug den Diplom-Psychologen Schramer als Sachverständigen vor. Das alte Leid: der Verteidiger kann nur vorschlagen oder »anregen«, weil der Angeklagte nach geltendem Recht keinen Anspruch auf einen bestimmten, von ihm ausgewählten Sachverständigen hat. Aber hier sprach immerhin einiges für Schramer, weil er den Angeklagten schon aus der Auricher Hauptverhandlung kannte und dort bereits ein Gutachten über ihn erstattet hatte. Auch konnte er nicht im Verdacht stehen, ein Gefälligkeitsgutachten für die Verteidigung erstatten zu sollen, da er ursprünglich von der Staatsanwaltschaft bestellt worden war.

Antrag abgelehnt. Der Sachverständige Dr. Winterscheid sei nicht nur Psychiater, sondern auch Diplom-Psychologe. Dem Antrag der Verteidigung sei damit von der Kammer, »ehe er überhaupt gestellt war, bereits entsprochen«. An Zynismus war man bei diesem Gericht schon gewöhnt. Außerdem wurde ich überflüssigerweise belehrt, daß auf die Bestellung eines bestimmten Sachverständigen kein Anspruch bestehe.

Nun gibt es bekanntlich (noch) das Recht, dem Gericht doch einen bestimmten Sachverständigen aufzuzwingen, indem der Verteidiger diesen direkt durch Gerichtsvollzieher lädt und die entstehenden Kosten vorstreckt. Eine kostspielige Sache, insbesondere dann, wenn man es mit einem Gericht zu tun hat, das die Verhandlung in die Länge zieht und auch sonst keine Möglichkeit der Schikane ausläßt. Also stellte ich den Antrag, die für eine unmittelbare Ladung des Sachverständigen Diplom-Psychologen Schramer erforderlichen Kosten für notwendig zu erklären (§ 97 II in Verbindung mit § 126 II BRAGO) und die Zahlung des gemäß § 220 II StPO dem Sachverständigen darzubietenden Vorschusses aus der Staatskasse entweder zu Händen des Verteidigers anzuordnen oder bei der Geschäftsstelle hinterlegen zu lassen. Ein Versuch, für Herrn Fokken, der, inzwischen auch finanziell vor dem Ruin, mich im Oldenburger Verfahren nur noch als Pflichtverteidiger in Anspruch nehmen konnte, die Rechte eines Angeklagten zu reklamieren, der sich einen Wahlverteidiger und die unmittelbare Ladung des von ihm gewünschten Sachverständigen leisten kann. Antrag abgelehnt.

Ihre Macht, Sachverständige nach ihrem Ermessen auszuwählen, hatte die Kammer auch gegenüber einem anderen Beweisantrag ausgespielt. Um dem Bestreben des Staatsanwalts und des Gerichts entgegenzutreten, die Diskothek »Paradiso« als eine Stätte ständiger extremer Gewaltakte hinzustellen, für die der Angeklagte verantwortlich sei, und um die Motive des Angeklagten für das ausgesprochene Hausverbot zu unterstreichen, hatte ich beantragt, einen Sachverständigen für das Gaststättengewerbe zum Beweise dafür gutachtlich zu hören, daß die Inhaber von Diskotheken erfahrungsgemäß mit Gästen rechnen müssen, die gewalttätig werden, andere Gäste, das Personal oder den Inhaber belästigen, bedrohen, angreifen, Inventar beschädigen und sich durch gute Worte allein nicht beruhigen oder zum Verlassen der Gaststätte bringen lassen; daß die Inhaber von Diskotheken in aller Regel Waffen (z.B. Gaspistolen oder andere Schußwaffen, Baseballschläger oder andere Schlagwerkzeuge oder Messer) an geeigneter Stelle griffbereit halten; daß die Inhaber von Diskotheken in aller Regel männliche Personen von einiger Körperkraft, sogenannte »Rausschmeißer«, zur Verfügung haben; daß es kaum einem Diskothekeninhaber erspart bleibt, von den zur Wiederherstellung der Ruhe und Ordnung bereitgestellten Mitteln ab und zu Gebrauch zu machen, insbesondere dann, wenn zu den Gästen des Lokals bestimmte Gruppen – im Fall »Paradiso« z. B. Motorradclubs – gehören, die leicht gewalttätig werden, usw. Das Gericht bestellte daraufhin als Sachverständigen den Inhaber eines Edelrestaurants, der es, wie nicht anders zu erwarten, weit von sich wies, daß die Behauptungen meines Beweisantrages zuträfen. Er bekannte mit einem gewissen Stolz, daß er das Milieu, in dem man Waffen brauche, nicht kenne; »wir rufen die Polizei«. Das hörten die Richter offenbar gern, um nicht zu sagen: mit Schadenfreude, statt zu erkennen, daß sie den falschen Sachverständigen geholt hatten.

Nachdem die Lokalpresse über die Vernehmung dieses Sachverständigen berichtet hatte, erschien in der *Ostfriesen-Zeitung* ein Leserbrief eines Gastwirts aus Norden, der den Nagel auf den Kopf traf:

> Der Sachverständige ... scheint meiner Meinung nach nicht den nötigen »Sachverstand« im Disco-Milieu zu haben ...
>
> Erst kurz vor Pfingsten wurde ein Discobesitzer aus Norden (Kollege von mir) von einem Gast angegriffen und schwer mißhandelt. Der Gastwirt kam in eine Klinik nach Münster mit einem komplizierten Kieferbruch ...
>
> Eine Disco im Griff zu halten, ist für den Inhaber sehr schwer, und ich wünsche dem Sachverständigen weiterhin solche netten Gäste, wie er sie bisher hatte.

Herr Fokken kannte den Einsender des Leserbriefes nicht, aber wir benannten ihn auf gut Glück als sachverständigen Zeugen, um ihn über seine Erfahrungen mit gewalttätigen Gästen berichten zu lassen. Und seine Vernehmung als Zeuge und Sachverständiger vermittelte dann auch ein erschreckendes Bild von den realen Gewaltverhältnissen in bestimmten, vom jugendlichen Publikum bevorzugten Diskotheken, das allen mit diesem Milieu nicht vertrauten Zuhörern auch Fokkens Situation verständlich machen konnte. Vorausgesetzt, sie waren frei von feindseligen Gefühlen und Vorurteilen gegen diesen Angeklagten.

Richter B. interessierte sich nur dafür, ob der Sachverständige auch die Verhältnisse in Weener kenne, was dieser verneinte. Der vom Gericht ausgewählte Sachverständige war danach nicht gefragt worden. Es hatte auch nicht gestört, daß ihm das Diskothekenmilieu, in dem nicht nur Herr Fokken Waffen und Rausschmeißer brauchte, überhaupt fremd war. Im Urteil kommt dieser Teil der Beweisaufnahme, obwohl das »Wesen der Diskothek« auf sieben Seiten breit erörtert wird, nicht vor.

Es war eigentlich sinnlos geworden, den Angeklagten noch zu verteidigen. Welches Urteil bei diesem Gericht zu erwarten war, stand für jeden im Saal fest. Vergeblich hatte ich für Herrn Fokken Ablehnungsanträge gegen die Richter gestellt, den einen unter akribischer Darlegung der unglaublichen Verschleppung und Zerstückelung des Verfahrens und der am 43. Verhandlungstag mit verlogener Begründung erfolgten Bestellung eines gerichtsgefälligen Sachverständigen. Dieser zweite Ablehnungsantrag war unter Mitwirkung des Richters W. zurückgewiesen worden, also jenes Richters, dem die Schmach einer erfolgreichen Revision gegen sein Auricher Urteil widerfahren war und den die Oldenburger Kammer überdies als Zeugen zum Inhalt einer Aussage der Zeugin Krimhild Fallen*, der früheren Ehefrau des Angeklagten, vernommen hatte. Einen solchen Beschluß nahm man als Verteidiger im Hinblick auf eine nochmalige Revision immerhin wie eine Niete mit Prämienauslosungschance zur Kenntnis. Aber der Schönheitsfehler wurde noch rechtzeitig durch Wiederholung des Beschlusses in anderer Besetzung ausgebügelt.

Hatte Staatsanwalt S. in Aurich noch einige Unsicherheiten durchblicken lassen, ob man dem Gericht wirklich die These zumuten konnte, der Angeklagte habe nicht in Notwehr, sondern aus Rache zugestochen, so konnte er in Oldenburg ein furchtbares Plädoyer halten, ohne besorgt sein zu müssen, damit seiner Sache zu schaden.

Der Angeklagte gehöre zu den frühmorgens krähenden Hähnen, die glauben, daß die Sonne nur ihretwegen aufgeht, sagte Herr S. einleitend.

Fragen Sie mich, ob ich nach 1½ Jahren Prozeßdauer Gutes an dem Angeklagten finde, so muß ich sagen, ich finde nichts Gutes an ihm. Und das sage ich nicht nur als Staatsanwalt, sondern auch als Mensch.

* Name geändert

Herr S. tat seinen Gefühlen als Staatsanwalt und auch als Mensch keinen Zwang an. Und gab der Erwartung Ausdruck, daß das Gericht dem Angeklagten »das Etikett des Mörders umhängen« werde, auf dessen diskreditierende Bedeutung in der Öffentlichkeit er mit Befriedigung hinwies.

In meinem Plädoyer bemühte ich mich, der in dieses Verfahren immer wieder hineinwirkenden »Explosion des Hasses« entgegenzutreten und die Beweislage ganz nüchtern zu analysieren. Aber ich redete gegen Bretter.

Das am 7. Juni 1991 nach anderthalbjähriger Hauptverhandlung und 68 mehr oder weniger langen Sitzungen verkündete Urteil sprach den Angeklagten des Mordes in Tateinheit mit einer gefährlichen Körperverletzung sowie einer versuchten Vergewaltigung und einer sexuellen Nötigung schuldig und verurteilte ihn unter Einbeziehung der Einzelstrafen aus einem Urteil des Amtsgerichts Leer wegen gefährlicher Körperverletzung vom 12.7.1988 zu einer Gesamtfreiheitsstrafe von zwölf Jahren. Auf die Zustellung der schriftlichen Urteilsbegründung, die für die Revisionsbegründung benötigt wurde, ließ uns das Gericht noch bis März 1992, also weitere neun (!) Monate warten. Sie hatte dafür aber 321 Seiten (und zusätzlich 10 Seiten Inhaltsverzeichnis) und erforderte, wenn man allen Verweisungen nachging, eine mehrtägige Lektüre. Den gewaltigen Umfang hatte der mit dieser Arbeit offenbar monatelang beschäftigte Richter B. auf die Weise zustandegebracht, daß er nicht nur die angeklagten Taten, sondern alle Vorfälle aus dem Leben des Angeklagten ausbreitete, bei denen ihm gewalttätiges Verhalten vorgeworfen wurde, sie in kleine Teilstücke zerlegte und jedes in pedantischer Detailgenauigkeit mehrfach erörterte, zunächst als apodiktische Feststellung, dann in »Widerlegung der Einlassung des Angeklagten« (allein dieser Abschnitt umfaßt in 25 Unterabschnitten 132 Seiten) und dann noch einmal unter der Zwischenüberschrift »Die weiteren Grundlagen für die getroffenen Feststellungen« (58 Unterabschnitte mit 45 Seiten).

Was sich nach Meinung der für dieses Urteil verantwortlichen Richter in der Nacht zum 16. Mai 1987 in der Diskothek »Paradiso« in Weener abgespielt haben soll, war höchst unwahrscheinlich, aber durch gekonnte Aneinanderreihung juristischer Klischees revisionssicher begründet.

Die schriftliche Urteilsbegründung wiederholte wortreich den schon im Auricher Urteil behaupteten Geschehensablauf, setzte aber noch eins drauf, indem man Fokkens Handeln als »heimtückisch« qualifizierte und ihn des Mordes schuldig sprach.

»Heimtücke« setzte voraus, daß Fokken das Messer bei Verkündung des Hausverbots verborgen gehalten hatte, daß er das Hausverbot nur zum Schein ausgesprochen hatte, um in Wirklichkeit seine Rachepläne vorzubereiten, daß er nicht zurückgedrängt wurde, sondern nur deshalb zurückgewichen ist, um den Uwe C. in den Windfang zu locken und ihm da den tödlichen Stich zu geben. Unwahrscheinliche Unterstellungen, die kein Krimi-Autor seinen Lesern zumuten dürfte, ohne sich lächerlich zu machen. Hier aber dienten sie zur Begründung eines Urteils, das einen Menschen zum Mörder erklärte und ihm die Verbüßung einer langjährigen Freiheitsstrafe auferlegte.

Wem die Unwahrscheinlichkeit des festgestellten Geschehensablaufs und der angeblichen Motivation des Angeklagten genügt, um das Urteil als Fehlurteil zu erkennen, der kann auf eine kritische Auseinandersetzung mit den Urteilsgründen verzichten. Herr Fokken, der am besten wissen muß, was wirklich geschehen ist, hat sich eine Lektüre der 321 Seiten Urteilsgründe erspart, was ich ihm nicht verdenken kann. Aber wer sich die Mühe macht, dieses in scheußlichstem Juristendeutsch abgefaßte Elaborat zu lesen, der fällt von einem Staunen ins andere. Vielleicht haben die 42 Verfahren, die während des Fokken-Prozesses abgewickelt worden sind, der Aufmerksamkeit und dem Erinnerungsvermögen des Urteilsverfassers geschadet. Er scheint jedenfalls in einem anderen Prozeß gewesen zu sein.

Urteilskritik ist in Deutschland ungeheuer erschwert durch den Umstand, daß in Verfahren, die vor dem Landgericht angeklagt sind, weder ein Wortprotokoll geführt noch auch nur der wesentliche Inhalt der Aussagen festgehalten wird. Eine Blankovollmacht an die Gerichte, ins Urteil zu schreiben, was man will; und das geschieht öfter, als der biedere deutsche Justizgläubige sich träumen läßt. Ein Urteil an Hand der Protokolle auf Richtigkeit zu überprüfen, ist daher in Deutschland unmöglich. Im Protokoll steht nur, *daß* ein Zeuge ausgesagt hat, nicht aber, *was* er ausgesagt hat. Ausländischen Beobachtern nötigt dieser Mangel des deutschen Prozeßrechts immer wieder fassungsloses Staunen ab. Während man etwa das umstrittene, dem Todesurteil gegen Sacco und Vanzetti zugrundeliegende

Verfahren noch 50 Jahre nach ihrer Hinrichtung auf Grund des nach amerikanischem Recht geführten Wortprotokolls rekonstruieren und offiziell für unfair erklären lassen konnte (vgl. Helmut Ortner, *Fremde Feinde. Der Fall Sacco & Vanzetti*. Göttingen 1996), ist man in Deutschland darauf angewiesen, sich auf private, insbesondere eigene Mitschriften zu stützen, die natürlich prompt dem Einwand der Unrichtigkeit oder Unvollständigkeit ausgesetzt sind, oder aber die Wiedergabe in den Urteilsgründen als richtig zu akzeptieren. Zweifel an der richtigen Wiedergabe der Beweisergebnisse in den Urteilsgründen werden häufig mit der unter Umständen folgenreichen Beschuldigung gekontert, der Kritiker habe sich des Vorwurfs der Rechtsbeugung und damit der Richterbeleidigung schuldig gemacht. Und im Ernstfall steht der Kritiker gegen eine schon zahlenmäßig überlegene Phalanx von Gerichtspersonen, die zu beschwören bereit sind, daß die Urteilsgründe die Wahrheit und nichts als die Wahrheit enthalten. Ich muß daher dem Leser bzw. der Leserin die Entscheidung überlassen, ob sie den Urteilsgründen oder meinen stenografischen Mitschriften vertrauen wollen, soweit nicht das schlichte Verschweigen wesentlicher, den Angeklagten entlastender Beweismittel – auch das hat es gegeben! – den objektiven Beweis der Unvollständigkeit der Urteilsgründe ermöglicht.

Die entscheidend wichtige Frage dieses Verfahrens war, ob Herr Fokken das Messer bei Verkündung des Hausverbots, also zu einem Zeitpunkt, als dies noch Sinn machte, um die einlaßbegehrenden Gäste abzuschrecken, offen vorgezeigt hat. Eine kritische Beweiswürdigung hätte deshalb bei der Vorfrage ansetzen müssen, ob die Zeugen, die ein Messer zu diesem Zeitpunkt nicht gesehen haben wollten, dies überhaupt sehen konnten. Daß es sich dabei fast durchweg um Zeugen handelte, die zu der auf den Eingang zugehenden Gruppe gehörten, so daß nur die vorderen freie Sicht auf Herrn Fokken hatten, hat das Gericht nicht zur Kenntnis nehmen wollen. Diese Zeugen hatten – und auch darauf habe ich in meinem Plädoyer vergeblich hingewiesen – darüber hinaus ein Motiv, das mit dem Hausverbot verbundene Vorzeigen des Messers zu bestreiten. Denn wenn sie Fokkens Warnung nicht ernstgenommen und von hinten geschoben hatten, dann mußten sie sich mitschuldig am Tode des Uwe C. fühlen, der vorneweg war und dem Messer nicht ausweichen konnte.

Vielleicht war Uwe C. die einzige zu der einlaßbegehrenden

Gruppe gehörende Person, die das Messer sehen konnte und die Gefahr erkannte. Vielleicht hatte es auch sein Bruder Manfred sehen können, der als nächster hinter ihm war. Seine Zeugenaussage enthielt eine bemerkenswerte Unsicherheit. Er war in der Sitzung vom 13.2.1990 wiederholt gefragt worden, ob er einen Gegenstand in Herrn Fokkens Hand gesehen habe, als sein Bruder auf diesen zuging. Der Zeuge hatte darauf jedesmal die Einschränkung gemacht, daß er »nicht darauf geachtet« habe. Andererseits hatte er die Frage, ob er Handbewegungen des Herrn Fokken gesehen habe, mit Bestimmtheit verneint (»Das hätte ich sehen müssen«).

Vergeblich hatte ich das Gericht auch auf den Umstand hingewiesen, daß alle Zeugen, die zu der entgegen dem Hausverbot einlaßbegehrenden Gruppe gehörten, sich nicht daran erinnerten oder erinnern wollten, daß von hinten gedrängt worden war, daß es aber andere Zeugen gab, die dieses Drängen bestätigt hatten.

Ich hatte in meinem Plädoyer noch einmal an den Zeugen Wöhr erinnert, dem das Gericht, als es um die Widerlegung und Festnahme des Ekkehard Hansen ging, bereits Glaubwürdigkeit attestiert hatte. Dessen Aussage hatte nach meiner Meinung besonderes Gewicht aus zwei Gründen: er gehörte nicht zu der Gruppe, die ins Lokal drängte, und er gehörte auch nicht zu den Zeugen, die das Geschehen so lange hin und her diskutiert hatten, bis sich eine einheitliche Meinung gebildet hatte; denn er war kurze Zeit nach dem Vorfall nach Heidelberg verzogen.

Dieser Zeuge, der den Vorfall aus dem Innern der Gaststätte miterlebt hatte, hatte sich auch durch langdauernde intensive Hinterfragung seiner Aussage nicht davon abbringen lassen, daß im Eingangsbereich ein Gedränge stattgefunden habe, bei dem »von hinten ziemlich geschoben« worden sei. Herr Fokken habe »ziemlich zu tun gehabt, sie draußen zu halten«, er habe sich »mit seinem Körper dagegengelehnt«.

Im Urteil lesen wir das Gegenteil:

Sie drängten nicht von hinten gegen die Brüder C. und damit indirekt gegen den Angeklagten.

Die Aussage des Zeugen Wöhr widerspreche dem nicht, denn der habe nur eine »subjektive Wertung« abgegeben.

Aber da gab es noch einen Zeugen, der den Vorgang ähnlich

»gewertet« hatte, Martin Landwehr*, der seine Eindrücke bei der Polizei so zu Protokoll gegeben hatte:

Alle Gäste wollten dann wieder die Diskothek betreten. Der Uwe C. stand zu diesem Zeitpunkt vorne und wollte als erster in die Diskothek. Walter Fokken verweigerte ihm jedoch den Zutritt mit den Worten: »Du kommst hier nicht mehr rein.« Daraufhin sagte Uwe C. zu Fokken: »Ich habe aber noch mein Bier da drin stehen.« Fokken schubste ihn zurück und wiederholte: »Ihr kommt hier nicht mehr rein.« Uwe C. erfaßte daraufhin mit seinen Händen die Oberarme des Fokken und schob ihn auf diese Art und Weise etwas zurück. Auch die anderen Personen, die hinter Uwe C. standen, drängten von hinten nach. Walter Fokken wehrte sich, indem er den C. ebenfalls nach hinten drückte, und die Masse der Leute ging daraufhin auch einen Schritt zurück. Es erfolgte dann nochmals ein Druck aus den Personen, die vor der Diskothek standen.

Da Martin Landwehr verstorben war, war diese Aussage in der Hauptverhandlung verlesen worden. An ihrem Inhalt war nicht zu deuteln. Was macht der Urteilsverfasser? Er unterschlägt sie ganz. War auch diese Aussage unleserlich? In meinem Aktenauszug war diese Band I Seite 45 protokollierte Aussage leserlich und dem Gericht in der schriftlichen Fassung meines Plädoyers noch einmal mitgeteilt worden. Aber auf den 321 Seiten des Urteils kommt der Zeuge Martin Landwehr nicht vor. Vielleicht war seine Aussage »nicht sachdienlich«? Denn auf Seite 314 des Urteils erfahren wir:

Soweit in den vorliegenden Abschnitten dieser Urteilsgründe vernommene Zeugen nicht aufgeführt worden sind, konnten sie keine sachdienlichen Angaben zu den jeweiligen Punkten machen.

So einfach ist das, wenn den Richtern eine bestimmte Aussage nicht in den Kram paßt. Denn das Revisionsgericht prüft nur nach, was im Urteil steht, und nicht, ob auch alles drinsteht.

Nun gab es aber nicht nur Zeugen, die Fokkens bedrängte Situation am Eingang der Diskothek, sondern auch das Messer in seiner Hand bei Verkündung des Hausverbots gesehen hatten. Der Zeuge Erwin Hamann und die Zeugin Anke Bermann hatten seitlich vom Eingang, etwa zwei Meter von Herrn Fokken entfernt, gestanden und daher gute Beobachtungsmög-

* Name geändert

lichkeit. Hamann hatte zu polizeilichem Protokoll erklärt, daß Herr Fokken allein vor der Eingangstür gestanden, ein Messer in der Hand gehalten und sinngemäß gesagt habe: »Ihr kommt hier nicht mehr rein!« In der Oldenburger Hauptverhandlung hatte Hamann diese Aussage als richtig bestätigt und auf die Frage des Vorsitzenden, ob zu diesem Zeitpunkt schon jemand auf dem Boden gelegen habe, eindeutig erklärt:

Nein, mit Sicherheit nicht.

In den Urteilsgründen wurde diese für die Verteidigung wichtige Aussage, die das zeitliche Nacheinander der Ereignisse ziemlich klar geschildert hatte, durch Weglassungen so entstellt, daß auch von Hamann gesagt werden konnte, er habe das Messer erst zu einem Zeitpunkt gesehen, als der verhängnisvolle Messerstich schon erfolgt war.

Ähnlich verfuhr das Gericht mit der Aussage der Zeugin Bermann. Sie war von der Oldenburger Strafkammer mehrmals vernommen worden. Beim ersten Mal (13.2.1990) hatte sie nach meinen Notizen gesagt:

Ich kann mich erinnern, wie er (Walter Fokken) wieder aufstand (nach dem Niederschlag auf der Straße) und losschimpfte mit »Hausverbot«. Ungefähr 15 bis 20 Menschen standen da auf der Straße. Es ist zweimal das Wort »Hausverbot« gefallen, das erste Mal noch auf der Straße. Erregte Diskussion. Herr Fokken war auch ziemlich erregt. Er sagte: »Hausverbot! Ihr kommt hier nicht mehr rein!«

Auf die Frage, zu welchem Zeitpunkt sie das Messer zum ersten Mal gesehen habe:

Die Menschen standen noch auf der Stufe. Er hatte das Messer in der Hand. Die Menge hat noch so mit ihm geredet: »Reg dich ab! Wir kommen sowieso nicht wieder, wir wollen unsere Sachen haben.« Wahrscheinlich haben die das (das Hausverbot) auch gar nicht so ernst genommen. Zu der Zeit lag noch keiner auf dem Boden. Dann sind die wohl etwas weiter nach vorne gerückt. In dem Moment muß er wohl zugestochen haben. Ich habe das gar nicht so wahrgenommen, daß er jemand getroffen hat. Jedenfalls ist Uwe C. dann zusammengesackt.

Das war eine ziemlich klare, die Einlassung Fokkens bestätigende Aussage. Als sie am 27.2.1990 ein zweites Mal vernommen wurde, hatte sich ihre Aussage verändert. Auf meine Frage, ob sie sich in der Zwischenzeit mit anderen unterhalten habe, behauptete sie: »Nur mit Margit Overbeck, sonst mit niemand, ich habe das bewußt vermieden«. Erst auf gezielte Fragen mußte sie dann einräumen, daß sie sich auch mit anderen unterhalten und den Vorwurf zu hören gekriegt hatte, sie hätte bei ihrer gerichtlichen Vernehmung »Müll« geredet.

Dem Gericht gefiel die zweite Aussage besser. Im Urteil liest sich das so:

Die Zeugin Anke Bermann hat dargelegt, daß sie das Geschehen im Windfang nicht habe beobachten können. Sie habe erst gesehen, wie Uwe C. rückwärts taumelnd über die Plattform und den Bürgersteig auf die Straße gestürzt sei und dort liegen geblieben sei.

In etwa gleicher Zeit sei der Angeklagte oben auf der Plattform erschienen und habe ein Messer in der Hand gehabt. Dieses habe sie da zum ersten Mal gesehen …

Was ich über die erste, die »Müll«-Aussage der Zeugin Bermann notiert und dem Gericht schriftlich überreicht hatte, taucht im Urteil nicht mehr auf, sondern wird mit folgender, auch bei weiteren Zeugen stereotyp wiederkehrenden Bemerkung erledigt:

Soweit sich aus den Aufzeichnungen des Verteidigers des Angeklagten über die Aussage dieser Zeugin, die zu den Gerichtsakten gereicht wurden, der Eindruck ergeben könnte, daß die Aussage der Zeugin anders zu bewerten ist, wird darauf hingewiesen, daß der Verteidiger selbst eingeräumt hat, daß seine Aufzeichnungen nicht vollständig sind und damit Lücken aufweisen. Er habe nur das mitgeschrieben, was ihm wichtig erschienen sei.

»Eingeräumt« hatte ich, daß ich nicht ein ganzes Team von Parlamentsstenographen ersetzen könne, was auch nicht meine Aufgabe war. Aber vollständiger und zuverlässiger als die des Gerichts waren meine Aufzeichnungen allemal. Nicht einmal die sonderbare Entwicklung dieser Aussage und die dafür angegebenen Gründe erfährt der Leser aus dem Urteil, obwohl sie Anlaß hätten geben können, über den Gruppendruck und sonstige Abhängigkeiten nachzudenken, denen die Zeugen in dieser Sache ausgesetzt waren.

In meinem Plädoyer hatte ich auf die Übereinstimmung der Aussage Hamann und der (ersten) Aussage Bermann mit der Einlassung des Angeklagten hingewiesen, auf die im Vergleich zu anderen Zeugen besseren Beobachtungsmöglichkeiten dieser Zeugen, sowie auf den Umstand, daß diese beiden nicht zu der Gruppe gehörten, die in die Diskothek hinein wollte, und deshalb in höherem Maße unbeteiligt an der tragischen Eskalation der Ereignisse waren. In der Beweiswürdigung des Urteils findet sich von alledem kein Wort.

Die Beweiswürdigung des Gerichts funktionierte nach einem Prinzip, das den rechtsstaatlichen Grundsatz »in dubio pro reo« (im Zweifel zugunsten des Angeklagten) auf den Kopf stellte. Alles, was den Angeklagten entlastete, war prinzipiell unglaubwürdig, alles, was ihn belastete, war glaubwürdig. Das galt sogar, wenn eine den Angeklagten belastende Aussage widerrufen wurde, ohne daß die insoweit nötige Beweiswürdigung im Urteil kenntlich gemacht wurde. Ein Beispiel:

Auf seiner Flucht nach dem Vorfall mit Uwe C. war Fokken von den Zeugen Riekehl*, Thomalla* und Gernhard* aufgehalten und zur Rede gestellt, von Thomalla auch zu Boden geschlagen worden. Riekehl will bei dieser Gelegenheit aus Fokkens Mund gehört haben: »Go weg, anners steek ick di ook!« (Geh weg, sonst steche ich dich auch); so Riekehl bei seiner polizeilichen Aussage vom 18.5.1987. Als Riekehl am 5.4.1990, also fast drei Jahre später, vor der Oldenburger Strafkammer vernommen wurde, war daraus geworden: »Weg, sonst stech ich dich auch tot oder ab«. Als ihm von dem Kollegen Bernhard Docke, der mich an diesem Tag vertrat, seine frühere Aussage vorgehalten wurde, räumte er ein, daß diese richtig war, Fokken also nur von stechen und nicht von totstechen oder abstechen gesprochen habe. Die Zeugen Thomalla und Gernhard hatten Fokkens Äußerung nicht gehört, erinnerten sich nur, daß Riekehl sie ihnen »so oder so ähnlich« erzählt hatte.

Was wurde daraus im Urteil? Auf Seite 90 des Urteils steht, der Angeklagte habe zu Riekehl auf plattdeutsch gesagt: »Riekehl, geh weg, sonst stech ich dich auch ab«; also die Version, die der Zeuge widerrufen hatte. Und auf Seite 257 heißt es, die

* Namen geändert

Zeugen Thomalla und Gernhard hätten sich daran erinnern können, daß die auf Seite 90 angeführten Worte »so oder so ähnlich gefallen sind«. Sie werden also im Sinne einer Bestätigung der auf Seite 90 festgestellten Formulierung zitiert, so als ob die Zeugen Fokkens Äußerung selbst gehört hätten. Man erfährt nicht, daß sie die »angeführten Worte« nur von Riekehl »so oder so ähnlich« gehört haben. Ein Musterbeispiel für die Unzuverlässigkeit selbst solcher Urteilsfeststellungen, die vorgeben, sich auf Zeugenaussagen zu stützen.

Man durfte gespannt sein, wie das Urteil die Äußerungen des Herrn Fokken gegenüber den Polizeibeamten Bernhard J. und Otto R., die Herrn Fokken als einen über die tödlichen Folgen seines Notwehrakts zutiefst verzweifelten und trauernden Menschen erlebt hatten, mit der Feststellung vereinbaren würde, der Angeklagte habe den Tod des Uwe C. billigend in Kauf genommen. Der Urteilsverfasser wählte einen verblüffend einfachen Weg: Er unterschlug diese Äußerungen. In den 321 Seiten des Oldenburger Urteils sucht man vergebens nach dieser von den Polizeibeamten Bernhard J. und Otto R. protokollierten Totenklage des Angeklagten. So einfach ist das in einem Land, in dem der Gesetzgeber, auf die Redlichkeit deutscher Richter vertrauend, weder ein Wortprotokoll für nötig hält, noch die Nachprüfung des Revisionsgerichts auf den Inhalt der Akten erstreckt.

Nach alledem war man kaum überrascht, daß auch das Gutachten der Sachverständigen Frau Dr. Sliwka unrichtig wiedergegeben wurde. Sie hatte, ebenso wie schon in Aurich, die Voraussetzungen des § 21 StGB (verminderte Schuldfähigkeit) schon im Hinblick auf die als »mittlerer Rausch« zu qualifizierende Alkoholisierung des Angeklagten bejaht und sich auch durch bohrende Fragen des Gerichts, des Staatsanwalts und der Nebenklägervertreterin nicht davon abbringen lassen, daß sie von ihrem Fach her nicht glauben könne, daß Fokken das Messer bewußt verborgen gehalten habe. Es hatte nicht an den üblichen Zumutungen gefehlt, die Sachverständige solle dennoch davon ausgehen, Fokken habe das Messer versteckt und den Uwe C. planvoll umgebracht. Diese Frau war unbeugsam. Sie hatte ihrer Überzeugung Ausdruck gegeben, daß Fokken sich und seine Diskothek vor den eindringenden Personen schützen wollte und es für möglich erklärt, daß der Angeklagte das Verhalten des Uwe C., selbst wenn es so friedlich gewesen sein sollte, wie einige Zeugen es gesehen haben wollten, als

Angriff verstanden habe (»eingeschränkte Situationswahrnehmung«, »Tunneleffekt«).

Das hatte dem Gericht natürlich nicht gefallen. Was schrieb man ins Urteil? Die Sachverständige Dr. Sliwka habe dargetan, daß »keine Beeinträchtigung der Einsichts- und Steuerungsfähigkeit in Bezug auf die Tat am 16. Mai 1987 vorgelegen« habe. Also das Gegenteil dessen, was sie tatsächlich gesagt hatte. Ihr Gutachten wurde demgemäß in einem Atemzug mit dem Gutachten des Sachverständigen Dr. Winterscheid, der das Gericht wunschgemäß bedient hatte, als »richtig« und »zutreffend« vereinnahmt.

Und so bekannte sich das Gericht, ohne zu erwähnen, daß die Sachverständige Dr. Sliwka durchaus anderer Meinung gewesen war, zu der Auffassung, daß der Angeklagte – trotz eines Blutalkoholwerts von 2,38 Promille! – uneingeschränkt schuldfähig gewesen sei. Das ergebe eindeutig die festgestellte Verhaltensweise des Angeklagten, der »nach einem gewissen Plan, Überlegungen und Sozialadäquanz gehandelt« habe. Ein zynischer Rückschluß aus falschen Tatsachenfeststellungen.

Die gegen das Urteil eingelegte Revision, wiederum von dem Kollegen Strate bearbeitet, wurde vom BGH durch Beschluß vom 1. Dezember 1992 als unbegründet verworfen. Der Generalbundesanwalt hatte in seiner Stellungnahme zur Revisionsbegründung darauf hingewiesen, daß die erhobenen Rügen auf die »unzulässige Behauptung der Aktenwidrigkeit der Urteilsfeststellungen« hinausliefen. Freilich, ein Blick in die Akten hätte dem Revisionsgericht gezeigt, daß die Oldenburger Richter ihrer Verpflichtung zur umfassenden Würdigung aller Beweismittel nicht nachgekommen waren. Aber nach den Regeln des Revisionsrechts gilt nur das, was im Urteil steht. Und so blieben die schlimmsten Versäumnisse der Beweiswürdigung unsichtbar.

Ob Herrn Fokken mit einer erfolgreichen Revision überhaupt noch gedient gewesen wäre, steht auf einem anderen Blatt. Sie hätte die Rechtskraft des Urteils und damit die Dauer der Untersuchungshaft noch weiter hinausgezögert, ohne daß man nach den bisherigen Erfahrungen hätte sicher sein können, daß am Ende ein besseres Urteil herausgekommen wäre. Zumal nach dem Geschäftverteilungsplan des Landgerichts Oldenburg für aufgehobene Urteile der O.-Kammer wieder Herr W. zuständig geworden wäre. Am 15. Mai 1995 ist Herr

Fokken nach achtjähriger Haftzeit entlassen worden und zu seiner Familie zurückgekehrt.

Einer der für das Oldenburger Urteil verantwortlichen Richter soll übrigens, nachdem er dieses Werk vollendet hatte, in die neuen Bundesländer abgeordnet worden sein, da die Menschen in der ehemaligen DDR ja noch lernen müssen, wie unabhängige Richter in einem freiheitlich-demokratischen Staat auf Grund eines fairen Verfahrens Wahrheit und Recht finden.

19. Carl von Ossietzkys »Landesverrat« – ein Wiederaufnahmeverfahren (1988–1992)

Carl von Ossietzky, der 1938 an den Folgen jahrelanger Konzentrationslagerhaft gestorbene große Pazifist und Demokrat, hat mich zweimal in meinem Anwaltsleben sehr beschäftigt. Das erste Mal, als ich zusammen mit meiner Frau, Elisabeth Hannover-Drück, Mitte der sechziger Jahre das Buch »Politische Justiz 1918–1933« (Frankfurt/M. 1966; Neuauflage: Lamuv-Verlag, Bornheim-Merten 1987) schrieb und mit Entsetzen las, wie deutsche Richter schon vor Hitler mit Publizisten umgegangen sind, die vor Militarisierung und herannahendem Faschismus gewarnt haben. Das zweite Mal in den Jahren nach 1988, als ich zusammen mit anderen Kollegen den Versuch unternahm, das berüchtigte Landesverratsurteil des Reichsgerichts aus dem Jahre 1931 im Wege eines Wiederaufnahmeverfahrens aus der Welt zu schaffen. Darüber will ich berichten. Es wird auch für die Leser und Leserinnen ein schwieriges Kapitel. Denn um aus dem in aller Welt hochgeachteten deutschen Patrioten Carl von Ossietzky einen »Landesverräter« zu machen und diese ungeheuerliche Charakterisierung durch Juristen, die bereits Adolf Hitler huldigten, noch im Jahr 1992 aufrechtzuerhalten, war nicht nur ein rückwärtsgewandtes politisches Bewußtsein, sondern auch ein großer Aufwand an juristischer Spitzfindigkeit nötig.

In der *Weltbühne* vom 12. März 1929 war jener durch das Eingreifen der Justiz zu internationaler Bekanntheit gelangte Artikel »Windiges aus der deutschen Luftfahrt« erschienen, mit dessen Kriminalisierung sich deutsche Richter bis ins Jahr 1992 beschäftigen sollten. Verfasser des Textes war – unter dem Pseudonym Heinz Jäger – der Journalist Walter Kreiser, Herausgeber der *Weltbühne* und verantwortlicher Redakteur war Carl von Ossietzky, letzterer schon damals ein international angesehener Publizist, dessen kompromißlose Kritik der deutschen Zustände ihn zum Haßobjekt der Reichswehrführung und der Justiz gemacht hatte.

Der später als »Landesverrat« und »Verrat militärischer Geheimnisse« inkriminierte Teil des Aufsatzes befaßte sich mit Vorgängen auf dem bei Berlin gelegenen Flugplatz Johannisthal-Adlershof. Nachdem zuvor von einer unter der Bezeichnung »Severa« gegründeten Seeversuchsanstalt die Rede war, die nichts anderes als eine »getarnte Abteilung der Marineleitung« gewesen und, als dies ruchbar wurde, scheinbar aufgelöst, in Wahrheit aber nur umbenannt worden sei, heißt es in diesem »Abteilung M« überschriebenen Schlußabschnitt:

Ähnliche Kapriolen wurden auch auf dem Flugplatz Johannisthal-Adlershof gemacht. Auf der Adlershofer Seite bestand als besondere Gruppe der Deutschen Versuchsanstalt für Luftfahrt eine sogenannte Abteilung M. Als beim vorjährigen Luftfahrtetat der sozialistische Abgeordnete Krüger im Haushaltsausschuß die Regierungsvertreter um Auskunft bat, zu welchem Zweck die Abteilung M da sei, bekam er keine Antwort, denn sonst hätten die Behörden darauf aufmerksam machen müssen, daß »M« auch der Anfangsbuchstabe des Wortes Militär ist. So schwieg man lieber. Aber auch hier arbeitet Gröners (des seinerzeitigen Reichswehrministers; H. H.) findige Vernebelungstaktik. Um bei einer erneuten Anfrage sagen zu können: eine solche Abteilung M gibt es nicht mehr, mit diesen Schweinereien haben wir aufgeräumt, wurde diese Abteilung auch aufgelöst, kam auf die Johannisthaler Seite des Flugplatzes und heißt jetzt »Erprobungsabteilung Albatros«, zum Unterschied von einer Versuchsabteilung, die Albatros bereits besitzt. Diese »Erprobungsabteilung Albatros« ist zu Lande dasselbe, was an der See die »Küstenabteilung der Lufthansa« darstellt. Beide Abteilungen besitzen je etwa dreißig bis vierzig Flugzeuge, manchmal auch mehr.

Aber nicht alle Flugzeuge sind immer in Deutschland ...

Die für Landesverratssachen zuständige Abteilung der Reichsanwaltschaft, sonst zu Gefälligkeiten gegenüber der Reichswehrführung stets bereit, sah hier doch Schwierigkeiten, den Vorwurf des Geheimnisverrats zu begründen. Ihr lag die Stellungnahme eines Sachverständigen des Auswärtigen Amtes (Konsul Schultz-Sponholz) vor, das zu dem Ergebnis gekommen war, man werde kaum behaupten können, daß das Wenige, was Kreiser über die »Abteilung M« gesagt habe, »in Luftfahrtkreisen ein Geheimnis war«. Auch entnahm sie dem Protokoll über die 312. Sitzung des Reichstagsausschusses für den

Reichshaushalt vom 3.2.1928 und einer »Auslassung« des Direktors des Reichstags, »daß der militärische Charakter der bewußten Abteilung M bei den Beratungen des Reichshaushaltsausschusses schon im Februar 1928 erörtert worden ist, und daß auch durchaus die Möglichkeit besteht, daß weite Kreise des In- und Auslandes von diesen Erörterungen Kenntnis erlangt haben«. Der Oberreichsanwalt fragte deshalb mit Schreiben vom 24.1.1931 – also fast zwei Jahre nach Erscheinen des inkriminierten Artikels – beim Reichswehrministerium an, »ob und gegebenenfalls aus welchen Gründen gleichwohl die bisher vertretene Auffassung, daß mindestens die in dem Unterabschnitt ›Abteilung M‹ des fraglichen Artikels preisgegebenen Nachrichten im Zeitpunkt ihrer Veröffentlichung noch geheim gewesen seien, aufrechtzuerhalten ist«. Es wurde um »gutachtliche Stellungnahme« gebeten, die prompt angedient wurde und in der schlichten Behauptung bestand, daß der Hinweis auf die von dem SPD-Abgeordneten Krüger in der Sitzung des Reichstagsausschusses gemachten Äußerungen »nicht geeignet« seien, »den Beweis dafür zu erbringen, daß sämtliche in dem Unterabschnitt ›Abteilung M‹ des inkriminierten Artikels enthaltenen Nachrichten im Zeitpunkt ihrer Veröffentlichung allen interessierten Kreisen des In- und Auslandes bereits bekannt gewesen seien«. Das Schreiben des Reichswehrministeriums datiert vom 13. Februar 1931. Am 30. März 1931 erhob der Oberreichsanwalt Anklage.

Der gegen Kreiser und Ossietzky gerichtete Anklagevorwurf: Sie hätten »vorsätzlich Nachrichten, von denen sie wußten, daß ihre Geheimhaltung einer anderen Regierung gegenüber für das Wohl des Deutschen Reiches erforderlich ist, öffentlich bekannt gemacht« (Landesverrat) und durch dieselbe Handlung auch gegen ein in der Vorbereitungsphase des Ersten Weltkrieges verkündetes Gesetz gegen den Verrat militärischer Geheimnisse vom 3.6.1914 verstoßen, das einen ganz ähnlichen Wortlaut hatte (»... wer vorsätzlich Nachrichten, deren Geheimhaltung im Interesse der Landesverteidigung erforderlich ist, an eine ausländische Regierung oder an eine Person, die im Interesse einer ausländischen Regierung tätig ist, gelangen läßt und dadurch die Sicherheit des Reichs gefährdet«). Aus der Anklageschrift:

Nach den Gutachten des Reichswehrministeriums und des Auswärtigen Amtes waren die in dem Unterabschnitt »Abteilung M«

behaupteten Tatsachen im Zeitpunkt ihrer Veröffentlichung zum mindesten teilweise weder den Hauptmächten der Entente noch den Regierungen des übrigen Auslandes bekannt ...

Ihre Veröffentlichung sei dem Wohle des Deutschen Reichs abträglich gewesen. Der fragliche Artikel mache den verantwortlichen Leitern des Deutschen Reiches »unverblümt genug« den Vorwurf, »daß sie im Widerspruch zu Artikel 198 des Versailler Vertrages die Unterhaltung von Luftstreitkräften zu Heereszwecken duldeten und selbst gegenüber Vorstellungen der Volksvertretung nicht bereit seien, die Erfüllung der aus dem Versailler Vertrag folgenden Verpflichtungen ernst zu nehmen«.

Es ging also, wie der Oberreichsanwalt »unverblümt genug« zugab, darum, daß Verstöße der Reichswehrführung und der deutschen Regierung gegen völkerrechtlich und verfassungsrechtlich verbindliche Bestimmungen des Friedensvertrages von der Justiz gedeckt wurden, indem man die Kritiker mit Landesverratsverfahren zum Schweigen bringen wollte. Die Anklage gegen Kreiser und Ossietzky ragte nur wegen der Prominenz des *Weltbühne*-Herausgebers aus einer Hochflut von Landesverratsprozessen heraus, die in den zwanziger und frühen dreißiger Jahren die Republik erschütterten und der Glaubwürdigkeit deutscher Friedenspolitik im Ausland schweren Schaden zugefügt haben. Daß die rigiden Rüstungsbeschränkungen, die der Versailler Vertrag von 1919 den Deutschen auferlegt hatte, durch allerlei Täuschungsmanöver umgangen wurden, hatten die Siegermächte des Ersten Weltkrieges längst durchschaut. Die Landesverratsprozesse waren eine zusätzliche Provokation gegenüber dem Ausland. Besonders die Anklage gegen Carl von Ossietzky mußte in der Weltöffentlichkeit für Aufsehen sorgen. Aber das nahm man mit deutscher Unverschämtheit in Kauf. Ging es doch um eine Abrechnung mit einem Mann, der den Richtern des für politische Strafsachen zuständigen Senats des Reichsgerichts und den Herren Reichsanwälten oft genug heftig auf die Füße getreten hatte.

Dies hatte er dem Oberreichsanwalt Werner anläßlich des Landesverratsprozesses gegen Fritz Küster und Berthold Jacob ins Stammbuch geschrieben (*Weltbühne* vom 15.3.1927, S. 399ff.):

Durch die Blätter geht die Nachricht, der Herr Oberreichsanwalt habe gegen den Schriftsteller Berthold Jacob und gegen den Herausgeber und verantwortlichen Redakteur des Wochenblattes ›Das andere Deutschland‹ Anklage wegen versuchten Landesverrats erhoben. Grund dieses Vorgehens bildet ein Artikel Berthold Jacobs »Das Zeitfreiwilligengrab in der Weser«, im April 1925 erschienen, kaum zwei Wochen nach dem furchtbaren Pontonunglück von Veltheim, das 81 Menschen das Leben gekostet hat. In diesem Artikel wird unter anderm gegen den General v. Seeckt der inzwischen auch offiziell gerechtfertigte Vorwurf erhoben, die Reichswehr zum Tummelplatz aller schwarz-weiß-roten Geister gemacht zu haben; weiter wird eine Darstellung des Zeitfreiwilligen-Unfugs und der schwarzen Rüsterei gegeben, soweit das auf Grund des damals vorhandenen Materials möglich war …

Schon am 28. Mai 1925 führte in der Reichstagsdebatte über das Veltheimer Unglück der Demokrat Doktor Haas aus: »Die Pazifisten, die solche Illegalitäten ans Licht bringen, begehen keinen Landesverrat. Landesverrat begehen die Staatsanwälte, die Anklage erheben.« Das war für die republikanischen Parteien die erlösende Formel und ist auch das Schlußwort geblieben. Auch die Anklagebehörden bremsten ihren Tatendrang …

Was bezweckt der Oberreichsanwalt, wenn er nach zweijähriger Ruhezeit die Akten Jacob-Küster wieder öffnet? … Juristisch gibt die Anklage nichts her. Desto mehr sagt sie über die politische Denkungsart des Herrn Oberreichsanwalts aus. Wenn es bei der Wiedergabe der Personalien Küsters heißt: er habe schon während des Krieges den »sogenannten Militarismus« bekämpft; wenn weiter von dem »ehemaligen Feindbund« die Rede ist; wenn schließlich die Anwendung der Amnestie bestritten wird: »mit Rücksicht auf die Hartnäckigkeit des verbrecherischen Willens der Angeschuldigten und die schwere Schädigung der vaterländischen Belange«, so verbirgt zwar vor diesem deutschen Stil der Genius der Sprache schaudernd sein Haupt – aber dies Schöpfen aus der nationalistischen Phraseologie, da, wo sie am dümmsten ist, entlarvt die politischen Motive der Anklage …

Kein Politiker von Vernunft hat Freude an dieser Aufrührung hoffentlich vergangner Dinge, nur der Herr Oberreichsanwalt nimmt Rache an ein paar Publizisten, die dem Reichswehrministerium eine Reihe unangenehmer Stunden bereitet haben …

Integre Persönlichkeiten müssen es sich gefallen lassen, wie Spione oder Agenten, wie bezahlte Subjekte behandelt zu werden, weil ihnen der Friede der Welt mehr gilt als die Interessen des Landes …

Justizreaktion und Militarismus haben sich vereint. Durch das

Medium der Justiz holt der Militarismus die seit 1914 versäumten Siege nach.

Während sich solches zu Haus begibt, wirbt Stresemann in Genf um das Vertrauen Europas.

Ein Text, der vieles von dem vorwegnimmt, was vier Jahre später in eigener Sache hätte gesagt werden können. Herr Oberreichsanwalt Werner wird seiner gedacht haben, als er am 30. März 1931 die Anklage gegen Carl von Ossietzky unterschrieb. Er hatte sich inzwischen vom Reichsgericht das Urteil gegen die Journalisten Küster und Jacob andienen lassen, eine Musterentscheidung zum publizistischen Landesverrat, die nun auch das Urteil gegen Kreiser und Ossietzky programmieren sollte.

Carl von Ossietzky hatte in der *Weltbühne* vom 20. März 1928 über den Prozeß gegen seine Kollegen Küster und Jacob berichtet. »Der Publizist steht rechtlos vor diesem Tribunal«, schrieb er und nahm auch damit sein eigenes Schicksal vorweg. Er wußte, was ihn beim 4. Strafsenat des Reichsgerichts erwartete, dessen Richter durch die Landesverratsanklage gegen Ossietzky Gelegenheit erhielten, sich an einem ihrer schärfsten Kritiker zu rächen. »Jahrelang hatte ich geschrieben, daß der IV. Strafsenat nicht das Recht der Deutschen Republik spricht, sondern durchaus die Gepflogenheiten eines Standgerichts angenommen hat. Sollte der Mann von der ›Weltbühne‹ dort Objektivität erwarten?« (Carl von Ossietzky, *Weltbühne* 1931 II, 804).

Kurt Tucholsky, der sich rechtzeitig vor richterlicher Rachsucht im Ausland in Sicherheit bringen konnte, hatte es so gesagt (*Das Andere Deutschland*, 11.9.26):

Die Talarvereinigung, die sich in Deutschland »Reichsgericht« nennt, hat seit jeher über Landesverräter geradezu barbarische Strafen verhängt. Diese rein administrativen Maßnahmen werden in geheimen Sitzungen vorgenommen; es ist immer wieder zu betonen, daß eine juristische Kritik hier nicht vorzunehmen ist; mit Rechtsprechung hat das, was da getrieben wird, nichts zu tun.

Wes Geistes Kind diese Richter waren, hatten sie in jahrelanger Schreckensjudikatur gegen Kommunisten gezeigt, deren Betätigung für eine legale Partei, die KPD, von ihnen ungeachtet aller kritischen Einwände demokratisch gesinnter Rechtswissenschaftler und Politiker als permanente Vorbereitung des Hochverrats bestraft wurde, ob es sich nun um die Betätigung als Rezitator, als Buchhändler oder als Mieterobmann handelte. Eine politische Parteinahme für die politische Rechte, die für eine breitere Öffentlichkeit unübersehbar wurde, als der 4. Strafsenat sich ausnahmsweise einmal mit Hochverrätern von rechts zu befassen hatte und deren Führer Adolf Hitler als Zeugen für die legalen Absichten der Nationalsozialisten vernahm. So geschehen im Prozeß gegen die Ulmer Reichswehroffiziere Richard Scheringer, Hans Ludin und Hans Friedrich Wendt, der vom 23.9. bis 4.10.1930 in Leipzig stattfand. Nie wären die Herren auf die Idee gekommen, in Kommunistenprozessen über die Legalität der Parteiziele durch Vernehmung Ernst Thälmanns Beweis zu erheben, nein, man verweigerte den Angeklagten sogar jede Beweisaufnahme zu diesem Thema, weil die verfassungsfeindlichen Ziele der KPD gerichtsbekannt seien. Herrn Hitler jedoch gab man Gelegenheit zu einer zweistündigen Propagandarede, die den Senat überzeugte, daß Hitler nur legale Absichten habe. Selbst Hitlers berühmte Drohung, daß nach der Machtergreifung der Nazis Köpfe in den Sand rollen würden, nahmen die Herren in den roten Roben als Ankündigung einer legalen Blutjustiz, an der mitzuwirken sie sich durch beflissenen Umgang mit dem künftigen Diktator bestens empfahlen.

Hitlers Legalitätseid wurde von den Reichsgerichtsräten, die sich sonst einer betont trockenen, strenge Sachlichkeit vortäuschenden Berufssprache zu befleißigen pflegten, mit einer geradezu schwärmerischen Schilderung des Ambientes geschmückt:

Die Wogen des stürmischen Empfangs, der Hitler auf dem Reichsgerichtsplatz bereitet wurde, schlugen bis in den Sitzungssaal. Ein großer Teil der Presse und der Öffentlichkeit nahm in leidenschaftlicher Weise für die Angeklagten Stellung, die doch Kameraden der Zeugen waren, und mit deren Anschauungen die Zeugen in vielen Punkten einig gingen. Der große Wahlerfolg der Nationalsozialisten, der kurz vor Beginn der Hauptverhandlung errungen war, beeinflußte die Beurteilung der Anklage durch Prozeßbeteiligte und Publikum in einem den Angeklagten günstigen Sinne.

Zu den Prozeßbeteiligten, deren Urteil durch den großen Wahlerfolg der Nationalsozialisten in einem den Angeklagten

Hitler als Zeuge vor dem Reichsgericht in Leipzig am 25. September 1930. In einem Prozeß gegen drei wegen Hochverrats angeklagte nationalsozialistische Offiziere durfte er eine zweistündige Propagandarede halten, die die Richter überzeugte, daß er streng legale Ziele verfolge. Es waren dieselben Richter, die im November 1931 über den großen Pazifisten und Antifaschisten Carl von Ossietzky zu Gericht saßen und ihn zum Landesverräter erklärten.

günstigen Sinne beeinflußt wurde, gehörten zweifellos auch die Herren Reichsrichter, die, von den Wogen der Begeisterung für den rhetorisch begabten Naziführer emporgetragen, so ungewöhnlich lyrische Töne fanden, als es um die Beweiswürdigung des Zeugen Hitler ging. Die Herren nahmen diesem »Zeugen«, der seine künftigen Verbrechen schriftlich und mündlich hinreichend deutlich angekündigt hatte, mit devoter Beflissenheit seine »mit unzweideutigen Worten« verkündete Legalitätslüge ab. Sie überzeugte, daß Hitler »bei dem wachsenden Verständnis, das Deutschland der völkischen Freiheitsbewegung entgegenbringe, ein illegales Vorgehen gar nicht nötig habe; die Gewalt falle ihm mit der Zeit auf legalem Wege von selbst zu« (nachzulesen in *DJ* 6 /1931/, 187ff.). Daß zu diesem »legalen« Weg der offene Terror gegen Kommunisten gehörte, der in der Inszenierung des Reichstagsbrands und der Aussperrung, Verhaftung und Ermordung von 81 kommunistischen Reichstagsabgeordneten kulminierte, wird die Herren vom 4. Strafsenat, die seit Jahren Kommunisten einsperrten, nur in ihren Auffassungen bestätigt haben. Und daß nach den

Kommunisten auch die Sozialdemokraten dran waren, werden sie mit einem Achselzucken hingenommen haben. Gab es doch unter den Richtern am Reichsgericht nur einen einzigen Sozialdemokraten (Hermann Großmann), der denn auch 1933, immerhin mit vollem Ruhegehalt, seinen Abschied nehmen mußte. Soviel zur Skizzierung der politischen Parteilichkeit, die sich im Leipziger Reichsgericht hinter den roten Richterroben verbarg, vor denen ein Carl von Ossietzky sich verteidigen sollte.

Vielleicht hätte schon diese politische Parteilichkeit genügt, um die Rechtsbeugung in Sachen Ossietzky zu erklären. Aber es kam hinzu, daß die Herren persönlich angefaßt waren. In Carl von Ossietzky war ihnen der Mann ausgeliefert, der sie nicht nur wegen ihrer Terrorjustiz gegen Journalisten und Kommunisten angegriffen, sondern sie auch wegen ihres Kotaus vor Adolf Hitler mit unübertroffener Kühnheit des Wortes als opportunistische Wegbereiter des Dritten Reiches demaskiert hatte. Dies nämlich hatte er als Kommentar zu Hitlers Zeugenauftritt vor dem 4. Strafsenat geschrieben (*Weltbühne* vom 1.10.1930):

Es wird Zeit, daß die Republikaner (damals ein noch nicht von Rechtsextremisten mißbrauchter Begriff! H.H.) aufhören, die Köpfe in den Sand zu stecken, in den sie nach Hitlers Pronunziamento nächstens rollen sollen.

Mit jener Objektivität, die das Reichsgericht immer auszeichnet, wenn es sich um Leute von rechts handelt, hat es einem hergelaufenen Narren, einem Großmaul und Poltron (laut *Duden-Fremdwörterbuch*: Feigling, Maulheld; H.H.) Gelegenheit geboten, eine Brandrede zu halten und seine Legalität zu beteuern. Man vergleiche die trockene Abfertigung des Staatssekretärs Zweigert, des Mannes der Reichsregierung (der Beweismaterial über die Verfassungsfeindlichkeit der Nazi-Partei vorlegen wollte, das der Senat als für die Entscheidung unerheblich nicht zur Kenntnis nahm; H.H.), mit der entgegenkommenden Geste für Hitler. Herr Rechtsanwalt Frank, der designierte Justitiar des Dritten Reiches (er wurde »Reichsrechtsführer« und Generalgouverneur des besetzten Polen, im Nürnberger Prozeß als Kriegsverbrecher zum Tode verurteilt; H.H.), durfte sich denn auch bei dem Herrn Vorsitzenden mit Recht bedanken. Das Reichsgericht ahnt den Herrn von morgen. Keine Ironie unterbricht den Mumpitz der Programmerklärung, und wie ironisch können Richter sonst sein! Kein Verweis schneidet die blutrünstigen Bravaden ab, ungestört entwickelt das heroisch tapezierte Stück Malheur mit dem Diktatorenfimmel seine Guillotinenphantasie. Was Hitler mit einem spinnenwebdünnen Tuch von Legalität umkleidet vor dem höchsten Gericht verkündete, hieße bei Politikern, die nicht Koalitionsfreunde des Reichsjustizministers sind: Vorbereitung zum Mord ... Wenn ein Gericht einen hochverräterischen Plan, wie es in Leipzig geschah, mit Achtung anhört, anstatt den Mann in eine Heilanstalt zu stecken oder als Verbrecher in Eisen zu legen, so ist dies ein recht deutliches Zeichen, daß die Vertreter der Staatsautorität entweder arg erschöpft sind oder daß sie schon mit schüchternen Fußspitzen den Boden neuer Tatsachen zu suchen beginnen.

Carl von Ossietzky wußte, was er von diesen Richtern zu erwarten hatte. »Nur mit Mühe bin ich von unsern Verteidigern zurückgehalten worden, einen Ablehnungsantrag zu stellen«, schrieb er nach der Hauptverhandlung (*Weltbühne* vom 1.12.1931).

Ich hatte zu diesem Senat nach seiner bestens bekannten Judikatur gegen Pazifisten und Kommunisten nur ein herabgemindertes Vertrauen ...

Ich wollte also einen Ablehnungsantrag stellen. Unsre Anwälte jedoch rieten dringend ab. Nicht nur der formalen Schwierigkeiten halber, nein, wir hätten reiches Material zur Verfügung, um den Tatbestand der Anklage zu erschüttern, genug Rechtsgründe, um ihren Geist niederzuzwingen.

Auch aus nachträglicher Sicht wird man den damaligen Verteidigern recht geben müssen. Ein Ablehnungsantrag – gegen wen? nur gegen den Vorsitzenden oder gegen alle Richter des Senats? – wäre mit Sicherheit abgeschmettert worden und hätte die Chance für den rechtlich gebotenen Freispruch minimiert. Selbst ein Erfolg des Ablehnungsantrages hätte nur die Ersetzung politisch befangener Richter durch andere politisch befangene Richter erbracht. Aber vielleicht dachte Ossietzky an die demonstrative Wirkung eines Ablehnungsantrages, auf die ein guter Verteidiger es nur ankommen lassen wird, wenn er für seinen Mandanten in der Sache selbst nicht die geringste Chance sieht. Und Ossietzky hatte hochqualifizierte Verteidiger, die trotz alledem mit guten Gründen einen Freispruch für möglich halten durften. Und so fährt Ossietzkys Bericht fort:

Wir wollten argumentieren, nicht demonstrieren. So zogen wir denn aus zur Hermannsschlacht: – zwei Angeklagte, vier Advokaten. Max Alsberg, Alfred Apfel, Rudolf Olden, Kurt Rosenfeld, vier Juristenköpfe, die eine schwer berechenbare Summe von Qualität verkörpern. Als wir am 23. November, nachmittags 13 Uhr 30 aus dem Gerichtssaale kamen, da wußten wirs: der Angriff der Jurisprudenz auf den IV. Strafsenat war siegreich abgeschlagen. Und als wir etwas verdattert über den scheußlichen steinernen Korridor gingen, da trafen wir im muntern Plaudern mit unserm Ankläger einen leicht ergrauten, frisch aussehenden Herrn von untersetzter Statur, der sich, nach seiner frohen Miene zu schließen, in bestem Einklang mit Gott und der Justiz zu befinden schien. Das war jener Prokurator des Reichs, der das Dezernat für Hochverrat und Spionage innehat. Das war Herr Jorns.

Wer war Herr Jorns? Auch dies muß dem heutigen Leser erzählt werden, damit sich ihm das ganze emotionale Umfeld an politischer Borniertheit, Haß und Rachedurst erschließt, in dem Carl von Ossietzky wegen eines an den Haaren herbeigezogenen Landesverratsvorwurfs verurteilt werden konnte. Herr Jorns, dessen Karriere als Reichsanwalt an Hitlers Volksgerichtshof enden sollte, hatte 1919 als Kriegsgerichtsrat die Untersuchung gegen die Mörder Rosa Luxemburgs und Karl Liebknechts geführt. Seine Sympathien für die an den Morden beteiligten Offiziere hatten geradezu groteske Versäumnisse und Pflichtverletzungen zur Folge gehabt, die durch einen am 24. März 1928 in der Zeitschrift *Das Tagebuch* veröffentlichten Artikel einer größeren Öffentlichkeit bekannt wurden. Der nicht genannte Verfasser war Berthold Jacob, gegen den Jorns einige Tage vorher in dem gegen ihn und Fritz Küster gerichteten Landesverratsverfahren Zuchthausstrafen beantragt hatte. Jacobs nannte seinen Aufsatz »Kollege Jorns« und gab sich den Anschein, als ob der Autor ein Kollege des angegriffenen Reichsanwalts sei. Da hieß es:

Seit acht Jahren hatte den Namen des ehemaligen Kriegsgerichtsrats Jorns ein wohltätiges Schweigen umfangen. Jetzt erst, in dem Landesverratsprozeß gegen Fritz Küster und Berthold Jacob, kam er uns als Reichsanwalt wieder zu Gesicht; uns Kollegen, die die juristischen Qualitäten des Mannes stets ungemein niedrig bewerteten und die wir uns niemals genug wundern konnten, als man ihn vor einigen Jahren ans Reichsgericht berief. Das konnte – so war die allgemeine Meinung unter denen, die ihn kannten, als Menschen und auch beruflich – schwerlich wegen seiner juristischen Verdienste geschehen sein.

Nach einer detaillierten Darstellung seiner komplizenhaften Amtstätigkeit in der Mordsache Luxemburg/Liebknecht kam der Artikel auf die jetzige Funktion des Herrn Jorns zu sprechen:

Heute nun vertritt Jorns vor dem Reichsgericht Anklagen von hoher politisch-moralischer Bedeutung. Wie kommt er auf diesen Posten, für den wenige deutsche Juristen ungeeigneter sind als er? ... Wie eine solche Erscheinung am obersten deutschen Gericht als Reichsanwalt fungieren kann, ist unerfindlich!

Herr Jorns und sein Dienstvorgesetzter, Oberreichsanwalt Werner, hatten Strafantrag wegen Beleidigung und übler Nachrede gegen den verantwortlichen Redakteur der Zeitschrift *Das Tagebuch*, Josef Bornstein, gestellt, der den Verfasser des Artikels nicht preisgab. Das Verfahren war für Herrn Jorns zu einer einzigen Blamage geworden. Das Schöffengericht Berlin-Mitte unter Vorsitz des Landgerichtsdirektors Dr. Marcard hatte nach eingehender Beweisaufnahme den Angeklagten Bornstein freigesprochen, weil ihm der Wahrheitsbeweis dafür gelungen sei, daß Jorns als Untersuchungsführer 1. Spuren, die zur Aufklärung der Morde dienen konnten, nicht aufgenommen hat, 2. Spuren, deren Wichtigkeit er erkannt hatte, nicht verfolgte, 3. Spuren verwischte, indem er das Gegenteil des Ermittelten ins Protokoll aufnahm, 4. Zustände duldete, die, wie ihm bekannt war, geeignet waren, den Sachverhalt zu verdunkeln und das Ergebnis der Untersuchung zu gefährden. Das Gericht hatte als erwiesen angesehen, daß Jorns »den Tätern Vorschub geleistet hat«, und deshalb die Folgerung des inkriminierten Artikels für berechtigt gehalten, daß Jorns »zu einer Tätigkeit im Verbande der Reichsanwaltschaft nicht geeignet« sei. Mit Recht könne der Angeklagte die Meinung vertreten, »daß hier nur für die besten Juristen und gewissenhaftesten Beamten des Deutschen Reiches ein Platz ist, deren dienstliche Laufbahn jeder Kritik standhält«.

Auch in der Berufungsinstanz – Landgericht I Berlin unter dem Vorsitz des Landgerichtsdirektors Siegert – hatte Jorns sich noch eine Ohrfeige abgeholt. Auch dieses Gericht hatte den Vorwurf, Jorns habe den Tätern Vorschub geleistet, als erwiesen angesehen. Trostpflaster für Jorns: der Vorwurf mangelnder juristischer Qualifikation sei eine dem Wahrheitsbeweis nicht zugängliche Beleidigung, sie wurde mit 100 RM Geldstrafe geahndet.

Als Revisionsinstanz hatte dann das Reichsgericht versucht, den Kollegen Jorns zu retten, indem es den Grundsatz verkündete, es müsse bewiesen werden, daß Jorns sich der festgestellten Versäumnisse und Pflichtverletzungen nicht nur »bewußt«, sondern »absichtlich« schuldig gemacht habe. So war bei der erneuten Hauptverhandlung vor einer anderen Strafkammer des Landgerichts doch noch eine Geldstrafe von 500 RM herausgekommen, weil der Nachweis absichtlichen Vorschubleistens natürlich nicht gelingen konnte. Aus der Blamage des Herrn Jorns war eine Justizblamage geworden, die Josef Bornstein zu einem süffisanten Kommentar berechtigte (*Das Tagebuch*, 1930, S. 1099):

Ich habe mich durch die mündliche Revisionsverhandlung der Sache Jorns vor dem zweiten Strafsenat des Reichsgerichts eines Besseren belehren lassen. Zwar bin ich noch immer der Überzeugung – die zwei Berliner Gerichte, erste und zweite Instanz, nach wochenlanger gründlichster Beweisaufnahme als berechtigt anerkannt haben – das heißt, ich bin nach wie vor überzeugt, daß Herr Jorns als Untersuchungsrichter den Mördern Rosa Luxemburgs und Karl Liebknechts Vorschub geleistet hat, und daß er deshalb nicht würdig ist, als hoher Justizbeamter zu wirken. Aber es leuchtet mir jetzt ein, daß nichtsdestoweniger Herr Jorns für das Reichsgericht keine unpassende Erscheinung ist. Denn gibt es auch dort ganz gewiß keinen Reichsanwalt oder Richter, dem sich auch nur entfernt nachsagen ließe, was Herrn Jorns in den Urteilen der beiden Berliner Gerichte nachgesagt wurde, so ist es doch offenbar nur seine Vergangenheit, die Herrn Jorns aus dem Rahmen des Reichsgerichts herausfallen läßt; nach seinem geistigen und moralischen Habitus hingegen mag er der richtige Mann am richtigen Platz sein. Ich stehe nicht an – unter Widerruf früherer Behauptungen –, meine Überzeugung auszusprechen, daß der Herr Reichsanwalt Jorns Fleisch vom Fleische und Geist vom Geiste des Reichsgerichts ist.

Diesem Herrn Jorns also begegnete Carl von Ossietzky im Gerichtsflur des Reichsgerichts, als ihm der 4. Strafsenat gerade ein Jahr sechs Monate Gefängnis wegen Verrats militärischer Geheimnisse zudiktiert hatte. Als Dienstvorgesetzter des Anklagevertreters nahm er dessen Bericht entgegen, »nach seiner frohen Miene zu schließen, in bestem Einklang mit Gott und der Justiz«. Ossietzkys Verurteilung wird Balsam auf seine Wunden gewesen sein. Denn auch Ossietzky hatte diesen Mann mit Vergangenheit nicht geschont. In einem Artikel über den großen Strafverteidiger Dr. Paul Levi, der Josef Bornstein im Jorns-Prozeß vertreten hatte, hatte Ossietzky am 4.6.1929 in der *Weltbühne* geschrieben:

Sein Plaidoyer im Jornsprozeß war eine Rede von einem wahrhaft dantonschen Format. Wie sehr braucht die Partei (es ist von der SPD die Rede, als deren Abgeordneter Levi im Reichstag saß; H.H.) einen Mann im Mittelpunkt, an dem sich die Phantasie der Jugend entzünden kann. Ich lese seine moabiter Rede gegen Jorns und frage, welcher deutsche Redner heute über diese Macht des Wortes verfügt? »Die schreckliche Tat, die damals begangen worden ist, ist keinem gut bekommen. Der Hauptmann von Pflug-Harttung oder der Bruder (Mittäter des Mordes an Rosa Luxemburg und Karl Liebknecht; H.H.) – ich weiß nicht, welcher – zerrissen von einer Handgranate, die er andern zugedacht hatte. Der Leutnant Liepmann, in jungen Jahren ein siecher Krüppel. Der Jäger Runge, ein elender Mann, gemieden und verstoßen von seinen Arbeitskollegen. Andre flüchtig, wer weiß wohin, alle gezwungen, ihr Antlitz vor den Menschen zu verbergen. Nur einer stieg hoch, der Kriegsgerichtsrat Jorns, und ich glaube, er hat in den zehn Jahren vergessen, woher seine Robe die rote Farbe trägt. Meine Herren, hier glaube ich, hier treten diese Mauern und tritt die Decke zurück. Hier ist ein Tag des Gerichts gekommen! Die toten Buchstaben, benutzt zu dem Zwecke, Schuldige zu schützen, und die vermoderten Knochen der Opfer: sie stehen auf und klagen an den Ankläger von damals.«

Und Ossietzky hatte nicht nur Paul Levis fulminante Anklagerede gegen Jorns zitiert, sondern auch selbst formuliert, was er von diesem Mann hielt. So in seinem Bericht über den Landesverratsprozeß gegen Berthold Jacob und Fritz Küster (*Weltbühne* vom 20.3.1928):

Dem Versuch des Herrn Reichsanwalts, die beiden ins Zuchthaus zu bringen, begegnen wir mit jener tiefinnerlichen, aus dem Herzen kommenden Mißachtung, die immer die einzige würdige Geisteshaltung gegenüber schlechter Justizmacherei bedeutet.

Und auch zu dem peinlichen Versuch des Reichsgerichts, den Kollegen Jorns vor Berthold Jacobs Anklage im *Tagebuch* zu retten, hat Ossietzky sich geäußert (*Weltbühne*, 15.7.1930):

Wir Publizisten von der Linken kennen das Reichsgericht und wissen auch, daß unser aller Weg einmal nach Leipzig führt. Wir sollten es uns ernsthaft überlegen, ob es überhaupt Sinn hat, sich den Aufwand eines Verteidigers, einer Diskussion zu leisten, ob es nicht vernünftiger ist, während das Gericht – um mit Dickens zu reden – »knietief in technischen Ausdrücken watet«, die Hände in die Hosentaschen zu stecken und in die Luft zu gucken. Die simpelste Lebensweisheit verbietet, durch bittere Zwischenreden in eine Farce einen falschen Ton zu bringen. Der Kollege Bornstein hatte zum Beispiel das Vergnügen, als Ankläger einen Herrn gegen sich zu haben, der der Zimmergenosse von Jorns ist, und als Vorsitzenden den Herrn Senatspräsidenten Witt, der es seinerzeit abgelehnt hat, »Richter des Staatsgerichtshofs zum Schutze dieser Republik« zu werden. Wir sind keine Funktionäre dieser Republik wie der Herr Senatspräsident, aber wir verteidigen sie, und so lange wir Richter, die sich gegen den Staat, der sie bezahlt, distanzieren, nicht ablehnen können, sollten wir die Herren wenigstens ignorieren. Bald wird der von seinen Kollegen blank geschmirgelte Herr Jorns wieder als Prokurator amten, und das allein gebietet Zurückhaltung gegenüber der Institution, die ihn bei sich leidet. Das Reichsgericht ist nicht sehr feinfühlig, sonst hätte es geahnt, daß noch einer im Saale war, den die Sache anging, wenn er auch nicht geladen war: der tragische Schatten Paul Levis. Mag der Engelchor des Zweiten Strafsenats Herrn Jorns mit einem hallenden »Gerettet« umjubeln, dieser Schatten sagt: »Gerichtet«.

Der von seinen Kollegen blank geschmirgelte Herr Jorns hatte auch im Hintergrund des Landesverratsverfahrens gegen Kreiser und Ossietzky geamtet, er war Leiter des Dezernats, überließ allerdings die Sitzungsvertretung einem Kollegen minderen Ranges. Was sich an den drei Verhandlungstagen – 17., 19. und 23. November 1931 – im Sitzungssaal des Reichsgerichts abgespielt hat, wissen wir nur rudimentär, weil der Senat die Öffentlichkeit wegen Gefährdung der Staatssicherheit ausgeschlossen und nur den Urteilstenor öffentlich verkündet hatte.

Außerdem war den Angeklagten und den Verteidigern ein Schweigegebot auferlegt worden, dessen Verletzung mit Strafe bedroht war. Selbst das schriftliche Urteil wurde nicht ausgehändigt, sondern mußte von den Verteidigern nach der Lektüre sofort zurückgegeben werden. Eine Geheimnistuerei also, die auf die Provokation der Öffentlichkeit hinauslief: »Seht her, wir haben etwas zu verbergen.« In einem doppelten Sinne.

Carl von Ossietzky hat im Rahmen des Möglichen einen authentischen Bericht gegeben und ohne eine Spur von Wehleidigkeit Verfahren und Urteil kritisch kommentiert (*Weltbühne* vom 1. Dezember 1931):

Aus begreiflichen Gründen muß ich davon absehen, auf das innere Thema des Prozesses einzugehen. Vor den Lesern der ›Weltbühne‹ ist es gewiß unnötig, Kreiser und mich zu rechtfertigen, aber vor jenem Publikum, das uns nicht kennt und seine Meinungen aus den Reservoiren der nationalistischen Presse empfängt, sind wir diffamiert, ohne uns zur Wehr setzen zu können. Hinter verschlossenen Türen sind wir abgeurteilt worden, militärische Geheimnisse Deutschlands an auswärtige Regierungen weitergeleitet zu haben. Mit Recht schreibt die ›Frankfurter Zeitung‹, daß ärger als Gefängnis ein solches Odium ist …

Anderthalb Jahre Freiheitsstrafe? Es ist nicht so schlimm, denn es ist mit der Freiheit in Deutschland nicht weit her …

Gewiß, die Zeiten sind bewegt, aber die Justiz ist es gar nicht. Die politische Justiz namentlich trottet hinter der Zeit her, so weit sie nicht mit kühnem Sprung über die Gegenwart sich mit den Machthabern von morgen gut zu stehen sucht …

Justizkrise, die findet ihre Verkörperung in der Leipziger Reichsanwaltschaft und in dem politischen Gerichtshof, im IV. Strafsenat. Dort ist jene unselige Staatsräson entstanden, die alle Gefahr ausschließlich links sucht, die jeden roten Funktionär mit Zuchthaus bedroht, die den literarischen Hochverrat erfunden hat und ihn bis auf Kolporteure und Setzerjungen ausdehnt. Dort hat die Reaktion, als Rechtsprechung der Republik maskiert, ihr Hauptquartier aufgetan …

Vor diesem Tribunal hatten wir uns also zu verantworten. Der Reichsanwalt ist kein Torquemada*, sondern ein höflicher jüngerer Herr, der angenehmerweise nicht emphatisch wird und seine schwerkalibrigsten Argumente so leger vorträgt wie eine Einladung

* Thomas de Torquemada, spanischer Großinquisitor im 15. Jahrhundert; laut Meyers Lexikon von 1896 »ein Henker ohnegleichen«

Am 1. Juli 1932 stand Carl von Ossietzky, aus der Tegeler Haftanstalt vorgeführt, noch einmal vor Gericht. Die Staatsanwaltschaft hatte ihn als verantwortlichen Redakteur der *Weltbühne* für Kurt Tucholskys Satz »Soldaten sind Mörder« wegen Beleidigung der Reichswehr angeklagt. Das Schöffengericht Berlin-Charlottenburg sprach Ossietzky, der von Dr. Rudolf Olden (links) und Dr. Alfred Apfel (rechts) verteidigt wurde, frei. Die Revision der Staatsanwaltschaft gegen dieses Urteil wurde vom Kammergericht verworfen. Es blieb Gerichten der Bundesrepublik Deutschland vorbehalten, den Satz »Soldaten sind Mörder« als Beleidigung der Bundeswehr zu interpretieren.

ins Café Felsche. (Ich hoffe, damit die Schweigepflicht nicht zu verletzen). Der Ankläger bleibt übrigens durchweg sehr reserviert. Seine Rolle übernimmt, wie so oft bei deutschen Gerichten, der Herr Präsident. Nichts gegen Herrn Baumgarten! Er besitzt vollendete Manieren, er hat eine sehr cavalière Art, die unvermeidlichen Zwischenfälle zu behandeln. Aber sehr bald merken wir, daß wir bei diesem so liebenswürdigen Herrn recht arg ins Hintertreffen kommen. Er holt, zum Beispiel, zu meiner Kennzeichnung das lange durch Amnestie getilgte Urteil des Femeprozesses von 1927 heraus. Ein politischer Tendenzprozeß, der in erster Instanz mit einer Gefängnisstrafe endete, die in der Berufung in Geldstrafe umgewandelt wurde. Jetzt erfahren wir auf Grund eines höchstgerichtlichen Entscheides, daß auch Amnestie keinen Strich unter Vergangenes bedeutet. Jetzt werden die Konklusionen eines offensichtlich nationalistisch und militaristisch denkenden Richters verlesen, aus denen sich ergeben muß, daß ich mit der Ehre von Offizieren höchst leichtfertig umgehe …

Aus Dr. Apfels Gnadengesuch an den Reichspräsidenten wissen wir, daß die Verlesung der Gründe dieses doppelt erledigten Urteils (nicht nur durch Amnestie, sondern schon durch Aufhebung in der Berufungsinstanz!) noch vor Ausschluß der Öffentlichkeit erfolgt ist. Die Öffentlichkeit, der jede Information und Überprüfungsmöglichkeit hinsichtlich des eigentlichen Anklagevorwurfs vorenthalten wurde, sollte wissen, daß dieser Angeklagte nach der Meinung eines in seinen Strafzumessungsgründen später leider korrigierten Richters früher einmal »hochangesehene aktive Offiziere teils in den höchsten Stellen der Deutschen Wehrmacht, die sich im Kriege und Frieden bewährt haben, wie ihre Beförderung und Auszeichnung beweist«, beleidigt hatte, und zwar, wie es in dem später abgeänderten Urteil hieß, »nur aus gehässiger Politik gegen die Reichswehr«. Auch im schriftlichen Urteil des Reichsgerichts nimmt das Zitat aus diesem zweifach annullierten Schöffengerichtsurteil breiten Raum ein (41 Zeilen), während aus dem Berufungsurteil nur 10 Zeilen wiedergegeben werden. Die Verteidiger hatten vergeblich gegen die Verlesung dieses besonders bösartigen erstinstanzlichen Urteils protestiert. Es stammte übrigens von einem Dr. Crohne, der später zum Vizepräsidenten des nationalsozialistischen Volksgerichtshofs avancieren sollte. Carl von Ossietzky hat diesen Richter und seine Verfahrensweise in der *Weltbühne* vom 27.12.1927 nicht ohne Bitterkeit geschildert (»… er handhabt die richterliche Superiorität wie einen Gummiknüppel, der ständig dem, der außer ihm noch zu reden wagt, übern Mund fährt …«).

Beim 4. Strafsenat des Reichsgerichts beherrschte man demgegenüber noch die Kunst der richterlichen Maske. Ossietzky:

Mit einigem Schrecken denke ich daran, wie es in der gefährlich höflichen Luft dieses Gerichtshofes wohl einem unbeholfenen Proletarier ergehen mag, der so viel Verbindlichkeit gegenüber doch den Haß, der ihm auf der Zunge brennt, nicht bändigen kann, und in dessen Herzen trotzdem eine kleine Hoffnung auf Gerechtigkeit zitternd atmet. Wir haben ihm gegenüber den Vorzug der Illusionslosigkeit.

Was kann ein angeklagter Journalist, dem Schweigepflicht auferlegt ist, sonst noch über diese historische Gerichtsverhandlung berichten?

Wie unwirklich ist überhaupt dies Ganze! Der große Saal mit zwei Emporen liegt leer da und verdämmert langsam. Die paar Mitspieler sitzen vorn zusammengedrängt, die Stimmen verhallen hohl im Riesenraum. Unheimlich, so ein Theater ohne Publikum. Durch die hohen bunten Glasscheiben, die mit allegorischen Damen mehr als besetzt sind, fällt mit dem sinkenden Tag ein grünliches Licht und liegt wie Patina auf den roten Talaren. Das ist die Grundfarbe von Hoffmanns Erzählungen. Da dringt plötzlich lautes Kinderlachen in den Spuk. Draußen, nur durch etwas Stein und Glas von uns getrennt, spielen Kinder und tanzen juchzend über die breite Auffahrtrampe. Es gibt also doch noch etwas andres. Es hat nur ein Stümper an der Zeitmaschine hantiert und uns in spaßhafter Anwandlung in ein Stück aus der Aera Metternich oder dem Sozialistengesetz hineingeworfen. Gleich wird ein verständiger Mensch kommen und die Geschichte wieder regulieren. Denn ein paar Schritte weiter lachen Kinder, rasseln Autos vorüber. Dort draußen ist 1931.

Ein Stück Literatur, geschrieben von einem, der gerade von reaktionären Richtern in einem justizförmigen Unrechtsakt zu anderthalb Jahren Gefängnis verurteilt worden ist.

Was sich in dieser spukhaften Umgebung abgespielt hat, wissen wir aus späteren Berichten der Verteidiger, die mit unterschiedlichen Erwartungen in die Verhandlung gegangen waren. Max Alsberg, der aufgrund seiner wissenschaftlichen Qualifikation auch beim Reichsgericht höchstes Ansehen genoß, war am optimistischsten gewesen. Kurt Rosenfeld berichtet:

Als wir mit dem Angeklagten nach Leipzig fuhren, um vor dem Reichsgericht im Kampf für die Freiheit das Wort zu führen, war unter uns ein Mann, der volles Vertrauen zum Reichsgericht hatte: mein Kollege Alsberg. Wie sicher war er des Freispruchs! Auf viele höchstgerichtliche Entscheidungen gestützt, aufgrund von Äußerungen der angesehensten Kommentatoren, glaubte er, die Reichsrichter sehr leicht davon überzeugen zu können, daß eine Verurteilung unmöglich sei. Vergeblich waren die spöttischen Bemerkungen, die Ossietzky machte.

Auch Alfred Apfel berichtet, daß Alsberg erwartete, mit rein juristischen Argumenten und auf frühere Entscheidungen des Gerichts gestützt, die Anklage abwehren zu können.

Zum erstenmal in seiner Praxis lernte er die Atmosphäre eines politischen Prozesses in Leipzig gegen einen Vertreter der Linken kennen. Er war über die parteiische Haltung des Strafsenats so außer sich, daß er mich entrüstet fragte, weshalb empörte Massen das Gebäude, in dem solches passieren konnte, nicht längst dem Erdboden gleichmachten! Er hatte niemals geglaubt, daß es in Deutschland Richter gäbe, die einen politischen Gegner mit den Mitteln eines Strafprozesses zum gemeinen Verbrecher stempelten. Ich selbst, der ich schon so viele Hochverratsverfahren erlebt hatte, nahm die Sache ruhiger auf – kannte ich doch die erbarmungslose Routine, die mit immer gleichen Mitteln das gleiche Ziel verfolgte.

Während Kreiser einige Tage nach dem Urteil das Land, in dem solche Terrorurteile gegen demokratisch gesinnte Journalisten möglich waren, verließ und von Frankreich aus den Kampf gegen die deutsche Militärbürokratie und ihre geheimen Rüstungsanstrengungen fortsetzte – ein Verhalten, das Ossietzkys Situation sehr erschwert hat und von ihm scharf kritisiert worden ist –, war Carl von Ossietzky entschlossen, die Gefängnisstrafe auf sich zu nehmen, nachdem alle Appelle und Proteste einer großen Öffentlichkeit die für eine Begnadigung zuständigen Instanzen – Reichspräsident und Justizministerium – nicht beeindruckt hatten.

In seinem Abschiedsartikel »Rechenschaft. Ich muß sitzen!« (*Weltbühne* vom 10. Mai 1932) schrieb er:

Ich gehe nicht aus Gründen der Loyalität ins Gefängnis, sondern weil ich als Eingesperrter am unbequemsten bin. Ich beuge mich nicht der in roten Sammet gehüllten Majestät des Reichsgerichts, sondern bleibe als Insasse einer preußischen Strafanstalt eine lebendige Demonstration gegen ein höchstinstanzliches Urteil, das in der Sache politisch tendenziös erscheint und als juristische Arbeit reichlich windschief.

Diesen Protest lebendig zu erhalten, das bin ich allen denen schuldig, die für mich eingetreten sind, obgleich die Umstände es verweigerten, ihnen genaue Kenntnis von der Materie zu geben. Das bin ich auch den namenlosen proletarischen Opfern des Vierten Strafsenats schuldig, um die sich niemand außer den Parteifreunden gekümmert hat. Denn der Fall Weltbühne ist der einzige seit langem, der eklatant geworden ist und die Öffentlichkeit wirklich erregt hat.

Das Urteil des Reichsgerichts vom 23. November 1931 hatte allerdings ein ungeheures Aufsehen erregt. Die Presse des In- und Auslandes – ausgenommen die Organe der nationalistischen Rechten – übte durchweg harte Kritik, die sich vor allem auf die politischen Auswirkungen des Urteils bezog. Die *Berliner Volks-Zeitung* sprach von einem »Schreckensurteil in Sachen Landesverrat, das offenbar dazu bestimmt ist, eine neue Ära zu eröffnen, in der jede freie und unbequeme Meinungsäußerung gegen Reichswehr und reaktionäre Wehrverbände rücksichtslos unterdrückt werden soll.« Die *Frankfurter Zeitung* nannte es eine »beängstigende Perspektive«, »daß hinter der formalen Fassade der Landesverratsprozesse seit Jahren eine mächtige Bürokratie, mit dem Reichswehrministerium an der Spitze, um ihre Allmacht und gegen jede Kontrolle kämpft«. Immer wieder wurde die politische Unvernunft beklagt, kurz vor Beginn der Genfer Abrüstungskonferenz »den Eindruck zu erwecken, als müsse Deutschland mit Hilfe von Schreckensurteilen militärische Heimlichkeiten verbergen« (*Berliner Tageblatt*), Deutschland habe durch das Reichsgerichtsurteil »seine Stellung auf der bevorstehenden Abrüstungskonferenz erheblich geschwächt« (*New York Evening Post*). Und immer wieder kam sowohl in deutschen wie ausländischen Pressestimmen zum Ausdruck, daß in dem *Weltbühne*-Artikel nichts gestanden habe, was in interessierten Kreisen nicht ohnehin bekannt gewesen sei.

Carl von Ossietzky selbst schrieb im *8-Uhr-Abendblatt* vom 25.11.1931:

Ich würde keinen Tintenspritzer an einen Widerspruch verschwenden, wenn das Urteil des 4. Strafsenats die erste Kraftanstrengung des Dritten Reiches darstellen würde. Noch leben wir aber in der demokratischen Republik, auf deren Grundsätze ich schwöre und die ich vom Tage ihrer Geburt an verteidigt habe. Noch leben wir im Zustand verbürgter Meinungsfreiheit, noch immer in einem Staate, in dem das Militär den zivilen Gewalten unterworfen ist. Deshalb werde ich weiter dafür einstehen, daß der Geist der deutschen Republik nicht durch eine mißverstandene Staatsraison verfälscht wird.

Da das Reichsgericht in Landesverratssachen in erster und letzter Instanz entschied, hätte eine Vollstreckung des Urteils nur durch eine Gnadenentscheidung des Reichspräsidenten

Vor dem Gefängnis in Tegel am 10. Mai 1932: Kurt R. Grossmann, der Anwalt Rudolf Olden, Carl von Ossietzky und die Anwälte Alfred Apfel und Kurt Rosenfeld (von links nach rechts)

Paul von Hindenburg verhindert werden können. Das von den Rechtsanwälten Dr. Alfred Apfel und Dr. Max Alsberg mit Würde abgefaßte und sorgfältig begründete Gnadengesuch wurde von gewichtigen Stimmen des geistigen Deutschland unterstützt. Am bekanntesten ist die in einem Brief vom 10. Januar 1932 an Dr. Apfel formulierte Stellungnahme Thomas Manns geworden:

Der Fall Ossietzky ist auch mir sehr nahegegangen, und ich habe geradezu auf eine schickliche Gelegenheit gewartet, dem tief unheimlichen Gefühl Ausdruck zu geben, das das Urteil des Vierten Strafsenats des Reichsgerichts in mir erweckt hat …

Es ist eine furchtbare und demütigende Vorstellung, in einem Lande zu leben, wo über Erscheinungen der Unordnung gewaltsam mit Hilfe der Justiz Stillschweigen gebreitet werden soll, und ich meine, man sollte die Mundtotmachung der öffentlichen Kritik der faschistischen Diktatur vorbehalten, unter der dann, was in einem freien Volk offen ausgesprochen wird, heimlich und feige von Mund zu Mund geht …

Carl von Ossietzky 1934 im KZ Esterwegen

Insgesamt unterschrieben – wie Curt Riess in seiner Alsberg-Biographie berichtet – allein in Deutschland nicht weniger als 13600 Menschen eine Petition, das schandbare Urteil nicht zu vollstrecken. Aber Hindenburg lehnte einen Gnadenerweis ab. Am Tage des Haftantritts wurde Carl von Ossietzky von zahlreichen namhaften Persönlichkeiten der Berliner Kulturszene – darunter die Schriftsteller Ernst Toller, Hermann Kesten, Lion Feuchtwanger, Roda Roda und Alfred Wolfenstein – vor dem Gefängnistor in Berlin-Tegel verabschiedet. 227 Tage mußte er dort verbringen, bis ihm eine Weihnachtsamnestie die »Freiheit« brachte. Sie dauerte nur kurz.

Am 30. Januar 1933 wurde Hitler Reichskanzler. Am 27. Februar brannte der Reichstag, Vorwand für eine von langer Hand vorbereitete große Verhaftungsaktion gegen Kommunisten und andere Gegner des nationalsozialistischen Regimes. Ossietzky wurde noch in der Brandnacht festgenommen.

Es folgten furchtbare Jahre in Konzentrationslagern. Zu den »Gründen für die Schutzhaftverhängung« äußerte sich die Gestapo in einem an Göring gerichteten Schreiben vom 22.5.1936:

Wenn von Ossietzky schon in der Weimarer Republik mit dem Gesetz in Konflikt kam, so reicht das hin, um zu erkennen, wie groß und wie übel die Hetze gewesen sein muß, die dieser Mann getrieben hat ...

Am 30. Mai 1936 verlegte die Gestapo unter dem Druck der Weltöffentlichkeit Ossietzky in ein Polizeikrankenhaus, wo eine offene Tuberkulose bei ihm festgestellt wurde. Am 23. November 1936, dem Jahrestag des Reichsgerichtsurteils von 1931, wurde Carl von Ossietzky der Friedensnobelpreis verliehen. Vergeblich versuchte Göring, ihn in einem Gespräch zur Ablehnung des Preises zu bewegen. Am 4. Mai 1938 starb Carl von Ossietzky an den Folgen der KZ-Haft. Leben und Sterben eines friedlichen Helden in Stichworten, hinter denen sich unvorstellbares Leid verbirgt.

Im Mai 1988, genau 50 Jahre nach dem Tode dieses unbeugsamen Mannes, erreichte mich der ehrenvolle Auftrag, zusammen mit drei Kollegen – dem Berliner Rechtsanwalt Gerhard Jungfer, dem Bremer Senatsbeamten Dr. Dr. Ingo Müller (Verfasser des Buches *Furchtbare Juristen*) und dem Berliner Richter Eckart Rottka – ein Wiederaufnahmeverfahren in Sachen Carl von Ossietzky zu betreiben. Auftraggeberin: seine in Schweden lebende Tochter Rosalinda von Ossietzky-Palm. Sie erfüllte damit einen Wunsch ihres Vaters, den er schon in seinem *Weltbühne*-Artikel vom 10. Mai 1932 ausgesprochen hatte:

Ein paar Tage nach dem Prozeß konnten wir uns noch nicht über die künftige Strategie klar sein. Wir mußten Pressestimmen, Auslandswirkung abwarten. Nur über eines bestand bei uns nicht der mindeste Zweifel: wir wollten diese Sache nicht auf uns sitzen lassen, wir wollten unsre juristische Rehabilitation betreiben. Unser fernes, zunächst nur vage durch Zukunftsnebel schimmerndes Ziel hieß:

Wiederaufnahme!

Ein Rechtsmittel, das zunächst durch Kreisers unsolidarisches Verhalten in Frage gestellt und selbstverständlich erst recht im nationalsozialistischen Unrechtsstaat zur politischen Unmöglichkeit wurde. Im Jahre 1988 – immerhin 43 Jahre nach dem Ende der Naziherrschaft – schien die Zeit reif zu sein, das politische Tendenzurteil von 1931 auch formell aus der Welt zu

Im Mai 1990 besuchte mich Rosalinda von Ossietzky-Palm in Worpswede.

schaffen. Einer politischen Rehabilitation bedurfte Carl von Ossietzky schon längst nicht mehr, nachdem die Meinung der Weltöffentlichkeit schon 1936 in der Verleihung des Friedensnobelpreises ihren Ausdruck gefunden hatte. Aber der bundesdeutschen Justiz sollte Gelegenheit gegeben werden, sich von dem schändlichen Urteil ihrer Reichsgerichtskollegen aus der Zeit des aufkommenden Hitler-Faschismus zu distanzieren und damit gewissermaßen ein Stück Rehabilitation in eigener Sache vorzunehmen. Es ist ein weiteres Stück Justizschande daraus geworden.

Die Regelung des Wiederaufnahmeverfahrens hat Max Hirschberg in seinem Klassiker *Das Fehlurteil im Strafprozeß* (1960) als eine »Mißgeburt der Gesetzgebung« bezeichnet, die von der »Fiktion der geheiligten Rechtskraft« ausgeht.

Ein rechtskräftiges Urteil soll gegen Angriffe um jeden Preis geschützt werden, auch wenn es die Vernichtung eines Unschuldigen bedeutet ... Der Gesetzgeber hat dem Gericht, das sich gegen das Eingeständnis eines falschen Urteils bis zum äußersten zu wehren pflegt, jede Handhabe gegeben, um den Wiederaufnahmeantrag zu Fall zu bringen. Der Gesetzgeber ging dabei von der falschen Anschauung aus, daß es für die Staatsautorität schädlich sei, zuzugeben, daß ein Unschuldiger verurteilt worden ist. Gerade das Gegenteil ist richtig. Nichts stärkt das Vertrauen des Volkes in seine Rechtspflege mehr als das Bewußtsein, daß ein Unschuldiger die Aufhebung des Fehlurteils erkämpfen kann.

Und Hirschberg, der zu den wenigen Strafverteidigern gehörte, die Wiederaufnahmeanträge in jahrelangem Kampf mit einer widerstrebenden Justiz erfolgreich durchgebracht haben, kam aufgrund seiner Erfahrungen zu dem resignierenden Resümee:

Das verfehlte deutsche Wiederaufnahmeverfahren setzt der Beseitigung eines Fehlurteils fast unüberwindliche Widerstände entgegen. Die meisten begründeten Wiederaufnahmegesuche bleiben in den Fallgruben dieser Widerstände hängen.

Trotzdem mußte der Versuch in Sachen Ossietzky gewagt werden. Ließ sich doch kaum ein Fall denken, in dem die Fehlerhaftigkeit eines Urteils größeres Aufsehen in der Weltöffentlichkeit erregt hätte. Wir hatten bei aller Skepsis gegenüber der herrschenden politischen Bewußtseinshaltung bundesdeutscher Richter doch die Hoffnung, daß bei den für dieses Wiederaufnahmeverfahren zuständigen Richtern das Bedürfnis bestehen würde, die deutsche Justiz von dem furchtbaren Makel zu befreien, den sie sich durch die Kriminalisierung des Friedenskämpfers Carl von Ossietzky zugezogen hat.

Unser Unternehmen wurde von sachkundigen, demokratisch gesinnten Journalisten mit Sympathie und der gehörigen Skepsis gegenüber bundesdeutschen Richtern begrüßt. Hanno Kühnert schrieb am 29. September 1989 in der *Zeit*:

Leicht ist das nicht, denn auch die Justiz der Bundesrepublik krallt sich an einmal ergangene Urteile – selbst an die des ehemaligen Reichsgerichts in Leipzig – und verehrt die Rechtskraft wie einen überirdischen Fetisch.

Kühnert zitierte aus dem Reichsgerichtsurteil gegen Küster und Jacob den Satz:

Der von der Verteidigung vorgetragene Grundsatz, daß das Wohl des Staates in seiner Rechtsordnung festgelegt sei und sich in deren Durchführung verwirkliche, ist abzulehnen.

Und Rudolf Oldens zeitgenössischer Kommentar dazu:

Ein Oberster Gerichtshof, der irgend etwas in der Welt über die Rechtsordnung stellt! Ist das möglich?

Kühnert:

Es war möglich und wurde zur ständigen Rechtsprechung auch im Fall Ossietzky. Selbst im *Spiegel*-Verfahren, also in bundesrepublikanischen Zeiten, zitierte der Bundesgerichtshof diese fatale Leipziger Rechtsprechung noch ausgiebig.

Vermutlich denken die meisten Richter heute anders. Doch die heilige Kuh der Rechtskraft zu schlachten und alteingefahrene Rechtsprechung zu überwinden, wird selbst mit einem sehr fundierten und präzisen Antrag mühsam sein.

Am 1. März 1990 wurde der aufgrund gemeinsamer Vorarbeit vom Kollegen Gerhard Jungfer federführend ausgearbeitete Wiederaufnahmeantrag beim Kammergericht Berlin eingereicht.

Unser Wiederaufnahmeantrag stützte sich auf § 359 Ziffer 5 StPO, wonach die Wiederaufnahme eines durch rechtskräftiges Urteil abgeschlossenen Verfahrens zulässig ist, wenn neue Tatsachen oder Beweismittel beigebracht sind, die eine Freisprechung des Verurteilten zu begründen geeignet sind. Als neue Beweismittel legten wir Sachverständigengutachten vor, mit denen wir zugleich neue Tatsachen mitteilten:

Der neue Sachverständige kann seinem Gutachten andere Anknüpfungstatsachen zugrundelegen:

Durch die Öffnung der Archive u. a. der französischen Armee für den deutschen Forscher, kann der deutsche Forscher sich heute über die Tatsache informieren, daß die in dem Artikel, dessen Veröffentlichung zur Verurteilung führte, genannten Tatsachen insbesondere der französischen Armee bekannt waren, also nicht geheim waren.

Der heutige Sachverständige ist aufgrund der Möglichkeit des historischen Rückblicks auch in der Lage, die Bewertung vorzunehmen, daß unter anderem die Rüstungen, die in dem Artikel beschrieben werden, die Sicherheit des Reiches gefährdeten und nicht die Tatsache der Veröffentlichung dieser Vorgänge.

Es wurde also mit »neuen Beweismitteln« die »neue Tatsache« geltend gemacht, daß die seinerzeit vom Reichsgericht eingeholten Sachverständigengutachten falsch waren und durch damals noch nicht zugängliche Archivbestände und durch den Gang der Geschichte widerlegt sind. Als Gutachter wurden zwei namhafte militärgeschichtlich-historische Sachverständige benannt: Prof. Dr. Wolfgang Gessenharter von der

Universität der Bundeswehr Hamburg und Prof. Dr. Manfred Messerschmidt, Freiburg, Mitverfasser des Buches *Die Wehrmachtsjustiz im Dienste des Nationalsozialismus*, ehemaliger Leiter des renommierten Militärhistorischen Instituts der Bundeswehr.

Schon bald sahen wir uns mit einer Frage konfrontiert, die schon Carl von Ossietzky und dessen Anwälte beim Reichsgericht beschäftigt hatte: Soll man offensichtlich befangene Richter ablehnen? Wobei auch diesmal die engen Grenzen gesehen werden mußten, in denen eine im politischen Bewußtsein des Richters liegende Befangenheit zur Richterablehnung berechtigt. Zu den Richtern des Kammergerichts, die über unseren Antrag entscheiden sollten, gehörte der Richter Egbert W., der an dem skandalösen Freispruch des Volksgerichtshofsrichters Rehse (6.12.1968) beteiligt war. Diesem Mittäter Freislers wurde in dem von Herrn W. mitzuverantwortenden Urteil zugutegehalten, daß die Erwägungen, aus denen der Kollege Rehse Widerstandskämpfer gegen den Hitler-Staat zum Tode verurteilt habe, »aus der Sicht des Jahres 1943 einfühlbar und verständlich« seien. War nicht zu befürchten, daß ein Richter, der im Jahre 1968 solches unterschreiben konnte, auch die Gründe des Reichsgerichtsurteils gegen Ossietzky »aus der Sicht des Jahres 1931 einfühlbar und verständlich« finden würde? Und noch ein weiteres Signal für eine Gesinnung, die ihn untauglich machte, ausgerechnet über den Anti-Militaristen Carl von Ossietzky zu urteilen, hatte Richter W. gesetzt, indem er im Juni 1989 eine an der Fassade des Berliner Kammergerichts angebrachte Mahntafel, die an über 500 in diesem Gebäude unter der Naziherrschaft zum Tode verurteilte Kriegsdienstverweigerer und Widerstandskämpfer erinnern sollte, von Bauarbeitern abmontieren, zerstückeln und in einen Müllcontainer werfen ließ. Ich war der Meinung, daß das für einen Ablehnungsantrag gegen den Richter W. reichte, konnte mich aber gegenüber den Kollegen nicht durchsetzen. Und in der Tat war auch hier wieder zu fragen, was selbst ein erfolgreicher Ablehnungsantrag gebracht hätte. Wie sich später zeigen sollte, war Herr W. nicht der einzige am Ossietzky-Verfahren beteiligte Richter, der den Reichsrichtern von 1931 darin beipflichtete, daß aus damaliger Sicht Ossietzky eben wirklich ein Landesverräter gewesen sei.

Durch Beschluß vom 11. Juli 1991 verwarf das Kammergericht unseren Wiederaufnahmeantrag als unzulässig. Die An-

Carl von Ossietzky mit seiner Tochter Rosalinda in der Redaktion der *Weltbühne* am 22. Dezember 1932

tragstellerin, Rosalinda von Ossietzky-Palm, habe keine neuen Tatsachen oder Beweismittel beigebracht, die eine Freisprechung des Angeklagten zu begründen geeignet seien. Der Senat habe das Urteil des Reichsgerichts nicht auf Rechtsfehler zu überprüfen und die Rechtsprechung zum »publizistischen Landesverrat« im Lichte neuerer Rechtsprechung neu zu bewerten und als eine Art »Rehabilitierungsgericht« tätig zu werden. Vielmehr sei der Senat an die strengen Wiederaufnahmevorschriften der StPO gebunden. Anlaß für den Senat, »knietief in technischen Ausdrücken zu waten« – um mit Dickens und Ossietzky zu reden.

Kernpunkt unseres Vortrags war, wie gesagt, daß die in dem *Weltbühne*-Artikel enthaltenen tatsächlichen Angaben weder geheim gewesen seien noch die Sicherheit des Reichs gefährdet hätten. Dazu das Kammergericht:

Ob hiermit neue Tatsachen im Sinne des § 359 Nr. 5 StPO geltend gemacht sind, ist zweifelhaft. Denn der Wiederaufnahmeantrag stützt sich auf Umstände, die das Reichsgericht bei der Prüfung der beiden genannten Tatbestandsmerkmale eingehend und mit gegenteiligem Ergebnis gewürdigt hat. Eine Tatsache, deren Gegenteil das Urteil feststellt, ist denkgesetzlich keine neue Tatsache.

Ein Denkgesetz, das, wenn es richtig wäre, fast jeden Wiederaufnahmeantrag von vornherein auf die bequemste Weise unmöglich machen würde. In der Strafprozeßordnung, auf deren strenge Bindungen sich die Kammerrichter beriefen, steht dieses Denkgesetz jedenfalls nicht.

Der Umstand, daß ausländische Regierungen über die geheime Wiederaufrüstung des Deutschen Reiches unterrichtet waren (wie wir durch Sachverständigengutachten bewiesen hatten; H. H.), begründet allenfalls die unbestimmte Vermutung, daß ihnen auch die im Zusammenhang mit dem Flugplatz Johannisthal-Adlershof aufgedeckten Vorgänge schon vor der Veröffentlichung bekannt waren.

Mit anderen Worten: Wenn wir einen nachträglichen Freispruch Carl von Ossietzkys erreichen wollen, müssen wir den Beweis führen, daß jede Einzelheit der fraglichen Vorgänge bereits bekannt war, eine Anforderung, die, wie auch die Kammerrichter wußten, unerfüllbar ist. Richter, denen an einer Korrektur des Reichsgerichtsurteils gelegen hätte, wären wohl auf den Gedanken gekommen, daß es nur darauf ankommen konnte, ob gerade diese Einzelheiten ein solches Gewicht hatten, daß ihre Bekanntgabe die Sicherheit des Reiches gefährden konnte. Denn den Beweis für die umfassendere Behauptung, daß eine solche Gefährdung nicht bestand, hatten wir geführt.

Aus dem von uns vorgelegten Gutachten von Prof. Messerschmidt:

Auf alliierter Seite wußte man von gravierenden Vertragsverletzungen, ohne in einer die Sicherheit des Reiches gefährdenden Weise zu reagieren.

Seit 1927 war eine entgegenkommende Haltung auf Seiten Großbritanniens und Frankreichs erkennbar, die erhebliche Verbesserungen für Deutschland zur Folge hatte.

Eine Gefährdung der Sicherheit Deutschlands wäre nur bei einer auf Aggression abgestellten Rüstungspolitik zu befürchten gewesen.

Dazu verkünden die Kammerrichter lapidar:

Diese politisch-historischen Gesamtbetrachtungen aus der Rückschau sind in rechtlicher Hinsicht unbeachtlich.

Meine Antwort darauf (Beschwerdebegründung vom 26.11.1991):

Auf eben diese politisch-historische Gesamtbetrachtung kommt es an. Sie ist von den Sachverständigen des Ausgangsverfahrens mit fehlerhaftem Ergebnis angestellt worden und ist nunmehr im Wiederaufnahmeverfahren zu korrigieren.

Der Kollege Gerhard Jungfer verwies in seiner Beschwerdebegründung darauf, daß im Wiederaufnahmeverfahren für einen Verstorbenen der Grundsatz »in dubio pro reo« (im Zweifel zugunsten des Angeklagten) erfordert hätte, daß das Gericht bei der Bewertung der Gutachten nicht die Zweifel, die es noch daran hatte, ob jedes noch so kleine Detail im Ausland bekannt war, zu Lasten des Verurteilten hätte werten dürfen.

In meiner Beschwerdebegründung vertrat ich die Auffassung, daß hier schon bei Prüfung der Frage, ob die im Rahmen des Wiederaufnahmeantrags beigebrachten neuen Tatsachen und Beweismittel die Freisprechung begründen, ins Auge zu fassen sei, wie die Sache im Falle der Anordnung einer erneuten Hauptverhandlung, die es im Verfahren für einen Verstorbenen nicht gibt, zu entscheiden gewesen wäre. Dann aber hätte die neuere Rechtsentwicklung berücksichtigt werden müssen, die das Interesse einer politisch mündigen Bevölkerung, über Zustände und Aktivitäten der hier in Rede stehenden Art umfassend informiert zu werden, höher bewertet als das Interesse militärischer Stellen an der Geheimhaltung gesetz- und völkerrechtswidriger Rüstungsmaßnahmen.

Dem Bundesgerichtshof, der über unsere Beschwerde zu entscheiden hatte, ist nicht verschwiegen worden, worum es ging. Aus meiner Beschwerdebegründung:

Wegen des hohen Ansehens, das Carl von Ossietzky schon im Jahre 1931 genoß, hat das gegen ihn ergangene Fehlurteil ein besonderes öffentliches Aufsehen erregt und der Reputation des Deutschen Reiches und seiner Justiz erheblich geschadet. Es handelte sich aber nur um eines aus der Fülle von Urteilen, mit denen der politische Strafsenat des Reichsgerichts damals Kritiker der geheimen Aufrüstung zu Landesverrätern stempelte und damit für politische Kräfte Partei ergriff, die über das deutsche Volk und andere Völker furchtbares Unheil gebracht haben. Eine Diskussion darüber, wer damals dem »Wohl des Deutschen Reiches« geschadet hat, nimmt unweigerlich makabre Züge an, wenn man angesichts der inzwischen vorliegenden geschichtlichen Erfahrungen den Versuch machen wollte, Carl von Ossietzky und nicht vielmehr die Richter schuldig zu sprechen, die ihn damals verurteilt haben. Dieses Verfahren hat nach alledem nicht nur die Funktion, den deutschen Patrioten Carl von Ossietzky von dem Vorwurf, ein Landesverräter gewesen zu sein, wenigstens nachträglich freizusprechen, sondern zugleich der deutschen Justiz Gelegenheit zu geben, ein schlimmes Fehlurteil in eigener Zuständigkeit aus der Welt zu schaffen und damit vor der Öffentlichkeit zu dokumentieren, daß in Deutschland heute in einem anderen Geiste judiziert wird, als in der Zeit des aufkommenden Hitler-Faschismus.

Der Hamburger Kollege Gerhard Strate, der für die Beschwerdeinstanz als weiterer Anwalt hinzugezogen wurde, ging noch einen Schritt weiter und warf den Richtern des 4. Strafsenats des Reichsgerichts Rechtsbeugung vor. Seine Begründung:

Nach Artikel 198 des Versailler Vertrages durfte Deutschland Luftstreitkräfte weder zu Lande noch zu Wasser unterhalten. Im Zuge von Verhandlungen zur Revision der durch die Pariser Luftfahrtkonvention dem Deutschen Reich auferlegten Beschränkungen kam es auf der Botschafterkonferenz in Paris am 21. bzw. 22. Mai 1926 zu internationalen Vereinbarungen, bei denen die Reichsregierung sich verpflichtete, Vorschriften zu erlassen, die die Einhaltung des Art. 198 des Versailler Vertrages sicherstellen sollten. Demgemäß ergingen Verordnungen, die den Bau von Luftfahrzeugen für militärische Zwecke und die Ausbildung und Fortbildung im Fliegen, die einen militärischen Charakter oder Zweck hatte, verboten und Zuwiderhandlungen unter Strafe gestellt wurden. Alle Aktivitäten der »Abteilung M«, die den Mitgliedern des 4. Strafsenats des Reichsgerichts von den »militärischen Sachverständigen« geschildert worden waren, verstießen mithin gegen geltende Strafvorschriften. Was strafrechtlich verboten war, konnte aber nicht die höhere Weihe eines »militärischen Geheimnisses« erhalten, dessen Enthüllung ihrerseits zum Anlaß für strafrechtliche Verfolgung derjenigen Personen genommen werden, die diese nicht nur ungesetzlichen, sondern strafrechtswidrigen Aktivitäten einem größeren Leserkreis preisgaben.

Viel Rechtsgelehrsamkeit wurde dem 3., dem für politische Strafsachen zuständigen, Strafsenat des Bundesgerichtshofs vorgetragen, vor allem von Gerhard Jungfer, der in seiner politikfernen Wissenschaftlichkeit gewissermaßen der Max Alsberg in unserem Team war und wohl auch dessen abgrundtiefe Enttäuschung teilte, als, um mit Ossietzky zu sprechen, der Angriff der Jurisprudenz auf den 3. Strafsenat siegreich abgeschlagen war. Der Beschluß des BGH, durch den unsere Beschwerde gegen die Entscheidung des Kammergerichts verworfen wurde, erging am 3. Dezember 1992, wurde uns aber – kleine Bosheit am Rande – erst am 21. Dezember zugestellt, also zu einem Zeitpunkt, in dem wegen der bevorstehenden Feiertage keine der großen Wochenzeitschriften noch einen kritischen Kommentar aufnehmen konnte. Auch sonst war das Presseecho dünn, vielleicht nicht nur, aber auch wegen des raffiniert gewählten Zeitpunkts der Bekanntgabe des empörenden Beschlusses. Kein Vergleich jedenfalls mit dem Aufschrei der demokratisch gesinnten Öffentlichkeit im Jahre 1931. Obwohl die Tatsache, daß der einzige in der Zeit der Naziherrschaft mit dem Friedensnobelpreis ausgezeichnete Deutsche im Jahre 1992 noch einmal zum Landesverräter erklärt wurde, zu einem solchen Aufschrei wohl Anlaß gegeben hätte.

Daß Juristen die Kunst beherrschen, für ein gewünschtes Ergebnis auch die passende Begründung zu finden, dürfte allgemeinkundig sein. Und so kostete es den 3. Strafsenat keine große Mühe, uns mit Rechtsausführungen abzuspeisen und, wenn es zu einer Rechtsfrage, wie üblich, zwei Meinungen gab, die für Ossietzky ungünstigere auszusuchen.

Unerheblich sei es, so erklärten die Bundesrichter, daß ausländische Regierungen von der geheimen Luftaufrüstung des Deutschen Reiches und den Verstößen gegen den Versailler Vertrag – auch in Einzelheiten – wußten.

Eine neue Tatsache i.S. von § 359 Nr. 5 StPO läge nur vor, wenn den ausländischen Regierungen entgegen der Annahme im rechtskräftigen Urteil gerade und genau die Tatsachen, die zum Schuldspruch geführt haben, bereits bekannt gewesen wären.

Da war es wieder, dieses zynische Muster unerfüllbarer Beweisanforderungen, das wir schon aus dem Kammergerichtsbeschluß und aus der Sache Jorns gegen Bornstein kennen. Es kommt hinzu, daß der BGH mit der Aufstellung unerfüllbarer

Beweisanforderungen nur fortsetzte, was schon die im Dezernat des Reichsanwalts Jorns ausgebrütete Anklage und die Reichsrichter des 4. Strafsenats dem Angeklagten Ossietzky angetan hatten: die Umkehrung der Beweislast. Wir erinnern uns, daß das Reichswehrministerium eine Anfrage des Oberreichsanwalts dahin beantwortet hatte, daß der Hinweis auf die Erörterung des militärischen Charakters der »Abteilung M« im Reichshaushaltsausschuß nicht geeignet sei, »*den Beweis dafür zu erbringen*, daß sämtliche in dem Unterabschnitt ›Abteilung M‹ des inkriminierten Artikels enthaltenen Nachrichten im Zeitpunkt ihrer Veröffentlichung *allen interessierten Kreisen des In- und Auslandes bereits bekannt* gewesen seien«. So blind in ihrem militärfrommen Eifer – oder so zynisch in ihrem Machtbewußtsein? – waren die Leipziger Herren, daß sie entweder nicht sahen oder sich schlicht darüber hinwegsetzten, daß es im Strafverfahren nicht Aufgabe des Angeklagten war, die Bekanntheit der veröffentlichten Tatsachen zu beweisen, sondern daß die Anklagebehörde den Beweis dafür zu führen hatte, daß diese Tatsachen ausländischen Regierungen noch nicht bekannt waren. Und sie ersparten den in der Doppelrolle des Anklägers und des Sachverständigen auftretenden Herren der Reichswehrbürokratie darüber hinaus genau den Detailbeweis für Einzelheiten des Flugbetriebes in Johannisthal-Adlershof, für den Ossietzky und seinen Anwälten bis ins Jahr 1992 der Gegenbeweis abverlangt wurde.

Die Frage, ob die *Weltbühne*-Veröffentlichung »die Sicherheit des Reiches gefährdet« habe (Tatbestandsmerkmal des § 1 Abs. 2 Spionagegesetz), hatten wir durch Vorlage der Sachverständigengutachten der Professoren Messerschmidt und Gessenharter eindeutig beantwortet. Der BGH tut sie damit ab, daß dies keine »neue Tatsache« im Sinne des Gesetzes sei. Auch hier also eine Abschneidung jeder Möglichkeit eines Gegenbeweises. Nach dem Willen deutscher Bundesrichter soll es bei den von der Geschichte widerlegten Gutachten der vom Reichsgericht angehörten militärischen »Sachverständigen« bleiben, die nicht in der von ihnen mitzuverantwortenden Wiederaufrüstung des Deutschen Reiches, sondern in den warnenden Stimmen pazifistischer Journalisten eine Gefahr für die Sicherheit des Staates sahen.

Für die Karlsruher Bundesrichter hat das Dritte Reich und der Zweite Weltkrieg mit seinen 50 Millionen Toten nicht stattgefunden. Sie halten sich an Grundsätze, die ohne kritisches Geschichtsbewußtsein auskommen und den Freispruch ihrer mit Adolf Hitler sympathisierenden Richterkollegen aus der Weimarer Republik garantieren:

Der Hinweis auf die weitere geschichtliche Entwicklung geht in einem Wiederaufnahmeverfahren fehl. Im Rahmen der Zulässigkeitsprüfung muß das Wiederaufnahmegericht die Geeignetheit des Wiederaufnahmevorbringens *unter Zugrundelegung des Standpunktes und nach der Rechtsauffassung des Gerichts beurteilen, das den Angeklagten verurteilt hat.*

Ein Grundsatz, der richtig sein mag, wenn es um Diebstahl und Unterschlagung geht. Aber soll er etwa auch für Freislers Terrorurteile gegen antifaschistische Widerstandskämpfer gelten? Soll er auch gelten, wenn deutsche Nazi-Richter jüdische Menschen wegen Rassenschande verurteilt haben? Wie weit soll die Einfühlung in Rechtsauffassungen und politische Weltanschauungen einer vergangenen Zeit gehen?

Ein Blick in die vom BGH letztinstanzlich dirigierte Urteilspraxis der bundesdeutschen Nachkriegsjustiz zeigt in der Tat, daß die Gerichte keine Schwierigkeiten hatten, sich in das Horrorszenario faschistischen Denkens zurückzuversetzen, wenn es darum ging, Richterkollegen von ehedem von jedem Vorwurf freizusprechen.

Da war zum Beispiel das Urteil des BGH vom 25. Mai 1956, das den SS-Richter Dr. Thorbeck von dem Vorwurf freisprach, sich durch seine Rolle als Vorsitzender eines in den letzten Kriegstagen in den Konzentrationslagern Sachsenhausen und Flossenbürg tagenden Standgerichts der Beihilfe zum Mord schuldig gemacht zu haben. Thorbecks willkürlich zusammengesetztes »Standgericht« hatte die Hitler-Gegner von Dohnanyi, Dr. Sack, Canaris, Oster, Gehre und Bonhoeffer in einem jeder Prozeßordnung spottenden Verfahren zum Tode verurteilt. Es sei nicht entscheidend, befanden die Bundesrichter, wie sich die Ereignisse vom April 1945 nach heutiger Erkenntnis darstellten. Vielmehr sei ins Auge zu fassen, wie sich die Aufgabe des Richters »nach der Gesetzeslage und den sonstigen Gegebenheiten zur Tatzeit darstellte, mit der Unerbittlichkeit der damals geltenden Gesetze, denen er unterworfen war und gegen die die in Flossenbürg vor das Standgericht gestellten Widerstandskämpfer sich aufgelehnt hatten«. Ausgangspunkt sei das »Recht des Staates auf Selbstbehauptung«.

Und so hatten die Bundesrichter, die damalige Sicht ins Auge fassend, keine Schwierigkeiten, die von Nazi-Richtern hingerichteten Widerstandskämpfer noch einmal zu Hoch- und Landesverrätern zu erklären.

Daß die »damalige Sicht« bis zur Rechtsblindheit gehen konnte, wurde Nazi-Richtern von Nachkriegskollegen zugutegehalten, die darüber zu entscheiden hatten, ob ein Todesurteil wegen »Rassenschande« aus dem Jahre 1943 gerechtfertigt werden könne. Das Landgericht Kassel sprach im Jahre 1951 den Nazi-Richter Kessler vom Vorwurf der Rechtsbeugung und des Totschlags frei, der einen jüdischen Diplom-Ingenieur wegen »Rassenschande« zum Tode verurteilt hatte, weil dieser mit »arischen« Frauen Geschlechtsverkehr gehabt hatte. Kessler habe den damaligen Angeklagten »ohne Rechtsirrtum« nach dem »Blutschutzgesetz« und als »Gewohnheitsverbrecher« verurteilt. Ein Satz aus Kesslers Urteil von 1943 (»Es ist nach deutschem Rechtsempfinden ein Gebot gerechter Sühne, daß der Angeklagte, der während eines Krieges Deutschlands mit den Anhängern des Weltjudentums die deutsche Rassenehre in den Schmutz zu treten wagte, vernichtet wird«) gab den Kasseler Richtern von 1951 Anlaß zu der Überlegung, es könne nicht ausgeschlossen werden, daß es der Überzeugung der damaligen Richter entsprochen habe, »durch diese rohe Ausdrucksweise im Dienste des Diktaturrechts gehandelt zu haben«. Auch könne Kessler die Vernichtung des Angeklagten »als Gewohnheitsverbrecher, nicht aber, weil er Jude war, gemeint« haben. Die »Möglichkeit der Rechtsblindheit« sei nicht auszuschließen. Also Freispruch mangels Beweises.

Nicht jeder Richter freilich konnte bei der deutschen Nachkriegsjustiz auf einfühlende Nachsicht rechnen. Der Lehrer Leonhard Wolfmeier hatte sich in seiner Eigenschaft als Schöffe in einem Standgericht geweigert, ein Todesurteil gegen einen Bürger seines Dorfes mitzuunterschreiben, der unmittelbar vor Kriegsende Hitler-Jungen entwaffnet hatte. Daraufhin wurde Wolfmeier selbst das Opfer eines Standgerichtsverfahrens, in dem er zum Tode verurteilt wurde. Bundesdeutsche Gerichte, vor denen der Fall noch einmal aufgerollt wurde, ließen die wohlwollende Einfühlung in die »damalige Sicht« nicht etwa dem hingerichteten Schöffen Wolfmeier, sondern dem SS-General Simon zugutekommen, der als sogenannter Gerichtsherr das Todesurteil gegen Wolfmeier bestätigt und dessen Erhängung angeordnet hatte.

Als letztes Beispiel für den einfühlenden Nachvollzug faschistischer Justizverbrechen durch bundesdeutsche Richter komme ich noch einmal auf den Richter am Kammergericht Egbert W. zurück, der über den Wiederaufnahmeantrag in Sachen Carl von Ossietzky in erster Instanz mitzuentscheiden hatte. Schon 1968, als er über Freislers Beisitzer Hans-Joachim Rehse zu befinden hatte, war ihm eine perfekte Einfühlung in das Denken eines Volksgerichtshofsrichters und in die Motive des nationalsozialistischen Gesetzgebers gelungen.

Nach § 5 der Kriegssonderstrafrechtsverordnung konnte mit dem Tode bestraft werden, wer »öffentlich den Willen des deutschen Volkes zur wehrhaften Selbstbehauptung zu lähmen oder zu zersetzen suchte«. Ein aus den Richtern Dr. Oske, Olowson und W. bestehendes Gericht des Jahres 1968 befand, daß aus der Anwendung dieser Bestimmung Herrn Rehse kein Vorwurf zu machen sei. Denn:

Der Zweck des Gesetzes, das auf Grund der Erfahrungen des Jahres 1918 geschaffen worden war, bestand darin, den als kriegsentscheidend angesehenen, geschlossenen Einsatz des hinter der kämpfenden Truppe stehenden Volkes zu gewährleisten und etwaigen Auflösungserscheinungen in der Heimat von vornherein scharf entgegenzutreten. Nach dem Willen des Gesetzgebers sollte daher jede Störung und Beeinträchtigung der totalen Einsatzbereitschaft des Volkes zur Erringung des Endsieges bekämpft und im Gegensatz zu 1917/18 schon im Keime erstickt werden.

Eine vollendete Einfühlung in Denken und Diktion einer aus der nationalistischen »Dolchstoßlegende« gespeisten Geschichtsbetrachtung. Von gleichem Kaliber ist die Fortsetzung:

Im Verlaufe des Krieges wurden deshalb alle Äußerungen, in denen ein Angriff gegen den so verstandenen Wehrwillen lag, nicht mehr als Verstöße gegen das Heimtückegesetz von 1934, sondern gegen das Kriegsstrafrecht geahndet. Nach der Rechtsprechung des Reichskriegsgerichts stellten auch Äußerungen, durch die im Kriege führende Persönlichkeiten des Staates angegriffen wurden, Angriffe gegen die Wehrkraft dar ... Diese Auslegung von § 5 KSSVO durch die damalige Rechtsprechung war mit dem Sinn und Zweck des Gesetzes, bei dem es sich – wie oben ausgeführt ist – um ein gültiges Gesetz handelte, vereinbar und ist daher nach Auffassung des Schwurgerichts nicht zu beanstanden.

Die Äußerungen der damaligen Angeklagten Alich, Jurkowski, Bahner, Oberüber, Dr. Arndt und Müller (sie hatten »abfällige Bemerkungen« über Hitler, Göring, Goebbels und andere »Amtsträger der NSDAP« gemacht und waren zum Tode verurteilt worden; H.H.) waren objektiv geeignet, die Wehrkraft im Sinne des Gesetzes und der Rechtsprechung zu lähmen. Ihre Bemerkungen, auf deren Wahrheitsgehalt es hierbei nicht ankommt, konnten in jener Zeit sich häufender militärischer und politischer Niederlagen des Deutschen Reiches bei den Gesprächspartnern und im Falle der Weiterverbreitung auch bei unbestimmt vielen weiteren Personen Zweifel an den charakterlichen, politischen und militärischen Fähigkeiten der führenden Personen des Staates und der Wehrmacht wecken oder verstärken, die Siegeszuversicht und den Willen zum weiteren Durchhalten sinken lassen und damit die Einsatzbereitschaft der in das Kriegsgeschehen einbezogenen Zivilbevölkerung lähmen, was sich auf die kämpfende Truppe auswirken mußte.

Das ist wirklich aus einem Urteil aus dem Jahre 1968! Es hätte seine Verfasser auch qualifiziert, im Jahre 1943 über wehrkraftzersetzende Widerstandskämpfer zu Gericht zu sitzen. Aber es machte sie, mit Verlaub, untauglich, darüber zu entscheiden, ob der Pazifist Carl von Ossietzky zu Recht als Landesverräter verurteilt worden ist.

Und das galt auch für die Herren Bundesrichter, die in zweiter und letzter Instanz über den Wiederaufnahmeantrag zu entscheiden hatten. Da spielten keine Stümper an der Zeitmaschine, sondern perfekte Paragraphenhandwerker, die sich ihrer Macht bewußt waren, ihr eigenes Geschichtsbild auch dem Gedächtnis an den großen Anti-Militaristen Carl von Ossietzky aufzupfropfen. Sie hatten keine Skrupel, sich in das Jahr 1929 zurückzuversetzen und den *Weltbühne*-Artikel »Windiges aus der deutschen Luftfahrt« mit den Augen, den Gehirnwindungen und den politischen Leidenschaften von Reichsgerichtsräten zu lesen, die ihre Ahnung, wie die Geschichte weitergehen würde, noch hinter konkretem Nichtwissen verbergen und ihre politische Verantwortung auf die militärischen Sachverständigen abschieben konnten, an deren Unfehlbarkeit sie damals noch zu glauben vorgeben durften. Aus dem Beschluß des BGH vom 3.12.1992:

Nach dieser Auffassung war das Interesse an der militärischen Schlagkraft des Reiches im Jahre 1929, auch die Schaffung einer

»Notluftwaffe« (Prof. Dr. Messerschmidt), Bestandteil des Staatswohles. Auch wenn die Entente-Mächte ohnehin von der vertragswidrigen Aufrüstung wußten und diese wegen einer vor 1933 fehlenden Aggressionsrichtung hinnahmen, war es nach der Auffassung des damals erkennenden Gerichtes rechtlich unerheblich, ob und in welcher Weise die fremden Mächte die Veröffentlichung nutzten. Entscheidend war, daß sie die Möglichkeit hatten, die Mitteilungen zu politischen oder militärischen Gegenmaßnahmen zu verwenden, Agenten anzusetzen, Angriffs- oder Abwehrmittel zu ändern oder zu verstärken (vgl. Urteil des Reichsgerichts S. 20).

Auch die schon damals von demokratisch gesinnten Publizisten und Politikern heftig bekämpfte, die Freiheitsrechte der Weimarer Verfassung und die Verpflichtung der Reichsregierung zu völkerrechtlicher Vertragstreue ignorierende »Rechts«-Auffassung des Reichsgerichts, daß die illegale Aufrüstung und das damit zusammenhängende Treiben rechtsradikaler Organisationen nicht öffentlich erörtert, sondern nur bei eben den Instanzen vertraulich gerügt werden dürfe, die dafür mindestens durch Duldung verantwortlich waren, erlebt im Beschluß des BGH vom 3.12.1992 eine feierliche Bestätigung.

Nach der Rechtsprechung des Reichsgerichts schloß die Rechtswidrigkeit der geheimgehaltenen Vorgänge die Geheimniseigenschaft nicht aus (RGSt 61, 150; 62, 65, 67 gerade zu den Bestimmungen des Versailler Vertrages und Art. 4 Weimarer Reichsverfassung). Jeder Staatsbürger schuldet nach Auffassung des Reichsgerichts seinem Vaterland eine Treuepflicht des Inhalts, daß das Bestreben nach der Einhaltung der bestehenden Gesetze nur durch eine Inanspruchnahme der hierzu berufenen innerstaatlichen Organe und niemals durch eine Anzeige bei ausländischen Regierungen verwirklicht werden durfte.

Ja, es sei nach damaliger Rechtsauffassung auch »nicht völlig unvertretbar« gewesen, wenn das Reichsgericht mit der Begründung eines »übergesetzlichen Notstandes« anerkannt hätte, »daß sich die Heeresleitung im Interesse der Landesverteidigung für verpflichtet halten konnte, eine Luftwaffe aufzubauen«.

Eine Mißachtung des völkerrechtlichen Grundsatzes der Vertragstreue (»pacta sunt servanda«), die schon damals das Mißtrauen anderer Völker gegen Deutschland geschürt hat – wie sich zeigen sollte: sehr zu Recht –, und deren schamlose

Wiederholung durch deutsche Strafgerichte auch in den neunziger Jahren Aufmerksamkeit gefunden hat. Besonders in den skandinavischen Ländern, die schon in der Zeit der Nazi-Verfolgung mutig für Carl von Ossietzky eingetreten sind, hat das erneute höchstrichterliche Bekenntnis zu den »verbrecherischen Richtern von 1931« (Jan Myrdal in *Aftonbladet*) Erstaunen und Empörung ausgelöst.

Schädigungen des deutschen Ansehens und Zweifel in deutsche Vertragstreue haben deutsche Juristen noch nie und deutsche Politiker allenfalls dann gekümmert, wenn darunter die Geschäfte litten. Und so müssen wir jetzt mit einer höchstrichterlichen Entscheidung leben, wonach einer der im Ausland angesehensten Deutschen im eigenen Land nach wie vor als Landesverräter gilt.

Es hat Überlegungen gegeben, ob man nach erfolgreichen Recherchen in ausländischen Archiven über die Bekanntheit der im *Weltbühne*-Artikel von 1929 mitgeteilten Tatsachen den Wiederaufnahmeantrag wiederholen sollte. Ich bin strikt dagegen. Die Justiz hat die ihr »gebotene Gelegenheit zu einem Akt der Selbstreinigung« (Eckart Spoo) ausgeschlagen. Sich noch ein zweites Mal mit dem Bemühen abzuquälen, den Beweis dafür zu führen, daß alles, was in dem inkriminierten Artikel stand, schon bekannt gewesen sei, wäre schlicht unwürdig. Carl von Ossietzkys Verdienst besteht nicht darin, daß er die Kunst beherrschte, die Kritik an der deutschen Wiederaufrüstung so geschickt zu verschleiern, daß sie selbst mit dem uferlosen Geheimnisbegriff der militärfreundlichen Reichsgerichtsjustiz nicht zu fassen war. Sondern Carl von Ossietzky verdient unsere Hochachtung und die Hochachtung der demokratisch gesinnten Teile der Weltöffentlichkeit, weil er frühzeitig vor dem deutschen Militarismus und dem deutschen Faschismus gewarnt und deren juristische Wegbereiter immer wieder angeprangert hat. Gerade wenn er in diesem Kampf Tatsachen ausgesprochen haben sollte, die noch nicht allgemein bekannt waren, hätte er sich große Verdienste erworben. Und wenn es ihm – wie die militärischen »Sachverständigen« des Reichsgerichts für möglich hielten – gelungen wäre, die ausländischen Mächte, die schließlich Hitler-Deutschland in einem Krieg mit ungeheuren Opfern für beide Seiten niederringen mußten, schon zu einem Zeitpunkt zum Einschreiten zu veranlassen, bevor Hitler die Staatsmacht übernommen hatte, dann wäre Deutschland und der Welt viel erspart geblieben.

20. Aufforderung zur Fahnenflucht. DIE GRÜNEN und der Golfkrieg (1991–1993)

Anfang der neunziger Jahre schien der Golfkrieg ein neues Betätigungsfeld für deutsche Soldaten zu eröffnen. Jetzt mußte sich zeigen, ob noch Wolfgang Borcherts »Sag NEIN!« galt, diese hämmernd wiederholte Aufforderung aus seinem Manifest »Dann gibt es nur eins!«, Befehle zur Vorbereitung des nächsten Krieges zu verweigern. Für uns junge Kriegsheimkehrer von 1945 war damit eine Selbstverständlichkeit ausgesprochen, und in den Jahren danach, als es um Remilitarisierung und Atomwaffen ging, hat man Borcherts beschwörenden Aufruf bei Demonstrationen und anderen öffentlichen Veranstaltungen immer wieder gehört. Nun war es wirklich so weit, die Lehren von 1945 zu befolgen oder sie zu vergessen.

Auf einem Sonderparteitag in Bayreuth am 23.9.1990 hatten DIE GRÜNEN eine Erklärung zum Golfkrieg beschlossen, die sich gegen eine deutsche Beteiligung an militärischen Einsätzen wandte. Sie hatte die Form eines offenen Briefes an die Soldaten der Bundeswehr und der Nationalen Volksarmee und war auf Flugblättern vor Kasernen und auf Bahnhöfen verteilt worden. Darin hieß es:

Verweigert euch dem Aufrüstungskurs der zukünftig gesamtdeutschen Armee! Laßt euch nicht als Kanonenfutter für einen Krieg am Golf oder anderswo einplanen! …

Die Bundesregierung will das Grundgesetz ändern, um die Bundeswehr künftig auch außerhalb des bisherigen Nato-Auftragsbereiches einsetzen zu können – zum Beispiel an der Seite der USA am Golf. Die SPD ist auch dafür … Keine Intervention und keine Bundesmarine in den Golf … Sagt nein! … Verweigert euch diesen Planungen! Verweigert den Kriegsdienst, verlaßt die Armee! Laßt euch nicht zum Kanonenfutter für die verfehlte und nicht dem Frieden und der Unabhängigkeit unseres Landes dienende Politik machen – denn ihr werdet es sein, die als erste für Großmachtambitionen und militärische Abenteuer den Kopf hinhalten müssen.

Offener Brief der GRÜNEN(beschlossen auf dem Sonderparteitag, Bayreuth, 23.9.90)

Soldaten und Rekruten der Bundeswehr und der NVA!

Verweigert Euch dem Aufrüstungskurs der zukünftig gesamtdeutschen Armee! Laßt Euch nicht als Kanonenfutter für einen Krieg am Golf oder anderswo einplanen!

Am 1.10. bzw. 4.10. werden wieder bundesweit und DDR-weit über 100.000 Rekruten zum Wehrdienst bei Bundeswehr und NVA einberufen.

In Eurer Dienstzeit stehen große Veränderungen an: Die NVA wird mit dem Zusammenschluß der BRDDR zu einer Teilstreitkraft der Bundeswehr, diese wird sich zunächst in der Kommandostruktur, dann mit Kampfverbänden nach Osten in den Bereich der bisherigen DDR ausdehnen.

Die Gesamtzahl der deutschen Soldaten wird zwar auf 370.000 Mann verringert, aber die laufenden Rüstungsprojekte-West und Modernisierungen in Ausrüstung, Ausrichtung und Struktur werden real eine Kampfkraft-Steigerung bringen - also keine Abrüstung.

Die Bundesregierung will das Grundgesetz ändern, um die Bundeswehr künftig auch außerhalb des bisherigen NATO-Auftragsbereiches einzusetzen zu können - z.B. an der Seite der USA am Golf. Die SPD ist auch dafür. Sie ist zufrieden, wenn dies nur "multinational und im Rahmen der UN" geschieht.

Keine Intervention und keine Bundesmarine in den Golf

Die Annektion Kuwaits durch den Irak ist ein völkerrechtswidriger Akt der Aggression, der rückgängig gemacht werden muß. Die irakische Diktatur zeigt erneut jene Brutalität im Umgang mit Menschenrechten und Völkerrecht, die sie bei der Ausrottung der irakischen Opposition, bei den Giftgasangriffen auf irakische Kurden und bei dem Angriff auf den Iran an den Tag legte.

Doch gerade die westlichen Staaten, die heute am lautesten nach einer militärischen Antwort rufen, haben wesentlich dazu beigetragen, den Irak zu dieser Aggression zu befähigen: Frankreich, Bundesrepublik, Sowjetunion, USA und Großbritannien haben den Irak hemmungslos mit Rüstungsgütern und Rüstungstechnologien versorgt. Auch Kuwait selbst und Saudi-Arabien haben den Krieg gegen den Iran mit ihren Öl-Dollars mitfinanziert. Die USA haben darüberhinaus kein Recht, sich als der große Hüter des Völkerrechtes darzustellen, haben sie doch selbst noch in jüngster Zeit in anderen Staaten militärisch eingegriffen.

DIE GRÜNEN begrüßen die raschen und konsequenten Boykottbeschlüsse des UNO-Sicherheitsrats gegen den Irak. Wir lehnen das Säbelrasseln der USA und ihrer Verbündeten und ihre kriegsträchtige militärische Interventionspolitik ab. Sie steht nicht im Einklang mit der UNO-Beschlußlage. Die Handlungsalternative heißt nicht militärisches Eingreifen oder Appeasement. Der hochverschuldete und stark von Importen abhängige Irak muß durch ein konsequentes und allumfassendes Embargo zum Rückzug gezwungen werden.

Dieses Ziel wäre leichter zu erreichen, würden all jene Ressourcen und Energien, die heute in den Aufmarsch für den Krieg investiert werden, dazu genutzt, wirtschaftliche Sanktionen so effektiv wie möglich zu gestalten.

Die Golf-Krise darf zugleich nicht zum Anlaß genommen werden, deutsche Ansprüche, als ökonomisch und zunehmend auch politisch in Europa dominantes Land in den Kreis der Großmächte aufzurücken, nun mit »Germans to the Front« zu untermauern. Zwischen CDU/CSU, SPD und FDP hat man sich offenbar bereits auf eine entsprechende Änderung des Grundgesetzes für Bundeswehr-Einsätze außerhalb des NATO-Gebiets verständigt.

Sagt Nein!

Eure Verfügbarkeit als Soldaten für diese Planungen ist ein wesentlicher Faktor ihrer Durchführbarkeit: Widerstand, politischer Protest und Verweigerung aus den Reihen der Armee selber mithin ein ernsthafter Störfaktor für die Planer im Kabinett und auf der Hardt-Höhe bzw. in den NATO-Headquarters.

Wir rufen Euch ganz besonders deshalb dazu auf: Verweigert Euch diesen Planungen! Verweigert den Kriegsdienst, verlaßt die Armee! Laßt Euch nicht zum Kanonenfutter für eine verfehlte und nicht dem Frieden und der Unabhängigkeit unseres Landes dienenden Politik machen - denn Ihr werdet es sein, die als erste für Großmachtambitionen und militärische Abenteuer den Kopf hinhalten müssen. Wenn Ihr den Befehl bekommt, in einen Krieg irgendwo auf der Welt zu gehen, dann SAGT NEIN und BEGEHT FAHNENFLUCHT !

Wir wollen daß es keinen Krieg mehr gibt - nicht um Öl, nicht um fremde Länder, nicht um Vorherrschaft und Machtansprüche !

DIE GRÜNEN lehnen jedes militärische Eingreifen der Bundeswehr am Persischen Golf ab. Sie halten die indi-

Das inkriminierte Flugblatt der GRÜNEN

Wenn ihr den Befehl bekommt, in einen Krieg irgendwo auf der Welt zu gehen, dann SAGT NEIN und BEGEHT FAHNENFLUCHT!

Wegen der im zuletzt zitierten Satz enthaltenen Aufforderung zur Fahnenflucht erhob die Staatsanwaltschaft Bonn Anklagen gegen die an dem Beschluß beteiligten Mitglieder des Bundesvorstandes der GRÜNEN (§ 111 StGB: Öffentliche Aufforderung zu Straftaten), und es kam zu mehreren Verfahren vor den Amtsgerichten, die mit Verurteilung der Angeklagten endeten. In einem dieser Verfahren, das sich gegen die Bundesvorstandsmitglieder Eberhard Walde, Professorin Dr. Renate Damus und Rechtsanwalt Hans-Christian Ströbele richtete, habe ich zusammen mit dem Bonner Kollegen Carl W. Heydenreich als Verteidiger von Frau Damus mitgewirkt, während Ströbele sich selbst und zugleich Walde verteidigte. Das Schöffengericht Bonn, vor dem wir am 23. April 1991 verhandelten, hielt sich nicht lange mit der rechtlichen und politischen Problematik der Sache auf, die ihnen von den Angeklagten und den Verteidigern vorgetragen worden waren. Sie folgten dem Staatsanwalt, der das übliche konservative Vokabular abgespult hatte (»Dies ist kein politischer Prozeß, es geht um die Verletzung von Gesetzen« – »Soldaten haben Befehle auszuführen« – »Die Angeklagten hatten es schwarz auf weiß (nämlich in Form eines Beschlagnahmebeschlusses des LG Bonn) in den Händen, daß das, was sie machten, rechtswidrig ist; diese Inbrunst, mit der richterliche Entscheidungen nicht zur Kenntnis genommen werden«). Das Urteil: Geldstrafen zwischen 3000 und 7500 Mark.

In der Berufungsinstanz beim Landgericht Bonn richtete sich das Verfahren gegen Eberhard Walde, Hans-Christian Ströbele, Jürgen Maier und Annemarie Charlotte Nilges. Jürgen Maier und Anne Nilges waren in erster Instanz von einem anderen Schöffengericht fast ebenso schlank verurteilt worden (das Urteil erwähnte immerhin den Artikel 5 des Grundgesetzes, der die Freiheit der Meinungsäußerung garantiert, tat ihn aber mit einem Satz ab: »Diese Rechte finden ihre Schranken nach Abs. 2 des Artikels in den Vorschriften der allgemeinen Gesetze, hier in den Vorschriften des Wehrstrafgesetzes«). Renate Damus war inzwischen schwer erkrankt und ist wenig später gestorben. Mein Mandant wurde nunmehr Jürgen Maier, Jahrgang 1963, Student in Tübingen (Politikwissenschaft und Englisch), seinerzeit ebenfalls im Bundesvorstand der GRÜNEN.

Wir hatten es diesmal, zu unserer eigenen Überraschung, mit Richtern und Schöffen zu tun, die für die politische und rechtliche Argumentation der Verteidigung offene Ohren hatten (Vorsitzender Richter: Dr. Buchholz, Richterin Weber, Richter Schwab, Schöffen: Studienrat Wolfgang Neumann und Konstrukteur Rudolf Bel). Als Verteidiger wirkten mit: Dr. Hagedorn (Hamburg) für Walde, Eisenberg (Berlin) für

Ströbele, Thiée (Bonn) für Nilges und Heydenreich und ich für Maier.

Besonders eindrucksvoll war nach meiner Einschätzung die Erklärung, die Jürgen Maier vor dem Bonner Landgericht zur Sache abgab. Es gehe in diesem Prozeß nur vordergründig um eine juristische Auseinandersetzung, sagte er. Der eigentliche Kern der Sache sei politischer Natur. Es gehe um eine politische Auseinandersetzung zwischen der Partei DIE GRÜNEN und der Bundesregierung über die Frage der Beteiligung der Bundeswehr am Golfkrieg. Es habe die reale Möglichkeit bestanden, daß die Bundesregierung unter Bruch des Grundgesetzes die Bundeswehr außerhalb des Nato-Gebiets eingesetzt hätte. Die Bundesregierung habe das Grundgesetz auch insofern mißachtet, als es die Angriffskriege des irakischen Diktators Saddam Hussein durch Genehmigung von Rüstungsexporten überhaupt erst ermöglicht habe. Das galt für den 1980 vom Zaun gebrochenen Angriffskrieg des Irak gegen den Iran, der bis 1988 dauerte, und es galt für den Angriffskrieg, den Saddam Hussein im August 1990 gegen Kuwait begann.

171 deutsche Firmen hatten bis dahin dem Saddam-Regime Rüstung oder militärisch verwendbare Güter geliefert, zum allergrößten Teil völlig legal und mit Genehmigung und Wissen und teilweise gar noch hermesverbürgt von der Bundesregierung. Niemand, kein Industrieller, und schon gar kein Regierungsverantwortlicher wurde wegen Beteiligung an zwei Angriffskriegen zur Rechenschaft gezogen. Ich will einige der Übeltäter nennen, die an den Genehmigungen beteiligt waren: die jeweiligen Wirtschafts-, Außen- und Verteidigungsminister, Lambsdorff, Bangemann, Haussmann, Möllemann, Wörner, Scholz, Stoltenberg, Genscher. Und ohne den Kanzler läuft so etwas auch nicht.

Diese Leute, meine Damen und Herren, gehören hier auf die Anklagebank, zusammen mit den Verantwortlichen der Firmen, die die Lieferungen in der Praxis durchgeführt haben. Hier könnte der Staatsanwalt sich seine Sporen verdienen, aber leider habe ich bisher von keinerlei derartigen Prozessen gehört, obwohl die ganze Welt inzwischen mit Fingern auf die Bundesregierung zeigt.

Jürgen Maier verwies auf die Schlagzeile der *Süddeutschen Zeitung* vom 18. Januar 1992: »UNO-Untersuchung belegt tiefe Verstrickung deutscher Firmen in die Aufrüstung des Irak. – An Giftgasproduktion zu mehr als 80 % beteiligt. – Ein Viertel der Technik für ›Scud‹-Raketen aus Deutschland«. Zur Erinnerung: Scud-Raketen wurden damals vom Irak aus nach Israel geschossen. Es fehlte nur noch, daß auch deutsches Giftgas erneut jüdischen Menschen den Tod gebracht hätte. Diese Bedrohung jüdischer Menschen durch deutsche Waffen und deutsches Gift führte auch unter deutschen Linken zu einer zwiespältigen Beurteilung deutscher Beteiligung am Golfkrieg. Aber die in diesem Strafverfahren Angeklagten – und deren Verteidiger – gehörten zu denen, die es nicht für die Aufgabe deutscher Soldaten hielten, die Knochen für die Verbrechen der deutschen Industriellen und ihrer politischen Wortführer in Bonn hinzuhalten. Ihnen schien es wichtiger, die deutschen Sünden zu brandmarken, die zu dieser ungeheuerlichen Situation geführt hatten. Die moralische Berechtigung pazifistischen Denkens und Handelns wird von den Konservativen immer wieder auf dem Hintergrund von Situationen in Frage gestellt, die von ihnen unter Mißachtung pazifistischer Stimmen herbeigeführt worden sind. Jürgen Maier vor dem Bonner Landgericht:

Jahrelang, immer wieder haben die GRÜNEN die Bundesregierung aufgefordert, keinerlei Rüstungsexporte mehr an den Irak zu genehmigen, dieses Völkermordregime umfassend zu boykottieren. Ein derartiger Antrag nach dem anderen wurde im Bundestag abgelehnt. Es wurde weiter geliefert.

Und an die Adresse der Justiz:

Diese Verbrechen interessieren den Staatsanwalt anscheinend nicht. Stattdessen werden Leute angeklagt, die dieses zynische Spiel nicht länger hinnehmen. Der Parteitag der GRÜNEN hat im September die Soldaten der Bundeswehr aufgefordert, sich nicht von diesen Rüstungsexporteuren im Golfkrieg verheizen zu lassen.

Die Staatsanwaltschaft machte ihre Anklage an dem Wort »Fahnenflucht« fest. Ein Recht, die Soldaten aufzufordern, rechtswidrige Befehle zu verweigern, wollte sie allenfalls gelten lassen. Dazu Jürgen Maier:

Wie absurd und weltfremd das ist, zeigen die Beispiele derjenigen amerikanischen Soldaten, die den Befehl zur Verlegung an den Golf verweigerten, aber nicht desertierten. Sie wurden kurzerhand in Handschellen an den Golf gebracht und hatten dort keine andere Wahl mehr, als sich am Krieg zu beteiligen.

Und er erinnerte auch daran, welche Maßstäbe deutsche Richter anzuwenden pflegen, wenn die Gewissenshaltung von Soldaten nachgeprüft wird, die einem sozialistischen Staat Gehorsam zu schulden glaubten.

Vor einigen Tagen hat ein anderes deutsches Gericht, das Berliner Landgericht, zwei ehemalige DDR-Soldaten verurteilt, weil sie genau das getan haben, was Bundeswehrsoldaten unserer Meinung nach nicht tun sollten: stur Befehle erfüllen, selbst wenn sie gegen Menschenrechte und Verfassungsrecht verstoßen. Die Mauerschützen wurden verurteilt, weil sie getötet haben, ohne ihr Gewissen zu befragen. Was für diese Soldaten gilt, muß auch für Bundeswehrsoldaten gelten.

Mein Plädoyer läßt sich nach den Stichworten in meiner Akte nicht mehr wortgetreu rekonstruieren. Darum halte ich hier ein neues:

Kriege sind den beteiligten Völkern von jeher als notwendig eingeredet worden. Die Menschen, die man zum gegenseitigen Schlachten auf die Schlachtfelder führte oder hinter die das Inferno auslösenden Bedienungsknöpfe der Abschußrampen und Bombenschächte setzte, glaubten, eine vaterländische Pflicht zu erfüllen, für die Freiheit zu kämpfen (auch Hitlers Soldaten sangen: »Freiheit das Ziel!«) oder Frauen und Kinder vor barbarischen Horden zu verteidigen. Die wirklichen Hintergründe von Kriegen sind den Menschen immer verschleiert worden. Auch der Golfkrieg, den die USA, ausgestattet mit einem UNO-Mandat, nach monatelanger publizistischer Vorbereitung im Januar 1991 eröffneten, diente angeblich der Befreiung des vom Irak besetzten kuwaitischen Grenzgebiets und erhielt eine zusätzliche moralische Rechtfertigung dadurch, daß der irakische Diktator Saddam Hussein seine Drohung wahrmachte, Israel mit Raketen zu beschießen. Der amerikanische Präsident Bush verglich Saddam Hussein mit Hitler, wohl um die Assoziation auszulösen, es sei Aufgabe der Völkergemeinschaft, den Morden und Eroberungsplänen dieses Mannes mit Waffengewalt Einhalt zu gebieten. Kein Zweifel, Saddam Hussein hatte die in seinem Land lebenden Kurden mit Giftgas gemordet und ihre Dörfer zerstört, er trat Menschenrechte mit Füßen und hatte kuwaitisches Grenzgebiet unter Verletzung des Völkerrechts militärisch besetzt. Aber es hatte zwischen 1945 und 1991 viel vergleichbares Unrecht in der Welt gegeben, ohne daß die Völkergemeinschaft zu den Waffen gerufen wurde. Warum gerade in Kuwait? Alles Gerede von Recht und Freiheit konnte nicht darüber hinwegtäuschen, daß Kuwait keine Demokratie, sondern ein feudalistisch regierter Staat war; aber einer, der Ölquellen hatte. Nein, es ging nicht um Ideale, sondern um handfeste ökonomische Interessen und die Sicherung politischer Einflußsphären.

Man befürchtete offenbar, daß Saddam Husseins Zugriff auf die Ölquellen im kuwaitischen Grenzgebiet nur die Generalprobe für die Annektierung der gewaltigen Ölvorräte Saudi-Arabiens war, die dem irakischen Diktator eine Führungsrolle in der arabisch-islamischen Welt eingebracht hätte. So die These von Wolfgang Oelrich in einem Leitartikel im *Weser-Kurier* vom 6.2.1991.

Dies ist vermutlich die größte »Gefahr«, die die Industrieländer unter ihrer Führungsmacht USA klar erkannt haben. Kuwait ist ihnen dabei so gleichgültig wie die Ausrottung von Kurden mit Giftgas. Ihren »gerechten« Krieg im arabischen Wüstensand führen sie primär, damit die Verteilung des Wohlstands in der Welt so ungerecht – weil vorteilhaft – bleibt wie sie ist. US-Präsident George Bush bestätigt diese Vermutung ebenso offen wie arrogant: Der Krieg biete die »Chance, die Grundlagen für die lang ersehnte neue Weltordnung zu schaffen«, wobei die Führung der Vereinigten Staaten »unverzichtbar« sei.

Der seit langem schwelende Nord-Süd-Konflikt sei tragischerweise in dem Augenblick explodiert, in dem der Ost-West-Konflikt überwunden scheine, schrieb Oelrichs abschließend. Ob das wirklich so schicksalhaft war, wie es das Wort »tragisch« nahelegt, bezweifle ich. Es ist mit guten Gründen behauptet worden, daß ein konsequent weitergeführtes Wirtschaftsembargo gegen Saddam Husseins Irak genügt hätte, um den Rückzug aus Kuwait zu erzwingen. Aber ein Wirtschaftsembargo gegen ein Land durchzusetzen, mit dem Hunderte von Firmen der kapitalistischen Welt gute Geschäftsbeziehungen unterhalten, ist offenbar nicht so einfach wie die durch einen Präsidentenbefehl auszulösende Bombardierung und Beschießung. Und, was vielleicht noch wichtiger war: den

Menschen in der kapitalistisch beherrschten Welt konnte nach dem Wegfall des kommunistischen Feindbildes anschaulich gezeigt werden, daß nach wie vor ein großer Teil des Volksvermögens für Rüstung und Militär ausgegeben werden muß. Und Saddam Husseins Irak bot gegenüber dem alten Feind Sowjet-Union einen wichtigen Vorteil: man brauchte sich nicht mit der durch das Gleichgewicht des Schreckens erzwungenen Drohgebärde zu begnügen, sondern konnte endlich einmal medienwirksam und umsatzfördernd Waffen und Munition einsetzen und verbrauchen. Vielleicht war es eine der letzten Möglichkeiten, einen solchen Hinrichtungskrieg gegen einen hoffnungslos unterlegenen Gegner ohne die geringste Gefährdung der eigenen Bevölkerung zu führen. Wie lange wird es noch möglich sein, die weitere Verbreitung der Atomwaffen zu verhindern? Und auch die neue Kampfform kleiner Völker, sich gegen die Übermacht des Stärkeren durch Geiselnahmen und Terrorkommandos im Hinterland des Feindes zu wehren, scheint an Boden zu gewinnen. Spätestens dann, wenn deutsche Banken von Selbstmordkommandos gesprengt werden, wird man wohl auch bei uns begreifen, daß die Einmischung in Kriege, die irgendwo in der Welt vom Zaun gebrochen werden, nicht ohne Gefährdung des eigenen Wohlergehens abgehen muß. Aber noch haben pazifistische und vernunftpolitische Stimmen es schwer, sich gegen die Übermacht der Kriegsschreier Gehör zu verschaffen. Sie waren in Deutschland seit jeher in der Minderheit. Belauert und bedroht von einer Justiz, die – wie sich seit dem Fall Carl von Ossietzky in das Gedächtnis der Weltöffentlichkeit eingegraben hat – ungeachtet freiheitlicher Verfassungsgrundsätze stets auf der Seite der Rüstungsfraktion engagiert war. Für diese Minderheit, die den Menschen die Wahrheit sagen und sich dem großen Morden verweigern will, halten die Mächtigen nach wie vor ein juristisches Waffenarsenal bereit, in dem Begriffe wie »Landesverrat«, »Wehrkraftzersetzung« und »Fahnenflucht« die Zeiten überdauert haben.

Die Zahl derer, die nicht mehr mitmachen wollen, wenn die Großen ihre Kriege anzetteln, ist gewachsen; der Protest gegen eine Politik, die den Krieg als Möglichkeit einkalkuliert, und die Aufklärung über ihre hintergründigen Interessen können nicht mehr als kommunistisch gelenktes Störmanöver gegen die gute Sache diffamiert werden, wie es noch zur Zeit des Friedenskomitee-Prozesses möglich war. Kriegsdienstverweigerung könnte zur Massenbewegung werden. Nachrichten über den brutalen Umgang der amerikanischen Armee mit Golfkriegsdienstverweigerern führten zu Solidaritätserklärungen in der deutschen Öffentlichkeit; angesehene Bürger bekundeten öffentlich ihre Bereitschaft, fahnenflüchtigen Soldaten Unterkunft zu gewähren und sie vor der Staatsgewalt zu verstecken. Da wurden Lehren aus der deutschen Vergangenheit beherzigt, die den Mächtigen im Lande wie ein Alarmsignal im Ohr geschrillt haben müssen. Und so traten die Staatsanwaltschaften in Aktion, um die, denen Wolfgang Borcherts »Sag NEIN!« immer noch ernst ist, zur Ordnung zu rufen. Denn die Staatsmacht, die mit Hilfe der Justiz durchgesetzt werden soll, ist längst wieder in den Händen derer, die sich deutsche Weltgeltung und »Verantwortung« nur als Teilnahme an militärischen Weltherrschaftsplänen vorstellen können, diesmal im Gefolge der amerikanischen Flagge. Das hat niemand deutlicher ausgesprochen als der renommierte amerikanische Politikwissenschaftler Norman Birnbaum, Professor an der Georgetown University in Washington:

Die Forderung, die Deutschen sollten »verantwortungsbewußt« sein und dies in Form militärischen Mitmachens an den Tag legen, wird im Ausland überhaupt nur von einer schmalen Elite erhoben; weite Teile der öffentlichen Weltmeinung stehen nicht dahinter. Die deutschen Atlantiker reagieren in erster Linie auf ihre Partner in anderen Nationen: die Akademiker, die Bürokraten, die Politiker und die Publizisten, die der jüngste Ausbruch des Friedens mit Arbeitslosigkeit bedroht. Was wären denn diese Maulkämpfer ohne ihren Zirkus von Konferenzen, Reisen, Beratungsverträgen, offiziellen und halboffiziellen Regierungsposten? Und was wären sie ohne die Überzeugung (die in Wahrheit absolut illusorisch ist), daß ihre apologetische Funktion sie mitten in die Zentren der Macht hebe?

Die sowjetische Bedrohung ist verblaßt. Nun suchen die Führungseliten des Kalten Krieges nach einer neuen Bedrohung – so sind sie auf die berühmten Krisen *out of area* gestoßen. Krisen also jenseits des Nato-Bündnisgebiets. Wichtig ist diesen Ideologen nicht primär, was in der Welt geschieht. In Wahrheit geht es ihnen vor allem darum, ihre privilegierte Position gegen ein Übermaß an öffentlicher Einrede zu verteidigen. Ein prominenter amerikanischer Denker hat die außenpolitische Elite der Vereinigten Staaten einmal mit dem Vorschlag schockiert, über das Pentagon-Budget sollten die gesetzgebenden Körperschaften der einzelnen Staaten und die

Gemeinderäte entscheiden. Sie hätten die Kosten neuer Bombenflugzeuge an den Kosten neuer Krankenhäuser und Schulen zu messen. Ließe sich Analoges nicht auch den Deutschen empfehlen? (*Die Zeit*, 21.6.1991)

Birnbaums Artikel endet mit einem Kompliment an Gesinnungen, wie sie die 45er-Generation für das zukünftige Deutschland verbindlich machen wollte:

Die Welt war in den zurückliegenden Jahrzehnten beeindruckt von der Art, in der die deutsche Öffentlichkeit sich kritisch von einer Vergangenheit distanzierte, in der militärischer Macht der höchste Rang eingeräumt wurde. Deutschland hat einen schwierigen Prozeß der Selbsterziehung durchlaufen. Vielleicht sollte es die Erkenntnisse und Ergebnisse, die ihm dabei zuteil wurden, an die Welt weitergeben.

Ich beantragte, ebenso wie die anderen Verteidiger, Freispruch der Angeklagten unter Hinweis auf die im Grundgesetz verbürgte Geltung der Meinungsäußerungsfreiheit. Und wir hatten Erfolg.

Das Urteil der Strafkammer vom 31. Januar 1992 lautete auf Freispruch. Leider war die schriftliche Urteilsbegründung nicht unanfechtbar, indem sie den objektiven Tatbestand des § 111 StGB bejahte, den subjektiven Tatbestand, also den Vorsatz der Angeklagten, aber mit Überlegungen verneinte, die schon bei der Feststellung des objektiven Tatbestandes hätten geprüft werden müssen. Wenn es da hieß, das inkriminierte Flugblatt stelle sich nicht als tauglicher Versuch dar, Soldaten der Bundeswehr zur Fahnenflucht zu bewegen, sondern als Versuch eines Beitrags zum Meinungskampf in der damaligen politischen Auseinandersetzung, der sich in der Aufforderung zur Fahnenflucht nur einer wachrüttelnden, überspitzten und provokativen Formulierung bediene, so stand das innerhalb des Urteils an der falschen Stelle. Ein gefundenes Fressen für die Staatsanwaltschaft, die gegen das Urteil Revision einlegte.

Das Oberlandesgericht Köln kam nicht umhin, der Revision stattzugeben, obwohl wir bei der Vorsitzenden Richterin ein Bedauern über diese Notwendigkeit zu verspüren glaubten. Und so mußte die Sache noch einmal, und zwar, wie das Gesetz es befiehlt, vor einer anderen Strafkammer des Landgerichts Bonn verhandelt werden. So geschehen am 22. März

1993 vor einem mit einem Vorsitzenden Richter und zwei Schöffinnen besetzten Gericht. Und da wehte der Wind mal wieder aus anderer Richtung. Das Feld beherrschte ein Richter, der die Angeklagten und ihre Verteidiger von der ersten Minute an spüren ließ, daß der an die Soldaten gerichtete Appell des Flugblatts der GRÜNEN niemals vom Grundrecht der freien Meinungsäußerung gedeckt sein könne, weil dieses Grundrecht nach seiner Auffassung nur die »Äußerung eigener politischer Grundüberzeugungen«, nicht aber »einen konkreten Handlungsaufruf« zur Fahnenflucht decke. Wenn das richtig wäre, wäre jeder Aufruf zum Widerstand gegen verbrecherisch ausgeübte Staatsgewalt rechtswidrig, wäre auch das berühmte Lüth-Urteil des Bundesverfassungsgerichts falsch, das einen Boykott-Aufruf gegen einen Nazi-Filmer unter den Begriff der Meinungsäußerung gebracht hatte. Dieser Richter nahm »Meinung« wörtlich und reduzierte ein vom Bundesverfassungsgericht als »schlechthin konstituierend für eine freiheitlich demokratische Ordnung« bezeichnetes Grundrecht zu einem Appendix unverbindlicher Stammtischgespräche. Und wahrscheinlich spielte er gegenüber seinen Schöffinnen im Beratungszimmer seine vorgeblich besseren Rechtskenntnisse aus. Denn alles, was zur Verteidigung der Angeklagten gesagt und getan wurde, prallte an diesem Gericht ab. So wurde auch ein Beweisantrag der Verteidigung, militärhistorische Sachverständige (vorgeschlagen wurden Prof. Dr. Manfred Messerschmidt und Flottillenadmiral a.D. Elmar Schmähling) zum Beweise dafür zu hören, daß Soldaten, die ihren Widerstand gegen den Einsatz im Golfkrieg lediglich durch Befehlsverweigerung betätigt haben, dennoch in die Kriegsregion verbracht und zur Teilnahme am Krieg gezwungen worden sind, abgelehnt. Begründung: Wahrunterstellung. Das heißt: selbst wenn es so wäre, wie die Verteidigung behauptet, können wir die Angeklagten bestrafen. Man läßt die Tatsachen nicht an sich heran, sie sind uninteressant, unwichtig, denn ein von konservativer Obrigkeit befohlener Waffeneinsatz ist immer eine gute Sache. Beweise für das Gegenteil nehmen wir nicht zur Kenntnis.

Ebenso erging es einem weiteren Antrag, in dem Beweis dafür angeboten war, daß ein verfassungswidriger Einsatz der Bundeswehr in der Golfregion seinerzeit von der Bundesregierung ernsthaft erwogen worden ist. Auch das interessierte dieses Gericht nicht. Aufforderung zur Fahnenflucht ist für

Konservative immer eine strafbare Handlung. Selbst wenn es sich um die Hakenkreuzfahne handelte. Noch 50 Jahre nach dem Ende des Hitler-Reichs hat sich eine aus CDU/CSU und FDP gebildete Parlamentsmehrheit bekanntlich nicht geschämt, den Deserteuren der Hitler-Wehrmacht moralische Anerkennung und materielle Entschädigung zu versagen. Der deutsche Soldat hat sich für jede Sache zu schlagen, sie sei noch so verwerflich – ausgenommen, es gehe um die Verteidigung der Staatsgrenze eines Gesellschaftssystems, das den Sozialismus anstrebte.

Am 24. März 1993 verkündete der Vorsitzende Richter das Urteil: die Berufungen der Angeklagten werden zurückgewiesen. Die Kosten des Verfahrens einschließlich der Kosten des Revisionsverfahrens tragen die Angeklagten. Die sichergestellten Flugblätter werden eingezogen. Diesmal war die Urteilsbegründung »revisionssicher«. Das »Recht« hatte gesiegt. Ein Recht, das die Freiheits- und Grundrechte der Bürger am Gesetzesbefehl der Parlamentsmehrheit enden läßt, mag auch die Welt untergehen.

Vielleicht wird man sich einmal mit Trauer an die Chance erinnern, die die Deutschen, von den Siegermächten des 2. Weltkrieges entwaffnet, später verfassungsrechtlich auf die Verteidigung des eigenen Hoheitsgebiets beschränkt, verspielt haben, als sie sich unter Anführung »christlicher« Politiker wieder nach Waffen und militärischen Einsatzmöglichkeiten an allen Krisenherden der Welt gedrängt haben. Im Golfkrieg ließen sie sich letztlich noch durch die bis dahin gültigen Buchstaben der Verfassung bremsen, auf deren Einhaltung auch das inkriminierte Flugblatt der GRÜNEN pochte. Aber schon bald lockte der nächste Krisenherd zum Verfassungsbruch. Im Januar 1993, als der recht kläglich ausgegangene aber kostspielige Einsatz deutscher Soldaten in Somalia noch zu verhindern gewesen wäre, meldete sich der wegen seiner kritischen Haltung zur herrschenden Militärdoktrin entlassene Flottillenadmiral Elmar Schmähling mit einem Offenen Brief an Bundesverteidigungsminister Rühe zu Wort (*Frankfurter Rundschau*, 13.1.1993):

In Ihrem Tagesbefehl zum Jahreswechsel bezeichnen Sie Bundeswehreinsätze in fernen Ländern als »Ausdruck unserer Solidarität, die wir der Völkergemeinschaft nicht verwehren können, wenn Frieden gebrochen und Völkerrecht verletzt werden«. Wie wollen Sie eigentlich Ihren Soldaten erklären, daß sie zukünftig ihr Leben auch dort einsetzen müssen, wo vorher mit Ihrer Zustimmung deutsche Waffen, Munition oder Anlagen zu deren Herstellung direkt oder indirekt hingeliefert wurden? Mit der Rüstungsexportpolitik der Regierung, der Sie angehören, werden deutsche Soldaten zu Helfern und Opfern einer zynischen Doppelmoral. Erst schicken Sie Waffen, die in den Krisenregionen ungelöste Probleme zu bewaffneten Konflikten eskalieren helfen, zu Gewalt, Unterdrückung, Hunger und Vertreibung beitragen. Dann schicken Sie, angeblich zur Konfliktbewältigung oder gar -lösung, unsere jungen Männer zum Töten und Sterben, vielleicht durch deutsche Waffen.

Inzwischen werden nicht nur deutsche Waffen, sondern auch deutsche Soldaten unter dem verlogenen Vorwand, der herrschenden Klasse liege der Schutz der Menschenrechte in aller Welt am Herzen, zur Kriegführung in andere Länder geschickt. Im März 1999 stimmte die Mehrheit der parlamentarischen Volksvertreter, auch die der GRÜNEN, dem Einsatz in Jugoslawien zu. Die wenigen, die widersprachen, die PDS insbesondere, werden mit dem Verdacht der Verfassungsfeindlichkeit bedroht und wie Landesverräter ausgegrenzt. Alles wie gehabt. In Deutschland wird mal wieder an der Zeitmaschine gedreht. Ein Carl von Ossietzky stünde auch in der Berliner Republik auf verlorenem Posten..

21. Dr. Hans Modrow und die Fälschung der Kommunalwahlen in der DDR vom Mai 1989 (1993)

Die Deutsche Demokratische Republik war ein ungeliebtes Kind Stalins. Schon ihre Gründung war nur ein Reflex auf die von den Westmächten begünstigte Gründung der Bundesrepublik. Zweimal (1952 und 1954) hat die Sowjet-Regierung freie Wahlen für ein gesamtdeutsches Parlament angeboten, und das hieß, den aus der sowjetischen Besatzungszone entstandenen Staat preiszugeben, um damit Friedenssicherheit für ihr Land einzuhandeln. Aber dem christdemokratischen Bundeskanzler Dr. Konrad Adenauer und seiner Gefolgschaft war die Einbindung deutscher Streitkräfte in ein westliches Militärbündnis wichtiger. Ein vergessenes Kapitel separatistischer CDU-Politik, das spätestens, als die Suche nach Schuldigen für 40 Jahre DDR-Realität begann, auf den Tisch gehört hätte.

Wer heute über die DDR, ihre geistige Unfreiheit, ihre politische Justiz, ihr Überwachungssystem, ihre Wahlfälschungen und ihr Grenzregime klagt und Gesetze sucht (und findet), um die Verantwortlichen ins Gefängnis zu schicken, sollte sich schon ein bißchen über den westdeutschen Beitrag zum kalten Krieg und über die historischen Tatsachen informieren, die die jetzt für schuldig Erklärten vorgefunden haben. Nicht eine revolutionäre Bewegung einer von kapitalistischer Herrschaft unterdrückten und ausgebeuteten Klasse, sondern die Dekrete einer Militärregierung standen am Anfang dieses auch für die Sowjetregierung unfreiwilligen Versuchs, aus dem östlichen Teil eines Landes, dessen Bevölkerungsmehrheit bis zum bitteren Ende an ihren »Führer« geglaubt hatte, eine Bastion des realsozialistischen Systems zu machen. Und das auf der Basis einer kommunistischen Minderheit, der Reste einer Partei, deren beste Köpfe von Hitlers und Stalins Schergen umgebracht worden waren. Das konnte nur mit Wahltricks und Staatsgewalt funktionieren, aber keinen Sozialismus hervorbringen, wie ihn einst die Arbeiterbewegung erträumt hat. Auch Stalin mußte gewußt haben, »daß Sozialismus sich seiner Natur nach nicht oktroyieren läßt« (Rosa Luxemburg). Wenn er eine Ahnung davon gehabt haben sollte, daß der Sozialismus, den Rosa Luxemburg gemeint hat, nichts mit dem zu tun hatte, was er und seine Gefolgsleute der Welt als Sozialismus präsentiert haben.

Daß es trotz alledem eine Entwicklung in der DDR gegeben hat, die vielleicht zu einem anderen Sozialismus geführt hätte, wenn sie nicht durch die deutsche Vereinigung abgebrochen worden wäre, verdiente den Respekt der westlichen Zuschauer und nicht die mit der Überheblichkeit des reicheren Bruders betriebene Kriminalisierung gerade auch der Repräsentanten des untergegangenen Staates, die ihm ein menschlicheres Gesicht hatten geben wollen. Eine von westdeutschen Juristen majorisierte Justiz erhebt gegen sie Vorwürfe, die darauf hinauslaufen, daß sie den Zusammenbruch der DDR nicht schnell genug herbeigeführt haben, und erfindet für ihre Bestrafung unter Mißachtung des rechtsstaatlichen Rückwirkungsverbots juristische Begründungen, die ein kompetenter Kritiker des Krenz-Urteils mit dem Glockenläuten der Kirchen während der Ketzerverfolgungen im Mittelalter verglichen hat (Uwe Wesel, *taz* vom 26.8.1997). Vielleicht werden einige von denen, die bundesdeutsche Richter zu Kriminellen erklärt haben, noch einmal als gescheiterte Vorkämpfer einer gerechteren Gesellschaftsordnung und einer friedlicheren Welt rehabilitiert werden.

Am 20. April 1993 begann vor dem Landgericht Dresden ein Prozeß, der wegen der Prominenz des Hauptangeklagten Dr. Hans Modrow – einstigen Ministerpräsidenten der DDR – ein großes öffentliches Interesse fand. Es ging um den Vorwurf, an der Fälschung der Kommunalwahlen vom 7. Mai 1989 in der DDR beteiligt gewesen zu sein, und zwar als »Anstifter«. Mit ihm angeklagt waren Günther Witteck (seinerzeit Vorsitzender des Rates des Bezirks Dresden), Lothar Stammnitz (seinerzeit Zweiter Sekretär der SED-Bezirksleitung Dresden) und Siegfried Neubert (seinerzeit Sekretär für Landwirtschaft in der Bezirksleitung der SED). Modrow wurde von dem durch zahlreiche Verteidigungen in politischen Strafsachen vor und nach der »Wende« und durch eine Sendereihe im DDR-Fernsehen bekannt gewordenen Berliner Rechtsanwalt Dr. Friedrich Wolff und von mir verteidigt. Die anderen Angeklagten wurden von einer Kollegin und Kollegen aus Dresden und Hattingen verteidigt. Das Gericht bestand aus dem

Dresden, 20.4.93: Rote Nelken für Hans Modrow (rechts) vor Prozeßbeginn – rund 200 Sympathisanten hatten sich vor dem Gerichtsgebäude versammelt, um den 65jährigen zu begrüßen.

Richter am Oberlandesgericht Lips als Vorsitzendem, dem Richter Avenarius und der Richterin Frömmel als beisitzenden Richtern – Lips und Avenarius stammten aus dem Westen, Frau Frömmel aus dem Osten der Bundesrepublik – und den Dresdner Schöffen Dr. Rolf Dittrich und Ingrid Knorr. Anklagevertreter – beide aus dem Westen – waren die Staatsanwälte Dr. Meinerzhagen und Böhm.

Die öffentliche Meinung über dieses Verfahren war in zwei Lager gespalten. Auf der einen Seite standen die politischen Gegner der PDS, für die Modrow nunmehr im Bundestag saß, die die Anklage wegen Wahlfälschung begrüßten und mit weiteren Vorwürfen zu übertrumpfen versuchten. Auf der anderen Seite standen die, die nicht vergessen hatten, welche Verdienste Modrow sich als einstiger »Hoffnungsträger« und als »Mann des geordneten Übergangs zu Freiheit und Einheit« (*Die Zeit*, 20.4.1990) erworben hatte.

Modrow hat es in der Tat verstanden, sich das Vertrauen großer Kreise der Bevölkerung nicht nur in seinem Bezirk Dresden zu erwerben. Dazu hat nicht zuletzt seine Offenheit im Umgang mit den Bürgern und seine persönliche Bescheidenheit, die ihn auf manche ihm zustehende Privilegien verzichten ließ, beigetragen. Wenn in der DDR die Nachfolge Honeckers als Parteichef diskutiert wird,

Hans Modrows Verteidiger, der Berliner Rechtsanwalt Dr. Friedrich Wolff und ich, während eines Interviews vor dem Gebäude des Dresdner Landesgerichts.

dann fällt auch immer wieder der Name Modrow. Er gilt vielen als eine Art »Gorbatschow der DDR«.

Das hatte am 28.1.1988 die *Frankfurter Allgemeine* geschrieben. Ein Beispiel, dem sich viele weitere anfügen ließen, insbesondere auch Stimmen von westdeutschen Politikern, die Modrow, als es noch eine DDR gab, mit größter Hochachtung behandelt hatten.

Das war anders geworden, seit sich die Westdeutschen als Sieger im Kampf um die deutsche Einheit fühlen konnten. Vergessen war, daß es die Menschen in der DDR und nicht zuletzt Reformpolitiker wie Hans Modrow gewesen waren, die die Voraussetzungen für diesen Sieg geschaffen hatten, allerdings von Erwartungen ausgehend, die die Siegermacht nicht zu erfüllen gedachte.

Einer fand es auf einer Pressekonferenz am 31.1.1992 »unglaublich«, daß Hans Modrow »unbehelligt« im Bundestag sitze, und bezeichnete ihn in einem Zwischenruf als »personifiziertes Demokratiedefizit«. Der das sagte, war der FDP-Chef Otto Graf Lambsdorff, der im November 1989, gemeinsam mit Hans-Dietrich Genscher und Wolfgang Mischnick, Modrow zu seiner Wahl als Ministerpräsident der DDR »recht herzlich« gratuliert hatte. Weitere Zwischenrufe von CDU-

Abgeordneten im Bundestag, wenn Modrow sprach: »Brandstifter!«, »Stasi-Abschnitts-Kommandeur!«, »Sie sind ein Fossil!«, »Sie sollten schweigen! Sie sollten sich schämen und nicht hier vorne reden!«

Das war der neue Ton im Umgang mit dem einst geachteten DDR-Politiker, dem nunmehr mit den Waffen der Politischen Justiz der Rest gegeben werden sollte. Ein dafür brauchbares Gesetz war gefunden: der § 211 des Strafgesetzbuchs der DDR, der Wahlfälschung unter Strafe stellte, und die entsprechende Bestimmung des § 107 a StGB der BRD. Blieb nur die Schwierigkeit, daß mit dem Einheitsvertrag das alte DDR-Recht aufgehoben worden war und das Recht der Bundesrepublik im Mai 1989, als die Kommunalwahlen in der DDR stattfanden, dort noch nicht galt. Aber auch dafür finden sich Lösungen, wenn man verurteilen will. Richter und Staatsanwälte aus dem siegreichen Westen standen bereit, die vor mehr als zwanzig Jahren eingeschlafene Kommunistenverfolgung noch einmal aufzunehmen und den Brüdern und Schwestern im Osten zu zeigen, von was für einer kriminellen Bande sie sich 40 Jahre lang hatten regieren lassen. Und dabei mußten natürlich, weil ja die Dame Justitia bekanntlich eine Binde vor den Augen trägt, Stalinisten und Reformpolitiker in einen Topf geworfen werden. Denn Kommunisten waren sie allemal, und wenn schon gesiegt wird, dann gründlich.

Die kritischen Stimmen gegen diese Art, den politischen Gegner nicht nur mit politischen, sondern auch mit strafrechtlichen Mitteln zu schlagen, kamen denn auch in erster Linie aus dem Osten.

Dieser nachholende Prozeß gegen Hans Modrow gehört für mich zu den beschämenden Ergebnissen des friedlichen Umbruchs und zu den schwer begreiflichen Erscheinungsformen des Rechtsstaats.

Das hat einer der entschiedensten Kritiker des SED-Regimes, der Bürgerrechtler und Pfarrer Friedrich Schorlemmer, gesagt.

Wer sich in Ost und West auch nur ein Quentchen Erinnerung bewahrt hat, weiß, daß Hans Modrow lange eine der wenigen personellen Hoffnungen in der DDR und für die DDR war.

So hieß es weiter in Schorlemmers Artikel, der am 25. April 1993 im *Tagesspiegel* veröffentlicht und anderweitig mehrmals nachgedruckt und zitiert wurde.

Ein anderer ehemaliger DDR-Bürger, der Schriftsteller Gerhard Zwerenz, einer, der sich ebenso wie Schorlemmer nicht gebeugt hatte, schrieb zu Prozeßbeginn im *Neuen Deutschland*:

Wo die Politik versagt, wird die Justiz zum Lückenbüßer. Sieger, die Geschichte schreiben wollen, ziehen Hans Modrow vor Gericht. Dem vormaligen Hoffnungsträger soll der Prozeß gemacht werden.

Die Dissidenten von gestern sind einverstanden. Die Schwerter zu Pflugscharen umschmieden wollten, gefallen sich in ewigen Klagen und Anklagen. Als wäre nicht der längere reformkommunistische Weg vernünftiger gewesen ... Mit Modrow wird eine bessere Möglichkeit vor Gericht gezogen ...

Ein Blick in die Leserbriefspalten der im Beitrittsgebiet erscheinenden Zeitungen zeigte, daß Schorlemmer und Zwerenz mit ihrer Meinung nicht allein standen.

Aber auch aus dem Westen waren Stimmen politischer Vernunft zu hören, die die Anklage gegen Modrow in Frage stellten. So schrieb der SPD-Politiker Egon Bahr im *Neuen Deutschland*:

Modrow war ein Hoffnungsträger für viele Menschen in der DDR, in der Bundesrepublik, in der Sowjetunion. Es war erkennbar, daß er sich eben nicht so verhielt, wie die meisten seiner Kollegen. Die ihn damals in der Zentrale haßten, können sich jetzt der verspäteten Rache freuen.

Egon Bahr, subtiler Kenner der deutschen Politik in Ost und West, erinnerte daran, daß Bundeskanzler Kohl mit seinem Kollegen Modrow über die Vertragsgemeinschaft und über konföderative Strukturen der beiden deutschen Staaten verhandeln wollte,

übrigens auch, weil er den Ruf dieses Mannes kannte, sicher ohne Illusionen darüber, was der alles hat machen müssen, um in eine Position zu kommen, in der er etwas ändern oder bewirken konnte für die Menschen.

Und dann ein wichtiger Satz, der den Schlüssel zum Verständnis der Widerstandsproblematik sowohl in der DDR wie in der Sowjet-Union enthält:

Ein Held konnte in diesem System weder in Deutschland noch in Rußland werden, wer zu früh Held wurde.

Das war das Kernproblem, um das es im Dresdner Wahlfälschungsprozeß ging. Es war auch das Kernproblem, an dem Modrows außergerichtliche Gegner vorbeiredeten, obwohl mindestens seine Kritiker aus den Reihen der ehemaligen Bürgerrechtler es hätten besser wissen müssen, die ihm einen Vorwurf aus seinem Verhalten als Erster Bezirkssekretär der SED in Dresden während der schwierigen Tage im Herbst 1989 machten. Es wäre heldenhaft gewesen, im Oktober 1989, als die SED-Zentrale in Berlin den wahnsinnigen Befehl gab, die DDR-Flüchtlinge in der Prager Botschaft auf dem Umweg über Dresden in die Bundesrepublik zu befördern, sich auf die Schienen zu legen, wie es bei einer Pressekonferenz zu Beginn der Hauptverhandlung ein junger Journalist ernstlich als einzig moralisch vertretbare Widerstandsleistung bezeichnete. Ein Hans Modrow, der sich tatsächlich auf die Schienen gelegt hätte, statt die Durchfahrt der Züge mit polizeilichen und militärischen Mitteln zu sichern, wäre vielleicht als Märtyrer in die Geschichte eingegangen, nicht aber als der Mann, dem der gewaltlose Verlauf der Demokratisierungsbewegung in der DDR zu verdanken ist. Friedrich Schorlemmer hat auch in diesem Punkt den Mut zum Widerspruch gehabt:

Anfang Oktober 1989 war das Land dem Bürgerkrieg nahe. Im Raum Dresden stand alles auf der Kippe. Modrow mußte ohne die sonst übliche Weisung aus Berlin handeln. Es gab schlimme Ausschreitungen, bis Modrow wagte zu handeln. Wir alle hielten den Atem an. Hunde und Panzer standen bereit. Wem wir entgangen sind, zeigen MfS-Dokumente über die geplante »Liquidation subversiver Elemente«. Die Befehle wurden nicht gegeben. Das zählt!

Er hat in schwieriger Situation schwierige Entscheidungen getroffen. Er hat den Demokratisierungsprozeß mit seinem friedlichen Verlauf in sehr komplizierten Situationen gesteuert. Es war nicht leicht, der SED die usurpierte Macht aus den Händen zu ringen. Es gelang aber, dies ohne einen einzigen Toten zu erreichen.

Das war eine der historischen Leistungen des Hans Modrow, der auch im Mai 1989, als die Berliner Parteizentrale die »Orientierung« auf Fälschung der Wahlergebnisse ausgegeben hatte, in eine politische Verantwortung gestellt war, in der er nüchtern einschätzen und entscheiden mußte, was möglich war und was nicht.

Darüber, daß die Ergebnisse der Kommunalwahlen vom Mai 1989 und auch die aller vorangegangenen Kommunal- und Volkskammerwahlen in der DDR gefälscht waren, gab es auch im Modrow-Prozeß keinen Streit. Man war sich auch einig, daß die Fälschung lediglich darin bestand, daß der Öffentlichkeit geschönte Zahlen – die berühmten 98% für die Blockparteien – mitgeteilt wurden, die niemand ernst nahm, und daß eine Mitteilung der realen Zahlen – die Schätzungen für die Kommunalwahlen vom Mai 1989 lauteten auf 85 bis 90% – nichts an der Zusammensetzung der Vertretungskörperschaften geändert hätte. Aber die Meinungen von Staatsanwaltschaft und Verteidigung gingen auseinander in der Frage, was die reformwillige Minderheit in der SED daran in der konkreten Situation hätte ändern können. Wir Verteidiger meinten, Widerspruch gegen die »Orientierung« des Zentralkomitees der SED sei in diesem zentralistischen System das Äußerste gewesen, was innerhalb des Parteiapparats geleistet werden konnte. Und dieser Widerspruch war von Modrow gekommen. Die Staatsanwaltschaft wollte mehr, Widerstand gegen rechtswidrig ausgeübte Staatsgewalt um jeden Preis, eine edle Rechtsethik, deren Verletzung in Deutschland nur dann bestraft wird, wenn man dafür Kommunisten auf die Anklagebank setzen kann.

Die jungen Herren aus dem Westen, die die Anklage vertraten, ließen kein gutes Haar an Modrow. Zwar war auch ihnen nicht verborgen geblieben, daß das Verfahren, wie die Staatsanwaltschaft aus einer Vielzahl von Zuschriften wisse, »gerade in den neuen Bundesländern nicht unumstritten« sei. Aber das Strafverfahren sei, so versicherten sie in ihrem Plädoyer, keine Instanz historischer Bewertung und wolle und könne dies auch nicht leisten. Der Kollege Wolff, alter Bürger der neuen Länder, antwortete darauf, daß ihn diese »Vergangenheitsbewältigung« bedrücke: »Und um es schließlich offen herauszusagen, ich glaube nicht, daß das Bild, das die Verfechter dieses politischen Kurses in der Geschichte abgeben werden, anders aussehen wird als das von McCarthy in der US-amerikanischen Geschichte.«

Unberührt von jedem Anflug einer Ahnung, welchen politischen Interessen dieser großangelegte Prozeß gegen den einstigen Ministerpräsidenten der DDR und jetzigen Bundestagsabgeordneten der PDS diente, verbreiteten sie sich über die Pflichten, die Dr. Modrow im Frühjahr 1989 gehabt habe. Pflichten, die sie, in der dünnen Luft abstrakten juristischen Denkens zu Hause, aus dem »geltenden Recht der DDR« und sogar aus dem Parteistatut der SED ableiteten. Und sie steigerten sich zu einem kinoreifen Wortgetöse, das ich, obwohl um Selbstbeherrschung bemüht, mit einem Zwischenruf (»Unglaublich! Das ist nicht auszuhalten!«) unterbrechen mußte:

Hier ging es um *nackten Machterhalt.*

Der Angeklagte scheute nicht davor zurück, den Willen der Wähler für null und nichtig zu erachten, wenn dieser sich seinen politischen Zielen entgegenstellte. Sein Verhalten unterschied sich in nichts von der Arroganz der Macht, wie ihn die Parteizentrale in Berlin an den Tag legte.

Der Vorsitzende des Gerichts gab an dieser Stelle meinem Antrag statt, die Sitzung zu unterbrechen. Staatsanwalt Dr. Meinerzhagen nutzte die ihm gebotene Gelegenheit sich zu mäßigen, nicht, sondern fuhr nach der Pause in der Weise fort, daß er die von mir beanstandeten Sätze noch einmal wiederholte. Ein Affront, der ihm wohl auch bei anderen Zuhörern keine Sympathien eingetragen hat.

Die Staatsanwälte beantragten gegen Modrow eine Freiheitsstrafe von einem Jahr und drei Monaten, zur Bewährung ausgesetzt, und zusätzlich als Bewährungsauflage eine Geldzahlung von 20000 DM; gegen die anderen Angeklagten geringere Freiheitsstrafen und Geldbußen.

Während die Kollegin Suzan Leski und die anderen Verteidiger sich in erster Linie den Tatbeiträgen ihrer Mandanten widmeten, hatten der Kollege Dr. Friedrich Wolff und ich unsere Plädoyers auf allgemeinere Probleme gerichtet. Wolff nahm sich noch einmal das Problem der fehlenden Rechtsgrundlage für dieses Verfahren vor und setzte sich kritisch mit den Entscheidungen des BGH und des Bundesverfassungsgerichts auseinander. Zwingend das von ihm gebrachte Beispiel:

Hätten Berghofer (der als Reformpolitiker bekanntgewordene Oberbürgermeister von Dresden; H.H.) oder Moke (der Mitangeklagte

Berghofers; H.H.) die Entwicklung vorhergesehen und wären nach dem Fall der Mauer, aber vor dem 3.10.1990 in die BRD übergesiedelt, so hätte ihnen dort zu diesem Zeitpunkt kein Staatsanwalt den Prozeß machen können. Sie hatten sich nach dem Recht der Bundesrepublik nicht strafbar gemacht, und das Recht der DDR konnte von den Gerichten der Bundesrepublik nicht angewandt werden.

Zutreffend rügte Wolff die Entscheidung des BGH als Verstoß gegen den Grundsatz »Keine Strafe ohne Gesetz«. Und er rügte weiter, daß der BGH es nicht für nötig befunden hatte, sich mit den kritischen Stimmen in der Literatur auseinanderzusetzen, die der höchstrichterlichen Ansicht widersprachen.

Das mag ein den höchsten Richtern zustehendes Privileg sein, doch entsprechen eben gerade Privilegien nicht den Hoffnungen, die die von der DDR-Geschichte geformten bzw. deformierten Bürger und Juristen in Demokratie und Recht der Bundesrepublik setzten.

Und er faßte zusammen:

Wir bleiben also dabei: In der DDR begangene Wahlfälschungen sind mangels eines gültigen Gesetzes, das die Tat zur Tatzeit und am Tatort unter Strafe stellte, nicht strafbar. Das frühere DDR-Gesetz ist aufgehoben, das damals wie heute geltende Bundesgesetz stellte Wahlfälschungen in der DDR nicht unter Strafe. Seine nachträgliche Anwendung auf vor dem Beitritt in der DDR begangene Straftaten ist nur unter Verletzung der Grundlagen rechtsstaatlichen Strafrechts wie: nulla poena sine lege (keine Strafe ohne Gesetz), des Analogie- und des Rückwirkungsverbots machbar.

Wolff sprach es nicht aus, aber alle im Saal wußten es: damit waren eben die rechtsstaatlichen Grundsätze benannt, über die sich die Nazis hinweggesetzt hatten, um ohne Rücksicht auf geltendes Recht mit ihren politischen Gegnern abrechnen zu können.

Aber uns war klar: auch ein um Einhaltung rechtsstaatlicher Grundsätze bemühtes Gericht – und mit einem solchen hatten wir es in Dresden zu tun – mußte sich der »Orientierung« unterwerfen, die der BGH ausgegeben hatte. Eine merkwürdige

Parallele – cum grano salis natürlich – zu der fatalen Situation der Angeklagten, die sich nicht an das seinerzeit geltende Recht der DDR, sondern an die dem widersprechende »Orientierung« der SED-Zentrale gehalten hatten, als sie widerstrebend und entgegen besserer Überzeugung, aber letztlich doch »Bewegung vortäuschend« an der verordneten Wahlfälschung mitgewirkt hatten.

Die komplizierten Bedingungen nachvollziehbar zu machen, unter denen Modrow und seine reformwilligen Genossen im Mai 1989 handeln mußten, war die Aufgabe meines Plädoyers. Vielleicht habe ich genau das getroffen, was die damals in Dresden amtierenden Richter und Schöffen schon von sich aus gedacht hatten. Vielleicht aber handelte es sich um einen der seltenen Fälle, in denen ein Verteidigerplädoyer in einer politischen Strafsache etwas in den Köpfen bewegt hat. Denn ich fand später manches davon im Urteil wieder. Und darum möchte ich dieses Plädoyer etwas ausführlicher wiedergeben.

Nachdem ich mit Zitaten von Schorlemmer und Bahr das Thema »Heldentum zur Unzeit« angerissen hatte, sagte ich:

Die Anklage will von Dr. Modrow nachträglich einfordern, daß er nicht erst im Oktober, sondern schon im Mai 1989 hätte zum Helden werden sollen, der die Parole hätte ausgeben sollen: Wir machen diesen permanenten Wahlbetrug nicht mehr mit! Wir melden nicht 98 Komma Soundsoviel, sondern »nur« 90 oder 85 Prozent nach Berlin. Das wäre eine Heldentat zur falschen Zeit – nein, schlimmer! – das wäre Maulheldentum gewesen. Ein Hans Modrow, der diesen Märtyrerakt vollbracht hätte, der sich gewissermaßen auf die Schienen der vom ZK der SED ausgegebenen Orientierung gelegt hätte, wäre überrollt worden, ohne daß den Menschen in der DDR geholfen gewesen wäre.

Es ist schwer vorstellbar, daß die Initiatoren dieser Anklage nicht gewußt haben, was sie taten, als sie ausgerechnet Hans Modrow anklagen ließen. Der von ihm personifizierte Sozialismus mit menschlichem Antlitz war für die herrschenden Oligarchien des Westens gefährlicher, weil für die Menschen attraktiver, als das brüchig gewordene Modell der alten Garde. Es mußte doch etwas zu finden sein, mit dem man auch ihm am Zeuge flicken konnte. Und wer die mit dem Prozeßbeginn zeitlich kombinierte Diffamierungskampagne in bestimmten Medien miterlebt hat, weiß, wessen Geschäft diese Hilfs-Sheriffs der Staatsanwaltschaft besorgen. Mit dem Prozeß gegen Hans Modrow ist ein politischer Kampf eröffnet worden, der darauf zielt, die Erinnerung an eine politische Alternative aus den Köpfen der Menschen zu verdrängen, die ihnen traurige Erfahrungen mit den Segnungen des Kapitalismus erspart hätte.

Aufarbeitung der DDR-Vergangenheit? Jawohl, das wäre eine wichtige Aufgabe für Historiker, bei der diejenigen, die in Opposition zu den verkrusteten autoritären Strukturen gestanden haben, nicht zuletzt Hans Modrow, ein Wort mitzureden hätten. Aber Aufarbeitung der DDR-Vergangenheit mit den Mitteln des Strafrechts, das heißt: die politische Justiz des Kalten Krieges wiederaufzunehmen, die, ihrerseits in der Tradition der »furchtbaren Juristen« stehend, die politische Betätigung von Kommunisten mit wechselnder Begründung immer irgendwie als strafwürdig zu definieren wußte …

Wir hatten es in Dresden mit Richtern und Schöffen zu tun, bei denen ich auch für eine grundsätzliche Kritik an der politischen Justiz offene Ohren fand:

Die politische Justiz hat die alte antikommunistische Rüstung wieder angelegt und kann nach Vereinnahmung der DDR endlich nachholen, was selbst in der Hochzeit des Kalten Krieges nicht möglich war: die Abstrafung aller kommunistischen Funktionäre auf dem ehemaligen Hoheitsgebiet der DDR. In Düsseldorf steht Markus Wolf vor Gericht, weil er die Funktionen eines Geheimdienstchefs ausgeübt hat, wie es ihn in jedem souveränen Staat dieser Welt gibt. Die Agenten seines Dienstes werden wegen Landesverrats verfolgt, weil sie für ihr Land, die DDR, dasselbe getan haben, was ihre Kollegen im Westen auch getan haben, ohne dafür bestraft zu werden. In Berlin wurde Erich Honecker im Zustand der Todkrankheit vor Gericht gezerrt, um ihn für die Ausübung von Staatsgewalt zu bestrafen.

Ein Staat, dessen politische Existenz von der offiziellen bundesdeutschen Politik jahrzehntelang bestritten und mit den Waffen des Politischen Strafrechts bekämpft wurde, steht, vertreten durch seine einstigen Repräsentanten, vor Gericht. Sekundierende Vorläuferprozesse gegen die sogenannten kleinen Leute, Mauerschützen, Geheimdienstagenten und Wahlfälscher, haben in typischer Weise das Terrain bereitet, auf dem man nun mit der Rückendeckung des gesunden Volksempfindens, das sich darüber empört, daß man die Kleinen hängt und die Großen laufen läßt, den sogenannten Großen den Prozeß machen kann. Und so ist man jetzt auch bei Hans Modrow und der systemimmanenten DDR-

Opposition angelangt, die man, soweit sie verantwortliche Positionen im Staats- und Parteiapparat der DDR einnahmen, über ihre Einbindung in die von der SED-Zentrale inszenierte Wahlfälschung vom Mai 1989 so bequem kriminalisieren kann.

Sodann zitierte ich den vom Gericht angehörten Sachverständigen Dr. Lapp mit dem Satz »Die Geschichte der Wahlen in der DDR ist die Geschichte ihrer Fälschungen« und fuhr fort:

Das entspricht dem, was westliche Politiker und westliche Medien schon seit den fünfziger Jahren immer wieder behauptet haben und was, wie wir von Zeugen gehört haben, auch in der DDR als offenes Geheimnis galt. Man wußte also, welche Lawine man lostreten würde, wenn man alle, die an Wahlen in der DDR verantwortlich mitgewirkt haben, vor Gericht stellen wollte. Es wäre ein Akt politischer Vernunft gewesen, auf diese Neuauflage flächendeckender Kommunistenverfolgung zu verzichten.

Ich zitierte Friedrich Schorlemmer, der wohl kaum als Kommunistenfreund verdächtigt werden konnte:

Was formaljuristisch korrekt genannt werden mag, ist politisch und menschlich höchst verheerend, weil man sich des Eindrucks nicht erwehren kann, daß die (un-)beabsichtigte Wirkung eine ganz andere ist: Daß nichts bleibe, was war! Daß alle, die »im System« waren, schließlich für politisch und menschlich untauglich erklärt werden.

Und ich konnte nicht nur Schorlemmer zitieren. Ich sagte:

Viele Menschen in diesem Land, die davon hören und lesen, daß hier die Wahlfälschung vom Mai 1989 an Hans Modrow und seinen Mitangeklagten abgestraft werden soll, denken an einen ganz anderen Wahlbetrug – Stichwort: »Niemand wird es schlechter gehen« –, um den sich nie ein Staatsanwalt kümmern wird. Es sei denn, nach der nächsten Wende. Viele Bürger fragen – wie man den Leserbriefspalten der Zeitungen entnehmen kann –, ob es nicht wichtigere Aufgaben für die Justiz gibt. Da gibt es aktuelle Kriminalität, die den Bürgern sehr viel mehr Sorge macht, für deren Bekämpfung die Kräfte oder der Wille fehlen. Aber nein, Kommunistenverfolgung hat Vorrang.

Mein Plädoyer ging dann auf die konkrete Anklage ein:

Die Staatsanwaltschaft versucht, das Verhalten der Angeklagten als Kettenanstiftung zur Wahlfälschung zu konstruieren. Sie muß also die Kausalität des Verhaltens der Angeklagten für die Bekanntgabe falscher Zahlen beweisen. Das setzt voraus, daß es noch irgendeines Tuns der Angeklagten bedurfte, um diejenigen, die die realen Zahlen verändert haben, zu dieser Fälschung zu veranlassen. Es war aber bereits alles geschehen, was geschehen mußte, um bei den Beteiligten den Entschluß zur Tat hervorzurufen, als die Berliner Zentrale die Orientierung ausgegeben hatte, die Wahlergebnisse von 1986 erneut zu erreichen. Was Hans Modrow noch tun konnte, war der Versuch, die Zurücknahme dieser Orientierung durch Telefonate mit der Zentrale zu erreichen. Und das hat er versucht.

Ich führte sodann aus, daß, nachdem die Zentrale eine Änderung der Orientierung abgelehnt hatte, keine realistische Möglichkeit bestand, die Meldung falscher Zahlen zu verhindern. Selbst wenn aber die im Dresdner Bezirk zuständigen Funktionäre es in einer gemeinsamen Aktion geschafft hätten, die Weitergabe falscher Zahlen an die Zentrale zu verhindern – was wäre geschehen? Hätte die Bevölkerung die realen Zahlen erfahren? Nein, die Zahlen wären dann auf einer anderen Ebene gefälscht worden.

Ein Grund mehr, jeden Versuch, die Orientierung der Zentrale zu sabotieren, als aussichtslos zu betrachten. Selbst der gegenüber Modrow kritisch eingestellte Zeuge Berghofer mußte einräumen: »Modrow hatte keine Chance. Es gab keine Alternative. Jeder wußte, daß es nicht anders ging.«

Wenn es keine Chance gab, die von der Berliner Zentrale vorgegebene Orientierung zu durchbrechen, also der Bevölkerung die realen Zahlen zur Kenntnis zu bringen, dann wäre die individuelle Weigerung eines einzelnen, an dieser »organisierten politischen Lüge«, wie Schorlemmer die Wahlen in der DDR genannt hat, überhaupt mitzuwirken, nichts als ein demonstrativer Akt gewesen, der dem Verweigerer aus Sicht der Bürgerbewegung eine Heldenrolle gesichert hätte. Wenn Hans Modrow dieser Verweigerer gewesen wäre, den es, wie Sie wissen, nicht gegeben hat, dann wären die Menschen, die hoffnungsvoll auf ihn blickten, um eine Hoffnung ärmer gewesen. Dann hätte er nicht mehr das für die

Menschen in der DDR tun können, was ihn schließlich zum Helden des gewaltlosen Übergangs zu einer demokratischeren DDR gemacht hat.

Ich betonte, daß es für Hans Modrow nicht um den Verlust irgendwelcher Pfründe ging, die es für diesen nicht zuletzt wegen seiner persönlichen Bescheidenheit populären Mann nicht gab, daß es ihm auch nicht um die Erhaltung von Ämtern und Würden ging, Motive, die westlichem Karrieredenken naheliegen und darum in manchen von Westrichtern formulierten Urteilen gegen DDR-Bürger auftauchen. Es sei ihm auch nicht um »nackten Machterhalt« gegangen, wie ihm im Plädoyer der Staatsanwaltschaft unterstellt worden war, weder um die nackte Macht in Dresden, noch etwa gar um die nackte Macht seiner Gegner im Zentralkomitee. Es ging ihm, so sagte ich,

um die Erhaltung der Möglichkeit, die innerparteiliche Opposition gegen den bisherigen Führungsstil der SED-Spitze zum Erfolg zu führen, Perestroika und Glasnost auch für die Menschen in der DDR zu erringen. Das aber war nur möglich, wenn er sich nicht durch verfrühten und praktisch sinnlosen Widerstand gegen die organisierte Wahllüge aus der Position herauskatapultierte, die ihm politische Handlungsmöglichkeiten bot.

Der Staatsanwaltschaft hielt ich entgegen, daß sie mit ihrer Anklage ein Verhalten nachträglich einfordern wolle, das nicht nur in hohem Grade unpolitisch, sondern im Blick auf die Menschen, für deren weiteres Schicksal Hans Modrow damals Verantwortung trug, verantwortungslos gewesen wäre.

Hans Modrow hat oft genug bewiesen, daß er den Mut hatte, den damals Herrschenden zu widersprechen, im Unterschied zu vielen, die damals gekuscht haben und heute das Maul vollnehmen. Darauf beruhte das Vertrauen, das ihm in weiten Kreisen der DDR-Bevölkerung entgegengebracht wurde, und die Achtung, die er auch bei Politikern des Auslandes und nicht zuletzt auch in Bonn genoß. Aber am 7. Mai 1989, eingebunden in die Zwänge eines durch zentrale Orientierung und langjährige Parteidisziplin festgelegten Apparats, den starken Mann zu spielen, der sich einbildet, Berge versetzen zu können, das ist eine auf völlig illusionäre Normtreue gerichtete Utopie, wie sie nur deutschen Juristen einfallen konnte, die sich der politischen Zielstellung, diesen Hans Modrow endlich zur Strecke zu bringen, blindlings unterworfen haben. Es müßte doch zu denken geben, daß es offenbar nicht einen einzigen DDR-Bürger gegeben hat, der die dem § 211 StGB/DDR (Verbot der Wahlfälschung) zugrundeliegende Verhaltensnorm eingehalten hat und einhalten konnte.

Das konnte ich mit den Ergebnissen der Beweisaufnahme vor dem Dresdner Gericht belegen:

Wir haben hier eine lange Reihe von Zeugen erlebt, die in irgendeiner Funktion an der Fälschung der Kommunalwahlen vom 7. Mai 1989 mitgewirkt haben. Es waren Frauen und Männer darunter, die mich stark beeindruckt haben, Menschen, die einen wesentlichen Teil ihres Lebens, ihrer Arbeitskraft und ihres sozialen Engagements dem Versuch geopfert haben, eine sozialistische Gesellschaftsordnung zu entwickeln, die diesen Namen verdient. Gerade hier in Dresden gab es hoffnungsvolle Ansätze zu einer systemimmanenten Revolution, die zu einem »Sozialismus mit unanzweifelbar menschlichem Antlitz« – wie Helmut Ridder das genannt hat – hätten führen können. Hans Modrow war die wichtigste Identifikationsperson dieser Perestroika-Bewegung. Er wurde in der Bevölkerung als Hoffnungsträger, in der Berliner Zentrale aber als Gefahr gesehen. Deshalb mußte in Dresden ein Exempel statuiert werden, wie man in der Zentrale mit potentiellen Widerständlern umzugehen gedachte.

In der Dresdner Hauptverhandlung war ausführlich ein Versuch der Berliner SED-Zentrale erörtert worden, den Dresdner Bezirk durch Entsendung einer unter Leitung des Herrn Mittag stehenden Kommission auf Linie zu bringen.

Die Invasion der Mittag-Kommission und deren Bericht setzte den Dresdner Bezirk unmittelbar vor den Kommunalwahlen von 1989 unter Zwänge, die zur Ausschaltung der innerparteilichen Reformbewegung geführt hätten, wenn ausgerechnet hier die von der Zentrale vorgegebene Zielstellung nicht erreicht worden wäre. Für die Genossen des Dresdner Bezirks stand also eine hochpolitische Entscheidung an: entweder mußte man sich den Zumutungen aus Berlin beugen, die auf eine nicht nur dem Gesetz, sondern jeder politischen Vernunft widersprechende Wahlfälschung hinausliefen, oder man mußte sich durch eine Heldentat zur falschen Zeit ins politische Aus begeben und die Menschen, die auf Änderungen des Systems hofften und auf einen Mann wie Modrow setzten, im Stich lassen.

Wir haben in diesem Saal – sowohl auf der Anklagebank wie am Zeugentisch – Menschen kennengelernt, die bereit waren und auch die Fähigkeit gehabt hätten, der sozialistischen Gesellschaftsordnung in der DDR das »unanzweifelbar menschliche Antlitz« zu verschaffen, das der großartigen, auf Befreiung und nicht auf Entmündigung der Menschen gerichteten Utopie entspricht. Einer wie der andere haben sie sich, gegen die von der Zentrale vorgegebene Orientierung auf unrealistische Zahlen, bei den Kommunalwahlen von 1989 zunächst gewehrt, die Fälschung der Zahlen als gegenüber der Bevölkerung unvertretbar und politisch unsinnig abgelehnt, und dann doch mitgemacht. Das ist ein Phänomen, das sich nur aus dem organisatorischen Grundprinzip einer Partei erklären läßt, die sich als revolutionärer Vortrupp der Arbeiterklasse verstand.

Es folgten Ausführungen über die organisatorischen Grundprinzipien des »demokratischen Zentralismus« und der Parteidisziplin, wie sie Lenin als Merkmale einer revolutionären Arbeiterpartei entwickelt und das Statut der SED sie sinngemäß aufgenommen hatte.

Sie sind oder waren ein verinnerlichter Bestandteil des politischen Bewußtseins von Menschen, die jahrelang in der Parteiarbeit gestanden haben.

Immer wieder haben wir aus dem Munde gestandener Männer das Bekenntnis gehört, daß sie sich der Parteidisziplin unterworfen hätten. So die damaligen Dresdner Stadtbezirksbürgermeister Fritz Oehring und Gerd Müller oder der damalige Oberbürgermeister von Görlitz Kurt Butziger, eindrucksvolle, selbständig denkende Persönlichkeiten, die man sich noch heute recht gut in der Rolle von Stadtvätern vorstellen kann. »Wenn die Parteidisziplin verletzt wird«, sagte der Zeuge Müller, »könnte das größeren Schaden für die Allgemeinheit anrichten als für die eigene Person. Deshalb war Parteidisziplin für mich eine wichtige Sache.« Ähnlich äußerten sich Oehring, Butziger und andere Zeugen.

Dieses Grundprinzip der Partei, dem sich alle Mitglieder verpflichtet fühlten, hat auch eine geschichtliche Komponente, die im kollektiven Bewußtsein lebendig geblieben ist. Diese Geschichte der sozialistischen Parteien muß man ein bißchen kennen, um zu einem gerechten Urteil über Menschen zu kommen, die das Prinzip der Parteidisziplin über ihre eigenen besseren Einsichten gestellt haben ...

Auch dieses Thema war in der Dresdener Hauptverhandlung eingehend erörtert und mit Zeugenaussagen, Dokumenten und Sachverständigengutachten belegt worden.

Wenn über diese Menschen, die das Prinzip der Parteidisziplin als notwendiges Mittel auf dem Wege zu einer revolutionären Umgestaltung der Gesellschaft akzeptiert haben, ein gerechtes Urteil gesprochen werden soll, müssen auch die Maßstäbe berücksichtigt werden, die für das gesellschaftliche Umfeld, in dem sie lebten und arbeiteten, nun einmal gültig waren ...

Mein Dresdener Plädoyer gab mir Gelegenheit, auch auf die politischen Prozesse der Stalin-Zeit gegen kommunistische Dissidenten einzugehen, die im politischen Bewußtsein der Menschen, die im SED-Apparat die innerparteiliche Opposition bildeten, durchaus noch lebendig waren und ihnen die Gefahr vergegenwärtigten, in der sie standen.

Den Herren Staatsanwälten ging das Wort »Gewaltherrschaft« leicht von den Lippen, aber sie scheinen nicht zu wissen, daß dieser Begriff am ehesten auf die Zwänge zutrifft, die innerhalb der Parteiapparate realsozialistischer Staaten ausgeübt wunden. Es gehört für einen Sozialisten zu den traurigsten historischen Erfahrungen, daß sich schon bald nach der russischen Revolution von 1917 ein parteiinterner Unterdrückungsapparat entwickeln konnte, dem, ich weiß nicht wieviele, Tausende oder Millionen von oppositionellen Kommunisten zum Opfer gefallen sind. Zwar hat es in der DDR, jedenfalls in der letzten Phase, keinen mit den stalinistischen Säuberungen in der Sowjet-Union und anderen osteuropäischen Staaten vergleichbaren Terror gegen die innerparteiliche Opposition gegeben, aber auch hier haben Prozesse gegen Abweichler stattgefunden, und in einem Ereignis wie der Invasion der Mittag-Kommission ist ein Stück innerparteilicher Terror praktiziert worden, der von den Betroffenen in einem ganz anderen geschichtlichen Zusammenhang erlebt wurde, als ihn die Herren Staatsanwälte aufgrund ihres politischen Bewußtseins begreifen können. Der geschichtliche Zusammenhang, wie er diesem Gericht nach dem Muster des Berghofer-Urteils präsentiert wird, läßt die

Angeklagten als Teil eines homogenen Apparats erscheinen, in dem neben anderen bösen Dingen Wahlfälschung betrieben wurde. Für Juristen, die sich des politischen Charakters dieses Prozesses bewußt sind, muß, wenn sie zu einem gerechten Urteil kommen wollen, ein ganz anderer geschichtlicher Zusammenhang im Vordergrund stehen, nämlich die Geschichte der innerparteilichen Opposition, die, wie kann es anders sein, bis zu dem Zeitpunkt, in dem sie stark genug werden würde, den Mächtigen in den Arm zu fallen und selbst die für Beschlußfassungen nötige Mehrheit zu bilden, Positionen innerhalb des Apparats einnehmen und halten mußte, die ihnen eines Tages realistische Handlungsmöglichkeiten bieten könnten …

Ein von der Staatsanwaltschaft in den Prozeß eingeführter Zeuge, der Oberkirchenrat Zuber, lieferte uns gute Verteidigungsargumente. Herr Zuber hatte recht plastisch geschildert, wie wenig Opposition gegen eine Verfälschung der Wahlergebnisse praktisch möglich war. Schon der Ausdruck »Oppositioneller« sei negativ besetzt gewesen und habe vermieden werden müssen, wenn man Einfluß gewinnen wollte. Obwohl die Kirche die praktische Möglichkeit gehabt hätte, in ihrem Publikationsorgan *Der Sonntag* die von ihren Wahlbeobachtern ermittelten realen Wahlergebnisse zu veröffentlichen, sei dies im Wege der Selbstzensur jedoch unterblieben. Schon eine Veröffentlichung des Inhalts, daß die Mülltonnen nicht abgeholt worden seien, hätte zu dem Vorwurf geführt, daß man dem Klassenfeind genützt habe. »Das, was wir für den einzelnen Bürger erreicht haben, wollten wir nicht durch öffentliche Kritik gefährden.«

So sahen die realen Widerstandsmöglichkeiten gegen die Verbreitung geschönter Zahlen aus, an die ohnehin niemand glaubte. Wer in der konkreten Situation des Jahres 1989, als die Parteiführung der SED ums politische Überleben kämpfte, ihr das Spiel mit den falschen Zahlen verdorben hätte, mußte im Interesse der Bürger offenbar selbst dann Zurückhaltung üben, wenn er, wie Herr Zuber, nicht der Parteidisziplin unterlag. Um wieviel mehr hätte eine Widerstandsaktion aus den Reihen der Partei, die über das hinausgegangen wäre, was tatsächlich versucht worden ist, als Illoyalität in einer schwierigen Zeit aufgefaßt werden müssen und zu unübersehbaren Konsequenzen geführt.

Ich zitierte noch einmal den von dem Sachverständigen Dr. Lapp geprägten Satz, daß die Geschichte der Wahlen in der DDR die Geschichte ihrer Fälschungen sei, und sagte, wenn das stimme, sei im Mai 1989 nur eines neu gewesen, nämlich die Existenz einer zum Widerstand bereiten kritischen Öffentlichkeit. Und dazu hätten sich Politiker wie Hans Modrow und andere Repräsentanten der innerparteilichen Opposition in politisch sinnvoller Weise verhalten müssen.

Selbst die Kirche mußte in dieser Situation taktieren, wie wir von dem Zeugen Oberkirchenrat Zuber gehört haben. Die Bürgerrechtler hatten Forderungen gestellt, die auf ein Mehr an Widerstand hinausliefen. Gebetsgottesdienste in der Kirche reichen uns nicht, hatten sie gesagt. Dazu der Zeuge Zuber: »Wir haben gesagt: das höchste Gut ist das Leben, Blutvergießen muß verhindert werden. In dieser Spannung haben wir gelebt und gehandelt.«

Auch Hans Modrow hat in dieser Spannung gelebt und gehandelt, ja, er hat im Unterschied zu Herrn Zuber innerhalb des Apparats gestanden, der ihn jederzeit aller politischen Handlungsmöglichkeiten berauben konnte. »Die Erwartungen an ihn waren sehr groß, daß sich etwas verändert«, sagte der Zeuge Zuber. »Wenn Kritik an ihm geübt wurde, war Mitgefühl spürbar: Hoffentlich verlieren wir ihn nicht. Von der Bevölkerung und auch von kirchlichen Stellen.«

Die Frage, ob Hans Modrow und die Männer und Frauen, die mit ihm die Reformbewegung trugen, im Mai 1989 rechtlich verpflichtet waren, anders zu handeln, als sie es getan haben, ist nicht so einfach zu beantworten, wie dies in den bisherigen Urteilen geschehen ist. Nicht nur die Kirche stand in einer Pflichtenkollision, wenn sie abwägen mußte, ob sie öffentlich gegen Wahlfälschung protestieren und die von ihr ermittelten realen Zahlen bekanntgeben sollte, oder ob sie auf diesen Akt des Widerstands lieber verzichtete, um nicht konkrete Handlungsmöglichkeiten zugunsten der Bürger zu gefährden. Auch die Reformer um Hans Modrow mußten abwägen, ob es verantwortet werden konnte, am 7. Mai 1989 den Bruch mit der SED-Zentrale zu provozieren, oder ob den Menschen, die ohnehin nicht an die 98% glaubten, mehr gedient war, wenn die Positionen innerhalb des Apparats, von denen aus man etwas ändern konnte, gehalten wurden. Wenn Hans Modrow diesen oft zitierten Ausspruch, »die sollen ordentlich rechnen«, wirklich getan haben sollte, dann kann nur völlige Blindheit gegenüber der Persönlichkeit und der politischen Substanz dieses Mannes dazu verführen, die in einem solchen Wort in der konkreten Situation zum Ausdruck kommende resignative Ironie zu überhören. Er hätte auch sagen können: »Meldet den Herrschaften in Berlin 100%, damit wir endlich Ruhe haben.«

Ich ging sodann auf die Aussage des als Zeugen vernommenen Staatsanwalts Günthel ein, der die Sache ursprünglich bearbeitet und die Anklageschrift verfaßt hatte. Er war als DDR-Bürger mit den realen Verhältnissen im Mai 1989 besser vertraut als seine westdeutschen Kollegen. Nach seiner Einschätzung ging es damals darum, »noch einmal den Schein zu wahren«. Er hatte als Zeuge gesagt:

Ich hatte mich der Mühe unterzogen, den Bericht der Mittag-Kommission durchzulesen. Hinterher verstand ich, was die Angeklagten damit sagen wollten, daß sie Bewegung vortäuschen mußten. Durch den Beschuldigten Dr. Modrow war dargelegt worden, daß er bestrebt war, mit diesem Hinausschicken (von Abgesandten in die »Problemkreise«, die dafür sorgen sollten, daß dort entsprechend der »Orientierung« des ZK »ordentlich gerechnet« wurde; H. H.) noch einmal Maßnahmen einzuleiten, damit er, wenn Anfragen von oben kommen, sagen könnte: ich habe alles getan.

Wir wußten aus den Akten, daß die damals zuständigen Beamten der Staatsanwaltschaft das Verfahren einstellen wollten und hatten Informationen, daß es nur dank einer Weisung des Justizministers Heitmann (CDU) überhaupt zur Anklage gekommen war. Danach befragt, konnte Staatsanwalt Günthel nicht antworten, weil ihm insoweit keine Aussagegenehmigung erteilt worden war.

Staatsanwalt Günthel hatte, wenn man so will, eine »Orientierung« erhalten, nach der er sich vielleicht widerwillig gerichtet hat. Auch Sie, meine Damen und Herren, haben eine »Orientierung« durch Entscheidungen des Bundesgerichtshofs und des Bundesverfassungsgerichts, die wir nach wie vor für falsch halten …

Sie sind, anders als Staatsanwalt Günthel, nicht an Weisungen oder »Orientierungen« gebunden. Wie werden Sie entscheiden?

Wir hatten nach 16 Verhandlungstagen den Eindruck gewonnen, daß wir es mit einem Gericht zu tun hatten, das gegenüber den Argumenten der Verteidigung durchaus aufgeschlossen war. Andererseits war das Gericht nicht frei in seinen Möglichkeiten. Da gab es schon eine Fülle von Verurteilungen kleinerer SED-Funktionäre wegen Beteiligung an der Fälschung der Kommunalwahlen vom Mai 1989. Sie hatten schon zu DDR-Zeiten, bald nach der »Wende« vom Herbst 1989, als auch das alte Justizpersonal der DDR Morgenluft witterte, eingesetzt und reichten von Geldstrafen bis zu Gefängnisstrafen von einem Jahr und mehr. Vergeblich hatte Dr. Modrow während seiner Amtszeit als Ministerpräsident sich um eine Amnestie bemüht, was die Herren Staatsanwälte ihm in ihrem Plädoyer als strafverschärfendes »Nachtatverhalten« anlasteten. Nun gab es also Tausende von Strafverfahren gegen politisch aktive DDR-Bürger, die widerstrebend und gegen eigene bessere Überzeugung an dem von der SED-Zentrale verfügten Wahltheater hatten mitwirken müssen. Viele hatten sich, als die große strafrechtliche Abrechnung mit der DDR-Vergangenheit begann, gegen die im Wege des Strafbefehls verhängten Strafen gar nicht gewehrt – auch das Nachwirkung der jahrzehntelang eingeübten Untertanenhaltung. Andere hatten es auf eine Hauptverhandlung mit Urteil ankommen lassen, aber auf Rechtsmittel verzichtet. Einer, der ehemalige Oberbürgermeister von Dresden, Wolfgang Berghofer, hatte, von Otto Schily verteidigt, Revision und Verfassungsbeschwerde gegen seine Verurteilung (ein Jahr Freiheitsstrafe mit Bewährung) eingelegt und war abgewiesen worden. Rechtzeitig zum Beginn des Modrow-Prozesses war die Entscheidung des Bundesverfassungsgerichts in Sachen Berghofer gekommen, die unseren Einwendungen gegen die fehlende Rechtsgrundlage des Verfahrens den Boden entzog. Da war also schon einiges festgeklopft, woran wir nicht mehr mit Aussicht auf Erfolg rütteln konnten und über das auch ein den Argumenten der Verteidigung aufgeschlossenes Gericht sich nicht hinwegsetzen konnte, ohne den Bestand seines Urteils von vornherein zu gefährden. Und so blieb noch dies zu sagen:

Am Ende dieses Prozesses bleibt für mich ein zwiespältiger Gesamteindruck. Die Anklage wurde von Staatsanwälten vertreten, die völlig unberührt von der politischen und menschlichen Problematik sind, in die eine innerparteiliche Opposition in einem Staat geraten mußte, der eine Opposition nicht zuließ. Auch die Staatsanwälte hätten aus dem Gutachten des Sachverständigen Dr. Lapp lernen können, daß das Prinzip des demokratischen Zentralismus in der letzten Phase der DDR zu einer Herrschaft der sogenannten Viererbande verkommen war. Und was das für die Kommunalwahlen von 1989 bedeutete, hat der Sachverständige wörtlich so zusammengefaßt: »Ich kann mir nicht vorstellen, daß die örtliche Organisation irgendetwas mit der Verursachung der Fälschung zu tun hat; die Verursacher saßen oben.«

Die jungen Herren Staatsanwälte haben sicher nie selbst unter einer Diktatur gelebt. Sie hatten daher keine Gelegenheit, ihre Fähigkeit zu politischen Heldentaten zu erproben. Sie haben die Formen politischer Anpassung, zu der sich zwar nicht 98%, aber immerhin 85 bis 90% eines ganzen Staatsvolkes genötigt sahen, nicht am eigenen Leibe erfahren. Sie haben gut reden, was man damals hätte tun und was man hätte unterlassen sollen. Sie wissen offenbar auch nicht, welche erbärmliche Rolle gerade Juristen gegenüber den Zumutungen der Hitler-Terroristen gespielt haben. Sonst würden sie hier nicht diese unerträgliche Selbstgerechtigkeit zur Schau tragen gegenüber Männern, die nicht zu dem von den Herren Staatsanwälten aus nachträglicher Sicht für richtig gehaltenen Zeitpunkt zu Widerstandskämpfern geworden sind.

Sie haben aber vor allem nicht begriffen, daß Ihnen auf der Anklagebank der Mann gegenübersitzt, der für viele Menschen in der DDR der Inbegriff des Widerstandes gegen eben dieses Herrschaftssystem geworden ist, als dessen Teil Sie ihn anklagen. Diese Schizophrenie der Anklage wird in der kritischen Öffentlichkeit immer mehr erkannt. Wenn da ein Mann wie Friedrich Schorlemmer, der selbst zu einer Zeit, als in Bonn für Erich Honecker noch der rote Teppich ausgerollt wurde, den Widerstand gegen das SED-Regime mitorganisiert hat, sagt: »Ich achte Hans Modrow als einen couragierten Mann, der uns half, aus den Fesseln eines kaputten Systems und einer gescheiterten Ideologie zu kommen«, und es als lächerlich bezeichnet, Modrow wegen Wahlfälschung anzuklagen, dann zählt das mehr, als ein im Propagandaton des Kalten Krieges vorgetragener Versuch, diesen Hans Modrow als skrupellosen Machtpolitiker hinzustellen, der den Willen der Wähler als null und nichtig behandelt habe. Wenn da in der Öffentlichkeit gefragt wird: »Warum ausgerechnet Modrow?« dann fällt den Herren Staatsanwälten nichts Besseres ein als die mit Siegerlächeln vorgetragene Ankündigung, daß die anderen auch noch drankommen. Da fehlt jede Spur des Verständnisses für die sich hinter solchen Fragen anbahnende Erkenntnis in der Bevölkerung, daß mit Anklagen, die sich auch gegen einen Modrow richten, irgendetwas nicht in Ordnung sein kann. Bei Friedrich Schorlemmer, diesem

Vordenker gegen menschenfeindliche Staatsautorität, hätten Sie nachlesen können: »Der Rechtsstaat nimmt Schaden, wenn er auf diese Weise politische Prozesse zu führen versucht.« Vielleicht wird es Ihnen, meine Herren Staatsanwälte, und Ihrem Dienstherrn noch einmal leid tun, daß Sie nicht auf diese kritischen Stimmen gehört haben.

Demgegenüber trauen wir Verteidiger den Mitgliedern des Gerichts ein höheres Maß an politischer Sensibilität zu, mehr Gespür für die politische Dimension dieses Verfahrens, als es bei den Anklagevertretern hervorgetreten ist. Wir tragen Ihnen deshalb unsere tatsächlichen und rechtlichen Auffassungen in der Hoffnung vor, daß Sie die darin liegenden Möglichkeiten ergreifen, um durch einen Freispruch dieser Angeklagten eine Bresche in diese politisch höchst unkluge Massenabstrafung ehemaliger DDR-Repräsentanten zu schlagen. Gerade der Fall Modrow könnte und sollte dafür Anlaß bieten. Unser Vertrauen in die politische Vernunft der für eine Amnestie zuständigen Politiker ist nicht groß. Wir hoffen deshalb, daß dieses Gericht die aufgezeigten Möglichkeiten sehen und nutzen wird, um schon auf der Basis des geltenden Rechts zu einem Freispruch zu gelangen, der für den inneren Frieden in diesem Land wichtig wäre.

Hans Modrow sprach, wie es seine Art ist, ein Schlußwort, das viel innere Bewegung verriet und hier, anders als seine Bundestagsreden, mit Achtung und Aufmerksamkeit aufgenommen wurde. Ich zitiere ein paar Sätze:

Im Gericht sehe ich meine Weggefährten von gestern wieder. Ich erfahre, was aus ihnen geworden ist. Viele sind seelisch gebrochen, sozial am Rande der Existenz, ohne Hoffnung auf einen Ausweg, verzweifelt. Manche zeigen auch in ihrer Not eine Größe, die ich bisher bei ihnen, auch wenn sie mir vertraut waren, nicht erkannt habe ...

Daß den Wahlen in der DDR noch einmal soviel Aufmerksamkeit von Vertretern eines Staates zuteil würde, in dem diese Wahlen nur als Scheinwahlen und als Farce gewertet wurden – wer hätte das jemals gedacht!

Ich habe nicht verhindert, daß die Wahlfälschung begangen worden ist. Wenn das Schuld ist, dann ist das, aber auch nur das, meine Schuld ... Ja, ich habe damals im Kampf um Prozentzahlen kein politisch oder gar rechtlich relevantes Problem gesehen. Mir ging es um etwas anderes, um etwas – wie ich damals und auch heute meine – Wichtigeres. Ich wollte nicht Unmögliches wagen und dafür das greifbar Mögliche aufs Spiel setzen. Natürlich wußte ich im Frühjahr 1989 noch nicht, daß ich Ende 1989 Ministerpräsident der DDR werden würde. Aber ich spürte, daß große Entscheidungen bevorstehen, und daß jede Stimme jedes 1. Sekretärs, jeder Bezirksleitung der SED dabei zählen würde. Deswegen war es mein Bestreben, den richtigen Moment zu erfassen und zu nutzen, um den Bürgern der DDR wirkliche demokratische Rechte zurückbringen zu können. Hätte ich mich im Mai 1989 geopfert, hätte das niemandem genützt. Was dann mit und nach der Wende in der DDR geschehen wäre, vermag niemand zu sagen. Ich persönlich glaube nicht, daß es zum Guten der Bevölkerung der DDR und möglicherweise Europas gewesen wäre ...

Das am 27. Mai 1993 verkündete Urteil wurde allgemein als Sensation empfunden. Es verhängte keine Strafen, sondern verwarnte die Angeklagten neben einem Schuldspruch, in dem die Verurteilung zu einer Geldstrafe vorbehalten wurde; die mildeste Sanktion, die das Strafgesetzbuch vorsieht (§ 59). Die für den Fall einer erneuten Straftat vorbehaltene Geldstrafe war allerdings deftig, nämlich bei Modrow 80 Tagessätze zu je 300 DM, also 24000 DM. Darüber hinaus erteilte das Gericht nach § 59 a StGB Geldauflagen zugunsten gemeinnütziger Einrichtungen, die bei Modrow immerhin 20000 DM betragen sollten (bei den anderen Angeklagten waren vorbehaltene Geldstrafen und Auflagen im Hinblick auf ihre schlechteren Einkommensverhältnisse erheblich niedriger).

Ein salomonisches Urteil, das einen Kompromiß zwischen dem von der Verteidigung geforderten Freispruch und den in den Reden der Staatsanwälte vorweggenommenen Erwartungen des BGH versuchte. Wir erfuhren am Schluß der mündlichen Urteilsbegründung, daß das Gericht der Staatsanwaltschaft eine Einstellung des Verfahrens vorgeschlagen hatte, eine Lösung, die dem BGH sozusagen das Mitspracherecht entzogen hätte. Aber eine Einstellung des Verfahrens wäre von der Zustimmung der Staatsanwaltschaft abhängig gewesen, und die wurde verweigert. Und so mußte das Gericht eine andere Lösung suchen, wenn es die Angeklagten unbestraft lassen wollte. Und es mußte dafür eine Begründung finden, die umzustoßen den konservativen Herren in Karlsruhe einige Mühe machen sollte.

Wichtigster Teil der Urteilsbegründung: die sogenannte

»Strafzumessung«, in der hier gesagt wurde, warum das Gericht die Angeklagten *nicht* bestrafen wollte. Was zu Lasten der Angeklagten zu sagen war, kann ich hier übergehen, denn niemand bezweifelt, daß sie sich zwar für das geringere Übel, aber eben doch für ein »Übel« entschieden haben. Interessant sind die entlastenden Erwägungen – auch diese selbstverständlich immer mit dem Blick auf Karlsruhe formuliert. Und da nahm das Gericht vieles auf, was die Verteidigung gesagt hatte. So zum Thema Parteidisziplin. Und zur Widerstandspflicht.

Die Frage, ob jemand damals – auch um den Preis einschneidender Konsequenzen – den Mut und die Kraft zum Widerstand hätte aufbringen müssen, ist nach Auffassung der Kammer keinesfalls eindeutig, jedenfalls nicht leichter Hand zu beantworten. Nach Ansicht des Gerichts ist vielmehr eine tatzeitbezogene Bewertung der Geschehnisse unerläßlich und der Gefahr einer Beurteilung nach heutigen Maßstäben vorzubeugen, die dem historischen Kontext nicht gerecht werden kann.

Es standen noch andere Wahrheiten in den Urteilsgründen, an denen selbst die konservativen Geister in Karlsruhe nicht rütteln konnten: Es sei nicht ersichtlich, wie es dem Angeklagten Dr. Modrow unter den gegebenen Voraussetzungen hätte gelingen können, dem Politbüro das Placet für eine Nichtfälschung, und sei es auch nur im Bezirk Dresden, abzuringen. Eine abweichende »Orientierung« für einen einzigen Bezirk sei im zentralistisch organisierten Staat nicht denkbar gewesen. In Anbetracht dieser Ausgangslage sei es Dr. Modrow zugute zu halten, daß er trotz der zu befürchtenden Aussichtslosigkeit wiederholt, zuletzt noch am Wahltag, versucht habe, eine »Ausnahmegenehmigung« für den Bezirk Dresden zu erwirken.

Das Dresdener Gericht bescheinigte den Angeklagten, daß sie nicht im Eigeninteresse oder gar aus eigensüchtigen Motiven, sondern nur auf massiven Druck der SED-Zentrale an der Wahlmanipulation mitgewirkt hätten. Sie hätten in dem Konflikt gestanden, entweder sich an den Wahlfälschungen zu beteiligen oder ihre Ämter und damit ihre politischen Wirkungsmöglichkeiten zu verlieren. Das Gericht halte es für nachvollziehbar, daß keiner der Angeklagten ein »Heldentum zur Unzeit« habe an den Tag legen wollen, ihnen sei, quasi mit dem Rücken zur Wand stehend, nur noch die Wahl zwischen Anpassung und »Absturz« geblieben.

Als »besondere Umstände« im Sinne des Gesetzes, die es rechtfertigten, nur eine Verwarnung auszusprechen (§ 59 StGB), nannte das Urteil die »tiefgreifende, epochale Veränderung der Verhältnisse in der ehemaligen DDR«. Es werde nach menschlichem Ermessen nie wieder zu einer Situation kommen, in der eine Wiederholung der von den Angeklagten begangenen strafbaren Handlungen vorstellbar wäre. Die zur Beteiligung an der Wahlfälschung führenden Motive seien nach Auffassung der Kammer auch aus heutiger Sicht nicht unehrenhaft, auf jeden Fall auch für den kritischen Beobachter durchaus nachvollziehbar.

Nicht nur das Publikum im Saal und vor dem Gerichtsgebäude reagierte erleichtert auf das Urteil, auch die Presse nahm überwiegend positiv Stellung. »Ein souveränes Signal der Versöhnung«, hieß es im *Hamburger Abendblatt*. Die *Hannoversche Allgemeine* schrieb: »Der Spruch aus Dresden sollte Schule machen.« Auch die *Berliner Zeitung* meinte: »Der gestrige Tag könnte ein neues Kapitel der Rechtsprechung eröffnen«, fügte aber mit berechtigter Skepsis hinzu: »Ob dieser Weg Bestand hat, werden die nächsten Instanzen zeigen.« Und dieser Frage sahen die Staatsanwälte mit Ruhe – wie Friedrich Karl Kaul gesagt hätte: »mit Karls-Ruhe« – entgegen. In der *Welt* war es zu lesen: »Staatsanwalt Klaus Böhm: ›Wir sind guter Hoffnung, daß der BGH das Urteil aufheben wird.‹«

Und so verwendeten die Herren Dr. Meinerzhagen und Böhm noch einmal viel Fleiß und Eifer auf eine Revisionsbegründung, in der sie die Urteilsgründe zerpflückten und auf die lange Reihe vorangegangener härterer Urteile verwiesen. Wie sie das politische Bewußtsein der Richter einschätzten, die sich in Karlsruhe mit der Sache befassen würden, ergab sich hinreichend deutlich daraus, daß sie sich getrauten, Dr. Modrow eine »rechtsfeindliche Gesinnung« nachzusagen und die Behauptung zu wiederholen, es sei ihm »auf den persönlichen Machterhalt angekommen«. Die erkannte strafrechtliche Reaktion stehe »in einem unerträglichen Mißverhältnis zur Schuld und zur Gefährlichkeit der Angeklagten«.

Ihre Mühe war nicht vergebens. Der 3. Strafsenat des BGH hob das Dresdner Urteil in wesentlichen Punkten auf und verwies die Sache zu neuer Verhandlung und Entscheidung an eine andere Strafkammer des Landgerichts zurück.

Für Hans Modrow war beim BGH ein als Revisionsspezialist geltender Anwalt tätig geworden, eine Mühe, die man sich wohl hätte ersparen können. Denn es war vorauszusehen, daß dem Revisionsgericht die ganze Richtung nicht passen würde, so daß ein Disput über Revisionsgründe nur auf ein Scheingefecht hinauslaufen konnte. Kein noch so guter Revisionsspezialist hätte den BGH daran hindern können, in einem Urteil, das einen Modrow straflos ließ, »Rechtsfehler« zu finden. Und so wurde der BGH fündig.

Besondere Findigkeit entwickelten die Bundesrichter im Bereich der »Strafzumessung«. Die »tiefgreifende epochale Veränderung der Verhältnisse in der ehemaligen DDR seit der Kommunalwahl 1989« sei, entgegen der Auffassung der Strafkammer, kein »besonderer Umstand« im Sinne des Gesetzes. Und auch andere Überlegungen des Dresdner Gerichts zur Strafzumessung gefielen in Karlsruhe nicht. So hätten die Angeklagten »entgegen der Wertung der Strafkammer jedenfalls auch im eigenen beruflichen Interesse und teilweise auch aus eigensüchtigen Motiven gehandelt«. Ein unzulässiger, in politischen Strafsachen aber üblicher Eingriff des Revisionsgerichts in die tatrichterliche Würdigung.

Besonders anstößig fanden die Herren des 3. Strafsenats die Formulierung des Dresdner Urteils, daß die Motive der Angeklagten »auch aus heutiger Sicht nicht unehrenhaft« gewesen seien. Diese Beurteilung könne der Senat nicht nachvollziehen. Auch wenn die Angeklagten bei Ungehorsam gegenüber der Parteiführung den Verlust ihrer Ämter befürchteten, sei ihr Verhalten verwerflich gewesen.

Politische Vernunft mit Juristenworten zu erschlagen, war schon immer das Privileg höchstrichterlicher Rechtsprechung. Nichts von dem, was im Modrow-Verfahren zur komplizierten Situation der Opposition in der Schlußphase der SED-Diktatur gesagt und im Urteil des Dresdner Strafkammer als »souveränes Signal der Versöhnung« verkündet wurde, ist in Karlsruhe angekommen.

Hier ging es offensichtlich nicht um den Schutz des Rechtsguts »sozialistischer Normen«, die eine Fälschung der seit jeher als »Scheinwahlen« diskreditierten Akklamationsrituale der DDR unter Strafe stellten, hier ging es schamlos unverblümt um die politische Vernichtung eines Mannes, der noch im Dezember 1989 nach einer von *ZDF* und *Spiegel* in Auftrag gegebenen Meinungsumfrage als populärster Politiker genannt worden war.

Am 13. November 1989 war Modrow zum Ministerpräsidenten der DDR gewählt worden und hatte in seiner Regierungserklärung vom 17. November klargestellt, daß es um ein Fortbestehen der DDR und eine Vertragsgemeinschaft mit der Bundesrepublik gehe. Modrow war endlich in der Position, in der er seine Reformideen hätte durchsetzen können. Auch aus Bonn kam Zustimmung. Ich zitiere nach *Rheinische Post* vom 18.11.1989:

Die Bundesregierung und die im Bundestag vertretenen Parteien haben gestern in Bonn die Regierungserklärung von DDR-Ministerpräsident Modrow vor der Ost-Berliner Volkskammer grundsätzlich begrüßt. Für Kanzleramtsminister Seiters wird darin der Wille zur Erneuerung und Reformen erkennbar. Als besonders bedeutsam hob Seiters gestern die Aussagen Modrows hervor, die Veränderungen in der DDR seien unumkehrbar.

Auch damals wußte man in Bonn schon lange, daß Wahlen in der DDR eine organisierte Lüge gewesen waren und daß jeder, der im Parteiapparat der SED eine Rolle spielte, in irgendeiner Form hatte mitspielen müssen. War also alles geheuchelt, was da an Lobsprüchen über den »Gorbatschow der DDR«, den »Hoffnungsträger«, den »Mann der Vernunft« gesagt und geschrieben worden ist? Spätestens als sich die Mehrheit der DDR-Bevölkerung nach massiver Einmischung der Westparteien in einen konservativ beherrschten kapitalistischen Einheitsstaat hineingewählt und der DDR den Abschied gegeben hatte, waren die Sprüche von gestern nichts mehr wert. Die neue Hetzjagd gegen Kommunisten konnte beginnen, um die Reformer zusammen mit ihren stalinistischen Gegnern abzuschießen. Auch Hans Modrow, der Mann, der eine bessere DDR wollte, wurde zur Strecke gebracht. Ausgerechnet mit dem Vorwurf der Wahlfälschung.

In der neuen Hauptverhandlung wurde Hans Modrow von dem Kollegen Dr. Friedrich Wolff allein verteidigt. Die 4. große Strafkammer des Landgerichts Dresden, gebunden an die Vorgaben des BGH, verurteilte Modrow am 9. August 1995 zu einer Bewährungsstrafe von neun Monaten und legte ihm eine Bußezahlung an eine gemeinnützige Einrichtung in Höhe von 5000 DM auf. Eine Sanktion, deren Härte – Modrow verfügt über kein Vermögen; er und seine Frau, die Rentnerin ist, beziehen ein Altersruhegeld – der Staatsanwaltschaft genügte, sie legte kein Rechtsmittel gegen das Urteil ein. Wo der BGH den Dresdner Richtern Bewegungsfreiheit gelassen hatte, setzten sie sich deutlich genug von den Karlsruher Falken ab. Am deutlichsten beim Thema »eigennützige Motive«, bei dem der BGH in seinem politischen Eifer die Grenzen revisionsrechtlicher Kompetenz allzu offensichtlich überschritten hatte. Aus der mündlichen Urteilsbegründung zitierte die Presse, die Kammer habe nicht dem Bundesgerichtshof »nachplappern« wollen, der Modrow als Motiv Eigennutz unterstellt habe. Eigennützige Motive habe die Kammer – so die schriftliche Urteilsbegründung – »keinesfalls feststellen« können. Wenn die Angeklagten ihre Funktionen erhalten wollten, sei dies nicht aus finanziellen Interessen geschehen, »sondern um die Möglichkeit des Mitwirkens an sich abzeichnenden, vor allem in Rußland bereits eingeleiteten, Veränderungen auch und gerade zum Wohl der Bürger zu erhalten und behalten«.

Wie wäre die Geschichte weitergegangen, wenn Modrow und seine reformwilligen Genossen, um eines Tages bundesdeutschen Richtern zu gefallen, im Mai 1989 vom Protest zum Widerstand übergegangen und sich dadurch ins politische Aus begeben hätten? Um der schnellen Vergeßlichkeit vorzubeugen: Modrow war der Mann, unter dessen Präsidentschaft die Bevölkerung der DDR zum ersten Mal frei wählen konnte und nachher auch wirklich erfuhr, was sie gewählt hatte.

22. Deutsch-deutscher Landesverrat und zweierlei Recht (1990–1995)

Zehn Jahre sollte sich ein Verfahren hinziehen, das zu einer Zeit begann, als es zwei deutsche Staaten gab, die sich gegenseitig beargwöhnten und ausspähten, und zu einer Zeit endete, als einer der beiden Staaten sich als Überraschungssieger im eigentlich längst beendeten kalten Krieg wiederfand.

Im August 1985 war das Ehepaar W. aus einem Spanienurlaub nicht an seinen Wohnsitz Sankt Augustin bei Bonn zurückgekehrt, sondern hatte sich in die DDR abgesetzt. »Spionagefall im Kanzleramt« meldete die Tages-presse am 18.9.1985, nachdem die Eheleute durch einen Ost-Berliner Rechtsanwalt ihre Arbeitsverhältnisse und den Mietvertrag über ihre Wohnung ordnungsgemäß gekündigt hatten – »preußisch-korrekt«, wie die *Welt* einen Insider zitierte. Sofort begannen die Spekulationen, was die Entschwundenen ihrem Auftraggeber, als den man sogleich das Ministerium für Staatssicherheit (MfS) der DDR vermutete, verraten haben könnten. Frau W. war bis dahin Sekretärin im Bundeskanzleramt, Herr W. Referent für Außen-, Deutschland-, Europa- und Sicherheitspolitik der FDP-nahen Friedrich-Naumann-Stiftung gewesen. Herr W. galt als »absoluter Fachmann« auf dem Gebiet der Außen- und Sicherheitspolitik und hatte Reden u.a. für Bundesaußenminister Genscher geschrieben. Man nahm an, daß er von dem kurz zuvor in die DDR gegangenen Verfassungsschutzbeamten Tiedge eine Warnung über einen gegen ihn bestehenden Verdacht bekommen habe. In Bonn begann die Suche nach den Schuldigen für diese erneute Panne. Aber die Eheleute W. waren weg und in Sicherheit. Jedenfalls solange es eine DDR gab. Sie hätten ihr Leben als verdiente Bürger der DDR weiterführen können, wenn nicht die deutsche Wiedervereinigung gekommen wäre, die plötzlich eine gesamtdeutsche Zuständigkeit westdeutscher Politiker und Juristen begründete, die alte Rechnungen präsentierten. Tausende von DDR-Bürgern sahen sich bald nach der vertrauensseligen Selbstaufgabe ihres Staates nicht nur mit einer neuen Währung beglückt, sondern auch einer neuen Rechtsgeltung gegenüber, die aus geachteten Bürgern der DDR Kriminelle machte.

Die Bundesanwaltschaft glaubte herausgefunden zu haben, daß Herr W. im Januar 1961 im Auftrag des MfS aus der »Ostzone« (wie es noch in einem Haftbefehl aus dem Jahre 1987 heißt) in die Bundesrepublik übergesiedelt sei. Nach Tätigkeiten u.a. beim Hamburger Nachrichtenmagazin *Der Spiegel* sei er von 1965 bis 1979 bei der FDP, ab 1979 bei der Friedrich-Naumann-Stiftung tätig gewesen und habe die im Rahmen dieser Aufgabenbereiche gewonnenen Erkenntnisse, insbesondere sein Wissen über personelle und sachliche Interna der FDP, an seine nachrichtendienstlichen Auftraggeber in der DDR übermittelt. Anfang 1970 habe Herr W. seine spätere Ehefrau kennengelernt, die damals als Kanzleiangestellte und später als Vorzimmerkraft im Bundesministerium der Verteidigung und im Bundeskanzleramt beschäftigt gewesen sei. Die Bundesanwaltschaft unterstellte, daß auch Frau W., von ihrem Mann nachrichtendienstlich geführt, für das MfS gearbeitet habe.

Im August 1990 beauftragten die Eheleute W. meinen Kollegen Armin von Döllen und mich mit ihrer Verteidigung. Wir bemühten uns, in Verhandlungen mit der Bundesanwaltschaft und dem Bundesjustizministerium zu klären, ob unsere Mandanten am Tage der deutschen Wiedervereinigung mit Verhaftung zu rechnen hatten. Das wurde von Herrn Bundesanwalt Gartner in einem am 18. September 1990 geführten Telefongespräch bejaht, an eine Aufhebung der Haftbefehle sei nicht zu denken, ihre Vollstreckung werde nach dem 3. Oktober, dem Tag der Wiedervereinigung, erfolgen. Wir schrieben an den Bundesjustizminister und fragten an, ob eine Weisung an den Generalbundesanwalt beabsichtigt sei, die Aufhebung der Haftbefehle zu beantragen. Wir wiesen darauf hin, daß auf diesem Wege die gemeinsame Aufarbeitung deutsch-deutscher Geschichte sinnvoller zu bewerkstelligen sein werde, als wenn betroffene Personen durch die Androhung einer zeitlich ja nicht absehbaren Untersuchungshaft gezwungen würden, das Land zu verlassen. Obwohl der damalige Bundesjustizminister Hans Engelhard (FDP) es öffentlich für »zweckmäßig« erklärte, mit dem 3. Oktober eine begrenzte Amnestie für DDR-Spione in Kraft treten zu lassen, und die Befürchtung äußerte, es bestehe sonst die Gefahr, daß Agenten der DDR ihr Wissen und ihre Dienste anderen Staaten anböten (Tageszeitungen vom 20.9.90), geschah im konkreten Fall nichts, um die bestehende Rechtsunsicherheit zu beseitigen. Und so beschlossen unsere Mandanten, rechtzeitig vor Beginn des Rechtsstaats ins Exil zu gehen.

Man hätte den Fall W. und andere vergleichbare Fälle am 3. Oktober 1990, dem Tage, an dem die DDR von der BRD vereinnahmt wurde, für erledigt erklären können, wenn ein von den Fraktionen der CDU/CSU und FDP mit Datum vom 2.9.1990 im Bundestag eingebrachter Gesetzentwurf Gesetz geworden wäre (Drucksache 11/7762 (neu)). Einleitend war in dem Papier das Problem, um das es ging, beschrieben:

Mit dem Zusammenwachsen der beiden deutschen Staaten hat die gegenseitige nachrichtendienstliche Aufklärung aufgehört. Sie war stark geprägt von der Teilung Deutschlands und der Frontstellung der beiden deutschen Staaten. Für den Rechtsfrieden und damit für die Zukunft des geeinten Deutschlands erscheint es sinnvoll, unter die damit verbundenen Straftaten einen befriedenden Schlußstrich zu ziehen und mit Wirksamwerden des Beitritts in begrenzter Weise Straffreiheit zu gewähren.

Vorgesehen war eine gesetzliche Regelung, nach der Straffreiheit für nachrichtendienstliche Tätigkeit gewährt werden sollte für alle, die bei Beginn der Tat ihre Lebensgrundlage in der Deutschen Demokratischen Republik hatten (das hätte für Herrn W. gegolten, wenn man davon ausgeht, daß er mit nachrichtendienstlichem Auftrag in die Bundesrepublik eingeschleust worden ist), sowie auch für Bundesbürger, die innerhalb einer bestimmten Frist ihr Wissen einer Dienststelle der Bundesrepublik offenbaren oder die keine schwerere Strafe als Freiheitsstrafe bis zu drei Jahren zu erwarten hatten (Frau W. hatte nach unserer Einschätzung sogar Freispruch zu erwarten, da sie von der Geheimdiensttätigkeit ihres Mannes erst 1985 erfahren hat). Dieser Gesetzentwurf war schon ein Kompromiß zwischen dem, was bei konsequenter Gleichbehandlung ost- und westdeutscher Spione hätte rechtens sein müssen, und dem, was man einem auf das Feindbild DDR eingeschworenen Wählervolk glaubte zumuten zu dürfen. Aber immerhin, wäre dieser Gesetzentwurf, den sich auch die Bundesregierung zu eigen gemacht hatte, Gesetz geworden, wären Tausende von

Ermittlungsverfahren überflüssig gewesen, mit denen Staatsanwaltschaften, Polizeibehörden und Gerichte jahrelang beschäftigt und von Wichtigerem abgehalten wurden. Es wäre ein Stück Toleranz und Versöhnungsbereitschaft nach den Jahren des kalten Krieges angestrebt worden, der einer Mehrheit, die als »christlich« firmiert, gut zu Gesicht gestanden hätte (»Liebet eure Feinde!« Matthäus 5,44). Es wäre aber nicht zuletzt die für das Gerechtigkeitsbewußtsein von Minderheiten wichtigste und für jedes Rechtssystem grundlegende Rechtsnorm, der Gleichheitssatz, der es geboten hätte, alle Spionagestraftaten hüben und drüben gleich zu behandeln, ein bißchen weniger verletzt worden.

Bei den Verhandlungen über den Einigungsvertrag konnten die Verhandlungsführer der DDR noch davon ausgehen, mit Repräsentanten eines Rechtsstaat zu sprechen, auf deren Wort man vertrauen konnte. Der westdeutsche Verhandlungsführer, Herr Dr. Wolfgang Schäuble, hat in seinem Buch *Der Vertrag* die Schwierigkeiten beschrieben, über eine Amnestie für Spione der DDR einigermaßen emotionsfrei zu diskutieren. Ihm sei es richtig erschienen, »in dieser Frage Selbstgerechtigkeit zu vermeiden«. Ausgehend von der historischen Tatsache, daß die beiden deutschen Staaten aufgrund der Zugehörigkeit zu den beiden weltpolitischen Lagern in Zeiten des Ost-West-Konflikts gegeneinander nachrichtendienstliche Tätigkeit ausgeübt hatten, und daß solche Tätigkeit für die Bundesrepublik nicht strafbar sei, habe er es »immer als der Logik entsprechend empfunden, daß dann auch die umgekehrte Tätigkeit für die DDR, soweit sie nicht über die reine Informationsbeschaffung hinausging, im vereinten Deutschland nicht mehr strafrechtlich verfolgt werden sollte«. Dementsprechend erklärte Dr. Schäuble vor dem Ausschuß »Deutsche Einheit« des Bundestages:

> Ich kann mir nicht vorstellen, daß wir im vereinten Deutschland die jeweiligen Agenten gegenseitig ins Gefängnis stecken. Was ich mir auch nicht vorstellen kann, ist, daß wir die Mitarbeiter der DDR ins Gefängnis stecken und das umgekehrt nicht tun.

Was sich Herr Dr. Schäuble damals nicht vorstellen konnte, ist dann, als der Einigungsvertrag unter Dach und Fach war, bundesdeutsche »Rechts«-Praxis geworden. Bundesdeutsche (West-)Richter sahen kein Problem darin, ostdeutsche Spione zu bestrafen und westdeutsche straflos zu lassen. Während Markus Wolf, der Chef des ostdeutschen Geheimdienstes, zum Kriminellen erklärt wurde und, wenn es nach dem von einem bekannten Kommunistenjäger präsidierten Senat des OLG Düsseldorf gegangen wäre, sechs Jahre Gefängnis hätte absitzen müssen, stieg sein westdeutscher Gegenspieler, Herr Kinkel, zum Bundesaußenminister auf.

So wurde der altdeutsche Antikommunismus erneut als juristische Peinlichkeit offensichtlich, was sich durch eine Amnestie hätte vermeiden lassen. Aber aus der Amnestie wurde nichts. DDR-Bürger, die auf Gerechtigkeit gehofft und den Rechtsstaat bekommen hatten, sahen sich im vereinigten Deutschland Mehrheitsverhältnissen gegenüber, vor denen die politische Vernunft abdanken mußte. Der Gesetzentwurf, der die wenigstens annähernde Gleichbehandlung ost- und westdeutscher Spione sichern sollte, verschwand wieder in den Schubladen, nachdem ein prominenter Sprecher der SPD ihn als »Stasi-Amnestie« diffamiert hatte, und die Justiz konnte im Namen des Volkes ihres Amtes walten. Und so brach denn eine Lawine von Ermittlungs- und Strafverfahren gegen Mitarbeiter des aufgelösten Staatsapparats der DDR los, von westdeutschen Staatsanwälten und Richtern vielfach mit höchst unangebrachter Selbstgerechtigkeit praktiziert. *Der Spiegel* (12.12.94):

Die Massenverfahren gegen SED-Täter sollten den SED-Opfern Genugtuung, ja Gerechtigkeit verschaffen. Statt dessen macht sich im Osten Wut breit. Viele ehemalige DDR-Bürger sehen sich zu Unrecht dem Generalverdacht ausgesetzt, allesamt willfährige Handlanger einer Diktatur gewesen zu sein.

Zornig zieht der Publizist und Pastor Friedrich Schorlemmer über die »Geiferer« des Westens her, die mit ihrer Unnachgiebigkeit im Osten eine »Kultur der Verbitterung« erzeugt hätten. Ohne Augenmaß, so die verbreitete Kritik, hätten die Rächer aus dem Westen statt Rechtsfrieden Unfrieden gestiftet.

Da wurde nicht nur die Abstrafung der politischen und militärischen Eliten der DDR inszeniert – ich selbst war als Verteidiger nur an dem Fall Dr. Hans Modrow beteiligt, der an anderer Stelle dieses Buches geschildert ist –, sondern da wurde auch gegen Tausende von Bürgern ermittelt, die für ihren Staat DDR nichts anderes getan hatten als ihre westlichen Kollegen für die alte BRD. Aber für die neue staatstragende Mehrheit war es natürlich nicht dasselbe.

Die DDR hatte, wie alle souveränen Staaten dieser Welt, einen Geheimdienst, dessen Kundschafter zum Schutze des eigenen Landes militärische Planungen der Nachbarländer auszuspähen hatten. Und es gab gerade im Verhältnis zur Bundesrepublik Gründe genug, um auf der Hut zu sein. Denn die DDR hatte in der alten BRD einen Nachbarn, der sich im Zeichen des kalten Krieges in bedrohliche Militärstrategien einplanen ließ, die in der Installierung von Atomraketen und Ankündigung einer beabsichtigten »Befreiung bis zum Ural« kulminierten. Es hat daher viele gegeben, die, wie es Herr W. für sich in Anspruch nahm, den Beruf des Kundschafters (so der DDR-Sprachgebrauch, im Westen nannte man sie Agenten) mit »politisch-idealistischer Motivation« ausgeübt haben, um »gegen Kriegsgefahr und Rüstungsbedrohung und für Friedenssicherung, Entspannung und friedlichen Systemwettbewerb« zu wirken. Selbstverständlich gehörte es zum Berufsrisiko des Kundschafters oder Agenten, daß er im Gefängnis landete, wenn man ihn im »Feindesland« schnappte. Aber niemand hätte sich träumen lassen, daß ausgerechnet in dem Augenblick, als die beiden deutschen Staaten aufhörten, sich gegenseitig als Feindesland zu behandeln, eine Kriminalisierungswelle übers Land gehen würde, die für die Mitarbeiter des von Markus Wolf geleiteten Geheimdienstes ganz Deutschland zum Feindesland werden ließ. Ihre nachträgliche Bestrafung bildet einen schreienden Widerspruch zu der Behandlung westdeutscher Spione, die, soweit sie von DDR-Gerichten verurteilt waren, rehabilitiert und entschädigt worden sind und, soweit sie nicht gefaßt wurden, selbstverständlich keine Strafe mehr zu erwarten haben. Eine Ungleichbehandlung von deutschen Staatsbürgern, wie es sie in einem Land, das ein System der Ausbürgerung mißliebiger Menschen erlebt hat, nicht geben sollte.

Lange Zeit hofften die Eheleute W. und wir Verteidiger, daß das Bundesverfassungsgericht in einem von anderen Mitarbeitern des DDR-Geheimdienstes betriebenen Verfassungsbeschwerdeverfahren ein Urteil fällen würde, das dieser skandalösen Ungleichbehandlung von Ost- und West-Spionage ein Ende bereiten würde. Ich glaube, auch die Bonner Politiker, die sich inzwischen gegenseitig die Schuld für das Scheitern der Amnestie gaben, wären froh gewesen, wenn ihnen das Bundesverfassungsgericht die Arbeit abgenommen hätte. Aber das Bundesverfassungsgericht, seit den Protesten gegen das Kruzifixurteil offenbar um »Akzeptanz« seiner Urteile auch im schwärzesten Bayern bemüht, wich der Gleichbehandlung ost- und westdeutscher Agenten, die für Herrn Schäuble 1990 noch ein selbstverständliches Gebot der Logik war, aus, um dafür auf anderem Glatteis auszurutschen.

Es verstoße nicht gegen den Gleichheitssatz, so verkündete der Zweite, von Frau Prof. Dr. Limbach präsidierte Senat des Bundesverfassungsgerichts in einem Urteil vom 15. Mai 1995, daß Spionage im Dienst der ehemaligen DDR weiterhin strafbar sei, während die Strafvorschriften der DDR gegen die Mitarbeiter und Agenten des Nachrichtendienstes der BRD durch den Einigungsvertrag aufgehoben worden seien. Denn, so lautete die hanebüchene, westliche Sicht verabsolutierende Begründung, es entspreche der Sachgesetzlichkeit des Staatsschutzrechts, den eigenen Staat (nämlich die BRD!) gegen fremde Spionage zu schützen und die dem Schutz und den Interessen des eigenen Staates (nämlich der BRD!) dienende Tätigkeit der eigenen Geheimdienste nicht als strafbar anzusehen, während die für die DDR betriebene Spionage ihren Charakter als gegen die BRD gerichtete, sie schädigende oder gefährdende Tätigkeit durch die deutsche Vereinigung nicht geändert habe. Das rechtfertige nach wie vor die unterschiedliche strafrechtliche Regelung.

Bekanntlich wird die Justitia mit einer (schwarzen?) Binde vor den Augen dargestellt. Deshalb mußte ihr entgehen, daß aus östlicher Sicht die Sachgesetzlichkeit des Staatsschutzrechts zu genau umgekehrten Konsequenzen führen mußte. Auch die Kundschafter der DDR wollten, soweit sie DDR-Bürger waren, ihren eigenen Staat schützen oder handelten, soweit sie BRD-Bürger waren, mit einer Motivation, die ebenso zu billigen oder zu mißbilligen war wie die von DDR-Bürgern, die für einen westlichen Geheimdienst arbeiteten. Die vom Bundesverfassungsgericht konstruierte Ungleichheit ist politischer Natur und verabsolutiert den von den kalten Kriegern des Westens vertretenen Standpunkt, daß die DDR ein Unrechtsstaat war, dem zu dienen eben strafwürdig war.

Aber daß eine Kriminalisierung aller Mitarbeiter des östlichen Geheimdienstes, wie sie von westdeutschen Gerichten tatsächlich praktiziert wurde, gegen die primitivsten Erfordernisse eines gerechten Rechts verstieß, erkannte das Bundesverfassungsgericht denn doch und suchte, da es die verpönte Gleichsetzung östlicher und westlicher Staatsgewalt offenbar vermeiden wollte, nach einer anderen Rechtsgrundlage. Es glaubte sie im Grundsatz der Verhältnismäßigkeit zu finden. Dieser erfordere es, jedenfalls diejenigen Ostspione straffrei zu lassen, die ihre Tätigkeit vom Boden der DDR aus betrieben und deshalb mit Straflosigkeit hätten rechnen können. Für Staatsbürger der DDR, die als Agenten im Gebiet der Bundesrepublik gearbeitet hätten (also im Fall von Herrn W.), seien bei der Festsetzung der Strafe Milderungsgründe zu berücksichtigen. Für Bundesbürger schließlich, denen Spionage für die DDR vorgeworfen wurde (so im Fall von Frau W.), bestehe weder ein Verfolgungshindernis noch ein besonderer Strafmilderungsgrund. Es konnte also weiter bestraft werden, wenn auch mit Ausnahmen, die von der mehr oder weniger zufälligen Residenz des Agenten abhingen. Ein Urteil von geringer juristischer Überzeugungskraft, für das die Richterinnen und Richter sowohl von Anhängern als auch von Gegnern einer Amnestie gescholten worden sind.

Die Eheleute W. waren der Strafverfolgung durch Flucht ins Ausland ausgewichen. Daß Menschen aus einem deutschen Staat fliehen und ins Exil gehen müssen, weil sie zuvor für einen anderen deutschen Staat gearbeitet haben, der den neuen Machthabern nicht gefällt, weckt ungute Erinnerungen. Durften die Deutschen in der DDR nicht das Vertrauen haben, in einem Staat zu leben, der wie jeder andere Staat das Recht hatte, sich gegen Verletzungen seiner Souveränität und seiner Grenzen durch einen Auslandsnachrichtendienst zu schützen? Durften sie nicht darauf vertrauen, im Falle einer deutschen Wiedervereinigung in einen Rechtsstaat zu kommen, der sie fair und als gleichberechtigte Bürger behandeln würde? Manche mögen sogar gehofft haben, daß ihr spezielles Fachwissen von den entsprechenden Behörden des gesamtdeutschen Staates gern genutzt werden würde. Und viele werden die Sprüche ernstgenommen haben, die von westdeutschen Politikern vor der Wiedervereinigung geklopft worden sind und einen »befriedenden Schlußstrich« unter die »Frontstellung der beiden deutschen Staaten« und die »damit verbundenen Straftaten« verhießen hatten.

Die Eheleute W. waren nicht so naiv wie viele ihrer Kollegen und Mitbürger, die mit dem Rechtsstaat einen Gerechtigkeitsstaat erwartet hatten. Aber sie nahmen mit dem Exil in einem

Land, dessen Sprache sie nicht beherrschten und in dem sie weder beruflich Fuß fassen konnten noch aus anderen Quellen ausreichend versorgt waren, ein schweres Los auf sich. Vergeblich bemühten der Kollege Armin von Döllen, der die Verteidigung von Herrn W. übernommen hatte, und ich, der ich Frau W. verteidigte, uns in Verhandlungen mit der Bundesanwaltschaft, eine Aufhebung des Haftbefehls und eine Vereinbarung über das mit dem zuständigen Gericht abzustimmende Strafmaß zu erreichen. Denn das Risiko, für Jahre ins Gefängnis gehen zu müssen, wollten unsere Mandanten auf keinen Fall in Kauf nehmen, sondern dann lieber die Verjährung im Ausland abwarten. Die Bundesanwaltschaft hielt jahrelang an der Fiktion fest, daß es ihr vielleicht doch noch gelingen könnte, unseren Mandanten den Verrat von Staatsgeheimnissen nachzuweisen (was den mit wesentlich höherer Strafe bedrohten Vorwurf des Landesverrats begründet hätte). Aber der Verdacht, daß die Eheleute W. Staatsgeheimnisse an das MfS übermittelt hätten, ließ sich in den umfangreichen, schließlich sechs Aktenordner füllenden Ermittlungen nicht erhärten. Es blieb nur der, von Herrn W. nicht bestrittene, Vorwurf übrig, daß er »für den Geheimdienst einer fremden Macht eine geheimdienstliche Tätigkeit gegen die Bundesrepublik Deutschland« ausgeübt habe (§ 99 StGB), während Frau W. nicht einmal nachzuweisen war, daß sie von der geheimdienstlichen Tätigkeit ihres Mannes überhaupt gewußt hatte. Nach der unwiderlegten Einlassung von Herrn W. hatte er ihr hiervon erst berichtet, als er im August 1985 befürchtete, bei einer Rückkehr nach Bonn verhaftet zu werden. Unglaubwürdig, sagte man in Karlsruhe und bestand darauf, daß unsere Mandanten sich einer Vernehmung stellten sollten. Was wir ihnen jedoch nicht empfehlen konnten, solange wir keine verbindlichen Zusagen über ihr weiteres juristisches Schicksal hatten.

Und so mußten die Eheleute W. unter schwierigsten Bedingungen die Verjährung abwarten, die – da Landesverrat, der eine längere Verjährungsfrist zur Folge gehabt hätte, nicht nachzuweisen war – im August 1995 eintrat. Jetzt erst, im August 1995, gestand der Sachbearbeiter der Bundesanwaltschaft ein, daß man »am Ende der Fahnenstange« sei. Trotz achtjähriger Ermittlungstätigkeit hatte man es nicht einmal zur Anfertigung einer Anklageschrift gebracht. Endlich im Dezember 1995 stellte dann die Bundesanwaltschaft das Ermittlungsverfahren wegen Verjährung ein. Die Eheleute W. konnten aus ihrem Versteck auftauchen, sechs mit ungeheurem Beamtenfleiß zusammengetragene Aktenbände auf den Dachböden der Bundesanwaltschaft verschwinden.

Aber vielleicht trägt mein Buch dazu bei, daß die Sache nicht in Vergessenheit gerät. Nicht alle »Kundschafter für den Frieden« und andere Funktionsträger der DDR haben sich der nachträglichen Rache des Rechtsstaats durch Flucht ins Exil entziehen können. Die in Essen tätige »Initiativgruppe für die Rehabilitierung der Opfer des kalten Krieges« – eine kleine mit Hilfe von Spenden von Betroffenen betriebene Organisation – nannte in ihrem Rundbrief Nr. 60 vom 19. Januar 1999 noch die Namen und Anschriften (Justizvollzugsanstalten) von elf Inhaftierten. Noch zehn Jahre nach der deutschen Wiedervereinigung waren alle Appelle an die paralamentarische Mehrheit, dieser Fortdauer deutsch-deutscher Ungleichbehandlung durch eine Amnestie ein Ende zu setzen, unter politischen Verdächtigungen und Beschimpfung der Antragsteller und Befürworter zurückgewiesen worden. Eines der vielen noch in unseren Tagen mitzuerlebenden Beispiele dafür, daß in Deutschland das Recht des Stärkeren nicht der Vergangenheit angehört.

Bei einer Lesung aus einem meiner Kinderbücher im Jahr 1994

Zum Abschied

Wer fast ein halbes Jahrhundert deutsche Strafjustiz und ihre Gefängnisse aus der Sicht des Strafverteidigers erlebt hat, der muß irgendwann etwas anderes tun, um nicht an der Welt zu verzweifeln. Ein Glück, daß es für mich immer eine Alternative gegeben hat, nämlich die Lust, mit Kindern in das Land der Phantasie und der Zeitlosigkeit zu entfliehen. Daß ich mit Kindern über das Pferd Huppdiwupp, die Mücke Pieks, Herrn Böse und Herrn Streit und über Lies und Len in der Badewanne lachen konnte, hat mir wahrscheinlich mehr Sympathien eingetragen als meine berufliche Parteinahme für Menschen, die vor deutschen Gerichten Gerechtigkeit beanspruchten. Daß es diesen anderen Heinrich Hannover gab, den Erfinder von Kindergeschichten, hat mir oft über die Realitäten deutscher Justiz und deutscher Politik – was mitunter dasselbe war – hinweggeholfen.

Manchmal hat der Jurist auch vom Kinderbuchautor profitiert. So, als einmal nach einer Schöffengerichtsverhandlung, die nach heftigen Auseinandersetzungen zwischen mir und dem offensichtlich verurteilungswilligen Vorsitzenden überraschend doch noch mit einem Freispruch für meine Mandantin endete, eine der beiden Schöffinnen an der nächsten Straßenecke auf mich wartete und um ein Autogramm ins *Pferd Huppdiwupp* bat. Ich bin sicher, daß sie bei der Urteilsfindung nicht nur mit dem Kopf, sondern auch mit dem Herzen für die richtige Entscheidung gestimmt hatte.

Die Geschichte vom Pferd Huppdiwupp, das daran scheitert, über Großmutters Häuschen zu springen, endet mit dem Ausspruch »Mir reicht's für heute«. Das könnte auch das Schlußwort am Ende meiner Anwaltslaufbahn sein, in der es Erfolge und Anerkennung, aber auch Enttäuschungen, Verluste und Anfeindungen gegeben hat, denen man sich irgendwann nicht länger aussetzen möchte. Das Bedürfnis nach Ruhe war nach den drei aufreibenden Großverfahren der letzten

Jahre – dem Stammheimer Boock-Prozeß, dem Thälmann-Mord-Verfahren und dem Fokken-Prozeß – und den Krankheiten, die sicher eine Folge dieser permanenten seelischen und körperlichen Überlastung waren, ein für das Weiterleben notwendiger Rückzug auf das private Glück.

Es ist mir nicht leicht geworden, vom Anwaltsberuf Abschied zu nehmen und einige zu enttäuschen, die mir noch Mandate antragen wollten. So hätte ich gern mit Ludwig Baumann die Rechte der aus Hitlers Wehrmacht desertierten Soldaten durchgefochten. Gern hätte ich an der Verteidigung des jungen Libanesen mitgewirkt, dem die Lübecker Staatsanwaltschaft vorwarf, ein Asylbewerberheim angezündet und den Tod von zehn Menschen verursacht zu haben, obwohl es Tatverdächtige aus dem ausländerfeindlichen Lager gab, denen man absurde Schutzbehauptungen glaubte. Gern hätte ich auch einen der couragierten Bürger verteidigt, die gegen den mit polizeilichen Knüppeleinsätzen durchgesetzten Transport und die Einlagerung von (noch in Jahrtausenden strahlendem) Atommüll Widerstand geleistet haben. Gern hätte ich Strafanzeigen gegen andere menschenverachtende Strategien des von politischem Konkurrenzdruck befreiten kapitalistischen Machtapparats, gegen die Produzenten und Lieferanten von Waffen und Massenvernichtungsmitteln durchgekämpft, die mit der Globalisierung des Kriegsgeschäfts Milliarden verdienen. Daß Soldaten Mörder sind, entdecken deutsche Staatsanwälte und Richter erst, seit sie die Verantwortlichen für das Grenzregime der DDR, das wie jedes Grenzregime Todesopfer gefordert hat, auf die Anklagebank bringen können. Was da an siegreicher Justizabrechnung präsentiert wird, hat mir offenbar mehr Unbehagen verursacht als den vielen, die sonst mit dem militärischen Tötungsprivileg und selbst mit der planvollen Vorbereitung des atomaren Massenmords keine Probleme haben. Aber ich verdanke es wohl meiner bekannten Abneigung gegen Generäle und militante Politiker, daß mir ein Verteidigermandat auf diesem letzten juristischen Schlachtfeld des kalten Krieges erspart geblieben ist.

Seit 1982 wohne ich mit meiner Lebensgefährtin am Rande von Worpswede in einem gemütlichen Schwedenhaus mit Bauerngarten und einem kleinen Wald. Aus dem großen Fenster meines Arbeitszimmers blicke ich durch die Bäume in die Weite der malerischen Wiesenlandschaft. Da habe ich mir ein Stück meines kindlichen Förstertraums erfüllt.

Mit meiner Lebensgefährtin Doris Wegener in unserem Worpsweder Wäldchen im August 1998

Natürlich kann man den politischen Menschen, der man im Laufe des Lebens geworden ist, nicht einfach abstreifen und sich auf ein Noli me tangere zurückziehen, das einem den Seelenfrieden der Unwissenden beschert. Aber mehr und mehr wird das, was getan werden muß, eine Sache der Jüngeren. Nur dieses Buch mußte ich mir noch von der Seele schreiben. Und ich denke an die vier Jahre, in denen mich diese Arbeit manchmal schon vor Sonnenaufgang an den Schreibtisch getrieben hat, mit Sanftmut zurück. Es war nicht nur eine Zeit der Rückbesinnung, sondern auch eine Zeit des Vorausschauens. Denn man gibt ja die Hoffnung nicht auf, daß man auch mit Büchern etwas dazu beitragen kann, die Welt zu verändern. Sie hat es nötig.

Rechtswege
(von unten nach oben zu lesen)

Anklage beim Amtsgericht (Einzelrichter)

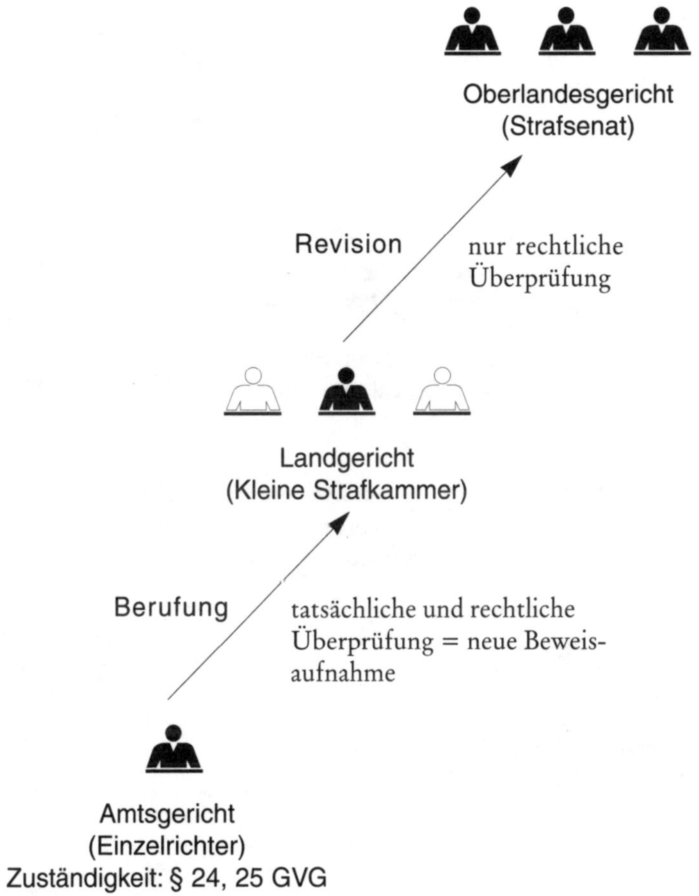

 = Berufsrichter  = Laienrichter (Schöffe)

Anklage beim Amtsgericht (Schöffengericht)

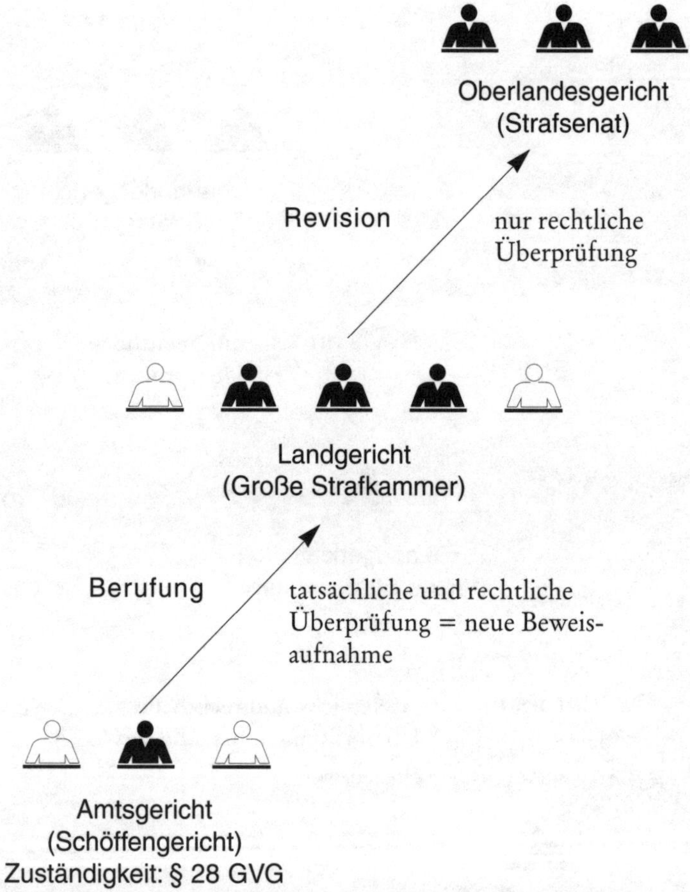

Anklage beim Landgericht

(Strafkammer oder Schwurgericht)

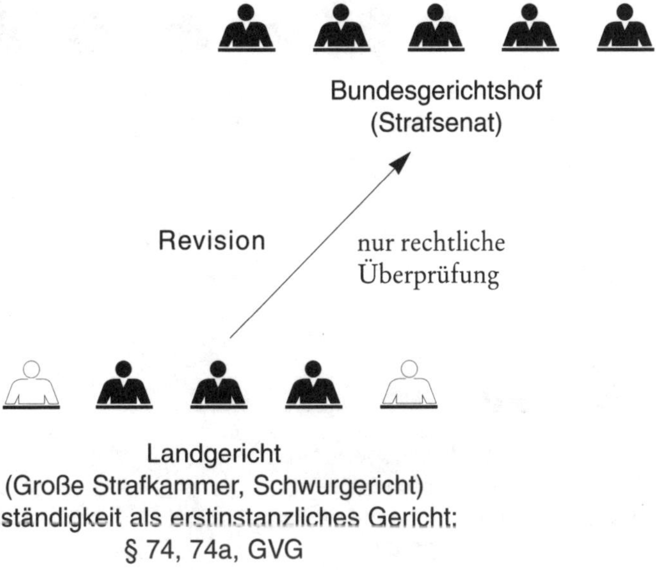

Anklage beim Oberlandesgericht

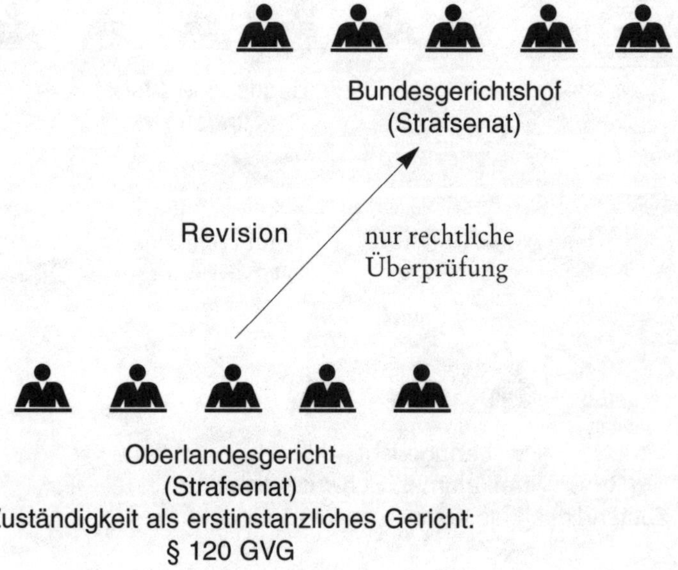

Glossar

Ablehnung von Richtern, Schöffen und Sachverständigen
Richter, Schöffen und Sachverständige können wegen »Besorgnis der Befangenheit« abgelehnt werden (daher auch: »Befangenheitsantrag«), wenn ein Grund vorliegt, der geeignet ist, Mißtrauen gegen ihre Unparteilichkeit zu rechtfertigen. Häufigster Anwendungsfall: Äußerungen während der Verhandlung, die auf eine Voreingenommenheit schließen lassen. In einem solchen Fall muß der Ablehnungsantrag »unverzüglich« gestellt werden, um nicht als verspätet zurückgewiesen zu werden. In der Praxis sieht das so aus, daß der Verteidiger nach einer angreifbaren Äußerung des Richters oder Schöffen eine Pause erbittet, um mit seinem Mandanten die Stellung eines Ablehnungsantrages zu beraten, denn nur dem Angeklagten (und dem Staatsanwalt) steht dieses Recht zu. Wenn der Angeklagte den Richter oder Schöffen für befangen hält, wird der Verteidiger einen schriftlich formulierten Antrag überreichen, in dem näher ausgeführt ist, welches Verhalten Anlaß zur Ablehnung des Richters oder Schöffen gibt. Ähnlich, wenn ein Sachverständiger abgelehnt werden soll, doch kann in diesem Fall der Antrag noch nach Erstattung des Gutachtens gestellt werden, ohne »verspätet« zu sein.

Über den Ablehnungsantrag entscheidet das Gericht, dem der Abgelehnte angehört, ohne dessen Mitwirkung. Der abgelehnte Richter wird dabei durch einen anderen Richter ersetzt. Der abgelehnte Richter gibt zu dem Ablehnungsantrag eine »dienstliche Erklärung« ab, die mitunter nur in dem Satz besteht: »Ich fühle mich nicht befangen.«

Wird einem Ablehnungsantrag gegen einen Richter stattgegeben, so scheidet er aus dem Verfahren aus. Bei Verhandlungen von längerer Dauer trifft der Vorsitzende Vorsorge gegen das vorzeitige Ausscheiden eines Richters (infolge Krankheit oder erfolgreicher Ablehnung), indem er die Zuziehung von »Ergänzungsrichtern« anordnet, die der Verhandlung von Anfang an beiwohnen und im Falle der Verhinderung eines Richters für ihn eintreten. Sind keine »Ergänzungsrichter« da, muß im Falle des Ausscheidens eines Richters die Verhandlung von vorne beginnen (Juristenslang: »die Verhandlung ist geplatzt«).

In der Praxis sind Ablehnungsanträge gegen Richter nur sehr selten erfolgreich.

Amnestie
Siehe Stichwort Gnade.

Begünstigung und Strafvereitelung
Begünstigung und Strafvereitelung sind Straftatbestände, die in zwei Paragraphen des Strafgesetzbuches geregelt sind (§ 257 Begünstigung, § 258 Strafvereitelung), die aber im volkstümlichen Sprachgebrauch oft als Begünstigung zusammengefaßt werden. In diesem Buch spielt nur die Strafvereitelung eine

Rolle (Kapitel 1 »Wie man einen ›Terroristenanwalt‹ zur Strecke bringt«). Der hier interessierende Teil des § 258 lautet:

»Wer absichtlich oder wissentlich ganz oder zum Teil vereitelt, daß ein anderer dem Strafgesetz gemäß wegen einer rechtswidrigen Tat bestraft ... wird, wird mit Freiheitsstrafe bis zu fünf Jahren oder mit Geldstrafe bestraft.«

Beleidigung, üble Nachrede und Verleumdung

Unter dem Oberbegriff »Beleidigung« werden in den §§ 185 ff. StGB unter Strafe gestellt:

1. die im Gesetz nicht näher definierte einfache Beleidigung (»Formalbeleidigung«; z. B. Schimpfworte wie »Scheißbulle« oder kränkende Vergleiche wie »Gestapo-Methoden«),
2. die üble Nachrede (nicht erweislich wahre Tatsachenbehauptungen, die einen anderen »verächtlich zu machen oder in der öffentlichen Meinung herabzuwürdigen geeignet« sind),
3. die Verleumdung (wenn die üble Nachrede wider besseres Wissen erfolgt).

Unter bestimmten Voraussetzungen können ehrenkränkende Äußerungen gerechtfertigt und mithin straflos sein. So bestimmt der schon seit 1871 unverändert geltende § 193 StGB, daß Äußerungen, die »zur Wahrnehmung berechtigter Interessen« gemacht werden, nur insofern strafbar sind, »als das Vorhandensein einer Beleidigung aus der Form der Äußerung oder aus den Umständen, unter welchen sie geschah, hervorgeht«. Darüber hinaus hat das Bundesverfassungsgericht in ständiger Rechtsprechung den Grundsatz entwickelt, daß bei Äußerungen »im geistigen Kampf in einer die Öffentlichkeit berührenden Frage« eine »Vermutung für die Zulässigkeit der freien Rede« gilt. »Angesichts der heutigen Reizüberflutung aller Art« seien einprägsame, auch starke Formulierungen hinzunehmen. In konkreten Fällen hat das Bundesverfassungsgericht wiederholt dem Grundrecht der freien Meinungsäußerung, das für eine freiheitliche Demokratie von grundlegender Bedeutung ist, den Vorrang gegenüber dem Recht der persönlichen Ehre eingeräumt. Die Beachtung dieser Gesichtspunkte, die den Beleidigungsparagraphen verfassungsrechtliche Grenzen setzen, muß bei vielen konservativ eingestellten Richtern immer wieder mühsam erkämpft werden. Jedenfalls dann, wenn es um die Ehre von Hitler-Generälen, Polizeipräsidenten und anderen Staatsträgern geht.

Bei den Paragraphen über üble Nachrede und Verleumdung kommt es darauf an, ob die behauptete Tatsache wahr ist. In politischen Strafsachen erlebt man immer wieder, daß Staatsanwälte und Richter versuchen, den Angeklagten an der Führung des Wahrheitsbeweises zu hindern, indem sie seine Äußerung als »Formalbeleidigung« einstufen, bei der es auf den Wahrheitsgehalt nicht ankomme. Ob beispielsweise der Ausdruck »Massenmörder« eine Formalbeleidigung oder eine zwar ehrenrührige, aber zutreffende und deshalb straflose Bezeichnung bestimmter Generäle oder Staatenlenker ist, hängt aber von den konkreten Tatsachen ab, die dieser Einschätzung zugrundeliegen (vgl. den Fall Lorenz Knorr, Band 1, Kapitel 9: »Die beleidigten Kriegsverbrecher«, und den Fall Hermann Sittner, Band 1, Kapitel 17: »Der Völkermord in Vietnam und die Ehre der Politiker«). Der Wahrheitsbeweis durfte daher in diesen Fällen den Angeklagten nicht abgeschnitten werden, so peinlich er für die Betroffenen und die um deren Ehre besorgten Richter und Staatsanwälte auch sein mochte.

Berufung

Gegen Urteile des Amtsgerichts, also sowohl gegen Urteile des Amtsrichters als Einzelrichter als auch gegen Urteile des Schöffengerichts, gibt es das Rechtsmittel der Berufung. Sie muß binnen einer Woche nach Verkündung des

Urteils schriftlich oder zu Protokoll der Geschäftsstelle eingelegt werden. Eine Begründung ist nicht nötig. Auch ein Rechtsanwalt braucht nicht mitzuwirken.

Vor dem Berufungsgericht – also vor der kleinen Strafkammer des Landgerichts, wenn ein Urteil des Amtsrichters als Einzelrichter angefochten wird, oder vor der großen Strafkammer des Landgerichts, wenn sich die Berufung gegen ein Urteil des Schöffengerichts richtet – wird die Sache noch einmal ganz neu verhandelt. Es findet also nochmals eine Beweisaufnahme statt, bei der auch die schon in erster Instanz vernommenen Zeugen und Sachverständigen erneut gehört werden, aber unter Umständen auch neue Beweismittel eingeführt werden können.

Es ist oft kritisiert worden, daß es in den weniger schwerwiegenden Fällen, die beim Amtsgericht beginnen, zwei Tatsacheninstanzen (also eine Wiederholung der Beweisaufnahme vor anderen Richtern) gibt, nicht aber in den Fällen, die beim Landgericht beginnen. Erstinstanzliche Urteile des Landgerichts und des Oberlandesgerichts (siehe Stichwort *Gerichte* Absätze 5 und 8) sind nur mit dem Rechtsmittel der Revision (s. d.) anfechtbar.

Beweisaufnahme
Das ist der wichtigste Teil der Hauptverhandlung (s. d.). Die Staatsanwaltschaft benennt schon in der Anklageschrift die Beweismittel (Zeugen, Sachverständige, Schriftstücke usw.), auf die es ihrer Meinung nach ankommt. Sie werden vom Gericht zur Hauptverhandlung geladen oder – soweit es sich um Schriftstücke, Fotos oder dergleichen handelt – befinden sich in den von der Polizei und der Staatsanwaltschaft zusammengestellten Akten. Auch der Angeklagte und sein Verteidiger können Beweismittel in die Verhandlung einführen. Das geschieht, wie ich aus einem Anfängerfehler bei meiner ersten Pflichtverteidigung gelernt habe, zweckmäßigerweise erst in der Hauptverhandlung, und zwar entweder durch Stellung von Beweisanträgen (z. B.: »Ich beantrage, den Zeugen X zum Beweise dafür zu vernehmen, daß der Angeklagte zur Tatzeit nicht am Tatort, sondern in Z war«) oder durch direkte Ladung von Zeugen oder Sachverständigen oder durch Vorlage von Schriftstücken (sogenannte »präsente Beweismittel«). Das Gericht entscheidet durch Beschluß, ob es dem Beweisantrag stattgibt, also die beantragten Zeugen oder Sachverständigen lädt oder eine beantragte Besichtigung des Tatorts (»Augenscheinseinnahme«) durchführt. Wenn es den Antrag ablehnt, muß es dies begründen und ist dabei an bestimmte Regeln gebunden (z. B.: »Der Beweisantrag wird abgelehnt, weil die Tatsache, die bewiesen werden soll, für die Entscheidung ohne Bedeutung ist« oder »die behauptete Tatsache wird als wahr unterstellt« oder – wenn die Vernehmung eines Sachverständigen beantragt war – »das Gericht besitzt selbst die erforderliche Sachkunde«). Und dabei kann das Gericht Fehler machen, die der Verteidiger dann in der Revision (s. d.) rügen kann. Wenn der Verteidiger »präsente Beweismittel« (s. o.) in die Verhandlung einführt, also beispielsweise einen Zeugen durch den Gerichtsvollzieher laden läßt, der aussagebereit vor der Tür des Gerichtssaals steht, sind die Grenzen, innerhalb derer das Gericht die Vernehmung ablehnen kann, noch enger gezogen.

Beweiswürdigung
»Über das Ergebnis der Beweisaufnahme entscheidet das Gericht nach seiner freien, aus dem Inbegriff der Verhandlung geschöpften Überzeugung«, heißt es in § 261 StPO. Mit anderen Worten: es gibt keine verbindlichen Beweisregeln mehr, sondern die Richter (und Schöffen) können frei entscheiden, ob sie der »Einlassung« des Angeklagten glauben oder sie als »Schutzbehauptung« abtun,

ob sie diesem oder jenem Zeugen glauben, ob sie diesem oder jenem Sachverständigengutachten folgen. In den schriftlichen Urteilsgründen bildet die Beweiswürdigung einen besonderen Abschnitt, in dem dargelegt wird, warum das Gericht diese oder jene Beweismittel für glaubwürdig und überzeugend gehalten hat.

Einlassung
Das Wort Einlassung hat sich bei Juristen zur Bezeichnung der Erklärungen des Angeklagten eingebürgert. Wenn in einem Urteil mitgeteilt wird, wie der Angeklagte die ihm vorgeworfene Tat geschildert hat, heißt es demgemäß oft: »Der Angeklagte läßt sich dahin ein ...« oder »Der Angeklagte behauptet in seiner Einlassung ...«.

Einstellung des Verfahrens
Die meisten Ermittlungsverfahren enden mit Einstellung des Verfahrens. Schon die Staatsanwaltschaft erledigt auf diese Weise den größten Teil der ihr von der Polizei gelieferten Akten und erhebt nur in den Fällen Anklage, in denen auch eine Verurteilung zu erwarten ist. Aber auch nach Erhebung einer Anklage wird in vielen Fällen von allen Verfahrensbeteiligten eine Einstellung des Verfahrens angestrebt, um die Justiz zu entlasten. Das kann unter bestimmten Voraussetzungen nach § 153 StPO geschehen, wenn die Schuld des Täters als gering anzusehen ist und kein öffentliches Interesse an der Verfolgung besteht. Häufig erfolgt die Einstellung gegen Zahlung einer Buße durch Gerichtsbeschluß (§ 153 a StPO).

Im Falle der Einstellung des Verfahrens gilt der Beschuldigte (so heißt er vor der Anklageerhebung) oder Angeschuldigte (so heißt er nach der Anklageerhebung) oder Angeklagte (so heißt er nach Eröffnung des Hauptverfahrens durch Gerichtsbeschluß) als nicht bestraft. Auch eine ihm auferlegte Buße gilt nicht als Strafe.

Mitunter dient die Einstellung des Verfahrens der Erledigung eines Falles, der bei Durchführung einer öffentlichen Hauptverhandlung unerwünschtes Aufsehen erregt oder irgendwelchen Respektspersonen Unannehmlichkeiten bereitet hätte (vgl. Band 1, Kapitel 9 und 23).

Gerichte
Die Zuständigkeit der Gerichte ist im Gerichtsverfassungsgesetz (GVG) geregelt.

Die Zuständigkeit des Amtsgerichts ist in § 24 GVG negativ umschrieben. Es ist nicht zuständig, wenn das Landgericht oder das Oberlandesgericht zuständig ist, wenn eine höhere Strafe als vier Jahre Gefängnis, Unterbringung in einem psychiatrischen Krankenhaus oder Sicherungsverwahrung zu erwarten ist oder wenn die Staatsanwaltschaft wegen der besonderen Bedeutung des Falles Anklage beim Landgericht erhebt.

Der Richter beim Amtsgericht entscheidet als Einzelrichter, wenn die Tat mit keiner höheren Strafe als sechs Monaten Gefängnis bedroht ist oder wenn der Staatsanwalt Anklage vor dem Strafrichter erhebt und keine höhere Strafe als zwei Jahre Gefängnis zu erwarten ist.

Bei den Amtsgerichten werden Schöffengerichte gebildet, die mit einem (in besonders umfangreichen Sachen auch mit einem zweiten) Berufsrichter und zwei Schöffen besetzt sind. Ihre Zuständigkeit ist in § 28 GVG wiederum negativ umschrieben: Sie sind zuständig, soweit nicht der Strafrichter (als Einzelrichter) entscheidet.

Beim Landgericht werden Strafkammern gebildet, die mit drei Berufsrichtern und zwei Schöffen besetzt sind. Als erstinstanzliche Gerichte sind die Strafkammern zuständig für besonders schwere Verbrechen, die in § 74 GVG aufgezählt sind (darunter Mord und Totschlag). Weitere Zuständigkeiten ergeben sich aus § 74a GVG für die beim Landgericht zu bildende »Staatsschutzkammer«.

Die Strafkammern sind weiter zuständig für die Verhandlung und Entscheidung über das Rechtsmittel der Berufung gegen Urteile des Amtsgerichts. Wenn es sich um ein Urteil des Amtsrichters als Einzelrichter handelt, entscheidet eine kleine Strafkammer (ein Berufsrichter und zwei Schöffen), wenn die Berufung sich gegen ein Urteil des Schöffengerichts richtet, entscheidet eine große Strafkammer (drei Berufsrichter und zwei Schöffen).

Wenn ein Jugendlicher (14 bis 17 Jahre) oder Heranwachsender (18 bis 20 Jahre) eine Verfehlung begeht, sind die Jugendgerichte zuständig. Jugendgerichte sind der Amtsrichter als Jugendrichter, das Jugendschöffengericht (ein Berufsrichter und zwei Schöffen) und die Jugendkammer (drei Berufsrichter und zwei Schöffen).

Das Oberlandesgericht (in Berlin: Kammergericht) entscheidet über die Revision gegen Berufungsurteile des Landgerichts (große und kleine Strafkammer), und zwar in der Besetzung mit drei Berufsrichtern. Als erstinstanzliches Gericht ist das Oberlandesgericht für die Verhandlung und Entscheidung in bestimmten, in § 120 GVG aufgezählten Fällen zuständig (dazu gehören Landesverrat und Bildung terroristischer Vereinigungen, sowie die im Rahmen solcher Vereinigungen begangenen Tötungsdelikte). In dieser Zuständigkeit ist das Gericht mit fünf Berufsrichtern besetzt.

Der Bundesgerichtshof, dessen Strafsenate mit fünf Berufsrichtern besetzt sind, entscheidet über das Rechtsmittel der Revision gegen Urteile der Oberlandesgerichte im ersten Rechtszug (siehe voriger Absatz) sowie gegen Urteile der Landgerichte im ersten Rechtszug (siehe oben 5. Absatz).

Sitz des Bundesgerichtshofs ist Karlsruhe. Nicht zu verwechseln mit dem Bundesverfassungsgericht (siehe Stichwort Verfassungsbeschwerde), das seinen Sitz ebenfalls in Karlsruhe hat. Einer der Senate des Bundesgerichtshofs sitzt in Berlin.

Das Reichsgericht, Vorgänger des Bundesgerichtshofs, mit Sitz in Leipzig, existierte nur bis 1945 (Zusammenbruch des Nazi-Reichs).

Im übrigen ist zur Veranschaulichung der etwas kompliziert geregelten Gerichtszuständigkeiten auf die Grafiken zu verweisen. Weitere Gerichtszuständigkeiten (z. B. Beschwerdeverfahren), die im Buch keine Rolle spielen, sind in diesem Glossar und in den Grafiken nicht berücksichtigt.

Gnade

Eine durch rechtskräftiges Urteil verhängte Strafe kann durch Begnadigung des Verurteilten erlassen oder zur Bewährung ausgesetzt werden. Träger des Gnadenrechts sind der Bundespräsident oder die Ministerpräsidenten der Länder. Inhaltlich kann Gnade ein »Akt der Barmherzigkeit, der Versöhnung und des Wohlwollens« sein, aber auch ein »Akt der Richtigstellung eines unerträglichen Fehlspruchs« (Carl Peters, *Strafprozeß*).

Während Gnade immer nur Einzelfälle betrifft, wird durch eine Amnestie eine ganze Kategorie von Straftaten nachträglich von Strafe freigestellt. Für Amnestien gibt es meistens feierliche Anlässe (Thronbesteigungen, Weihnachtsamnestie usw.) oder Gründe des politischen Kalküls (Besänftigung der Gemüter nach dem Abklingen unruhiger Zeiten). Zuständig für Amnestien (Straffreiheitsgesetze) ist der Gesetzgeber, also bei uns der Bundestag.

Grundrechte
Das Grundgesetz von 1949 gewährleistet, ähnlich wie schon die Weimarer Verfassung, Grundrechte (auch »Freiheitsrechte« genannt), die allen anderen Gesetzen vorgehen. Dazu gehören der Gleichheitssatz (Art. 3), die Glaubens- und Gewissensfreiheit und das Recht auf Kriegsdienstverweigerung (Art. 4), die Freiheit der Meinungsäußerung, die Pressefreiheit, das Zensurverbot und die Freiheit der Kunst, Wissenschaft, Forschung und Lehre (Art. 5), die Versammlungsfreiheit (Art. 8), die Vereinigungsfreiheit (Art. 9), das Brief- und Postgeheimnis (Art. 10), die freie Wahl des Berufs, des Arbeitsplatzes und der Berufsstätte (Art. 12), die Unverletzlichkeit der Wohnung (Art. 13), das Eigentum (Art. 14) und das Asylrecht (Art. 16). Daß einige dieser Grundrechte inzwischen erheblich eingeschränkt worden sind, soll hier nicht erörtert werden. Auch der in Vergessenheit geratene Sozialisierungsartikel (Art. 15) gehört nicht zu meinem Thema.

Problematisch war schon in der Weimarer Republik das Verhältnis zwischen den Grundrechten und einfachem Gesetzesrecht. Da einige Grundrechte auf den Gesetzgeber verweisen (sogenannter »Gesetzesvorbehalt«; z. B. Art. 5 Absatz 2: »Diese Rechte finden ihre Schranken in den Vorschriften der allgemeinen Gesetze, den gesetzlichen Bestimmungen zum Schutze der Jugend und dem Recht der persönlichen Ehre«), hat die konservative, im obrigkeitsstaatlichen Denken verhaftete Verfassungsinterpretation zur Zeit der Weimarer Republik die mit einem Gesetzesvorbehalt versehenen Grundrechte für »leerlaufend« erklärt. Das Bundesverfassungsgericht war bemüht, die Wiederholung eines solchen Mißverständnisses zu verhindern. So hat es das Grundrecht auf freie Meinungsäußerung und Meinungsverbreitung als »für eine freiheitlich-demokratische Staatsordnung schlechthin konstituierend« erklärt. Die Verweisung auf die Schranken der »allgemeinen Gesetze« dürfe daher nicht dazu führen, daß der Geltungsanspruch des Grundrechts von vornherein auf den Bereich beschränkt wird, den ihm die Gerichte durch ihre Auslegung dieser Gesetze noch belassen. Die »allgemeinen Gesetze« müssen vielmehr in ihrer das Grundrecht beschränkenden Wirkung ihrerseits im Lichte der Bedeutung dieses Grundrechts gesehen und so interpretiert werden, daß der besondere Wertgehalt dieses Rechts auf jeden Fall gewahrt bleibt. Es finde daher, so hat das Bundesverfassungsgericht immer wieder betont, eine Wechselwirkung in dem Sinne statt, daß die »allgemeinen Gesetze« zwar dem Wortlaut nach dem Grundrecht Schranken setzen, ihrerseits aber so ausgelegt werden müssen, daß sie selbst wieder durch das Grundrecht eingeschränkt werden. Mindestens von einem Juristen wie dem in der Sache Volmerhaus (Band 1, Kapitel 19 »Die ›Umtriebe‹ des Leutnants Volmerhaus«) tätigen Bundesanwalt durfte man erwarten, daß ihm diese ständige Rechtsprechung des Bundesverfassungsgerichts bekannt ist. Aber man begegnet immer wieder Richtern und Staatsanwälten, die es versäumen, bestimmte Strafgesetze (z. B. die Beleidigungsparagraphen oder die Meinungsäußerungsdelikte des politischen Strafrechts) an den Maßstäben zu messen, die durch das Grundrecht auf freie Meinungsäußerung gesetzt sind. Auch dieses Buch enthält dafür viele Beispiele.

Wie schwer sich deutsche Gerichte damit getan haben, das Grundrecht auf Glaubens- und Gewissensfreiheit zu respektieren, ist im 10. Kapitel des 1. Bandes (»Die totale Kriegsdienstverweigerung der Zeugen Jehovas«) dargestellt.

Das Grundrecht auf Demonstrationsfreiheit ist aus den Grundgedanken der Meinungsäußerungsfreiheit und der Versammlungsfreiheit entwickelt worden.

Hauptverhandlung
So heißt nach unserer Strafprozeßordnung die – in der Regel öffentliche – Ver-

handlung vor dem zuständigen Gericht, die man volkstümlich meistens als »Prozeß« bezeichnet. Sie unterscheidet sich in manchem von den Bildern, die Fernsehspiele von Strafprozessen vermitteln. Weder gibt es den über dem Hickhack zwischen Ankläger und Verteidiger thronenden Richter, der ab und zu mit »Einspruch, Euer Ehren!« angerufen wird (das ist das Muster des angloamerikanischen Rechts, wo Ankläger und Verteidiger einem Richter, der keine Akten kennt, den gesamten Prozeßstoff aus gegensätzlicher Sicht vortragen), noch würde es in der Praxis geduldet, daß der Verteidiger sich, wie Manfred Krugs »Liebling Kreuzberg«, fotogen im Saale herumbewegt. Im deutschen Strafprozeß kommt der Vorsitzende – und bei Kollegialgerichten noch ein weiterer Richter, der sogenannte »Berichterstatter« – mit voller Aktenkenntnis in die Verhandlung (was den Polizeiprotokollen eine ungeheure Bedeutung verleiht, obwohl deren Verlesung prinzipiell verboten ist) und leitet die Verhandlung. Er ist es, der als erster Fragen an Angeklagte, Zeugen und Sachverständige stellt, erst dann sind die beisitzenden Richter, der Staatsanwalt und der Verteidiger (in dieser Reihenfolge) an der Reihe.

Der oder die Angeklagten werden zu Beginn der Verhandlung belehrt, daß sie das Recht haben, keine Aussagen zur Sache zu machen. Wenn sie aussagen wollen, können sie nach Verlesung der Anklage durch den Staatsanwalt sich dazu äußern. Dann folgt die Beweisaufnahme mit der Vernehmung von Zeugen und Sachverständigen, der Verlesung von Schriftstücken (»Urkundenbeweis«) und mitunter einer »Augenscheinseinnahme« (z. B. Besichtigung des Tatorts, von Waffen und Fotos). Zu jedem Beweismittel können die Prozeßbeteiligten Stellung nehmen.

Am Ende der Hauptverhandlung folgen die Schlußvorträge (»Plädoyers«, Strafanträge) des Staatsanwalts und des Verteidigers. Sodann hat der oder die Angeklagte das letzte Wort.

Darauf zieht sich das Gericht zur Beratung zurück. Und dann kommt die Urteilsverkündung durch den Vorsitzenden Richter.

Klageerzwingungsverfahren

Wer durch eine Straftat verletzt ist, kann bei der Staatsanwaltschaft Strafanzeige erstatten. Lehnt die Staatsanwaltschaft die Erhebung einer Anklage ab, kann man dagegen Beschwerde einlegen, über die der Generalstaatsanwalt (bzw. ein Beamter seiner Behörde) entscheidet. Lehnt auch dieser ab, so gibt es in bestimmten Fällen noch das sogenannte Klageerzwingungsverfahren, ein selten praktiziertes und noch seltener erfolgreiches Rechtsmittel, über das das Oberlandesgericht entscheidet.

Das Klageerzwingungsverfahren, das in den §§ 172 ff. Strafprozeßordnung geregelt ist, beginnt mit einem Antrag auf gerichtliche Entscheidung, der von einem Rechtsanwalt unterzeichnet sein muß. Er muß innerhalb eines Monats nach der Bekanntmachung des Bescheides der Generalstaatsanwaltschaft eingereicht werden und »muß die Tatsachen, welche die Erhebung der öffentlichen Klage begründen sollen, und die Beweismittel angeben«. Hinter diesen schlichten Worten des Gesetzes verbergen sich formale Anforderungen, an denen die meisten Anträge scheitern. Im Falle des Thälmann-Mord-Verfahrens bedeuteten sie praktisch, daß ich innerhalb der Frist, deren Ablauf bei meiner Beauftragung kurz bevorstand, den Inhalt der umfangreichen Akten, insbesondere auch den Inhalt der bisher ergangenen Einstellungsbescheide, zusammenfassend vortragen mußte, eine Aufgabe, die nur in Tag-und-Nacht-Arbeit zu bewältigen war und fast noch an dem Fehlen eines Aktenteils gescheitert wäre.

Gibt das OLG dem Antrag statt – und so war es in unserem Fall –, dann muß die Staatsanwaltschaft auch gegen ihre eigene Überzeugung Anklage erheben. Aber sie ist nicht genötigt, die Sache dann auch in der Hauptverhandlung mit großem Eifer zu vertreten. In der Thälmann-Sache lag die Vertretung der Anklage in der Hauptverhandlung daher fast ausschließlich in meinen Händen, und ebenso die Durchführung des Rechtsmittelverfahrens. Das ist im Thälmann-Mord-Kapitel im einzelnen geschildert.

Im Fall des von Polizeibeamten schwer verletzten Bademeisters Horst K. (Kapitel 9: »Eine öffentliche Rekrutenvereidigung und ihre Folgen«) war ein Klageerzwingungsverfahren von vornherein aussichtslos, weil es für einen Anwalt unmöglich war, die Täter und Zeugen aus dem Polizeiapparat zu benennen, die der Staatsanwalt nicht hatte ermitteln können.

Kronzeuge
Der Kronzeuge, der sich über seine Aussagebereitschaft Straffreiheit erkaufen kann, war lange Zeit nur aus dem amerikanischen Strafprozeß bekannt. Auf dem Höhepunkt der Terroristenjagd glaubte man auch in der Bundesrepublik Deutschland, nicht mehr ohne dieses fragwürdige Institut auszukommen. Zunächst wurde der Begriff noch im polemischen Sinne auf bestimmte Praktiken der Staatsanwaltschaft, insbesondere der Bundesanwaltschaft, gemünzt (vgl. Kapitel 1, »Wie man einen ›Terroristenanwalt‹ zur Strecke bringt«), die sich gegen den Vorwurf unerlaubter Begünstigung von »Verrätern« heftig zu wehren pflegte. Seit 1989 gibt es nun eine gesetzliche »Kronzeugenregelung bei terroristischen Straftaten«, die aussagebereiten Tätern und Teilnehmern solcher Straftaten Straffreiheit oder Strafmilderung verheißt.

Nebenklage
Grundsätzlich ist es Sache der Staatsanwaltschaft, in Strafsachen Anklage zu erheben. In bestimmten Fällen kann sich aber der oder die Verletzte der erhobenen öffentlichen Anklage als Nebenkläger oder Nebenklägerin anschließen. Das gilt z.B. für die Fälle der Beleidigung (vgl. Fall Sahm gegen von Fircks, Band 1, Kapitel 23) und des Mordes (vgl. den im 14. Kapitel behandelten Thälmann-Mordprozeß).

Der Nebenkläger/die Nebenklägerin hat in der Hauptverhandlung alle wesentlichen Rechte des Staatsanwalts, kann also insbesondere Beweisanträge stellen, das Fragerecht ausüben und Erklärungen abgeben. Er bzw. sie kann auch als Zeuge/Zeugin vernommen werden. Schließlich kann der Nebenkläger/die Nebenklägerin auch Rechtsmittel gegen das Urteil einlegen.

Öffentlichkeit der Verhandlung
Die Hauptverhandlung in Strafsachen ist grundsätzlich öffentlich. Eine Verletzung der Vorschriften über die Öffentlichkeit kann als Revisionsgrund geltend gemacht werden und führt zur Aufhebung des Urteils.

Unter bestimmten Voraussetzungen kann das Gericht die Öffentlichkeit ausschließen. So z.B. wegen Gefährdung der Staatssicherheit, der öffentlichen Ordnung oder der Sittlichkeit oder soweit Umstände aus dem persönlichen Lebensbereich eines Prozeßbeteiligten, Zeugen oder durch eine rechtswidrige Tat Verletzten zur Sprache kommen, deren öffentliche Erörterung schutzwürdige Interessen verletzen würde, soweit nicht das Interesse an der öffentlichen Erörterung dieser Umstände überwiegt.

Pflichtverteidiger
Die Strafprozeßordnung (§ 140) schreibt vor, daß in bestimmten Fällen die Mitwirkung eines Verteidigers »notwendig« ist. Angeklagten, die noch keinen

Verteidiger auf eigene Kosten beauftragt haben (»Wahlverteidiger«), muß deshalb vom Vorsitzenden Richter ein Verteidiger bestellt werden, der aus der Staatskasse (nach bescheidenen Gebührensätzen) bezahlt wird. Bei der Auswahl sollen die Wünsche der Angeklagten berücksichtigt werden, »wenn nicht wichtige Gründe entgegenstehen«. Da der Verteidiger in den Fällen »notwendiger Verteidigung« durch Verlassen des Gerichtssaals oder durch Nichterscheinen das Verfahren »zum Platzen bringen« kann, werden in politischen Prozessen Verteidiger, die von den Angeklagten ausgewählt wurden und deren Vertrauen genießen, seitens vieler Richter und Staatsanwälte mit Mißtrauen betrachtet. In diesen Fällen wird häufig ein weiterer Pflichtverteidiger beigeordnet, der das Vertrauen des Gerichts genießt. Was in der Regel Konflikte zwischen dem Angeklagten und diesem ihm aufgezwungenen Verteidiger (»Zwangsverteidiger«), aber auch Konflikte zwischen dem »Vertrauensanwalt des Angeklagten« und dem »Vertrauensanwalt des Gerichts« zur Folge hat und das in politischen Prozessen ohnehin gespannte Prozeßklima zusätzlich belastet und eine sachgemäße Verteidigung erschwert. Denn ein Verteidiger, mit dem der Angeklagte nicht spricht und der in die abgesprochene Verteidigungsstrategie nicht eingeweiht ist, kann, wenn er sich nicht auf schweigende Anwesenheit beschränkt, viel Schaden anrichten.

Da die gesetzlichen Gebühren für Pflichtverteidiger sehr niedrig sind und oft noch nicht einmal die Bürounkosten des Anwalts decken, gibt es für besonders umfangreiche Verfahren, in denen sich die Hauptverhandlung manchmal über viele Monate erstreckt und der Verteidiger kaum andere Verdienstmöglichkeiten wahrnehmen kann, eine sogenannte Pauschgebührenregelung. In diesen Fällen kann das zuständige Oberlandesgericht über die gesetzlichen Gebühren hinausgehende Honorare festsetzen. Auch da herrschen bei den für die Entscheidung zuständigen Gehaltsempfängern oft recht unrealistische Vorstellungen, wie hoch die Kostenbelastung eines Anwalts mit gut organisiertem Büro- und Personalapparat ist. Langdauernde Verfahren können daher für einen als Pflichtverteidiger beigeordneten Anwalt zur materiellen Existenzgefährdung werden. Denn er kann auch aus einem Prozeß, der sich länger als erwartet hinzieht, nicht »aussteigen«, ohne enorme Schadensersatzforderungen der Staatskasse zu riskieren. Ein Anwalt, der sich aus sozialen Gründen bereiterklärt hat, in einem Großverfahren als Pflichtverteidiger, also auf Kosten der Staatskasse, tätig zu werden, kann deshalb, wenn er an ignorante oder böswillige Richter gerät, sein blaues Wunder erleben. Die als »Vertrauensanwälte des Gerichts« bestellten Verteidiger (»Zwangsverteidiger«) erhielten mitunter höhere Pauschgebührensätze als die Vertrauensverteidiger der Angeklagten, obwohl die eigentliche Verteidigerarbeit von den letzteren geleistet wurde (siehe z.B. den in Kapitel 4 behandelten Fall Karl Heinz Roth). Das Oberlandesgericht entscheidet über die Höhe der Pauschgebühr nach freiem Ermessen. Es gibt kein Rechtsmittel gegen seine Entscheidung.

Wird der Angeklagte verurteilt, so werden ihm auch die Kosten seines Pflichtverteidigers auferlegt. Die Staatskasse nimmt also nachträglich Regreß für die von ihr verauslagten Verteidigerkosten. Auch die Kosten des dem Angeklagten zusätzlich und gegen seinen Willen aufgezwungenen Verteidigers (»Zwangsverteidiger«) werden ihm in Rechnung gestellt.

Plädoyer

Am Ende der Hauptverhandlung, nachdem der (Vorsitzende) Richter die Beweisaufnahme für geschlossen erklärt hat, erhalten zunächst der Staatsanwalt und dann der Verteidiger das Wort zu ihren Schlußvorträgen (Plädoyers). Sie nehmen zum Beweisergebnis und zur Rechtslage Stellung und enden in der Regel mit einem bestimmten Antrag (z.B.: »Ich beantrage, den Angeklagten zu einer Freiheitsstrafe von drei Jahren Gefängnis zu verurteilen« oder »Ich beantrage Freispruch«).

An die in den Plädoyers gestellten Anträge des Staatsanwalts und des Verteidigers ist das Gericht selbstverständlich nicht gebunden. Es kann auch über den Strafantrag des Staatsanwalts noch hinausgehen oder entgegen seinem Antrag freisprechen.

Da der Staatsanwalt nach deutschem Prozeßrecht verpflichtet ist, auch das für den Angeklagten Entlastende zu ermitteln und vorzutragen – was in der Praxis oft vernachlässigt wird –, kann auch sein Antrag auf Freispruch lauten. Der Verteidiger wird auf Freispruch plädieren, wenn er den Angeklagten für unschuldig oder nicht überführt hält oder wenn aus rechtlichen Gründen freigesprochen werden muß (z.B. wenn das Verhalten des Angeklagten durch Grundrechte der Verfassung gerechtfertigt war).

In politischen Strafsachen bietet das Plädoyer dem Verteidiger Gelegenheit, auch auf das politische Anliegen seines Mandanten einzugehen, das oft untrennbar mit der rechtlichen Beurteilung verknüpft ist (Widerstandsrecht, Recht der freien Meinungsäußerung und der Versammlungsfreiheit usw.). Auch sonst ist im politischen Prozeß alles anders. Da geht es oft nicht um Schuld oder Unschuld, sondern um die Rechtfertigung einer politischen Entscheidung und den Angriff gegen eine Anklage, hinter der politische Zielsetzungen stehen. Auch die sonst übliche Regel, verbale Angriffe möglichst nicht gegen das Gericht zu richten, um dem Mandanten die Chance eines günstigen Urteils nicht zu verderben, kann hier manchmal nicht eingehalten werden, wenn schon der Stil der Verhandlungsführung und der eigenwillige Umgang mit der Strafprozeßordnung allzu deutlich verraten, daß das Urteil bereits feststeht. Trotzdem wird ein verantwortungsbewußter Verteidiger auch in solchen Fällen nichts unversucht lassen, das durch festgelegte politische Einstellungen blockierte Bewußtsein der Richter und der Öffentlichkeit zu durchbrechen oder gewissermaßen für eine aufgeklärtere Nachwelt zu plädieren (»Die Geschichte wird sie freisprechen«).

Revision
Gegen Urteile der Strafkammern des Landgerichts und gegen die im ersten Rechtszug ergangenen Urteile des Oberlandesgerichts (siehe Stichwort *Gerichte*, 8. Absatz) ist das Rechtsmittel der Revision gegeben. Über die Revision entscheidet, wenn es sich um ein Berufungsurteil des Landgerichts handelt, das Oberlandesgericht, wenn es sich um erstinstanzliche Urteile (des Landgerichts und des Oberlandesgerichts) handelt, der Bundesgerichtshof.

Während mit dem Rechtsmittel der Berufung (s.d.) sowohl die rechtliche Beurteilung als auch die tatsächlichen Feststellungen des erstinstanzlichen Urteils angegriffen werden können, kann mit der Revision nur geltend gemacht werden, daß das angefochtene Urteil rechtliche Fehler enthalte (sogenannte »Sachrüge«) oder daß das Gericht gegen Verfahrensvorschriften verstoßen habe (sogenannte »Verfahrensrüge«). Die tatsächlichen Feststellungen des angefochtenen Urteils sind also für das Revisionsgericht prinzipiell verbindlich, es darf nicht in die Beweiswürdigung (s.d.) der »Tatsacheninstanz« (des »Tatrichters«) eingreifen.

Die Revision muß binnen einer Woche nach Verkündung des Urteils eingelegt werden. Die Revisionsbegründung muß innerhalb eines Monats nach Zustellung des schriftlichen Urteils erfolgen. Das kann nur durch den Verteidiger oder einen anderen Rechtsanwalt oder zu Protokoll der Geschäftsstelle geschehen.

Das Revisionsgericht kann das Rechtsmittel durch Beschluß verwerfen, wenn es die Revision einstimmig für »offensichtlich unbegründet« hält. Dieser Beschluß bedarf keiner näheren Begründung, man erfährt also nicht, warum die Richter das Rechtsmittel als unbegründet angesehen haben. Die meisten Revisionen, die zugunsten der Angeklagten eingelegt werden, werden in dieser Weise erledigt.

Das Revisionsgericht kann aber auch zugunsten des Angeklagten durch Beschluß – und das heißt: ohne Anberaumung einer Hauptverhandlung – entscheiden, wenn es die Revision einstimmig für begründet hält.

Nur in relativ seltenen Fällen findet vor dem Revisionsgericht eine Hauptverhandlung statt. Da es nur um Rechtsfragen geht, ist die Anwesenheit des Angeklagten nicht nötig, aber zulässig. In der Regel sind die Juristen unter sich.

Wenn die Revision für begründet erachtet wird, hebt das Revisionsgericht das angefochtene Urteil auf und verweist die Sache an eine andere Strafkammer oder einen anderen Senat des Gerichts, dessen Urteil aufgehoben wird, zurück (»Zurückverweisung«). Das Gericht, an das die Sache zu neuer Verhandlung und Entscheidung zurückverwiesen ist, ist an die Rechtsauffassung des Revisionsgerichts gebunden.

Das Revisionsgericht kann das Urteil auch nur teilweise aufheben, also z. B. die Strafzumessung beanstanden, aber die tatsächlichen Feststellungen aufrechterhalten.

Schließlich kann das Revisionsgericht auch in der Sache selbst entscheiden (»durchentscheiden«), wenn z. B. ohne weitere tatsächliche Erörterungen nur Freispruch in Betracht kommt.

Schöffen

Schöffen (Laienrichter) gibt es beim Amtsgericht (Schöffengericht) und beim Landgericht (Strafkammer). Sie wirken in der Hauptverhandlung und bei der Urteilsberatung mit gleichem Stimmrecht wie der oder die Berufsrichter mit. Da für die Entscheidung über die Schuldfrage eine Zweidrittelmehrheit vorgeschrieben ist (§ 263 StPO), können die beiden Schöffen (oder Schöffinnen), wenn sie einer Meinung sind, sowohl beim Schöffengericht (ein Berufsrichter und zwei Schöffen) als auch bei der Strafkammer (drei Berufsrichter und zwei Schöffen) einen Schuldspruch verhindern und einen Freispruch auch gegen die Meinung der Berufsrichter durchsetzen.

Die Schöffen werden alle vier Jahre von einem beim Amtsgericht gebildeten Schöffenwahlausschuß (bestehend aus einem Richter, einem Verwaltungsbeamten und zehn von der Gemeindevertretung bestimmten Vertrauensleuten) gewählt. Sie werden einer von der Gemeindevertretung erstellten Vorschlagsliste entnommen, die alle Gruppen der Bevölkerung nach Geschlecht, Alter, Beruf und sozialer Stellung angemessen berücksichtigen soll.

Die Schöffen erhalten für ihre ehrenamtliche Tätigkeit eine gesetzlich geregelte Entschädigung. Ein Schöffe (oder eine Schöffin) soll grundsätzlich zu nicht mehr als zwölf Sitzungstagen im Jahr herangezogen werden. In Großverfahren müssen die Schöffen allerdings an weit mehr als zwölf Sitzungstagen mitwirken. In diesen Fällen werden in der Regel Ersatzschöffen bestimmt, die vom Beginn der Hauptverhandlung an dabei sein müssen, aber erst einspringen, wenn einer der Hauptschöffen ausfällt. Das Gesetz regelt im einzelnen, unter welchen Voraussetzungen die Übernahme des Schöffenamtes abgelehnt werden kann und wer zum Schöffenamt unfähig oder ungeeignet ist.

Die Jury des amerikanischen Rechts, die unabhängig vom Richter über die Schuldfrage entscheidet und im Falle eines Schuldspruchs zu einem einstimmigen Ergebnis kommen muß, ist mit dem deutschen Prozeßrecht nicht vergleichbar. Anders als in den USA hat der Verteidiger keinen Einfluß auf die Auswahl der Schöffen. Nach deutschem Recht wird die Reihenfolge, in der die Schöffen an den Hauptverhandlungen teilnehmen, durch Auslosung bestimmt.

Bis 1974 gab es sogenannte Schwurgerichte, die mit drei Berufsrichtern und sechs Laienrichtern, die »Geschworene« genannt wurden, besetzt waren. Im Grunde handelte es sich aber schon damals um erweiterte Schöffengerichte, weil das klassische Schwurgericht, bei dem die Geschworenen allein über die Schuldfrage entschieden, schon 1924 abgeschafft worden ist. Vom Schwurgericht ist jetzt nur noch der Name übriggeblieben, aus den sechs Geschworenen sind zwei Schöffen geworden.

Staatsanwalt und Staatsanwaltschaft

Die Staatsanwaltschaft ist eine verwaltungsmäßig aufgebaute Strafverfolgungsbehörde, der die vorbereitende Ermittlungstätigkeit im Strafverfahren obliegt. Sie ist zugleich Justizbehörde und vertritt in der Hauptverhandlung die Anklage. Staatsanwaltschaften sind eingerichtet beim Bundesgerichtshof (Generalbundesanwalt und Bundesanwälte), bei den Oberlandesgerichten (Generalstaatsanwalt) und bei den Landgerichten (Oberstaatsanwalt). Die Staatsanwaltschaft beim Landgericht ist auch für die zum Bezirk gehörigen Amtsgerichte zuständig. Bei allen Staatsanwaltschaften findet man Beamte mit Dienstbezeichnungen wie Staatsanwalt und Oberstaatsanwalt.

In der DDR hieß die höchste staatsanwaltliche Behörde Generalstaatsanwaltschaft (Gerneralstaatsanwalt der DDR).

Strafbefehl

In Verfahren, die zur Zuständigkeit des Amtsgerichts (Einzelrichter und Schöffengericht) gehören, kann die Staatsanwaltschaft an Stelle einer Anklageschrift einen Antrag auf Erlaß eines Strafbefehls einreichen. Das Gericht kann daraufhin die beantragte Strafe ohne Hauptverhandlung festsetzen. Sie wird rechtskräftig, wenn der Angeklagte nicht innerhalb der in der Rechtsmittelbelehrung angegebenen Frist gegen den Strafbefehl Einspruch einlegt. Man muß also, wie auch sonst, das Kleingedruckte lesen, was mein Mandant Wolfgang Peters (Name geändert; Band 1, Kapitel 15) versäumt hatte.

Legt der Angeklagte fristgemäß Einspruch gegen den Strafbefehl ein, so kommt es zu einer Hauptverhandlung.

Strafgesetzbuch, Strafprozeßordnung und Gerichtsverfassungsgesetz

Das *Strafgesetzbuch (StGB)* enthält die sogenannten »Straftatbestände« (oder einfach »Tatbestände«), in denen das für strafbar erklärte Verhalten möglichst präzise definiert ist und der Strafrahmen angegeben ist, innerhalb dessen das Gericht die »schuldangemessene« Strafe festsetzen kann. Zum Beispiel der Tatbestand des Diebstahls (§ 242 StGB):

»Wer eine fremde bewegliche Sache einem anderen in der Absicht wegnimmt, dieselbe sich rechtswidrig zuzueignen, wird mit Freiheitsstrafe bis zu fünf Jahren oder mit Geldstrafe bestraft.«

Weitere sozusagen klassische Tatbestände sind formuliert in den Paragraphen über Mord, Totschlag, Körperverletzung, Sachbeschädigung, Brandstiftung, Hausfriedensbruch, Urkundenfälschung, Meineid, Beleidigung, Üble Nachrede, Verleumdung, Widerstand gegen die Staatsgewalt, Hochverrat, Landesverrat usw.

Die meisten Änderungen hat es seit 1871, dem Jahr, in dem das Strafgesetzbuch in seiner ursprünglichen Fassung in Kraft getreten ist, in den Abschnitten gegeben, deren »Rechtsgut« der Schutz des Staates, seiner Repräsentanten und seiner bewaffneten Macht ist. Begriffe wie »verfassungsfeindliche Vereinigung (Staatsgefährdung)« (siehe Glossar im 1. Band) oder »verfassungsverräterischer Nachrichtendienst« (siehe Fall Traugott Ostmann in Kapitel 7 des 1. Bandes) dienten in der Zeit des kalten Krieges der Kommunistenverfolgung. Aus vordemokratischen Zeiten überkommene Tatbestände wie »Auflauf«, »Aufruhr« und »Landfriedensbruch« (siehe Glossar des 1. Bandes) wurden zur Bekämpfung der Volksbewegungen gegen Atomwaffen, Atomkraftwerke, Vietnamkrieg, Notstandsgesetze und andere Zumutungen der herrschenden Klasse eingesetzt.

Die *Strafprozeßordnung (StPO)* enthält Regeln, nach denen sich das Strafverfahren abspielen soll. Wichtig für den Angeklagten und seinen Verteidiger insbesondere die Regelung des Beweisantragsrechts (siehe Stichwort *Beweisaufnahme*), die Ablehnung von Gerichtspersonen (siehe Stichwort *Ablehnung von Richtern, Schöffen und Sachverständigen*) und die Rechtsmittel (siehe Stichworte *Berufung* und *Revision*).

Im *Gerichtsverfassungsgesetz (GVG)* findet man Vorschriften über die sachliche Zuständigkeit der Gerichte (die örtliche Zuständigkeit ist in der StPO geregelt), über die Zusammensetzung der Gerichte, über die Öffentlichkeit der Verhandlung und den Ausschluß der Öffentlichkeit (s.d.), über die dem Vorsitzenden obliegende Aufrechterhaltung der Ordnung in der Sitzung (sogenannte »Sitzungspolizei«) und die ihm zur Verfügung stehenden Maßnahmen bei Ungehorsam und Ordnungsmittel wegen Ungebühr (z.B. Räumung des Sitzungssaals oder Ordnungshaft und Ordnungsgeld).

Strafjustiz und andere Zweige der Justiz

Dieses Buch befaßt sich ganz überwiegend mit Fällen aus der Strafjustiz, in denen ich als Strafverteidiger tätig war. Das Berufsfeld eines Rechtsanwalts umfaßt aber auch andere Zweige der Justiz, die hier kurz erwähnt werden sollen, zumal sie einen Großteil auch meiner Praxis ausgemacht haben. So werden beispielsweise Ehescheidungen oder Schadensersatzforderungen vor den Zivilgerichten verhandelt; die Anfechtung von Verwaltungsakten (z.B. die Versagung einer Baugenehmigung oder das Verbot einer Demonstration) gehört vor die Verwaltungsgerichte; wer sich gegen die Kündigung eines Arbeitsverhältnisses wehren will, muß beim Arbeitsgericht klagen ...

Aus dem Bereich der Zivilgerichtsbarkeit enthält der 1. Band ein Beispiel im 5. Kapitel (»Kriegsdienstverweigerung im Hitler-Staat als Widerstand? Der Fall Georg B.«), eine Klage auf Wiedergutmachungsleistungen. Ein weiterer zivilrechtlicher Fall ist im Rahmen des 26. Kapitels des 1. Bandes (»Eine schwierige Mandantin: Ulrike Meinhof«) erwähnt: das Verfahren auf Erlaß einer einstweiligen Verfügung gegen einen verleumderischen Zeitungsartikel. Das 19. Kapitel des 1. Bandes bringt einen Fall aus der Disziplinargerichtsbarkeit (»Die ›Umtriebe‹ des Leutnants Volmerhaus«). Im 27. Kapitel des 1. Bandes ist vom ehrengerichtlichen Verfahren gegen Rechtsanwälte die Rede (»Anwaltliche Redefreiheit auf dem Hauklotz. Die ehrengerichtliche Aburteilung von Justizkritik«).

Ein weiteres Buch hätte ich schreiben müssen, wenn ich über meine anwaltliche Tätigkeit in verwaltungsgerichtlichen Verfahren hätte berichten wollen. Ein paar tausend Fälle, in denen ich Kriegsdienstverweigerer, die um die Anerkennung ihres Grundrechts kämpfen mußten, vor Prüfungskammern und Verwaltungsgerichten vertreten habe. Die Aufhebung von Demonstrationsverboten oder schikanösen Auflagen (z.B. Verbot von Stellschildern oder Lautsprecherbenutzung) mußte gerichtlich durchgefochten werden. Ohne Erfolg blieben zahlreiche Verfahren, in denen es um Verbote sogenannter »kommunistischer Tarnorganisationen« ging (z.B. »Demokratischer Frauenbund Deutschlands«). Oder der Prozeß um das nach dem KPD-Verbot als angebliches Parteieigentum beschlagnahmte, nach einem von den Nazis hingerichteten kommunistischen Widerstandskämpfer benannte »Robert-Stamm-Haus« in Bremen.

Auch ein wichtiges Verfahren vor dem Bundesverfassungsgericht aus dem Jahr 1966, in dem es um die Frage der Zulässigkeit staatlicher Parteienfinanzierung ging, konnte wegen seines Umfangs in dieses Buch nicht aufgenommen werden. Ich habe damals als Prozeßbevollmächtigter der DFU (»Deutsche Friedens-Union«) vergeblich für die Zulässigkeit staatlicher Parteienfinanzierung gestritten (in der *Zeit* wurde in der Rubrik »Worte der Woche« mein Ausspruch zitiert: »Die staatliche Parteienfinanzierung kann man so wenig verhindern wie den außerehelichen Geschlechtsverkehr«). Meine damals geäußerte Befürchtung, daß andernfalls eine Abhängigkeit der Parteien vom Machtkartell des Industrie- und Bankenkapitals unvermeidlich sei, ist inzwischen bittere Wirklichkeit (vgl. das sehr lesenswerte Buch von Jürgen Bruhn, *Raubzug der Manager. Gegen einen Kapitalismus ohne Arbeit.* Berlin 1998).

Urteil
»Die Hauptverhandlung schließt mit der auf die Beratung folgenden Verkündung des Urteils«, heißt es in § 260 StPO. Die Urteilsformel (der »Urteilstenor«) wird von dem (Vorsitzenden) Richter stehend verlesen (z.B.: »Der Angeklagte wird wegen Beihilfe zum Mord zu einer Freiheitsstrafe von vier Jahren kostenpflichtig verurteilt« oder »Der Angeklagte wird auf Kosten der Staatskasse freigesprochen«). Auch die anderen Mitglieder des Gerichts, der Staatsanwalt, der Verteidiger, der Angeklagte und das Publikum hören sich diesen Teil der Urteilsverkündung stehend an. Früher – noch in den ersten Jahren meiner Verteidigertätigkeit – mußte der Angeklagte sich auch die dann folgende Urteilsbegründung stehend anhören. Heute darf auch er sich hinsetzen, wenn der (Vorsitzende) Richter mit der oft langdauernden mündlichen Begründung des Urteils beginnt. Am Schluß der mündlichen Urteilsbegründung wird der Angeklagte im Falle seiner Verurteilung über mögliche Rechtsmittel belehrt.

Die schriftliche Urteilsbegründung, die bei Kollegialgerichten von einem der beisitzenden Richter, dem sogenannten »Berichterstatter«, entworfen und oft vom Vorsitzenden korrigiert (manchmal auch verschlimmbessert) und sodann von allen Berufsrichtern (auch von einem etwa überstimmten Richter) unterschrieben wird, stimmt nicht unbedingt mit der mündlichen Urteilsbegründung überein. Die schriftliche Urteilsbegründung ist aber maßgebend für die Beurteilung durch das Revisionsgericht, das an die tatsächlichen Feststellungen des Urteils gebunden ist, auch wenn diese falsch sein sollten (siehe Stichwort »Revision«).

Die Zustellung des schriftlichen Urteils muß innerhalb bestimmter Fristen erfolgen, deren Länge von der Dauer der Hauptverhandlung abhängig ist. Erst mit der Zustellung des schriftlichen Urteils beginnt die Frist zur Begründung des Rechtsmittels der Revision.

Verfassungsbeschwerde
»Jedermann« (so der von feministischen SprachpuristInnen noch unbeeinflußte Wortlaut des Gesetzes) kann mit der Behauptung, durch die öffentliche Gewalt in einem seiner Grundrechte verletzt zu sein, Verfassungsbeschwerde beim Bundesverfassungsgericht in Karlsruhe erheben. Die Verfassungsbeschwerde kann erst »nach Erschöpfung des Rechtswegs« erhoben werden, zu-

vor müssen also alle Möglichkeiten, vor anderen Gerichten Recht zu bekommen, ausgeschöpft worden sein.

In der Praxis scheitern die meisten Verfassungsbeschwerden bereits bei den zur Entlastung des Gerichts eingerichteten Vorprüfungsausschüssen.

Wahrunterstellung

Die Gründe, aus denen ein in der Hauptverhandlung gestellter Beweisantrag vom Gericht abgelehnt werden kann, sind in § 244 der Strafprozeßordnung geregelt. Einer dieser Gründe heißt Wahrunterstellung. Das Gericht unterstellt die vom Angeklagten oder seinem Verteidiger unter Beweis gestellte Behauptung als wahr. Angeklagte, die nicht anwaltlich beraten sind, oder Berufsanfänger auf der Verteidigerbank haben nach einem solchen Gerichtsbeschluß manchmal den Eindruck, daß sie den Sieg schon in der Tasche hätten. Aber in Wirklichkeit ist höchste Aufmerksamkeit geboten, wenn das Gericht durch Wahrunterstellung ankündigt, daß es auf die Beweisbehauptung nicht ankomme.

Widerstand gegen die Staatsgewalt

Wer gegen einen Polizeibeamten Strafanzeige wegen Körperverletzung im Amt erstattet, muß in aller Regel mit einer Gegenanzeige der Beamten wegen Widerstands gegen die Staatsgewalt rechnen. Entscheidend ist dann, wem der Richter glaubt. Und da habe ich so schlechte Erfahrungen gemacht, daß ich meistens dazu geraten habe, auf Anzeigen gegen Körperverletzung im Amt gleich zu verzichten.

Wichtig für Kapitel 8 (»Eine Frankfurter Räuberpistole. Der Fall Astrid Proll«): Ein »besonders schwerer Fall« des Widerstands – mit höherer Strafandrohung – ist dann gegeben, wenn der Täter oder ein anderer Beteiligter eine Waffe bei sich führt, um diese bei der Tat zu verwenden, oder wenn der Täter durch eine Gewalttätigkeit den Angegriffenen in die Gefahr des Todes oder einer schweren Körperverletzung bringt. Als die Staatsanwälte im Fall Proll den Vorwurf des zweifachen Mordversuchs fallenließen, wollten sie doch eine Verurteilung der Angeklagten wegen Widerstands im besonders schweren Fall durchsetzen.

Wichtig für Kapitel 6 (»Otto Schily und die Ehre der Polizei«): § 113 Absatz 3, den die Oberlandesrichter bei ihrem Urteil vom 15.1.1982 übersehen hatten, lautet:

»Die Tat ist nicht nach dieser Vorschrift strafbar, wenn die Diensthandlung nicht rechtmäßig ist. Dies gilt auch dann, wenn der Täter irrig annimmt, die Diensthandlung sei rechtmäßig.«

Wiederaufnahmeverfahren

Ein rechtskräftiges Strafurteil kann nur ganz ausnahmsweise noch einmal überprüft werden. Voraussetzung eines Wiederaufnahmeverfahrens ist nach § 359 Ziffer 5 StPO, daß »neue Tatsachen oder Beweismittel beigebracht sind, die allein oder in Verbindung mit den früher erhobenen Beweisen die Freisprechung des Angeklagten oder in Anwendung eines milderen Strafgesetzes eine geringere Bestrafung ... zu begründen geeignet sind«.

Das mit einem Antrag auf Wiederaufnahme des Verfahrens angerufene Gericht prüft zunächst die Zulässigkeit des Antrags (Sind die behaupteten Tatsachen neu? Sind die Beweismittel neu? Sind sie prinzipiell geeignet, zu einem Freispruch zu führen?). Wird das bejaht, folgt in einem zweiten Verfahrensabschnitt (»Probationsverfahren«) eine Beweisaufnahme, also beispielsweise eine Vernehmung der neu benannten Zeugen oder Sachverständigen. Wird auch diese Hürde erfolgreich genommen und der Antrag für begründet erklärt, so folgt die Anberaumung einer neuen Hauptverhandlung. Wird das Verfahren für einen Verstorbenen betrieben (Fall Carl von Ossietzky), so wird ohne erneute Hauptverhandlung entweder auf Freispruch oder auf Ablehnung des Antrags entschieden.

Verweise auf »Band 1« in diesem Glossar beziehen sich auf:

Heinrich Hannover, *Die Republik vor Gericht. 1954–1974*. Der Band ist im Aufbau-Verlag erschienen.

Personenregister

Abs, Hermann Josef 33–39 43
Adenauer, Konrad 29 38 424
Aicher-Scholl, Inge 326
Albrecht 283 296 301
Alich 408
Alsberg, Max 108 381 386 389f. 392f. 403
Aly, Götz 184–186
Anschütz, Konrad 316
Apfel, Alfred 381 386–389 392
Arendt, Hannah 270
Arndt 408
Arndt, Adolf 109
Asch, Karl 109
Asdonk, Brigitte 161
Augstein, Josef 32f. 35 38–41 94
Augstein, Rudolf 29f. 32
Aust, Stefan 153
Avenarius, Christian 426 434f.

Baader, Andreas 103–111 177
Bahner 408
Bahr, Egon 429 434
Bangemann, Martin 414
Bargholst 297 299
Barnewald, Otto 272
Bartzik, 53
Bastian, Gert *321*
Bauer, Fritz 270 307 309f. 313
Baum, Gerhart 161
Baumann, Jürgen 268
Baumann, Ludwig 466f.
Baumgarten 387
Baumgarten, Eduard 28
Bechtel, G. 287–289 292 297
Beck, Kurt 60–63 68
Becker, Otto 120
Beckers 56
Behnen 298 303f.
Behrenbeck 32
Bel, Rudolf 413
Bellmer, Wilhelm 126 128–130 133
Berger, Werner 256
Berghofer, Wolfgang 432f. 437 441 445
Berghofer-Weichner, Mathilde 324
Berroth, Ulrich 191 198
Birnbaum, Norman 419f.
Blanke, Thomas 97 *99*
Brendle, Walter *265*
Bresser, Karl-Ludwig 32
Boeden, Gerhard 232f.
Bodeux, Jürgen 13f. 16–21 153–155
Böhm, Klaus 426 432 450
Böhmer, Maria 260
Böll, Heinrich *321* 326
Bonhoeffer, Dietrich 405
Bönisch, Georg 63
Boock, Peter-Jürgen 177–185 189 bis 205 210 240 317 465
Borchert, Wolfgang 411 419
Bornstein, Josef 382–385 403
Bortscheller, Ralf 113
Böttges, Walter 260
Brack, Viktor 308 317
Brademann, Werner 134f.
Bradfisch, Otto 268
Brandt, Karl 317
Brandt, Willy 39
Braunmühl, Carlchristian von 91
Braunmühl, Gerold von 91
Braunmühl, Hubertus von 91
Browning, Christopher R. 138
Brückner, Peter 89 97 99–102
Bruhn, Jürgen 486
Bschor, Friedrich 183
Buback, Siegfried 12 21 24 72f. 85–93 95f. 98 101
Buchholz, Hans-Henning 413
Buddenberg, Wolfgang 25f.
Bumann 297
Bumke, Erwin 307
Buro, Andreas 326
Busche, Jürgen 150

Bush, George 416f.
Butt, Rainer 229
Butziger, Kurt 440

Canaris, Wilhelm 405
Carstens, Karl 172
Cobler, Sebastian 203f.
Crohne 388
Crome, Berndt-Adolf 120 124f. 130 148 214f. 219–222 225f.
Czichon, Eberhard 38

Dabrowski, Czeslaw 281–283
Dalferth 319
Damus, Renate 413
Decken, Christoph von der 32
Dethloff, Klaus 56 *77* 83
Dierks, Johanna 150f. 155f. 161f.
Dieter, Karl 250
Dittmann, Erich 168
Dittrich, Rolf 426 434f.
Docke, Bernhard 150 367
Dohnányi, Hans von 405
Döllen, Armin von 346 455 459 462
Draber, Armin 60–70 73–77 79 83f.
Draeger, Rolf 97 *100*
Düx, Heinz 247

Eggeling, Ernst 76 79
Ehebald, Ulrich 130f. 134f. 140 142 bis 146
Eichmann, Adolf 269
Eimer, Klaus 16 18f.
Einsele, Helga 326
Eisenberg, Johannes E. 413–415
Eitel, Walter 190–198 202–205
Elling, Gert-Dieter 134f.
Engelhard, Hans 324 455
Engell, Rudolf 189f. 193 199
Ensslin, Gudrun 103f. 106 110 177
Entholt, Kurt 122
Erzberger, Matthias 96
Eschen, Klaus 14
Eyrich, Heinz 324

Feuchtwanger, Lion 393
Fircks, Otto Freiherr von 480
Flick, Friedrich 251
Fokken, Anita 348f. 353f.
Fokken, Walter 333–370 466
Frank, Hans 379
Freisler, Roland 22 290f. 295f. 306f. 311 398 405 407
Frerichs, Heinz-Dieter 97
Frick, Franz 109 191
Fricke, Werner 261 263 272
Friedrich, Jörg 251
Fröhlich, Helmut 228
Fromme, Friedrich Karl 94
Frömmel, Monika 426 434f.
Fuchs, Zbigniew 261 264–267 271f. 274–276

Gabel-Thälmann, Irma 255 259f. 268
Galle, Peter 208
Gartner, Theodor 455
Gehre, Ludwig 405
Gehrke, Anni 253
Gehrke, Friedrich 241f. 252f.
Gehrke, Günther 242f. 252f.
Gehrke, Richard 241–249 251–253
Gehrling, Rudi 258
Genscher, Hans-Dietrich 30f. 414 427 454
Gessenharter, Wolfgang 397 404
Glotz, Peter 90f. 94
Goebbels, Joseph 408
Göbel, Wolfgang 85
Gollwitzer, Helmut 326
Golzem, Armin 56 75 *77* 83
Göring, Hermann 268 393f. 408
Gössner, Rolf 173 212
Gottschalk-Solger, Leonore 16
Grashof, Manfred 152f. 157 160 163f. 166
Grass, Günter 326
Grimberg, Herbert 229
Groener, Wilhelm 372
Groenewold, Kurt 47
Grossmann, Kurt R. 392
Großmann, Hermann 379
Grothe, Ernst 325
Grünberg, Volker 112
Grünhagen, Michael 152–167 170f.
Grünwald, Gerald 228
Günthel, Andreas 444
Gürtner, Franz 299 311
Gust, Erich 256 277f.

Haag, Siegfried 239
Haas 375
Hagedorn, Axel 413 415
Hannover-Drück, Elisabeth 371
Hardt 27
Hartenstein, Peter 112
Hauptmann, Giselher 109
Haussmann, Helmut 414
Hebestreit 120

Hehr 297–299
Heiermann, Wolfgang 56 *77*
Heitmann, Steffen 444
Heldmann, Hans Heinz 103–113
Henkel, Peter 202–204 330
Heumann, Hans 294f. 301
Heyde, Werner 308 317f.
Heydenreich, Carl W. 413–415
Heydrich, Reinhard 270
Hickel, Rudolf 42f.
Himmler, Heinrich 243 254 268–270 272
Hindenburg, Paul von 392f.
Hirsch, Martin 70 324
Hirschberg, Max 395f.
Hitler, Adolf 96 254 268–272 276 278 294 308f. 316 371 377–381 393 405 408 410 416 424
Hoffmann, Bolko 32f. 36f. 39–44
Hofmann, Johannes Wilhelm 30
Hofmann 68
Hofschulte 256
Holinka 27
Hollay, Ignaz 112
Holtfort, Werner 97f.
Holtkamp, Jürgen 38
Honecker, Erich 426 435 446
Hoppe, Werner 159 231f. 238
Hussein, Saddam 414 416–418

Ibbeken, Frerk 98

Jacob, Berthold 374–376 381 384f. 396
Jäger, Herbert 270
Jandt, Ilse 239
Janknecht, Hans 120 122 137 148
Jens, Inge 326
Jens, Walter 326
Jorns, Paul 381–385 403f.
Jüliger, Helmut 50f. 71f.
Jung, Ernst Friedrich Franz 307 311 bis 316
Jung, Friedrich Walter 307 311 bis 316
Jungfer, Gerhard 394 397 401 403
Jurkowski 408

Kahrs, Wolfgang *280*
Kaltenbrunner, Ernst 268 270
Kaul, Friedrich Karl 257–259 450
Keller, Dieter 191
Kelly, Petra *321*
Kempf, Eberhard 109
Kempner, Robert W. 261
Kerscher, Helmut 314
Kessler, Edmund 406
Kesten, Hermann 393
Kinkel, Klaus 458
Klee, Ernst 186
Knapp, Klaus 182f.
Knorr, Ingrid 426 434f.
Knorr, Lorenz 474
Knüfer, Heinz-Friedrich 13
Kogon, Eugen 242 266
Kohl, Helmut 39 414 429
Korsch, Hans-Peter 258 263
Kosche, Helmut 260 *265*
Kosmal, Elisabeth 252f.
Kosmal, Frieda 252f.
Kouril, Leo 209f.
Krages, Hermann 35
Kramer, Helmut 307–314 316
Kranz 238
Kratsch, Kurt 300
Krause 119–121 129
Kreiser, Walter 371–374 376 385f. 390 394
Kreißig, Lothar 310
Krenz, Egon 425
Krüger 372f.
Krumhard, Wolfgang 325–327
Kuhn, Horst 212
Kühnert, Hanno 396f.
Künsken, Rainer *99*
Kusserow, Raimund 191
Küster, Fritz 374–376 381 384 396

Lahmann, Horst 209 213 223
Lambsdorff, Otto Graf 324 414 427
Landwehr 294f. 301
Lang, Rainer 300
Lapp, Peter Joachim 436 443 445
Lasarewitz 287
Leibkutsch, Hans 32
Lenin, Wladimir Iljitsch 440
Lenz, Helmut 219
Leppert, Norbert 168
Leski, Suzan 432
Levi, Paul 176 257 384f.
Liebknecht, Karl 381–384
Liepmann, Rudolf 384
Limbach, Jutta 460
Lindenlaub 320
Lips, Rainer 426 432 434f.
Loosen 27
Ludin, Hans 377
Luippold, Herbert 109

Luther, Martin 329
Luxemburg, Rosa 93 96 381–384 425

Maas, Utz *99*
Maeffert, Uwe 320 323 326 f.
Mahler, Horst *155*
Maier, Jürgen 413–415 420 422
Maihofer, Werner 228 238
Maisch, Herbert 136 142–146
Maisel, Jürgen 71 79
Mann, Thomas 392
Marcard 382
Martin, Ludwig 12
Matthäus, Winfried *273* 278
Mauz, Gerhard 63 66–69 85 f.
Mayer, Dietmar 112
Mayer, Hans 102
Mayerhöffer, Klaus 319 f. 324–326 329–331
McCloy, John 251
Meier, Richard 162
Meinerzhagen, Ulrich 426 432 438 450
Meinhof, Ulrike 65 102 104 177 f. 232 f. 236 485
Messerschmidt, Manfred 398 400 404 409 421
Meyer 46
Meywerk 297 299
Mischnick, Wolfgang 427
Mitscherlich, Alexander 247
Mitscherlich, Margarete 247
Mittag, Günter 439 441 444
Modrow, Hans 424–453 458
Moke, Werner 432 f.
Möllemann, Jürgen 414
Monnerjahn, Rudolf 231 f.
Morgenstern, Oscar 28
Moser, Norbert 24–31
Moser, Ruth 24–28 31
Moser, Tilman 136
Mückenberger, Ulrich 97
Müller 408
Müller, Gerd 440
Müller, Helmut 77 f.
Müller, Ingo 394
Müller, Jupp 261 264 f. 276
Müller-Luckmann, Elisabeth 127 f. 137 139 144–146
Müller-Münch, Ingrid 258 278 315 f.
Myrdal, Jan 410

Narr, Wolf-Dieter 201
Naujoks, Inge 260
Neubert, Siegfried 425
Neumann, Bernd 209 213 219–223
Neumann, Wolfgang 413
Neusel, Hans 233 237
Niederland, William G. 247
Niepel, Frank 56 70 *77*
Niese, Bernd 16 f.
Nilges, Annemarie Charlotte 413 bis 415 420 422
Nitsche, Hermann 185 f.
Noel-Baker, Philip 29

Oberüber 408
Olden, Rudolf 381 386 f. *392* 396
Olowson, Klaus 407
Oelrich, Wolfgang 417
Oering, Fritz 440
Orlowsky, Wedigo 112
Ortner, Helmut 362
Osche, Ulrich 275 f.
Oske, Ernst-Jürgen 407
Ossietzky, Carl von 30 371–376 379 bis 381 383–404 407 f. 410 418 488
Ossietzky-Palm, Rosalinda von 394 f. 399
Ost, Friedhelm 324
Oster, Hans 405
Otter, Klaus-Jürgen 109
Otto, Roland 45–49 51–60 64–66 68 70–76 78–80 82–85 89 f.
Otto, Wolfgang 256–258 261 267–277
Overath, Margot 207 210 213 222

Panzer, Ulf 320 323 326 f. 330–332
Passauer, Michael 319 f. 323 326 f. 331 f.
Pätsch, Werner 228
Paul, Heinz Joseph 260 *265*
Pauli, Walter 49–53 55 73 90
Pestel, Eduard 102
Peters 299
Peters, Carl 477
Pflieger, Klaus 183 188 191 194
Pflugk-Harttung, Horst von 384
Pflugk-Harttung, Heinz von 384
Pfromm, Werner 259
Piotrowski, Michal 279 f. 284–286 299 306
Plett 297
Plorin, Reiner 320 323 326 331 f.
Plumlee 319 328 330
Ponto, Jürgen 93 180 f.
Pötschke, Horst Dieter 30

Preuß, Ulrich K. 150f. 155f. 164 166 168f. 171
Proll, Astrid 149–160 163f. 166–171 178 487
Pross, Christian 246–248
Przytarski, Hans-Jürgen 16–21

Quoirin, Marianne 314

Rasch, Wilfried 136–146 183 189 192f.
Raspe, Jan-Carl 104 177
Rathenau, Walther 96
Rauch, Georg von 109
Rauch, Hans-Joachim 181–194 196 199 202–205 317f.
Rauschke, Joachim 107
Rebmann, Kurt 87 205
Reemtsma, Jan Philipp 251
Rehse, Hans-Joachim 398 407f.
Reimnitz, Jürgen 32
Reinhard, Wolf Dieter 11–21 23 155
Reitzel, Dietmar 109
Reiwald, Paul 201
Remmers, Walter 324
Reuter 122
Richter, Hans 34f.
Ridder, Helmut 439
Riemann, Johannes 112f. 150f. 167 bis 169
Riess, Curt 393
Rinn, Hans 33
Roda Roda 393
Rohde 276
Röhl, Klaus Rainer 232f. 235f.
Romanow, Sergej Alexandrowitsch 93 96
Römmig, Wolf 16 181 198f. 205
Röseler, Hans-Joachim *265*
Rosenfeld, Kurt 381 386 389 *392*
Roth, Karl Heinz 38 45–53 55–69 71 bis 85 89f. 481
Rottka, Eckart 394
Rozul 319 328 330
Rühe, Volker 422
Ruhland, Karl-Heinz 150 167f.
Runge, Wilhelm 384

Sacco, Nicola 361f.
Sack, Karl 405
Sahm, Arthur 480
Sauber, Werner 47–53 55–60 69 81f.
Schäuble, Wolfgang 457 460
Schelm, Petra 109
Schenck, Jürgen 20
Scheringer, Richard 377
Schiedlausky, Gerhard 256
Schily, Otto 83 103–113 *155* 445
Schlegelberger, Franz 308f. 312 316f.
Schlesinger, Patricia 278
Schleyer, Hanns-Martin 93 180f. 238f.
Schmacke, Harald 300
Schmähling, Elmar 421f.
Schmid, Herbert 112 203
Schmid, Richard 230
Schmidt, Erwin 112
Schmidt, Hans 256
Schmidt, Helmut 39
Schminck-Gustavus, Christoph 279 bis 282 284 295f. 299 301–303 305
Schmücker, Ulrich 13f. 153–155
Schneider 38f.
Schneider, Carl 184–187 205
Schneider-Horn, Wolfgang 97
Scholz, Rupert 414
Schöne, Giselher 62
Schorlemmer, Friedrich 428–430 434 436f. 446f. 458
Schramer, Karl Walter 356f.
Schreck 185
Schröder, Gerhard 97
Schrübbers, Hubert 228
Schueler, Hans 76
Schultz-Sponholz 372
Schütze 22
Schwab, Jürgen 413
Schwartzenberg, Léon 198–202 204
Schwelien, Michael 191
Schwenn, Johann 203f.
Schwenninger 183
Seeckt, Hans von 375
Seidel 288
Seiters, Rudolf 452
Senfft, Heinrich 73
Sengespeik, Jürgen 70
Siegert 382
Simon, Max 406
Simonis, Konrad 78
Simons, Heinz 152f. 156f. 160–167 170f.
Sittner, Hermann 474
Sliwka, I. 333 350 368 f.
Sohl, Hans-Günther 33
Sölle, Dorothee 326
Sonntag, Susanne 203
Spangenberg, Henning 14

Specht, Friedrich 143 183 189 192–202
Spoo, Eckart 410
Springer, Axel 12 73 235
Springer, Edwin 97
Staff, Ilse 315
Stalin, Jossif Wissarionowitsch 294 424 f.
Stamm, Robert 486
Stammnitz, Lothar 425
Sterzel, Dieter 97
Stobbe, Herbert 256
Stoltenberg, Gerhard 414
Strate, Gerhard 341–343 402
Strauß, Franz-Josef 29
Streim, Alfred 276
Stresemann, Gustav 376
Ströbele, Hans-Christian 14 413–415 420 422
Stuberger, Ulf 104
Suhrbier, Hartwig 76 78

Teuchert, Bernd 214
Teufel, Fritz 348
Thälmann, Ernst 254–267 269 f. 272 274 277 f. 377 465 479 f.
Thiée, Ingo 414 f. 420 422
Thiele, Hans-Günther 121 f. 124 f. *273*
Thierack, Otto 308
Thomas, Karl 134 f.
Thömen, Hans-Helmut 320 323 326 f.
Thorbeck, Otto 405
Tiedge, Hansjoachim 454
Toller, Ernst 393
Traube, Klaus 228
Tucholsky, Kurt 376 387

Vack, Hanne 326
Vack, Klaus 326
Vallenthin, Wilhelm 32
Vanzetti, Bartolomeo 361 f.
Venzlaff, Ulrich 136 143
Verheugen, Günter 31
Vogel, Hans-Jochen 96
Volmerhaus, Hartmut 478 485
Vötsch, Otto 109

Walde, Eberhard 413 415 420 422
Waltermann, Leo 46 63 80 186–188
Warneken 288 294 f. 302
Warnstedt 256 266
Warrelmann, Harry 210 212
Weber, Margit 413
Wedemeier, Klaus 209 213 223
Wegener, Doris 466 f.
Weinkauff, Hermann 302
Weisbecker, Thomas 109
Weller, Hans-Joachim 112
Wellmann, Gert 97
Wendt 186
Wendt, Hans Friedrich 377
Werkenthin, Falco 278
Werner, Karl 374–376 382 384 f.
Wesel, Uwe 425
Westernhagen, Dörte von 247
Wieland, Günther 278
Wilhelm, Elke 109
Wilhelm, Walter 223
Willemer, Christian 38 f.
Winterscheid 350 f. 354 356 369
With, Hans de 85 f.
Witt 385
Witteck, Günther 425
Wolf, Markus 435 458 f.
Wolfenstein, Alfred 393
Wolff, Friedrich 425 431–433
Wolff, Karl Friedrich 268
Wolfmeier, Leonhard 406
Wörner, Manfred 414
Woźniak, Alfreda 279 f. 299 f. 302 f. 306
Wróbel, Walerjan 279–306
Wurster, Georg 85

Yun, Isang 228

Zahl, Peter-Paul 239
Zahn, Joachim 33
Zander, Erich 301
Zelenka, Hans 83
Zeis, Peter 105 199 f. 204 f.
Zgoda, Marian 256 f. 259 261 263 f. 267 271 277
Zipfel, Walter 13
Zorn 289 301
Zuber 442 f.
Zunder, Rainer 79
Zweigert 379
Zwerenz, Gerhard 429

Rechtenachweis

Bildnachweis

S. 17: Keystone
S. 34: *Frankfurter Rundschau* vom 5. Februar 1999, Jahrgang 55, Nr. 30/5
S. 36: privat
S. 43: Foto: Klaus Warwas
S. 49: privat
S. 50: Foto: Helmut Jüliger
S. 51: Foto: Helmut Jüliger
S. 64: Foto: Helmut Jüliger
S. 77: Foto: Helmut Jüliger
S. 81: Foto: Helmut Jüliger
S. 86: Ullstein Bilderdienst – dpa
S. 97: Foto: Georg Kiefer
S. 98: Foto: Georg Kiefer
S. 99: *Der Oldenburger Bürger*, Nr. 2, Februar 1979. Foto: AmB
S. 100: Foto: Georg Kiefer
S. 101: dpa
S. 104: dpa
S. 107: dpa
S. 115: Foto: Klaus Sander/Weser-Kurier Archiv
S. 151: AP
S. 155: privat
S. 158/159: *Stern* Heft Nr. 6 vom 31. 1. 1980, S. 138/139
S. 165: privat
S. 168: Zeichnung von Erich Dittmann in: *Frankfurter Allgemeine Zeitung* vom 20. September 1979, Nr. 219 / Seite 3
S. 170: *International Herald Tribune* vom 23./24. Februar 1980
S. 173: Foto: Rolf Gössner
S. 179: AP
S. 181: Foto: Wolfgang Ziegler
S. 182: Foto: Donecker-Foto
S. 210: privat
S. 211: privat
S. 250: privat
S. 253: privat

S. 255: Keystone
S. 259: Foto in: *Spiegel* Heft Nr. 27 vom 4. Juli 1983, S. 54
S. 260: Foto: Thomas Brenner
S. 262/263: *Stern* Heft Nr. 1 vom 29. Dezember 1983, S. 36/37
S. 265: Foto: Klaus Rose
S. 266: privat
S. 268: Foto: Günther Schwarberg
S. 273: AP
S. 278: Bilderdienst Süddeutscher Verlag
S. 280: Landesbildstelle Bremen
S. 284: Abbildung in: Christoph Schminck-Gustavus, *Das Heimweh des Walerjan Wróbel. Ein Sondergerichtsverfahren 1941/42*. Bonn 1986
S. 285: privat
S. 305: Abbildung in: Christoph Schminck-Gustavus, *Das Heimweh des Walerjan Wróbel. Ein Sondergerichtsverfahren 1941/42*. Bonn 1986
S. 308: Ullstein Bilderdienst
S. 312: *Spiegel* Heft Nr. 46 vom 9. November 1987, S. 109
S. 321: dpa
S. 378: privat
S. 387: Rosalinda von Ossietzky-Palm, Stäket, Schweden
S. 392: Rosalinda von Ossietzky-Palm, Stäket, Schweden
S. 393: Ullstein Bilderdienst
S. 395: privat
S. 399: Rosalinda von Ossietzky-Palm, Stäket, Schweden
S. 412: privat
S. 426: dpa
S. 427: Foto in: *Spiegel* Heft Nr. 17 vom 26. April 1993, S. 116
S. 464: Foto: Jochen Stoss/Weser-Kurier Archiv
S. 462: Foto: Isolde Ohlbaum

Leider ist es uns nicht in allen Fällen gelungen, die Fotografen oder Rechteinhaber der Fotos zu ermitteln. Wir bitten daher Rechteinhaber, die hier keine Erwähnung gefunden haben, sich mit ihren Forderungen an den Verlag zu wenden.

Zitatnachweis

Für Kapitel 15: Christoph Schminck-Gustavus, *Das Heimweh des Walerjan Wróbel. Ein Sondergerichtsverfahren 1941/42*. Verlag J.H.W. Dietz Nachf., Bonn 1986.

Für Kapitel 19: Carl von Ossietzky, *Sämtliche Schriften*. Rowohlt Verlag, Reinbek 1994.